2016（平成28）年度法友会政策要綱発刊にあたって

平和主義と人権を守る司法 〜市民に身近な法律支援〜

彦坂浩一　法友会政策委員会委員長

1　はじめに

　2015（平成27）年は、戦後70年の中でも、法律家の間で、国民の間で、立憲主義の意義が最も意識され、議論された年になりました。成熟した社会、法治国家では、立憲主義は守られ、今後も守られ続けると当然のことのように、無意識的に考えてしまっていたように思います。しかし、2014（平成26）年、2015（平成27）年の安全保障関連法案を成立させた政府、国会の行為は、立憲主義に反するものであり、法治国家における根本原理である立憲主義ですら重大な危機に陥ることを改めて思い知らされました。

　もうひとつ、弁護士の間で、改めて意識し、議論されたことがありました。それは、弁護士自治です。弁護士自治については、その意義や重要性については、これまで少なくとも弁護士間の共通認識であると考えて、法友会・弁護士会等において議論をしてきたように思います。しかし、2015（平成27）年の東京弁護士会副会長選挙では、弁護士自治は必要がないものとして廃止を公約とする候補者が現れました。ただ、このことを特異な現象と考えるのではなく、弁護士会の会費負担の大きさからの強制加入制度に対する疑問を中心として、弁護士自治に対する疑問が徐々に広がりをみせていることの反映と受け止める必要があると思います。これまでは、国家権力等の外部との関係で弁護士自治を考えて議論をしてきましたが、弁護士自治が弁護士内部から揺るがせられかねないことも意識して考えることが必要となって来ています。

　立憲主義も、弁護士自治も、市民の権利の擁護のためのものであり、これらの危機は、市民の権利の危機を意味します。私たち弁護士は、立憲主義、弁護士自治を堅持するために真剣な議論と不断の努力をしなければなりません。

2　弁護士による身近で寄り添った法律支援

　2004（平成16）年までの司法制度改革の関連法の成立から、すでに10年以上が経過し、被疑者国選弁護人制度、裁判員裁判、拡充された民事法律扶助、日本司法支援センター、各種ADR制度などはすでに定着したものとなり、法科大学院を卒業した法曹も全体の約半数になろうとしています。

　その後も、少年事件国選付添人制度の拡充などの改革が進められてきました。2015（平成27）年の通常国会には、裁判員裁判対象事件などでの取調べの全過程の録音・録画の義務付けや勾留者全件への被疑者国選弁護の拡大などの刑事訴訟法改正法案、高齢者・障がい者やDV・ストーカー被害者への法律支援の拡充と大規模災害時の被災者への法律支援などの総合法律支援法改正法案が提出されており、次期通常国会での成立が見込まれています。

　弁護士も、これらの制度を活用して、市民に身近に寄り添っての法律支援活動を拡げています。民事法律扶助による法律相談件数は、2005（平成17）年度の88,513件から2014（平成26）年度には282,369件に、代理援助件数も56,318件から103,214件となっています。

　また多くの弁護士が、全国で63か所（2015〔平成27〕年10月現在）の司法過疎地に置かれた日弁連のひまわり基金法律事務所（公設事務所）や法テラスの常勤弁護士（スタッフ弁護士）となって各地に赴任し、それぞれの地域の実情に合わせて、弁護士会とも連携しながら活躍をしています。

　そして、企業、省庁、地方自治体などに組織内弁護士として、組織の一員となって活躍する弁護士も、企業内で1,179人（2014〔平成26〕年6月30日現在）、任期付公務員数は、151人（同月1日現在）となっています。

　更に、東日本大震災の被災者に対しては、法律相談や代理人としての支援だけでなく、原子力損害賠償紛争解決センターでは、仲介委員、調査官に多くの弁護士が就任するという形でも支援を行っています。

　このように弁護士の活動範囲は、着実にその範囲を

平和主義と人権を守る司法

市民に身近な法律支援

2016（平成28）年度法友会政策要綱
東京弁護士会法友会

拡げ，弁護士は市民にとって身近な存在となりつつあります。

しかし，未だに弁護士は敷居が高いという評価も聞かれます。確かに，多くの市民にとって，法律事務所は，場所的にも，心理的にも，まだまだ抵抗感のある場所に違いありません。また，弁護士費用の負担という問題もあります。他方で，市民の抱える法律問題は必ずしも大きなものとは限らず，弁護士にとって扱いにくいという問題があります。

私たち弁護士が市民にとってさらに身近な存在となり，様々な分野で法律支援を行うためには，克服すべき課題は多く，工夫と努力が必要です。

民事司法改革については，日弁連・弁護士会が積極的に取り組んでおり，最高裁と日弁連の協議も行われ，基盤整備，証拠収集手段の拡充などについて成果が期待されています。また，弁護士費用の点でも，日弁連の研究と働きかけによって，一般の法律問題案件をも対象とする弁護士費用保険の販売がすでに開始されており，その普及が期待されています。

3 新たな人権課題への対応

2015（平成27）年12月には，夫婦別姓を認めていない民法の規定は合憲，女性の待婚期間については，100日を超える期間については違憲との最高裁判決がありました。近時，無戸籍児童の問題が政府などでも検討されていますが，最高裁判決を契機として，「戸」という単位を前提とする戸籍制度それ自体についても考える時代になりつつあるのかもしれません。

この他にも，ヘイトスピーチ，LGBT，忘れられる権利など時代とともに新たな人権課題が生じています。

ビジネスの社会でも，企業の社会的責任（CSR）への要求の高まりや国連の「ビジネスと人権に関する指導原則」（2011〔平成23〕年）によって，人権に配慮した経営が不可欠な時代となっています。企業法務を扱う弁護士を含めて，弁護士は新たな人権課題についても，先頭に立って対応していかなければなりません。

法友会政策委員会では，これらの新しい人権課題についても可能な限り検討を加えて，本政策要綱に取り上げました。

4 叡智を結集して新たな時代を切り開く

今次司法制度改革は，弁護士人口増など弁護士にとって痛みを伴うものでした。また，急速なインターネットの普及もあり，市民も，条文や判例も含めて容易に法律知識を得られるようになっており，弁護士への要求はさらにレベルの高いものになっています。私たち弁護士は，リーガルマインド，経験などに基づく高度の紛争解決能力など，より一層高い質を確保して，弁護士に対するニーズに応えていかなければなりません。憲法問題や様々な人権課題にも対応しながら，市民に寄り添った活動を行うためにも，弁護士の経営基盤の確保は不可欠です。これらをどのように両立させるか，私たち弁護士は叡智を結集してこれを克服しなければなりません。

法友会政策要綱は，これら課題を克服するための法友会の提言です。

最後になりましたが，執筆者をはじめ，法友会執行部の方々，出版社の方々に心から感謝を申し上げます。

2015（平成27）年12月

目次

2016（平成28）年度法友会政策要綱発刊にあたって
平和主義と人権を守る司法〜市民に身近な法律支援　ii

特集1　安全保障関連法制の憲法問題

1　はじめに（憲法及びこれを支える立憲主義の危機）　3
2　安全保障関連法制について　4
　1）安全保障をめぐる今日までの憲法解釈の経緯　4
　　（1）自衛隊の誕生から冷戦時代（個別的自衛権の容認）　4
　　（2）冷戦終結後の政策の転換と米国との協調　4
　　（3）安倍内閣による逸脱と安保関連法の成立　5
　2）安全保障関連法の要旨と憲法上の問題点　6
　　（1）安全保障関連法の要旨　6
　　（2）安全保障関連法の憲法上の問題点　6
　3）弁護士会の意見　8
　　（1）2014（平成26）年7月1日閣議決定までの弁護士会の対応　8
　　（2）解釈変更閣議決定及び安全保障法制の成立に対する活動　8
　4）まとめ　9

特集2　新たな人権課題

1　ヘイト・スピーチ問題　14
　1）ヘイト・スピーチとは　14
　2）日本におけるヘイト・スピーチの歴史と実態　14
　　（1）日本における顕在化の状況　14
　　（2）ヘイト・スピーチに対する裁判例　14
　　（3）各地のヘイト・スピーチ（排外主義デモ）の状況　14
　3）ヘイト・スピーチによる「人権侵害」とは　15
　4）国際法上の規制　15
　　（1）国際人権規約　15
　　（2）人種差別撤廃条約　15
　　（3）日本政府の対応　15
　5）ヘイト・スピーチに対する法規制の是非　16
　6）弁護士会等での検討状況と問題意識　16
2　性的マイノリティ　17
　1）LGBTに関する基本的理解　17
　2）LGBTに対する啓発活動の必要性　17
　3）立法的措置の必要性　18
　4）職場におけるLGBT施策の必要性　18

第1部　司法制度改革の到達点と新たな課題

第1　司法制度改革の経緯と現状　20
1　司法制度改革の背景　20
2　司法制度改革の経緯　21
3　司法制度改革の現状　22

第2　「法の支配」の実現と法曹の使命　23
1　問題の所在　23
2　「法の支配」と司法改革　23
3　「法の支配」の意義　23
4　「法の支配」と法曹の使命　24
　1）「法の支配」の担い手としての法曹有資格者　24
　2）法曹有資格者の使命の共通項　24
5　法曹の使命と法曹倫理　24
　1）「法の支配」に必要な法曹倫理　24
　2）法科大学院における法曹倫理教育の重要性　24
　3）法曹としてのアイデンティティー　25
6　法曹の実質的資格要件と法曹倫理の司法試験科目化　25
　1）法曹の実質的資格要件　25
　2）法曹倫理を司法試験科目化する必要性　25

7 「法曹倫理教育に関する委員会」の設置 25

第3 司法制度改革の新たなステージ　26

　1　司法制度改革における法曹人口問題・法曹養成制度改革問題の位置付け　26

　2　日弁連の司法改革宣言から「司法制度改革審議会」設立までの経緯　26

　3　「司法制度改革審議会」意見書の理念と「司法制度改革推進計画」の閣議決定　27

　4　「司法制度改革推進計画」閣議決定後の10年の現実とその「検証」　28
　　1）顕在化しない法的需要　28
　　2）法科大学院制度の理念と現実　28
　　3）この10年間の検証　29

　5　「法曹の養成に関するフォーラム」から「法曹養成制度検討会議」，そして「法曹養成制度改革推進会議」へ　29
　　1）法曹養成に関するフォーラム　29
　　2）法曹養成制度検討会議　29
　　3）法曹養成制度改革推進会議と，法曹養成制度改革顧問会議　30
　　4）日弁連の対応（新たな「日弁連提言の実現に向けた執行部方針」）　30
　　　(1)　制度改革面での課題　30
　　　(2)　法曹志望者数の回復や若手弁護士の支援等に向けた課題　31

第2部　弁護士をめぐる司法制度の現状と展望

第1　弁護士制度の現状と展望　34

　1　弁護士制度改革　34
　　1）戦後司法改革による「弁護士法」制定の歴史的意義　34
　　　(1)　弁護士法の制定　34
　　　(2)　弁護士の法律専門職としての地位の確立　34
　　　(3)　「市民の司法」を目指すに当たって　35
　　2）弁護士制度改革の目標・理念　35
　　3）司法制度改革推進本部と日弁連の対応　35
　　4）弁護士制度改革実現における課題とその到達点　36
　　　(1)　法曹人口問題　36
　　　(2)　ロースクール問題　36
　　　(3)　弁護士の社会的責任（公益性）の実践　36
　　　(4)　弁護士の活動領域の拡大　36
　　　(5)　弁護士へのアクセス拡充　36
　　　(6)　弁護士の執務態勢の強化・専門性の強化　37
　　　(7)　弁護士の国際化／外国法事務弁護士等との提携・協働　37
　　　(8)　弁護士会のあり方　37
　　　(9)　隣接法律専門職種の活用等　38

　2　法曹人口問題をめぐる現状と課題　39
　　1）法曹人口問題の経緯　39
　　　(1)　日弁連の司法改革宣言の意義　39
　　　(2)　政界・経済界からの規制改革・自由競争の要請と日弁連への批難　40
　　　(3)　司法制度改革審議会における議論と経済界・政界の動き　40
　　　(4)　日弁連の対応　40
　　　(5)　現在までの法曹人口の増員の状況　41
　　　(6)　アジア諸国の弁護士人口等　41
　　2）法曹人口増加にともなう課題　41
　　　(1)　司法修習生及び新人弁護士たちの「質」について　41
　　　(2)　新しい法曹養成システムが成熟途上であることについて　42
　　　(3)　法曹人口増員に対応するための司法基盤の整備　42
　　3）課題への対応について　43
　　　(1)　日弁連の対応　43
　　　(2)　政府の対応　45
　　　(3)　弁連や各弁護士会の動向について　45
　　　(4)　法友会の対応について　46

　3　法科大学院制度と司法試験制度の現状と課題　46
　　1）法科大学院を中核とする法曹養成制度の理念と概要　46
　　　(1)　法科大学院制度創設の理念　46
　　　(2)　法科大学院制度の特徴　47
　　　(3)　法科大学院のカリキュラム　47
　　　(4)　司法試験の位置づけと概要　47
　　　(5)　予備試験の位置づけと概要　47
　　　(6)　司法修習の位置づけ　47
　　2）法科大学院を中核とする法曹養成制度の成果と課題　48
　　　(1)　成果　48
　　　(2)　課題　48
　　3）法曹養成制度改革の取組み　49
　　　(1)　日弁連における取組みの経緯　49
　　　(2)　政府における取組みの経緯　50
　　　(3)　政府における改革の到達点　50
　　4）これからの課題　51
　　　(1)　法科大学院を中核とする法曹養成制度の維持発展を　51
　　　(2)　法曹志望者増加に向けて　51

(3) 法科大学院　51
　　(4) 予備試験　53
　　(5) 司法試験　54

4　司法修習制度の現状と課題　55
　1）司法修習の現状　55
　　(1) 新司法修習の実施　55
　　(2) 司法修習の概要　55
　2）司法修習の課題　56
　3）給費制をめぐる動向　57

5　若手法曹をめぐる現状と課題　57
　1）若手弁護士をめぐる現状と支援策　57
　　(1) 若手弁護士をめぐる現状　57
　　(2) 若手弁護士に対する支援策　58
　2）新人弁護士と採用問題　60
　　(1) 新人弁護士の登録状況と採用問題　60
　　(2) 新人弁護士採用問題の現状　60
　　(3) 日弁連や単位会の取組みについて　61

6　弁護士へのアクセス拡充　62
　1）弁護士へのアクセス保障の必要性と現状　62
　　(1) 弁護士過疎・偏在対策の経緯　62
　　(2) 弁護士過疎の現状と原因　62
　2）法律事務所の必要性と役割　63
　　(1) 法律相談センターの役割　63
　　(2) 日本司法支援センターの役割　63
　　(3) 弁護士偏在解消のための開設資金援助や定着支援対策　63
　　(4) ゼロ・ワン地域解消型法律事務所の課題　63
　　(5) 都市型公設事務所等拠点事務所の役割　64
　　(6) 女性弁護士の偏在問題　64
　　(7) 全会員による支援・人材の確保・経済的支援　64
　3）アウトリーチの必要性と実践　64
　　(1) さらなる司法アクセス改善の必要性　64
　　(2) アウトリーチとは　64
　　(3) ソーシャルワークの一環としての「アウトリーチ」　65
　4）これまでの法律相談センターと今後のあり方　65
　　(1) 司法アクセスの確保と法律相談事業　65
　　(2) 相談件数の激減と収支の赤字化　65
　　(3) 今後の法律相談センターの在り方　66
　5）東京23区における地域司法計画　68
　　(1) 東京23区における第2次地域司法計画が法律相談について指摘した内容　68
　　(2) 東京23区における法律相談の現状と課題　69

7　弁護士自治の課題　70
　1）弁護士自治の維持・強化　70
　　(1) 弁護士自治の歴史　70
　　(2) 司法制度改革と弁護士自治　70
　　(3) 綱紀・懲戒制度の運営　71
　　(4) 弁護士自治の強化　71
　2）裁判所の処置請求に対する対応問題　72
　　(1) 「裁判所の処置請求に対する取扱規程」制定の意義　72
　　(2) 処置請求に対しての弁護士会の対処及び調査機関について　72
　　(3) 調査機関としての法廷委員会とその諸規則改正について　73
　　(4) 処置請求の事例―オウム真理教松本被告弁護団への処置請求　73
　3）ゲートキーパー問題　75
　　(1) マネー・ローンダリングとFATFによる勧告　75
　　(2) FATFによる第3次「40の勧告」の制定　75
　　(3) 日弁連の対応　76
　　(4) 金融庁から警察庁へのFIUの移管と日弁連の対応　76
　　(5) 犯罪収益流通防止法案に対する弁護士会の対応と同法律の成立　76
　　(6) FATFの対日審査とその後の情勢　77
　　(7) 日弁連による規程の全面改正と規則の制定　77
　　(8) その後の動き　77
　　(9) 日弁連及び弁護士会に求められる対応　78
　4）弁護士の不祥事とその対応　78
　　(1) 現状　78
　　(2) 問題の所在　78
　　(3) 日弁連の不祥事対策（第1次提言）　78
　　(4) 日弁連の不祥事対策（第2次提言）　79
　　(5) 第2次提言を受けての日弁連の活動　80
　　(6) 東弁の不祥事対策　81

8　弁護士と国際化の課題　82
　1）国際化に関する現代的課題　82
　　(1) はじめに―国際化への基本的対応　82
　　(2) 国際化による弁護士制度・業務への影響　83
　　(3) 日弁連の対応　84
　2）外国弁護士の国内業務問題　85
　　(1) 外弁法改正の経緯　85
　　(2) 今後の展望　85
　3）国際司法支援　86
　　(1) はじめに　86
　　(2) 日弁連による国際司法支援の基本方針　86
　　(3) 日弁連及び弁護士の法整備支援活動の経緯と展開　86
　　(4) 日弁連による支援体制整備　89
　4）国際機関への参画　89

第2　日本司法支援センター　91

1　日本司法支援センターの設立　91
2　日本司法支援センターの業務内容　91
3　組織　91
　1）組織形態　91
　2）具体的組織　92
　　(1) 本部　92
　　(2) 地方事務所等　92
　　(3) 地域事務所　92
　　(4) 東日本大震災被災地臨時出張所　92

- **4　今後の課題** 93
  - 1）組織・運営 93
    - (1) 理事等，地方事務所所長人事 93
    - (2) 地方事務所の活用問題 93
  - 2）情報提供業務 93
    - (1) コールセンター（CC）の情報提供数 93
    - (2) 仙台コールセンター 93
    - (3) LA制度 93
    - (4) 多言語対応 93
    - (5) 震災関連電話相談 93
    - (6) CCと地方事務所との連携 94
    - (7) 弁護士会側の受け皿対応 94
  - 3）民事法律扶助業務 94
    - (1) 民事法律扶助対応のさらなる充実 94
    - (2) 民事法律扶助制度のさらなる改革の必要 94
    - (3) 東日本大震災法律援助 95
    - (4) 初回相談の無料化（初期相談） 95
  - 4）国選弁護関連業務 95
    - (1) 国選弁護報酬増額問題 95
    - (2) 国選弁護報酬算定センター 96
  - 5）司法過疎対策業務 96
    - (1) スタッフ弁護士の確保と配置 96
    - (2) スタッフ弁護士の処遇 96
    - (3) スタッフ弁護士の役割 96
  - 6）犯罪被害者支援業務 97
    - (1) コールセンターと地方事務所の連携 97
    - (2) 精通弁護士の紹介体制の充実 97
    - (3) 被害者参加国選制度への対応 97
    - (4) DV・ストーカー等被害者保護の拡充 97
  - 7）法律援助事業 97
    - (1) 法律援助事業と法テラスへの委託 97
    - (2) 本来事業化への取組みと財源の確保 97
    - (3) 援助事業の本来事業化 98

第3　裁判官制度の現状と展望 99
- **1　裁判官制度改革の成果と今後の課題** 99
  - 1）法曹一元の理念と司法制度改革審議会意見書 99
  - 2）具体的課題の実現状況と今後の課題 99
    - (1) 下級裁判所裁判官指名諮問委員会制度の概要 99
    - (2) 現在の課題 100
    - (3) 裁判官人事評価制度 101
    - (4) 地裁委員会・家裁委員会 101
    - (5) 判事補が他の法律専門職を経験する制度（他職経験制度） 101
    - (6) 最高裁判所裁判官の任命に際しての諮問委員会設置 101
    - (7) 簡易裁判所判事の任命手続の透明化 102
    - (8) 裁判官増員の必要性 102
- **2　弁護士任官への取組み** 102
  - 1）弁護士任官制度の意義 102
  - 2）弁護士任官制度の経緯 102
  - 3）弁護士任官状況 103
  - 4）日弁連・東弁の取組み 103
  - 5）法友会の取組み 103
  - 6）これまで提起された課題について 103
    - (1) 公設事務所の活用等について 103
    - (2) 短期任官及び専門的分野の任官の柔軟化について 104
    - (3) 手続の簡素化について 104
    - (4) 審査基準の明確化について 104
    - (5) 非常勤裁判官の処遇について 104
    - (6) 地道な発掘作業について 104
  - 7）今後の取組みについて 104

第4　司法の人的・物的拡充の必要性 105
- **1　利用しやすい司法のための諸施策** 105
  - 1）司法ネットの整備とIT基盤の確立 105
  - 2）利用者の立場に立った裁判所及び裁判官等の配置と運営 105
    - (1) 裁判所施設の適正配置 105
    - (2) 施設のあり方と運用 105
    - (3) 人的基盤の整備 105
    - (4) 裁判所支部の充実 105
  - 3）検察庁の施設と利用しやすい運営のあり方 106
  - 4）弁護士過疎・偏在の解消 106

第3部　弁護士業務改革と活動領域拡充に向けた現状と展望

- **1　弁護士業務改革の今日的課題** 108
  - 1）司法改革推進上の業務改革の意義 108
  - 2）審議会の要請とその実現 108
    - (1) 総論 108
    - (2) 各論 108
  - 3）政府のもとの有識者懇談会等における議論の状況 110
  - 4）日弁連における法律サービス展開本部の設置と活動の状況 112
  - 5）東京弁護士会の活動領域拡大に向けた取組み 113
    - (1) 活動領域拡大に向けた取組みの現状 113
    - (2) 活動領域拡大に向けた今後の活動 113

2　弁護士と法律事務の独占　114

1）弁護士の法律事務独占と非弁行為の禁止　114
(1) 非弁護士取締りの対象と非弁行為の具体例　114
(2) 非弁護士取締りの実情　116

2）隣接士業問題　117
(1) 隣接士業とは　117
(2) 隣接士業問題の発生　117
(3) 司法書士問題　118
(4) 行政書士問題　118
(5) 社会保険労務士法の改正と全国社会保険労務士会の権限拡大要求　119
(6) 土地家屋調査士法の改正　119
(7) 弁理士法の改正　119
(8) 隣接士業問題に対する今後の方針　119

3）ADRに関する問題　120
(1) ADR法の制定　120
(2) ADR手続代理　120
(3) これからの課題　121

4）サービサー問題　121
(1) サービサー法の成立，施行　121
(2) サービサー法の改正　121
(3) サービサー法の再改正問題　122
(4) サービサーによる自治体債権の取扱問題　122
(5) 弁護士会の取組み　122

5）市場化テスト法の施行による公的資金の回収について　123

6）非弁提携問題　123

7）信託の活用　123
(1) 新信託法の意義　123
(2) 福祉型信託に対する取組み　123
(3) 遺言信託業務に対する取組み　124

3　法律事務所の多様化と隣接業種との協働　124

1）総合的法律・経済関係事務所　124
2）法律事務所の複数化　125

4　その他の領域への進出　126

1）外部監査人制度への進出　126
(1) 現状と問題の所在　126
(2) 弁護士会の取組み　126
(3) 今後の取組みと提言　127

2）会社法上の社外取締役等への進出　127
(1) 現状と問題の所在　127
(2) 弁護士会の取組み　129

3）日弁連中小企業法律支援センター　129
(1) 設置の経緯　129
(2) 全体像　129
(3) ひまわりほっとダイヤルの運営　129
(4) 広報活動　130
(5) 中小企業向け及び弁護士向けの各DVDの制作　130
(6) 全国一斉無料相談会・講演会　130
(7) 中小企業関連団体との意見交換会　130
(8) 中小企業のニーズに応えられる弁護士の育成　130
(9) 中小企業の海外展開支援活動　130
(10) 中小企業庁及び支援諸団体との連携　130
(11) 特定調停スキームの策定と事業再生キャラバン　131
(12) シンポジウムの開催　131
(13) 今後の課題　131

4）東京弁護士会中小企業法律支援センター　131
(1) 設立の経緯　131
(2) 中小センターの組織　132
(3) 中小センターの仕組み・活動実績　132
(4) 今後の課題　133

5）行政分野への取組み　133
(1) 国会と弁護士　133
(2) 行政と弁護士　134
(3) 国家公務員と弁護士　134
(4) 地方自治体と弁護士　134
(5) 日弁連の取組みと今後の展望　136

5　組織内弁護士について　137

1）組織内弁護士の現状と課題　137
(1) 組織内弁護士人口の急増　137
(2) 組織内弁護士の意義と問題の確認の必要性　137
(3) 弁護士会の問題点　138

2）「任期付公務員」について　139
(1) 総論　139
(2) 法規・会規上の問題点　139
(3) 取り組むべき課題　140

6　弁護士専門認定制度の意義と課題　141

1）その必要性と今日的課題　141
2）外国の実情　141
3）医師における専門性との類似性　142
4）弁護士会での議論の推移　142
5）日弁連での現在の議論状況　143

7　専門的知見を要する事件への対応　143

1）長期間を要する審理　143
2）弁護士の研鑽と情報ネットワーク　143
3）専門委員制度の導入と鑑定制度の改善等　143
(1) 専門委員制度の導入　143
(2) 鑑定制度の改正及び改善　144
(3) 調停の利用　144

8　弁護士研修制度の拡充　145

1）研修の必要性と弁護士会の役割　145
2）新規登録弁護士研修　145
3）継続的弁護士研修　145
(1) 倫理研修　145
(2) スキルアップ研修　146
(3) 研修義務化について　146

(4) 今後の研修方法について　146
　　(5) 研修の運営面に関する工夫　146
　4) クラス別研修制度　146
　　(1) クラス制の目的　147
　　(2) クラス制の概要　147
　　(3) 検討事項　148
　　(4) 総括　149

9　弁護士への業務妨害とその対策　149
　1) 弁護士業務妨害をめぐる最近の情勢　149
　2) 弁護士業務妨害対策センターの活動状況　149
　　(1) アンケートによる実態調査　149
　　(2) 積極的対策　149
　　(3) センターの設置と運用　150
　　(4) 研究活動　150
　　(5) 「ハンドブック」の作成配布　150
　　(6) 支援要請の実情と制度の整備拡充　150
　3) 業務妨害根絶に向けて　150

10　権利保護保険（通称「弁護士保険」）　151
　1) 権利保護保険の内容と必要性　151
　2) 外国及び国内の状況　151
　3) 日弁連の動き　151
　4) 制度の現状　151
　5) この制度の問題点と育成　152

11　弁護士広告の自由化　153
　1) 広告の自由化と不適切な広告に対する規制　153
　2) 弁護士及び弁護士法人並びに外国特別会員の業務広告に関する指針　153
　3) 弁護士業務広告の実態　154
　4) これからの弁護士広告の在り方　154

12　弁護士情報提供制度　155
　1) 弁護士会の広報としての役割　155
　2) 個々の弁護士にとっての位置づけ　155
　3) 今後の課題　156

13　弁護士報酬支払いのクレジットカード利用と懲戒問題　156
　1) 経緯　156
　2) 日弁連弁護士業務改革委員会でのカード支払いを認める決議　156
　3) 現在の日弁連の意見　156

第4部 刑事司法の現状と展望

1　刑事司法改革の視点　160
　1) 憲法・刑事訴訟法の理念から乖離した運用　160
　2) 出発点としての死刑再審無罪4事件　160
　3) 改革の方向　161
　4) 司法制度改革審議会意見書及び刑事司法改革の法案化について　161

2　裁判員裁判導入の成果と課題　162
　1) 裁判員裁判導入の意義　162
　　(1) 裁判員制度の開始までの経緯と検証　162
　　(2) 意義　163
　2) 裁判員裁判の現況と成果　163
　　(1) 裁判員裁判の現況　163
　　(2) 裁判員裁判導入の成果　164
　3) 裁判員制度の課題　164
　　(1) 部分判決制度　164
　　(2) 裁判員選任手続　164
　　(3) 説示や評議のあり方　164
　　(4) 被告人の防御権の観点　165
　　(5) 公判審理　165
　　(6) 裁判員が参加しやすい環境の整備と市民向けの広報　166
　　(7) 少年逆送事件　166
　　(8) 外国人事件　167
　　(9) 被害者参加と弁護活動への影響　168
　　(10) 量刑データベースの創設への取組み　168
　　(11) 一審裁判員裁判事件の控訴審の問題　169
　　(12) その他の裁判員制度自体の問題点　169
　4) 今後の弁護士・弁護士会の活動　170
　　(1) 裁判員裁判の改善にむけた検討　170
　　(2) 弁護士会内の研修体制　170
　　(3) 裁判員裁判に対応する弁護体制の構築　170

3　公判前整理手続と証拠開示　171
　1) 公判前整理手続の概要　171
　　(1) 公判前整理手続の目的と対象事件　171
　　(2) 公判前整理手続の進行　171
　　(3) 被告人の出席　171
　2) 証拠開示の概要と問題点　172
　　(1) 証拠開示の目的　172
　　(2) 類型証拠開示　172
　　(3) 主張関連証拠開示　172
　　(4) 証拠開示請求に対する裁判所の裁定　172
　3) 現時点の運用状況　172
　　(1) 第1回打合せ期日の早期化　172
　　(2) 東京地裁における運用の評価　172

- 4）任意開示の活用 173
  - (1) 一定の類型該当証拠の早期開示 173
  - (2) 裁判員対象事件以外の事件における任意開示 173
- 5）法制審議会特別部会における成果及び刑訴法改正へ 173
  - (1) 証拠の一覧表の交付制度の導入 173
  - (2) 公判前整理手続の請求権の付与 173
  - (3) 類型証拠開示の対象の拡大 173
- 6）今後の課題 174
  - (1) 手続・運用に習熟すること 174
  - (2) 立法過程への提言 174

4 開示証拠の目的外使用問題 174
- 1）証拠開示の拡充と適正管理義務・目的外使用の禁止規定との関係 174
- 2）目的外使用の禁止をめぐる日弁連の活動の経緯 174
- 3）「開示証拠の複製等の交付等に関する規程」の制定 175
- 4）今後の課題 175
- 5）新たな展開 176

5 取調べの可視化 177
- 1）日弁連の活動 177
- 2）検察における全過程の録音・録画の試行の開始 178
- 3）法制審議会特別部会での審議結果を受けた法案提出とその審議状況について 178
- 4）期待される今後の取組み 179

6 人質司法の打破と冤罪防止 179
- 1）勾留・保釈に関する憲法・国際人権法上の5原則 179
- 2）人質司法の実態 180
  - (1) 日弁連の意見・提言 180
  - (2) 日弁連の新たな意見書 180
  - (3) 保釈保証保険制度等の導入 180
  - (4) 保釈請求励行の運動の展開 181

7 伝聞法則の徹底 181
- 1）伝聞法則の厳格化 181
- 2）法制審議会の特別部会での議論 182

8 接見交通権の確立 182
- 1）接見交通権をめぐる闘い 182
- 2）違憲論の再構築へ向けて 182
- 3）法友会の取組み 183
- 4）検察庁通達の活用 183
- 5）今後の課題 183

9 国選弁護制度の課題 185
- 1）被疑者国選における弁護人の弁護活動 185
  - (1) 弁護士側の接見態勢 185
  - (2) 被疑者弁護における接見 185
- 2）国選弁護制度の正しい運用について（岡山での水増し請求の反省を踏まえて）186
- 3）当番弁護士活動の成果としての被疑者国選弁護制度 186
- 4）日本司法支援センターの業務と弁護士会の役割 186
- 5）国選弁護人契約締結，国選弁護人候補指名についての弁護士会関与 187
- 6）「法律事務取扱規程」の制定と弁護士会関与 187
- 7）国選弁護人報酬の算定基準について 187
- 8）当番弁護士制度・被疑者弁護援助制度の存続と次の展開 188
  - (1) 当番弁護士制度の存続 188
  - (2) 刑事被疑者弁護援助制度の存続 188
  - (3) 当番弁護士，被疑者弁護援助制度の財源 188
  - (4) 第3段階そして第4段階の国選弁護制度へ 188
- 9）弁護の質の向上（被疑者，被告人とのアクセスの拡充を中心に）188
  - (1) 接見室の増設 189
  - (2) 東京拘置所での夜間・休日接見 189
  - (3) テレビ電話によるアクセス 189
  - (4) ファックスによるアクセス 189
- 10）今後の課題 189
  - (1) 対応態勢について 189
  - (2) 国選弁護人割当制度の改革 189
  - (3) 継続受任問題 190
  - (4) 触法障がい者への対応 190
  - (5) 国選弁護における専門家助力を得るための資金援助制度 190

10 未決拘禁制度の抜本的改革 191
- 1）拘禁二法案反対運動の経緯とその後の状況 191
- 2）被拘禁者処遇法の成立・施行と今後の課題 191
- 3）被拘禁者処遇法の課題 192
- 4）未決拘禁制度の抜本的改革に向けて 192

11 共謀罪の創設とその問題点 193
- 1）共謀罪の提案に至る経緯と共謀罪の概要 193
- 2）共謀罪の問題点 193
- 3）法案をめぐる最近の情勢と求められる日弁連及び弁護士会の活動 194

12 検察審査会への取組み 195
- 1）検察審査会法の改正とその施行 195
- 2）改正検察審査会の概要 195

- (1) 検察審査会の議決に基づき公訴が提起される制度及び指定弁護士制度の新設　195
- (2) 検察審査会が法的な助言を得るための審査補助員制度の新設　196
- (3) 検察審査会数の見直しと統廃合　196
3）弁護士会に期待されている役割　196

13　法制審議会特別部会の検討結果　198
1）特別部会設置に至る経緯　198
2）特別部会の設置とその議論状況　198
3）今後の課題　200

14　新たな刑罰（一部執行猶予制度等の導入）　201
1）一部執行猶予制度等の導入について　201
2）一部執行猶予制度のメリットと課題について　201
3）保護観察の特別遵守事項の追加について　202
4）薬物使用等の罪を犯した者に対する刑の一部執行猶予制度について　202
5）日弁連及び弁護士会の対応について　203

15　刑事弁護と福祉手続の連携　203
1）高齢者・障害者の刑事問題が取り上げられる経過　203
2）高齢者・障害者の刑事問題に取り組む理念・財政的意義　204
- (1) 憲法上の理念　204
- (2) 財政的意義　204
3）弁護士の具体的な支援の在り方について—入口支援と出口支援　204
- (1) 高齢者・障害者が支援を必要とする理由　204
- (2) 出口支援　204
- (3) 入口支援　204
4）今後の取組み　205
- (1) 弁護士会内の横断的な連携の必要　205
- (2) 個々の弁護士の研修等を通じたこの問題の理解　205
- (3) 関係各機関との連携の必要　205
- (4) 福祉関係者の費用の問題　205

第5部 民事・商事・行政事件の法制度改革の現状と課題

第1　新たな民事司法改革のグランドデザイン　208

1　司法制度改革から10年で何が変わったか　208

2　今，なぜ民事司法改革か　208
1）民事裁判制度の利用しやすさと利用満足度　208
2）民事訴訟件数は，国際比較でも極端に少ない　209
3）最近10年間日本の訴訟は，過払いを除き横ばいか，やや減少している　209
4）司法予算（裁判所予算）0.3〜0.4％と低額のままであり，また，裁判官の数も増えていない　209
5）訴訟件数が増えないのは，文化的原因（日本人の訴訟嫌い）ではなく，制度的原因にある（現在の通説的見解）　209

3　日弁連での取組み　210
1）日弁連定時総会での民事司法改革推進決議（2011〔平成23〕年5月）と民事司法改革推進本部（2011〔平成23〕年6月）の設立　210
- (1) 民事司法改革諸課題について　210
- (2) 諸課題の検討と提言　210
- (3) 弁護士の意識改革，業務態勢の改革などの取組み　211
2）民事司法改革グランドデザイン（2012〔平成24〕年3月）　211

4　東弁での取組み　211
1）民事司法改革実現本部の創設　211
2）第26回司法シンポジウム・プレシンポの開催　211

5　「民事司法を利用しやすくする懇談会」の発足（2013〔平成25〕年1月24日）　212
1）設立目的とメンバー〜各界からなる民間懇談会　212
2）中間報告書（同6月29日）　212
3）最終報告書（同10月30日）　212

6　重要な改革課題　212

7　日弁連と最高裁との民事司法に関する協議の開始　213
1）民事司法改革課題に取り組む基本方針　213
2）最高裁との協議スキーム　213

第2　民事・商事諸制度の現状と課題　216

1　民事訴訟の充実と迅速化及び民事司法改革　216
1）改正法の定着　216

- 2）審理の充実 216
- 3）計画審理 216
- 4）文書提出命令等の情報・証拠の開示・収集の制度 216
- 5）弁護士会照会制度の運用の厳正化と同制度の実効化 216
- 6）裁判の迅速化 216
- 7）判決履行制度 217

2 家事事件手続法 217
- 1）非訟事件手続法の改正と家事事件手続法の制定 217
- 2）家事事件手続法制定の経緯 217
- 3）理念・特徴 218
- 4）課題 218
  - (1) 適切な運用 218
  - (2) 家裁調査官の体制の充実 219
  - (3) 当事者の利用しやすさ 219
  - (4) 事件処理体制の整備 219

3 国際民事紛争解決制度 219
- 1）訴訟と仲裁 219
- 2）ハーグ国際私法会議における条約案作成作業 219
- 3）ハーグ条約（国際的な子の奪取の民事面に関する条約） 220

4 裁判外紛争解決機関（ADR） 221
- 1）ADRの必要性 221
- 2）ADR利用促進法の制定 221
- 3）ADRと弁護士法72条 221
- 4）ADR機関の評価 221
- 5）原子力損害賠償紛争解決センター 222

5 仲裁法 222
- 1）仲裁法制定 222
- 2）仲裁法の構成・概要等 222
  - (1) 構成 222
  - (2) 概要 222
- 3）これからの課題 223

6 知的財産権にかかる紛争解決制度の改革 223
- 1）知的財産権紛争の動向 223
- 2）近時の実体法改正の動向 223
  - (1) 特許法（2014〔平成26〕年改正，2015〔平成27〕年改正） 223
  - (2) 商標法（2014〔平成26〕年改正，2015〔平成27〕年改正） 224
  - (3) 不正競争防止法（2011〔平成23〕年改正，2015〔平成27〕年改正） 224
  - (4) 著作権法（2012〔平成24〕年改正，2014〔平成26〕年改正） 224
- 3）紛争解決制度の充実に向けて 224
  - (1) 日弁連知的財産センター 224
  - (2) 日本知的財産仲裁センター 224

7 債権法改正 225
- 1）改正作業のこれまでの経過 225
  - (1) 法制審議会民法（債権関係）部会による審議の状況 225
  - (2) 国会への法案提出とその後の状況 225
  - (3) 法友会や弁護士会等の取組みの状況 225
- 2）法案の内容 226
  - (1) 履行障害法に関する改正 226
  - (2) 債権者代位権，詐害行為取消権に関する改正 226
  - (3) 保証契約における個人保証人の保護 227
  - (4) 債権譲渡に関する改正 227
  - (5) 定型約款について 228
- 3）残された問題点 228
  - (1) 惹起型錯誤や現代型暴利行為の明文化の断念 228
  - (2) 契約の基本原則に関する規定の新設 228
  - (3) 個人保証の保護のさらなる充実の必要性 228

8 会社法改正と企業統治の改革 229
- 1）会社法改正の施行と社外取締役選任に関する2年後の見直し 229
- 2）コーポレートガバナンスコード等への対応のあり方 229
- 3）今後の取組み 230

9 労働法制に対する改革 230
- 1）はじめに 230
- 2）労働契約法の改正 230
- 3）労働基準法の改正 230
- 4）労働者派遣法の改正 231
- 5）労働紛争解決制度の充実 231

10 独占禁止法制の改革 232
- 1）改正法の概要 232
  - (1) 審判制度の廃止・排除措置命令等に係る訴訟手続の整備 232
  - (2) 排除措置命令等に係る意見聴取手続の整備 233
- 2）日弁連の意見 233
- 3）法改正後の動向 233

11 弁護士による企業の内部統制システム構築・CSR活動推進の支援等 234
- 1）内部統制システム構築 234
- 2）企業の社会的責任（CSR） 235
- 3）企業等不祥事と第三者委員会 235
- 4）ビジネスと人権に関する指導原則 235

第3 行政に対する司法制度の諸改革 236

1 行政手続の民主化 236
1）行政の透明化と市民参加 236
2）行政手続法の施行状況 236

2 公務員制度の適正化 237
1）実態と問題点 237
2）提言 238

3 行政訴訟改革 238
1）はじめに 238
2）行政事件訴訟の改正と改正後の運用 238
3）積み残し課題に関する改革の具体的方策 239

4 行政不服審査法 241
1）はじめに 241
2）改正経緯 241
3）提言 241

第6部 憲法と平和をめぐる現状と課題

1 はじめに 244

2 憲法改正問題 244
1）憲法の基本原理と改憲論 244
　（1）日本国憲法の基本原理の再確認 244
　（2）憲法改正の限界と基本原理 244
2）各界の動き 244
　（1）政界の動き（自民党の「憲法改正草案」について）244
　（2）財界の動き 245
　（3）新聞社の改憲論 245
　（4）市民の動き 245
3）憲法改正論に対する検討 245
　（1）改憲論の特徴 245
　（2）立憲主義と改憲論 246
　（3）国家緊急権 246
　（4）弁護士会の基本的な立場 247
　（5）まとめ 247

3 憲法改正手続法の問題点 247
1）憲法改正手続法の施行に至る経緯と問題点 247
2）今後の対応 248

4 日の丸・君が代について 248
1）国旗・国歌法について 248
2）自民党改正草案での日の丸・君が代 248
3）公立学校における国旗・国歌問題 248
　（1）学校行事における国旗・国歌の強制について 248
　（2）最高裁判決とこれに対する日弁連会長声明 248
　（3）大阪府条例について 249
　（4）まとめ 249

5 一人一票の実現 249

6 表現の自由に対する抑圧について 250
1）ビラ投函問題 250
2）新聞記者個人攻撃問題 251

7 知る権利や取材・報道の自由に対する制限について 251
1）かつての国家秘密法案に対する日弁連の動き 251
2）秘密保護法案提出とその成立並びに施行に向けた動き 251
3）特定秘密保護法案の問題点 252
4）日弁連・弁護士会の対応 252

8 国民の管理・統制の動き（マイナンバー制度）について 253
1）立法に至る経緯 253
2）マイナンバー制度の問題点 254

9 核兵器廃絶に向けて 255

第7部 東日本大震災と弁護士

1 東日本大震災の被害状況と弁護士に課せられた使命及び復旧復興支援活動を行うに当たっての視点 258
1）東日本大震災の被害状況と弁護士に課せられた使命 258
2）復旧復興支援活動を行うに当たっての視点（被災者に寄り添うために）259
　（1）被災者の中へ飛び込む 259
　（2）被災者の身になって 260
　（3）被災者・被災地支援の担い手を作る 260
　（4）将来の災害への対応を 260

2 住いの再建について 261
1）住いの再建についての各事業の概況 261
2）用地取得の迅速化の必要性と国の対応 261

3）更なる立法の必要性について　262
4）仮設住宅について　263

3　個人の二重ローン問題について　264

1）被災ローン減免制度の導入とその現状　264
(1) 二重ローン問題の重要性　264
(2) 被災ローン減免制度の導入と現状　264

2）被災ローン減免制度の利用が進まなかった原因と運用改善の必要性　264
(1) 制度の周知不足及び金融機関による条件変更契約締結（リスケジュール）の進行　265
(2) 申出要件及びその運用が厳格に過ぎたこと　265
(3) 全債権者の同意が必要とされたこと　265
(4) 運営委員会において被災者の状況把握等が適切になされなかったこと　265
(5) 地縁関係を原因とする制度利用への躊躇及び弁護士過疎　265

3）今後の大規模災害に対する立法的対応の必要性　265
(1) 個人の二重ローン問題対策についての弁護士会の提案　265
(2) 「自然災害による被災者の債務整理に関するガイドライン研究会」の発足　266

4）まとめ　266

4　被災中小企業の支援体制の強化（二重ローン問題）　266

1）中小企業支援の重要性と法的支援　266
2）国がとった中小企業支援策（中小企業の二重ローン問題）　267
(1) 二重ローン問題の重要性　267
(2) 産業復興機構と事業者再生支援機構の設立　267
(3) 支援要件の厳格さ　267
(4) 機構の並立による問題点　268

3）弁護士会の採るべき活動　268

5　原子力損害賠償の問題解決に向けて　268

1）原子力損害賠償に係る紛争解決状況　268
(1) 直接請求の状況　268
(2) センターによる和解仲介手続の状況　268
(3) 訴訟の状況　269

2）弁護士へのアクセスの確保　269
3）原子力損害賠償の特徴と問題点　270
(1) 各手続の選択　270
(2) 中間指針及び同追補について　270
(3) センターにおける和解仲介の現状と問題点　270

4）仮設住宅やみなし仮設住宅の使用期限　272
5）損害賠償の終期について　272
(1) 営業損害　272
(2) 避難指示解除準備区域・居住制限区域（大熊町・双葉町を除く）における精神的損害等の賠償　272

6　災害関連死の認定について　272

1）認定の不均衡　272
2）不均衡の是正策　273
3）審査委員会の問題　273
4）災害弔慰金額の算定の問題　273

7　在宅被災者の実情と今後の支援の在り方について　273

1）在宅被災者の存在　273
2）在宅被災者と他の被災者への支援の格差　274
3）在宅被災者の実情　274
4）今後の在宅被災者支援の在り方について　274
5）今後の大規模災害に向けて　275

第8部　人権保障制度の現状と課題

第1　各種権利保障の在り方の改革　278

1　子どもの人権　278

1）子どもの人権保障の重要性　278
2）少年司法制度をめぐる問題　278
(1) 少年司法制度の目的　278
(2) 少年法「改正」と少年審判の変容　279
(3) 新たな少年法「改正」の動き　279
(4) 全面的国選付添人制度実現へ向けた運動　280
(5) 少年矯正制度の改革　281

3）学校内の子どもの人権　281
(1) いじめ　281
(2) 体罰　282
(3) 教育基本法「改正」と教育改革　283

4）家庭内の子どもの人権〜児童虐待〜　283
(1) 児童虐待防止法の成立による効果と課題　283
(2) 児童虐待防止法制定による効果と課題　284
(3) 児童虐待防止法の改正　284
(4) 児童福祉法改正の動きと親権制度の見直し　284
(5) 未成年後見制度の改善　285
(6) 司法面接制度の導入の必要性　285

5）児童福祉施設内の子どもの人権　285
(1) 児童福祉施設の現状　285
(2) 施設内虐待　286

6）子どもの権利条約　286
7）子どもの権利に関する自治体の取組みと条例の制定　287
8）子どもの問題専門の法律相談窓口　287

- (1) 東京弁護士会「子どもの人権110番」 287
- (2) 子どもの人権110番の拡張 287
- (3) 民間組織との連携 287
- (4) 子どもに対する法律援助 288

9）子どもの代理人制度 288
- (1) 自主的な取組みとしての子どもの代理人活動 288
- (2) 家事事件手続法の子どもの手続代理人 288

10）民法成年年齢見直しの動き 289

2 高齢者の人権 290

1）基本的視点 290
- (1) 高齢者問題の現状 290
- (2) 高齢者の権利擁護と基本的視点 290

2）成年後見制度の活用 290
- (1) 成年後見制度の利用促進 290
- (2) 親族後見人等による権利侵害への対策 290
- (3) 弁護士後見人等への信頼の確保 291

3）高齢者虐待 291

4）認知症高齢者の医療をめぐる問題点 292

5）消費者被害 292

3 障がい者の人権 292

1）基本的視点 292

2）障害者自立支援法から障害者総合支援法へ 293

3）障害者差別解消法の成立・施行 294

4）障害者虐待防止法の実効性確保 294
- (1) 障害者虐待防止法の概要 294
- (2) 養護者による虐待に関する弁護士の役割 295
- (3) 施設従事者による虐待に関する弁護士の役割 295
- (4) 使用者による虐待に関する弁護士の役割 295
- (5) 3年後の見直しに向けて 295

5）罪を犯した知的・精神障がい者の支援 295
- (1) 刑事手続の中での支援 295
- (2) 刑務所等を出るときの支援 295

4 両性の平等と女性の権利 296

1）基本的視点 296

2）婚姻制度等の改正 296
- (1) 選択的夫婦別姓 296
- (2) 婚外子差別の撤廃 297
- (3) 婚姻適齢の平等化 297
- (4) 再婚禁止期間と無戸籍の子 297
- (5) 養育費の算定 298
- (6) ドメスティック・バイオレンス，ストーカー，リベンジポルノ 298

3）女性の労働権 299
- (1) 基本的視点 299
- (2) 性別を理由とする昇進及び賃金における差別の禁止 300
- (3) 労働者派遣法改正の問題点 301
- (4) マタニティー・ハラスメント（マタハラ） 302

4）弁護士社会における問題点 302

5 外国人の人権 303

1）入管行政の問題 303
- (1) 現状の問題点 303
- (2) 難民問題 305
- (3) 入管収容施設内での処遇問題 308
- (4) 弁護士会の取組み 309

2）外国人の刑事手続上の問題 310
- (1) 刑訴法と入管法の調整不備 310
- (2) 身体拘束をめぐる問題点 310
- (3) 通訳人をめぐる問題点 311
- (4) 取調過程の可視化の必要性 311
- (5) 今後の方針 311

6 犯罪被害者の保護と権利 312

1）犯罪被害者支援の必要性 312

2）犯罪被害者支援をめぐる立法の経緯 312

3）日弁連の取組み 312

4）犯罪被害者と刑事司法 313
- (1) 被害者参加制度 313
- (2) 国選被害者参加弁護士制度 313
- (3) 損害賠償命令制度 313

5）犯罪被害者等給付金制度 314

6）日本司法支援センターにおける取組み 314

7 冤罪被害者の保護と権利 314

1）冤罪被害者に対する補償の意義 314

2）冤罪被害者に対する補償の現状 315

3）被疑者補償法の制定を 315

4）非拘禁者補償法の制定を 315

5）その他の課題 316

8 死刑の存廃問題 316

1）死刑制度の是非について 316

2）死刑をめぐる内外の状況 317

3）我が国の死刑判決及び死刑執行の状況 317

4）我が国の死刑制度に対する国際評価 318

5）我が国の死刑制度に対する弁護士会の対応 318

6）現在の日弁連の取組み 319

7）おわりに 319

9 犯罪報道と人権 320

1）犯罪報道上の問題点 320

2）犯罪報道被害の現状 320

3）マスメディアの自主的努力の必要性 320

4）弁護士・弁護士会の取組み 321

10 警察活動と人権 321

1）拡大する警察活動について 321

2）警察活動に対する内部的な統制について 322

3）警察活動に対する監視・是正のあり方　322

11　民事介入暴力の根絶と被害者の救済　323

　1）はじめに　323

　2）民事介入暴力の現状　323

　3）民事介入暴力対策の整備　323
　　(1) 民事介入暴力被害者救済センター　323
　　(2) 研修会の実施　323
　　(3) 他の諸機関との連携　323

　4）今後の課題　323

12　患者の人権（医療と人権）　324

　1）患者中心の医療の確立　324

　2）医療基本法の制定にむけて　324
　　(1) インフォームド・コンセント　324
　　(2) 診療記録開示請求権　324
　　(3) 医療基本法制定の必要性　324

　3）医療事故の再発防止と被害救済のために　325
　　(1) 医療事故防止対策の現状と課題　325
　　(2) 医療被害救済の現状と課題　325

　4）医療訴訟の充実　325
　　(1) 医療訴訟の現状と課題　325
　　(2) 公正中立な鑑定のために　326
　　(3) 医療界と法曹界の相互理解の促進　326

　5）弁護士・弁護士会としての取組み　326
　　(1) 専門弁護士の養成　326
　　(2) 医療ADRのより一層の充実　326
　　(3) 医療部会の委員会化　326

　6）脳死臓器移植　327
　　(1) 改正までの論議　327
　　(2) 2009（平成21）年改正法　327
　　(3) 改正法施行後の状況　327

　7）生殖医療と法律問題　327

13　消費者の人権　328

　1）消費者の権利の重要性　328

　2）消費者問題の現状　329
　　(1) 悪質商法　329
　　(2) 金融商品取引　329
　　(3) ネットによる消費者被害　329
　　(4) 多重債務問題　329
　　(5) その他の被害　329
　　(6) 食の安全・製品の安全　329

　3）消費者行政の充実の必要性　329
　　(1) 消費者庁及び消費者委員会の創設　329
　　(2) 新組織の位置付け及び消費者安全法　330
　　(3) 消費者行政の現状と消費者庁・国民生活センターの徳島県移転問題　330

　4）消費者の権利擁護のための諸立法及び今後の展開　330
　　(1) 消費者基本法　330
　　(2) 割賦販売法・特定商取引法改正　331
　　(3) 消費者契約法の実体規定改正　331
　　(4) 貸金業法及び出資法改正　331
　　(5) 金融商品取引法・商品先物取引法　331
　　(6) 消費者団体訴訟制度　332
　　(7) 消費者裁判手続特例法及び違法収益の吐き出し　332
　　(8) 不当景品類及び不当表示防止法改正　332

　5）消費者が主役の社会へ──「消費者市民社会」の実現　333
　　(1) 「消費者市民社会」の実現　333
　　(2) 消費者教育の実施，充実　333
　　(3) ネットワークの構築　333

14　貧困と人権　334

　1）我が国における「貧困」の拡大の現状　334

　2）我が国の「貧困」の背景と原因　334
　　(1) 「貧困」拡大の要因　334
　　(2) 「日本再興戦略」，その後の改訂に基づく労働法制の規制緩和の動き　335
　　(3) 各種社会保障制度の実情と，生活保護制度改悪の動き　335

　3）貧困問題の解決への施策と弁護士の関与　335
　　(1) 基本的人権の侵害　335
　　(2) 労働法制の規制緩和に関する政府や地方公共団体に対する働きかけ　336
　　(3) 生活保護制度の改悪に関する政府や地方公共団体に対する働きかけ　336
　　(4) その他（奨学金問題）　336

15　環境と人権　337

　1）総論　337

　2）地球温暖化問題──排出量取引制度　337

　3）エネルギー政策──再生可能エネルギーへの転換　338

　4）まちづくりと環境　339
　　(1) まちづくりの重要性　339
　　(2) 自治体と条例　339
　　(3) 住民の役割　339
　　(4) 司法による救済　340

　5）環境訴訟制度の拡充　340
　　(1) 具体的権利性の確立　340
　　(2) 市民参加　340

　6）東京弁護士会をめぐる状況　340
　　(1) 環境宣言　340
　　(2) 弁護士会の取組み　341
　　(3) 環境マネジメントシステムの導入について　341

16　情報公開法・公文書管理法　342

　1）情報公開法　342
　　(1) 情報公開法の成立　342
　　(2) 情報公開法の問題点　342

　2）公文書管理法　343
　　(1) 公文書管理法の成立　343

(2) 公文書管理法の問題点及び見直し　343
 17　個人情報の保護の強化　344
  1）2015（平成27）年改正の概要　344
  2）自己情報コントロール権の考え方　344
  3）住民基本台帳ネットワークシステム（住基ネット）について　345
  4）特定個人情報（マイナンバー）の保護　345
  5）自己情報コントロール権の確立に向けて　345

第2　人権保障制度の提言　346

 1　国内人権機関の設置　346
  1）国内における動きと勧告　346
  2）日弁連・弁護士会の取組みと課題　346
 2　国際人権条約の活用と個人通報制度の実現に向けて　347
  1）国際人権条約の積極的な活用　347
  2）個人通報制度　347

第9部　弁護士会の機構と運営をめぐる現状と展望

第1　政策実現のための日弁連・弁護士会の組織改革　350

 1　司法改革の推進と弁護士改革実現のための方策　350
  1）中・長期的展望をもった総合的司法政策の形成　350
   (1) 総合的司法政策の必要　350
   (2) 継続的な調査研究　350
   (3) 政策スタッフの充実強化と政策プログラムの策定　351
  2）会員への迅速かつ正確な情報提供の確保　351
  3）市民との連携と世論の形成　352
   (1) 市民的基盤の強化　352
   (2) 市民向け広報の充実　352
   (3) 世論形成のための迅速・的確な行動　352
  4）立法，行政機関等などへの働きかけ　353
 2　弁護士会運営の透明化　354
  1）司法制度改革審議会の求めるところ　354
  2）弁護士自治との関係　354
  3）東京弁護士会の制度　354
  4）会員にとっての透明化　355
 3　日弁連の機構改革と運営改善　355
  1）会長選挙の在り方の検討　355
   (1) 直接選挙制の在り方　355
   (2) 当選要件の問題　355
  2）政策実施の体制の整備　357
   (1) 財政基盤の確立　357
   (2) 執行体制の強化　357
  3）適切な会内合意のあり方の検討　357
   (1) 総会　358
   (2) 代議員会　358
   (3) 理事会　358
   (4) 正副会長会　358
   (5) スタッフ部門　358
   (6) 委員会の機能　358
 4　日弁連の財務について　359
  1）一般会計の状況　359
   (1) 会員の増加と収入の増加　359
   (2) 会費減額などの問題点　359
  2）特別会計の状況　359
   (1) 会館特別会計　359
   (2) 災害復興支援基金特別会計　360
   (3) 法律援助基金会計　360
   (4) 少年・刑事財政基金会計　360
   (5) 日弁連ひまわり基金会計　360
  3）日弁連財務全体について　360
 5　公益財団法人日弁連法務研究財団　360
  1）日弁連法務研究財団の公益認定　360
  2）財団の組織　361
  3）財団の活動　361
   (1) 研究事業　361
   (2) 法科大学院適性試験事業　361
   (3) 法科大学院の認証評価事業　361
   (4) 法学検定試験・法科大学院既修者試験　361
   (5) 情報収集提供事業　362
   (6) 研修事業　362
   (7) 隣接業種向けの研修・弁護士法5条研修　362
   (8) 紀要・叢書の発行　362
  4）財団の課題　362
 6　関東弁護士会連合会の現状と課題　363
  1）関弁連の現状　363
   (1) 関弁連の組織　363
   (2) 活動　363
   (3) 財政赤字　364
  2）関弁連の課題　364
   (1) 東京三弁護士会とその他の関弁連所属の単位会の関係　364
   (2) 日弁連と関弁連との連携の強化　364
   (3) 東京三会からの関弁連理事長候補推薦のあり方　364

- (4) 関弁連の理事長選出単位会の決め方　364
- (5) 関弁連管内各弁護士会訪問等　365
- (6) その他の諸活動における参加・連携　365

第2　東京弁護士会の会運営上の諸問題 …… 366

1　会内意思形成手続の課題　366
- 1) 問題提起　366
- 2) 諮問の理由　366
- 3) 諮問の背景　366
- 4) 諮問の結果　366
- 5) 今後の取組み　367

2　役員問題　367
- 1) はじめに　367
- 2) 副会長の人数　368
- 3) 東弁副会長の職務　369
- 4) 対策案　369
  - (1) 執務時間の軽減　369
  - (2) 嘱託弁護士の活用　369
  - (3) 執行力の強化　370
  - (4) 役員の任期　370
- 5) むすび　370

3　委員会活動の充実強化　370
- 1) 委員会活動の重要性　370
- 2) 時代に適応した委員会活動　371
- 3) 委員会活動の充実強化　371
- 4) 委員会活動円滑化のための条件整備　372

4　事務局体制　372
- 1) 事務局体制の現状　372
  - (1) 事務局組織　372
  - (2) 業務量と職員数のバランス　372
- 2) 東京弁護士会マネジメント会議報告書による問題点の指摘及び提言　373
  - (1) 東京弁護士会マネジメント会議報告書　373
  - (2) 人事評価について　373
  - (3) 組織運営について　373
  - (4) ペーパーレス，ＩＴ化について　374
  - (5) まとめ　374
- 3) 職場環境の整備，ハラスメント防止体制など　375
- 4) その他　375

5　弁護士会館の今後の課題　375
- 1) 現状と課題　375
- 2) 対策　375

6　会の財政状況と検討課題　378
- 1) はじめに　378
- 2) 一般会計について　378
- 3) 予算編成について　378
- 4) マネジメント会議　378
- 5) 終わりに　379

7　選挙会規の問題点　379
- 1) 東京弁護士会選挙会規改正の経緯　379
  - (1) 平成19年の大改正　379
  - (2) 選挙規則の制定　379
  - (3) 郵便投票制度の導入　379
  - (4) 選挙運動文書　380
  - (5) 立会演説会及び公聴会の録音及び配信　380
  - (6) ウエブサイト及び電子メールを利用する選挙運動の解禁　380
- 2) 今後の課題　380
  - (1) ウエブサイト及び電子メールを利用する選挙運動の運用　380
  - (2) 同姓同名の場合　381
  - (3) 多摩支部会館での投票の実施について　381

8　会員への情報提供（広報の充実）　381
- 1) 情報提供の重要性　381
- 2) 情報提供の現状（会報，ウェブサイト，メールマガジン，メーリングリスト等）　381
- 3) 情報提供の方策（メール，ウェブサイト，スマートフォン用アプリの利用）　381

9　福利厚生　382
- 1) 補償制度の廃止　382
- 2) 各種保険，協同組合の充実　382
- 3) 東京都弁護士国民健康保険組合　382
- 4) 健康診断の実施　382
- 5) メンタル相談　382
- 6) 国民年金基金　383

10　出産・育児支援について　383
- 1) 出産や育児の負担を抱える弁護士の現状　383
- 2) 日弁連の取組み　384
- 3) 弁護士会の取組み　384
- 4) 制度の課題　384
- 5) 出産・育児支援の意義　384
- 6) 今後の検討課題　385
  - (1) 研修等の際の弁護士会館での一時保育の実施　385
  - (2) 雇用保険の加入の奨励　385
  - (3) 産休・育休ガイドラインの作成　385
  - (4) インターネット配信による研修のさらなる充実，スカイプ等の利用による会務参加　385
  - (5) 会員ネットワークのサポート　385

11　合同図書館の現状と問題点　386

- 1）図書館における正職員及び非正規職員について　386
  - (1) 図書館職員（正職員）について　386
  - (2) 非正規職員に関する問題について　386
- 2）書架スペース不足問題について　387
- 3）合同図書館におけるサービスの拡充について　387
  - (1) 会館の大規模修繕について　387
  - (2) IC化について　387
  - (3) 若手対策について　387
  - (4) まとめ　387

12　多摩地域・島嶼地域における司法サービス　388

- 1）多摩地域・島嶼地域の現状　388
  - (1) 多摩地域の現状と裁判所　388
- 2）多摩地域における今後の司法及び弁護士会の課題　388
  - (1) 東京地方・家庭裁判所立川支部の物的設備・人的規模の拡充と「本庁化」問題　388
  - (2) 弁護士会多摩支部の本会化　388
  - (3) 多摩地域の司法拠点の複数化　389
  - (4) 八王子の旧弁護士会館の処分・利用問題　389
- 3）島嶼部偏在対策　390

第3　会内会派としての法友会の存在意義と組織強化のあり方　391

1　会内会派としての法友会　391
- 1）法友会，会内会派の概要　391
- 2）法友会の組織構成　391

2　法友会の存在意義　391
- 1）弁護士自治の基礎単位としての法友会　391
- 2）法友会の政策提言機能　392
- 3）人材給源としての機能　392

3　法友会に求められる組織強化　392
- 1）いわゆる会務ばなれと多重会務問題　392
- 2）いわゆる無所属会員の増加問題　393
- 3）法友会に求められる取組み　393

2016（平成28）年度政策要綱執筆者・見直し担当者一覧（50音順）　394

編集後記　395

特集1
安全保障関連法制の
憲法問題

2015（平成27）年は，立憲主義の危機の年として，長く憲政史に刻みつけられる年となるであろう。

2015（平成27）年9月17日深夜の参議院特別委員会における強行採決の後，19日未明，参議院本会議において所謂「安全保障関連法」が成立した。このことは，徹底した恒久平和主義のもとで，9条解釈の限界として専守防衛に限定してきた政府見解の劇的な転換であり，憲法解釈の限界を超えた違憲の法改正・新法制定であると解すべきである。

我々は，憲法違反の法律が成立したという事実を立憲主義の重大な危機であると認識し，立憲主義を再生強化し，憲法の基本理念（基本的人権尊重，国民主権，恒久平和主義）を擁護する立場から，かかる法律の速やかな廃止を求めるものである。

2015（平成27）年9月19日未明に国会で成立した所謂「安全保障関連法」は，憲法解釈上，法理論的に重大な疑義があり，立憲主義に反する事態であると解する。

すなわち，安全保障関連法は，歴代内閣が武力行使を禁じた9条の解釈について40年以上にわたって堅持してきた「現行憲法9条のもとでは集団的自衛権の行使は許されない」とする限界を，安倍内閣が2014（平成26）年7月の閣議決定により一方的に乗り越える変更をし，2015（平成27）年5月に集団的自衛権の行使や自衛隊の海外での武力行使等を認める法律として国会提出したものである。しかしながら，そのような政治権力による一方的な憲法解釈の限界を越えた変更は，憲法改正手続を経ずに憲法を実質的に改変してしまうもので，96条に反することは勿論であるが，権力制限規範たる憲法を権力が侵害するものである点で立憲主義に著しく反し，認められない。従って，現行憲法のもとでは，安全保障法は憲法9条違反の法律として無効と言わざるを得ない。

実際，憲法学者の9割以上が違憲であると断じ，世論調査でも約6割が内容に反対し，約8割が説明不十分として法案の成立に反対していたにもかかわらず，本法は与党等の多数で可決・成立してしまったものである。

我々は，憲法の基本理念（基本的人権尊重，国民主権，恒久平和主義）を守る立場から，原点に立ち帰って，憲法違反の法律が存在するという事態に対し，これを是正して立憲主義を再生強化してゆくべきものと考える。

なお，政策論の中でも，とりわけ憲法に関する各問題は，個々の弁護士の思想信条にも深く関わるものであることから，弁護士会や弁護士団体が意見表明をすること自体についていろいろな意見のあるところではある。とりわけ，「安全保障と憲法」の問題に関しては，「高度の政治性を有する」との理由で，弁護士会のみならず任意団体である法友会が特定の意見を表明すること自体にも消極的な意見がある。

しかしながら，最高裁判所の「統治行為論」同様，「高度の政治性」を理由に政治の判断に法律家が意見を言わないとすれば，政治権力による立憲主義侵犯及び憲法違反行為をチェックすることはおよそ困難となる。弁護士及び弁護士団体は，「基本的人権の擁護と社会正義の実現」を社会的使命とするものであり，あくまで法理論上の観点から，政治権力の行為について，憲法の基本理念（基本的人権尊重，国民主権，恒久平和主義）に反しないかを検討し国民に対し問題提起を行うことは，法律家として当然の責務であると考える。その意味において，我々法友会としても，あくまで法理論上の観点から憲法上の問題点を検討し，会として問題提起をするものである（もちろん個々の会員の意思や意見を拘束する

> ものではない)。
> 　そのような観点に立って考えるとき，冒頭で述べた通り，所謂「安全保障関連法」は，法理論的に憲法解釈上重大な疑義がある場合に当たり，我々は，憲法の基本理念（基本的人権尊重，国民主権，恒久平和主義）を擁護し，立憲主義を堅持する立場において，この法律を速やかに廃止し，立憲主義を再生強化してゆくべきものと考える。

1　はじめに（憲法及びこれを支える立憲主義の危機）

　我々法律家は，日本国憲法をめぐる改憲論やその他の諸問題に対しては，

① 「個人の基本的人権を保障するために権力を制限する」という立憲主義の理念が堅持され，国民主権・基本的人権の尊重・恒久平和主義など日本国憲法の基本原理が尊重されるべきこと，

② 憲法前文に平和的生存権を謳い，9条に「戦争を放棄し，戦力を保持せず，交戦権を否認」する旨を規定したことによる徹底した恒久平和主義は，過去の軍国主義の歴史と先の大戦の惨禍への深い反省に立つものであって，今日においても，平和への指針として世界に誇りうる先駆的な意義を有し，かつ，ますます現実的意義を有していること，

③ この憲法前文と9条が，戦後70年間我が国の戦争を防ぎ，平和を確保するために重要な役割を果たしてきたこと，

等の認識を基本として活動すべきである。

　そして，この基本認識からすれば，2015（平成27）年に成立した安全保障関連法制は，重大な立憲主義違反の事態であり，その内容も明らかに憲法9条に違反すると言わざるを得ない。

　すなわち，第二次安倍内閣は，まず2014（平成26）年7月1日に，「国の存立を全うし，国民を守るための切れ目のない安全保障法制の整備について」という閣議決定を行った。それは，従前の「現行憲法9条のもとでは集団的自衛権の行使はできない。」との政府の憲法解釈を180度変更し，「我が国と密接な関係にある他国」に対する武力攻撃についても，我が国の存立危機の名の下で自衛隊が自衛権を行使できるとして集団的自衛権行使を容認し，さらに自衛隊の時的・地域的制限を解除して活動内容を大幅に拡大したものである。

　さらに，2015（平成27）年5月，安倍内閣はこの閣議決定を法的に実現するものとして，10本の法律の改正と1本の新法からなる「安全保障関連法」案を国会に提出した。その内容は，前年の閣議決定の内容をさらに具体化したものであり，その要旨は，㋐存立危機事態の名の下での集団的自衛権行使の一部容認，㋑重要影響事態や国際平和共同対処事態の名の下での武力行と一体化する恐れが強い自衛隊の後方支援活動の拡大，㋒PKO協力法等の改正による武力行使や，紛争の拡大につながりかねない駆け付け警護の容認，㋓米艦防護等を含み，平時から有事まで切れ目のない安全保障を謳うものである。

　しかし，これらの安全保障関連法制は，前文の恒久平和主義及びこれに基づく憲法9条解釈の限界を明らかに超えた法案を可決した点において，その制定過程において立憲主義に反するものであるし，内容的にも，前文の恒久平和主義及びこれを受けて「戦争の放棄」，「武力の行使や武力による威嚇の禁止」，「戦力・軍隊の不保持」を規定した憲法9条に，多くの点において違反するものである。

　この法律については，憲法学者の90％以上が違憲であると断じ，世論調査でも6割の国民がその内容に反対し，8割の国民が早急な成立に反対していたものであり，全国で市民・学者らの連日の強い反対運動が続いた。にもかかわらず，この法律が可決・成立したということは，国家の三権のうちの二権が憲法違反の法律の制定に積極的に関与したということであり，憲法及びこれを支える立憲主義の重大な危機であると言わざるを得ない。

　我々は，憲法の基本理念（基本的人権尊重，国民主権，恒久平和主義）を守る立場から，原点に立ち帰ってかかる事態を是正すべく毅然とした対応をしていくべきである。

今，我が国に求められているのは，何よりも憲法の基本原理にしたがって立法権・行政権を行使するという立憲主義の実質化・強化であり，徹底した恒久平和主義の理念のもとで，軍事力ではなく平和的方法による国際的な安全保障実現のためリーダーシップの発揮であることを改めて確認すべきである。

2 安全保障関連法制について

1）安全保障をめぐる今日までの憲法解釈の経緯

(1) 自衛隊の誕生から冷戦時代（個別的自衛権の容認）

別表Ⅰの通り，我が国は，1950（昭和25）年の朝鮮動乱の際に，駐留米軍の参戦により手薄になった我が国の安全保障を補うという趣旨で警察予備隊が設立され，それが1952（昭和27）年の保安隊を経て，1954（昭和29）年に自衛隊として実力組織を維持するに至った。

このような組織を持つこと自体が，徹底した恒久平和主義のもと戦争放棄・武力行使禁止・戦力不保持を規定する憲法9条に反するのではないかという問題はあるが，1972（昭和47）年の田中内閣の政府答弁において，「憲法は第9条において戦争を放棄し戦力の保持を禁止しているが，他方で，前文において平和的生存権を確認し，第13条において生命・自由及び幸福追求に対する権利が国政上で最大限尊重すべきことと定められており，自国の平和と安全を維持しその存立を全うするために必要な自衛の措置（個別的自衛権）は認められる。」との見解が示され，歴代内閣はこの答弁の立場を40年以上にわたって維持し続けてきた。

もちろん，平和主義を基本理念とする憲法が自衛の措置を無制限に認めているとは解されないから，前述の田中内閣の政府見解においても，個別的自衛権の行使について「①わが国に対する急迫不正の侵害すなわち武力攻撃が発生したこと，②これを排除するために他の適当な手段がないこと，③必要最小限度の実力行使にとどまるべきこと，という3つの要件が全て必要である（旧三要件）」「集団的自衛権の行使は憲法9条に反し認められない」とされており，この解釈についても歴代内閣は40年以上にわたり維持し続けてきた。

(2) 冷戦終結後の政策の転換と米国との協調

❶ 1989（平成元）年の米ソ首脳によるマルタ会談によって長く続いた東西冷戦は終結したとされるが（2年後の1991〔平成2年〕年にはソビエト連邦が崩壊した），その翌年である1990（平成2）年，イラクによるクウェート侵攻（湾岸戦争）が発生した。その際，我が国は，これまでの政府見解を維持する立場から，「自衛隊が海外で活動することは，専守防衛ではないからできない」「その代わりとして130億ドルを超える資金提供をする」という方法で貢献しようとした。ところが，多国籍軍によるイラク撃退の後，クウェート政府の感謝対象国の中には我が国の名前は含まれていなかったため，このことから「国際貢献のためには自衛隊の海外派遣が必要である。」という内外の圧力がかかるようになり，これを受けて政府は，翌1991（平成3）年，自衛隊に初めての海外活動としてペルシャ湾での機雷掃海活動にあたらせ，湾岸戦争から2年後の1992（平成4）年，「国際連合平和維持活動等に対する協力に関する法律」（通称PKO法）を制定し，同年9月に我が国の自衛隊が初めてPKO（第2次国連カンボジア停戦監視団）に参加する形で海外に派遣された。

これ以降別表Ⅰのとおり，自衛隊の海外派遣が常態化し，2006（平成9）年の自衛隊法改正により，自衛隊の海外活動が本来的任務に格上げされた。

❷ そして，このような状況のもとで，1997（平成9）年「日米防衛協力の指針（1978〔昭和53〕年ガイドラインの改訂）」が策定された。これにより，防衛施策が旧ソ連の侵攻を想定したものから朝鮮半島有事を想定した防衛に関する自衛隊と米軍の協働態勢

に変化し，自衛隊の活動のあり方の重要な変化となった。

また，この合意を国内法化する立法措置として，1999（平成11）年に「周辺事態法」など，いわゆる新ガイドライン関連法が成立し施行され，その後も別表Ⅰのとおり，次々と自衛隊の海外派遣，米軍との協働関係を定める法制が整備された（なお，2001〔平成11〕年の同時多発テロの直後に，当時のアーミテージ国防長官による「show the flag」という強い要請に応えてテロ特措法が制定され，インド洋での海上給油を実行している）。

❸ さらに，2005（平成17）年10月に発表された日米合意文書「日米同盟：未来のための変革と再編」により，米軍と自衛隊の一体化の実現，「周辺事態」の拡大，実質的に全世界規模（グローバル）の日米両国の協働態勢が想定された。この合意は，日米同盟の強化のためには集団的自衛権の行使を必要とするとの認識を含むものであった。そのような中で，2006（平成18）年12月に，防衛庁を防衛省に格上げする防衛省設置法が公布された。

❹ このように，米国による日米同盟のグローバル化の要請のもとで，集団的自衛権行使の容認が繰り返し求められてきたが，それでもなお歴代政権は，1972（昭和47）年の田中内閣の政府答弁の枠組み維持し，「集団的自衛権を行使することは，憲法上許されない」との解釈を堅持してきたものである。

(3) 安倍内閣による逸脱と安保関連法の成立

ところが，2012（平成24）年，第二次安倍政権が誕生するや，このような制約は一気に取り払われ，安全保障をめぐる政府の姿勢は劇的な変化を遂げるに至った。

❶ まず，2013（平成25）年10月の日米のいわゆる「2プラス2」（日米安全保障協議委員会）の共同声明において，日米同盟の戦略的な構想を取りまとめ，とりわけ我が国の安全保障政策に関する問題について，①国家安全保障会議の中枢組織の設置及び国家安全保障戦略（NSS）の策定，②集団的自衛権の行使に関する事項を含む安全保障の法的基盤の再検討，③防衛予算の増額，④防衛大綱の見直し，⑤防衛力の強化，地域への貢献の拡大に取り組むこと，⑥宇宙空間やサイバーテロ問題への対応などが確認された。これらは，CSIS（戦略国際問題研究所）のいわゆる「アーミテージ報告書（アーミテージ・ナイレポート）」の内容とも重なりあうものである。

❷ その後，我が国ではこれらに歩調を合わせて，まず2013〔平成25〕年暮れに国家安全保障会議設置法が改正され，国家安全保障会議の中に新たに外交・防衛・安全保障に関する基本方針と重要事項を審議する「4大臣会合」が司令塔として設置され，また内閣官房に50名規模の「国家安全保障局」を設置し，各省庁の情報を集中させることとした。これは，平時から有事までの重要な外交・軍事の政策を官邸主導で決定しようとするもので，アメリカのNSCを模して「日本版NSC」と呼ばれている（なお，保障局内の班には，十数名の制服自衛官も加わるとされており，制服組の影響力が強まることが想定される）。

❸ 同じく2013（平成25）年の暮れに，特定秘密保護法も自民党と公明党の強行採決により成立したが，その保護対象である特定秘密の概念は極めてあいまいであり，メディアの取材の自由の制限の恐れとも相まって，国家の重要な政策決定の基礎となる情報が隠蔽される恐れ（「知る権利」の侵害）があるし，他方，秘密の取り扱い主体の適正評価制度がプライバシー権を侵害する恐れもあることなどの多くの問題が指摘されている（詳細は，第6部7を参照されたい。）

❹ また，2014（平成26）年5月13日に，「安全保障の法的基盤の再構築に関する懇談会」（安保法制懇）が，我が国を取り巻く安全保障環境が変化したこと，憲法の文理上集団的自衛権の行使が制限されることを示す文言がないこと等を理由の骨子として，憲法解釈上集団的自衛権の行使は認められるとする報告書を安倍首相に提出した。

安保法制懇は，2013（平成25）年2月に5年ぶりに再開されたものであるが，すでに2008（平成16）年に政府の憲法解釈を変更して集団的自衛権の行使を認めるべきであるとする報告書を提出しており，今回はこれに加えて集団的自衛権行使の容認を含む国家安全保障基本法の制定についても検討するよう諮問したものである。しかし，この組織は首相の私的諮問機関でしかなく，しかもその構成員が集団的自衛権行使を容認する見解に立つ人員で占められていること，憲法学の専門家が一人もいないことに照

らしても，偏向のない公正な諮問機関とは程遠く，「結論ありき」の諮問と報告書でしかないと言わざるを得ない。

❺ 他方，安倍政権は内閣法制局長官人事についても，集団的自衛権行使容認論者である外務省出身者を長官に任命するという人事を実行した。新長官はその就任会見において，約40年にわたって維持されてきた「集団的自衛権の行使はできない」という内閣法制局の憲法解釈の見直しを示唆し，新聞報道によると，実質的には，わずか1日の検討で解釈変更が行われたとされている。

❻ そして，2014（平成26）年7月1日，安倍内閣はついに，国民の間に強い反対や懸念の声が数多くあるにもかかわらず，歴代内閣の「憲法第9条の下で許容される『自衛の措置』の要件」（旧三要件）を変更し，「新三要件」のもとで，集団的自衛権の行使を容認する旨の閣議決定を行った（いわゆる「解釈改憲」）。

さらに，2015（平成27）年5月，安倍内閣は，前記の閣議決定を受けて，集団的自衛権の一部容認や自衛隊の活動の時的・地域的制限を解除したうえで，活動内容を大幅に拡大したいわゆる「安全保障関連法案」を国会に提出し，参議院特別委員会での強行採決を経て，2015（平成27）年9月19日未明に成立させたのである。

2) 安全保障関連法の要旨と憲法上の問題点

(1) 安全保障関連法の要旨

安倍内閣は，2015（平成27）年5月，「我が国を取り巻く安全保障環境の変化」を理由に法改正の必要性を訴え，「我が国及び国際社会の平和及び安全のための切れ目のない体制の整備」の名の下で，10本の法律の改正と1本の新法からなる「安全保障関連法案」を国会に提出した。その要旨は以下の通りである。

❶ 武力出動について，「存立危機事態」の名の下で，「①わが国と密接な関係にある他国に対する武力攻撃が発生し，これによりわが国の存立が脅かされ，国民の生命，自由及び幸福追求の権利が根底から覆される明白な危険がある場合において，②これを排除し，わが国の存立を全うし，国民を守るために他に適当な手段がないときに，③必要最小限度の実力を行使することは許容される。」という自衛隊法の改正による新三要件のもとで，集団的自衛権行使を一部容認した。

❷ 重要影響事態，国際平和共同対処事態の名の下で，いわゆる周辺事態法の改正（重要影響事態法）と国際平和支援法を新設して，米軍や他国軍の支援地域を我が国周辺から地球規模に拡大した。

❸ 国際平和維持活動の名目でPKO協力法を改正し，PKOにあたらない活動も認め，さらに駆け付け警護を認め，任務遂行のための武器使用を認めた。

❹ ほかに，自衛隊法の改正により米艦防護や法人救出を可能にし，さらに船舶検査活動法の改正により我が国周辺自体以外の地域での船舶検査が可能となり，米軍行動関連措置法を米軍等行動関連措置法に改正して米軍以外の他国軍も支援できることとし，特定公共施設利用法の改正により米軍以外の他国軍も港湾・飛行場等の使用ができることとするなどの改正がなされた。

しかしこれらは，別表Ⅱのとおり，憲法違反を含む多くの問題を内包している。

(2) 安全保障関連法の憲法上の問題点

❶ 立憲主義違反

前述したように，従前の政府の憲法解釈は，憲法前文や9条の趣旨から憲法が自衛の措置を無制限に認めているとは解されないことを踏まえた上で，「①わが国に対する急迫不正の侵害すなわち武力攻撃が発生したこと，②これを排除するために他の適当な手段がないこと，③必要最小限度の実力行使にとどまるべきこと」という3つの要件（「旧三要件」）を全て満たした場合に，例外的に実力行使（個別的自衛権）が可能であるとしたもので，集団的自衛権の行使については憲法上認められないと明言してきた。そして，1972（昭和47）年にこの解釈を明言した田中内閣以降，歴代内閣は，この立場を40年以上にわたり堅持してきたものである。

ところが，安全保障関連法においては，「旧三要件」の大前提ともいうべき第一要件が大きく変更され，「わが国と密接な関係にある他国に対する武力攻撃が発生し，これによりわが国の存立が脅かされ，国民の生命，自由及び幸福追求の権利が根底から覆される明白な危険がある場合」（いわゆる「新三要件」による存立危機事態）には武力行使を認めるものとして，集団的自衛権行使を一部容認する劇的転

換が図られている。

そもそも，旧三要件は，武力行使を禁じた9条の例外として個別的自衛権が認められるかという問題について，政府が極めて厳しい限定の上でのみ認められるとしたものであるが（それでもなお，議論の余地があるとされていた），今回の新三要件は，この限定を緩和し，9条の武力行使禁止の例外を大きく広げるものであり，もはや9条解釈としては，明らかに限界を超えるのもであるといわざるをえない。

そして，歴代内閣が40年以上にもわたって堅持してきた9条と安全保障の関係に関する厳格な解釈を，一時の政府（安倍内閣）の恣意的な判断で180度転換する閣議決定をしたうえで，これに基づく違憲の法案を国会に提出して成立させるなどということは，憲法に違反する法律によって憲法を事実上改変するに等しいと言わねばならない（「法の下剋上」）。このことは，単に9条や憲法改正手続（96条）に違反するだけにとどまらず，国家の三権のうちの二権である内閣や国会が憲法の侵害に積極的に関与したということであり，憲法を支える根本理念である立憲主義を蔑にするものと言わざるをえない。

我々は，憲法の基本理念（基本的人権尊重，国民主権，恒久平和主義）を守る立場から，立憲主義や憲法の重大な危機において，原点に立ち帰って毅然と対応し，直ちに憲法違反の法律を廃止するよう求めるものである。

❷ 憲法9条に反する個別の問題点

安全保障関連法は，新三要件を満たした場合には「存立危機事態」として集団的自衛権行使の行使を一部容認するものであるが，すでに述べた通り，従前の政府解釈では集団的自衛権の行使は憲法9条に違反しできないとされていたものであり，今回のような政府による憲法解釈の変更が立憲主義に反し認められない以上，安全保障関連法自体が9条に違反する立法であると言わざるを得ない。のみならず，その法律の内容においても，憲法9条の趣旨に著しく反する点が多々あり，具体的には，主として以下の点があげられる。

① 集団的自衛権行使の「存立危機事態」の判断の基準である「わが国と密接な関係にある他国」「わが国の存立が脅かされ」「国民の生命，自由及び幸福追求の権利が根底から覆される明白な危険」等の要件自体が極めてあいまいであり，またこれらの要件を満たしているかどうかの判断権者についても政府は「最終的には総理大臣が自らの責任のもとで総合的に判断して決める」と説明しており，これでは例外を認める基準としてはあまりにも不明確・無限定であるといわざるを得ない。その結果，憲法9条が厳格に武力行使を禁じているにもかかわらず，その例外がなし崩し的に広く認められる恐れがあり，この意味においても，この規定は同条の趣旨に反し，違憲である。

② また，「重要影響事態」や「国際平和共同対処事態」における海外での他国軍隊に対する後方支援についても，時的・地理的制限の撤廃により常時・グローバルな活動が認められ，しかも「現に戦闘が行われていない地域」（周辺事態法における「現に戦闘行為が行われておらず，活動期間を通じて戦闘行為が行われることがないと認められる地域」から拡大）という形で，より危険な地域における活動が認められた点で，紛争への巻き込まれの危険性が高い。それに，他国軍隊への後方支援の活動内容として，弾薬も含む物資の輸送・提供や発進準備中の戦闘機への給油も可とされている点からすれば，もはや純然たる「兵站」活動であり，紛争相手国から見れば戦闘活動の一環でしかなく，それらの行為はもはや「武力行使と一体化」するものと評価せざるを得ない。その意味で，それらの行為は実質的に武力行使に当たり，憲法9条に反するものである。

③ さらに，PKO協力法改正により駆け付け警護等を認めた点は，本来PKO活動にあたらない武器使用を含む活動を自衛隊の任務とした上で，現場の判断で，他国のPKO活動等に携わる人員を第三者の攻撃から武器を使用して守るというものであるため，少なくとも現地での紛争に積極的にかかわることとなり，その相手方やその規模によっては，双方の実力行使が単なる軽微なものにとどまらず，地域的な紛争にまで発展する危険性がないとは言えない。その点において，やはり9条の趣旨に反するものと言わざるを得ず，認めることは困難である。

④ 加えて，その他の活動のうち，特に米艦等の防護は，国会の承認を必要としない現場の判断でで

きるものとされているが，攻撃されている米艦を防護するための活動は，必然的に実力行使を伴うはずであるから，ほとんど戦闘状態に巻き込まれることが確実であり，実質的に集団的自衛権の行使を別の形で認めたに等しいものである。

3）弁護士会の意見

(1) 2014（平成26）年7月1日閣議決定までの弁護士会の対応

以上述べてきたとおり，我が国は，湾岸戦争以降第二次安倍内閣に至るまで次第に法制度やこれに伴う自衛隊の海外出動に関する制限を緩和してきたものであるが，第二次安倍内閣はついに歴代内閣が毅然と維持してきた集団的自衛権行使の禁止という歯止めを乗り越えるという決定的な変更を行った。

このような流れの中で，日弁連，各単位弁護士会は，その都度，憲法の基本原理である基本的人権尊重，国民主権，平和主義の原則に立脚してこれらに抵触する疑いが強いものであるとして，あるいは廃案を求め，あるいは慎重な審議を求めてきた。

❶ まず，1999（平成14）年の周辺事態法から有事関連立法などへの動きについては，地理的限定の撤廃や他国軍への支援活動は武力行使と一体の活動となること等を指摘し，また「周辺事態」や「武力攻撃事態」・「武力攻撃予測事態」という曖昧な概念の下に首相の権限が強化される危険性などを指摘した。

❷ 次に，テロ対策特措法，イラク特措法に基づく自衛隊の海外派遣のときは，日弁連は，自衛隊の派遣先がイラク特措法の禁じる「戦闘地域」であることも指摘し，繰り返しイラクからの撤退を求めてきた。また，有事法制関連7法案・3条約に対しては，平時においても有事法制の名の下に憲法が保障する人権が規制され，国民主権がないがしろにされないよう，憲法の視点から今後も引き続き厳しく検証していく決意である旨の会長声明を発表している。

❸ さらに，海上自衛隊のソマリア沖への派遣について，日弁連は「自衛隊のソマリア沖への派遣に反対する会長声明」を出し（2009〔平成21〕年3月4日付），加えて，海賊対処法及びこれに基づく自衛隊の海外派遣についても，日弁連や東京弁護士会は同法の制定に反対する旨の会長声明を出している（日弁連会長声明は2009〔平成21〕年5月7日，東京弁護士会会長声明は同年6月18日付）。

❹ 近時の国家安全保障会議（日本版NSC）設置法の改正についても，東京弁護士会は2013（平成25）年11月7日，反対する旨の会長声明を出している。そして，集団的自衛権行使容認に向けて準備された国家安全保障基本法案について，東京弁護士会は，同年9月18日国会提出に強く反対する旨の会長声明を出しており，日弁連も，同年3月14日に，すでに「集団的自衛権行使の容認及び国家安全保障基本法案の国会提出に反対する意見書」を発表し，同年5月31日の日弁連総会においても，同様の決議を採択した。

(2) 解釈変更閣議決定及び安全保障法制の成立に対する活動

安倍内閣が，2014（平成26）年7月1日，集団的自衛権行使の一部容認等を内容とする閣議決定を行ったことに対し，東京弁護士会も日弁連も，すでに述べた通り，これに反対する会長声明を発しており，市民や学者を招いたシンポジウムも全国で多数回開催された。我が法友会においても，同年7月の旅行総会において反対決議を採択している。

2015（平成27）年5月の安全保障関連法案の提出と9月の成立に対しては，すでに述べた通り，日弁連およびほとんどすべての単位弁護士会が，直ちに抗議と法案反対の会長声明を出している。東京弁護士会においては，安全保障関連法案の違憲性や立憲主義違反を広く訴えるために，東京三会の共催により，有楽町駅前の街頭宣伝活動や市民シンポジウムなどを何度も行った（「安保法案反対うちわ」を配布するなどの工夫も重ねてきた）。同年7月15日には，存命の歴代会長全員の名の下で，「これまでの東京弁護士会からの再三の批判や警鐘にもかかわらず，政府はこれまで憲法をなし崩し的に改変するような法律や施策をいくつも行い，今回はついに解釈変更と法律をもって憲法の基本理念（恒久平和主義）を蔑ろにする安全保障関連法案を強引に推し進めているもので，立憲主義及び国民主権に反し憲法9条に明確に違反するものとして，われわれは到底これを見過ごすことはできない」という声明を発表し，記者会見も行ったことは画期的な行動であった。

さらに同年8月26日には，日弁連と学者の会の共催で，弁護士会館に法曹と学者300人が集い共同記者会

見を実施するという前例のない抗議活動を行い，元内閣法制局長官，元最高裁判所長官などの参加と意見表明もなされて，オール法曹と学者の初めての画期的な合同集会としてメディアが広く報道し，新たな反対行動の高まりを生んだ。

そして，同年9月19日の法案成立の後，東京弁護士会は，直ちに「選挙の際の争点とせず，国民の大多数も反対している状況下において，政府及び与党が衆議院に引き続き参議院でも本法案の採決を強行し，憲法9条・立憲主義・国民主権に違反する法律を成立させたことは，憲政史上の汚点であり，到底許されることではなく，強く抗議する」旨の会長声明を発した。もちろん，日弁連も直ちに，同様の抗議と法の廃止を求める会長声明を発している。

4）まとめ

安倍内閣の「解釈改憲」閣議決定のあと，反対運動は全国で始まり，地方自治体の中にさえも，反対決議をした議会も少なくない。市民運動は，2015（平成27）年2月にこれまで別々に活動していた3つの団体が連帯して「総がかり行動実行委員会」を作って市民運動を牽引し，2015（平成27）年の憲法記念日である5月3日に開催された横浜みなとみらい会場における3万人の集会が事実上口火を切り，同年8月30日の全国一斉の反対行動では，主催者側発表で国会周辺に13万人もの多数の市民が反対行動に集まった。

法律成立前の世論調査によると，6割以上の国民が法案に反対し，8割以上の国民が今国会での法律成立は時期尚早であるとしていた。しかしながら安倍内閣は，このような反対の声を無視する形で，参議院特別委員会での強行採決を経て同年9月19日未明に本法律を可決・成立させたものである。かかる事態は，憲法と立憲主義の重大な危機であると受け止めざるをえない。

くしくも戦後70年を迎えた2015（平成27）年は，立憲主義と恒久平和主義が大きな危機に瀕する大きな転換の年となった。先の大戦は，アジアで約1,900万人，我が国で約310万人の命が犠牲になったと言われているが，このことは戦争が最大の人権侵害であることを端的に物語るものである。しかし，70年の歳月は，戦争開始の決定にかかわり，戦争を遂行した世代だけでなく，単に何の責任もないまま戦争の犠牲となった世代も，急速に鬼籍に連れ去ろうとしている。それゆえ，我々は，今こそ，国内外の多くの人々に苦難を強いた戦争の歴史的事実を風化させることなく受け継ぎ，かかる愚かな国策を阻止しえなかった過去の歴史を教訓として生かすとともに，これらをしっかりと次世代に伝えるべきである。

すなわち，我々は，「戦争を放棄し戦力を保持しない」とした憲法9条の徹底した恒久平和主義が，先の戦争による惨禍に対する深い反省に立ったものであることをあらためて深く認識し，今日においても，この理念が平和への指針として世界に誇りうる先駆的な意義を有するものであることを意識すべきである。

人類の歴史と世界の現状に照らしても，軍事力によっては決して永続的な平和を得られることがないことは明らかであり，我が国は，憲法の恒久平和主義の理念のもとで，真の意味での「積極的平和主義」に立脚し，軍事力によらない平和的方法による国際的な安全保障実現のために，今こそリーダーシップを発揮していくべきである。

そのためには，まず我々自身が，法と正義の担い手たる法曹の一翼を担う存在として，危機にある憲法を救い出し，人類が幾多の犠牲と年月を費やして確立した英知である立憲主義を再生強化する方策を講じなければならない。

別表 I

年次	項目 紛争・法律・制度等	自衛隊海外出動等	備考
1950 (S25)	朝鮮動乱 警察予備隊が創設②	海上保安庁掃海隊が機雷掃海のため出動①	①憲法上の疑義あり ②米軍の朝鮮出兵で、日本防衛が手薄になるとの理由（GHQポツダム政令による）
1951 (S26)	サンフランシスコ講和条約 日米安全保障条約締結		
1952 (S27)	日米地位協定締結③ 警察予備隊が保安隊に④		③米軍基地等に関する特権 ④警察予備隊令失効、保安隊法施行
1954 (S29)	日米相互防衛援助協定（農産物購入、経済措置などと併せて、MSA協定と称す）⑤ 自衛隊法、防衛庁設置法 保安隊、警備隊が自衛隊に改組され自衛隊が発足⑥		⑤日本の自国防衛の責任を漸増させつつ、米国がその間の防衛を補充する ⑥航空自衛隊も新設
1969 (S44)		北朝鮮が米軍機を撃墜した際、佐藤首相の知らない間に自衛隊機が臨戦態勢に⑦	⑦シビリアンコントロールの機能に疑義
1972 (S47)	田中内閣の集団的自衛権行使を違憲とする政府答弁⑧		⑧ 旧三要件 →歴代内閣が踏襲
1978 (S53)	日米ガイドライン⑨		⑨ソ連の侵略に備えたもの
1889 (H2) 1990 (H2)	米ソ首脳マルタ会談⑩ 湾岸戦争…日本は130億ドル以上の資金援助をしたがクウェートからの感謝はなかった。内外からは、金だけではなく人も出せとの圧力⑪		⑩事実上の冷戦終結 ⑪これがトラウマになったといわれているが、実際は、90％以上が米国に渡り、クウェートには1％も渡らなかった。
1991 (H3)	ソビエト連邦崩壊	海上自衛隊が、ペルシャ湾で機雷掃海（初の海外派遣）⑫	⑫法的根拠に疑問
1992 (H4)	PKO法成立	PKOカンボジアに派遣⑬	⑬停戦監視団
1993 (H5)		PKOモザンビーク派遣⑭	⑭輸送調整
1996 (H8)		PKOゴラン高原派遣⑮	⑮兵力引き離し監視団
1997 (H9) 1999 (H11) 2000 (H12)	ガイドライン改定⑯、 周辺事態法等ガイドライン関連法 CSIS第1次アーミテージレポート⑰	インド洋派遣（海上給油） PKO東ティモール派遣 イラク（サマーワ）復興支援	⑯朝鮮半島有事（周辺事態）を想定（⑨参照） ⑰アジアの安定に日本の積極的な役割を求め、日米同盟を強化し、集団的自衛権行使、規制緩和などを求める
2001 (H13)	9.11テロ発生 アフガン戦争、テロ特措法		⑱国や地方公共団体の基本的な事項、国民の協力
2002 (H14)	イラク戦争、イラク特措法 武力攻撃事態法等⑱		
2003 (H15)	有事関連7法・3条約		

年			
2004（H16）	日米同盟：未来のための変革と再編⑲ 防衛省設置法，自衛隊法改正⑳ 防衛庁が防衛省に CSIS 第2次アーミテージレポート㉑		⑲周辺事態の拡大（実質的なグローバル化），集団的自衛権行使が必要 ⑳海外派遣も自衛隊の本来的任務に ㉑力による平和を唱え，日米軍事同盟の強化
2005（H17） 2006（H18）	新テロ特措法 海賊処罰対処法，海賊対処法※ 東京都知事石原慎太郎氏がヘリテージ財団で突如尖閣諸島の都有化を宣言㉓	PKO ネパール派遣 PKO スーダン派遣 インド洋給油再開 ソマリア沖派遣㉒ PKO 東ティモール統合ミッション，PKO ハイチ派遣	㉒この新法と 2006（H18）改正自衛隊法82条による ㉓中国との摩擦が強まる
2007（H19） 2008（H20）	CSIS 第3次アーミテージレポート㉔		㉔共同軍事演習実施，武器輸出三原則の廃止，秘密保全法制の整備，集団的自衛権行使容認等の必要性を強調
2009（H21） 2010（H22）	2＋2（日米安全保障協議委員会）共同声明㉕ 国家安全保障会議（日本版NSC）発足		㉕国家安全保障会議（日本版NSC）の設置，集団的自衛権の行使容認，防衛予算増加等の必要性が明記
2012（H24)	新防衛大綱㉖ 特定秘密保護法成立㉗ 安保法制懇再開㉘ 内閣法制局長官人事㉙ 7月：閣議決定による集団的自衛権の一部容認等㉚	南スーダンで，PKO 活動とODA 事業が連携	㉖武器輸出三原則の見直しの必要性，離島防衛の強化，オスプレイ購入 ㉗強行採決。ツワネ原則違反 ㉘・㉙集団的自衛権行使容認の立場に立つ ㉚ **新三要件**
2013（H25)	武器輸出三原則を廃止して「防衛装備移転三原則」に㉛ ODA 大綱見直し（PKO との連携の拡大）㉜ 4月：新ガイドライン㉝ 5月：安保関連法案提出 **9月：安保関連法成立㉞ →集団的自衛行使の一部容認等**		㉛原則禁止から例外禁止に ㉜ODA 軍事転用懸念 ㉝切れ目のない日米共同対応，日米同盟のグローバル化等 ㉞ **新三要件**
2014（H26） 2015（H27)			

別表Ⅱ

項目 \ 見解	安全保障関連法・政府見解	憲法上の問題点等	備考
存立危機事態（集団的自衛権の行使） 【自衛隊法】 【事態対処法】 【米軍等行動関連措置法】	新三要件（武力出動） ①我が国と密接な関係にある他国に対する武力攻撃が発生し，これにより我が国の存立が脅かされ，国民の生命，自由及び幸福追求の権利が根底から覆される明白な危険がある場合において【自衛隊法76条】 ②これを排除し，我が国の存立を全うし，国民を守るために他に適当な手段がない時【事態対処法9条】 ③必要最小限度の実力を行使すること〔は自衛のための必要な措置として憲法上許容される〕【事態対処法3条】。 ・これは，旧三要件の趣旨に沿うものである ・実質的に個別的自衛権と重なり合うものである。	9条違反 ・武力行使禁止の原則の例外を他国に対する攻撃の排除にまで認めることは，もはや歴代政権のいう専守防衛ではない。 ・例外要件は厳格かつ明確でなければならないが，「密接な関係にある他国」，「存立が脅かされ」，「根底から覆される」，「明白な危険」等のあいまい過ぎる文言である上，最終的には首相が総合的に判断するというのでは，判断基準も不明確であり，結局判断の合理性・妥当性が評価できない（秘密指定されるとますますわからない） →第一要件は旧三要件の根幹であり，これを実質的に外すことは，これまでの政府見解の趣旨に反する →あくまで他国に対する攻撃である以上，自国に対する攻撃に限定する個別的自衛権と重なり合わない	旧三要件（72年見解要旨） (1)憲法9条〔のもとでも〕我が国自身の存立を全うするための必要な自衛の措置を取ることは禁じていない (2)しかし，…〔自衛の措置は〕無制限…ではなく， ①あくまで（我が国に対する）外国の武力攻撃により ②国民の…権利をまもるためにやむを得ない措置に限られ（るとすべきであ〔り〕）③その措置は，これを排除するために必要最小限度の範囲に限られる (3)そうだとすれば，憲法上許される武力行使は，「我が国に対する急迫，不正の侵害に対処する場合」に限られるのであって，**他国に加えられた攻撃を阻止する「集団的自衛権」の行使は憲法上許されない**
武力攻撃事態，重要影響事態 国際平和支援法（後方支援） 【事態対処法2条，3条】 【重要影響事態法2条】	①米軍以外の他国も含む【重要影響事態法1条】 ②「現に戦闘行為が行われていない地域」【重要影響事態法2条】，【国際平和支援法2条】 ③「弾薬の提供，戦闘準備中の航空機への給油等」も可能【重要影響事態法3条別表1】 ③武器使用による保護対象者の範囲拡大【重要影響事態法11条】	弾薬の提供、戦闘準備中の航空機への給油等は、兵站であり、**武力行使と一体化**するため、9条に違反する 重要影響事態等の要件があいまい過ぎる 「活動の期間を通じて戦闘行為が行われなと認められる地域」という限定がなくなってより危険に	地理的限定がなく、グローバルに
国際平和協力法【PKO法】	駆け付け警護等 →武器使用可	紛争への関与の危険性が高まる（9条の趣旨に反する）	国会の承認不要（現場の自衛官の判断）
その他 【自衛隊法95条】	米艦等防護 米軍等と連携する活動や共同軍事演習中の米軍等の人や武器の防護 当該国の要請により，防衛大臣が必要と認める時，自衛官の判断で行う	連携活動や共同軍事演習に際しては，我が国も武器を用いていることが多いので，**実質的に集団的自衛権行使**となる危険性があり，法規制を潜脱することにつながる（9条違反）	国会の承認不要（現場の自衛官の判断）

特集2
新たな人権課題

1 ヘイト・スピーチ問題

> 在日朝鮮（韓国）人等に対する所謂「ヘイト・スピーチ」は，国際人権規約の自由権規約や人種差別撤廃条約で国際的に禁止されている人種差別行為であり，個人の尊厳を著しく傷つける人権侵害行為である。
> もちろん，「表現・言論の自由」が最大限尊重されるべきことは当然であるが，人種的差別行為としてヘイト・スピーチが公然と行われている以上，現に傷つけられている被害者を救済し人権侵害を防ぐために，我々は，基本的人権の擁護を使命とする弁護士として，厳格な要件の下での濫用の危険のない法規制の在り方を，民事・刑事・行政の各面から検討する必要がある。

1) ヘイト・スピーチとは

ヘイト・スピーチとは，広くは「マイノリティ（社会的少数派）に対する差別的・侮辱的な表現や言動」を指す言葉であるが，具体的社会問題としては，国際人権規約や人種差別撤廃条約との関係で，「民族的・宗教的・言語的なマイノリティ（①一国においてその他の住民より数的に劣勢な集団で，②被支配的な立場にあり，③国民の残りの人たちと違った民族的・宗教的または言語的特徴を有し，④自己の文化・伝統・宗教または言語を保持することに対して連帯意識を黙示的であるにせよ示しているもの）に対する，差別的・侮辱的な表現・言論による威嚇・扇動行為」を意味する。

日本では，当初「憎悪表現」と直訳されたこともあって，単なる憎悪を表した表現や相手を非難する言葉一般のように誤解されている向きもあり，これが法規制論において混乱を招く原因にもなっているが，あくまで「社会的マイノリティに対する差別扇動的言動」という社会的事象を指す言葉である。

2) 日本におけるヘイト・スピーチの歴史と実態

(1) 日本における顕在化の状況

戦後，日本社会には根強く在日朝鮮（韓国）人に対する偏見・差別が存在し続けてきたが，2000年代に入り，インターネット上で極めて無責任かつ非常識な罵詈雑言の言葉が踊るようになり，それが在日朝鮮（韓国）人に対しても向けられるようになった。やがて，それらの誹謗中傷はエスカレートしていき，遂にはそれらの者たちがネットを通じて連絡を取り合い，現実の運動団体化をしていった。

(2) ヘイト・スピーチに対する裁判例

2009（平成21）年12月から2010（平成22）年3月にかけて，「在日特権を許さない市民の会（在特会）」という団体が京都朝鮮第一初級学校（小学校）に対して街宣活動をかけ，大音響マイクで「朝鮮学校を日本から叩き出せ」「北朝鮮のスパイ養成機関」「密入国の子孫」「朝鮮人は保健所で処分しろ」「不逞朝鮮人を監獄にぶち込め」等の罵詈雑言を浴びせた。

これらの行為に対し，2013（平成25）年10月7日に京都地裁判決は，「単なる不法行為ではなく人種差別撤廃条約の人種差別にあたる」と認定し，在特会に対し学校側への約1226万円の損害賠償と，半径200メートル以内の街宣等を禁止している。

また，2012（平成24）年6月にも，奈良水平社博物館での特別展示「コリアと日本」に対する在特会副会長の街宣活動について，奈良地裁で名誉棄損と認定され150万円の損害賠償が認定されている。

(3) 各地のヘイト・スピーチ（排外主義デモ）の状況

2012（平成24）年8月，東京・新大久保で排外主義デモが行われ，お散歩と称して商店街の中に入り込み，韓国系商店の看板を蹴り飛ばしたり，店員らを捕まえて「ゴキブリ」「殺すぞ」と怒鳴り，日本人客に対しても「こんなところで買うな」「売国奴」と罵る等の暴行・脅迫・営業妨害行為を行った。

また，2013（平成25）年2月〜3月にも，同じく新大久保で同様のデモが行われ，「韓国人を絞め殺せ」「うじ虫韓国人を日本から叩き出せ」「朝鮮人は即刻東京湾へ叩き込みましょう」「良い韓国人も悪い韓国人もどちらも殺せ」等の罵詈雑言を在日朝鮮（韓国）人に

浴びせた。

2013（平成25）年2月24日，大阪・鶴橋でも排外主義デモが行われ，「ゴキブリチョンコを日本から叩き出せ」「恥ずかしい民族が偉そうに息を吸うな」「在日朝鮮人は不法入国という犯罪者」「いつまでも調子に乗っとったら，南京大虐殺じゃなくて鶴橋大虐殺を実行しますよ（女子中学生の発言）」等の罵詈雑言を在日朝鮮（韓国）人に浴びせた。

これらの在日朝鮮（韓国）人への集団的行動による罵詈雑言・誹謗中傷は，上記だけでなく日本中で今でも日々行われており，しかもこれらの情報はネットで拡散し，これに同調する者がむしろ増加している傾向がある。

3）ヘイト・スピーチによる「人権侵害」とは

このような，主に在日朝鮮（韓国）人への集団的行動による罵詈雑言・誹謗中傷（ヘイト・スピーチ）は，特定の個人や施設が対象であれば，個別の身体・名誉・財産等の権利に対する侵害として，脅迫・強要・名誉棄損・侮辱といった刑事処罰や，不法行為等の民事制裁も可能である（前述したように判例もある）。

しかし，不特定の「朝鮮人」「韓国人」という民族一般に対するヘイト・スピーチについては，現行法上は個別の被害・損害認定が困難なため，民事制裁や刑事処罰等の法的規制規定がなく，デモや集会等への行政的規制も，表現・言論の自由との関係で簡単ではない。

他方，不特定対象の形であっても，ヘイト・スピーチの標的とされた人たちは，自尊心が深く傷つき，更なる攻撃への恐怖に怯えトラウマとなり，自己喪失感と無力感に苛まれ（「魂の殺人」），また近隣からも蔑みの目で見られる等，憲法14条（平等原則）に反するのみならず，憲法13条で保障される「個人の尊厳」を著しく傷つけられている。それは，「人権侵害」以外の何物でもない。

国際条約的には，これらの言動は明らかに人種差別であり，世界中の国々で違法とされている行為である。

4）国際法上の規制

(1) 国際人権規約

国際人権規約の自由権規約第20条2項は，「差別，敵意又は暴力の扇動となる国民的，人種的又は宗教的憎悪の唱道は，法律で禁止する。」と定めており，日本は1979（昭和54）年にこれを批准している。

(2) 人種差別撤廃条約

人種差別撤廃条約（1964年12月国連総会採択）の第4条は，加盟国に対し，概要，以下のように定めている。

締約国は，①人種的優越性や，皮膚の色や民族的出身を同じくする人々の集団の優越を説く思想・理論に基づいていたり，②いかなる形態であれ，人種的憎悪・差別を正当化したり助長しようとするあらゆる宣伝や団体を非難し，このような差別のあらゆる煽動・行為の根絶を目的とする迅速で積極的な措置をとることを約束する。このため，締約国は，世界人権宣言に具体化された原則と次条が明記する権利に留意し，特に次のことを行う。

(a) ①あらゆる人種的優越・憎悪に基づく思想の流布，②人種差別の煽動，③人種や皮膚の色，民族的出身の異なる人々に対するすべての暴力行為や，④暴力行為の扇動，⑤人種主義的活動に対する資金援助を含むいかなる援助の提供も，法律で処罰すべき違法行為であることを宣言する。

(b) 人種差別を助長し，煽動する団体や宣伝活動（組織的なものも，そうでないものも）が違法であることを宣言し，禁止し，こうした団体や活動への参加が法律で処罰すべき違法行為であることを認める。

(c) 国や地方の公の当局・機関が人種差別を助長しまたは煽動することを許さない。

(3) 日本政府の対応

しかし，日本は，1995（平成7）年（条約成立後31年後）にようやく人種差別撤廃条約に加盟したものの，第4条の(a)と(b)の条項は留保（法的効果を排除または変更）したままである（条約加盟国176か国で留保は20か国のみ）。

また，日本は，1979（昭和54）年に自由権規約を批准し，その20条によりヘイト・スピーチを禁止する法的義務を負っているが，未だに人種差別を一般的に禁止する法律すらない。

国連の人種差別撤廃委員会は，このような状況の日本政府に対し，2001（平成13）年以降数回にわたり，

人種差別撤廃条約第4条の完全実施と差別禁止法の制定を勧告しているが，日本政府は，「正当な言論までも不当に委縮させる危険を冒してまで処罰立法措置をとることを検討しなければならないほど，現在の日本が人種差別思想の流布や人種差別の煽動が行われている状況にあるとは考えていない。」「現行法で対処可能」「啓蒙等により，社会内で自発的に是正していくことが最も望ましい」と反論している。しかし，当時既に存在した前述の京都地裁判決や奈良地裁判決には触れず，国際人権員会より勧告されている差別の実態調査も行っていない。

5）ヘイト・スピーチに対する法規制の是非

以上，述べてきたとおり，日本における主に在日朝鮮（韓国）人に対するヘイト・スピーチによる人権侵害の状況は，極めて酷い状況にあり，国際法的にも，日本はこれを法的に規制すべき立場にある。

しかし他方，憲法学会や弁護士会内においては，ヘイト・スピーチの被害を認めつつも，法規制には，以下のような強い慎重論がある。

① 一定の人々にとっていかに「不快」でも，権力が表現内容に基づいて「不快だから規制する」ことを認めることは，他の「悪い」表現，例えば政府批判を政府が法規制することに道を開いてしまう危険がある。

② 表現の自由は，法規制に弱い性格を有し，たいていの人は処罰される危険を冒してまで表現活動をせず，法規制が過度の自主規制を招く委縮効果の危険性がある。それを避けるには禁止される行為は何かを明確に示す必要があるが，ヘイト・スピーチの場合，その範囲の線引きが困難である。

③ 法規制は差別する人の心までは変えられないから，啓蒙や教育で対処すべき。

④ 法規制ではなく，対抗言論により解決するのが民主主義であり，表現内容に政府が介入することを許すのは民主主義を揺るがす。

確かに，「表現・言論の自由」に対する法規制には，権力による濫用の危険性が常に伴うものであり，特に刑事法的規制については，慎重な検討が必要であろう。

しかし，現在日本において行われているヘイト・スピーチは，もはや「不快」というレベルのものではなく，明らかなマイノリティに対する「人種差別」「人権侵害」であり，それらの言動で「個人の尊厳」を著しく傷つけられている人たちが，現に目の前に存在している。それなのに，法規制のリスクや規制対象選別の困難さを理由に，結果としてそれら現実の被害者の人たちに対し何も法的な救済をしないことが，基本的人権の擁護を使命とする弁護士として，許されることであろうか。

人種差別禁止に向けての啓蒙や対抗言論は確かに重要であるが，今現在攻撃されているマイノリティの人たちを救済する法的手段は別途考えられるべきである。また，聞く耳を持たない確信的な誹謗中傷者たちに対して，「思想の自由市場」での議論で悪質な言論は駆逐されるという理屈が成り立つかは疑問であるし，マイノリティ等の対抗言論が実際に社会的に保証されているかも疑問である。

6）弁護士会等での検討状況と問題意識

日弁連は，2015（平成27）年5月，国に対し「ヘイト・スピーチ等の人種的差別に関する実態調査を行うこと」「人種的差別禁止の理念並びに国及び地方公共団体が人種的差別撤廃に向けた施策を実行するに当たっての基本的枠組みを定める法律の制定を求めること」等を求めることを趣旨とした「人種等を理由とする差別の撤廃に向けた速やかな施策を求める意見書」を理事会で採択・決議し，ヘイト・スピーチが法的に許されないものであるという理念を明確に打ち出した。

東京弁護士会は，更に一歩踏み込んで，2015（平成27）年9月，「地方公共団体に対して人種差別を目的とする公共施設の利用許可申請に対する適切な措置を講ずることを求める意見書」と地方公共団体向けリーフレットを常議員会で採択・決議し，地方公共団体に対し一定の要件のもとでヘイト・スピーチ団体への公共施設利用を拒否することを求めている。

「表現・言論の自由」が最大限尊重されるべきことは当然であるが，人種的差別行為としてヘイト・スピーチが公然と行われている以上，現に傷つけられている被害者を救済し人権侵害を防ぐために，厳格な要件の下での濫用の危険のない法規制の在り方を，民事・刑事・行政の各面から検討することは必要である。我々法友会としても，今後ともその検討を進めてゆく。

2 性的マイノリティ

1）LGBTに関する基本的理解

　ＬＧＢＴ（Ｌ：レズビアン〔女性同性愛者〕，Ｇ：ゲイ〔男性同性愛者〕，Ｂ：バイセクシュアル〔両性愛者〕，Ｔ：トランスジェンダー〔出生時の法的ないし社会的性別とは一致しない，またはこれらに捉われない生き方を選ぶ人などを表現する包括的な言葉〕）とは，性的マイノリティの総称である。大きくは，性的指向と性自認に分けることもできるが，このような区別に拠れない場合もある。

> LGBT（性的マイノリティ）の基本的な理解を深めて，その差別禁止や人権保障を実現する必要がある。学校教育を含めたLGBTに関する啓発活動を実施し，または，これを活性化させるとともに，同性婚の法制化等の必要な法整備やLGBT施策の実現等を図るべきである。

　株式会社電通総研の調査では，日本国内におけるＬＧＢＴ層に該当する人の人口比率について，2012年（平成24年）年に5.2％，2015（平成27）年に7.6％と発表されており，一定数の存在が認められる。

　ＬＧＢＴは，性の多様性における少数者であるという側面が認められるだけであり，差別されたり，権利の保障に欠けたりして良い理由はない。人格の本質とも密接に関連したＬＧＢＴの性的指向や性自認に偏見を持ち，ＬＧＢＴではない者と比べて，差別的に取り扱ったり，その権利を保障しなかったりすることは，個人の尊厳や幸福追求権（憲法13条）を侵害し，平等原則（憲法14条）に反する問題にもなる。

2）LGBTに対する啓発活動の必要性

　一般社会における偏見や誤った情報により，ＬＧＢＴを差別し，その人権を侵害するような言動が認められる。これは，ＬＧＢＴに対する基本的理解が不足していることに原因があり，その基本的理解を深める教育や啓発活動が必要となる。

　この点，法務省が，平成27年版人権教育・啓発白書において，性的指向や性同一性障害を理由とする差別をなくすという啓発活動を記したり，文科省が，2015（平成27）年4月30日付通知「性同一性障害に係る児童生徒に対するきめ細やかな実施等について」において，性同一性障害を含めた性的マイノリティとされる児童生徒に対する相談体制等の充実等の対応の実施等の必要性を記したりしていることは評価できるが，実際にＬＧＢＴの基本的理解が社会に浸透してゆく具体的方策も速やかに講じるべきである。

　例えば，学校教育においては，異性愛のみを前提としない性教育等やＬＧＢＴの存在を前提とした多様性が認められる共生社会のあり方などについて，教科書に記載したり授業に取り入れたりする必要があるし，会社等の職場においては，職場内でＬＧＢＴやその支援者（ally）のグループ作りの支援，職場内啓発イベントの実施や職場外ＬＧＢＴイベントの協賛が考えられる。

　東京弁護士会としても，学校や企業に対する研修会や相談会の取り組みをすることも考えるべきである。

　日本国としての情勢に鑑みても，2008（平成20）年10月，国連自由権規約委員会より，ＬＧＢＴの人々に対する社会的ハラスメントとスティグマの付与の報告や自治体が運営する住宅制度から同性カップルを実質的に排除している差別的規定について，懸念を表明し，すべての事由（性的指向およびジェンダーアイデンティティを含む）による差別の禁止やハラスメント防止措置をとるべきであると勧告（勧告11項）されており，2020（平成32）年には東京オリンピックが開催されることから，ソチオリンピックの際の同性愛宣伝禁止法成立による開会式参加見送りの問題も反面教師として，ＬＧＢＴの権利保護の動きを加速させなければならないことは明らかである。

　このように，ＬＧＢＴの基本的理解に基づいて，差別撤廃や権利保障の気運が高まっている現在において，人権擁護を使命とする弁護士は，ＬＧＢＴに関する啓発活動に理解を示し，これを支援する活動をするべきである。

　なお，東京弁護士会では，現在，セクシュアル・マイノリティ電話相談を実施しているが，その回数を増

やすことも望まれる。

3）立法的措置の必要性

　法的保障の観点でいうと，同性愛婚姻が認められておらず，その結果，同性パートナーについては，相続等の財産関係，同居・協力・扶助義務（民法752条）や共同親権等の身分関係，健康保険や年金に関する地位の不明確性等，法的に承認されている異性愛婚姻者と同等の権利が保障されていなかったり，保障されるかが不確定であったりする状況にある。また，法律上の婚姻関係が認められないことから，保険契約の締結，一緒に住む住宅への入居手続き，入院する際の治療の同意や面会など，様々な場面で事実上の制約を受けている。

　なお，同性パートナーは，同性愛婚姻が認められないことから，次善の策として養子縁組をしているという実態もあるが，言うまでもなく婚姻した場合の法律関係と違うところがあり，かえって混乱を生じさせることにもなりかねないので，早期に同性愛婚姻が認められるようにするべきである。

　同性愛婚姻について，2015（平成27）年6月26日，アメリカの連邦最高裁判所が各州は修正第14条（平等条項，適正手続条項）の下，同性婚を許可し，州外で適法に成立した同性婚を法律婚と認めることが義務づけられるとする旨の判断を示したことは大きく報道された。

　日本国内では，地方自治体について，例えば，東京都渋谷区において，2015（平成27）年3月31日，同性のパートナーシップ証明の発行を内容とする渋谷区男女平等及び多様性を尊重する社会を推進する条例が成立するなどしていることは評価できるが，国において，同性愛婚姻が認められていないことの問題を十分に理解して，速やかに同性婚法の立法的措置を講じるべきである。

　また，性同一性障害者の性別の取扱いの特例に関する法律では，家庭裁判所において性別の取扱いの変更の審判をすることができるとされているが，「生殖腺がないこと又は生殖腺の機能を永続的に欠く状態にあること」や「現に未成年の子がいないこと」などの厳しい要件があり，特に，実質的に子孫を残すことを不可能にして，しかも，医療扶助の対象とならないために多大な経済的負担を強いられる性別適合手術等が前提とされていることは問題である。

　性別適合手術を要件とすることは多大な負担であり，戸籍の性別変更ができない結果，戸籍上の性別が自認する性と異なり，社会生活上多大な負担と不利益を被る結果となっている。要件を緩和するように，法改正が図られるべきである。

4）職場におけるLGBT施策の必要性

　職場でのＬＧＢＴの問題として，環境的ハラスメント（日常的な揶揄等による嫌がらせやいじめ），昇進等の差別的扱い，ロイヤリティの欠如（福利厚生の面での不利益），メンタルヘルスの悪化（ＬＧＢＴであることを隠さなければならないという状況の下で，緊張，不安，孤立といったストレス等）等が現に存在する。

　このような問題については，各企業等において重要な課題と受け止めて，積極的にＬＧＢＴ施策を講じるべきである。実際に，日本国内においても，ＣＳＲとしてもＬＧＢＴの問題について取り組みを進める先進企業があり，このような取り組みは，ＬＧＢＴ社員の勤労意欲の向上，ＬＧＢＴ市場の開拓，個々の従業員の在り方を尊重する企業としての価値を高める結果となる。

　具体的には，東京弁護士会において企業等に向けて研修をする機会を設けるなどすることにより，職場における啓発活動や研修により基本的理解を浸透させるとともに，差別禁止の明文化，同姓同性パートナーへの福利厚生の適用等，具体的な権利保護をすることに取り組むべきである。

第1部
司法制度改革の到達点と新たな課題

第1 司法制度改革の経緯と現状

1 司法制度改革の背景

　正義の仕組みとしての司法は，正義があるべき内実と態様をもって実現するようこれを保障するためのものである。その改革が課題となるのは，現にある正義があるべき質と量に達していないという認識が社会的に共有されるときである。

　司法制度の改革は，正義に関する社会の需要に司法が応えるために，その機能（実務のあり方）を革めようとするものである。戦後司法改革（1948〔昭和23〕年）であろうと，臨時司法制度調査会の意見書（1964〔昭和39〕年）であろうと，司法制度改革審議会の意見（2001〔平成13〕年）であろうと，その点については，異ならない。

　それでは，21世紀冒頭の司法制度改革は正義に関する社会のいかなる需要に対応しようとしたのか。実のところ，その需要の何たるかについては，当時，司法制度改革を唱道していた人びとの間でも，十全な共通認識は生まれていなかった。司法制度改革審議会の委員を例にとれば，ほぼ全員が，90年代に圧倒的な影響力を誇示していたネオ・リベラリズム（neo liberalism）の政治経済理論を意識しながらも，その論理に全面的に乗ることには躊躇を覚えていた。どの委員も極端な規制改革論者やリバタリアン（libertarian）とは一線を画していた。むしろ，いずれかといえば，従来型の，福祉国家の政治経済理論であるニュー・リベラリズム（new liberalism）のアプローチに親和的な発想を抱きながら，各委員は，それぞれの見解をもって審理に臨んでいた。多様な見解が併存し，当然，正義のあり方に関し社会が何を求めているかの捉え方も完全には一致していなかった。それでも，社会の動的な定性を保持するものとしての正義の実現という限りでは，共通の了解があったといえる。

　グローバルな奔流に一国の政治・経済・社会が投げ込まれて翻弄される——これは現代の国家・社会に不可避な現象である。動的でない社会など望むべくもない。動的と安定とは相容れないものがあるにしても，抗争と分裂を避け，社会の平和と統合を保持しなければならない。どうすればよいか。激動する社会を自動車に喩えるなら，その自動車は窓から人びとを振り落とさんばかりに疾走している。現に振り落とされた人びとを車内へ拾い上げつつ（社会への再包摂），車内での公正な競争と共生，運転の適正さ，他の自動車との競争と協調などを下支えし，助成し，そして，保障すること——それが，公共のものたる国家に向けられた要請である。要請先は，国家であっても，かつては政府・行政であった。そのベクトルが変わり，要請先が司法とされたところに，今回の司法制度改革の特徴がある。なぜ，司法なのか。国家（政府・行政）の規制から脱して自由な経済活動を求める立場（ネオ・リベラリズムに親和的）は，市場の攪乱者へは，市場そのものの力と事後的な制裁や救済をもって対処せよ，その役割は司法が担うべきだ，と説いた。これに対し，政府・行政による人びとの権利保護が不十分であるとの認識をもつ者（ニュー・リベラリズムに親和的）は，司法的救済を通して，そうした政府・行政のあり方を変えるべきだと説いた。これらとは別に，一方での国家の公共性の衰退，他方での個人の公共性の未確立という二つの公共性の不全を日本社会の根本的な課題と捉え，これの統合的な克服を志向する者（仮に公共主義と呼ぶ）は，公共性の確立のために司法による統御と支援を拡充すべきであるとした。21世紀の日本国家を展望するこれらの文脈の異なる声が，司法の役割の拡充という課題設定において交差したのである。

　社会の動的な安定性を保持するための正義とは，人びとの自由な活動を正義・公平に適うものになるように公共的に支援することを通して導かれる，ユニークさと普遍性とが統合された正義のことである。それは，人びとの自由な活動を重視する社会の正義ではあっても，ネオ・リベラリズムが好んで説く，「過度の事前規制・調整型社会から事後監視・救済型社会への転換」というスローガンに含意されている正義とは異なる。もともと，「過度の」と書けば，ネオ・リベラリズムならずとも，それを望ましい社会のあり方とはいわないだろう。かといって適切な「事前規制・調整」まで否定すべき理由はない。また，「事前規制・調整

型社会」に対置されるものは，必ずしも「事後監視・救済型社会」ではない。ネオ・リベラリズムは，単に「事前規制・調整」を取り払って「事後監視・救済」の仕組みを整えるだけで正しく豊かで質の高い社会がもたらされるかのごとく説くが，未だかつてそのような社会が実現した試しはない。自由な活動が正しく豊かで質の高い社会を生み出すには，「事前」と「事後」の間の過程（プロセス）の適正さが保たれなければならない。「事前規制・調整」に置換されるべきは，自制的（自律的）な過程における正義・公平を保障しうる公共的な支援である。これを「自制的過程・公共支援」というなら，これがあってはじめて「事後監視・救済」による正義の実現も実効性をもちうる。かくして，何れも正義のための，「自制的過程・公共支援」と「事後監視・救済」との二つの機構を整備・拡充することが，そして，両機構の担い手として司法を位置づけることが，多様な立場の間で了解された。社会の動的な安定性を保持するための正義は，ここに成立するわけである。司法制度改革審議会の意見の根底にあるのはこの考え方である。

2　司法制度改革の経緯

　1999（平成11）年7月から審議を開始した司法制度改革審議会は，同年12月21日の「論点整理」において，司法の問題状況を次のとおり整理した。「……『司法は，国民に開かれておらず，遠い存在になっている』，『弁護士も裁判所も敷居が高く，温かみに欠ける』，『司法は分かりにくく国民に利用しづらい制度となっている』，『社会・経済が急速に変化する状況のなかで，迅速性，専門性等の点で，国民の期待に十分応えられてない』，『行政に対するチェック機能を十分果たしていない』等々，司法の機能不全を指摘する声も少なくない。端的に言えば，一般に，我が国の司法（法曹）の具体的な姿・顔が見えにくく，身近で頼りがいのある存在とは受けとめられていない」と。「機能不全」に陥った司法への嘆きは，今般の司法制度改革の前史ともいうべき従来の変革運動の中で繰り返し人びとの口から発せられてきたものである。もっとも，その原因たる疾病の理解は改革を唱える者の中でも必ずしも一致していなかった。ある者は裁判所の官僚制的傾向（官僚性批判）に，またある者は民主主義的な要素の脆弱さ（非民主性批判）に，そして，別の者は司法（法曹）界の権威性・閉鎖性・特権性（ギルド性批判）に，それぞれ重きを置いて司法の問題状況を論った。出されてくる処方箋は，官僚性を払拭し，民主化され，ギルド性を抜け出した司法を志向するものであった。

　官僚性批判や非民主性批判は，政治経済理論としては，等しくニュー・リベラリズムに立脚する従来型の司法制度改革論に繋がっていた。両者は，戦前からの大陸法的制度に現行憲法によって英米法的制度が接合されたという日本の司法制度の特色を反映した議論であり，改革の方向づけも，大陸法的制度の洗練化に力点を置くものと英米法的制度への転換に力点を置くものとがあった。総じて改革の相対的な重点は，裁判官および裁判所制度の改革と司法参加の拡充にあったといえよう。

　これに対し，ギルド性批判は，伝統的なプロフェッショナリズムを動揺させながら，社会の需要から司法や法律家を再定義する視点を提供し，ネオ・リベラリズムや公共主義に親和的な見地からの司法改革論と結びついていった。両改革論は，その間に根源的な哲学の相違を抱えてはいたものの，司法制度改革の処方箋においては共同歩調をとることとなった。上述の「自制的過程・公共支援」と「事後監視・救済」のシステムを担うには，司法は，"法廷の内から外へ""事後処理からプロセス支援へ""ルールの適用から創造へ"と変革されなければならず，そのためには，司法全体の機能とその人的資源の拡充が急務であるとされた。

　このように哲学の異なるさまざまな改革論が改革案策定の事業に流入したわけであるが，実現した司法制度改革はパッチワークの代物ではない。それ自身において固有の理念と体系をもつ。改革案として最初に提起されたものと最終的に採択されたものとは大なり小なり異なっている。それでも，「司法制度をより利用しやすく，分かりやすく，頼りがいのあるものとする。」「質量ともに豊かなプロフェッションとしての法曹を確保する。」「国民が訴訟手続に参加する制度の導入等により司法に対する国民の信頼を高める。」の三

つの柱からなる司法制度改革審議会の改革メニューは，従来の改革論からも，新しい改革論からも，ともに同意できる――あるいは，少なくとも否定しえない――ものであった。もとより，そのことは，今回の司法制度改革を支えた各々の改革論の基礎にある哲学，例えば，ニュー・リベラリズム，ネオ・リベラリズム，公共主義の対立が止揚されたことを意味しない。哲学の違いは依然として存在する。それらの改革論の次元での統合は，改革諸施策の総体としての運用をとおして達成されるべき課題となったのである。

3　司法制度改革の現状

　2001（平成13）年の司法制度改革は，それを具体化する幾つもの法制度が作られ稼働している今日，いわば司法の普段の風景の一部となっている。改革が制度に転化した時点――最終的には，2009（平成21）年の裁判員制度の実施――で，司法制度の改革は，司法の実際のありようをより良いものにするための運動へと再び立ち返ったといえよう。かくして司法制度改革の現状とは，司法，すなわち，日本社会における正義を実現する営為（administration of justice）とその変革の取り組みの動態的な実情のことである。

　司法制度改革の現状は，2011（平成23）年3月11日の東日本大震災で目撃されたさまざまな事象にも投影されている。被災者支援に多くの弁護士会と弁護士が立ち上がり献身的な活動を展開した姿は，集団として歴史的に育まれてきたプロフェッショナリズムの現状を示すものといえる。とはいえ，法的救済を必要とする被災者のすべてに寄り添い持続的に支えて行くだけの司法アクセスの資源があるかとなれば，現状は甚だ疑問である。福島第一原子力発電所の事故からは，原子力発電所の安全性神話に寄りかかってこれを容認し続けてきた司法判断の現状を垣間見ることができる。被災自治体の再建，法制度の整備，復興のための諸種の計画の立案に，法曹の関わりが少ないのも，地域社会や自治体との関係での法曹の存在性の希薄さという現状の反映といえる。

　ここで司法制度改革の現状を捉える観点をいくつか整理してみよう。

　第1に，司法・弁護士の機能の本質的な定義は見えてきているか。公衆衛生分野の概念を借用すれば，（法的）疾病の治療から（法的）疾病の予防と（法的）健康増進までを射程に入れた機能定義が求められる。そうした機能を果たすには，弁護士は，プロフェッショナルな法のストラテジスト（strategist）たるべきであろう。弁護士が構築するのは，事件・事故という非日常的な出来事の法的な事後処理のためのストラテジーに留まらない。日常的な対人活動（事業・業務・組織活動その他）の健全性を法的に保障するストラテジーにも及んで然るべきである。

　第2に，司法・弁護士がその実現を担うべき正義の統合的な定義は確立してきているか。司法・弁護士は，個別具体的な正義の実現を図るとともに，日本社会が将来に向かって拠って立つべき普遍的な正義の姿を描く責任をも自覚的に引き受けていかなければならない。

　第3に，司法・弁護士と市民の結びつきの定義は誕生しつつあるか。アクセスは双方向であるべきだ。さらには，尊厳ある生のためのライフライン――法のライフライン――として，司法・弁護士と市民は，常時，繋がっていなければならないのではないか。常に繋がっている中で，一人ひとりが懸命に生きる，その過程（プロセス）が，正義・公平に適うとともに，理不尽な扱いや不正義によって損なわれないようにすること――法の支配が行き渡るとはそういうことである。

　第4に，司法・弁護士の役務は，法の領域以外の公共的な役務との連携性をもって定義されようとしているか。人びとが求めているのは，司法・弁護士のそれをも組み込んだ包括性のある公共的な役務の提供を受けることではないのか。プロバイダーたる司法・弁護士の都合や関心に合わせて人びとの期待や需要を切り取るようなアプローチは見直しを要する。

　目ざすべきは，正義に基礎づけられた豊かな社会である。法・正義は，人びとが分裂を乗り越えて互いに結びつき共生する基盤である。そうした法・正義の実現を保障する社会的な機構が，司法であり，弁護士である。上記の四つの観点は，かかる発想に基づく。司法・弁護士は，これら観点の指し示す方向に進まざるをえない。現状は，その方向への歩みが始まった段階といえよう。

第2 「法の支配」の実現と法曹の使命

1 問題の所在

　今次の司法改革（2011〔平成13〕年6月12日の司法制度改革審議会意見書）における「弁護士」の活動領域拡大の課題は，その後「法曹有資格者」という新しい概念が登場し，「法曹有資格者の活動領域拡大」として拡張した形で課題設定されるようになった。現在，法務省に「法曹有資格者の活動領域拡大に関する有識者会議」が設置されて，法曹養成制度改革の中心テーマの1つとして具体的な推進策の検討が始められた。

　「法曹有資格者」とは司法試験合格者のことである。司法修習を終了していない司法試験合格者も含まれる。この新概念登場の背景には，裁判実務の専門性は必ずしも必要ではないこと，若い人材をより早く採用することなど採用する側（官庁，企業）の要請があり，併せて，裁判実務を中心とする従来の法曹像の変革を求める主張がなされている。またすでに，司法試験合格者を直ちに国家公務員として採用するルートが制度化されている。

　弁護士及び法曹有資格者の活動領域拡大は，さらに推進される必要があるが，法曹三者の枠を超えた法曹有資格者が今後，増加されることが予測されることから，例えば，司法試験合格者が，行政官（官庁），行政職員（自治体），企業などに就業する意義はどこにあるのか，公務員採用試験ルートで公務員となった者と何が違うのか，「法の支配」の実現を目的とした司法改革とどのように関係するのかなど，司法と行政の在り方，在るべき法曹像など今後の司法の在り方を左右する極めて重要な課題があることを認識するべきである。

　そして，「法の支配」の担い手たる弁護士に必要な能力とはどのようなものなのか，その能力がどのように培われていくのか，法曹養成制度と司法試験の在り方にもつながる問題である。

2 「法の支配」と司法改革

　司法改革では，「法の支配」が指導理念とされ，「法の支配」の実現が司法改革の根本課題（＝目的）とされている。そして，法曹は，「法の支配」の実現の担い手とされており，したがって「『法の支配』を実現すること」は「法曹の使命」というべきである。

　ところで，「法の支配」とは何か，「法の支配」を実現するとは具体的にはどういうことか，については必ずしも共有化されていない。司法改革を真に成功させるためには，「法の支配」の理念的意義を明らかにし，その実現のための法曹の在り方について，共通の理解を持つことが必要である。

3 「法の支配」の意義

　「法の支配」の核心的な意義は次の3つに要約することができる。
① 目的としての人権保障，法による権力の規制（⇒立憲主義）
② 制度としての司法・裁判所・法曹の役割の重視（⇒司法の優越）
③ 法の内容的正当性・適正手続きの要請（⇔法治主義）

　「法の支配」は，憲法の基礎理念の1つとされ，憲法の多くの規定で制度化されている。「法の支配」は，「憲法の理念による支配」と同義といってよい。

　「法の支配」の実現とは，憲法理念の実現を意味する。

4 「法の支配」と法曹の使命

1)「法の支配」の担い手としての法曹有資格者

　法曹有資格者の活動領域拡大は，司法改革の一環として実施されるのであるから，法曹有資格者も「法の支配」の実現を使命とするものでなければならない。したがって，法曹は従来，法曹三者を意味するものと解されていたが，これからは，法曹有資格者も含めて「広義の法曹」として考えるべきである。

　「広義の法曹」（法曹三者及び法曹有資格者）の使命は，立場の違いはあっても，「法の支配」を社会の様々な分野で実現することである。

　裁判官及び検察官は，司法官として，「法の支配」を実現することが使命である。弁護士の使命は，弁護士法第1条で基本的人権の擁護と社会正義を実現することと定められているが，このことは「法の支配」を実現することを弁護士の職務に即して表現したものと解すべきである。

　弁護士は，弁護士会に登録したまま，企業，官庁，自治体等に就業する場合もあれば，登録をしない場合もあるが，いずれの場合も法的専門性を生かす業務に就業する限り，法曹としての使命を担うと考えるべきである。

　法曹有資格者については，官庁，自治体，企業，国際機関などの様々な分野に進出する意義が問われなければならない。高度の専門性により，行政，組織に貢献する価値とともに，「法の支配」の実現という使命を果たすことに根本の意義がある。

2) 法曹有資格者の使命の共通項

　「法の支配」の実現，すなわち「法曹の使命」の在り方や具体的な中味については，法曹の立場，職責の違いに応じて，今後，検討されるべき課題である。

　弁護士の場合，その使命の在り方は，「在野精神」という概念で表現されてきた。しかし，弁護士の活動領域拡大に伴って，「在野精神」だけではその使命の在り方の全てを表現することができなくなってきた。国，自治体，企業に就業した弁護士の使命は，例えば，「遵法精神」（＝違法，不正，権限濫用を許さない）と表現できる。また，刑事裁判官，検察官については，「無辜の者を罰してはならない」「巨悪を眠らせない」などと言われてきた。法曹有資格者について，その立場に応じて，その使命である「法の支配」の実現とは何かが問われるが，なかなか困難な課題である。

5 法曹の使命と法曹倫理

1)「法の支配」に必要な法曹倫理

　司法改革の目的である「法の支配」の実現を達成するためには，その担い手である広義の法曹が「法の支配」を実現することを共通の使命とすることが不可欠である。

　法曹が，活動領域拡大により，多様化する中で，共通の使命を持つことは，法曹のアイデンティティーを確立し，維持することである。

　法曹の使命，すなわち「法の支配」の実現は，成文規範による制度的保障（「弁護士職務基本規程」「検察の理念」）とともに，法曹倫理を法曹自身が内在化（内面化）すること及び法曹が社会の多様な分野で活躍することが重要である。

2) 法科大学院における法曹倫理教育の重要性

　法曹倫理の内在化は，出発点として，法科大学院における法曹倫理教育が担うべきである。法曹倫理教育によって，法曹倫理の基礎が内面化され，将来の法曹としての精神的基盤が醸成される。法曹倫理教育は，その前提となる法曹倫理の探求とともに，今日までなおざりにされてきた。しかし，法曹養成問題の中で最も心を砕く必要があるのが「人を育てる」という視点であり，法曹倫理教育はその重要な役割を担うことができる。法曹倫理教育の充実・強化は，司法の将来に関わる喫緊の重要課題である。

3）法曹としてのアイデンティティー

戦後の司法改革で現行弁護士法が制定され，弁護士法第1条に弁護士の使命が明示された。弁護士が，この使命を共有することによって，弁護士のアイデンティティーが形成され，維持・強化された。弁護士の使命規定は，弁護士の統合理念として機能し，戦後半世紀以上にわたり弁護士の活動を支える確固たる精神的基盤を形成してきた。使命規定は，宣言的規定ではあるが，その果たしてきた役割は極めて大きい。

法曹の多様化が想定される今日，法曹が共通の使命を見出し，法曹が共有する精神的基盤（アイデンティティー）を確立する意義は，今後の司法の在り方にとって計り知れないほど重要である。

6 法曹の実質的資格要件と法曹倫理の司法試験科目化

1）法曹の実質的資格要件

法律形式上は，原則として，司法試験に合格し司法修習を終了することによって，法曹資格を取得することになるが，法曹の実質的な資格要件は，職業的専門性と職業的倫理性を備えることである。専門性と倫理性は法曹の実質的資格要件の車の両輪であり，いずれが欠けても真の法曹とは言えない。

2）法曹倫理を司法試験科目化する必要性

法科大学院では法曹倫理が必修科目となっており，予備試験では法曹倫理が出題されている。また，ほとんどの欧米諸国では，法曹倫理が司法試験の科目とされている。

現行の司法試験では，法曹倫理が試験科目化されておらず，法的専門性のみを問うものであるが，法曹の実質的資格要件に照らせば，明らかに不十分である。早急に，法曹倫理の司法試験科目化の実現を図るべきである。

法曹倫理の司法試験科目化については，法曹倫理の研究レベルが未成熟（スタンダードとなる基本書がないこと，法曹倫理の通説が確立していないことなど）であることなどを理由に，消極論がある。しかし，戦後，司法研修所を中心とする新しい法曹養成制度が発足し，既に半世紀以上も経過しているにもかかわらず，研究レベルの未成熟を根拠に試験科目化に消極的姿勢をとることは本末転倒というほかない。

真に司法改革を成功させるために，法科大学院における法曹倫理教育をさらに強化し，より多くの優れた法曹を養成することが根本課題である。法曹倫理の強化，確立に向けたあらゆる努力を尽す必要がある。

7 「法曹倫理教育に関する委員会」の設置

上記で記述した政策を実現するため，関東弁護士会連合会では，平成26年度執行部において，「法曹倫理教育に関する委員会」（以下「委員会」とする）を設置し，活動を開始した。

委員会は，法科大学院，大学学部等の法曹を志す者を対象とした法曹倫理教育の充実を目的として，具体的には①法科大学院等における法曹倫理教育の実状調査，②法曹倫理及びその教育方法を研究する学術団体（仮科「法曹倫理教育学会」）の設立，③法曹三者及び法曹三者以外の法律専門職に関する倫理並びにそれらの者に共通する倫理，使命の研究，④法曹倫理の司法試験科目化の検討，⑤法曹倫理教育の充実・強化のための教材作成（例えば，再審死刑無罪事件などのテキスト化）などの活動に取り組む予定である。

第3 司法制度改革の新たなステージ

1 司法制度改革における法曹人口問題・法曹養成制度改革問題の位置付け

　司法制度改革の問題は，我々弁護士の間においては，弁護士制度改革の問題，すなわち法曹人口問題や法曹養成制度改革の視点から論じられることが多い。

　しかし，日弁連が唱えた「市民のための司法改革」のコンセプトは，「司法の規模容量の拡大」と「官僚的司法から市民の司法への質的転換」の2つが柱であったものであり，弁護士が自らの実践を通じて広く社会の理解と共感を得ることを通じて，司法を市民のものとするための取組みであった。そのような日弁連の活動が，当番弁護士制度の全国展開を通じて被疑者国選弁護制度を実現させ，全国の法律相談センターや公設法律事務所の実践的活動が日本司法支援センターの発足と国の責務に基づく法律扶助制度の整備・拡充へと発展し，また，全国の裁判傍聴運動や模擬陪審運動を通じて裁判員制度の創設につながっていったのである。

　もちろん，各制度の課題や民事司法制度の改革が遅れていること等残された問題も多く，本政策要綱の該当項目で個別に論じられているように，これからも司法制度の利用者である市民の視点から，不断の検討が必要であろう。

　そして，司法制度改革の中で，この10数年間の改革が最も議論を呼び，各界の様々な観点から制度の改善や修正が議論されているのが，法曹人口問題（需要と活動領域の問題を含む）と法曹養成制度改革の問題であろう。詳しい議論は，これも各該当項目の個別の論述に譲るが，この10数年の間に弁護士になった若い世代の会員たちのためにも，本稿では，それらの問題がこれまでどのような経緯と内容で検討され議論され，現在はどのような状況にあるのか，その流れを俯瞰的に説明することとする。

2 日弁連の司法改革宣言から「司法制度改革審議会」設立までの経緯

　日弁連は，1990（平成2年）5月に最初の司法改革宣言「国民に身近な開かれた司法をめざして」を発表したが，それは当時，「2割司法」（弁護士や司法制度による解決が必要と思われる事案の内，実際には2割しか弁護士や司法制度を利用できていない）と言われた現状を打破し，「司法の容量を拡大することによって司法を国民に身近なものにして行こう」「そうすることによって国民の法意識も変わっていき，官僚的司法を打破して国民の司法参加や法曹一元制度を実現していくことができる」という理念のものであった。

　そこで言う「司法の容量の拡大」とは，第一に司法制度の担い手である裁判官・検事・弁護士の法曹人口そのものを総体的に増やすことを前提にしていたが，それだけではなく，裁判所・検察庁の体制拡充と全国整備，訴訟制度や実体法・訴訟法の見直し，法律扶助（援助）制度の充実等が眼目となっており，その後も日弁連は様々な角度から数回にわたり司法改革宣言を行っている。

　他方，前述の「第1　司法制度改革の経緯と現状」でも述べられているとおり，当時の社会情勢においては，同じように法曹人口の拡大を求めながらも，日弁連とは異なる視点，例えば規制緩和論の立場から「裁判のコストとアクセスの改善のために，参入規制を緩和して法曹人口を拡大すべき」との考え方も経済界の一部に強くあった。

　そのような中で，逆に日弁連内部においては，「弁護士需要は増えておらず，弁護士人口が増大すれば弁護士の経済的基盤を脆弱なものにし，弁護士の公共的使命を果たすことができなくなる」とのいわゆる「弁護士経済的自立論」が一部でかなり強く主張されるようになり，司法試験合格者の増員に反対する動きに繋がって行った。そして，1994（平成6年）12月の日弁連臨時総会において，当時すでに外部の有識者の間では司法試験年間合格者を1,000〜1,500名とすることが

前向きに検討されていたにもかかわらず，「合格者を相当程度増員すべき」としながら「今後5年間は年間800名以内とする」旨が決議されるに至った。

しかし，この1994（平成6年）12月の日弁連決議は，外部の有識者や各界に受け入れられなかったばかりか，当時のマスコミ・世論から「司法制度改革つぶし」「日弁連は既得権益のためにギルド化」「自治能力が疑われる」等の強い批難を受ける羽目となり，結果として，司法制度改革についての日弁連への信頼を大きく揺るがし，日弁連の影響力を大きく減じる結果となってしまった。翌1995（平成7年）11月には，日弁連は上記決議を「1999（平成11）年から合格者は1,000名とする」と変更したが，もはや「法曹界には任せておけない」という流れは変わらず，その年1996（平成8）年12月には，総理府内の行政改革委員会の中の規制緩和小委員会で「中期的には合格者1,500名程度」という数字が打ち出され，その後も自由民主党・司法制度特別調査会や経済団体連合会等が，法曹人口の増大とともに弁護士法72条と弁護士自治の見直しを検討事項に含める等，法曹人口問題は法曹界の枠に納まらない政治問題に発展していった。

このように，「市民の司法」の実現を目指す日弁連の司法改革運動や，法曹人口を巡る論議，内外の情勢や社会構造の変化に伴い司法の機能強化を求める各界からの意見の広がりなどの中で，1999（平成11）年7月，法曹人口問題のみならず刑事司法制度やその他の裁判制度，裁判官制度や市民の司法参加の制度など様々な課題を含む司法制度改革の全般的な問題を検討するために，13名の有識者（法曹三者は3名のみ）により構成される「司法制度改革審議会」が内閣に設置されるに至った。

3　「司法制度改革審議会」意見書の理念と「司法制度改革推進計画」の閣議決定

司法制度改革審議会では，精力的に様々な課題が検討され，2001（平成13）年6月に，法曹養成制度の具体的な改革案が示されるに至った。

当時の司法制度改革審議会意見書の理念は，「国民生活の様々な場面における法曹需要は，様々な要因から量的に増大するとともに，質的にもますます多様化・高度化することが予想されることから，国民が必要とする質と量の法曹の確保・向上こそが本質的な課題」というものであり，その要因として，①経済・金融の国際化の進展や，人権・環境問題等の地球的課題や国際犯罪等への対処，②知的財産権・医療過誤・労働関係等の専門的知見を要する法的紛争の増加，③「法の支配」を全国あまねく実現する前提となる弁護士人口の地域的偏在の是正の必要性，④社会経済や国民意識の変化を背景とする「国民の社会生活上の医師」としての法曹の役割の増大，が挙げられていた。

そして，法曹がそのような増大する法的需要に応えるためには「大幅な法曹人口増員と多様化・高度化する質の向上が必須」とされ，2010（平成22）年頃に司法試験合格者3,000人という目標と，大学という学術環境の下で法曹という専門家養成に資する本格的かつ実践的教育を行う場として法科大学院構想が打ち出されたのである。

この「2010（平成22）年までに年間3,000人」という合格者数目標は，当時の日弁連にとっても重い数字であったが，当時の政界や経済界の一部に「2010（平成22）年までに法曹人口5万人〜9万人実現（年間4,000〜8,000人増加）」などという極端な急増論がある中で，国民各層・各界の有識者13名による「司法制度改革審議会」が，多くの団体や国民各層から意見聴取を行った上で打ち出した目標数値であり，そうであればこそ日弁連も，2000（平成12）年8月のプレゼンで「審議会が国民各層・各界の意向を汲んで出した数字である以上，日弁連としても積極的に取り組んでいく」と受け入れたものである。

そして，2000（平成12）年11月1日の日弁連臨時総会において，日弁連は「法曹一元制の実現を期して，法の支配を社会の隅々にまでゆきわたらせ，社会の様々な分野・地域における法的需要を満たすために，国民の必要とする数を，質を維持しながら確保するよう努める」と決議し，司法制度改革審議会の「司法試験合格者年間3,000人目標」という方向性も真摯に受け止める，と表明した。また，法曹の質の確保のために，法科大学院・新司法試験・司法修習というプロセ

スによる新たな法曹養成制度への変革も打ち出した。

こうして，日弁連も受け入れた司法制度改革審議会意見書の各方針は，2002（平成14）年3月19日に，ほぼ同じ内容で政府の「司法制度改革推進計画」として閣議決定されるに至った。

4 「司法制度改革推進計画」閣議決定後の10年の現実とその「検証」

1）顕在化しない法的需要

司法制度改革審議会意見書の法曹人口増員の理念は，従前の法的紛争の事後解決業務（裁判，交渉等）のみならず，法曹の役割自体をもっと積極的なものにし，国際取引や企業内業務，行政あるいは立法の場にも弁護士が活躍の場を広げることにより，「法の支配」を社会の隅々にまで行き渡らせようというもので，その理念自体は何ら否定されるものではなく，そうであればこそ日弁連も，2001（平成13）年11月の臨時総会でこれを受け入れ，むしろ積極的に取り組もうとしたのである。

しかしながら，2002（平成14）年3月の「司法制度改革推進計画」の閣議決定後，法曹需要をめぐっては，必ずしも司法制度改革審議会意見書が予測したような状況には至っていないのが現実である。

司法試験合格者数は，2001（平成13）年までは約1,000名であったが，2002（平成14）年と2003（平成15）年には約1,200名余，2004（平成16）年～2006（平成18）年は約1,500名前後，2007（平成19）年からは一気に2,100名前後となって，それ以降2013年に至るまでほぼ同様の数で推移し（2014年以降の合格者数については後述），それに伴って弁護士人口も，1999（平成11）年3月当時は16,731名であったものが2015（平成27）年3月時には36,437名と，2倍以上にまで増加した。

しかし，それだけ弁護士数が増えているにもかかわらず，訴訟事件数は一時期の過払金返還訴訟を除けばこの10年で目立った変化はなく，公的な法律相談施設での法律相談数はむしろ減少傾向にある。また，知的財産権・医療過誤・労働関係等の専門的知見を要する法的紛争についても，それ程の増加傾向は見られない（新制度である労働審判は利用されているが）。企業や行政・立法内あるいは国際的な弁護士の活躍の場も，着実に増えて来てはいるものの，司法制度改革審議会意見書が予測したほどの量でもペースでもない。

そもそも司法制度改革審議会の意見書でも，新しい法的需要が生まれれば当然に弁護士や司法制度の利用につながるとしていたものではなく，司法基盤の整備（裁判所の物的・人的体制の充実，法律援助等の司法予算の増大，司法を利用しやすい法制度の整備等）や法曹の活動領域拡大のための条件整備（企業や行政・立法・国際分野等の分野で活躍する弁護士の養成システムの未成熟等）など，市民と弁護士を結ぶ多様な仕組みの整備が不可欠とされていたのであり，そのような基盤整備や条件整備が未だ不十分であることが，法的需要予測の誤算にも影響しているものと思われる。

そして，そのような法的需要の顕在化や新しい分野への弁護士の進出が現実には滞っている状況の中で，司法試験合格者数だけが増え続けた結果，大幅に増えた新人弁護士を既存の法律事務所が吸収しきれなくなる事態が生じ（新人弁護士の就職難），オン・ザ・ジョブ・トレーニング（OJT）不足による法曹の質の低下が懸念される事態となっている。

2）法科大学院制度の理念と現実

また，法科大学院制度も，「大学院レベルでの法理論教育と実務教育の実践」という理念と，「法科大学院・司法試験・司法修習というプロセスによる法曹教育により法曹の質を高めていく」という新しい法曹養成の在り方は，従前の法曹養成が司法試験受験までの段階は全て受験生側の自己責任・自己研鑽とされ，そのために受験予備校を利用した知識詰め込みや受験技術の偏重が1990年代にはピークに達していたことからすれば，司法試験及び法曹養成の是正策としては十分是認できるものであった。法曹になるまでに一定の時間と費用の負担はかかるものの，法科大学院で充実した法曹養成教育を受けることを前提に法科大学院修了者の司法試験合格率は当初構想では70〜80％が目標とされていたことから，様々な分野から有為な人材が新たに参入してくるものと期待されていた。

しかしながら、いざ2004（平成16）年度に法科大学院制度が始まってみると、20〜30校程度が適切との指摘がある中で、実際には文科省の認可により74校もの法科大学院が濫立する状態となり、教員やプログラム等で法科大学院間に大きな質的格差が生じる事態となった。そして、法科大学院全体の総定員数が想定外に多くなり（初年度は5,590名、数年後には最大で5,825名）、必然的に司法試験受験者数も想定外に多い人数となったが、他方、受験生（法科大学院修了生）の法的知識・能力の全体的レベルは想定された程には向上せず、そのため司法試験の年間合格者数も当初3,000名目標実現の年とされた2010（平成22）年以降も、2013年に至るまで2,000名余に留まった。

その結果、司法試験合格率も単年度計算では当初の制度構想（70〜80％）を遥かに下回る20〜30％台の事態となり、法科大学院にかかる時間とコスト及び前述した新人弁護士の就職難の状況とも相俟って、現在では法曹志望者が激減する事態に陥り、それが悪循環する負のスパイラルとなっている。

3）この10年間の検証

このような、2002（平成14）年以降の10数年の現実の状況を踏まえ、日弁連は、これまでの司法制度改革の検証をして、修正すべき点があれば修正すべきことを提案するに至った。具体的には、2011（平成23）年8月19日付「法科大学院教育と司法修習との連携強化のための提言」、2012（平成24）年3月15日付「法曹人口政策に関する提言」、2012（平成24）年7月13日付「法科大学院制度の改善に関する具体的提言」等である（具体的な内容については、各該当項目を参照）。

そして、政府内においても、ワーキングチームが設置されて問題点の検討がなされ、それを受けて2011（平成23）年5月に、法曹養成制度全般の在り方を検討するための組織として、新たに「法曹の養成に関するフォーラム」が設置された。

5 「法曹の養成に関するフォーラム」から「法曹養成制度検討会議」、そして「法曹養成制度改革推進会議」へ

1）法曹養成に関するフォーラム

「法曹の養成に関するフォーラム」は、内閣官房長官・総務大臣・法務大臣・財務大臣・文部科学大臣・経済産業大臣が共同して開催するものとされ、有識者委員として13名の各界の代表者が参加したが（弁護士を代表する立場の有識者は1人のみ）、日弁連はオブザーバーという立場で意見を述べた。

「貸与制問題」「在るべき法曹像」「法曹有資格者の活動領域の在り方」「今後の法曹人口の在り方」「法曹養成制度の理念と現状の乖離」「法科大学院」「司法試験」「司法修習」等について、14回の議論を経て、2012（平成24）年5月に、各制度において現状に改革すべき問題点があるとの論点整理の取りまとめを行った。

しかし、司法制度改革については2002（平成14）年3月19日の閣議決定「司法制度改革推進計画」があり、新たに具体的な現状対策を取るためには、閣議決定の変更も必要なことから上記フォーラムのような組織では足りず、内閣に直結する組織での検討及び提言が必要であった。そこで、2012（平成24）年8月21日、内閣に新たに法曹養成制度閣僚会議を設置することが閣議決定され、さらにその閣僚会議が「学識経験を有する者等の意見を求めるため」に、閣僚会議の下に新たな有識者による組織として「法曹養成制度検討会議」が設置された。

2）法曹養成制度検討会議

「法曹養成制度検討会議」においては、「法曹有資格者の活動領域の在り方」「今後の法曹人口の在り方」「法曹養成制度の在り方」等について16回の議論を経て、2013（平成25）年6月26日に取りまとめがなされた。そして、「現時点において、司法試験の年間合格者数を3000人程度とする数値目標を掲げることは現実性を欠く」として、2002（平成14）年3月の「司法制度改革推進計画」の閣議決定の見直しを求め、また司法修習生に対する経済的支援や司法試験制度の改革（回数制限の緩和、試験科目の見直し等）を提言しているが、他方、その他の検討課題については、問題点を指摘するだけでその具体的な解決策については、「新たな検討体制の下で検討すべき」とするにとどめた（詳しい

内容については，第2部第1の3「法科大学院制度と司法試験制度の現状と課題」を参照）。

そして，2013（平成25）年7月16日に「法曹養成制度関係閣僚会議」において，「法曹養成制度検討会議」の取りまとめの内容が是認され（その結果，3,000人という年間合格者数値目標は撤回された），法科大学院を中核とする「プロセス」としての法曹養成制度を維持しつつ，質・量ともに豊かな法曹を養成していくために，「新たに内閣に関係閣僚で構成する会議体を設置し，その下に事務局を置いて，2年以内を目途に課題の検討を行う」とされた。

3）法曹養成制度改革推進会議と，法曹養成制度改革顧問会議

上記「法曹養成制度関係閣僚会議」決定を受けて，2013（平成25）9月17日には閣議決定で，法曹養成制度の改革を総合的かつ強力に実行するために内閣官房長官・法務大臣・文部科学大臣・総務大臣・財務大臣・経済産業大臣を構成員とする「法曹養成制度改革推進会議」を開催することが決められ，その事務局として「法曹養成制度改革推進室（法務省・文科省・日弁連からの出向者で構成）」が置かれることとなった。そして，その推進室に専門家の立場から意見を具申する検討機関として，「法曹養成制度改革顧問会議」が新たに設置された。

この「法曹養成制度改革顧問会議」は，法曹関係者ら6名で構成され，法曹養成制度の改革を推進するために講ぜられる施策に係る重要事項について，「法曹養成制度改革推進室」から検討状況の報告を受け，意見交換を行いながら審議し，推進室長に意見を述べるものとされた。そして，この「法曹養成制度改革顧問会議」において22回もの議論が行われ，その議論を受けて「法曹養成制度改革推進室」が取りまとめをして，2015（平成27）年6月30日に，以下のような「法曹養成制度改革推進会議」の新たな政府決定がなされたものである。

　① 法曹人口については，司法試験の年間合格者数を当面1,500人程度輩出するよう必要な取組を進め，質の確保にも留意する。
　② 法科大学院については，司法試験に累積合格率で概ね7割以上合格できるよう充実した教育を目指し，統廃合や定員縮小を更に進めるための組織見直し（公的支援の見直し強化策の継続，客観的指標を活用した人証評価の運用，教育の実施状況等に関する調査手続の整備等），教育の質の向上（共通到達度確認試験の試行，適性試験等の在り方の検討等），大学院生たちの経済的及び時間的負担の軽減（給費奨学金制度や授業料免除制度による経済支援の確立，学部早期卒業・飛び入学による期間短縮）等の改革を，平成30年度までに行う。
　③ 法曹有資格者の活動領域の拡大に向けた取組（環境整備等）を継続する。
　④ 予備試験については，法科大学院を中核とするプロセスとしての法曹養成制度の理念を損ねることのないよう，必要な制度的措置を検討する。
　⑤ 司法試験については，選択科目の廃止の是非を引き続き検討する。
　⑥ 司法修習については、司法修習の実態，司法修習終了後相当期間を経た法曹の収入等の経済状況，司法制度全体に対する合理的な財的負担の在り方を踏まえて，修習生に対する経済的支援の在り方を検討する。

4）日弁連の対応（新たな「日弁連提言の実現に向けた執行部方針」）

日弁連においては，前述の「法曹養成制度検討会議」が設置された段階で，その議論に対応すべく会内に「法曹養成制度改革実現本部」を設置し，「法曹養成制度改革顧問会議」における議論への日弁連の資料作成や対応策を練ってきた。

そして，2015（平成27）年6月30日の「法曹養成制度推進会議」の政府決定を受け，日弁連執行部は，これまでの提言の実現に向け，以下のような内容の新たな「日弁連提言の実現に向けた執行部方針」を打ち出している。

(1) 制度改革面での課題

❶ 当面の司法試験合格者数1,500名の早期実現
❷ 多様で質の高い法曹の養成に向けた法科大学院の改革
　① 入学者数・校数の規模の適正化
　② 教育の充実・修了認定の厳格化と司法試験合格率の向上
　③ 経済的・時間的負担の軽減
　④ 地方法科大学院の充実，学生の多様性確保

❸ 司法試験の改善，予備試験の検証・検討
❹ 司法修習内容の充実，司法修習生に対する給費の実現・修習手当を含む経済的支援
❺ 司法アクセスの拡充・弁護士の活動領域拡大

(2) **法曹志望者数の回復や若手弁護士の支援等に向けた課題**
❶ 弁護士の社会的役割や活動の魅力を広め，有為の人材が弁護士を志望するよう働きかけること
❷ 法曹養成教育の内容に積極的に関与・貢献すること
❸ 若手弁護士の支援

　我々法友会としても，このような日弁連執行部の方針を踏まえ，今後も法曹人口問題や法曹養成問題に対し，積極的に関与していくべきである。

　我々弁護士が自治権を有し，権力に支配されず自由に活動できるのは，市民の信頼があればこそである。しかしながら，我々弁護士が自らのステイタスや経済的安定に固執し，市民から見て自らの「既得権益」擁護者と見られれば，その信頼は瞬く間に崩れ去るであろう。理念と現状に齟齬が生じたからといっていたずらに過去の制度にこだわるのではなく，時代と共に常に変化していく市民の要請に応えていくために，法曹の質と量において常にベストな方策を追求していくことこそが，我々弁護士にとって必要であろう。

第2部
弁護士をめぐる司法制度の現状と展望

第 1 弁護士制度の現状と展望

1 弁護士制度改革

> 弁護士・弁護士会の自己改革は，第一次司法改革宣言（1990〔平成2〕年5月）に謳われ，2001（平成13）年6月の司法制度改革審議会意見書に至るまで，公設事務所・法律相談センターの拡充・地域司法計画の策定など不断の努力を続けてきた。そして，意見書において諸々の具体的な制度改革の指針が示された。
>
> 弁護士制度改革は多方面にわたり，弁護士法の一部改正などにより制度として実現されたが，今後とも司法の一翼を担う弁護士の役割・機能を抜本的に拡充・強化する必要がある。そのためには我々弁護士・弁護士会が法曹の数と質の確保に主体的・積極的な役割を担うとともに，法的サービスを利用する市民の側に立って大胆な自己改革を図っていく必要がある。
>
> 弁護士人口の大幅増員に伴う業務基盤の不安から，とかく内向きの議論に傾きがちな昨今の流れは，弁護士の意識改革，自己改革が道半ばであることを示している。調和のとれた司法改革の実現に向けて，新たな道筋を描きながら不断の努力を続けていく必要がある。

1）戦後司法改革による「弁護士法」制定の歴史的意義

(1) 弁護士法の制定

新憲法の制定に伴い1949（昭和24）年，新弁護士法が制定された。弁護士法の制定は，次のとおり，内閣，司法省その他行政官庁，裁判所，GHQの強い反対に遭ったにもかかわらず，先輩弁護士の獅子奮迅の活躍によって勝ち取られた。

内閣は政府法案として上程することを拒み，議員立法として衆議院に提出され，参議院で大学教授の弁護士資格について修正された。しかし，衆議院で再議決されて成立した。

司法省その他行政官庁は，自治を認めること，弁理士・税理士業務を当然行えることに強く反対した。裁判所は憲法77条を根拠に「弁護士に関する事項」は最高裁規則に定めるべきであると主張し，法案成立に反対した。GHQは日弁連への強制加入制に難色を示した。

弁護士法による弁護士制度の骨子は次のとおりである。

① 【弁護士の使命】1条に弁護士の使命が宣明されたこと。

② 【弁護士自治】諸外国に例を見ない，ほぼ完全な自治権が保障されたこと。

③ 【強制加入制】全員加入制の全国統一組織として日弁連の設立がなされたこと。

④ 【統一修習】判検事と弁護士の官民を区別した二元的法曹養成を一元化したこと。

⑤ 【法律事務独占の強化】非弁護士の法律事務の取扱いに関する取締法規を弁護士法の中に規定し法律事務独占を強化したこと。

(2) 弁護士の法律専門職としての地位の確立

弁護士の法律事務独占制は1933（昭和8）年の旧弁護士法成立時に「法律事務取扱ノ取締ニ関スル法律」により獲得されたものであり，戦前弁護士の血のにじむような努力の成果である。これにより弁護士の法律専門職としての地位が確立した。

強制加入制は弁護士自治の制度的保障である。強制加入制の前提を欠けば弁護士自治は成り立たない。

日本の弁護士自治及び強制加入制は，米・独・仏などと比較すると際立った特徴をもつ。

日本の弁護士は，単位会に入会し同時に日弁連の会員となる。日弁連は各単位会と各弁護士が会員となる（弁護士法47条「弁護士，弁護士法人及び弁護士会は，当然，日本弁護士連合会の会員となる」）。いわば二重

の会員資格・強制加入制であり，自治権も二重構造となっている。

米・独・仏では日本の単位会に当たる各地弁護士会への強制加入制となっているが（米国は州ごとに異なり任意加入制の州もある），日弁連に当たる全弁護士を会員とする強制加入制の全国的な統一組織はない。

米・独では任意加入制の弁護士の全国的組織（米のABA，独のドイツ弁護士協会）はあるが，弁護士の加入率は約50％である（日弁連弁護士業務改革委員会21世紀の弁護士像研究プロジェクトチーム『いま弁護士は，そして明日は？』〔エディックス，2004〔平成16〕年〕290頁以下）。

全弁護士を会員とする全国統一組織である日弁連の存在は，我が国の誇るべき特徴である。

(3)「市民の司法」を目指すに当たって

弁護士法成立により，弁護士の地位の飛躍的な向上が図られ，弁護士使命の明示が弁護士の統合理念として機能し，戦後半世紀以上にわたる弁護士活動を支えた制度基盤の確立がなされたと言える。

我々は，四面楚歌の中で弁護士法制定を見事に成し遂げた先輩弁護士の激闘の歴史を忘れてはならない。今次の司法制度改革による「市民の司法」を目指すに当たって，将来のあるべき司法を創り上げる決意で司法改革の成功と改革に伴う諸課題の克服に立ち向かいたい。

2）弁護士制度改革の目標・理念

司法制度改革審議会意見書（2001〔平成13〕年6月12日。以下「意見書」という。）は，今般の司法改革の理念と方向性について，「法の精神，法の支配がこの国の血となり肉となる，すなわち，『この国』がよって立つべき，自由と公正を核とする法（秩序）が，あまねく国家，社会に浸透し，国民の日常生活において息づくように」することにあるとした。

日弁連は，1990（平成2）年以降，数次にわたって司法改革に関する宣言を行い，法曹一元，陪参審を基軸とする「市民の司法」，「市民のための司法」の実現を目指してきた。意見書が示した司法改革の理念と方向性は，表現の仕方こそ違え（「法の支配の貫徹」と「市民の司法」），日弁連のそれと軌を一にするものであって，高く評価し得るものである。

意見書は，法曹の役割について，「司法の運営に直接携わるプロフェッションとしての法曹がいわば『国民生活上の医師』として，各人の置かれた具体的な生活状況ないしニーズに即した法的サービスを提供すること」にあるとした。

そして，弁護士の役割については，「『国民生活上の医師』たる法曹の一員として『基本的人権を擁護し，社会正義を実現する』（弁護士法1条1項）との使命に基づき，法廷の内と外とを問わず，国民にとって『頼もしい権利の護り手』であるとともに『信頼しうる正義の担い手』として，高い質の法的サービスを提供することにある。」とした。

今般の弁護士制度改革は，意見書の理念と方向性に沿って，弁護士の役割・機能を充実・強化するための方策を講じたものと言える。

3）司法制度改革推進本部と日弁連の対応

意見書の提言する改革を実現するため，2001（平成13）年11月に成立した司法制度改革推進法に基づき，同年12月，内閣に司法制度改革推進本部（以下「推進本部」という。）が設置された。そして，推進本部は，同年同月，司法制度改革に必要な法律案の立案等の作業を行うため，学者，実務家，有識者等から成る10の検討会を設け（後に知的財産訴訟検討会が設置され，推進本部に設けられた検討会は11となった。），弁護士制度改革は「法曹制度検討会」で検討された。

政府は，2002（平成14）年3月，「司法制度改革推進計画」（以下「推進計画」という。）を閣議決定して，司法改革の全体像を示すとともに，推進本部の設置期限（2004〔平成16〕年11月30日）までの間に行うことを予定するものにつき，措置内容，実施時期，法案の立案等を担当する府省等を明らかにした。

日弁連も，同年同月，推進本部に「日本弁護士連合会司法制度改革推進計画―さらに身近で信頼される弁護士をめざして」（以下「日弁連推進計画」という。）を提出して，意見書が提起した諸改革を，その確実な実現に向け，積極的にこれに取り組む旨宣明し，日弁連が取り組むべき改革諸課題につき，その取組み等の内容を明らかにした。

弁護士制度改革は，2003（平成15）年通常国会において弁護士法の一部改正として成立した。具体的には，①弁護士の公職就任，営業の自由化，②弁護士報酬の自由化，③綱紀審査会の新設，④弁護士法72条但書改

正（法律事務の弁護士独占の範囲の明確化），⑤特任検事，司法試験に合格している企業法務担当者，国会議員らへの資格付与，などである。

4）弁護士制度改革実現における課題とその到達点

推進本部は，2004（平成16）年11月30日，設置期限満了に伴い解散した。意見書は，弁護士制度改革の柱として，①弁護士の社会的責任（公益性）の実践，②弁護士の活動領域の拡大，③弁護士へのアクセス拡充，④弁護士の執務態勢の強化，⑤専門性の強化，⑥弁護士の国際化，⑦外国法事務弁護士等との提携・協働，⑧弁護士会の在り方，⑨隣接法律専門職種の活用等の課題を掲げて，改善の方向と具体的な方策を示していた。

以下，意見書が掲げた弁護士制度改革における課題が，どのような形で実現されたかを一瞥することとする。

(1) 法曹人口問題

推進計画では，法律家の数を大幅に増加させるため，2010（平成22）年には司法試験の合格者数を年間3,000人程度とすることを目指すこととし，推進本部設置期間中は現行司法試験の合格者数を，2002（平成14）年に1,200人程度に，2004（平成16）年に1,500人程度に増加させることとし，法務省において所要の措置を講ずる，としていた。2007（平成19）年には弁護士の就職問題，質の問題等が議論され，弁護士人口問題が表面化し，推進計画の見直しをめぐって大きな争点となっている。

法曹人口問題については，第2部第1の2「法曹人口問題をめぐる現状と課題」において詳述する。

(2) ロースクール問題

2002（平成14）年10月開催の臨時国会において，法科大学院関連三法の成立により法科大学院の創設及びこれに伴う所要事項，新司法試験，修習期間等についての法整備がなされ，法科大学院は，予定どおり2004（平成16）年4月から開校した。2014（平成26）年度現在，全国で73校（国立23校，公立2校，私立48校，総定員4,261人）が開校している。ロースクールは，法曹の質を維持しつつ，量的拡大を図ることを目途として構想されたものであり，今回の司法改革の目玉の一つであった。ロースクール修了者に受験資格が付与される新司法試験は2006（平成18）年から始まった。

ロースクールの問題については，第2部第1の3「法科大学院制度と司法試験制度の現状と課題」において詳述する。

(3) 弁護士の社会的責任（公益性）の実践

意見書では，弁護士の公益活動については，その内容を明確にした上で弁護士の義務として位置付けるべきである，公益活動の内容について，透明性を確保し，国民に対する説明責任を果たすべきである，としていた。日弁連において2004（平成16）年までに所要の取組みを行うということになっていた。

東京弁護士会は2003（平成15）年12月16日開催の臨時総会において，「公益活動に関する会規」を改正して，公益活動の内容を委員会活動，法律相談活動等に限定した上，これを義務化し，義務を履行しない場合に勧告・指導，公表する制度を導入した。

後記「弁護士職務基本規程」には，8条に「弁護士は，その使命にふさわしい公益活動に参加し，実践するよう努める。」との規定が設けられている。

今後，弁護士が自ら積極的に公益活動に参加する施策が必要である。

(4) 弁護士の活動領域の拡大

2003（平成15）年の通常国会において，弁護士法の一部改正等を内容とする「司法制度改革のための裁判所法等の一部を改正する法律」が可決・成立した。

この法律の成立により，弁護士法30条は，①報酬ある公職の兼職禁止規定を廃止する，②常勤の公職在職者の弁護士職務への従事禁止を廃止する，③営業の許可の制度を届出制にする旨改正された。

これに伴い，日弁連は2003（平成15）年11月12日開催の臨時総会において，東京弁護士会は同年12月16日開催の臨時総会において，会則・会規について所要の改正を行った。これらの法整備により，弁護士業務に対する規制が大幅に緩和された。今後，弁護士が多方面に活躍の場を広げ，公正な社会をつくることに寄与することが期待される。

(5) 弁護士へのアクセス拡充

❶ 法律相談センター，公設事務所

1999（平成11）年12月の日弁連臨時総会において日弁連ひまわり基金を充実させるため毎月1,000円ずつ5年間，特別会費を徴収することが決議され，法律相談センターへの資金援助，公設事務所の設置，弁護士の

定着支援等がなされてきた。その結果，弁護士のゼロ・ワン地区は1996（平成8）年の78ヶ所から2004（平成16）年には57ヶ所に減少し，2008（平成20）年4月，遂にゼロ地区は解消された。また2007（平成19）年，ゼロ・ワン地区のみならずその外周をカバーすべく，偏在解消の為の経済的支援（5年間で10億円）策を実施し，着々とその成果を挙げている。

ところで，2004（平成16）年5月，「民事，刑事を問わず，あまねく全国において，法による紛争の解決に必要な情報やサービスが受けられる社会を実現する」ことを基本理念とする総合法律支援法が成立し，2006（平成18）年10月から日本司法支援センターが活動を開始した。同センターは国選弁護，民事法律扶助事業を核としつつ，司法アクセスポイント，司法過疎対策，犯罪被害者支援活動をも行うこととされている。

❷ **弁護士報酬規程の透明化・合理化**

弁護士報酬の問題は，前記司法制度改革関連法による弁護士法の改正となって結実した。これに伴い，日弁連の会則・会規，東京弁護士会の会則・会規も所要の改正がなされた（2003〔平成15〕年11月12日の日弁連総会，同年12月16日の東弁総会）。これにより弁護士報酬は自由化され，今後は，個々の弁護士が顧客との信頼関係に基づき，自由に報酬額を決めることになった。

❸ **弁護士情報の公開**

弁護士情報の公開については，弁護士広告が2000（平成12）年10月から原則自由となったが，日弁連推進計画では情報公開を一層推進することとし，2007(平成19)年11月には，市民がインターネットを通じて取扱業務等から弁護士を探せる弁護士情報提供サービスである「ひまわりサーチ」が全国的に実施された。

また2008（平成20）年12月5日の日弁連臨時総会において市民からの懲戒の有無の照会に対し，一定の条件のもと弁護士会が回答する制度が導入された。

(6) 弁護士の執務態勢の強化・専門性の強化

意見書は，法律事務所の共同化・法人化，専門性の強化，協働化・総合事務所化等を推進するための方策を講じるべきである，弁護士の専門性強化等の見地から，弁護士会による研修の義務化を含め，弁護士の継続教育を充実・実効化すべきであるとしていた。

この課題については日弁連において所要の取組みを行うこととしており，日弁連業務改革委員会等において検討中である。なお，法人化についてはすでに立法化されており，2002（平成14）年4月1日から施行されている。

(7) 弁護士の国際化／外国法事務弁護士等との提携・協働

意見書は，

① 弁護士が国際化時代の法的需要に十分対応するため，専門性の向上，執務態勢の強化，国際交流の推進，法曹養成段階における国際化の要請への配慮等により，国際化への対応を抜本的に強化すべきである。

② 日本弁護士と外国法事務弁護士（外弁）等との提携・協働を積極的に推進する見地から，例えば特定共同事業の要件緩和等を行うべきである。

③ 発展途上国に対する法整備支援を推進すべきである。

として，この課題についても日弁連が所要の取組みを行うことを日弁連推進計画において明らかにしている。

②に関しては，前記司法改革関連法による外国弁護士による法律事務の取扱いに関する特別措置法の一部改正により，弁護士と外弁の共同事業の解禁，外弁による弁護士の雇用禁止の撤廃等の改正がなされ，施行されている（日弁連は会規等の改正を2004〔平成16〕年11月に行った。）。

(8) 弁護士会のあり方

日弁連推進計画では，①弁護士会運営の透明化を図るため，必要な態勢の整備をなすこととし，必要な検討を経たうえ，逐次所要の取組みを行う，②弁護士への社会のニーズの変化等に対応し，弁護士倫理の徹底・向上を図るため，その自律的権能を厳正に行使するための態勢の整備を行うこととし，必要な検討を経たうえ，所要の取組みを行う（2003〔平成15〕年），③綱紀・懲戒手続の透明化・迅速化・実効化に関し，必要な検討を経たうえ，所要の取組みを行う（2003〔平成15〕年），④依頼者の利益保護の見地から，弁護士会の苦情処理制度の適正化に関する諸方策については，全国における苦情相談窓口の一層の整備を図るため，所要の取組みを行う（2002〔平成14〕年），⑤弁護過誤に対する救済の強化，弁護士賠償責任保険の普及等の方策に関し，逐次所要の取組みを行うとしていた。

①に関しては，2003（平成15）年11月12日開催の日弁連総会の会則・会規改正により，日弁連総会及びその議事録が公開されることになった。また2003（平成

15)年末,「日弁連市民会議」が発足し,有識者の意見を会務にとり入れより透明化する試みが実施され,東弁でも,翌年,市民会議が発足した。

②に関しては,2004(平成16)年11月10日開催の日弁連総会に「弁護士職務基本規程」が上程され,可決された。これにより弁護士の職務に関する基本的な倫理と職務上の行為規範が整備されることになった。

③に関しては,司法改革関連法による弁護士法の一部改正,2003(平成15)年11月12日開催の日弁連総会における関連会則・会規改正により,日弁連に綱紀審査会を新設する等の措置が講じられ,所要の改革が実現した。

(9) 隣接法律専門職種の活用等

意見書は,隣接法律専門職種の専門性を活用する見地から,①司法書士に,信頼性の高い能力担保措置を講じた上で,簡易裁判所の訴訟代理権等を付与すべきである,②弁理士に,信頼性の高い能力担保措置を講じた上で,特許権等侵害訴訟における訴訟代理権を付与すべきである(弁護士が訴訟代理人となっている事件に限る),③税理士に,税務訴訟における補佐人として,弁護士である訴訟代理人と共に裁判所に出頭して意見を陳述する権限を付与すべきであると提言していた。

司法書士については,2002(平成14)年4月の司法書士法の改正で,弁理士については,同年同月の弁理士法の改正で,税理士については,2001(平成13)年5月の税理士法改正で,意見書の提言に沿った形でそれぞれに新たな権限が付与された。

推進計画では,①ADRを含む訴訟手続外の法律事務に関して,隣接法律専門職種等の有する専門性の活用を図ることとし,その関与の在り方を弁護士法72条の見直しの一環として,個別的に検討した上で,遅くとも2004(平成16)年3月までに,所要の措置を講ずる(本部及び関係府省),②弁護士法72条について,隣接法律専門職種の業務内容や会社形態の多様化などの変化に対応する見地からの企業法務等との関係も含め検討した上で,規制対象となる範囲・態様に関する予測可能性を確保することとし,遅くとも2004(平成16)年3月までに,所要の措置を講ずる(本部及び法務省),③いわゆるワンストップ・サービス実現のための弁護士と隣接法律専門職種などによる協働の推進について,必要な対応を行う,としていた。

①に関しては,2004(平成16)年12月,「裁判外紛争解決手続の利用の促進に関する法律」が成立した。同法は,裁判外紛争解決手続について基本理念を定めるとともに,民間事業者が合意による紛争解決の仲介を行う手続(いわゆる調停・あっせん)の業務に関し認証制度を設け,これを利用する紛争当事者の利便の向上を図ることを内容としている。

②に関しては,司法改革関連法による弁護士法の一部改正により,72条ただし書中「この法律」の次に「又は他の法律」を加えることになり,一応の決着をみた。

③に関しては,第3部3「法律事務所の多様化と隣接業種との協働」参照。

2 法曹人口問題をめぐる現状と課題

　日弁連は、「法の支配」を社会の隅々にまで浸透させるため1990（平成2）年に司法改革宣言を出し、司法の容量拡大を掲げた。その後、種々の議論を経て、司法制度改革審議会意見書および2000（平成12）年11月1日の日弁連臨時総会決議は、共に将来法曹人口5万人規模という指標を示した。

　政府はこの意見書を受けて、2010（平成22）年頃に司法試験の合格者数を年間3,000人とする目標を閣議決定した。

　しかしながら、その後の急激な弁護士数の増加は、司法の制度的基盤整備の不十分さ、法科大学院や司法修習制度における新しい法曹養成の未成熟、弁護士会側の受け入れ態勢の遅れ等の要因に伴い、様々な「ひずみ」を生じさせた。そこで日弁連は、2009（平成21）年以降、法曹人口に関する提言を行っている。

　一方、政府においても2011（平成23）年7月に発足した法曹養成フォーラム以来、各省庁が参加し、また民間の委員も含めて、閣僚会議のもとに検討機関を設置し、司法修習生の給費制、法曹養成、法曹人口等について議論がなされてきた。

　そして政府は2013（平成25）年7月16日、司法試験合格者数を年間3,000人とする目標を正式に撤回した。

　その後の2014（平成26）年の司法試験合格者は2,000人を割り込む1,810人となり、さらに2015（平成27）年6月30日に政府の法曹養成制度改革推進会議が、合格者1,800人を前提に「当面、これより規模が縮小するとしても、1,500人程度は輩出されるよう、必要な取り組みを進める」という内容を含む提言を行った。

　このような状況で、法友会としては、司法改革の目的を達成し、多くの有為な人材を法曹界に迎え入れる体制を維持しつつも、充分に顕在化していない法的需要と増員ペースの不均衡が生み出す問題点を直視し、これを適切に調整して弁護士の質を維持し向上を図りながら、特に若い世代の弁護士が社会のあらゆる分野で存分に活躍できるような制度設計と具体的な諸方策を研究・提言していく必要がある。

1）法曹人口問題の経緯

(1) 日弁連の司法改革宣言の意義

　法曹人口問題について、日弁連が司法改革において目指した趣旨は、あくまで「法の支配」を社会の隅々にまで浸透させるために、その担い手となる法曹を増やさなければならないということであった。そのためには、裁判官・検察官を増やすことも当然であるが、市民の最も身近にいるべき法曹である弁護士が、もっと質量ともに増えていかなければならないというのが「法の支配を社会の隅々に」という理念の根幹であった。

　1990（平成2）年の初めての日弁連の司法改革宣言の時に、「2割司法を打破し国民に身近な開かれた司法をめざすために、司法の容量の拡大が必要」というスローガンが掲げられた。その趣旨は、「本来、司法や弁護士の助けを借りて解決すべき社会的紛争は数多くあるのに、実際には、近くに弁護士がいない、いても紹介者がいなくて相談できない、何となく敷居が高くて相談しづらい、相談しても小さい事件では引き受けてもらえそうにない、弁護士に依頼する費用が払えない等の理由で、一部の人しか司法制度を利用した解決ができず（2割司法）、多くの紛争が埋もれたまま不当な解決や泣き寝入りを強いられている。そのような、弁護士過疎・弁護士アクセス障害・リーガルエイド等司法援助システムの社会基盤整備の不十分等の要

因により法の支配の救済を受けられない人をなくすためには，法曹人口をまずは大幅に増やす必要がある」というものであった。

日弁連が主導する司法改革の源流はまさにこの宣言にある。

もちろん，弁護士が増えただけでそれらの問題がすべて解決するわけではなく，特に埋もれた事件の多くが弁護士にとって経済的にペイしない事件であろうことを考えれば，司法援助システムの社会基盤整備の充実は欠くことのできない前提条件ではあるが，それらの条件整備を待つのではなく，並行して，あるいは先んじて，まずは担い手となる法曹・弁護士の数を増やそう，それによって市民の理解と信頼を得て，司法援助システムの社会基盤整備を促そう，というのが，司法改革宣言の本来的な趣旨であった。

(2) 政界・経済界からの規制改革・自由競争の要請と日弁連への批難

しかしながら，1990年代半ばより政界・経済界を中心に巻き起こった規制改革の議論のなかで「日本の法曹人口が少ないのは毎年の司法試験合格者の数を不当に制限しているからで，法曹業界による参入規制であり，この規制を撤廃して法曹人口を大幅に増やし，自由競争によって質を高めユーザーに使いやすいものにすべき」という一方的な意見が，政界・経済界の一部で声高に主張され，これに反対する勢力として日弁連が批判の標的にされた。

加えて，日弁連が1994（平成6）年12月の臨時総会で，司法試験合格者について「合格者を相当程度増員すべき」としながら，「今後5年間は800名を限度とする」旨の関連決議をしたことが，マスコミ等から強く批判された。日弁連は，翌年の1995（平成7）年11月の臨時総会で1年前の臨時総会決議を変更し，「1999年から合格者を1,000名とする」という決議を行ったが，時すでに遅く，同年11月に発表された法曹養成制度等改革協議会意見書では「中期的には合格者は1,500名程度」とされ，日弁連の意見は少数意見とされた。

そして，1999（平成11）年7月，内閣に「司法制度改革審議会」が設置され（法曹三者から各1名，学者5名，経済界2名，労働界2名，市民団体1名，作家1名の計13名。なお当初の構想は法曹三者が委員からはずされていた。），法曹人口問題は法曹三者に各界代表者が加わって決定されることとなったのである（以上の経緯につき，第1部第3を参照）。

(3) 司法制度改革審議会における議論と経済界・政界の動き

司法制度改革審議会では，法曹人口について，1999（平成11）年11月の審議で「合格者3,000人」論が初めて出され，以後はこれを軸に議論されるようになった。

2000（平成12）年2月の審議では，弁護士会からの委員である中坊委員から「あるべき弁護士人口試算」のレポートで5〜6万人という数字が示され，同年5月には自民党・司法制度調査会が「一定期間内にフランス並み（5万人）の法曹人口を目指すべき」と主張，同年7月には民主党が「法曹人口を10年後（2010年）に5万人にするべき（合格者は年間4,000〜5,000人が必要）」と提言した。このように，5万人という数字については，徐々にコンセンサスができてきた。

一方，合格者数については3,000人論を主張する労働，消費者からの委員，中坊公平委員，佐藤幸治会長らと，2,000人に抑えるべきとする経団連，商工会議所からの委員，竹下守夫委員，最高裁，検察庁からの委員らで議論が続いたが，結局，2000（平成12）年8月，「フランス並の5〜6万人の弁護士人口を目指すとすれば，年3,000人としても実現は2018年になる」として，「年3,000人の合格者で概ね一致」と公表するに至った。

(4) 日弁連の対応

このような状況の中で，2000（平成12）年8月29日のプレゼンテーションにおいて，当時の久保井一匡日弁連会長は，「3,000人という数字は日弁連にとって重い数字だが，審議会が国民各層・各界の意向を汲んで出した数字である以上，反対するわけにはいかない。積極的に取り組んでいく」との意見を表明した。

そして，日弁連は，わずかその2ヵ月後の2000（平成12）年11月1日の臨時総会において，「国民が必要とする数を，質を維持しながら確保するよう努める」との決議を圧倒的多数により採択した。

この決議は，法曹三者の協議を通じて合格者数を決定してきた従前の日弁連の姿勢を大きく転換したものであり，また「年間3,000人程度の新規法曹の確保を目指していく」とした司法制度改革審議会のとりまとめを，同会の最終意見に先んじて，日弁連の会員の総意としても支持することを意味した点において，社会的にも大きな注目を集め，以降，被疑者国選弁護制度，市民の司法参加，法律扶助制度の抜本的見直しと拡充

による法テラスの創設など日弁連主導による様々な司法改革を実現する契機となり，弁護士の公益性，活動領域の拡大を位置づけ，弁護士自治に対する市民の理解を深めることとなったのである。

そして，司法制度改革審議会が2001（平成13）年6月の最終意見書において，法曹人口問題につき「法科大学院を含む新たな法曹養成制度の整備の状況等を見定めながら，平成22（2010）年頃には新司法試験の合格者数年間3,000人達成を目指すべきである」「このような法曹人口増加の経過により，おおむね平成30（2018）年頃までには，実働法曹人口は5万人規模に達することが見込まれる」と提言したことを受けて，日弁連は「同意見書の改革方針を支持し尊重する」旨の会長談話を公表した。

(5) 現在までの法曹人口の増員の状況

その後，それまで約1,000名だった司法試験合格者は，2002（平成14）年から約1,200人（2002〔平成4〕年1,183人，2003〔平成5〕年1,170人），2004（平成16）年から約1,500人（2004〔平成6〕年1,483人，2005〔平成7〕年1,464人）に増加した。法科大学院が創設され，2006（平成18）年から新司法試験が開始されることによって，新旧司法試験の併存期間が始まり，2006（平成18）年の合格者は1,558人（新試験1,009人，旧試験549人），2007（平成19）年は2,099人（新試験1,851人，旧試験248人），2008（平成20）年は2,209人（新試験2,065人，旧試験144人），2009（平成21）年は2,184人（新試験2,043人，旧試験141人），2010（平成22）年は2,133人（新試験2,074人，旧試験59人），2011（平成23）年は2,069人（新試験2,063人，旧試験6人）（注：旧試験は口述試験のみ）となった。旧試験終了後の2012（平成24）年2,102人，2013（平成25）年2,049人，2014（平成26）年1,810人，2015（平成27）年1,850人となっている。

なお，この間，新旧司法試験合格者の修習期間が異なる関係で，司法修習修了者数は2007（平成19）年新旧60期が約2,300人，以降新旧61期から63期がそれぞれ約2,200人となった。

弁護士人口については，2002（平成14）年3月31日現在で18,838人から2015（平成27）年3月31日現在で36,415人に増加している。

(6) アジア諸国の弁護士人口等

中国では1993（平成5）年から毎年司法試験が行われるようになったが，その後の急速な経済発展に合わせて20年足らずの間に20万人近い弁護士が誕生しており，その増加ペースは著しい。現在では毎年2万人前後の司法試験合格者を出している。もちろん，13億人という人口と比較すればまだ日本の弁護士人口よりも少ないかもしれないが，近い将来，人口比でも日本の弁護士数を上回る可能性がある。また，経済活動だけでなく，日本と異なる政治制度の中で，行政権に対する市民の権利保護に努めるような，人権擁護活動に熱心な弁護士も増えているようである。

また，韓国では日本と同様に1990年代から法曹養成や裁判制度についての司法改革の議論が続けられ，2009（平成21）年から3年制の法科大学院制度がスタートしている。韓国の法科大学院は，法学部を持つ大学約90校のうち，25校に限定して設置を許可し，総定員を2,000名とした。そして法科大学院を設置した大学は法学部を廃止し，法学部以外から3分の1以上，他大学から3分の1以上を入学させる制度として，必然的に多様な人材が法科大学院に集まるようにしている。ただそして，新司法試験合格者は司法修習を経ずに弁護士登録，または検察官任官し，その後に，その中から裁判官を選任することとなっている。新司法試験ではロースクール定員の70～80%を合格させる予定とのことである。一方，旧司法試験と司法修習の制度も2017（平成29）年まで存続予定である。

タイの弁護士は約5万人おり，国民は約7,000万人なので人口比でも日本より多い。相当高度な弁護士自治があるようだが，半数程度は弁護士業務を行っておらず，また首都バンコクに集中しているようである。

その他のアジア諸国でも，日弁連がJICAの協力を得てカンボジアの弁護士養成を支援したり，ベトナム，インドネシア，モンゴル，ラオスなどの司法制度の整備や信頼性向上を図る支援を行ったりしており，経済発展や経済のグローバル化に対応して，従来多くなかった弁護士を増やし，司法基盤を整備する過程にあると言える。

2）法曹人口増加にともなう課題

(1) 司法修習生及び新人弁護士たちの「質」について

このような司法試験合格者の増加に伴い，司法修習生の考試（いわゆる二回試験）において，2006（平成

18)年の59期以降，100人前後の大量の不合格者が毎年出る事態となった。また，当時の最高裁の報告書によれば，法科大学院出身者が大部分となっている現在の司法研修所の修習生の現状について，「大多数は期待した成果を上げている」としながらも，一方で「実力にばらつきがあり下位層が増加している」「最低限の能力を修得しているとは認めがたい答案がある」「合格者数の増加と関係があるのではないか」と指摘されていた。

(2) 新しい法曹養成システムが成熟途上であることについて

法科大学院を中核とする新しい法曹養成制度は，法的知識偏重の旧司法試験制度の行き詰まりを打破し，併せて，法曹を大幅に増加させながら質を維持・向上させて多様な人材を育成するプロセス教育として導入されたが，「法曹の質」を担保する制度としては，未だ成熟途上にあると言わざるを得ない。各法科大学院によって指導体制・カリキュラムの内容等の差異が大きく，実務法曹としての基礎能力の修得もままならぬまま，各法科大学院の合格率にも大きな差が生じている。近年は法科大学院の受験者が減少し，定員割れの末に他校との統合や廃校，新規学生募集停止となる法科大学院も出てきており，必然的に淘汰が始まっている。

日弁連・弁護士会としても法科大学院の在り方を検討しつつ，法科大学院制度の成熟を図っていくべきである。

(3) 法曹人口増員に対応するための司法基盤の整備

❶ 新人弁護士の勤務先採用難とOJT問題

弁護士の法曹倫理を含む実務法曹としての能力は，法科大学院や司法研修所の教育のみで養われるものではなく，これまでは，勤務弁護士として，あるいは先輩弁護士との事件を通して経験により修得されてきた面が大きい（いわゆるオン・ザ・ジョブ・トレーニング〔OJT〕）。

ところが，司法試験合格者が2,000人を超え，毎年多数の新人弁護士が誕生するようになった2007（平成19）年頃から，司法研修所を卒業しても法律事務所への採用が困難となり，やむを得ず最初から独立したり（即独），他の弁護士事務所に席だけ置かせてもらう（ノキ弁）新人弁護士が少なからず存在するという指摘もあり，今後はその傾向が一層強くなることが予想される。

そして2009（平成21）年までは日弁連における様々な施策が奏功していたものの，2010（平成22）年の新63期司法修習生の一括登録時には200人を超える未登録者が発生し，その後は毎年，一括登録時に400人を超える未登録者が発生している。これらの未登録者は数ヶ月後には半数以下に減少しているが，このような傾向は当分続くものと思われる。

日弁連や東弁では即独立をする新人弁護士のための技術支援としてのeラーニング研修や，支援チューター制度，支援メーリングリスト，クラス別研修などをはじめているが，最も効率の良いOJTである勤務弁護士としての経験を多くの新人弁護士たちが享受できるような，例えば現在一人事務所の会員が新たに新人の勤務弁護士を採れるようにするための方策を，日弁連（若手法曹サポートセンター）は現実問題として検討すべきである。

❷ 裁判官・検察官の増員と適正配置

司法制度改革審議会意見書は，法曹人口増加について，弁護士だけでなく，裁判官・検察官についても大幅に増加させることを提唱していた。

ところが，2001（平成13）年から2009（平成21）年の増加状況は，弁護士新規登録者数が11,705人であるのに対し，裁判官は886人，検察官は770人となっている。国の司法予算の制約や，物的施設の収容能力等の問題，あるいは弁護士任官が予想以上に少ないという事情があるにせよ，このような状況では司法制度の実際の利用は進まないという極めて歪んだ司法環境になりかねない。したがって，裁判官や検察官そして職員のさらなる増員を図る必要がある。

❸ 国選弁護等報酬問題

被疑者国選事件の完全実施や，裁判員裁判への十分な対応体制の構築，そして少年事件全件付添人の完全実施のために相当数の弁護士が必要となるが，現在は弁護士数も増加し，これら制度への対応は概ね充足しつつあるとされている。しかし，現在の国選弁護報酬はまだまだ少額に過ぎ，少年付添における報酬もいまだ労力に比して少額である。刑事司法の充実を目指す今次の改革を担う多くの弁護士が十全な刑事弁護の職責を果たすためにも，日弁連は，さらなる国選弁護報酬や少年付添報酬の抜本的引き上げの運動を，これまで以上に精力的に政府及び関係諸機関に対して行なっ

ていくべきである。

❹ 法律扶助（リーガル・エイド）の脆弱さ

以前の財団法人法律扶助協会による法律扶助のシステムに比べれば，司法改革の一環としての日本司法支援センター（法テラス）創設，民事法律扶助予算の増大は，大きな進歩であった。しかしながら，現在の法律扶助の予算金額はまだまだ欧米諸国に比べて大幅に少なく，未だ市民が身近な法律問題についても容易に弁護士を利用するような段階には至っていない。

❺ 市民・事業者等の潜在的法的需要に応えるための体制の整備について

市民や事業者・中小企業等の中に，まだまだ隠れた潜在的法的需要があることは，日弁連が行った法的ニーズ調査報告書中の中小企業アンケートや市民アンケートでも窺い知ることが出来る。

しかしながら，法曹人口が増え始めたこの10年間でもさほど民事訴訟の事件数は増加しておらず，そのような潜在的法的需要に我々弁護士が応えられていない実情がある。それら潜在的法的需要に応えるためには，弁護士の数を増加させることはもちろん必要であるが，それだけでは足らず，前述した法律扶助の範囲及び予算の飛躍的拡大以外にも，弁護士の側で，それらを顕在化させ，仕事として受けられる体制作りが必要である。

❻ 企業・官公庁等の弁護士需要について

21世紀の弁護士像として，弁護士がこれまでの職域にとどまらず，企業や官公庁等にスタッフとして入り，その専門的知識を生かして活躍していくことが展望されている。

現状においては，企業・官公庁における組織内弁護士は，1,000人を超えている状況にあるが，さらなる活躍が期待される。

3）課題への対応について

(1) 日弁連の対応

法曹人口の大幅増加は，今回の司法改革をその人的基盤において支えるものであり，数多くの質の高い法曹を社会に送り出すことを通じて我が国社会に法の支配を確立するという改革理念の正当性は，今日においても何ら失われていないが，他方で，前述のような諸問題が発生し，急増化のひずみが顕在化しつつあることも事実である。

❶ 法曹人口問題に関する緊急提言等

そこで日弁連は，2008（平成20）年7月，「法曹人口問題に関する緊急提言」を公表して，「2010（平成20）年頃に合格者3,000人程度にするという数値目標にとらわれることなく，法曹の質に十分配慮した慎重かつ厳格な審議がなされるべきである」との表現で，当面の法曹人口増員についてのペースダウンを求める方針を明らかにした。

そして，同年3月，改めて「当面の法曹人口のあり方に関する提言」を公表した。その中で，「法曹人口5万人規模の態勢整備に向けて，引き続き最大限の努力を行う」としながら，「新たな法曹養成制度は未だ成熟の途上にあって，新規法曹の質の懸念が各方面から指摘されている」「司法の制度的基盤整備の状況など，司法を取り巻く環境の変化は，この間の弁護士人口増加の状況に比して，当初の想定に沿った進展に至っていない」として，2009（平成21）年度以降数年間は，司法試験合格者数について，現状の合格者数（2007年度は新1,851人・旧248人の計2,099人，2008年度は新2,065人・旧144人の計2,209人）を目安としつつ，慎重かつ厳格な合否判定によって決定されることが相当である」と提言している。

これらの提言の影響を受けたものかどうかはともかく，2008（平成20）年の新司法試験合格者数は2,065人，2009（平成21）年が2,043人，2010（平成22）年が2,074人にとどまっている。ちなみに司法試験委員会の予定していた合格者の目安は，2008（平成20）年は2,100～2,500人，2009（平成21）年は2,500～3,000人とされていた。

❷ 法曹人口政策会議による提言

日弁連は，「当面の法曹人口のあり方に関する提言」を前提に，2011（平成23）年6月に各地の弁護士会会長や各弁連推薦等の委員約140人で構成される法曹人口政策会議を組織し，司法試験合格者数についての具体的な提言を協議した。

そして，その中間取りまとめを受け，2011（平成23）年3月27日，日弁連は「当面の緊急対策として，司法試験合格者を現状よりさらに相当数削減」することを求める「法曹人口政策に関する緊急提言」を採択した（その後の2011〔平成23〕年新司法試験合格者は2,063人）。

法曹人口政策会議ではその後も最終提言に向けて議

論を重ね，各弁護士会への意見照会，各地でのシンポジウムなども踏まえつつ2012（平成24）年2月に最終的な意見の取りまとめを行い，これに基づいて日弁連は同年3月15日，「法曹人口政策に関する提言」を公表した。この提言では，市民に信頼され，頼りがいのある司法を実現するために弁護士の質の確保が必要であるところ，新人弁護士の就職難，OJT不足が質の低下の懸念を招き，また法曹志望者の減少も引き起こしているので，「2010（平成22）年ころに司法試験合格者3,000人を目指す」との2002（平成14）年の閣議決定を見直し，法曹養成制度の成熟度，現実の法的需要，司法基盤の整備状況などとバランスの取れた弁護士増員ペースをとる必要があるとして，「司法試験合格者数をまず1,500人にまで減員し，更なる減員については法曹養成制度の成熟度や現実の法的需要，問題点の改善状況を検証しつつ対処していくべきである。」と具体的な数字を挙げた意見が示された。

❸ 検証と対応策の問題について

弁護士会は，法曹人口の大幅増加を通じた司法改革の推進という施策を，増加する弁護士の業務基盤を確保しつつ推進していくため，以下のとおり，適切な検証を踏まえた具体的対応を尽くす必要がある。

① 弁護士人口増加の影響に関する検証

まず，法曹人口の大幅増加を通じた司法改革の推進という施策が，増加する弁護士の業務基盤を確保しつつ実現していくためには，法曹人口，とりわけ弁護士人口増加による影響の実証的な検証が不可欠である。

この点，日弁連（法曹人口問題検討会議）は，2010（平成22）年3月5日，「適正な法曹人口は，何を基準としてこれを定めるべきか。その基準として考慮すべき対象と検討の方法」についての提言を行っているが，未だ日弁連内部に検証のための専門機関が設置されておらず，また，法曹養成や司法基盤に関する諸事情が変化する中では，検証がなされるまで行動を控えるのではなく，検証しつつ具体的な提言等を行うべきである。2012（平成24）年3月15日の法曹人口政策に関する提言も，このような趣旨でまとめられたものである。

② 弁護士人口の増加と弁護士会としての制度的対応策

他方，弁護士人口の増加に伴い新人・若手を中心とした個々の弁護士に生じるおそれのある負の影響を最小限に抑制するとともに，増加する弁護士の質を適切に確保し，弁護士増加を司法アクセスの改善ひいては法の支配の確立に結びつけていくための弁護士会としての制度的な対応が必要である。

この点についても，日弁連の若手法曹サポートセンターが中心となって就職説明会の実施，就職担当窓口の設置，就職先未定者等に対する相談会の実施，全国採用問題担当者連絡協議会の実施，ひまわり求人求職ナビのバージョンアップ，経済団体や官公庁・自治体との採用拡大に関する協議や啓蒙活動の実施，即独弁護士を対象とした独立開業支援チューター制度の創設やeラーニングの実施など，様々な方策が実施に移されているが，これら諸制度の一層の充実・発展がはかられる必要がある。ことに即独弁護士に対応するOJTの充実は必須である。また，新たに導入された新人弁護士を対象としたクラス制研修も研修の充実と弁護士自治の見地から重要である。

また，いわゆる社会人経験者については，その能力にもかかわらず，その年齢が就職に不利に働く現状にあることから，社会人経験の能力が弁護士業務に付加価値を与える具体例を会員に広く広報するなどの取組みも有益であろう。

さらには，増加する弁護士と隣接法律職との関係をどのように整理するかは今後の課題であるが，これら隣接法律職の職務分野を基本的に弁護士が担っていく方向で業務を拡大し，他方で，隣接法律職資格と弁護士資格をどのように整理していくかを検討することは，法の支配の確立という観点からも重要な意味を有する。

このような認識に立ち，専門研修の一層の充実等，これを可能にする具体的な条件整備についても弁護士会として真摯に検討していく必要がある。弁護士会としては，諸外国や隣接法律職の実情等の調査を踏まえ，上記諸課題への対応に向けて全力を尽くす必要がある。

さらに，これら具体的方策とともに，弁護士会は，若手弁護士が将来に対する希望を持てるような，また，多くの有為な人材が弁護士を目指そうという志を持てるような，弁護士人口大幅増加後の弁護士・弁護士会の在り方を具体的に提示する不断の努力をすべきである。

③ 若い世代の弁護士たちの育成・支援のための具体的方策の検討

②で述べたような制度的対応策を施すとしても，その効果は一朝一夕に現れるものではなく，制度改革の

狭間で、特に若い世代において、法曹として十分な経験や能力を取得できる機会に恵まれなかったり、経済的に苦境に陥ったりする弁護士たちも生じ得る。そのような若い世代に対しては、日弁連・弁護士会として、より直接的な育成・支援策を検討することも必要であろう。

議論されている課題としては、若い世代の会員の弁護士会費（日弁連を含む）のさらなる見直し、1人事務所で初めて勤務弁護士を受け入れる事務所への財政的支援、若手弁護士の複数事務所による共同雇用のビジネスモデルの作成、会員から募集・集積した事件・仕事の弁護士会による若手弁護士への配点等であり、これらについて前向きに検討・検証することも必要であろう。

この点、若手法曹サポートセンターでは、開業・業務支援、組織内弁護士の促進、さらには大規模事務所によらない若手の海外進出など、様々な試みが実施されており、大いに期待したい。

(2) 政府の対応

❶ 法曹養成フォーラムによる「論点整理」

一方、政府は、2002（平成14）年3月になされた、2010（平成22）年までに司法試験合格者数年間3,000人を目指すとの閣議決定以来、2010（平成22）年が過ぎてもこの方針を原則論として堅持していたが、2011（平成23）年6月に設置された法曹養成フォーラムでは2012（平成24）年5月10日の「論点整理」において、法曹人口問題につき、「努力目標として、一定数の法曹人口の増加を視野に入れながら、様々な政策を考えていくことは必要であるが、一定の時期を限って合格者数の数値目標を設定することに無理がないか検討すべき。」とされた。

❷ 法曹養成制度検討会議

政府は、法曹養成フォーラムの「論点整理」の内容を踏まえつつさらに検討を行う組織として、2011（平成24）年8月21日、各省庁、法曹、学者、有識者らによる法曹養成制度検討会議を設置して協議を続け、2013（平成25）年6月26日の最終取りまとめにおいては「数値目標を掲げることは現実性を欠く」とされ、ついに2013（平成25）年7月16日、政府は3,000人目標を正式に撤回した。

❸ 法曹養成制度改革推進会議

政府は法曹養成制度検討会議の取りまとめを受けて、2013（平成25）年9月17日、さらに法曹養成制度の改革を総合的かつ強力に実行するため、同様に、各省庁、法曹、学者、有識者らによる法曹養成制度改革推進会議を組織し、協議を重ねたうえで、2015（平成27）年6月30日、「法曹養成制度改革の更なる推進について」を発表した。

そのなかで、今後の法曹人口の在り方として、「新たに養成し、輩出される法曹の規模は、司法試験合格者数でいえば、質・量ともに豊かな法曹を養成するために導入された現行の法曹養成制度の下でこれまで直近でも1,800人程度の有為な人材が輩出されてきた現状を踏まえ、当面、これより規模が縮小するとしても、1,500人程度は輩出されるよう、必要な取り組みを進め、更にはこれにとどまることなく、関係者各々が最善を尽くし、社会の法的需要に応えるために、今後もより多くの質の高い法曹が輩出され、活躍する状況になることを目指すべきである。」として、引き続き法科大学院を中核とする法曹養成制度の改革を推進しつつも、当面の司法試験合格者数として「1,500人程度は輩出されるよう」という形で具体的な人数に言及した（詳細は第1部第3参照）。

ちなみに、2014（平成26）年の司法試験合格者は1,810人、2015（平成27）年は1,850人となっている。

(3) 弁連や各弁護士会の動向について

一方、前述したような現在の「ひずみ」の諸問題への懸念を背景に、2010（平成22）年以降、司法試験合格者の人数を具体的に主張する決議を行い、公表する弁護士会、弁連が出てきている。その決議の多くは合格者を1,000人にすべき、との内容である。

また、日弁連内に再び法曹人口政策会議のような法曹人口に関する検討機関を設置すべきとする意見も出てきている。

しかし「ひずみ」に関する諸問題はいずれも重要かつ深刻ではあるが、その解決策として、合格者1,000人というような「大幅な合格者数削減」という結論を、性急にしかも短期間に実現すべしと弁護士会が主張することは、司法改革の後退を対外的にイメージ付けることになるとともに、現実に司法改革の進展を遅らせることとなり、法科大学院や受験生たちに与える影響も大きく、市民の理解と共感は得られにくいと思われる。

(4) 法友会の対応について

法友会は，司法試験合格者数を現状維持又は漸減する方向性を打ち出してはいたものの，2011（平成23）年まで合格者の具体的な数を明示した意見を述べていなかった。これは，合格者数を何人にするべきかについて実証的な合理的根拠が見当たらないことが主な理由であった。

しかしながら，当面，弁護士の増員ペースを緩和させなければ新人弁護士の就職難，OJT不足から生じる弁護士の質の低下の懸念，さらには法曹志望者の減少などの「ひずみ」が増幅することは明白と思われる現状に鑑み，法曹人口政策に関する日弁連からの意見照会（2011〔平成23〕年12月）に対する東京弁護士会の意見のとりまとめを行う際，法友会でも議論の末，司法試験合格者1,500人を目指すとの意見を採択した。

そして，前述のとおり，日弁連は各弁護士会からの意見も踏まえて法曹人口政策に関する提言を行い，その後の2012（平成24）年の司法試験合格者は2,102人，2013（平成25）年は2,049人であったものの，2014（平成26）年1,810人，2015（平成27）年1,850人とやや減少傾向となっている。

一方，前述のとおり，政府が設置した法曹養成フォーラムの論点整理，法曹養成制度検討会議の取りまとめを経て，法曹養成制度改革推進会議が2015（平成27）年6月30日に「法曹養成制度改革のさらなる推進について」を発表し，「これまで直近でも1,800人程度の有為な人材が輩出されてきた現状を踏まえ，当面，これより規模が縮小するとしても，1,500人は輩出されるよう」と，政府として「3,000人」以来はじめて具体的な司法試験合格者数に言及した。

法友会としては，従来からの主張である司法改革の理念に基づく司法基盤，特に民事司法基盤の一層の整備・拡大を推進していくべきであり，法曹養成制度改革推進会議の2015（平成27）年6月30日の意見のなかで司法試験合格者数に言及した部分だけを注目するのではなく，「更にはこれにとどまることなく，関係者各々が最善を尽くし，社会の法的需要に応えるために今後もより多くの質の高い法曹が輩出され，活躍する状況となることを目指すべきである。すなわち，引き続き法科大学院を中核とする法曹養成制度の改革を推進するとともに，法曹ないし法曹有資格者の活動領域の拡大や司法アクセスの容易化等に必要な取組を進め，より多くの有為な人材が法曹を志望し，多くの質の高い法曹が，前記司法制度改革の理念に沿って社会の様々な分野で活躍する状況になることを目指すべきである」としている点に注目しつつ，市民が必要とする弁護士の質と量を検討・検証し，これに到達するために必要充分な毎年の合格者数，法科大学院教育の向上による卒業者の「質」の確保，司法修習生の就職難とこれによるOJT不足から生じる新人弁護士の質の低下の懸念を回避するために適切な合格者数，などをバランスよく考慮し，必要に応じて提言しつつ，真に市民が利用しやすい，頼りがいのある司法の実現に向けて，今後も努力を続けていくべきである。

3　法科大学院制度と司法試験制度の現状と課題

1）法科大学院を中核とする法曹養成制度の理念と概要

2004（平成16）年4月の法科大学院制度創設から10年を経過した現在，法科大学院を中核とする法曹養成制度は，一定の成果を生み出しつつも，様々な深刻な課題に直面している。以下では，法科大学院を中核とする法曹養成制度の理念と到達点を確認した上で，現在直面する課題と対応策を明らかにする。

(1) 法科大学院制度創設の理念

司法制度改革審議会意見書（以下「司改審意見書」という。）は，法曹を，「国民の社会生活上の医師」の役割を果たすべき存在と規定し，そのような質を備えた法曹を，国民が求める数，確保すべきとした。

そして，従来の司法試験という「点」のみによる選抜から，法学教育，司法試験，司法修習を有機的に連携させた「プロセス」としての法曹養成制度を新たに整備すべきとし，この新たな法曹養成制度の中核を成すものとして，法曹養成に特化した教育を行うプロフェッショナル・スクールとして法科大学院を創設すべきと提言した。法科大学院制度創設の理念は，ここに集約される。

(2) 法科大学院制度の特徴

法科大学院制度は、従来の法学教育制度に比して、次のような特徴を持った制度として創設された。

第1に、理論と実務の架橋を理念とした教育を行う点である。

第2に、少人数による双方向・多方向的な密度の濃い授業を行う点である。

第3に、弁護士を中心とする実務家教員を一定数配置するとともに、主としてこれら実務家教員によって担われる法律実務基礎科目群をカリキュラムに配置している点である。

第4に、他学部出身者、社会人経験者など多様なバックグラウンドをもった学生を受け入れるとともに、訴訟を中核とする紛争解決業務にとどまらない、多様な法的ニーズに応え得る法曹（「国民の社会生活上の医師」）の養成を目的に掲げた点である。

(3) 法科大学院のカリキュラム

法科大学院のカリキュラムは、93単位が修了までに必要な最低単位数とされている。科目は、基本六法と行政法の分野である「法律基本科目群」、法曹倫理、民事訴訟実務の基礎、刑事訴訟実務の基礎、法情報調査、法文書作成、ロイヤリング、模擬裁判、クリニック、エクスターンシップなどの「法律実務基礎科目」、外国法、法社会学、法と経済学、政治学などの「基礎法学・隣接科目群」、知的財産法、労働法、少年法、IT法などの「展開・先端科目群」の4分野に分類されており、93単位のうち法律基本科目群に54単位、法律実務基礎科目群に10単位、基礎法学・隣接科目群に4単位、展開・先端科目群に25単位を配分することが事実上のガイドラインとして定められている。

(4) 司法試験の位置づけと概要

法科大学院制度創設後の司法試験の在り方について、司改審意見書は、「法科大学院教育をふまえたものに切り替える」としており、これを踏まえて司法試験の基本的在り方について検討した。

新司法試験実施に係る研究調査会報告書（2003〔平成15〕年12月11日）では、司法試験は法科大学院の教育課程履修を前提に実施するものであり、司法試験の科目と内容だけでは法曹に求められる能力を判定できないことに留意すべきとした。

司法試験は短答式、論文式が実施され、口述試験は実施されない。短答式は、2014（平成26）年まで、憲法・行政法、民法・商法・民事訴訟法、刑法・刑事訴訟法の7科目が実施されていたが、2015（平成27）年から、憲法、民法、刑法の3科目に削減された。論文式は上記7科目に選択科目が加わり、倒産法、租税法、経済法、知的財産法、労働法、環境法、国際関係法（公法系）、国際関係法（私法系）の8科目から1科目を選択する。

(5) 予備試験の位置づけと概要

司改審意見書は、「経済的事情や既に実社会で十分な経験を積んでいるなどの理由により法科大学院を経由しない者にも、法曹資格取得のための適切な途を確保すべきである」として予備試験制度の創設を提言した。予備試験は、法科大学院修了と同等の能力を判定する試験（司法試験法5条1項）と位置づけられているが、法科大学院というプロセスによって養成された能力と同等の能力を点（試験）によって判定するという原理的な矛盾を抱えている。予備試験の制度趣旨は司改審意見書のとおり明確であるが、受験資格は制限されず、法制上は誰もが受験できる試験となっている。

予備試験は短答式、論文式、口述の各試験が実施される。短答式の科目は憲法、行政法、民法、刑法、商法、民事訴訟法、刑事訴訟法、一般教養の8科目、論文式は短答式科目に法律実務基礎科目が加わった9科目、口述試験は法律実務基礎科目1科目が実施される。

(6) 司法修習の位置づけ

法科大学院制度の創設に伴い、司法試験の位置づけが大きく変化したのに比べ、司法修習の変化は大きなものではなかった。もちろん、修習期間が1年4ヶ月から1年に短縮されたこと、前期集合修習が廃止され、新60期を除き、実務修習から修習が始まるようになったこと（ただし、68期から導入修習が実施されるようになった）、選択型実務修習が導入されたことなど、修習の内容には大きな変化が生じた。しかしこれらは、基本的には修習生の増加に伴う、いわばやむを得ざる変更であり、法科大学院制度の下での司法修習の位置づけに関する自覚的な議論は乏しかったと言える。最高裁司法修習委員会は、新しい司法修習の在り方に関する検討結果として「議論のとりまとめ」（2004〔平成16〕年7月2日）を公表しており、ここでは法廷活動に限られない幅広い法的ニーズに対応する修習として、「法曹としての基本的なスキルとマインド」を養成す

る修習を行うとしたが，選択修習の一部カリキュラムなどを除き，現在の修習に同理念の積極的な具体化をみることは困難と言える。

2）法科大学院を中核とする法曹養成制度の成果と課題

以上のような内容をもって始まった法科大学院を中核とする法曹養成制度は，一定の成果を挙げつつも，様々な課題に直面している。

(1) 成果

法科大学院を修了して法曹資格を取得した者の人数はすでに1万5,000人に達し，法曹全体の3分の1を超えている。法科大学院修了法曹については，従来の法曹に比べて，多様なバックグラウンドを有している，コミュニケーション能力，プレゼンテーション能力，判例・文献の調査能力に優れているといった面において積極的な評価が得られている。実際，これらの特徴を活かして，従来の法曹に比べ，社会のより幅広い分野において多様な活躍を展開しているとの評価も見られる。

(2) 課題

このような成果の一方で，法科大学院を中核とする法曹養成制度に対しては，様々な問題点が指摘されるに至っている。

❶　データにみる状況の推移

①　司法試験・予備試験

司法試験の合格者数と合格率（対受験者）は，初年度である2006（平成18）年の1,009人，48.25％から，2007（平成19）年1,851人，40.18％，2008（平成20）年2,065人，32.98％，2009（平成21）年2,043人，27.64％，2010（平成22）年2,074人，25.41％，2011（平成23）年2,063人，23.54％，2012（平成24）年2,102人（内予備試験ルート58人），25.06％，2013（平成25）年2,049人（同120人），26.77％，2014（平成26）年1,810人（同163人），22.58％，2015（平成27）年1,850人（同186人），23.08％と推移している。

司法試験合格率は初回司法試験以降一貫して低下を続けてきたが，法科大学院の入学定員削減などの影響から2011（平成23）年を底に，上昇に転じ始めた。2014（平成24）年は，受験回数制限を5年3回から5年5回に緩和する改正司法試験法が成立し，受け控えをする必要がなくなったことからいったん低下したが，2015（平成27）年は再び若干の上昇をみた。また，2012（平成24）年からは予備試験ルートからの司法試験合格者が出ている。

2015（平成27）年試験結果をみると，予備試験ルートからの186人を除いた法科大学院修了合格者である1,664人のうち，既修者1,133人（68.1％），未修者531人（31.9％）。既修者合格率が32.3％に対し，未修者合格率は12.6％と，両者には倍以上の差がある。

2011（平成23）年から開始された予備試験は，2011（平成23）年受験者数6,477人，合格者数116人，2012（平成24）年受験者数7,183人，合格者数219人，2013（平成25）年受験者数9,224人，合格者数351人，2014（平成26）年受験者数10,347人，合格者数356人，2015（平成27）年受験者数10,334人，合格者数394人と推移している。

合格者のうち24歳以下の割合は2011（平成23）年に34.5％だったのが，2015（平成27）年には60.4％に，合格者のうち学部生と法科大学院在学生と法科大学院修了生（出願時データ）だった者の割合は2011（平成23）年55.2％が2015（平成27）年には81.7％に，それぞれ大幅に上昇している。経済的事情等により法科大学院を経由しない人のための制度だった予備試験が，学部生と法科大学院生によって席巻され，制度趣旨とは明らかに異なった方向で運用されている実態が明らかになっている。

これまで毎年大幅に増加を続けてきた予備試験合格者数は，2014（平成26）年は，前年比5人増にとどまり，合格者のうち24歳以下の割合および学部生と法科大学院在学生と法科大学院修了生の割合も前年並にとどまったが，2015（平成27）年は，合格者数が前年比38人増となり，24歳以下の割合が増加した一方で，学部生と法科大学院在学生と法科大学院修了生の割合は減少した。来年以降の動向が注目される。

②　法科大学院

法科大学院の志願者総数を比較的正確に現していると推測される適性試験受験者数をみると，初年度の2003（平成15）年度に35,521人であった受験者が，2015（平成27）年度には3,621人にまで減少しており，そのうち入学有資格者（大学卒業等によって法科大学院の受験資格をもった受験者）は3,517人である（2003〔平成15〕年度は大学入試センター，2015〔平成27〕年度は適性試験管理委員会による数値）。

法科大学院の入学定員は，2006（平成18）年度に5,825人でピークを迎えた定員数が，その後の文科省の定員削減策の影響もあり，2015（平成27）年度には3,169人に減少した。2016（平成28）年度には2,724人にまで減少することが見込まれている。実入学者数でみると，2006（平成18）年度に5,784人でピークを迎えた入学者数が，2015（平成27）年度には2,201人とピーク時の約4割に減少している。

　また，この間，姫路獨協大学，神戸学院大学が法科大学院を廃止，大宮法科大学院大学，明治学院大学，駿河台大学，神戸学院大学，大阪学院大学，東北学院大学，島根大学，大東文化大学，信州大学，東海大学，関東学院大学，新潟大学，龍谷大学，久留米大学，鹿児島大学，香川大学，広島修道大学，獨協大学，白鷗大学が学生募集を停止，東洋大学，静岡大学，愛知学院大学，京都産業大学，熊本大学，山梨学院大学，神奈川大学，國學院大學，中京大学が学生募集停止を発表した。廃止した法科大学院と学生募集を停止または停止の発表をした法科大学院をあわせると29校に及んでいる。

　入学者のうちの社会人経験者の割合は，初年度である2004（平成16）年度には48.4％であったのが，2015（平成27）年度には18.4％に，他学部卒業者の割合は，2004（平成16）年度には34.5％であったのが2015（平成27）年度には15.9％となっている。

　法科大学院は，志願者数の観点からも，（統廃合・定員削減政策の結果であるにせよ）学校数，定員・実入学者数の観点からも，多様性の観点からも，縮小してきている。

❷　養成される法曹の質をめぐる課題

　養成される法曹の質をめぐっても，この間，様々な問題点，懸念が指摘されている。その原因については，法科大学院教育の質の格差のほか，法曹志望者の減少に伴う志望者の質の問題，司法試験合格者の増加に伴う養成対象人数の増加，修習期間の短縮と前期修習の廃止という各要因が関係しているが，新たな法曹養成制度によって養成された人材に対しては，法律基本科目の知識，理解が不十分な者，論理的表現能力が不十分な者が一部に存在するという指摘等がなされるほか，法曹志望者の減少傾向が続くなか，今後法曹の質が低下していくのではないかと懸念する議論が広がっている。

❸　制度的な課題

　制度的な課題については様々なレベルの課題が存するが，根本的な問題点は，法曹志望者の減少傾向に歯止めがかからない点に集約される。その原因としては，司法試験の合格率の低迷，法律事務所の就職難と法曹の活動領域が未だ十分な拡大をみせていないこと，そのような状況の下で法曹資格取得までの時間的・経済的負担感が増大していること（また，司法修習の貸与制への転換によって負担感の増大に拍車をかけていること）が挙げられる。

　また，合格率が低迷する中で，法科大学院を修了しながら最終的に法曹資格を取得できない者が大量に発生しており，これら法務博士への対応も様々な意味において重要となっている。

3）法曹養成制度改革の取組み

　法科大学院を中核とする法曹養成制度について改革を図るべき問題点が存するという認識は，創設初年度である2004（平成16）年の後半から，新司法試験の合格者数と合格率の問題をめぐって一部で指摘され始めていた。しかし，政府レベルにおいて改革に関する本格的な検討が始まるのは，2008（平成20）年度に入ってからである。

(1) 日弁連における取組みの経緯

　日弁連は，2009（平成21）年1月「新しい法曹養成制度の改善方策に関する提言」において初めて法曹養成制度全体に関する改革提言を行ったが，その後，2011（平成23）年3月「法曹養成制度の改善に関する緊急提言」，同年8月「法科大学院教育と司法修習との連携強化のための提言」，2012（平成24）年7月「法科大学院制度の改善に関する具体的提言」と，情勢に応じた制度全体にわたる提言を積み重ねてきており，同提言に基づく取組みを続けている。

　さらに，後述の法曹養成制度改革推進会議決定を踏まえ，日弁連執行部は，2015（平成27）年9月の理事会において，「新しい段階を迎えた法曹養成制度改革に全国の会員，弁護士会が力を合わせて取り組もう」との表題の下に方針を示し，上記日弁連提言内容及び同決定の積極的内容を速やかに現実化するため，多様で質の高い法曹の養成に向けた法科大学院の改革，司法試験の改善，予備試験の検証・検討等の課題のみならず，法曹志望者数の回復等の制度改革面にとどまら

ない課題に対しても、全国の弁護士会と協力して情報を共有しつつ、連携を強化して取り組んでいくことを明らかにした。

(2) 政府における取組みの経緯

政府における本格的な提言は、2009（平成21）年4月、中教審法科大学院特別委員会が「法科大学院の質の向上のための改善方策について」を取りまとめたのがその最初である。

その後、法務、文科両副大臣主宰の下に設置された「法曹養成制度に関する検討ワーキングチーム」が2010（平成22）年7月に取りまとめた「法曹養成制度に関する検討ワーキングチームにおける検討結果（取りまとめ）」は、法科大学院を中核とする法曹養成制度について、全体を見通した改善方策の選択肢を取りまとめた最初の提言であった。同提言を受け、内閣官房長官、総務大臣、法務大臣、財務大臣、文部科学大臣、経済産業大臣の6大臣申し合わせに基づき設置された「法曹の養成に関するフォーラム」が、2012（平成24）年5月に「法曹の養成に関するフォーラム 論点整理（取りまとめ）」において改善方策に関するより具体的な論点整理を行い、同フォーラムに4名の委員を追加して閣議決定に基づき設置された「法曹養成制度検討会議」（検討会議）が、2013（平成25）年6月、「法曹養成制度検討会議取りまとめ」において、法曹養成制度全般に関する改革案を取りまとめた。ただし、同取りまとめが提案した改革案は、なお具体的な検討が必要な課題、今後の検討に委ねられた課題も少なくなかった。

そこで、法曹養成制度検討会議の取りまとめを受けて、2013（平成25）年9月、内閣官房長官を議長、法務、文科両大臣を副議長、財務、総務、経産各大臣を議員とする法曹養成制度改革推進会議が発足し、同会議の下に、事務局として法務省、最高裁、文部科学省、日弁連からの出向者によって構成された法曹養成制度改革推進室（推進室）、及び、公開の有識者会議である法曹養成制度改革顧問会議が設置された。また、それらとともに法務省の下には、法曹有資格者の活動領域の拡大に関する有識者懇談会が設置され、その下に、国・地方自治体・福祉等、企業、海外展開の分野を対象とした3分科会が設置された。

そして、2年近くに及ぶ検討を経て、2015（平成27）年6月30日、法曹養成制度改革推進会議は「法曹養成制度改革の更なる推進について」を決定し（以下「推進会議決定」という。）、法曹養成制度全般に関する改革提言を取りまとめるに至った。

今後は、法務省、文部科学省、最高裁、日弁連の四者を基本メンバーとする法曹養成制度改革連絡協議会を後継組織として、推進会議決定を踏まえた改革のフォローを含めた連絡協議が進められることになる（2015（平成27）年12月14日に発足）。

(3) 政府における改革の到達点

法科大学院及び司法試験・予備試験について、推進会議決定において提言された主な施策は、次のとおりである。

❶ 法科大学院

①2015（平成27）年度から2018（平成30）年度までを法科大学院集中改革期間と位置付ける。

②2015（平成27）年度から実施している公的支援の見直し強化策及び裁判官・検察官の教員派遣見直し方策を継続的に実施する。

③認証評価の厳格化に向けた運用を促進する。

④課題の深刻な法科大学院の改善が図られない場合、学校教育法第15条に基づき行政処分を実施するものとする。

⑤上記④の処分を適切に実施できない場合、専門職大学院設置基準の見直しないし解釈の明確化を2018（平成30）年度までに検討する。

⑥法科大学院を修了した実務家教員等の積極的活用、未修者に対する教育課程の抜本的見直し、社会の様々な分野で活躍できる法曹の養成に有意義な先導的取組の支援を強化する。

⑦共通到達度確認試験の実施に向けた試行を行い、その対象を未修者から既修者に拡大する。司法試験の短答式免除との連関についても視野に入れて検討し、さらには適性試験や既修者認定試験との関係の在り方についても検討する。

⑧奨学金制度や授業料減免制度など、給付型支援を含めた経済的支援の充実を推進する。

⑨早期卒業・飛び入学制度を活用し、学部3年終了後、既修者コースに進学できる仕組みの確立及び充実を推進する。

⑩地理的・時間的制約のある地方在住者や社会人等に対するＩＣＴ（情報通信技術）を活用した法科大学院教育の本格的普及に向け、実証的な調査研

究を行う。
❷ 司法試験・予備試験
　①予備試験について，結果の推移等や法科大学院修了との同等性等を引き続き検証し，その結果も踏まえつつ試験科目の見直しや運用改善を含め必要な方策を検討する。
　②予備試験の合否判定について，法科大学院を中核とする法曹養成制度の理念を損ねない配慮を期待する。
　③法科大学院改革の進捗状況に合わせて，予備試験の趣旨に沿った者の受験を制約することなく，かつ，予備試験が法曹養成制度の理念を阻害しないよう必要な制度的措置を講ずることを検討する。
　④司法試験の論文式試験における選択科目の廃止の是非を引き続き検討する。

4）これからの課題

(1) 法科大学院を中核とする法曹養成制度の維持発展を

　一部には，法科大学院制度を廃止すべき，あるいは，法科大学院修了を原則的な司法試験受験資格とする現行制度を改め，法科大学院を修了しなくとも，誰もが司法試験を受験できるようにすべきであるとの議論も存在している。

　しかし，法曹志望者に対して法曹養成を目的とした教育を基礎から施し，同教育を経た者を法曹とすることを原則とした現行制度は，法曹養成に特化した教育を行う制度であるという点において原理的な正当性を有するのみならず，法曹と比較されることの多い専門職である医師養成との対比においても，また，法曹養成制度の国際比較の点においても，維持されるべき制度である。

　法科大学院制度の廃止あるいは司法試験の受験資格制限撤廃という議論は，法曹養成制度の出発点を司法試験合格時点として，法学部教育によっては到達しない司法試験合格までの過程を，受験予備校による教育と自学自習という個人の努力に委ねていた旧司法試験制度の状況に回帰することを意味するものであり，支持し得ない。現行制度を維持しつつ，その問題点を解決するというのが改革のアプローチであるべきである。

　以上のような基本的な立場に立って，法曹養成制度改革に関する今後の課題を整理する。

(2) 法曹志望者増加に向けて

❶ 弁護士の魅力を伝え志願者増加に結びつける取組

　2015（平成27）年に適性試験を受験した入学有資格受験者は3,517人である。すなわち，最低限の入試競争倍率とされる競争倍率2倍を全体として確保した場合，2016（平成28）年の法科大学院入学者総数は1,758人となるところまで法曹志望者は減少している（法科大学院を志願せず予備試験のみを受験する法曹志望者も存在はするが，その数は少数に過ぎない）。

　したがって，法曹養成制度の改革とともに，法曹志望者増加に向けた取組は喫緊の課題となる。もちろん，法曹養成制度の改革とこれを通じた制度の安定は法曹志望者増加の重要な要素であるが，それだけでなく，若者に対し，法曹の姿を示し，その社会的役割や活動の魅力を伝えることを通じて，法曹を志望してもらうための活動に取り組む必要がある。

　具体的には，将来の進路を真摯に考える時期である高校2，3年生から大学1，2年生を主たるターゲットとして，授業や課外の講演，交流企画など，様々な機会を活用して弁護士の魅力を伝え，法曹志望を促す取組を行うことなどが考えられるだろう。

　また，社会人に対しても，社会人経験を経て法曹を志し，弁護士となった者の情報を提供することなどの広報活動が考えられよう。

❷ 適性試験について

　法科大学院に入学するためには，現在，適性試験の受験が事実上義務づけられている。しかし，この間の志願者減少による財政難を背景に2015（平成27）年から受験会場が削減されたこと，事実上年1回の実施であることなどから法科大学院志望のハードルになっているとの意見が存すること，選抜方法としての有用性について疑問を呈する意見が存することなどを背景として，中教審法科大学院特別委員会の下にワーキング・グループが設置され，その存廃を含めた検討が行われている。適性試験の在り方は，法曹志望者の状況に影響を及ぼす要因であり，その議論には注目を要する。

(3) 法科大学院

❶ 改革の基本的な考え方

　推進会議決定は2015（平成27）年度から2018（平成30）年度までの期間を法科大学院集中改革期間と位置づけているが，そこでは，合格率の向上と時間的・経

済的負担の軽減に向けた取組がその主眼となる。他方で，他学部出身者，社会人経験者などの多様なバックグラウンドをもった人材を広く法曹界に迎え入れることや，司法試験で問うことのできない法曹に必要な多様な能力を修得させることに向けた取組を蔑ろにしては法科大学院創設の理念自体を放棄することとなる。改革に際してはこのような観点を踏まえる必要がある。

❷ 統廃合・定員削減と質を確保した入学者の絞り込み

法科大学院修了者の司法試験合格率を向上させるには，法科大学院の規模を全体的にコンパクトなものにして，優秀な質を備えた教員と学生を集中させることが不可欠である。

文科省がこの間進めている「法科大学院の組織見直しを促進するための公的支援の見直しの更なる強化について」（2013（平成25）年11月11日。以下「公的支援見直し策」という。）に基づく施策は，法科大学院に対する補助金削減を通じて統廃合と定員削減を促すことを中核とした政策であるが，この間の統廃合と定員削減に一定の効果をもたらしており，引き続きその適切な運用が図られる必要がある。

なお，これまでの公的支援見直し策は，入試競争倍率が補助金削減基準とされていなかったことから，定員充足率を向上させるために競争倍率を2倍以下として入学者を確保する法科大学院が上位校を含めて相次ぎ，2015（平成27）年入学者においては全体の競争倍率自体が1.87倍と2倍を割り込む自体となった。これは入学者の質を確保して合格率の向上を図るという見地からは由々しき事態であることから，公的支援見直し策の補助金削減基準に入試競争倍率を加える必要がある。

なお，定員削減の目安については，文科省から2,500人という数字が示されている（なお，2015〔平成27〕年の総定員数は3,169人。2016〔平成28〕年は2,724人まで減少の見込み）。2,500人定員の場合の実入学者数をどの程度と見込むべきか，1,500人という合格者数を見据えた場合に2,500人という定員が適切であるかなど，この数についてはなお検討が必要であるが，いずれにせよ現状よりも一層の定員削減が必要とされていることは明らかである。

また，推進会議決定に掲げられた司法試験合格率，定員充足率，入試競争倍率などの客観的指標を活用した認証評価の厳格化や，文部科学省による学校教育法第15条に基づく行政処分を背景とした取組も，同様に，法科大学院の統廃合・定員削減と質を確保した入学者の絞り込みを目的とした政策である。法科大学院の自主性に配慮しつつも，国家資格と直結した専門職大学院という法科大学院の特性を踏まえるならば，これら政策が実効性を発揮するよう適切に運用される必要がある。

❸ 教育の質の向上

① 統廃合・定員削減と質を確保した入学者の絞り込みは，法科大学院修了者の合格率向上に向けたいわば制度的な対応であるが，法科大学院においては同時に教育の質の向上に向けた不断の取組が求められる。教育の質の向上の基本となるのは，教育現場を担う教員による，教育能力の向上と適切な教材作成に向けた不断の努力が基本となることは言うまでもないが，この点について推進会議決定は，法科大学院を修了した実務家教員の積極的活用，法学未修者に対する法律基本科目の単位数増加などの地道な取組に加え，法科大学院が共通して客観的かつ厳格に進級判定等を行う仕組として「共通到達度確認試験」という新しい試験制度を2018（平成30）年度を目途に実施すると提言している。

② 同試験に関しては2015（平成27）年3月に第1回試行試験が実施され，2016（平成28），2017（平成29），2018（平成30）年と試行試験が重ねられることになっているが，試験方法が短答式試験のみとされていることに加え，将来的に確認試験の結果に応じて司法試験短答式試験を免除することが展望されていることなどから，様々な問題点を抱えている。

法科大学院1年生から2年生に進級する際の確認試験は，未修者が既修者と共に学習するに足りる最低限の知識能力を有しているかを確認する試験として一定の意義が認められるとしても，2年生から3年生に進級する際の確認試験については問題が多い。すなわち，各法科大学院の2年次のカリキュラムは多様であり3年進級時の「共通到達度」を判定することは困難であることを考えるならば実施の意義自体が明確でなく，他方で法科大学院の進級判定等を行う仕組みとして適切に機能させつつ短答式試験免除と結びつけることができる見込みは現時点では全く立っていない。そのため，3年進級時の確認試験については，その実施の必

要性自体に相当な疑問が呈されていることを踏まえ，試行試験の慎重な検証が行われる必要がある。

③　また，推進会議決定は，合格率向上に向けた取組のほか，社会のニーズに応えて様々な分野で活躍できる法曹の養成に向けた先導的な取組を支援すると提言し，前述の公的支援見直し策の中のいわゆる「加算プログラム」の取組を支持することを明らかにしている。

「加算プログラム」とは，司法試験合格率とは異なる物差しで法科大学院を評価するという観点に立って各法科大学院にそのような取組を促し，評価されるプログラムに応じて補助金を増額するという仕組みである。2014（平成26）年度から始まったこの取組は，グローバル化への対応，地域への貢献，就職支援・職域拡大の推進，他大学との連携促進，教育システムの開発や教育プログラムの充実などの分野で優れた取組が採択されており，司法試験合格率向上だけでない法科大学院の取組の促進に一定の役割を果たしていると評価できる。

❹　経済的・時間的負担の軽減

①　奨学金・授業料免除制度の充実

経済的支援について推進会議決定は，法科大学院生に適用される各種奨学金の充実や授業料減免制度の充実を推進するとしているが，これら制度はいずれも大学生，大学院生全体に関するものであり，その充実に向けた地道な取組は欠かせないものの，法科大学院生に対する大幅な充実を短期的に図ることは容易ではない。

なお，中教審法科大学院特別委員会「法科大学院教育の抜本的かつ総合的な改善・充実方策について（提言）」（2014（平成26）年10月9日）ではこの点について，「他の専門職業人養成における取組も参考にしつつ，関係機関との連携による法曹養成に特化した経済的支援の充実方策についても検討すべき」との提言を行っている。その具体的な内容は未だ明確ではないが，その可能性についても検討の必要がある。なお，私立が中心であるが国立を含めて多くの法科大学院では，それぞれ独自の奨学金制度や授業料減免制度を有しており，その内容は制度創設当時に比して相当に充実が図られている。これらの情報を共有し積極的に発信していくことが求められる。

②　短期修了の仕組み

推進会議決定は，早期卒業・飛び入学制度によって学部3年生から法科大学院既修者コースに入学し，大学入学後5年間で法科大学院を修了できる仕組みを充実すべきと提言しており，この点について文科省は，10校で定員100人程度を目途にこのような道を拡充すべきとしている。法科大学院を中核とするプロセスによる法曹養成制度は，早期の法曹資格取得が重要という価値観に立つものではないが，いわゆる学業成績優秀な学生が予備試験ルートで司法試験合格を目指すという傾向を拡大させず，これら学生を法科大学院に誘引するという観点からは，限定的なルートとしてこのような道を設けることは是認されよう。

③　ＩＣＴ（情報通信技術）の活用

推進会議決定は，地理的・時間的制約がある地方在住者や社会人等に対するＩＣＴを活用した法科大学院教育の実施について2018（平成30）年度を目途とした本格的普及に向けて実証的な調査研究を行うことを提言しており，すでに同提言に基づき，中央大学を中心として，琉球大学，鹿児島大学，島根大学と連携した遠隔地間での授業等を内容とする研究が開始されている。

この間，地方法科大学院の募集停止が相次ぎ，地方在住者が法曹資格を取得する道が狭められているなかにおいて，このＩＣＴを活用した法科大学院教育の実施は重要な課題である。この取組が順調に進められるならば，ある法科大学院を基幹校とし，募集停止した地方法科大学院のキャンパスを同基幹校のサテライトキャンパスにするなどして，地方在住者がその地方において法科大学院を修了するという，いわゆる通信制法科大学院の可能性が拓かれるからである。また，ＩＣＴを活用した教育は，現在，成蹊大学法科大学院で実施されているように，社会人が法科大学院において円滑に学習できる環境の整備にも繋がり得る。ＩＣＴを活用した授業については，ハード面だけでなく，授業方法やカリキュラムなどソフト面においても検討が必要な点が多々存在するが，地方・夜間法科大学院の充実を主張してきた弁護士会としては，現状における現実的な方策として積極的に対応していく必要がある。

(4) 予備試験

❶　推進会議決定は，予備試験について，その受験者及び合格者の大半が法科大学院在学中の者や大学在学中の者であり法科大学院教育に重大な影響を及ぼしていることが指摘されているなどとして，予備試験創設

の趣旨と現在の利用状況が乖離していることを認めている。この点は、推進会議の前身ともいえる法曹養成制度検討会議において、予備試験について積極的に評価すべきとの立場と制限的にすべきとの立場の両論併記がなされるにとどまったことと比較すると、大きな変化である。

このような認識に基づき、推進会議決定では、法科大学院の改革を集中的に進める必要性に言及する一方で、予備試験の結果の推移や法科大学院修了との同等性などを引き続き検証するとともに、予備試験の科目見直しや運用改善を含めた方策を検討すること、予備試験の合格者数を現状よりも大きく増加させないこと（予備試験の合否判定に当たり法科大学院を中核とするプロセスとしての法曹養成制度の理念を損ねないよう配慮するという推進会議決定の記載はこの意味である）、予備試験が法曹養成制度の理念を阻害することがないよう必要な制度的措置（具体的には何らかの受験資格制限が想定されていると思われる）をとることを検討することなどが提言されている。

❷ 2015（平成27）年の司法試験結果をみると、予備試験ルートでの合格者は186人と前年比23人の増加となっており、また、同年の予備試験結果をみると、出願者数が前年比で減少しているにもかかわらず、合格者は394人と前年比38人の増加となり、一昨年（351人）、昨年（356人）と横ばいに見えたものが再び漸増に転じている。その状況には予断を許さないものがある。もっとも、他方でこの間の日弁連による調査では、予備試験を受験する法学部生の大半はまず予備試験受験を目指して勉強し、予備試験に合格しなければ法科大学院に進んで法曹を目指すという受験行動をとっており、法科大学院を回避して予備試験専願で法曹を目指す受験生は未だごく一部にとどまっている。このような傾向に変化が生じないかについても慎重な検証が必要である。

❸ 予備試験については、予備試験ルートを狭めることに対して政治筋に強い反対論が存することや、これを踏まえて法曹養成制度改革推進顧問会議の場で推進室から、現時点で受験資格制限を行うことは適切ではないとの意見が明示されていることなどを踏まえるならば、その在り方を変える議論を行うこと自体が容易ではない状況にある。

しかし、経済的事情や既に実社会で十分な経験を積

んでいるなどの理由により法科大学院を経由しない者にも法曹資格取得のための途を確保するという予備試験の制度趣旨と現状との乖離をこれ以上拡大させないためには、前述の法科大学院改革を早期に進めるとともに、予備試験をめぐる数値や受験動向などの検証にとどまることなく、推進会議決定にも示された試験科目の見直しや、論文式試験の出題傾向、とりわけ法律実務基礎科目の出題内容、口述試験の在り方など、運用改善に向けた検討を行い、実現可能な部分からでも実施に移していくことが必要といえる。

(5) 司法試験

❶ 論文式選択科目廃止について

推進会議決定は、司法試験について、論文式試験における選択科目の廃止を継続検討課題としているが、この点についてはすでに法曹養成制度改革顧問会議の場において検討され否定的な結論が事実上出されているものであり、現状において、選択科目の廃止は適切ではない。

❷ 検討担当考査委員制度について

また、推進会議決定は、司法試験委員会において継続的な検証を可能とする体制を整備するとしたことから、これに期待するとしている。同体制は、司法試験考査委員の中に検証担当考査委員を設けて出題、成績評価、出題趣旨、採点実感等について科目横断的な検証を行うという体制（2015（平成27）年6月10日司法試験委員会決定）を指しているが、同体制は、次の❸に述べる事情によって2015（平成27）年度については機能できないこととなっている。

❸ 漏洩事件とワーキングチームによる再発防止策

2015（平成27）年9月、憲法考査委員による司法試験問題漏洩事件が発覚したことを受けて、原因究明と再発防止を目的として司法試験委員会の下にワーキングチームが設けられた。同チームにおける検討の結果、2016（平成28）年試験については暫定的措置として、問題作成を担当する考査委員については、法科大学院の現職教員を排除し、法科大学院教育経験者や学部教員など現に法科大学院教育に携わっていない教員を充てることとされた。

この2016（平成28）年度試験に向けた措置は暫定的措置に止まり、2017（平成29）年度以降の試験に対する再発防止策については同チームにおいて別途検討することとされている。上記漏洩問題の背景に、問題作

成考査委員の負担が重いことから研究者における考査委員の引き受け手が容易に確保できず，その結果，一部に長期にわたって考査委員を務める研究者が存在していたという事情があることが指摘されている。したがって，2017（平成29）年度以降の再発防止策をめぐる議論状況によっては，漏洩の再発防止策に止まらない，司法試験の在り方自体に影響を及ぼす議論に発展する可能性もあるところであり，同チームの議論には注目が必要である。

4　司法修習制度の現状と課題

1）司法修習の現状

(1) 新司法修習の実施

2006（平成18）年秋から，法科大学院を修了し，新司法試験に合格した者に対する新司法修習が開始された。この新司法修習及び現行司法修習と呼称された従来型の修習（以下「旧司法修習」という。）が併行して実施されていた期間において，旧司法修習との関連性を明らかにするため，新司法修習の第1期生から第6期生までは，新60期ないし新65期と呼ばれていた。しかし，2012（平成24）年に現行65期をもって旧司法修習が終わり，旧司法修習と新司法修習との併行期が終了したことから，2012（平成24）年11月末に開始された66期以降は，「新」の冠がとれて単なる「司法修習」と呼ばれることになった。

(2) 司法修習の概要

上述したように，旧司法修習は2012（平成24）年に終了し，2013（平成25）年度以降，司法修習とは新司法修習のみを意味することとなったため，「新」という冠がとられることとなった。以下，67期までの司法修習（＝新司法修習）の概要を前提としつつ，68期からの変更点についても言及する。

❶　修習期間の短縮

修習期間は，1年間である（68期からの各実日数は，導入修習15日，分野別実務修習38日×4，選択型実務修習30日，集合修習30日）。

❷　前期修習のない司法修習→68期から修習開始直後に導入修習を実施

新司法修習においては法曹養成に特化した法科大学院において実務導入教育を受けているとの前提から，新61期だけは前期修習を簡略化した導入研修（約1か月間）が実施されたものの，新62期からは司法研修所における前期修習なくして直ちに分野別実務修習から司法修習を開始した。しかしながら，いきなり分野別実務修習から始まると，分野別実務修習の実効性が上がらないとの声が多方面から出るようになり，68期からは，修習開始直後に司法研修所において全修習生に対し（ＡＢ班同時に）3週間（実日数15日）の導入修習が実施されることとなった。

❸　出張講義→68期から導入修習の実施にともない廃止

新61期のみ実施された導入研修は1年限りで廃止されたため，これに代わるものとして，新62期〜67期までは司法研修所教官が実務修習地に出張して講義をするという出張講義が実施されたが，68期からは導入修習の実施にともない，出張講義は廃止された。

❹　選択型実務修習

選択型実務修習とは，分野別実務修習の各分野（弁護・検察・民裁・刑裁）を一通り修習（68期からは実日数38日×4）した後に，修習生各自が，その実情に応じて，主体的にプログラムを選択・設計する実務修習である（68期からは実日数30日）。修習生は，弁護修習で配属された法律事務所をホームグラウンドとし，弁護士会，裁判所，検察庁において用意された個別修習プログラムや全国型プログラムの中から自ら修習したいプログラムを選択して修習計画を立てるというものである（自ら修習先を開拓することも認められている＝自己開拓プログラム）。分野別実務修習の深化と補完を図るとともに，分野別実務修習では体験できない領域の修習に取り組むことができる。

❺　集合修習

司法研修所における集合修習は，旧司法修習における後期修習に該当するものとして，分野別実務修習が終わった段階で実施される（68期からは実日数30日）。新61期以降は，修習生全員を研修所に集合させることが物理的に不可能であるため，修習生を，8月・9月に集合修習をするA班（東京・大阪等の修習地）と，10

月・11月に集合修習をするB班（A班以外の修習組）の２つに分けて実施される。すなわち，8月・9月は，A班が司法研修所で集合修習，B班は実務修習地で選択型実務修習，10月・11月は，A班が選択型実務修習，B班は集合修習と交替することになる。二回試験は，11月下旬に実施される。

❻　クラス編成

研修所のクラス（１クラス65〜68名程度）は，１〜４箇所の実務修習地単位で編成されている。

❼　二回試験（考試）

二回試験は，修習期間の最後の1週間に５科目の筆記試験という形で実施される。

60期以降，追試制度は廃止され，二回試験に合格できなかった修習生は，その後に実施される二回試験を再度受験することになる。なお，2009（平成21）年度以降，二回試験の受験回数は３回までに制限されることとなった。

不合格者の割合は，年によって異なるものの，最近は概ね３％程度で，やや減少傾向にあり，概ね２％程度である。

２）司法修習の課題

現在の司法修習制度は，21世紀の司法を支えるにふさわしい質・量ともに豊かな法曹を養成するとの理念に基づき，法曹養成に特化した法科大学院による法学教育と司法試験との有機的な連携を前提とする「プロセス」としての法曹養成制度の一環としてスタートした。司法修習は，司法修習生の増加に実効的に対応するために，法科大学院での教育内容を踏まえ，実務修習を中核として位置付け，修習内容を適切に工夫して実施すべきものとされてきた。その結果，司法修習は，法科大学院における法理論教育と実務導入教育を前提として，各2か月の分野別実務修習（導入修習が実施された68期からは実日数38日×４）から開始し，その後に交替制で司法研修所における集合修習（2か月。68期からは実日数30日）と実務修習地における選択型実務修習（2か月。68期からは実日数30日），最後に二回試験を受けるという1年間の修習として構成されてきた。

このような司法修習については，従前から，分野別実務修習の各期間が2か月では教育期間として短すぎるのではないか，選択型実務修習は二回試験準備期間になってしまうのではないか（とりわけ二回試験の直前に選択型実務修習が予定されているA班の修習生について。なお，現在では，A班とB班の選択型実務修習への取組方の違いが問題とされている。）等の意見もあった。

昨今では，司法修習の実施に伴う問題として，①司法修習生の質が低下しているのではないか，②修習期間が1年間に短縮され，前期修習も行われなくなったにもかかわらず，法科大学院における法律実務基礎教育の内容にばらつきがあるため，司法修習（実務修習）に期待される充実した教育を実施することができていないのではないか，③現在の司法修習が法廷実務を修得することを主たる内容としており，多様な法律家を養成するという理念に沿わないものとなっているのではないか，等が指摘されている。

上記①については，主として実体法の基本的理解の曖昧さが挙げられるが，これは，現行法曹養成制度下におけるトレーニング不足という要因が大きいように思われる。すなわち，法科大学院のカリキュラム上の問題（法律基本科目の単位が少ないことなど）や司法試験の内容上の問題（短答式試験の範囲の広さなど）から，法律基本科目の習得に充てられる時間が不足しているように思われるからである。

そこで，実体法の基本が修得できるような仕組みへの改善が検討されるべきであろう。法廷実務家に限られない多様な法律家の養成という理念の下にあっても，法の支配の実現を担う専門家としての法律家が，実体法の基本を理解すべきは当然だからである。法曹養成制度検討会議において，司法試験における短答式科目を憲法・民法・刑法の３科目に削減することが打ち出されたのは，上記①の問題の解決に資するものであるが，法科大学院のカリキュラム編成の再検討なども急ぎ取り組まれるべき課題である。

上記②については，司法修習生の一部に，実務に関する基礎的な知識を欠いた者や，基本的な法律文書（訴状や答弁書など）を起案した経験がない者がいることは事実である。このような事態となった原因としては，法科大学院が負担すべき実務導入教育の内容について，法科大学院関係者と司法修習に関係する法曹関係者の間での認識にギャップがあったこと，また，法科大学院側での共通の理解も不十分であったため，法科大学院によって実務基礎教育の内容に大きなばら

つきが生じたことなどが考えられる。これを改善するため、関係者間の協議により、法科大学院が担うべき実務導入教育の内容を明確にする必要があろう。ことに、法科大学院出身者は、調査能力と発言能力は高いが、論理的文章を書く能力が十分ではないと指摘されて久しいのであるから、この対策は急務である。

また、司法修習に関わる法曹関係者から、司法修習の中核である実務修習を有意義なものとするために、実務修習開始前に導入的研修をすべきであるとの意見が多くなっていたところ、68期からは修習開始直後に司法研修所で実日数15日間の導入修習が実施されることとなった。この導入修習については、修習生及び教官双方から一定の評価を受けている。また、平成26年春には、最高裁の修習委員会において各分野別実務修習の実効性を高めるためのガイドラインがまとめられ、より充実した分野別実務修習の実現が期待されている。ただし、より根本的には、分野別修習期間が短いことに伴う問題が残されている（例えば、民事裁判事件においては、2か月弱の修習期間中に1期日しか入らないことも多く、生の事件の展開を学ぶことができないことなどが指摘されている。）。

上記③は、新しい法曹養成制度は法廷実務家に限られない幅広い法曹の活動に必要とされる能力の習得を目指すべきであるとの観点から、これまでの法廷実務を中心とした司法修習のあり方に再検討を求めるものである。選択型実務修習において、企業法務等、訴訟実務以外の分野における修習も行われていたのに加え、65期からは弁護修習において契約に関するカリキュラムが導入される等の工夫がされているようである。

しかし、そもそも多様な法律家の養成という理念の下にあっても、法の支配の実現を担う専門家としての法律家が実体法及び法廷実務の基本を理解すべきは当然である。この基本が理解されていないならば、法廷以外の場面においても、法曹有資格者として活動することは困難であろう。また、法曹有資格者は、法廷実務を理解するがゆえに、法廷以外において有用であるとも言える。修習期間が1年となり、その中核である分野別実務修習の実効性を高める必要があるとの問題意識が持たれ、上述したような対策が取られている現状に鑑みると、ある程度は法廷実務を中心とする教育とならざるを得ないのは、やむを得ないことと思われる。限られた修習期間の中で、法廷実務の基本が十分に理解されていないのに、修習対象を拡大し薄められた内容のカリキュラムを増やしても、司法修習の実を上げることはできないと思われるからである。

さらに、上記③に関しては、「各分野の法曹としての専門教育は、法曹資格取得後の継続教育に委ねるべきである」との意見が強調さることにより、統一修習制度意義が薄れ、実質的に分離修習を容認するものに変容してしまうのではないかと危惧する声もある。

3）給費制をめぐる動向

2004（平成16）年12月、裁判所法の改正により、司法修習生に対する給費制が廃止され、1年間の実施時期の後ろ倒しを経て、新65期からは貸与制が実施された。新65期に対するアンケートの結果によれば、貸与制下における司法修習制度の必要性に疑問を呈する声も挙げられているが、上述したとおり、「プロセスとしての法曹養成制度」が必ずしも十分に機能していない現状において、問題をはらみつつも現在の司法修習制度が果たしている役割は大きい。

法曹養成制度改革推進会議「法曹養成制度改革の更なる推進について」（2015〔平成27〕年6月30日）では、司法修習生の経済的支援に関し、「法務省は、最高裁判所等との連携・協力の下、……司法修習生に対する経済的支援の在り方を検討するものとする。」とされた。修習生の経済的負担の軽減、ひいては、給費制の復活に向けて、粘り強く取り組んでいく必要がある。

5　若手法曹をめぐる現状と課題

1）若手弁護士をめぐる現状と支援策

(1) 若手弁護士をめぐる現状

司法制度改革の一環として実施されている法曹人口の増大政策により、弁護士人口は毎年飛躍的に増加し、過去5年間で約1万人増え、2000（平成12）年と比較すると約2倍の36,000人を超える状況に至った。

弁護士人口の増大を背景に、ひまわり基金法律事務所や法テラス4号事務所（地域事務所）の展開などに

よって弁護士ゼロ地域の解消，被疑者国選弁護の拡大，国選付添人制度の実現，組織内弁護士の増加といった成果が実現し，2011（平成23）年3月に発生した東日本大震災後の対応として，法律相談や被災者の代理人としての活動を中心とする震災復興支援，原子力損害賠償紛争解決センター（原発ADRセンター）や被災自治体の任期付公務員への人材輩出等を実現することができた。これらの成果及び活動の多くが若手弁護士によって担われている。

他方，社会の法的サービスに対する需要は，現状において弁護士人口の増加に見合うほどには増加せず，弁護士を取り巻く環境は年々厳しくなっている。また，新規登録弁護士の採用問題（司法修習生の就職問題）も恒常化し，就職難に加え，登録と同時に自宅等を事務所として開業する弁護士や新規登録弁護士同士で開業する例が顕著になり，既存の事務所への就職も就業条件が悪化しており，これに関連して事務所への就職から1年未満で独立開業する等のいわゆる即独・早期独立の問題も増加している。開業弁護士もまた，弁護士1人当たりの相談件数，裁判・調停の受任件数が全体的に減少しており，さらに法テラス利用の普及に伴い単価も低廉化する等，即時・早期に独立する弁護士のみならず，業務基盤の弱い若手弁護士の置かれた状況が，上の世代の弁護士に比べ厳しいものがあると窺われる。さらに，法科大学院の学費負担とともに，司法修習が給費制から貸与制へ移行したことにより，奨学金や貸与された資金の返済義務などの多額の債務を負って業務を開始する若手弁護士の数が増加している。

以上の若手弁護士が置かれた現状は，このまま改善されなければ，遠くない将来における司法の担い手である若手弁護士が疲弊し，また，弁護士活動に対する夢の喪失を招くといった事態を生じさせる。また，さらなる法科大学院受験者数の減少に伴って法曹界に輩出される優秀な人材が減少していくことも危惧されるところである。法曹人口の増大政策は，日弁連の総意として受け入れられたものであって，現状の若手弁護士の苦境について，中堅，ベテラン弁護士はその改善に取り組む責任を認識し，痛みを分かち合い自らも具体的な労力や負担を厭わず，現在の状況を打破する実効性のある支援策を実施するとともに，中長期的に改善する施策を講じなければならない。

弁護士会は，このような視点をもって，後記のとおり，弁護士の活動領域の拡大，若手弁護士の業務基盤の確立等にも資する諸施策の採用，実施を拡充していくべきである。この点，東京弁護士会（東弁）においては，2014（平成26）年9月に設置された「若手会員総合支援センター」にて，若手弁護士が中心となって具体的かつ効果的な支援策を検討・実施しており，今後も活動が期待される。

(2) 若手弁護士に対する支援策

❶ 弁護士の就業等支援

2015（平成27年）12月の一括登録（68期）では，未登録者数（任官・任検を除く）が4年ぶりに500人を下回っている（推計値）しかし，司法試験合格者数が減員していることを踏まえれば，就職環境は依然として厳しいと言わざるを得ない。

日弁連及び各弁護士会は，法律事務所による若手弁護士採用の拡大を図るための積極的な施策を実施すべきである。

また，法律事務所による採用のほか，企業や国，地方公共団体への弁護士の就業拡大を実現するための対策を立案し，実行することも，当該企業等の有する（法的でない分野も含む幅広い）ニーズに一層応えていくためであることが主眼に置かれるべきものではあるが，組織内弁護士等の採用拡大としての機能をもつことからも積極的に推進されるべきである。そのためには，弁護士の活躍が要請された場合に適時，適切な能力を有する弁護士が就業できる環境を整えなければならない。研修等によって適切な知見を獲得することができる制度を構築することはもちろん，法律事務所から組織内への移籍前，及び組織内から法律事務所への復帰の際の支援体勢の構築検討も必要不可欠である。とともに，任期付公務員等となる自治体内弁護士にあっては，自治体からの募集に対する人材の給源や退職後のライフプランの見通し等についての課題があり，公設事務所にその受け皿機能を附加することも含めての支援体勢の構築検討が望まれる。

❷ 弁護士の活動領域の拡大

今後も弁護士人口の増加が見込まれるところではあるが，増加の如何にかかわらず，社会の各所が潜在的に抱えている法的問題を解消していくため，弁護士・弁護士会はその活動領域を拡大する努力を継続的に行うべきであり，若手弁護士の業務拡充に繋げていくべきである。これまでも活動領域の拡大に向けられた活

動が一定程度行われてきたとはいえ，未だ十分なものであったと評価することはできない。

日弁連では，2013（平成25）年，法律サービス展開本部（自治体等連携センター，ひまわりキャリアサポートセンター，国際業務推進センターの3つのセンターから成る。）を設け，東弁でも，活動領域拡大推進本部を設け，それぞれ活動領域の拡大に向けた様々な活動に取り組んでおり，活動の継続と発展が望まれる。

活動領域拡大のためには，若手弁護士のみならず，知識経験ともに豊かなベテラン弁護士が自ら労苦を厭わず積極的に関与してニーズを発掘していくことが重要である。一方で，柔軟な発想と行動力に富む若手・中堅弁護士が気兼ねなく活動することのできる環境を整えることもまた重要である。

❸ 若手弁護士の活動機会の拡大
① 東京弁護士会の法律相談制度の活用による支援

東弁が関わっている法律相談制度について，若手支援という観点からは，若手弁護士のOJTの機会提供と業務基盤の一助となりうる側面を有していることを重視すべきである。既存のインターネットを利用したシステム（東京三会のネット予約や日弁連のひまわり相談ネット）の拡充や休日・夜間・電話相談の拡大のほか，積極的広報，他機関との連携やアウトリーチの実践など抜本的改革を行い相談件数の増加を図るとともに，中堅弁護士との共同担当といったOJT等による相談の質の確保に配慮しつつ，司法修習終了後10年以内の弁護士の優先担当枠を設定する等の制度についても東弁の関連委員会において早急に検討する必要がある。

② 東弁委員会活動についての支援

東弁委員会活動へ積極的な参加を希望する若手弁護士は少なくない。そのため，若手弁護士が希望する委員会においては，5〜10年ごとの期別の委員構成率を調査し，若手弁護士の比率が低い場合には，委員会定員数の増加や実働していない長期継続委員の交替を図るなどの運用を検討する必要がある。また，委員会運営においては，積極的な若手弁護士の意欲が削がれることのないよう，若手弁護士に発言の機会が与えられ，若手弁護士の意見が委員会活動に反映させるような運用がなされなければならない。

③ 管財人等の就任機会の増大による支援

若手弁護士にとって，破産管財人，民事再生委員，特別代理人，相続財産管理人等に選任されることは，貴重な経験になると同時に，重要な収入源ともなり得るものである。しかしながら，例えば，破産管財人選任に関しては，破産事件について一定の経験を要求されるなど，若手弁護士にとっての環境はむしろ厳しくなっている。そこで，弁護士会においては，これらの選任手続等の実態把握に努めた上で，裁判所に対し，若手弁護士の就任機会の拡大に資する新たな名簿（管財代理名簿を含む）の作成や登録者の公募制の導入を求める等して，就任機会の拡大を図ることが検討されるべきである。同時に，就任後の業務支援のため，弁護士会が研修制度やベテランのサポート体制の充実を図るとともに，若手弁護士が先輩弁護士に対し共同受任（管財人代理を含む）を要請できる制度の創設など，業務の遂行に不安が生じないような対策を行うことが要請される。また，成年後見人等，他士業が進出している分野については，弁護士の就任拡大のため日弁連及び各弁護士会による裁判所への働きかけや市民向けの広報を行う必要がある。

④ OJTの機会の拡充

法友全期会は，即時・早期に独立するなどの理由により十分なOJTの機会を受けられない法友全期会会員である若手弁護士向けに，2009（平成21）年度から，全期世代の指導担当弁護士と共同受任して案件を遂行するメンターシップ制度を実施している。同制度を利用した若手弁護士の100％に近い者から肯定的評価を受けているところであるが，提供される案件が少なく，提供案件を増加させるための取組みが求められる。

東弁では，蒲田法律相談センターにおいて，東弁の弁護士登録5年未満の会員が予約により利用できる共用執務室を設け，同執務室を利用する若手会員に対し，蒲田法律相談センターで行われる面接相談に同席すること，電話ガイドの内容を同席して聴取すること，事件担当弁護士と共同で事件を受任することが認められている。このような制度は，弁護士登録5年未満の会員にOJTの機会を提供するものであり，他の法律相談センターでも同様の制度を実施するなど，さらに推進されるべきである。

また，法律相談から受任する事件に限らず，若手弁護士が先輩弁護士の指導を受けるために実際の事件に関与することができる制度の創設も検討されるべきである。なお，東弁では，2015年（平成27）年9月に，都内の百貨店で1週間にわたり無料法律相談会を開催

したが，これは，指導担当となる中堅弁護士と登録5年目までの若手がペアになって担当し，受任につながればその組合せで受任することで，OJTの充実を主目的としたものであった。この相談会には，84コマの相談枠を用意したところが予想を遙かに上回る88件もの多数の相談者が訪れ，受任につながったケースもあった。従来の法律相談センターの枠にとらわれないこのような取組みも，継続が積極的に検討されるべきであろう。

⑤ 勤務弁護士の待遇の改善のための支援

勤務弁護士の就業条件（給与や勤務時間など）が相当程度悪化していることが窺われることから，弁護士会は勤務弁護士の労働実態調査や情報収集に努め，勤務弁護士の待遇について問題例を周知し，経営弁護士に自発的な改善を促すなど，問題点の発見と改善のための対策を行う必要がある。

また，勤務弁護士の待遇は，入所前に書面化されない場合や，口頭による説明にも曖昧な部分も多い。ついては，経営弁護士が勤務弁護士に対し，事前においては書面による待遇の提示，及び，入所の際においては待遇についての書面による合意をすることを励行する必要がある。

⑥ 継続教育の充実

弁護士としての深い教養の保持と高い品性の陶冶に努め，市民に対してより質の高い法的サービスを提供すべく，司法修習終了・弁護士登録後の継続教育も一層充実されるべきである。

上記の取組み（とりわけOJTの機会の確保，拡充）は，この継続教育の充実という観点からも強く要請されるものである。

また，若手弁護士からは，研修制度の充実を求める声も強く上がっている。東弁の研修制度は相当に充実したものとなっているとはいえ，さらなる改善は可能か，絶えず検討されることが求められる。

例えば，東弁でも，新規登録弁護士向けのクラス別研修制度が65期の新規登録弁護士に対して，2013（平成25）年1月から実施されたところである。各クラスは20名程度の新人弁護士と2名の先輩弁護士で編成されており，クラスごとで少人数・双方向型による研修が実施されるため，弁護士としてのスキルとマインドをより実効的に身につけることができる。また，クラス内で新人弁護士たちがそれぞれの立場で直面している実務的な疑問や課題等について，先輩弁護士とともに共有・議論することで，クラス別研修が新人弁護士にとって大きな成長の機会となり，新人弁護士相互の人間関係の醸成や弁護士会への帰属意識の向上に資することを期待することができる（なお，クラス別研修制度は，多数の新人弁護士の生の意見や問題意識を汲み取ることができる格好の場であり，若手弁護士に対する支援策を検討するにあたっては，同制度が有効に活用されるべきである）。

また，いくつかの法科大学院においては若手弁護士を対象として，法科大学院の授業への参加を通じて，新しい法分野の知識を学ぶ「リカレント教育」が実施されており，これを弁護士会としても広く周知し後援していくことが望まれる。

2）新人弁護士と採用問題

(1) 新人弁護士の登録状況と採用問題

司法制度改革の一環として実施されている法曹人口の増大政策により，60期以降弁護士の新規登録者は急増し，毎年ほぼ2,000名程度程度が司法修習を修了している。

新人弁護士が容易に就職できず，経済的条件も悪化していることは新聞等マスコミでも大きく取り上げられるようになっており，法曹界のみならず，世間一般からも一定の関心を引いている。それは一方では，弁護士の採用問題，裏を返せば司法修習生の就職問題が，OJTによる訓練とスキルの伝承という弁護士の質の問題，弁護士のあり方，ひいては弁護士の利用者である国民の受ける法的サービスのあり方，国民の信頼に直結する重要な問題であると同時に，他方では，司法制度改革が目指した法曹人口の増大政策と，その前提としての新規合格者の増加政策について，裏付けとなる法曹界の受け入れ態勢やその容量に疑問が生じていること，さらにはその前提としての司法に対する需要について，想定との間に離齬が生じていることを示すからである。

(2) 新人弁護士採用問題の現状

新人弁護士の採用問題（司法修習生から見れば就職問題）に関しては，以下のような問題が生じている。

❶ 採用先がない

新人弁護士の供給に需要が追いついておらず，修習終盤になっても就職先が決まらない傾向が強まっており

り，近年でも深刻な状況は変わりがない。

日弁連の調査によると，修習終了3ヶ月前の9月時点における就職先未定率は，新62期が約12％であったのが，新64期では約35％となり，その後も状況は大きく改善していない。

また，現・新65期において，弁護士一括登録時に弁護士登録しなかった者が546名存在したことが判明しており，これは新63期の際の212人に比べて倍以上である。これら未登録者の中には，弁護士登録せずに大学関係や出身元企業に進む者も一定数存在するとは思われるものの，意に反する「就職浪人」が現実のものとなり，さらに増加し続けていることは憂慮すべき事実である。

さらには弁護士登録した者の中でも，事務所内独立採算型弁護士（いわゆる「ノキ弁」）となる者，登録と同時に自宅等を事務所として開業する者（いわゆる「即独」），さらには弁護士登録後早期に独立する者が増加し，もはや当たり前の状態となっている。

一方，企業や自治体等の組織内弁護士についても，近年ようやく本格的な増加傾向がみられるものの，新人弁護士ではなく弁護士として一定の職務経験者を望む企業も多く，新人弁護士に対する企業側の需要は未だミスマッチといえる状態が続いている。

❷ 就業条件の悪化

このような状況下で，新人弁護士の就業条件を見ても，初任給は低下傾向にある。日弁連の調査によれば，59期の段階では，年俸換算で500万円以下の層は7.6％に過ぎず，500万円超〜600万円以下の層が35.2％，600万円超の層が57.2％を占めていたのに対し，60期以降の新人弁護士は次第に条件が悪化し現・新65期では480万円以下の層が54.5％と過半数を占めるようになり，従前の司法修習生の給費よりも明らかに低水準の300万円以下も8.7％存在し，さらに低い条件の者も散見されるなど，もはやワーキングプアと表現しても差し支えないような劣悪な条件での就業が現実のものとなりつつある。日弁連が行った65期・66期の会員に対するアンケート調査の結果についても，年額所得「400万円未満」が31.1％も存在しており，状況は悪化の一途をたどっている。

先述のノキ弁，即独弁護士のみならず，固定給はあっても，歩合給との併用との条件で勤務している半独立歩合給併用型とでも言うべき弁護士，あるいは相対的に低い固定給の下，個人事件の受任も許されず，厳しいノルマ等を課されて長時間の執務を強いられている弁護士も増加していると言われており，新人弁護士の経済的状況はますます厳しいものになっていると考えられる。

❸ ミスマッチ

就職先を見つけることが困難なため，自分の希望する職務内容や就業条件での就職ができず，あるいは弁護士登録後，当初聞いていた職務内容や就業条件と乖離した就業環境に置かれて，早期に事務所を辞める者，事務所を異動する者が増加傾向にあるとの指摘がある。事務所内の弁護士との人間関係，就業環境，就業状況との不適合，自分の目指す弁護士業務と実際の業務とのずれにより，雇用主弁護士とトラブルになる者，当初の志を失い，法曹としての廉潔性を失っていく者や，廃業せざるを得ない者などが増えるのではないかとの危惧がある。

❹ OJTの機会の欠如

前記65期・66期の会員に対するアンケート調査でも，「日常的な事件処理の指導を受ける機会」が「ない」「無回答」との回答割合が15.5％に上っており，前記アンケートが自発的な回答者によるものに限られている（回収率27.4％）ことに鑑みれば，OJTの機会が欠如している新人会員は相当数に上っていると思われる。

❺ 弁護士倫理や弁護士自治への悪影響の懸念

新人弁護士，勤務弁護士を取り巻く就業環境，経済状況の悪化やOJTの機会の欠如から，弁護士にとって必要な職業的倫理観，リスク管理の能力を身につけることができないまま，非弁提携や弁護士報酬等に関するトラブルの増加が懸念され，また直截に依頼者に対し，一定の水準に達した代理人活動，弁護活動を行うことができない者が増加する懸念が生じている。

また，委員会活動等への参加の機会，事務所の先輩弁護士や弁護士会等から指導を受ける機会が減少することに伴い，弁護士会等への帰属意識が薄れ，やがては弁護士自治に対する重大な危機が生じるとの指摘もある。

(3) 日弁連や単位会の取組みについて

新人弁護士の採用問題に関しては，日弁連がひまわり求人求職ナビを開設しており，各弁護士会等においても，採用情報説明会などの取り組みが行われている。しかし，ひまわりナビにせよ，説明会にせよ，実際に

採用を予定する事務所等の参加数が求職側の人数に比べて極端に少ないという事態が生じている。

求人／求職の需給バランスが崩れた結果，1名の新人を採用しようとする事務所に対しても，いったんひまわりナビに求人を登録するやいなや，100名単位での応募が殺到するという事態が知られている。そのために，実際に新人採用を考えている事務所も，公式に求人することを見合わせ，口コミ等でしか新人の募集を行わないというネット時代以前の状態に逆行している状況も生まれており，現状では日弁連も単位会も有効な解決策を提示できていない。

採用問題に関しては，需給バランスが崩れているという根本的な問題があるため，弁護士会側の対策には限界があることも事実であるが，弁護士の活動分野の拡大の観点からも，一般の法律事務所に加え，広く企業や自治体の組織内弁護士への採用の呼びかけを，より一層広げるべきである。

また，上述のように，近年の傾向として，司法修習修了直後までに就業先が見つからない者が増加しているが，彼らを単に未登録者のままにしてしまうと弁護士会側では状況の把握も困難になり，有効な対策も取り得なくなる。修習修了時点で就業先が未定であった者の多くが修了後6ヶ月程度の期間で就業先を得ている状況からすれば，弁護士会が，司法修習を修了後一定の期間在籍できるような受入事務所を開設するような施策も検討すべきである。

6 弁護士へのアクセス拡充

1）弁護士へのアクセス保障の必要性と現状

(1) 弁護士過疎・偏在対策の経緯

1964（昭和39）年の臨時司法制度調査会意見書は，「弁護士の大都市偏在化を緊急に是正しなければ，国民の法的水準向上はもとより，裁判の適正円滑な運営すら阻害されるおそれがある」と指摘していた。1993（平成5）年の日弁連弁護士業務対策シンポジウムにおいて，「弁護士ゼロ・ワンマップ」が公表された。1996（平成8）年の日弁連定期総会において，「弁護士過疎地域における法律相談体制の確立に関する宣言」（名古屋宣言）を採択し，すべての地方裁判所支部の管轄区域に法律相談センターを設置することを決めた。さらに1999（平成11）年に，日弁連は，東弁からの司法改革支援金1億円及び日弁連創立50周年記念事業特別基金からの繰入金等を財源とする「日弁連ひまわり基金」を創設し，同年12月の臨時総会において，弁護士過疎・偏在対策が本来的に公的資金による解決を志向すべきものであるとしつつも「自らの負担により活動を展開しなければならない」旨を決議し，その活動資金に充てるため，全弁護士から特別会費を徴収することとした。2000（平成12）年の定期総会において，「司法サービスの全国地域への展開に関する決議」を採択し，公設事務所・法律相談センターの設置にさらに取り組むことを決めた。

2006（平成18）年10月に開業した日本司法支援センターは，過疎地における法律事務所（司法過疎対応地域事務所）の設置を始めた。2007（平成19）年12月の日弁連臨時総会において，弁護士偏在解消のための経済的支援に関する規程を採択し，2010（平成22）年4月にひまわり基金による弁護士定着支援制度を統合し，過疎地域・偏在地域への弁護士定着を促進するとともに，そうした弁護士を養成する拠点事務所の設置と支援に取り組むこととした。

しかしながら，2011（平成23）年の東日本大震災においては，被災者の多くが弁護士過疎地に居住しており，「いつでも，どこでも，だれでも良質な法的サービスを受けられる社会」が実現できていなかったこと，過疎対策の重要性が改めてクローズアップされた。

2012（平成24）年の日弁連定期総会において，「より身近で頼りがいのある司法サービスの提供に関する決議—真の司法過疎解消に向けて—」（大分決議）を採択して，地方裁判所支部単位に限らず，アクセスの不便性や具体的ニーズを考慮して必要性が高いと判断される地域に必要な法律事務所の設置を進め，日本司法支援センターや地方自治体等と連携しつつ，法律相談センターを始めとする法的サービスの提供態勢を更に整備していくべきことを確認した。

(2) 弁護士過疎の現状と原因

全国に存在する253ヶ所の地方裁判所の本庁及び支部のうち，その管轄地域に弁護士が0又は1人しかい

ない，いわゆるゼロ・ワン地域に関しては，2010（平成22）年1月時点でゼロ地域が解消し，2011（平成23）年12月18日にはワン地域もいったん解消した。その後も，ワン地域の発生とその解消が繰り返されており，2015年（平成27）年9月現在，再びワン地域が生じるに至っている。

過疎・偏在地域で弁護士が独力で開業しない原因は次のとおり考えられている。①経済活動や文化活動が充実している都市部の魅力，②配偶者や子，親との関係，教育環境，③事件の多様性，④需要の有無，⑤縁故の有無，⑥裁判所への距離といった理由があげられる。しかし，ひまわり基金事務所や法テラス地域事務所の経験からみて，かえって過疎・偏在地域の方が事件の種類も雑多であり，同地域での弁護士活動には十分な魅力があるとの指摘もなされている。

2）法律事務所の必要性と役割

(1) 法律相談センターの役割

過疎地における法律相談センターの役割として次の2点が考えられる。①弁護士常駐の法律事務所を開設するまでの間の法律支援の必要がある，②法律事務所の法律支援を補完するため，法律相談センターを開設・維持する必要がある。

法律事務所を開設するほどの需要が見込めるかどうか，その一方で法律相談センターという「ハコモノ」を開設した場合の費用対効果，これらを考慮しつつ市民の司法アクセスの拡大に努めなければならない。

(2) 日本司法支援センターの役割

総合法律支援法が制定され，2006（平成18）年4月から日本司法支援センター（以下「法テラス」という。）が開設され同年10月に業務を開始して，法テラス事務所の常勤スタッフ弁護士は法律扶助の必要な市民の相談や刑事弁護活動を行っている。法テラスでは同法30条1項4号に規定する司法過疎対応地域事務所を2015（平成27）年7月1日までに33ヶ所設置した。さらに，一部地域ではスタッフ弁護士が巡回法律相談を実施している。実質的な法律援助過疎地の解消のために日弁連・弁護士会と法テラスとは連携・協力して，弁護士過疎地域の解消と市民の司法アクセス障害の解消のための取り組みを行うことが望まれる。

(3) 弁護士偏在解消のための開設資金援助や定着支援対策

すべての市区町村には必ず複数の法律事務所が必要である。日弁連の担当委員会では，当面，弁護士1人当たりの市民人口を3万人以内とする目標を掲げて対策を講じることとした。

偏在解消対策地区に赴任する弁護士を養成する事務所に対する支援策として，開設支援，拡張支援，養成費用支援という経済的支援策がある。また，偏在解消対策地区で開業する弁護士や弁護士法人に対する支援策として，定着等準備支援，独立開業支援，常駐従事務所開設支援，特別独立開業等支援という経済的支援策がある。

修習生の修習地の拡散，配属人数の増大は修習地での就職の拡大要因となっており，偏在解消地区での開業に結び付くことが期待される。

(4) ゼロ・ワン地域解消型法律事務所の課題

2015（平成27）年8月1日時点で，ひまわり基金事務所は累計115ヶ所開設され，そのうち弁護士が定着した事務所は51ヶ所である。この類型の事務所の課題として，以下の3点が挙げられる。

1点目として，赴任・交替する弁護士の確保と養成の問題がある。新規登録弁護士が増大するに伴い過疎地での法律支援の担い手となる新人弁護士は数多く誕生している。この流れを維持するように受験生や修習生に対する必要性の周知を欠かすことができない。同時に，新規登録弁護士に対し多種多様な法律事務を習得させる養成事務所と，ひまわり基金法律事務所や4号業務地域事務所から任期明けに帰還する弁護士を受け入れる法律事務所を確保しなければならない。

2点目として，事務所開設・運営資金の問題がある。過疎地に赴任を決断した弁護士には開設資金・運営資金についての不安がある。日弁連は2007（平成19）年12月にひまわり基金の設置期間を3年間延長する決議を行い，2009（平成21）年12月には特別会費を700円に，2012（平成24）年12月には600円に減額して継続して徴収することとした。過疎・偏在地域が解消しても運営資金援助の必要性はなくならないので，何らかの形式で特別会費の徴収は継続していく必要がある。

3点目として，ゼロ・ワン地域においては利益相反の問題がある。先んじて相談に訪れた市民は弁護士による支援を受けられるが，相手方は弁護士に委任しに

くくなっている。この問題を解消するために複数事務所を実現しなければならない。

(5) 都市型公設事務所等拠点事務所の役割

都市部においては弁護士も法律事務所も多数存在するが、市民のアクセスが容易かというと必ずしもそうではなかった。都市型公設事務所が開設され、地域の市民の相談にあずかるだけでなく、過疎地に赴任する弁護士の養成と任期明け後の帰還受け入れ、被疑者・被告人国選弁護等刑事裁判への集中審理対応、任官弁護士のための受け入れ、判事補・検察官の他職経験の場、リーガルクリニックの実施を担うことなどが期待されている。

東京弁護士会は、これまで4ヶ所（池袋、北千住、渋谷、立川）での都市型公設事務所を開設した。上記目的にかなう機能の発揮・充実をさらに期待したい。

(6) 女性弁護士の偏在問題

弁護士の絶対数が確保されたとしても、残る問題として過疎地域における女性弁護士不足がある。2015（平成27）年1月1日時点で、地裁支部管内に女性弁護士がいない地域は全国に59ヶ所ある。アンケートによると、期間限定、所得保障、研修体制、出産育児時期における支援、セキュリティ面の充実などがあれば過疎地での業務に取り組む意欲が認められる。DV、離婚、子ども虐待、高齢者への虐待、性犯罪等に対して女性の視点が必要不可欠である。

また、地域の各種委員にも女性の参画が必要である。女性弁護士の偏在解消のために、女性弁護士や女性修習生の望む改善策と工夫を行う必要がある。

(7) 全会員による支援・人材の確保・経済的支援

若手弁護士が過疎解消型事務所に赴任して市民のアクセスを保障しようという意欲は旺盛である。経験豊富な弁護士はこうした若手弁護士に対して多様な支援に努め、これからもその意欲を減殺することなく発展させるための協力を惜しんではならない。

若手法曹の指導のために、都市型公設事務所や拠点事務所に常在する中堅以上の弁護士を確保することが重要な課題となっている。中堅以上の弁護士には、都市型公設事務所や拠点事務所に赴任することに、経済的な課題と任期明けの不安から躊躇する傾向が認められる。こうした課題の解決に取り組み、単位会を超えての人材確保に努力しなければならない。

3）アウトリーチの必要性と実践

(1) さらなる司法アクセス改善の必要性

現在、我が国において、高齢者の占める割合は約27パーセントとなっている。その上、近時の厚生労働省研究班の報告においては、認知症高齢者が約462万人にも及ぶとの推計もなされている。そして、超高齢化社会を迎え、今後、認知症高齢者の人口、割合は増加していくものと見込まれる。

さらに、障がいをもつ人となると、身体障がい約393万7,000人、知的障がい約74万1,000人、精神障がい約320万1,000人（いずれも2015〔平成27〕年版障害者白書の概数による）となっている。

(2) アウトリーチとは

このような、認知症その他の精神障がい、知的障がい等をもつ当事者にとっては、司法アクセスが極めて困難ないし不可能となってしまっている現状がある。すなわち、このような当事者の多くは、以下のような要因によって、司法へのアクセスがほぼできない状況にある。

・被害意識がない、もしくは乏しい。
・意思疎通が困難である。
・物理的に移動できない、ないし移動困難である。
・弁護士が何をする人なのかを理解できない、ないし理解困難である。
・相談窓口に関する情報を得られない。
・精神障がい等によって誤解に基づいた支援拒否をしている。

このような当事者が司法アクセスできるようにするべく、近時、「アウトリーチ」の必要性が弁護士の間でも議論されるようになってきた。「アウトリーチ」とは、「被援助者が相談者のところへ来訪するのを待つのではなく、相談者の側から被援助者のところへ赴き、相談に乗ること」を言う。この単語は、古くからある福祉用語であり、福祉関係者の間ではかなり前から使われてきたものであるが、近時、日本司法支援センターの常勤弁護士が使い始めたのを契機として、弁護士会関係者の間でも使われるようになってきた。被災地支援分野や高齢者・障がい者分野などを中心として、弁護士の間でも、この「アウトリーチ」に相当する活動が広がってきているものと言える。

もっとも、「アウトリーチ」は、弁護士の職域拡大の側面のみを強調すると、他の関係者からの信頼を損

ないかねない側面をもっている。とくに，高齢者・障がい者の案件にあっては，当事者が抱えている法的問題のみを切り取り，そこだけを強引に解決しようとすると，法的側面だけは解決したものの当事者のその後の地域生活にはまったく役立たない，ということが往々にして生じ得る。例えば，当事者の判断能力の低下が見られるために金銭管理がうまくできず，多重債務に至った案件において，自己破産や任意整理といった多重債務に対する処理をするだけでは不十分であるといえる。すなわち，それだけでは多重債務に至る根本原因を取り除くことができていないので，再び当事者が多重債務状態に陥ることを許してしまう。このような案件では，社会福祉協議会の日常生活自立支援事業や成年後見，保佐，補助といった各制度を活用するとともに，介護保険法や障害者総合支援法上の各種サービス利用にもつなげることによって，経済面でも安定した地域生活を実現させていく必要がある。また，その際には，弁護士のみならず，行政や福祉サービス提供事業者といった福祉関係諸機関とも十分に相談・協議を行い，協働していく必要がある。

このように，「アウトリーチ」は，当事者の法的ニーズ・問題にアクセスするだけではなく，当事者の法的問題を含んだ生活課題全般の解決を視野に入れながら実施していかなければならないものである。

(3) ソーシャルワークの一環としての「アウトリーチ」

「ソーシャルワーク」とは，社会福祉援助の実践や方法の全体をいい，福祉関係の行政機関やサービス提供事業者が日々行っている活動の多くが「ソーシャルワーク」に当たる。例えば，生活上の困難を抱えている当事者に対して，援助者が，様々な社会福祉サービスなどを活用し，当該当事者の主体的な生活を実現していく活動などがこれに当たる。

先に述べたとおり，弁護士が「アウトリーチ」をするに際しても，当事者の抱えている生活上の課題・問題がどのようなものであるのかを十分に把握し，当事者の生活の中で，法的問題がどのような位置を占めるものなのかを吟味した上で，適時・適切に法的問題解決を図っていく必要があるが，これは，ソーシャルワークの一環としての位置づけになるものと言える。

しかしながら，現在，弁護士がソーシャルワークに当たる活動を行っても報酬等が得られることは多くない。そのため，弁護士のソーシャルワーク的な活動を広げていくためには，民事法律扶助制度の中で「ソーシャルワーク加算」などの報酬体系を新たに創設し，弁護士の間においても，ソーシャルワーク的な活動が広がっていくように制度構築をしていく必要もある。また，地方自治体などにおいて独自の予算付けを行い，弁護士のソーシャルワーク的活動に対して報酬を付与できるようにする取組みも推進していくべきである。

4) これまでの法律相談センターと今後のあり方

(1) 司法アクセスの確保と法律相談事業

❶ 法律相談事業の目的

東弁は，これまで，市民の弁護士に対するアクセス障害を解消する目的で，法律相談センターを設置し，法律相談事業を運営してきた。なお，近時では，法律相談センターの存在意義として，このアクセス障害の解消に加えて，若手会員に対する指導の場として機能していること，さらには，相談担当の結果として会員に対する業務提供の場となっている側面がある。

東弁が提供する法律相談サービスの内容としては，一般相談，クレサラ相談，家庭相談のほかに，消費者問題，医療問題，労働問題等があり，事案の特殊性・機動的対応等の要請から適宜特別相談を実施し，また，民事介入暴力センター，子どもの人権救済センター，外国人人権救済センター等でも法律相談・事件斡旋を行っている。

❷ 日弁連の司法アクセス拡充の動きとの関係

一方，日弁連においても，日弁連公設事務所・法律相談センター委員会を中心として，弁護士過疎地域における常設法律相談所の開設を推進し，市民の法的需要に応えるべく活動してきた。

日弁連の弁護士過疎・偏在対策にかかる活動は，東京都内の大部分の相談事業には直接的に当てはまるものではないが，市民が司法に容易にアクセスできる社会の実現を目指すもので，東弁の活動と目的を同じくする。日弁連の動向には絶えず注目し，積極的に協力していく必要がある。

(2) 相談件数の激減と収支の赤字化

❶ 最近の相談件数と収支の状況

東弁単独及び東京三会合同の法律相談事業で行われる法律相談の件数は，2007（平成19）年度をピークとして大きく減少してきた。法律相談事業会計が特別会

計化された2008（平成20）年度から2014（平成26）年度までの東弁及び東京三会の法律相談センターにおける東弁会員による相談件数（多摩支部運営の八王子，立川，町田は除く）の推移は次のとおりであり，近時は下げ止まりの傾向は見られるものの，2014（平成26）年度には2008（平成20）年度の約半数となっている。

2008（平成20）年度	21,245件	100.0
2009（平成21）年度	18,897件	88.9
2010（平成22）年度	16,373件	77.1
2011（平成23）年度	12,831件	60.4
2012（平成24）年度	11,617件	54.7
2013（平成25）年度	11,256件	53.0
2014（平成26）年度	10,976件	51.7

（2008年度を100とした指数）

法律相談件数減少の原因としては，過払金返還請求を含む債務整理事件が減少したことの他に，弁護士数が大幅に増加したこと，インターネット等の手段による弁護士の業務広告が飛躍的に普及したことなどによって弁護士に対するアクセスが相当程度改善されたこと，インターネット検索で相当程度に高度な法的知識を容易に得ることができるようになったことなどが考えられる。

法律相談の件数が大きく減少した結果，法律相談事業の収入源である法律相談料と負担金（納付金）が減少し，法律相談センター事業に関する東弁の収支は，2010年度から赤字となり，2013（平成25）年度は法律相談会計全体で約5400万円，法律相談センター事業では約6200万円の赤字，2014（平成26）年度は全体で約5900万円，センター事業では約7000万円の赤字を生じさせることとなった。

もちろん，弁護士に対するアクセス障害の解消・緩和や，受任機会・OJT機会の提供といった法律相談事業の目的と機能に鑑みれば，多少の収支赤字となることはやむを得ないが，かかる多額の赤字の存在は，東弁の財政を悪化させるだけでなく，東弁の他の事業の実施に悪影響を及ぼしかねない。

❷　法律相談事業改革PTの設置と答申

上記の状況を踏まえ，東弁では，2014（平成26）年11月の臨時総会において，法律相談事業の改革に関する基本方針を定め，これに基づいて法律相談事業改革PTが設置され，法律相談事業の適正な運営を図るための改善策を答申することとされた。

同PTでは，法律相談事業の社会的意義・存在価値の観点からは必ずしも黒字事業であり続けなければならないものではないが，現在の赤字額はあまりに多額であり，法律相談事業の意義や価値とのバランス上許容され得る赤字幅に抑えることが必要であるとの観点に立って，全ての法律相談センター及び実施されている法律相談の実情を調査し，今後採りうる支出の削減策及び収入の増加策並びに個別のセンターにおける問題点について議論が深められ，2015（平成27）年12月に法律相談事業の改善策に関する答申書が提出された。この答申書の内容を踏まえ，今後の法律相談センターについては，以下に述べるような具体的な相談件数・収入増加策及び支出軽減策が速やかに実行されなければならない。

(3) **今後の法律相談センターの在り方**

❶　相談件数・収入増加策の実行

①　相談料の減額ないし無料化

30分5,000円の相談料を減額ないし無料化すると，その結果として相談件数及び受任件数が大きく増加することが見込まれ，負担金も含めた収入全体の増加に結びつく可能性がある。全面無料化を実現した札幌弁護士会や，30分5,000円から2,000円への減額を実施した千葉県弁護士会では，いずれも相談件数が2倍から3倍程度まで増加したとの報告がある。東弁においては，2016（平成28）年1月から錦糸町法律相談センターを縮小移転し，東弁単独運営のセンターとした上で試験的に相談料を30分2,000円に減額することになった。この錦糸町センターの実績も踏まえて相談料減額の効果を検証し，相談料の無料化の可否も含めて検討されるべきである。

②　相談申込チャネルの拡充

ⅰ）ネット予約

2015（平成27）年4月から東京三会共同運営型法律相談センターについてインターネット上での予約受付が開始され，10月からは東弁単独運営型センターでもネット予約が始まった。ただし，その予約率（予約件数全体のうちネット予約の件数が占める割合）は，当初こそ無料キャンペーンの実施により約10％に達したものの，その後は5％台前半にとどまっている。相談申込者の利便性や

人件費削減の観点からも，ネット予約の広報に注力すべきである。

　ⅱ）電話相談

　蒲田センターでは，従来のテレフォンガイド（各種相談窓口への振り分け）から一歩踏み込んだ電話ガイド（実質的な電話相談）を実施しているが，その件数は年間1万件を超える状況にある。また，自治体等の外部機関・団体からも電話相談に関する問い合わせがある。そこで，2015（平成27）年12月から，北千住センターにて本格的に電話相談（弁護士PHONE）を実施することになった。今後は，その効果等を検証しつつ，上記テレフォンガイドや電話ガイドとの整理統合を含めて検討する必要がある。

　ⅲ）外部機関・団体等との連携

　2015（平成27）年度に実施された新宿区歌舞伎町でのぼったくり撲滅への協力により，警視庁との信頼関係が構築され，今後，警視庁に寄せられる相当数の相談を上記電話相談に誘導してもらうよう体制作りも含めて検討が進められている。また，自治体との連携拡大も重要な課題であるが，これも電話相談の拡充により進展をみる可能性がある。そのほかに，ショッピングモール等との連携による店舗内相談や，各種業界団体・協会等との連携も模索されている。

③　法律相談担当者の質の確保

　近時の弁護士数の飛躍的増加に伴い，法律相談センターの相談担当の大部分を若手弁護士が担う状況となり，相談者からの苦情も増えていて相談担当者の質の確保が急務となっている。公平性の原則に配慮しつつ，次のような取り組みの実施を検討する必要があろう。

　ⅰ）研修の充実・義務化

　研修対象分野を拡充するとともに，法律知識だけでなくカウンセリング能力の向上等を養成する研修も行う。また，義務研修の対象を拡大する。

　ⅱ）分野別及び専門相談の拡充

　専門的分野の相談対応の拡充だけでなく，現在，一般相談の対象とされている分野（離婚問題など）についても精通した弁護士による対応を実施する。また，専門認定制度の創設も検討する必要があろう。

　ⅲ）若手弁護士と経験豊富な弁護士との共同相談・受任体制の構築

　相談者・依頼者対応を含む若手弁護士のスキルアップを図る。

　ⅳ）経験年数による資格要件

　現状は，登録1年後から一般相談担当者になれるが，蒲田センターでは一般相談担当者は多様な分野に対応してもらうことから5年以上の弁護士経験が資格要件となっている。他のセンターでも一定の経験年数を資格要件としつつ，若手弁護士に対しては上記ⅲ）の共同相談・受任体制による機会提供を図ることが考えられる。

④　負担金

　2015（平成27）年4月から，100万円未満の弁護士報酬について負担金割合を10％から15％に増加させた。将来的には，さらに負担金割合を上げることも検討の対象となり得るが，相談担当者の負担とのバランスを考慮することが肝要である。なお，負担金については，東弁が把握できているだけでも2006年度以降で約1億4,000万円の未納がある（2015（平成27）年6月時点）。この未納金の回収について確固たる姿勢で取り組む必要がある。

⑤　戦略的広報

　従前，各法律相談センターでは，リーフレットの作成，区の広報誌への掲載，駅広告など実施してきたが，費用対効果の測定と検証が十分とはいえない。そこで，2015（平成27）年度，東弁は，専門業者（㈱電通）に対して実態調査から戦略的広報手段の提案までを依頼した。その結果を踏まえ，法律相談事業の広報について抜本的な見直しを行い，有効な広報を展開すべきである。

❷　支出軽減策の実行

①　賃料及び人件費

　各法律相談センターにおける近時の充足率（相談予定コマ数に対する相談実施コマ数の割合）が各センター50％に満たず，相談室が空室になっている状況にあり，過大な規模になってしまっているといわざるを得ない。そこで，各法律相談センターの存在意義や特性を考慮した上で，縮小移転や廃止，又は空室の有効利用が検討されなければならない。なお，縮小移転の場合には最低でも1,000万円程度の初期費用等が必要になると見込まれるため，費用対効果

を十分に検討する必要があり，その結果によっては廃止を検討することも必要となる。また，縮小移転や廃止ができない場合には，空室の有効利用を検討すべきであり，前述の北千住センターにおける電話相談の本格実施の結果を踏まえ，他のセンターに拡大させることもひとつの方策である。

② 日当の減額ないし廃止

東弁では2013（平成25）年4月から法律相談センターにおける相談担当者への日当を午前4,000円，午後6,000円に減額した。また，蒲田センターでは日当を支給しない措置がとられており，縮小移転が決定した錦糸町センターや北千住センターにおける電話相談でも日当が支給されないことになっている。他方，法律相談センター以外の他の委員会が実施している特別相談については，日当が減額されず午前8,000円，午後12,000円が維持されているものがある。一度減額した日当を更に減額ないし廃止するのは直ちには困難と思われるが，他の委員会が行っている特別相談については，会員間の衡平の見地からも減額を含めて検討すべきである。

❸ 弁護士紹介制度

東弁は2007（平成19）年4月から弁護士紹介センターを立ち上げ，従前からの外部団体主催の法律相談への弁護士派遣や顧問弁護士紹介に加えて，事業者や公共団体等向けの紹介制度（特定部門紹介制度）と専門性の高い特定の分野について知識と経験のある弁護士を紹介する制度（特定分野紹介制度）を設けた。

しかし，特定部門・分野に限った弁護士紹介制度は市民に認知度が低く，市民の弁護士紹介のニーズとも必ずしも一致しているとは言えず，年間を通してまったく申込みがない部門・分野が多数存在する。両紹介制度全体における申込件数は2013（平成25）年度で47件，2014（平成26）年度で24件（試行的に実施された一般相談分野における紹介件数を除く。）しかない状況である（なお，2014（平成26）年度に中小企業法律支援センターが設立され，弁護士紹介センターの中小企業部門が移管された。）。また，権利保護保険に対応するためのリーガル・アクセス・センター（LAC）も弁護士紹介センターが運営しているが，これを分離独立させることが検討されている。

このような状況を踏まえるならば，弁護士紹介制度については抜本的に見直さなければならない。考えられる方向性としては，次のようなものがあろう。

① 廃止

従前からの弁護士派遣や顧問弁護士紹介も含めて全て廃止する以外に，分野別紹介は現行の分野別及び専門相談の拡充によって対応し，弁護士派遣や顧問弁護士紹介については関連分野の委員会の所管とすることが考えられる。

② 縮小

弁護士派遣や顧問弁護士紹介のみを残して部門別・分野別紹介制度を廃止するか，一部の分野別紹介制度も残すことで紹介センターを縮小し，事務の効率化を図る。

③ 活性化

一般相談分野の弁護士紹介を本格実施するとともに，広報を強力に推し進めて認知度を向上させることで，活性化を図る。

特に，今後，電話相談や分野別及び専門相談の拡充が図られるならば，市民からみた紹介制度の存在意義がどこにあるのかについて十分に検討した上で，いずれの方向性に進めるかを決定しなければならない。

5）東京23区における地域司法計画

(1) 東京23区における第2次地域司法計画が法律相談について指摘した内容

2010（平成22）年9月13日，東京三会は東京23区における地域司法計画〈第二次計画〉（以下「第2次地域司法計画」という。）を策定し，弁護士会として考えている東京23区における司法制度の改善点として，以下の4点について指摘した。

① 裁判所のあり方
② 法律相談の充実
③ 新たに事案増加が見込まれる分野への取組の拡大
④ 法教育の拡大・充実

上記改善点の②「法律相談の充実」に関し，第2次地域司法計画は，「23区の住民への相談対応の問題点と課題」（第2次地域司法計画36ページ）として，2010（平成22）年9月時点の東京23区の法律相談の現状について，「区の法律相談は，現在，葛飾区と板橋区は会を通じて直接受任ができ，また，新宿区と荒川

区では，クレサラ事件など一部の事件に限り，直接受任できることになっているが，その他の区については，自治体の実施事業となっているため，相談者からの事件を直接受任することは禁じられている。」と紹介した上，「司法改革の理念である司法アクセスの充実のためには，様々な法律相談業務に対応できる弁護士を全ての自治体に万遍なく配置し，自治体での法律相談においても，直接受任を認めることにより，利用者にワンストップ・サービスを提供できるような制度設計が必要である。」と指摘した。その上で，法律相談の充実のための具体策として，「特に地区法曹会とも協議を開始し，23区の法律相談を直受（直接受任）できる体制に改善すること」を指摘した。

(2) 東京23区における法律相談の現状と課題

第2次地域司法計画が策定された後，2011（平成23）年12月に足立区が東京三会と協定を締結し，直接受任システムを導入した。しかし，それ以外の区では進展がみられない。

東京弁護士会では，東京弁護士会の司法改革総合センターと法律相談センター運営委員会の委員から選任されたメンバーによって構成された東京23区司法アクセス協議会が，第2次地域司法計画に基づき，平成23年より「東京23区において東京三会と地区法曹会及び各自治体が連携協力して，より多くの弁護士が関与し，相談者の希望により直接受任も可能な自治体法律相談」のシステム構築と，これを各区に広げるための方策について研究・検討を行い，平成27年1月，4年間の研究・検討の成果として，東京弁護士会に対し，以下の2点を提言した。

① 東京弁護士会は，東京23区の各自治体法律相談について，「東京三会と各区自治体及び各地区弁護士組織（以下，「地区法曹会」という）との連携・協力のもとで，相談者の希望がある場合は相談担当弁護士が直接受任できる制度」を構築すべく，本協議会において研究・検討した制度や資料を踏まえ，そのための具体的な提案を，まずは東京弁護士会が率先して，自治体訪問等の機会に各区自治体に働きかけ，また各地区法曹会にも検討を要請し，可能性のあるところから実現できるよう実践すべきである。

② 東京弁護士会は，上記各区の自治体法律相談に弁護士会が関与し直接受任できる制度を実現するにあたり，実際の実施において東京三会の各法律相談センター，東京法律相談連絡協議会及び各地区法曹会の協力が必要な場合に備え，その協力を得るための東京三会組織を早急に設置することを，平成22年9月に「東京23区における地域司法計画」を合意している第一東京弁護士会及び第二東京弁護士会に働きかけるべきである。

東京弁護士会は，上記提言に沿った各区自治体及び各地区法曹会への働きかけ，並びに東京三会組織の設置に向けた第一東京弁護士会及び第二東京弁護士会への働きかけを行うべきである。

7　弁護士自治の課題

1）弁護士自治の維持・強化

> 我が国では人権保障が十全でなかった歴史に鑑み，我々弁護士の使命である基本的人権の擁護のためには，強制加入制を一内容とする弁護士自治を，堅持し強化しなければならない。そのためには質の高い職務を実践し，また，綱紀・懲戒事案の適切な処理，不祥事の根絶によって，個々の弁護士及び弁護士自治を含む弁護士制度が国民から信頼され支持されることが必要である。それと同時に，法曹人口が増加する中において，我々弁護士が弁護士自治を堅持する姿勢が重要である。

(1) 弁護士自治の歴史

弁護士自治の意義は，弁護士の資格審査や弁護士の懲戒を弁護士の団体のみが行い，それ以外の弁護士の職務活動や規律についても，裁判所，検察庁又は行政庁の監督に服せしめないことである。弁護士自治の内容として理論上，①弁護士会による弁護士資格試験の実施，②弁護士会による弁護士養成，③弁護士会による弁護士資格の付与，④弁護士会による弁護士に対する指導・監督，懲戒，⑤弁護士会に対する強制加入が挙げられる。現行弁護士法は③ないし⑤をほぼ採用している。

我が国における弁護士自治は，戦前において，正当な弁護活動が制限され，国民の人権擁護が十分になされなかった経験に基づき，日本国憲法の下，人権擁護を十全なものとするために，弁護士法により認められたものである。日本国憲法77条1項では，弁護士に関する事項については最高裁判所規則で定める旨規定しているが，弁護士法で定めることは憲法に違反しないのみならず，憲法の定める人権擁護のためには弁護士自治を憲法が要請していると解する余地がある。

このような歴史的経緯に加え，法曹一元が実現していない日本においては，裁判所が官僚化（行政官化）するおそれがあり，裁判所に弁護士をコントロールさせるのは不適切であるとの判断から，我が国における弁護士自治は，諸外国に比して，より完全な国家権力からの独立性が確保されている。個々の弁護士が日常業務において弁護士自治を意識する場面は少ないが，基本的人権の擁護者としての弁護士の役割と弁護士自治がそのために認められていることは常に心に留めておくべきである。

かかる弁護士自治は，絶えず他の国家機関等と緊張関係にあったし，現在も同じ状況である。過去の大きな案件を取り上げるだけでも，臨時司法制度調査会意見書，東大裁判と弁護士懲戒事案，弁護人抜き裁判特例法案，外国弁護士への監督権を日弁連が持つかが問題になったことなど，弁護士自治は幾多の試練を経ている。この間，弁護士が弁護士自治は必ず堅持するという強い意志を持ってきたからこそ，現在まで弁護士自治制度が存続できたのである。我々弁護士は，今一度，人権擁護のためには弁護士自治が必要であるという原点に立ち戻って，弁護士自治の意義を再認識しなければならない。

弁護士人口が増加し，弁護士自治の意義を理解しない弁護士が増えれば，弁護士自治は危機に瀕する。つまり，弁護士自身が油断すれば，瞬く間に弁護士自治は失われるおそれが存するのである。

(2) 司法制度改革と弁護士自治

司法制度改革審議会や司法制度改革推進本部の法曹制度検討会での議論の場でも，弁護士自治そのものを改変すべしとの意見はなかった。しかしながら，今次の司法制度改革で弁護士自治が変更の必要なしとされたことに安住してはならない。弁護士自治に対する最も強烈な批判は，弁護士が身内だけで独善的な運用をしているというものである。

その意味で，近時頻発する弁護士による不祥事は，弁護士会による綱紀懲戒制度が機能不全に陥っているとされるおそれがある。そこで，弁護士及び弁護士会としては，客観的に公平で且つ透明性のある会務運営をする必要があるし，市民の意見に耳を傾けて制度運用を行うことが重要である。

(3) 綱紀・懲戒制度の運営

1999（平成11）年から2000（平成12）年にかけて、規制改革委員会（当時）では、規制緩和の観点から、強制加入制の廃止が議論され、それに関連して、懲戒請求人に対する司法審査請求権の付与、綱紀委員会・懲戒委員会における外部委員の過半数化などの意見が出現した。

最終的に、2003（平成15）年6月の弁護士法改正においては、日弁連綱紀委員会の法定委員会化、綱紀委員会参与員の廃止と外部委員の導入、弁護士以外の者のみによって構成される綱紀審査会を日弁連に設置するなどの内容を柱とする制度改革が行われた。

この間、会内においては、当時の制度は十分に適正な制度であって、そもそもなぜ改革が必要なのか、綱紀審査会の結論に拘束力を認めることは、仮に限定されたものであっても弁護士自治の原則に反するとの意見も多く出された。しかし、国民の理解を得られず旧制度の維持を図ることはできなかった。

議論の前提として忘れてならないことは、不祥事、ことに重大事案が毎年かなりの数で発生していること、処分までの期間が長時間を要しており、事案の増加がこれに拍車をかけているということである。

それに加えて、そもそも弁護士自治において市民の意見を反映するということは、適正な制度運営として極めて重要なことである。したがって、綱紀審査会のように弁護士以外の者の意見を反映するための制度改革は、弁護士自治の後退ではなく、弁護士自治の不備を補い、制度の存続を図るための改革であったと理解することができる。さらに言えば、近時頻発する弁護士不祥事は、弁護士による綱紀懲戒の実効性に疑問を投げかけざるを得ない事態と言える。すでに制度改革を済ませておいたことは、現在の状況においては良いタイミングであったと評価できる。

(4) 弁護士自治の強化

現在弁護士人口が飛躍的に増大しており、過当競争により弁護士の収入が減少するのに伴い、市民に弁護士は依頼者ではなく弁護士自らの利益を図っているとの認識が一般的に浸透したときに、弁護士自治は危機に瀕するであろう。すなわち、自己の利益の擁護しか考えていない弁護士に自己規制を求めることは出来ないとされかねない。そうすると、英国の法律サービス委員会（Legal Services Board）が法律専門職の監督を行うとされたのと同様に、弁護士会の持つ利益代表機能と自己規制機能を分離すべきであると主張されるおそれがある。また、弁護士自体からも、弁護士人口の増加に伴う弁護士業の商業化や綱紀・懲戒事案の増加に伴う負担の増加により、弁護士自治の意義に疑問が呈される可能性がある。

我々弁護士は、そもそも基本的人権の擁護者という公益性の高い職責を担っていることから弁護士自治が認められたことに想いを致すべきである。そして戦前様々な人権抑圧がなされたことや、第二次世界大戦時には、軍部の専制を阻止できずに国家国民を挙げて戦争遂行体制を築いたという我が国の歴史に鑑みると、人権擁護のために弁護士自治が必要であることは、弁護士法制定当時も現在においても全く変わることがない。

例えば、中央官庁が多大な権限と重要な情報を持っていることや、秩序を好む国民性から少数者を排除しやすい土壌があることや全員一致を指向すること、また上位者に対しては従順であるべきという一般的な価値観は何ら変わっていない。さらに言えば、超巨大企業の出現等、国家以外に強大な組織・団体が出現していることから、弱者救済の必要性は高まっているとも言える。弁護士自治があるからこそ弁護士は人権擁護活動をやりきることができるのである。日本においては和をもって尊しとする精神が大切な価値観であるとされるが、それは同時に和（秩序）を乱した者は罰すべきという「喧嘩両成敗」のような判断に陥る危険がある。弁護士自治は、社会的弱者や少数者の人権擁護に必要な安全弁なのである。今後も、弁護士自治の担い手である弁護士会や弁護士において、基本的人権を擁護しているという自負心を持ち続け、また弁護士が自らの私益ではなく広く公の利益を図る職責を担っていると自覚することが肝要である。

2）裁判所の処置請求に対する対応問題

> ・東京弁護士会では，法廷委員会を処置請求の調査機関とし，2006（平成18）年，必要な規則の改正を行った。
> ・2006（平成18）年9月25日，東京高等裁判所から日本弁護士連合会に対して行われた，オウム真理教（現Aleph〔アレフ〕）元代表松本智津夫（麻原彰晃）死刑囚の控訴審を担当した弁護人2名に対する処置請求について，日本弁護士連合会は2007（平成19）年2月に処分せずの決定を出した。
> その後，2007（平成19）年3月，東京高等裁判所事務局長名で2人の所属弁護士会に，1970（昭和45）年以来の懲戒請求が申し立てられた。仙台弁護士会及び第二東京弁護士会では懲戒委員会の審査を経て，2008（平成20）年9月，2009（平成21）年7月に当該弁護人2名に対する処分が決定した。

2005（平成17）年11月に施行された刑事訴訟法等の一部を改正する法律（平成16年法律第62号）により，法律に根拠をもつ処置請求が制度化された。これを受けて，2006（平成18）年3月3日の日弁連臨時総会において，刑事訴訟法278条の2第5項，同法295条3項，刑事訴訟規則303条に定める処置請求が裁判所より行われた場合の弁護士会及び日本弁護士連合会の会内手続を整備するものとして，「裁判所の処置請求に対する取扱規程」（以下「本規程」という。）が制定された。

その後，本規程の第1条（目的）が2009（平成21）年12月4日に改正されている。

(1)「裁判所の処置請求に対する取扱規程」制定の意義

刑事訴訟法改正前から存在した訴訟遅延行為に関する処置請求（刑事訴訟規則303条2項）に加え，上記処置請求が制度化されたことから，今後は裁判所からの処置請求事案が増えることが予想されていたため，規程を整備する必要があったが，実際は数件請求されているのみで，ほとんど利用されていない。処置請求がなされた場合，弁護士会としても処置請求の原因となった裁判所の訴訟指揮の適正さを吟味し，処置請求の対象となった当該弁護人の弁護権の保障について最大限配慮するとともに，調査の公正さや対処結果の適正さに差異が生じないよう，適正手続保障の観点からも配慮する必要がある。本規程の制定には，そのような意義がある。

また，本規程9条において，処置又は処置しないことについての結果について，裁判所にその旨を文書により通知しなければならず，必要と認めるときは，裁判所の訴訟指揮につき是正を求める意見その他の意見を付することができる（本規程9条2項）とされており，処置請求に対して弁護士会が対応することに積極的な意義がある。すなわち，裁判所の行う処置請求に対応し，その結果について裁判所に通知し，さらには，裁判所の訴訟指揮につき是正を求める意見を付することができると規定されていることは，処置請求に対応する過程において，法廷における裁判所の訴訟指揮権の適正な行使を弁護士会が監視し，行使内容を判断できる機能を有するということであり，かかる機能からすると，処置請求に対する取扱規程を定めることに積極的な意味がある。この意味では，裁判の公開が有する裁判監視機能を補完するものとして位置づけることができるのである。

(2) 処置請求に対しての弁護士会の対処及び調査機関について

処置請求への対処としては，単位弁護士会が行うものと日弁連が行うものと2つの手続がある。弁護士会に処置請求がなされた場合には，原則として弁護士会自らが処置請求に対処するものとし（本規程2条1項），日弁連が処置請求に対処することが相当と認めたときには，弁護士会から日弁連に事案を送付し（本規程2条2項），日弁連が処置請求に対処するものとした（本規程6条3項）。また，弁護士会は，日弁連から事案の送付を受けた際には，処置請求を調査することが定められている（本規程2条3項，同6条1項）。

このうち，日弁連が調査する場合には，処置請求に関する処置委員会が行うこととされている（本規程7

条）。

ところで，弁護士会が処置請求に対処する場合の調査機関は一律ではなく，各弁護士会の定めるところにより常議員会又は弁護士会の役員若しくはいずれかの委員会で調査しなければならず（本規程3条1項），弁護士会において調査機関に関する規則を定める必要がある（本規程10条）。

(3) 調査機関としての法廷委員会とその諸規則改正について

東京弁護士会における調査機関としては法廷委員会が相当であるが，法廷委員会を処置請求への対応を行う調査機関とした場合，これに必要な諸規則を改正する必要があった。

東京弁護士会内に法廷委員会が設置されたのは1964（昭和39）年11月9日のことであり（法廷委員会規則，1960〔昭和35〕年11月9日施行），以来，法廷委員会は，期日指定，訴訟指揮，弁護人の辞任，傍聴制限をめぐる裁判所と弁護人が対立した多くの事件に関して調査報告を行なっている。

しかしながら，近年の法廷委員会は，持ち込まれる事件の減少に伴い，委員数も数名に止まっている。これでは，事件によっては，処置請求がなされた際に委員数の不足のおそれもあり，委員枠の拡大も必要不可欠である。法廷委員会の委員定数は35名のところ，2015（平成27）年12月時点での委員数は18名である。

法廷委員会と同様の機能をもつ日弁連の「処置請求に関する調査委員会」については，2006（平成18）年に施行された処置請求に関する調査委員会規則がある。

東京弁護士会は，2005（平成17）年の常議員会において，本規程を会規で定めることに賛成する旨の意見書を可決し，2006（平成18）年3月の日弁連総会においても会として議案に賛成し，処置請求に対応する調査機関設置の必要性を認めている。

これを踏まえ，東京弁護士会では，2006（平成18）年10月に法廷委員会規則を改正して（同年12月6日に改正され，日弁連の承認を得て公示日の2007〔平成19〕年3月15日から施行），処置請求された場合の調査及び情報の収集を行うこと並びに調査に基づく処置についての意見をとりまとめ，会長に報告することを同委員会の職務に加えた。その後，2007（平成19）年3月の臨時総会において，法廷委員会は，裁判所からの処置請求に対する調査機関と正式に認められた。現在は，担当事務局として司法調査課が受付のみを行ない，取扱は法廷委員会が担当している。

(4) 処置請求の事例—オウム真理教松本被告弁護団への処置請求

裁判所から弁護士会への処置請求がなされた事例は，本規程制定以前には，確認されたもので1952（昭和27）年以降，「刑訴規則303条2項による処置請求」は，平成元年までに全国の弁護士会に出されたものを合わせて5件ある。その他，昭和34年に東京弁護士会宛に請求された刑事訴訟規則303条2項による処置請求だったと思われるものがあったようである。この他に処置請求という手続をとらず，裁判所から弁護士会に対し「善処方」を求めるという方法も多くとられてきた。

本規程制定後の処置請求の事例として，2006（平成18）年9月25日に東京高等裁判所から日弁連に対して行なわれた，オウム真理教（現Aleph〔アレフ〕）元代表松本智津夫（麻原彰晃）死刑囚の控訴審を担当した弁護人2名に対する処置請求がある。これは，松本被告弁護団が期限内に控訴趣意書を提出しなかった行為が訴訟の進行を妨害したとして，刑事訴訟規則に基づいて処分を求める処置請求を行ったという事例である。

処置請求を受けた日弁連では，原則として3ヶ月以内に当該弁護士らに対し懲戒手続や勧告，処分しない等の対応を求められた。

本件は，異なる弁護士会に所属する2名の会員についての案件であり，日弁連が自ら対応するものとされ，また，裁判所が弁護士の処分などを請求するものでは1989（平成元）年以来17年ぶりのことであり，日弁連の対応が注目されていた。

日弁連では，処置請求に関する調査委員会規則が2006（平成18）年3月16日に制定され，本件では，2006（平成18）年10月10日から同委員会で調査が開始された。処置請求に関する調査委員会規則は，その後，2007（平成18）年9月15日，2008（平成19）年6月14日，2010（平成22）年4月16日に改正されている。

これに対し，日弁連は2007（平成19）年2月15日決定で「処置請求は審理中の裁判を迅速に進めるために助言や勧告をする制度で懲戒請求とは異なる。裁判が終わった後に訴訟を遅らせた制裁として請求するのは不適法」として処分しない決定をした。

東京高裁は，「日弁連は弁護士の遅延行為についての判断を回避した。同様の行為を阻止するためにも処

置請求は必要で，今回の判断は極めて遺憾」とし，2007（平成19）年，東京高裁は2人の所属弁護士会に改めて懲戒請求を申し立てる意向を示し，同年3月東京高裁事務局長名で「審理の迅速な進行を妨げ，被告人の利益を著しく損なった」として懲戒が申し立てられた。

懲戒を申し立てられた仙台弁護士会綱紀委員会では，2007（平成19）年10月17日に，懲戒委員会の審査に付するのを相当とする旨決議した。同弁護士会綱紀委員会が「期限までに控訴趣意書を提出せず，弁護人の職責に反した」とした「懲戒相当」の議決を受け，同弁護士会懲戒委員会で審査を進めていたが，2008（平成20）年9月24日に，「弁護人としての基本的かつ重大な職務に反するもので，弁護士としての品位を欠いた」とする処分理由のもと，当該弁護士を戒告の懲戒処分にした。なお，当該弁護士は処分を不服として，日本弁護士連合会に審査請求していたが，日本弁護士連合会は当該弁護士の審査請求を棄却して戒告のままの処分とした。

一方，第二東京弁護士会では，2008（平成20）年5月19日付で同弁護士会綱紀委員会において懲戒相当の決議があり，同弁護士会懲戒委員会で審査を進めていた。その後，2009（平成21）年7月27日付処分として，当該弁護士を業務停止1月の懲戒処分とした旨が同年7月30日に報道された。この際の処分理由は，「期限内に控訴趣意書を提出しなかったことは，弁護士としての品位を失うべき非行にあたる」というものである。当該弁護士も日弁連に審査請求していたが，業務停止1月から戒告とする処分変更がなされた。

なお，東京弁護士会に対しては，日弁連「裁判所の処置請求に対する取扱規則」（2006〔平成18〕年9月15日制定。その後，2009（平成21）年2月19日，2010（平成22）年4月16日，2012（平成26）年12月18日に改正されているが，2015（平成27）年12月現在未施行），東京弁護士会「裁判所の処置請求に対する取扱会規」（2007〔平成19〕年3月12日制定）がそれぞれ制定された。東京弁護士会においては，取扱会規制定以降，処置請求がなされた事案はない。

3）ゲートキーパー問題

> 2007（平成19）年3月，犯罪による収益の移転防止に関する法律（犯罪収益移転防止法）が成立したが，弁護士会の強い反対運動により，同法には依頼者の疑わしい取引の報告義務は盛り込まれず，本人確認義務と記録保存義務については，司法書士などの他の士業の例に準じて日弁連の会則で定めるところによると規定するにとどまった。
>
> 同年3月に実施されたFATFの第3次「40の勧告」に対する相互審査の結果が2009（平成21）年10月に公表されて，弁護士を含む法律専門家については，勧告への不適合（NC，ノン・コンプライアント）という評価が下された。
>
> 政府は，顧客管理措置について，これを強化する内容の犯罪収益移転防止法の改正案を2011（平成23）年の通常国会に提出し，改正案は，同年4月27日に成立し，改正犯罪収益移転防止法は，2013（平成25）年4月1日から施行されている。
>
> さらに，FATFからは不十分であるとの指摘を受けて，2014（平成26）年の通常国会に犯罪収益移転防止法の改正案を提出して成立し，2016（平成28）年10月1日から施行される予定である。
>
> 日弁連は，これらの法改正に対応するため，2007（平成19）年3月1日に制定した「依頼者の身元確認及び記録保存等に関する規程」を，2012（平成24）年12月に全面改正して，「依頼者の本人確認事項の確認及び記録保存等に関する規程」を制定するとともに，「依頼者の本人確認事項の確認及び記録保存等に関する規則」を制定し，2013（平成25）年3月1日から施行した。
>
> また，2015（平成27）年12月4日の臨時総会において，上記規程の改正案を決議し，2016（平成28）年1月の理事会で規則の改正案を決議する予定であり，それぞれ同年10月1日から施行する予定である。
>
> 疑わしい取引の報告義務を弁護士に対しても適用しようとする動きは依然として続いており，今後その動きが強まることが予想されることから，日弁連及び弁護士会は，今後も警戒を緩めることなく，新たな事態に即応できる体制を準備しておく必要がある。

(1) マネー・ローンダリングとFATFによる勧告

マネー・ローンダリング（Money Laundering，「資金洗浄」）とは，違法な起源の収益の源泉を隠すことを意味しており，例えば，麻薬密売人が麻薬密売代金を偽名で開設した銀行口座に隠匿したり，いくつもの口座に転々と移動させて出所を分からなくしたりするような行為がその典型とされている。このような行為を放置すると，犯罪収益が将来の犯罪活動に再び使われたりするおそれがあること等から，マネー・ローンダリングの防止が重要な課題となっている。

1989（平成元）年7月，アルシュ・サミットにおける合意により，金融活動作業部会（FATF）が設立され，FATFは1990（平成2）年4月にマネー・ローンダリング対策の国際基準ともいうべき「40の勧告」を提言した。「40の勧告」においては，麻薬新条約の早期批准やマネー・ローンダリングを取り締まるための国内法制の整備，顧客の本人確認及び疑わしい取引報告の金融機関への義務づけ等が提言されていた。

(2) FATFによる第3次「40の勧告」の制定

また，FATFは，犯罪技術が精巧に複合化してきたことに注目し，これまでの「40の勧告」の再検討を行い，2003（平成15）年6月，非金融業者（不動産業者，貴金属・宝石等取扱業者等）及び職業的専門家（法律家・会計士等）に対する適用を盛り込んだ，第3次「40

の勧告」を制定した。

本勧告は、弁護士や会計士等の職業的専門家が金融取引の窓口（ゲートキーパー）となることに着目して、不動産の売買、依頼者の資産の管理、銀行預金等の口座の管理等の取引を実施する際に、顧客の本人確認義務及び記録の保存義務を負わせるとともに、これらの業務を行う際に、その資金が犯罪収益またはテロ関連であると疑わしい取引について金融監督機関（FIU）に報告する義務を負わせるものである。

日弁連は、本勧告が出される前に、ABA（アメリカ法曹協会）やCCBE（ヨーロッパ法曹協会）など海外の弁護士会と連携し、弁護士に対する適用に強く反対してきた。

このような反対運動の成果として、FATFは、職業的専門家については、守秘義務又は依頼者の秘密特権の対象となる状況に関連する情報が得られた場合には報告義務を負わないという例外を認めるとともに、守秘義務の対象についての判断は加盟国に委ね、さらに、疑わしい取引の報告先については、自主規制機関（弁護士の場合には弁護士会）に委ねることもできることを認めた。

なお、FATFは、2012（平成24）年2月、「40の勧告」とテロ資金対策である「8の特別勧告」を統合・整理した新たな「40の勧告」（第4次）をまとめている。

(3) 日弁連の対応

日弁連は、かねてから、ゲートキーパー規制に対しては強く反対してきた。日弁連の理事会が承認した2003（平成15）年12月20日付意見書「ゲートキーパー制度に関する今後の日弁連の取り組みについて」は、「日弁連は、弁護士に対し依頼者の疑わしい取引・活動に関する報告義務を課す制度については、今後も、このような制度が市民の弁護士に対する信頼を損ね、司法制度の適正な運営を阻害しかねないという問題があることを広く市民に訴え、その制度化に強く反対する。」とする基本的姿勢を明らかにしていた。

ところが、政府の国際組織犯罪等・国際テロ対策推進本部は、2004（平成16）年12月10日、「テロの未然防止に関する行動計画」を決定し、その中で、「FATF勧告の完全実施に向けた取組み」が掲げられ、その実施についての法整備の必要性を検討することを定めた。

FATFの新「40の勧告」がテロ対策も含んでいたことから、上記行動計画は、FATF勧告の完全実施を掲げ、その結果、弁護士などの専門職を含む非金融機関に対する横並びの法規制がなされる可能性が極めて高まった。

(4) 金融庁から警察庁へのFIUの移管と日弁連の対応

2005（平成17）年7月29日、国際テロ対策推進本部幹事会は、弁護士を含む法律専門家及び非金融機関に対する顧客の本人確認義務、取引記録の保存義務及び疑わしい取引の報告義務とその遵守のための制裁措置の導入について、単一の法律を制定する方針を決めた。

その後、同年11月17日、政府の国際組織犯罪等・国際テロ対策推進本部は、FATF勧告を実施するために必要となる法律の整備について、その法律案の作成を警察庁が行い、施行体制につき、疑わしい取引の報告先として、FIU（金融情報機関）として我が国において金融庁に設営されていた「特定金融情報室」を、組織・人員ごと警察庁に移管すること、FATF勧告を実施するために必要となる法律を2006（平成18）年中に作成し、2007（平成19）年の通常国会に提出することを決定した。

この決定に対し、日弁連は、同年11月18日、「弁護士に対する『疑わしい取引』の報告義務の制度化に関する会長声明」を出し、「警察庁への報告制度は、弁護士・弁護士会の存立基盤である国家権力からの独立性を危うくし、弁護士・弁護士会に対する国民の信頼を損ねるものであり、弁護士制度の根幹をゆるがすものである。したがって、日弁連としては、今回の政府決定は到底容認できないものであり、国民各層の理解を得る努力をしつつ、諸外国の弁護士・弁護士会と連携し、反対運動を強力に展開していくことを決意する。」との決意を表明した。

これを受けて、全国の弁護士会において、ゲートキーパー問題に対する対策本部を設置して活動を行っている。東京弁護士会においても、2006（平成18）年1月15日にゲートキーパー立法阻止対策本部を設置して、国会議員への要請や広報等の活動を活発に展開してきた。

(5) 犯罪収益流通防止法案に対する弁護士会の対応と同法律の成立

警察庁は、金融機関、非金融機関（クレジットカード業、ファイナンス・リース業、宝石商・貴金属商、不動産業）、法律・会計等の専門家（公認会計士、行政書士、弁護士、司法書士、税理士）を対象として、

テロ資金その他の犯罪収益の流通防止に関する施策の基本を定めること，義務対象事業者の義務を規定すること等により，テロ資金供与防止条約等を的確に実施し及び正当な社会経済活動が犯罪収益の流通に利用されることを防止することを目的とする「犯罪による収益の流通防止に関する法律案」を作成し，2007（平成19）年の第166回通常国会に提出することを計画していた。

その中には，弁護士も，本人確認，取引記録の保存及び疑わしい取引の届出の措置を講ずる責務を有することを定めるとともに，弁護士については，その措置の内容を，他の法律・会計等の専門家の例に準じて，日弁連の会則により定めること，弁護士による疑わしい取引の届出は日弁連に対して行うことなどが規定されようとしていた。

これに対して，日弁連では，本人確認及び取引記録の保存について会則を新設するとともに，疑わしい取引の届出の措置については，会則等で自主的に定めることについても強く反対することを表明した。

日弁連は，2007（平成19）年3月1日の臨時総会において，「依頼者の身元確認及び記録保存等に関する規程」を可決して成立させ，同年7月1日から施行している。この規定は，弁護士職務基本規程の特別法として位置づけられ，違反した場合には懲戒処分も可能な内容となっている。

このような動きを受けて，政府は，「犯罪による収益の移転防止に関する法律案」の提出の段階において，弁護士を含む士業について，「疑わしい取引の報告義務」を課さないことにするとともに，弁護士についての本人確認義務及び記録保存義務については，特定事業者の例に準じて日弁連の会則で定めるところによることとされ，法律で直接規制されることは免れることになった。同法律は2007（平成19）年3月31日に成立した。弁護士等やそれ以外の特定事業者がとるべき各種の義務に係る部分は，2008（平成20）年4月1日から全面的に施行されている。

(6) FATFの対日審査とその後の情勢

第3次「40の勧告」についてのFATFの日本に対する相互審査が2008（平成20）年3月6日から同月21日まで実施され，その際に日弁連に対するヒアリングも実施された。

同年10月に公表された対日相互審査報告書において，弁護士を含む職業専門家については，勧告への不適合（NC，ノン・コンプライアント）という評価が下された。日弁連の「依頼者の身元確認及び記録保存等に関する規程」については，非対面取引について日弁連のガイダンスが不十分である，身元確認義務の除外範囲が不明確である，一定の金額以下の取引を除外しているなどが指摘され，2011（平成23）年10月までに改善措置をとることを求められた。

政府は，顧客管理措置について法改正を含む対策を検討し，2011（平成23）年3月11日，犯罪収益移転防止法改正案を閣議決定し，通常国会に提出した。

同改正案は，同年4月27日に成立し，同月28日に公布され，2013（平成25）年4月1日から施行されている。

(7) 日弁連による規程の全面改正と規則の制定

犯罪収益移転防止法は，弁護士の義務については，司法書士等の士業の例に準じて，日弁連の会則で定めることとされていることから，日弁連は，改正犯罪収益移転防止法の施工に向けて改正された省政令の内容を踏まえて，弁護士の日常業務への影響を考慮しつつ，日弁連が2007（平成19）年3月1日に自主的に制定（同年7月1日から施行）した「依頼者の身元確認及び記録保存等に関する規程」について改正の要否及びその内容について慎重に検討を重ねてきたが，2012（平成24）年12月8日の臨時総会において，「依頼者の身元確認及び記録保存等に関する規程」の全部改正が決議されるとともに，同年12月20日の理事会において，「依頼者の本人確認事項の確認及び記録保存等に関する規則」が承認され，いずれも2013（平成25）年3月1日から施行されている。

(8) その後の動き

第3次「40の勧告」についての相互審査について，政府は，その後もフォローアップを続けているが，特に顧客管理措置について不十分であるとして対策を求められている。

そのため，政府は，顧客管理方法に関する規定の整備等を内容とする犯罪収益移転防止法の改正案を，2014（平成26）年の通常国会に上程し，同法律は可決成立した。

日弁連は，犯罪収益移転防止法の上記改正や政省令の改正の内容を精査して，弁護士に対する影響を考慮し，「依頼者の本人確認事項の確認及び記録保存等に関する規程」に対する改正案を，2015（平成27）年12

月4日の臨時総会で決議するともとに、2016（平成28）年1月の理事会において、同規則の改正案を決議する予定である。これらはいずれも法律や政省令の施行日である2016年10月1日である。

(9) 日弁連及び弁護士会に求められる対応

警察庁は、かねてより、弁護士に対して、依頼者の「疑わしい取引」の報告義務を課すことを虎視眈々と狙っている。

したがって、弁護士がマネー・ロンダリングに関与したり利用されたりすることがないように、弁護士会が自主的かつ実効的に規律している実績を示すことは重要であり、日弁連が定めた「依頼者の本人確認事項の確認及び記録保存等に関する規程」及び同規則を、会員に対してより周知徹底するとともに、同規程が適正に運用されている状況を作り、依頼者の疑わしい取引の報告義務を日本で導入する立法事実がない状況を作っていくことが求められる。

日弁連及び弁護士会としては、依頼者の疑わしい取引の報告義務は、依頼者に告げないで、捜査機関に対して依頼者の秘密情報を提供することが求められる密告義務であり、弁護士と依頼者との信頼関係を根底から破壊するものであって、弁護士にそのような義務を課すことだけは絶対に認めることはできないのであり、今後、疑わしい取引の報告義務が弁護士に課されることがないように、不断にその動きを注視する必要がある。

今後、その動きが強まることが予想されるところ、弁護士に対する疑わしい取引の報告義務を課す法改正の動きが起きた際には、依頼者である国民に広く理解を求め、世論を味方につけて、弁護士が依頼者の疑わしい取引の届出を行う制度の法制化を阻止するような強力な反対運動を、弁護士会を挙げて全面的に展開していく必要があり、警戒を緩めることなく、その準備をしておく必要がある。

4）弁護士の不祥事とその対応

(1) 現状

2011（平成23）年ころからテレビ・新聞等で、①預り金や仮処分保証金名目で預かった4億7,000万円を着服したとして、業務上横領や詐欺罪で有罪判決の出た福岡県弁護士会々員のことや、②依頼者からの預り金等を着服して、その被害総額が9億円を超えた岡山弁護士会々員、さらには③成年後見人の地位を利用して4,200万円を横領した当会元副会長等々、弁護士不祥事に関して多数の報道がなされた。

これら新聞等のマスコミからは、「（市民からの苦情・相談が少なからず弁護士会に寄せられていたのだから）弁護士会がもっと早く動いていれば、こんなに被害が広がらなかった」「弁護士会は身内に甘い」等の批判がなされた。

(2) 問題の所在

❶ たて続けに報道されている弁護士の預り金に関する業務上横領・詐欺事案は、当該依頼者のみならず、社会の弁護士に対する信頼を揺るがす背信的行為であり、ひいては「弁護士自治」に深刻な打撃を与えかねない重大な問題である。

もとより、依頼者の事件処理における預り金の適正管理は、弁護士の職務において基本中の基本であり、弁護士は、これらを規定する弁護士職務基本規程を遵守し、弁護士の社会的使命と責任を自覚しなければならないことは当然のことである。

❷ 他方、弁護士会の「市民窓口」には、市民からの種々の苦情、相談等が寄せられているところ、それらの情報を有効かつ適切に活用できれば、会員の非行を探知する契機ともなり、早期に重大な不祥事々案の芽を摘むことも可能となろう。

弁護士会としては、市民窓口に寄せられる種々の苦情・相談等に関する情報について、市民窓口と執行部とで適切に共有する等の工夫をし、会員の不祥事防止の観点から市民窓口（委員会）の強化を図っていかなければならない。

❸ ただし、弁護士不祥事防止の観点からの市民窓口（委員会）の強化といっても、全国的な視点で各弁護士会の活動を見るならば、常時市民窓口として活動し、年間1000件を超える市民からの苦情・相談を受付けている東京三会や大阪弁護士会等の大規模会と、月に数件の苦情を弁護士会事務局や理事者が受付ける小規模会とでは、できうる範囲に、自ずと差が生じるのはやむを得ないことである。

(3) 日弁連の不祥事対策（第1次提言）

❶ 2012（平成24）年10月、日弁連では、「市民窓口及び紛議調停に関するワーキンググループ」内に、弁護士不祥事対策検討プロジェクトチームを設置し、不

祥事対策に本格的に取り組んだ。そして，同プロジェクトチームは，集中的な検討を行い，2013（平成25）年1月に「不祥事の根絶をめざして－市民窓口機能強化等の提言－」（以下「第1次提言」という）を取りまとめ，日弁連に報告した。

❷　第1次提言では，ア）非行を探知する方策として，市民窓口における情報の積極的活用（①苦情情報の分類・整理　②役員への報告，③複数回の苦情があった場合の通知），市民窓口の機能強化（①担当者向けマニュアルの作成　②担当者の研修・意見交換会等），紛議調停における情報の活用を　イ）非行による被害拡大を防止する方策として，弁護士会懲戒請求手続の整備（会長の判断で立件できる専決処分的な扱いを認める），事前公表制度の適時の運用を，ウ）非行の発生自体を阻止する方策として，預り金管理規程の制定，弁護士相談窓口の整備（うつ病をはじめとするメンタルヘルスの対策を講じるとともに，公私の悩み事の相談の窓口を設け，その機能強化を図ること），会員に対する研修制度の強化を求めた。

❸　その後，同プロジェクトチームが提言，立案した「預り金等の取扱いに関する規程」は全国の弁護士会，日弁連関連委員会の意見照会を経て，2013（平成25）年5月の日弁連総会で可決され，8月1日に施行された。

　またこれに伴い，2013（平成25）年6月に上記規程に関する解説書が発刊された。

❹　それにもかかわらず，弁護士会の規模に関わりなく弁護士の非行は後を絶たず，マスコミをはじめとする世論は，弁護士に対して厳しい自己規律と弁護士会による非行防止策の早急な実施を強く求めた。

(4) 日弁連の不祥事対策（第2次提言）

❶　2013（平成25）年6月，上記プロジェクトチームの後継組織として，弁護士不祥事の根絶のための総合的な施策の立案等を目的とする「弁護士職務の適正化に関する委員会」が発足し，非行の原因はどこにあったか，効果的な非行防止策はどのようにすべきか等について，ハイピッチながら充実した審議を行った。

　その結果，2013（平成25）年12月に「不祥事の根絶をめざして・その2－弁護士への信頼確保のための非行防止策の提言」（以下「第2次提言」という）を取りまとめ，日弁連に報告した。

❷　第2次提言では，①最近における弁護士の重大非行について，その非行がどのような経緯・原因で発生したのか？当該非行の背景事情は何か？弁護士会に非行防止策の不備があったか？を検討したうえで，②重大非行の再発を阻止するために日弁連を含む弁護士会は何をすべきか？③不本意にも，重大な非行が発生した時に弁護士会はどのように行動すべきか？④非行による被害者に対して弁護士会は何をすべきか？ということに検討を加えた。

❸　重大非行の発生原因については，必ずしも統一的な見解がもたらされたものではないが，

　①　一時的に使込みをしても，別件の弁護士報酬で穴埋めができるという規範意識の薄弱化

　②　資金繰りを含む法律事務所のマネジメントに周到な計画性がなく，また，いつまでも元気に仕事ができるとの幻想を持ち，リタイヤの時期や方法を真摯に考えず，事務所のマネジメントや人生設計ができていないこと

　③　事件処理の懈怠や過誤について，小さな嘘をついてその場しのぎをし，やがて大きな嘘をつかざるを得なくなった。

　④　ストレスからの精神疾患にかかりながらも，メンタルヘルスを疎かにし，また他人に弱みを見せたがらない。

という原因ないし背景事情がうかがわれた。

❹　かような検討を前提に，まず非行の覚知について

　①　弁護士の職務を行う過程で知り得た他の弁護士の非行情報の通報制度も検討したが，現時点では通報義務を明文で規定するまでのコンセンサスは得られていないとして，採用されるには至らなかった。

　②　会費滞納者の中には，何らかの非行が背景になっている場合があるので，会費滞納情報を弁護士会役員が共通に知っておく必要があること。

が確認された。

❺　非行防止策について

　①　市民窓口に対して相当数の苦情が寄せられている多重苦情対象弁護士について，弁護士会による特別の指導・監督権の行使が問題になった。

　弁護士会の指導・監督がどこまで許されるかについては弁護士の「職務の独立性」との関係が問題になるところであるが，少なくとも，苦情の対象となった法律事務の方法等について，弁護士会の会長またはその授権を受けた者が適切なアドバイス（助言）を行うこと，アドバイスを受けた後に実際にとった措置を弁護

士会に報告させることは可能であり，このような指導・監督方法は許されるものと思料した。

②　次に，弁護士会として，相談相手がおらず孤立化して非行に陥る会員に対して非行防止策として相談窓口を強化すべきであることが議論された。

業務や人間関係に関わる「会員サポート窓口」，新人に対するチューター制度，さらにはストレスから精神を病んだ者に対するメンタルヘルスも重要であり，かような相談窓口の強化は全国展開する必要があることが確認された。

③　さらに，資金繰りを含む事務所経営や人生設計・将来設計に関するマネジメント研修は，事務所として攻勢に出る場合だけでなく，逆境に陥った時の身の処し方，即ち非行防止策としてのマネジメント研修の積極的導入が図られるべきであることが確認された。

❻　重大非行に対する弁護士会の対応として

①　まず，重大非行が発生した場合に，弁護士会として，どのような基準で調査委員会を組成し，どのような調査をすべきかについて検討したが，ⅰ）多数の被害者を出す等非行の被害が大きいこと　ⅱ）弁護士会の懲戒手続を待っていたのでは混乱が解消できないこと　ⅲ）弁護士会に何らかのガバナンス上の問題があることが要件になること。即ち，調査委員会による調査の目的は，非行の事実認定ではなく，非行の原因と弁護士会のガバナンスに関する検討を行い弁護士会による再発防止策を策定することである。

したがって，以上の点を十二分に検討したうえで調査委員会を設置すべきであり，元裁判官・検察官や大学教授等の第三者委員は必ずしも必須のものではないと考えられる。

②　次に，被害者側からの弁護士会に対する指導・監督義務違反による損害賠償請求は避けられないものとして，弁護士会は責任追及された場合の備えをしておくべきである。具体的には弁護士会の責任追及がなされた事案の検討，弁護士会内部の指導監督体制のチェックと不備の解消などが要請される。

③　第1次提言でも指摘したところであるが，迅速な懲戒権の発動は必要であり，また適時に懲戒請求の事前公表がなされる等その運用の適正化が図られるべきである。

④　弁護士会は，被害の救済あるいは弁護士会への責任追及等利害得失を総合的に判断して，非行を働いた弁護士の刑事告発，滞納した会費請求権を原因とした破産申立の可否を検討すべきである。

⑤　被害救済策として，被害者説明会が考えられるが，弁護士が主催することは当該非行弁護士との一体性を示しがちとなるので回避すべきであろう。

有志が組織した被害者救済弁護士団を紹介するのにとどめるべきである。

⑥　また，弁護士会の被害者救済策として，その経済的損失を如何に填補するかという点については，アメリカの救済基金制度や弁護士会損害賠償保険はじめその方策の検討が必要である。

ことが確認された。

(5) 第2次提言を受けての日弁連の活動

日弁連は，上記第2次提言を受け，「弁護士職務の適正化に関する委員会」を中心に以下の活動をした。

❶　懲戒手続運用等に関する全国連絡協議会

全国から単位会の役員・担当者を集め2014（平成26）年8月27日に第1回，2015（平成27）年8月5日に第2回の「懲戒手続運用等に関する全国連絡協議会」を開催し，会請求や事前公表制度について経験交流をするとともに弁護士成年後見人の不祥事対策についての質疑応答を行った。第1回，第2回とも3時間に亘る会議であったが，非常に好評であった。

❷　メンタルヘルスと会員サポート制度

2015（平成27）年10月からメンタルヘルス相談事業がスタートした。前年12月の「弁護士職務の適正化に関する全国連絡協議会」で全国の単位会から集めたアンケートを前提に，忌憚のない意見交換した結果，日弁連が事業主体としてメンタルヘルス相談事業を始めることになったものである。

また，この相談事業に先立ち，職務適正化委員会・男女共同参画対策本部・貧困対策本部が共同で，メンタル・ガイダンスブックを発行した。

さらに，会員の相談窓口としての会員サポート制度については，全国単位会からアンケートをとったうえで，本年度の「弁護士職務の適正化に関する全国連絡協議会」で，どこが主体となり，どのような制度として会員サポートを立上げ運営して行ったらよいのかについて討議する予定である。

❸　マネジメント研修と不祥事防止マニュアル

不祥事を起こす者の中に，資金繰りを含む法律事務所のマネジメントに周到な計画性がなく，また，いつ

までも元気に仕事ができるという幻想をもって，リタイアの時期や方法を真摯に考えず，事務所のマネジメントや人生設計ができていない者が目立つことから，高齢になって経済的困窮に陥り不祥事に走ることのないように早期にライフプランを立て，ハッピーリタイアメントを迎えるために必要な取組について検討し，研修あるいはガイドブックを作成していく予定である。

なお，職務適正化委員会では各弁護士会の研修等に役立ててもらうため，会員への意識喚起のための情報提供である「不祥事防止マニュアル」を作成し，本年7月以後，順次全国の単位会を通じ全会員に配布をした。

❹ 依頼者保護給付金

弁護士業務に伴い，横領・詐欺その他の故意による財産犯的な行為が行われ，それにより被害を被った依頼者及び依頼者に準ずる者がいた場合，これに対し，日弁連が一定の基準・要件に基づきつつ裁量的に一定の金員の給付を行うことにより，被害者が受けた精神的・財産的打撃を緩和し，もって弁護士及び弁護士会に対する市民の信頼を維持し，弁護士制度の健全な維持・発展を図ろうとする制度が依頼者保護給付金制度であり，本年6月・7月の日弁連理事会で議論をし，全国各単位会に意見照会をして，どのような制度としてスタートさせるか検討しているところである。

❺ 市民窓口の機能強化と預り金管理会規

ア）市民窓口の機能強化及び非行端緒の発見については，「弁護士職務の適正化に関する全国連絡協議会」で情報交換と討議を行っている。特に，本年度は市民窓口における情報の集約と年度またぎの問題についても討議する予定である。

イ）2013（平成25）年8月に運用を開始した日弁連預り金管理会規については，運用から2年が経つので，全国での運用状況及びその効果について検証すべき時期に来ているものと思われる。

という活動を行っている。

(6) 東弁の不祥事対策

❶ 東弁では，市民窓口に寄せられる年間約2,000件の苦情情報をデータ化し，苦情内容を分析するとともに，担当理事者が検討し，迅速な対応を可能にしている。

特に苦情情報は，1）非弁提携弁護士対策本部へ情報提供されたり，2）他会にはない市民窓口委員会調査チームによる調査等を含めた苦情情報の活用により弁護士の非行を防止している。

❷ また，他会に比べ，メンタルヘルスをはじめ弁護士相談窓口は充実している。

❸ その他，2013（平成25）年から，綱紀・紛議調停，非弁提携弁護士対策本部，法律相談センター，高齢・障害者，業務改革および市民窓口等弁護士不祥事関連委員会による意見交換会が不定期であるが催され，情報の共有化が図られるとともに，各担当理事者による情報交換会が月一度のペースで開かれ，弁護士不祥事に対応している。

8 弁護士と国際化の課題

> 我が国の弁護士制度・弁護士業務は，諸外国の法曹制度や国際社会の動向と密接な関係を有するに至っている。我々は，WTO等における弁護士業務の自由化等の論議や動向を注視しつつ，我が国の弁護士会全体の問題として，我が国の弁護士制度・業務の国際社会における在り方・国際的なルール作りへの対応につき，早急に総合的な対策を講じる必要がある。
> 外弁法が2003（平成15）年7月に改正され，①弁護士と外国法事務弁護士の共同事業（外国法共同事業）の解禁，及び②外国法事務弁護士による弁護士の雇用が認められることになった。同改正法は，2005（平成17）年4月1日に施行され，前年11月の臨時総会で可決・成立した日本弁護士連合会の会則・会規も施行された。2014（平成26）年に外国法事務弁護士法人を認める外弁法改正が成立し，真の弁護士の国際化とその方法を真剣に議論すべきである。

1）国際化に関する現代的課題

(1) はじめに—国際化への基本的対応

従来，弁護士業務の国際化は国内の業務とかけ離れ，主に渉外弁護士の世界の問題であると認識されていた。しかし，今，世界では，外国の弁護士に対する市場の開放，隣接業種との提携の推進など弁護士業務の「自由化」の議論が盛んになされている。また，広告制限・弁護士報酬規制などの弁護士会の内部規則を撤廃し，法律サービス市場に競争原理を導入するべきであるという主張もされている。WTOのGATS交渉では，専門職のライセンス及び資格の自由化について討議され，同様の議論が米国やEUとの二国間交渉のなかでもされている。さらに，証券取引法や独占禁止法などの「法制度の急激な世界標準化」の流れも感じることができる。

こうした弁護士職に関連する世界における動きは，司法改革の議論の中で，そのまま我が国に影響を与えている。

2001（平成13）年6月12日に発表された司法制度改革審議会意見書でも，我が国の法曹も，弁護士が国際化時代の法的需要に十分対応するため，専門性の向上，執務体制の強化，国際交流の推進，法曹養成段階における国際化への要請への配慮等により，国際化への対応を強化すべきであり，また日本弁護士と外国法事務弁護士等との提携・協働を積極的に推進する見地から，特定共同事業の要件緩和等を行うべきであると述べられている。こうした意見は大いに傾聴するに値するもので，弁護士は臆することなく国際化に乗り出すべきである。しかし，他方，グローバルスタンダードが特定の強国のスタンダードとならないように慎重に見極めるべきであり，我が国独自の文化や社会制度にも配慮したバランスのとれた国際化を目指すことが望まれる。

他方，弁護士の「コアバリュー（根源的価値）と直接相克する制度の導入」も実施されている。依頼者の秘密保持義務に関わるマネー・ローンダリング規制がその典型であり，現在の法律では弁護士に疑わしい取引の報告義務を課されてはいないが，今後，再度議論される可能性があり，今後の動向を注視する必要がある。さらに，英国では弁護士への苦情の増大を背景に「弁護士団体の自治への警鐘」となるようなクレメンティ報告が政府に提出され，2007（平成19）年には弁護士に対する苦情処理などの機能を弁護士会から独立の機関に移す法律サービス法が成立し，弁護士の懲戒権を弁護士会から独立したリーガル・サービシーズ・ボード（LSB）に帰属させた。

こうした世界及び国内の動きを，間近に感じるときに，私たちが取り組むべきいくつかの課題が見えてくる。

第1に，弁護士業務の国際化に迅速に対応することである。国際社会において弁護士業務の自由化をめぐる流れは，WTO体制の下で急速に進展している。自由化の行き着くところ，相手国で与えられた資格を自動的に自国でも有効なものとして認めるという「相互

承認」の原則がとられ，外国で得た弁護士資格を我が国において自動的に認めなければならないという事態になる可能性さえある。現在，WTO交渉はとん挫しているが，交渉が進展することになれば，我が国の弁護士制度・業務に大きな変革を迫ってくることが予測される。他方で，法律サービスはFTA等の二国間の貿易交渉の中でも取り上げられ，FTA交渉で後れをとっている我が国において，法律サービスの面でも却って国際競争力を減殺されてきつつある。我々はこのような問題に関し弁護士会全体として危機意識を持ち，情報を共有化する必要がある。日弁連では2011（平成23）年に中小企業海外展開ワーキンググループを立ち上げて海外に進出する中小企業に会員が助言する制度を立ち上げた。また，2012（平成24）年には関係省庁も参加している海外展開総合支援協議会を通じた弁護士の海外展開も検討を開始した。

第2に，弁護士の多様な国際活動の支援を強化することである。外務省などへの任期付公務員制度の推進，国際機関への就職の斡旋，法整備支援に関わる弁護士の育成などをさらに充実させていくことが必要である。世界の国々には，未だ法の支配（Rule of Law）が十分機能していない国や貧困問題から司法へのアクセスの実現にほど遠い国も多い。このような中で，日本の弁護士が積極的に国際協力や支援活動に参加し，現場でこれらの実現に貢献することが望まれる。

第3に，弁護士が法の支配に奉仕するプロフェッションとしての存在であることを再確認することである。社会の隅々まで弁護士のサービスが行き渡り，司法へのアクセスが容易になることを実現するために，さらに努力する必要がある。

第4に，情報の収集と効果のある施策を実行するために，外務省・法務省等とも連絡を密にし，弁護士の独自性等の観点から自由化の内容を合理的なものにする努力を展開し，米国法曹協会（ABA），欧州弁護士会評議会（CCBE），国際法曹協会（IBA），ローエイシア等の内外の法曹団体とも協力をはかっていくべきである。

最後に，国際問題が国内問題に直接影響するという意識をもって，弁護士の自治を強化し，弁護士が社会からより信頼されるように努力することが必要である。例えば，事後規制の世の中にあって，弁護士の綱紀懲戒事案や紛議調停事案をどれだけ迅速かつ公正に処理することができるかが課題である。さらに，弁護士の専門化・多様化のニーズにどれだけ応えることができるか，弁護士会として取り組むべき施策を早急に構築し実施する必要がある。そして，日本司法支援センターを充実，発展させるなどして弁護士の公益活動を推進し，法の支配に奉仕する弁護士がより増えるための取組みも積極的に行う必要がある。

以下，関連する具体的な問題について述べる。

(2) 国際化による弁護士制度・業務への影響

ここでは，国際化のもたらす弁護士制度・業務への影響に関する問題点として，①世界貿易機構（WTO）等における自由職業サービスの国際的規制緩和の問題，②主に巨大国際会計事務所との提携を問題点とする異業種間共同事業（Multidisciplinary Practiceor Partnership，いわゆるMDP）の問題，及び③新事業体（Alternative Business Structure，いわゆるABS）の問題を取り上げて論じる。

❶ WTO等における国際的規制緩和

国境を越えたサービス業へのニーズが著しく増加したことから，1986（昭和61）年に始まったGATTウルグアイ・ラウンドでは，従来の関税等の物の取引に関する障壁の撤廃にとどまらず，弁護士業務を含むサービス関連業も自由化交渉の対象に追加し，サービス貿易を国際的な共通ルールで規律するための条約として，GATS（サービス貿易に関する一般協定）が1995（平成7）年1月に発効した。我が国が同年に外弁法を改正して強制的相互主義を任意的相互主義に改めたのは，最恵国待遇を基本とするGATSの原則に合致させるためであった。

サービス貿易を含む貿易を律する法的な拘束力を持つ新たな国際機関である世界貿易機構（WTO）の下で，弁護士業務はGATSに組み込まれ，その自由化交渉はGATSを枠組みとして進められることになった。GATSは多国間条約であるので，WTO加盟国はGATSの改正など新たな協定が締結された場合にはその内容と異なる法令（例えば弁護士法や外弁法など）を改正すべき国際的な義務を負うことになる。このように，WTO体制は，従前のGATT体制と比してその法的重みを著しく増しているといわなければならない。

WTOの現在のラウンドは，2001（平成13）年11月にドーハで開催された閣僚会議で開始が宣言されたドーハ・ラウンドと呼ばれているが，そのドーハ・ラウ

ンドではサービス貿易一般協定（GATS）によるリーガルサービス貿易を含むサービス貿易のいっそうの自由化を求めている。

WTOの自由職業サービス作業部会（WPPS）は，国際化が最も容易な会計サービスの分野から着手し，1997（平成9）年5月に「会計分野の相互承認協定又は取決めの指針」（資格の相互承認ガイドライン）を，1998（平成10）年には，「会計分野の国内規制に関する法律（多角的規律）」を採択した。この規律は現時点では法的拘束力はないが，新ラウンドの終結までに，自由職業サービス全般の規律とともにGATSの一部として法的拘束力のあるものにすることが合意されている。1999（平成11）年4月に開催されたWTOのサービス貿易理事会は，自由職業サービス全体の規律作成作業を急ぐため，自由職業サービス部会を発展的に解消し，新たに「国内規制作業部会（WPDR）」を設置した。同作業部会はサービス全体に関わる資格要件・手続，免許要件・手続，技術上の基準の規律などを作成する任務が与えられている。したがって，2000（平成12）年からのドーハ・ラウンド終了後には，我が国の弁護士を含む自由職業を拘束する自由職業サービスの国内規制に関する法律が作成される可能性が高い。

新ラウンドは，2005（平成17）年1月に終結する予定であったが，多くの国が反対したことから未だ終結しておらず，2006（平成18）年11月のAPEC首脳によるWTOに関する独立宣言で交渉再開を求めたことを契機に，ラミー事務局長がジュネーブにて事務レベルでの交渉再開を宣言したが，農業問題を中心に妥結にいたらず，現在も交渉中である。

❷ MDP—巨大国際会計事務所の法律業務への進出

巨大国際会計事務所が本来の会計監査や税務監査からコンサルティングへと範囲を広げ，MDPを通じて，法律サービスの分野に進出し，各国弁護士会にとって大きな脅威となっている。我が国では，弁理士，税理士，司法書士などの隣接業種との異業種提携の動きが見られるが，国際的には巨大国際会計事務所がその組織力・資金力・政治力・ネットワークなどを駆使して次々と弁護士事務所を買収しその傘下におさめ，MDPを通じて法律業務を行うという現象が起きた。

MDPの問題点は，①弁護士倫理上，弁護士は独立であるべきであるが，大資本を背景とした巨大国際会計事務所との共同化によりこの独立性が損なわれるおそれがあること，②会計事務所は，透明性の確保から一定の依頼者の業務について開示することを前提とした業務を行うのに対し，弁護士は依頼者の秘密を厳格に守らなければならない義務を負っていること，③会計事務所の利益相反基準が弁護士のそれより緩やかであり両者はなじまないこと等があげられており，いずれも重要な論点である。また，巨大国際会計事務所が法曹の市場に参入した場合，急激に多くの弁護士を雇用することが予想され，そうした弁護士の雇用市場への影響も懸念されるところである。

以上の問題を解決しない限り，MDPを認めることは原則としてできないと考える。ただし，実際に税理士，弁理士及び司法書士との事業の共同化を様々な形で行っている弁護士事務所があり，こうした現象には，その認められる範囲を限定するなどの処置が必要である。

もっとも，エンロンなどの一連の会計事務所の不祥事事件が起きて以降，MDPに対する規制緩和の動きは下火になっている。

❸ ABSは，法律サービスについて他の事業体の資本参加（所有）を認めようとするものである。英国の法律サービス法は非法律家が法律事務所の25％までの所有を認め，2011（平成23）年後半には完全な所有の自由も認めようとしている。例えば，スーパーマーケットが法律事務所を所有して，各店舗で法律相談をすることが議論されている（テスコというスーパーマーケットが設置している）。このような法律事務所の所有の自由化は，オーストラリアでも解禁されている。

これに対して欧州の弁護士会（CCBE）は，弁護士の独立や守秘義務・利益相反などの点から否定的な見解を発表しているが，そうした点については所有者の利益に優先するという制度を保障することで対応できるとする意見もある。法律事務所の所有の自由化の問題は，実際の事業を共同化するMDPと並んで，世界の弁護士会が考えなければならない問題である。

(3) 日弁連の対応

日弁連では，弁護士の国際化の問題は主に外国弁護士及び国際法律業務委員会を中心に議論されているが，2011（平成23）年度には，国際パートナーシップ（International Partnership）の是非を主に議論する国際法律業務の発展及び在り方に関する検討WGが設置されて弁護士が外国の法律事務所のパートナーになるこ

とができるか，外国の弁護士が日本の法律事務所のパートナーになることができるか，という論点を議論するとともに，これからの国際法律業務の在り方について議論を重ねている。

2）外国弁護士の国内業務問題

(1) 外弁法改正の経緯

2001（平成13）年6月に発表された司法改革審議会意見書で，「日本弁護士と外国法事務弁護士等との提携・共同を積極的に推進する見地から，例えば特定共同事業の要件緩和等を行うべきである」との意見が提起された。

これ以前にも，例えば2001（平成13）年3月30日に閣議決定された規制改革推進3カ年計画で，日本法及び外国法を含む包括的，総合的な法律サービスを国民・企業が受け得る環境を整備する観点から，外国法事務弁護士と弁護士との包括的・総合的な協力関係に基づく法律サービスがあらゆる事案について提供できるように検討することとされ，2002（平成14）年中に結論を出すこととなっていた。また，2001（平成13）年10月の日米規制改革および競争政策イニシアティブに基づく米国からの要望も，①外国弁護士と弁護士との提携の自由化，及び②外国弁護士による弁護士の雇用解禁に的を絞る内容となり，さらに同時期に出された欧州委員会からの対日規制改革優先提案でも上記①及び②を強く求める内容となった。こうした背景が，それまで司法制度改革審議会でそれほど議論されていなかった外弁問題が同審議会意見書に盛り込まれた由縁であると推測できる。

以上の状況下にあって，政府の司法改革推進本部における国際化検討会の議論も2002（平成14）年初頭から始まり，上記の①及び②の問題について精力的な議論がなされた。国際化検討会では，渉外的または総合的（M&A，プロジェクトファイナンス，証券化等）な法律サービスを，外弁の専門性を生かしてユーザーに使いやすくすべきであり，また雇用問題については共同事業の緩和は当然に外国法事務弁護士による雇用に結びつくという意見が強かった。日弁連は，当初特定共同事業（外国法事務弁護士事務所と弁護士の事務所を分離して共同化を認めた制度）を行うことのできる事業目的の緩和で臨もうとしたが，その意見が通ることはなく，また外弁による雇用禁止だけは確保しよ

うとしたものの，実現することはなかった。

以上の審議の結果，外弁法の改正案が起案され，同改正案は2003（平成15）年7月18日に成立し，同月25日に公布された。主な改正点は，①特定共同事業以外の形態による弁護士・外国法事務弁護士の共同事業禁止（外弁法49条2項，49条の2）の解禁，②外国法事務弁護士による弁護士の雇用禁止（外弁法49条1項）の解禁，③外国法事務弁護士に許容された職務範囲を超えて法律事務をしてはならない（つまり日本法を扱ってはならない）という規制（外弁法4条）及び外国法事務弁護士による弁護士の業務に対する不当関与の禁止（外弁法49条の2第3項）の明文化である。

同改正法は，2005（平成17）年4月1日に施行され，前年11月の臨時総会で可決した日本弁護士連合会の会則・会規も施行された。改正法が成立する際には，外弁が弁護士との共同事業や弁護士の雇用により日本法などの職務外法律事務を取り扱うことがないように十分配慮すること，という付帯決議が衆参両院でなされており，これに対応する会規の改正が行われた。

これとは別に，弁護士法の改正に伴い，外弁にも公職などへの就任の届出制が認められ，2004（平成16）年4月から実施された。

また，外弁に対しても法人の設立（外弁法人）を認めようという議論が，米国を中心とした外国政府からの要請でなされ，その過程で外弁と弁護士が共同で社員となる混合法人についても日弁連で議論がなされた，2010（平成22）年3月18日の理事会で，それらを認める基本方針が採択された。このうち，2014（平成26）年の外弁法改正で外国法事務弁護士法人が導入されることとなった（混合法人も導入が議論されている。）。

なお，2014（平成26）年12月5日開催の日弁連臨時総会において，外国法事務弁護士制度を創設する制度改正が承認された。

2015（平成27）年12月1日現在，日弁連に登録している外国法事務弁護士の数は383名である。東京の中堅法律事務所（50～100名）には上記の外国法共同事業の法律事務所が散見されるようになってきた。

(2) 今後の展望

巨大な資本力のある英米の弁護士事務所のさらなる進出を許容すれば，日本法の益々の英米法化を促進し，国選弁護等の公共的役割を担う日本の弁護士の育成にも問題を生じかねず，ひいては日本の法文化への悪影

響も懸念されるところである。これに対して，外国の弁護士事務所のさらなる進出が日本の弁護士の国際競争力を強化するとの意見もある。他方で，英米を中心とした法律業務が我が国で拡大することは，弁護士業務の拡大・専門化の促進につながるとの意見もある。

このような状況の中で，日本法は日本の法曹資格を持っている者だけが携わることができるという資格制度の基本を前提としつつ，秩序ある国際化のもとで，我々弁護士は，本当の意味で我が国の司法作用の向上のための弁護士の国際化を考えなければならない。隣国韓国の弁護士会は国際化に精力的に取り組んでいるが，我が国も組織的にこの問題に取り組むべきである。

3）国際司法支援

(1) はじめに

1990年代の後半から，発展途上国を中心とする外国への我が国のODAとして，基本法の起草や法律家の養成といった司法の根幹に対する援助活動が行われてきた。

2008（平成20）年1月30日，第13回海外経済協力会議の合意事項として「我が国法制度整備支援に関する基本的考え方」が策定・公表され，2009（平成21）年4月1日付けで基本方針が発表された。

このような動きの中で，日弁連は，我が国の法律家が海外で国際司法支援に積極的に参加する組織と制度を設計し，1995（平成7）年から15年間にわたり活発な活動を展開してきた。

そして，2009（平成21）年3月18日，「日本弁護士連合会による国際司法支援活動の基本方針」が日弁連理事会において決議された。

(2) 日弁連による国際司法支援の基本方針

❶ 基本理念

日弁連は，その国際司法支援活動の基本理念として，日本国憲法の基本理念である基本的人権の保障と恒久平和主義及び法の支配の実現を旨とする。

❷ 基本方針

日弁連の国際司法支援活動実施に当たっては，上記基本理念の実現を目的とし，政治的不偏性と中立性に留意するとともに，活動プロセスにおいて，市民の自立支援・カウンターパートとの協働・フォローアップ評価の実施・参加する会員の安全に特に留意することとしている。

(3) 日弁連及び弁護士の法整備支援活動の経緯と展開

❶ カンボジア王国

日弁連の司法支援活動において，カンボジア王国に関係する同活動が一番長い歴史を有している。また，その支援形態も，国際協力機構（JICA）のODAプロジェクトに参画するケース，日弁連独自にプロジェクトを提案して資金を得て実施するケースの2類型にわたる。また，その支援内容も，カンボジア王国の民法および民事訴訟法の立法作業，裁判官，検察官，弁護士等の研修（トレーニング），クメール語文献の資材供与等司法支援全般にわたる。したがって，カンボジア王国への司法支援活動は，日弁連にとって一つのモデルケースとなり得るものである。以下，具体的活動を簡潔に説明する。

① JICAプロジェクトへの参画・協力

日弁連では，1996（平成8）年から2000（平成12）年までJICAが主催するカンボジア法律家に対する本邦での研修に講師を派遣し，研修旅行を行う等の協力をしてきた。

また，JICAは，1999（平成11）年3月からJICAの重要政策中枢支援・法制度整備支援プロジェクトが開始され，同国の民法及び民事訴訟法の起草，立法化，普及並びに人材育成に協力している。日弁連では，同プロジェクトの国内支援委員会及び事務局に会員を派遣するとともに，カンボジア司法省及び弁護士会に対し，これまで6名の会員がJICA長期専門家として赴任している。

② 日弁連独自のプロジェクト─カンボジア王国弁護士会に対する協力活動

日弁連では，日弁連独自のNGOプロジェクトを企画・実施している。

2000（平成12）年度から始まったJICAの小規模パートナーシップ事業を申請し，その第1号として承認され，2001（平成13）年7月からプロジェクトが開始された。同プロジェクトは，カンボジア王国弁護士会をカウンターパートとして，弁護士継続教育セミナーの開催及び法律扶助制度の制度提案をおこなった。弁護士継続教育セミナーについては，当時JICAの重要政策中枢支援プロジェクトで起草中であった同国の民事訴訟法の案文を資料として，「民事訴訟における弁護士の役割」をテーマに合計4回のセミナーが実施された。また，同時期にカナダ弁護士会及びリヨン弁護

士会がカンボジア王国弁護士の養成プロジェクトを企画していたことから，3弁護士会によるユニークなプロジェクトとなった。そして，法律扶助制度については，貧困層への司法サービスの機会保障（access to justice）の視点から，カンボジア王国における法律扶助制度の確立に向けた制度調査及び将来の提言を行なった。現地で東南アジアの弁護士を招聘し，国連人権高等弁務官の地域代表の参加も得て，アジア法律扶助会議を開催し，その結果，カンボジアの法律扶助制度に資金が拠出されるなど一定の成果を得ることができた。

さらに，日弁連は，2002（平成14）年9月から3年間の期間，JICAからの委託事業（開発パートナー事業）として「カンボジア王国弁護士会司法支援プロジェクト」を受託し，先の小規模パートナーシップ事業から引き続いてカンボジア王国弁護士会に対して支援を行なった。プロジェクトの上位目標は，「法の支配を担うカンボジア王国弁護士の養成」及び「法的サービスへのアクセスを向上させ法の支配を実現すること」とした。具体的な活動としては，①2002（平成14）年10月開講の弁護士養成校（正式名称は，「Center for Lawyers Training and Professional Improvement of the Kingdom of Cambodia」）への技術支援，②同校で行われるリーガルクリニックへの技術援助，③現在の弁護士に対する継続教育支援，④女性弁護士の養成を通じたジェンダー問題に対する技術支援の4つを柱とした。

さらに，日弁連のカンボジア弁護士会に対するそれまでの支援活動が評価され，2007（平成19）年12月からは，同支援が，新たにJICAの重要政策中枢支援法制度整備プロジェクトの一環として位置づけられ，2010（平成22）年6月まで，日弁連がJICAから委託を受けて，弁護士養成校を支援した。具体的には，弁護士に対する民法及び民事訴訟法セミナー（継続教育）並びに弁護士養成校におけるセミナーを短期専門家派遣により実施し，民法及び民事訴訟法の普及活動・人材育成支援を行なった。また，同プロジェクト専属の長期専門家として現地に駐在した会員1名を中心に民事訴訟法ワーキングチームが設置され，将来弁護士養成校の教官となることが期待される人材を育成した。

カンボジアでは，2002（平成14）年に弁護士養成校が開講するまで弁護士養成制度が存在せず継続的な新しい弁護士の登録がなかったところ，2002（平成14）年から2010（平成22）年まで日弁連がカンボジア王国弁護士会に対して弁護士養成校の支援を行った期間に，合計359名の新たなカンボジア弁護士を養成した。なお，このプロジェクトでは，3年間で延べ100人程度の弁護士を現地に派遣し，国際司法支援に携わる弁護士の育成にも貢献したといえる。

❷ ベトナム社会主義共和国

ベトナムの法制度整備に関するJICAの重要中枢技術支援活動でも，同プロジェクトの国内支援委員会に委員を派遣し，またJICA現地長期専門家としてこれまで10年にわたり合計5名の弁護士が勤務している。さらに，同国でのJICA主催のセミナー及び本邦での研修に，多くの弁護士が講師として参加してきた。

ベトナムのプロジェクトも，民法などの立法支援と法曹養成に分かれる。2003（平成15）年末からは，日弁連も参加して法曹養成のプロジェクトも開始されている。また，2009（平成21）年6月に，ベトナム弁護士連合会（日弁連に匹敵する地方の単位会を統一する国の弁護士会）が設立され，その代表を日本に招聘して研修・交流を行い，その後毎年同弁護士会から研修員が日弁連で研修を受けている。

❸ ラオス

日弁連では，2000（平成12）年5月に同国に関する司法調査を実施した。その結果も踏まえて以下のような協力活動を実施している。

JICAの同国に対する国際司法支援プロジェクトに協力し，2009（平成21）年までに短期及び長期の専門家として会員がそれぞれ1名現地で活動してきた。また，法務総合研究所からの要請によるラオスなどの研修に講師を派遣してきたが，現地の弁護士数はいまだに約140名である。日弁連は，今後の同国の弁護士育成に協力できる方途を模索し，2011（平成23）年9月に調査団を派遣した。なお，2010（平成22）年4月より4年間の予定で新たにJICAプロジェクトとして「法律人材育成プロジェクト」が開始され，会員1名が長期専門家として赴任している。また，ラオスでは2012（平成24）年9月にラオス司法アクセス会議をビエンチャンで開催し，ラオスに焦点を当てた司法アクセス国際会議を開催した。

❹ モンゴル

モンゴルでは，JICAの弁護士会強化計画プロジェ

クトが4年間にわたり実施され，合計3名の会員が JICA長期専門家として，現地で勤務してきた。特に，モンゴルの弁護士会の調停センターの支援では，日本での研修を含めてセンターの強化に助言し，モンゴルにおける調停制度の構築に向けて貢献した。また，2007（平成19）年1月には同国で開催された国際人権条約セミナーに会員2名が講師として派遣された。さらに，毎年日弁連ではモンゴルからの研修生を受け入れている。

❺　インドネシア

インドネシアでは，2007（平成19）年からJICAの和解調停強化支援プロジェクトに会員1名が赴任して，現地の最高裁判所などのカウンターパートと和解調停規則の作成及び調停人の育成プロジェクトを実施し，現在は終了している。

❻　中国

中国のプロジェクトは2008（平成20）年に開始された。中国の民事訴訟法及び仲裁制度の改善について協力するプロジェクトで，日弁連からは委員を派遣し，また現地にもJICA長期専門家として会員2名が赴任している。

❼　ネパール

内戦を経たネパールに対し，JICAプロジェクトとして2009（平成21）年から「民法起草支援が実施されているが，2010（平成22）年より会員1名が長期専門家として現地に赴任し現地で助言を行なっている。

❽　アジア弁護士会会長会議（POLA）

アジアにおける弁護士会の会長会議が毎年開かれ，2008（平成20）年で19回目を迎えた。第1回及び第10回の会議は日弁連が主催し，同会議の情報センターとしての役割を日弁連が担っている。同会議では，アジアで起こっている法曹界全体の問題について幅広く討議し，人的交流の場ともなっているが，日弁連が国際司法支援を実施する上での情報収集にも役立っている。

❾　個別プロジェクト

日弁連では，2004（平成16）年から毎年海外技術者研修協会（AOTS）の本邦研修事業に応募して，特にアジアの途上国（上記の各国の他，ウズベキスタン，東チモール，インドなど）から法曹を招聘して，競争法，国際仲裁，コーポレートガバナンスなどをテーマに研修を実施してきた。また，日弁連は，国際法曹協会（IBA）・シンガポール弁護士会・及びJICAとの共催により，2007（平成19）年10月にシンガポールで司法へのアクセスに重点を置いた途上国弁護士会能力強化支援プログラムを実施した。さらに，2008（平成20）年10月には，マレーシア弁護士会との共催で，マレーシアのクアラルンプールで，アジア途上国から弁護士を招聘して，「司法アクセスと弁護士会の役割」に関する国際会議を開催し，開催後は日弁連英文ホームページに，各国の司法アクセスに関する資料を掲載した。同会議は，日弁連も関与のもと，今後も継続的な開催が予定されている。その後，2010（平成22）年にブリスベンで第2回の「司法アクセスと弁護士会の役割」に関する国際会議が，2011（平成23）年には東京でJICAの枠組みでアジア司法アクセス会議が開催された。

❿　日弁連会員による活動

さらに，日弁連の活動とは別に，日弁連の会員が国際司法支援活動に参加している例も多い。

例えば，日本国内でのアジア開発銀行セミナーなどに対する講師派遣の他，これまで日弁連の会員が，国際開発法研究所（IDLI）のマニラオフィスで職員として勤務したこともある。また，欧州復興開発銀行（EBRD）にはこれまで合計3名の会員がその法務部に勤務し，模範担保法の起草等に関与した。東ティモールに国連ボランティアの一員として長期に滞在し，支援協力活動に従事している会員もいた。JICAのウズベキスタン破産法プロジェクトに現地で専門家として参加した会員もいた。また，カンボジアの総選挙の監視活動に参加した会員もいる。また，国際的なNGOや国内のNGOに参加して活躍している会員もいる。

⓫　今後の展開

日弁連は，今後国際的な法曹団体や各国の法曹団体と国際司法支援の分野でも協力を拡大していくことを検討している。

日弁連は，International Bar Association（IBA）の団体会員として，これまで同団体の人権活動に幅広く参加してきた。2007（平成19）年には，紛争解決直後の国々に対する平和構築活動の一環としての国際司法支援活動を実施することを目的として，IBAが助力して設立されたInternational Legal Assistance Consortium（ILAC）の正式団体会員となり，積極的に参加するとともに，2009（平成21）年3月には，国連民主

主義基金からの助成資金により，イラクの弁護士に対する国際人権法・人道法のトレーニングプロジェクトをIBAと共に実施した。また，米国法曹協会（ABA）は，国際司法支援の分野で中東欧司法支援イニシアチブ（CEELI）プロジェクトなど歴史のある活動と充実した組織を有しているが，日弁連ではABAとの協議を通じ，同団体が国連開発援助（UNDP）とともに実施するUNDPプロジェクトに積極的に協力してきた。

(4) 日弁連による支援体制整備

日弁連では，上記のような活動の広がりに迅速に対応し，かつ有意で適任の人材を派遣できるように組織・人・資金面での基盤整備を行っている。また，アジア地域の弁護士会との交流を深め，国際司法支援の分野でも有効な協力活動を行う努力もしている。以下，詳述する。

❶ 国際交流委員会国際司法支援センター（ILCC）

国際交流委員会では，部会としての国際司法支援センターを設置し，国際司法支援に機動的に対応できる組織作りを行っている。同センターには委員・幹事合わせて25名ほどの会員がこの分野での活動に従事し，事務局も設置している。同委員会は，国際的な事項について日弁連執行部を補佐している国際室とも緊密に連携し，日弁連全体でのプロジェクトを実施している。

❷ 日弁連国際司法支援活動弁護士登録制度

日弁連は，国際司法支援活動に参加する会員のプールとして，1999（平成11）年9月に「国際司法支援活動弁護士登録制度」（「登録制度」）を設立した。日弁連は，数々の会員の派遣に対する要請に応え，より良い支援活動を実施するために，日弁連が情報の基地（ハブ）となって国際司法支援活動に参加する会員間の情報の交流・交換の機会を提供できるように登録制度を設立したのである。

日弁連では，登録制度に登録を希望する会員の登録申込について，データベースに入力した上でこれを管理している。国際司法支援活動に関して，国際機関，諸外国等から会員の推薦の依頼があった場合は，登録された会員に対してその情報を提供して希望者を募るか日弁連が登録者の中から適当な人材を推薦することになる。現在，この登録制度には約150人の会員が登録しており，実際にJICA長期専門家などの派遣に有効に活用されている。今後は，同制度の登録会員を増やすと共に，専門分野ごとの類型化などのより効率的なデータベース化を目指している。

❸ 国際司法支援に関する研修会

日弁連では，国際司法支援活動に興味がある会員を集め，JICA，国連人権難民高等弁務官事務所から外部講師を招聘し，「国際補償委員会と個人補償」，「難民の国際保護」「ODAと法整備」「日弁連の法整備活動」「研究者・実務家のそれぞれから見た国際司法支援」（『自由と正義』2011〔平成23〕年9月号に掲載）などのテーマで国際司法支援に関する研修会を開催している。今後も，国際司法支援に関するセミナー等の継続的な開催が期待される。

❹ 国際協力活動基金

国際司法支援も活動資金がなければ充実した活動はできない。日弁連は，非営利法人であり，会員からの会費でその活動が賄われている以上，国際交流委員会の予算の中でしか活動資金を支弁できない。そこで，先に述べたJICA開発パートナーシップ事業のように外部からの資金を調達する必要がある。そのためには，事業の会計が一般会計とは切り離されて管理され，その処理が透明でなければならない。そこで，日弁連では，2001（平成13）年3月に「国際協力活動基金」を設置し，同基金のもとで国際司法支援活動資金が管理されている。

4）国際機関への参画

多様な領域への弁護士の参画，業務分野の拡大，国際化，法律専門家としての国際社会への貢献等の観点から，日本の弁護士が国際機関において法律専門家としての役割と活動を積極的に担っていくことが望まれる。

こうした国際機関には，国連の諸機関及び専門機関（国連難民高等弁務官事務所〔UNHCR〕，国連開発計画〔UNDP〕，国連児童基金〔UNICEF〕，国際労働機関〔ILO〕，世界知的所有権機関〔WIPO〕等を含む）や，国際刑事裁判所（ICC），ハーグ国際私法会議，世界貿易機関（WTO），アジア開発銀行，欧州復興開発銀行，経済協力開発機構（OECD）等，多様な機関があり，弁護士が法律専門家として求められる職場やプロジェクトは多い。

これまでにも日弁連の会員弁護士が，こうした国際機関に職員として勤務した例や，専門家としてプロジェクトに関わった例，インターンとしての経験を積ん

だ例はあるが，その数はまだ少ない。日弁連では，国際機関人事情報セミナーやホームページ上の情報提供コーナーを通じて，国際機関における法律関連職務や応募の資格，応募の手続き等に関する情報提供を行ってきたほか，国際機関での勤務を希望する弁護士のための外務省によるロースター（登録）制度を発足させ，また「国際機関就職支援リストサーブ」登録者に国際機関の人事情報その他関連情報をメール送信する取組みを行っている。さらに，国連難民高等弁務官事務所（UNHCR），国際移住機関（IOM），国際協力機構（JICA），国際労働機関（ILO），外務省が司法修習の選択修習の受け入れを行っている。

国際機関への参画については，まだ実例が少ないが，法科大学院制度の下で多様な経歴を有する新しい法曹が増えてきていることや弁護士の業務の拡大についての意識が高まっている中で，関心を持つ弁護士，司法修習生，法科大学院生は少なくない。国際機関における勤務やプロジェクトへの参加は，弁護士の多様な職務形態の一つであると同時に，日本の弁護士の国際化，国際競争力の強化という観点からも極めて重要である。

このような視点を共有する外務省や法務省との共催により，国際機関での勤務を含む国際分野での法曹としての活躍を目指す法律家のためのセミナーが2010（平成22）年から実施されている。

また，2014（平成26）年4月には，日弁連に国際業務推進センターが設置され，国際機関等における弁護士の任用促進，養成，弁護士への支援活動を行うことが同センターの活動の1つとして位置付けられた。

今後は，これまでに日弁連が行ってきた情報提供の継続に加え，国際業務推進センターを中心に，国際機関での勤務やインターンの経験がある弁護士のネットワーク化，外務省や法務省，大学との協力連携の強化等，日本の弁護士の国際機関への参画の拡大に向けた戦略的な取組みを模索し，推進していく必要がある。

第2 日本司法支援センター

> 2006年（平成18）年10月に業務を開始した日本司法支援センター（法テラス）は，2014年（平成26）年4月から3期目の中期計画期間に入っている。法テラスの業務は，市民生活の中に浸透し，さらなる発展期を迎えている。
>
> さらに市民に対する総合法律支援体制の拡充のために，国選弁護報酬の抜本的増額や民事法律扶助予算の先進諸国並の予算確保等の法テラス予算の充実や法テラスの組織，人事及び業務に関する法的サービスのクオリティーを向上させるための諸施策等に対しては今後も充実に努めてゆく必要がある。
>
> また，2015（平成27）年通常国会において，国民の司法アクセスを容易にする等を目的とする総合法律支援法改正案が提出されたが，審議入りをしないまま閉会となっている状況である。今後国会で審議される際，これを実効性のあるものとすべく，国の方針に注意するとともに，我々弁護士自身が公益的活動を活発に行っていく必要がある。

1 日本司法支援センターの設立

2004（平成16）年通常国会において成立した「総合法律支援法」は，「民事，刑事を問わず，あまねく全国において，法による紛争の解決に必要な情報やサービスの提供が受けられる社会を実現すること」を基本理念に据え，国民に対する民事・刑事を問わずに総合的な，国による法律支援業務を定め，その中核組織として日本司法支援センターを置いた（同法1条）。これは，司法改革・扶助改革の到達点と言えるものであって，法科大学院及び裁判員制度とともに平成の三大司法改革の一つとして位置づけられ，国民の日常生活に最も大きな影響を持つ改革である。

総合法律支援法を受けて，日本司法支援センター（愛称「法テラス」）が2006（平成18）年4月に設立され，同年10月から業務を開始した。

2 日本司法支援センターの業務内容

日本司法支援センターは，①情報提供（アクセスポイント）・連携，②民事法律扶助，③国選弁護人・国選付添人の選任，国選被害者参加弁護士の選定，④司法過疎対策，⑤犯罪被害者援助を主たる本来業務とし（同法30条1項），そのほかに，業務方法書に定めるところにより，国，地方公共団体その他の営利を目的としない法人等からの委託を受けた業務を行うことができるものとされている（同条2項）。

3 組織

1）組織形態

日本司法支援センターは，独立司法法人とも言うべき法人であるが，独立行政法人通則法を準用するいわゆる準用法人といわれている。独立行政法人については，その改革の議論が行われているが，日本司法支援センターにはその議論があてはまらないものも多い。独立行政法人の見直しの動きがあるたびに，日本司法支援センターがその影響を受けることに鑑みると，同

通則法の準用をしない形での総合法律支援法の改正も視野に入れた議論と運動を継続することが必要である。

2）具体的組織

(1) 本部

日本司法支援センターは，東京に本部組織を設置し，理事長には2008（平成20）年4月から寺井一弘元日弁連事務総長が，2011（平成23）年4月からは梶谷剛元日弁連会長が，2014（平成26）年4月からは宮﨑誠元日弁連会長が，それぞれ就任している。また，常勤理事2名，非常勤理事2名のうち，常勤理事として田中晴雄元日弁連事務次長が就任している他，事務局長，部長，課長職にも，複数名の弁護士が就任している。

また「業務の運営に関し特に弁護士（中略）の職務に配慮して判断すべき事項について審議」する審査委員会が設置されることとなっており（同法29条），同委員会委員の任命は理事長によってなされることとなるが，日弁連会長の推薦する弁護士2名が審査委員として任命されている（同条2項3号）。

(2) 地方事務所等

日本司法支援センターは，全国50カ所の地方裁判所本庁所在地に地方事務所を設置し，更に必要に応じて支部（扶助と国選の管理業務を行うフル規格），出張所（扶助業務の管理業務を行う）が設置され，地方事務所の所長には，全ての地方事務所において弁護士が就任している。

(3) 地域事務所

日本司法支援センターには，弁護士過疎地にスタッフ弁護士を配置する法律事務所としての性格を有する地域事務所が設置されている。

日本司法支援センターが設置する地域事務所としては，日本司法支援センターが有償法律サービス提供業務（同法30条1項4号業務）を行うことができる地域に設置される「4号業務対応地域事務所」と，4号業務対象地域外において弁護士数の不足などの事情により，国選弁護事件や民事法律扶助事件に迅速・確実に対応することが困難な地域に設置される「国選・扶助対応地域事務所」（有償法律サービス業務の提供は出来ない）の2種類の地域事務所がある。

2015（平成27）年7月1日現在において，全国で50か所の地方事務所があり，そのうち39の地域事務所が存在し，内4号業務対応の司法過疎地域事務所が34ヶ所，国選・扶助対応地域事務所が4ヶ所設置されている。

あまねく全国において，法による紛争の解決に必要な情報やサービスの提供が受けられる社会を実現するという総合法律支援法の基本理念からしても，今後漸次地域事務所を日本各地に設置し，司法過疎の解消を図っていくことが望まれる。

一方，日弁連もひまわり基金による公設事務所の設置を継続しており，また，司法支援センターの運営が弁護士会等との連携の下でこれを補完することに意を用いなければならないとされている（同法32条3項）ことからも，ひまわり基金による公設事務所の設置活動は今後も継続されるべきものであり，両者の司法過疎対策が相俟って，速やかな司法過疎の解消がなされるよう，両者が連携・協力のもとで効率的な配置を行うことが必要である。

司法過疎問題への取り組みは，弁護士ゼロ地域が解消され，2011（平成23）年12月にワン地域も初めて解消された（その後，1箇所ワン地域が発生したが，2013〔平成25〕年11月に再び解消された。さらに，2014〔平成26〕年2月，再度ワン地域が生じ，2015〔平成27〕7月に解消されたが，同年9月に再々度ワン地域が生じ，現在（同年12月）に至っている。）。引き続き，司法過疎解消にむけた取り組みが必要である。

また，地域事務所の設置は，常勤のスタッフ弁護士の配置が不可欠の前提となることから，地域事務所の設置・継続の為には，地域事務所の設置数に見合ったスタッフ弁護士の供給が必要となる。従って，日本司法支援センターにおける司法過疎対策実施の為にも，弁護士会はスタッフ弁護士の確保・供給の努力を怠ってはならない。

(4) 東日本大震災被災地臨時出張所

東日本大震災の被災地域には司法過疎地域が多く，被災された方々の法的ニーズに対応するため，被災地の弁護士会との協力のもとで被災地臨時出張所が設置されている。2013（平成25）年9月現在で，岩手県内の被災沿岸地域に2ヶ所（大槌町・気仙），宮城県内の被災沿岸地域に3ヶ所（南三陸町，東松島市，山元町），福島県内に2ヶ所（二本松市・ふたば）に設置されている。これらの出張所では，東日本大震災法律援助事業による法律相談や代理援助の取扱いを中心に業務が行われている。

4　今後の課題

1）組織・運営

(1) 理事等，地方事務所所長人事

　日本司法支援センター（以下「法テラス」という。）本部には，現在弁護士から理事長1名，理事1名が就任している。また，全地方事務所（50ヶ所）の所長には全て弁護士が就任し法テラスの運営の適正化に貢献してきているところであるが，法的サービスの提供を実際に行えるのは第一に弁護士であることからすると，今後も，業務の適切な遂行の上ではこれらの役職者を弁護士から選出していかなければならない。

(2) 地方事務所の活用問題

　現状の法テラスの運営においては，予算の配分，情報提供の方法，具体的業務の手法など効率性を追求する必要から本部を中心とした画一的な管理，運営の色彩が目立つものといえる。地域の状況を生かし，地域の利用者の視点に立脚したきめ細かい運営を指向するためには，地方事務所が自主性や独自性を発揮し得る余地を増やして，地方事務所を活用していくことが必要となる。

　そのためには，地方事務所が独自の事業，企画，研修等を実施できるよう，地方事務所長に権限と予算を付与すべきであるとともに，地方事務所の活動が活性化できるよう，職員や地方事務所長，副所長，支部長，副支部長等の待遇改善も検討していくべきである。現状，法テラスもこうした処遇問題等についても改善に取り組んでいるところではあるが，現場のモチベーションを削ぐことのない形での改善がなされることが望まれる。

　法テラスが2008（平成20）年2月に実施した認知度調査によれば，その認知度は24.3％にすぎなかったのに対し，2009（平成21）年調査37.3％，2010（平成22）年調査37.3％，そして2011（平成23）年調査では42.1％と，徐々に国民生活の中に浸透しつつある。しかしながら，「名前も知っているし，業務内容もある程度知っている」は，6.8％と低く，さらなる認知度向上が望まれる。

2）情報提供業務

(1) コールセンター（CC）の情報提供数

　法テラスのコールセンター（以下CCという。）の情報提供数は，設立当初の2006（平成18）年度128,741件（半年間），2007（平成19）年度220,727件，2008（平成20）年度287,897件，2009年度（平成21）年度401,841件に達し，累計数で1,000万件を超えた。ただ，2010（平成22）年度の情報提供数は東日本大震災の影響があったとはいえ370,124件と減少に転じ，2011（平成23）年度は339,334件，2012（平成24）年度は327,759件，2013（平成25）年度は313,488件，2014（平成26）年度は330,738件となっている。予算が削減されたことによる広報活動の減少の影響も指摘されているが，今後とも効果的な広報活動による浸透を継続して行くことが重要と考えられる。

(2) 仙台コールセンター

　法テラスCCは，2011（平成23）年4月から仙台市青葉区に移転し，東日本大震災の影響で完全な移行は同年7月からとなったが，業者委託体制から直営体制に移行している。

(3) LA制度

　従前CC内にテレフォンアドヴァイザー（TA）として2名の弁護士を常駐させて，オペレーター（OP）では対応困難な電話に対して5分を目安に弁護士が対応して情報提供業務を行ってきたが，CCの仙台移転に伴い，弁護士が直接電話に出るTA制度は廃止し，オペーレーターからの質問に応える形の法律アドヴァイザー（LA）制度が導入されている。

　LAには，常勤の弁護士と仙台弁護士会の協力を得て，同弁護士会の弁護士10名程度が非常勤で対応する体制で行われているが，東京CCで蓄積されたノウハウ等の伝達も含めてLA制度の充実発展が望まれる。

(4) 多言語対応

　法テラスでは，2013（平成25）年3月から三者間通話システム等を利用した多言語対応（英語・中国語・ポルトガル語・スペイン語・タガログ語）による情報提供を開始した。周知活動とともに，多くの利用が望まれる。

(5) 震災関連電話相談

　東日本大震災の発生を受けて，法テラスは，日弁連，各地弁護士会，司法書士会等との共催による震災関連電話相談を設け，被災者に対する情報提供を行った。そして，2011（平成23）年11月1日からは被災者専用

フリーダイヤルを設けて情報提供を行っている。

今回のような大規模災害等が発生した場合の緊急時対応の先例として，大きな意義を有するものであった。

(6) CCと地方事務所との連携

法テラスの開業当初から，CCにおける情報提供業務と地方事務所における情報提供業務の在り方，役割分担については，必ずしも統一的な認識が得られないまま，今日まできているところがあって，この点に関する議論を尽くしていく必要がある。当初からの制度設計として地方事務所の負担軽減としての「前捌き」機能をCCに担わせることは必要であるとしても，地域における細かな関係機関情報を有する地方事務所の情報をも活用した情報提供が可能となるよう，全国から電話を受けるCCと地方事務所と連携させて相互補完関係をもつ情報提供体制を構築していく必要がある。

(7) 弁護士会側の受け皿対応

弁護士会側においても，CCが紹介しやすい体制（専門相談の充実等）作りを推進するとともに，弁護士紹介制度の充実及び法テラスとの連携強化を進めるなどして，法テラスの情報提供業務との有機的連携関係を構築していく必要がある。

また，CCのデータベース刷新に伴い，新しいデータベースにおいて適正に検索可能な状態とするために，弁護士会での受け皿情報の刷新を行っていくことも検討されている。

3）民事法律扶助業務

(1) 民事法律扶助対応のさらなる充実

2012（平成24）年度の民事法律扶助法律相談援助実施件数は314,535件（前年度比12％増。なお震災法律援助42,981件を含む），2013（平成25）年度は322,012件（前年度比2％増。なお，震災法律援助48,418件を含む），2014（平成26）年度は333,911件（前年度比4％増。なお，震災法律援助51,542件を含む）である。なお，2011（平成23）年度は280,194件，2010（平成22）年度は25万6,719件であった。

2012（平成24）年度の民事法律扶助代理援助開始決定件数は113,159件（前年度比約3％増。なお震災法律援助2,699件を含む），2013（平成25）年度は111,376件（前年度比2％言。なお震災法律援助2,267件を含む），2014（平成26）年度は108,998件（前年度比2％減。なお震災法律援助1,802件を含む）である。なお，2011（平成23）年度は103,751件，2010（平成22）年度は110,217件である。

これまで民事法律扶助予算の大幅増額をめざし，実現してきたところであるが，一方，ここ2〜3年くらい，多重債務事件の減少等もあって，民事法律扶助の代理援助件数は横ばい傾向となっている。家事事件・労働事件数の増加の中で民事法律扶助が十分利用されているのかの検討を含め，一層の利用促進を図っていく必要がある。

また全国的には，申込みから相談まで1〜2週間待たされたりする地方事務所があるなど，民事法律扶助の相談体制が未だ十分に整備されているとは言えない地域も存在し，その体制整備を進め今後も民事法律扶助制度の利用促進を図っていく必要がある。

(2) 民事法律扶助制度のさらなる改革の必要

2002（平成14）年の司法制度改革推進計画において，民事扶助制度については，「対象事件・対象者の範囲，利用者負担の在り方，運営主体の在り方等につき更に総合的・体系的な検討を加えた上で，一層充実することとし，本部設置期限までに，所要の措置を講ずる」ものとされていたにもかかわらず，対象事件・対象者の範囲，利用者負担の在り方の拡充がなされないまま，今日に至っている。

諸外国に例を見ない立替・償還制から給付制への見直しを始め，資力基準の緩和，対象事件範囲の拡大，さらには，民事法律扶助予算自体の増額等，事後規制社会化を迎えた社会的インフラとしての民事法律扶助制度の拡充の必要性は極めて高いものであり，「総合的・体系的」な検討を加える議論とともに，立法改正を視野に入れた運動展開が必要となる。

ただし，「東日本大震災の被災者に対する援助のための日本司法支援センターの業務の特例に関する法律」（東日本大震災被災者援助特例法）が2012（平成24）年4月から施行され，被災者に対しては資力を問わず，また行政不服手続，ADR手続を含めた震災法律援助が行われている。

日弁連は法務省・法テラスとも協議を重ね，生活保護受給者に対する償還免除など，ここ数年大幅な運用改善を実現してきているところではある。

しかしながら，運用改善のみでは改革に限界があることも事実であって，今後はさらに，利用者にとってもその担い手にとっても使いやすい民事法律扶助の実

現に向けた,「総合的・体系的」な取り組みの努力を行っていくことが必要である。

(3) 東日本大震災法律援助

東日本大震災被災者特例法の制定により,東日本大震災及び原子力発電所事故の被災者に対して,震災法律援助が行われている。これは,東日本大震災に際し,災害救助法が適用された区域に2012(平成24)年3月11日に居住していた方等を対象として,資力を問うことなく無料で法律相談を行い,震災に起因する案件については弁護士・司法書士の費用の立替えを行うものである。

民事法律援助の代理援助は裁判手続に限定されているが,震災法律援助においては,原子力損害賠償紛争センターのADR申立てや行政不服手続の代理にも利用が可能である。

被災者支援のためにも積極的な活用が望まれる。

(4) 初回相談の無料化(初期相談)

2010(平成22)年10月,法テラス内の検討PTから法テラス理事長宛に「『初期相談』制度を創設すべき」との「提言」がなされた。法テラスの初回法律相談の資力要件を基本的に撤廃しようというものである。

法テラスがこのような問題提起を行った背景には,法テラスが2008(平成20)年秋に実施したニーズ調査(「法律扶助のニーズ及び法テラス利用状況に関する調査」)の結果によれば,法律扶助要件相談該当者の法律相談ニーズは年間58万件〜83万件と推定され,さらに,一般の法律相談228万件〜272万件と推計されるところ,現在の扶助相談実績は,年間約24万件程度にすぎず,一般の法律相談もこれに対応できずにニーズが潜在化している状況にあることがある。

しかしながら,この構想の提示が唐突であったことと,その具体的な内容が必ずしも明らかでなかったために,弁護士会内において,さまざまな意見が出されることとなった。

その後,東日本大震災が起こるなどしたためその検討は停止している状況にある。しかし,国民の法的ニーズに対して,国費を投入して,これに答えようという発想自体は,否定されるべきものではなくまた,制度設計いかんでは弁護士業務への新たな呼び水として活用出来る可能性もあり,検討には前向きに取り組むべきものである。

ただし,法律相談センターの運営,弁護士の事件導入や法律相談の本質の問題にも関わるものであるから,こうしたことに支障を与えないように,慎重に議論をはかる必要があるとともに,財政支出を伴う,法律改正マターとなるものであるから,仮に推進することとなったとしても,財政投入規模の議論のなかで,制度が歪曲化されないよう注意をする必要もあると思われる。

とくに現在,総合法律支援法改正の議論が行われており,その中で高齢者・障がい者法律相談において,資力を問わない初回無料法律相談実施が提案されている。これに限らず,資力を不問とする初回無料法律相談が実施されれば,市民の法的アクセスにとっては有用であるが,反面,全国的に弁護士会の有料法律相談の件数が減少傾向にあると言われる中で,資力要件を撤廃することへの疑問もあり,なお検討を要する。とくに,高齢者に関しては,資力はあるが法律相談場所まで赴くことができないため法的サービスが受けられない等の資力とは関係ない支障があることが指摘されており,短絡的に,法的アクセスを向上させるためには無料相談を実現すべき,と考えるべきではない。

4) 国選弁護関連業務

(1) 国選弁護報酬増額問題

日弁連の調査によれば,全国の弁護士の平均的な費用補償ライン(弁護士が弁護士業務を遂行する(事務所維持経費を含む)のに必要な時間単価。報酬の時間単価がこれ以下だと,費用が弁護士の持ち出しになるということである)は1時間8,313円とされているところ,国選弁護報酬の時間単価は,5,000円程度(国選付添人報酬の時間単価は4,000円程度)であって,費用補償ラインに遠く及ばない。

したがって,日弁連は,基礎報酬の増額を目標にして,さらなる取り組みを続けていかなければならない。

さらに,報酬算定基準が不合理であると会員からの不満が多い項目について,喫緊の改善が図られることが必要である。とりわけ,示談加算の算定方法が不合理であること,私的鑑定費用が支払われないこと,被疑者国選から被告人国選を継続受任した場合の減算があること,実質的一部無罪や公訴棄却に対する加算報酬がないこと,特別案件加算がないことなど,会員からの不満は多岐にわたるので,それらの改訂が急がれる。

(2) 国選弁護報酬算定センター

国選報酬の複雑化に伴い，各地方事務所での算定の困難さやミスの発生等が指摘されていた。そのため，法テラスでは，算定に関する知識豊富な職員による効率的でミスのない算定を行うため，国選弁護報酬算定センターを設置した。

算定センターに対しては弁護士会から刑事弁護への影響を懸念する声も出されていたが，刑事弁護に影響がない形での運営がされているか常に見守り，よりよい国選報酬の算定のために協力をすべきである。

5) 司法過疎対策業務

(1) スタッフ弁護士の確保と配置

スタッフ弁護士は，2015（平成27）年9月1日現在，214名（うち養成中34名）である。しかし，弁護士会の中にはスタッフ配置不要の意見も根強くあり，また配置廃止の意見も聞かれるようになってきている。スタッフ弁護士の役割を検討，確認を行い，住民に対する法的サービスの確保の観点から，今後も必要な配置を行う必要がある。

また，スタッフ弁護士の質を確保する為の選抜，研修等の体制については，現在日弁連が実施している選考，推薦の体制や毎月年間を通して行う集合研修など今後も充実させてゆく必要があり，法テラス側にも研修費支出など一定の負担を求めてゆくことも検討されなければならない。

(2) スタッフ弁護士の処遇

スタッフ弁護士の給与，事務職員，備品購入，弁護士会費負担等については，スタッフ弁護士の初配属後徐々に改善されてきているところではあるが，多くの点でさらなる改善が求められているところであって，現場で奮闘しているスタッフ弁護士の意見を汲み上げ，きめ細かな対応を求めていく必要がある。

(3) スタッフ弁護士の役割

スタッフ弁護士の配置場所は，これまで①2009（平成21）年体制に備えて，刑事弁護態勢を整備する必要のある地域（地方事務所の本庁，支部，扶助国選対応地域）と，②過疎対策の必要のある実働弁護士ゼロ・ワン地域（いわゆる4号地域）であり，その役割が司法過疎地域におけるアクセス障害の解消であって，その基本的役割の重要性には変わりはない。

一方，日弁連のひまわり公設事務所の設置等の司法過疎対策と相まって，いわゆるゼロ・ワン地域の解消も目処が立った現時点においては，今後の司法過疎対策のグランドデザインの議論を深めるとともに，スタッフ弁護士の役割に対する基本的な位置づけを行っていく必要がある。

この観点から，日弁連と法テラスの共同で，2009年（平成21年）から，スタッフ弁護士の役割検討会を設け，2010年（平成22年）3月に，スタッフ弁護士の役割等に関する検討会意見書において，「スタッフ弁護士が，関係機関と連携しながら法的セーフティネットを構築し，それを活用した紛争の総合的解決を図っていくことを，その積極的役割として位置づけるべきである。」との結論が明らかにされている。ただし，役割を位置づけることが，直ちに法律で規定することにつながるわけではない。総合法律支援法改正の議論の中で，スタッフ弁護士の位置づけを法律で規定することが提案されているが，日本司法支援センターが国の機関ではなく準用法人であること，スタッフ弁護士が刑事弁護等で国（検察）と対峙する立場にあること等から，むしろ国の支配を受けることにつながり，その本来の職務に支障が出るおそれがある点には十分留意が必要である。

司法過疎対策としての役割とともに，必ずしも収支にとらわれないことや，関係機関との連携も取りやすいというスタッフ弁護士としての特性を活かして，これまで法的救済の光が届き辛かった案件に対する対応やネットワーク（司法ソーシャルネットワーク）構築のための活動を積極的に位置づけて，スタッフ弁護士の存在意義を高めて行くことも推進していく必要がある。

法テラスでは，関係機関との連携を中心とした活動を行うパイロット事務所を東京に設置して検証を行うこととなっている。

また，スタッフ弁護士が総合法律支援のセーフティネットとしての役割を期待されており，総合法律支援法改正論議の1つのポイントとなっている。もちろん，これ自体は否定するものではないが，スタッフ弁護士のみならず，ジュディケア弁護士含め，全弁護士がセーフティネットとしての役割を分担する必要があり，この視点に欠けることは，ジュディケア弁護士の反発を招き，かえって総体としてのセーフティネットとしての役割低下につながりかねない。

スタッフ弁護士は，誕生当初は，ジュディケア弁護士のみならず弁護士全体の数的補完をする役割があった。ここでは，被疑者国選弁護，民事法律扶助，困難事件等の担い手としての役割等があった。これが，現在では，多様な機能的補完（質的補完ではない）として，公的な立場，組織性を生かした対応，収入に結びつかない司法ソーシャルワークアウト等アウトリーチと関係機関の連携といった役割を有している。このようなスタッフ弁護士の役割を十分認識した上で，相互協力の上で，全弁護士が市民のセーフティーネットとしての役割を果たしていくのが理想である都考えられる。

6）犯罪被害者支援業務

(1) コールセンターと地方事務所の連携

関係機関の地域的特性の強い犯罪被害者支援業務においては，地方事務所における関係機関とのネットワークを構築し，コールセンターで受けた案件を，地方事務所に回して，きめ細かい関係機関紹介を行う試みを行っている。こうした試みを全国的に展開し，さらに充実させていくことが求められている。

(2) 精通弁護士の紹介体制の充実

業務開始当初，とりあえず整えた精通弁護士の紹介体制も，ようやく人的に対応可能な状況となりつつあるが，今後は，犯罪被害の種別（例えば，DV，児童虐待等）に応じた専門弁護士を紹介できる体制を構築していくことが必要である。

(3) 被害者参加国選制度への対応

2008（平成20）年12月から，犯罪被害者の参加制度が実施され，同時に資力に乏しい（150万円以下）犯罪被害者参加人については，国の費用で，国選参加弁護士が付される制度が実施されている。

また，国選被害者参加制度は，犯罪被害者に対する弁護士の支援行為のうちの公判への出席，検察官権限への意見，情状証人質問，被告人質問，事実法律適用意見の5項目の法廷行為に限定された制度であるが，その前段階での国費による法的支援体制は整備されていない。

日弁連は，国費による犯罪被害者に対する法律相談を行うことを提言しているが，その実現に向けて積極的な運動を展開すべきである。

(4) DV・ストーカー等被害者保護の拡充

被害者保護のための拡充さらに，DV・ストーカー等の被害者に関しては，民事法律扶助では民事の代理人活動に対する報酬の立替にしか利用できず，被害救済において不十分さが指摘されていた。これについても，いかに保護をするか，また，いわゆるリベンジポルノのような事案についても支援できるよう，積極的に検討すべきである。

7）法律援助事業

(1) 法律援助事業と法テラスへの委託

法律援助事業は，日弁連が行っている被疑者弁護援助，少年事件付添援助その他の人権7事業（犯罪被害者支援，外国人に対する人権救済，難民認定申請の援助，虐待された子ども等の法的援助，生活保護申請の同行支援，精神障がい者・心神喪失者等への援助）である。

財源は，会員からの特別会費（刑事・少年関係月額4,200円，その他人権救済関係月額1,300円）及び贖罪寄付である。日弁連は，2007（平成19）年10月から総合法律支援法第30条2項に基づき，法テラスにその業務を委託している。

(2) 本来事業化への取組みと財源の確保

法律援助事業はいずれも人権救済の観点から公益性の高いものであり，本来公費を投入して法テラスの本来事業とすべきものである。

被疑者国選弁護制度の対象範囲の拡大，全面的国選付添人制度の実現が急務である。国選付添人制度の拡充については，法制審が2013（平成25）年3月に，対象事件拡大を含む少年法改正案の答申をし，2014（平成26）年4月に，国選付添人制度の対象事件が長期3年を超える懲役・禁錮の罪の事件まで拡大する改正法が成立した。

さらにその他の人権事業についても，本来事業化へ向けたロードマップを基に着実に取組を行う必要がある。これらの事業については，援助活動の実績が少ない地域も多く，まずは全国での援助活動を充実させての実績作りが不可欠と考えられる。

そのためにも少なくとも年間5～8億円もしくはそれ以上の事業費及び事務費が必要と考えられる。

しかし，贖罪寄付は，単位会が受け入れた寄付の半額がこれら人権救済事業の財源として充てられている

が、発足当時は年間寄付額4億円（法律援助事業の財源分2億円）を期待していたが、ここ数年は1億5,000万円（法律援助事業の財源分7,500万円）にとどまっている。

その他人権7事業については、特別会費1,300円により財源確保を行っている。

少年・刑事関係の特別会費及びその他人権7事業に関する特別会費の徴収期間は2014（平成26）年5月までの時限となっていた。しかし、事業存続の必要があることから、2013（平成25）年12月6日の日弁連臨時総会にて、徴収期限の延長（特別会費値下げも含む）が決まった。

(3) 援助事業の本来事業化

さらに、国民の法的アクセスを充実させるためには、これまで民事法律扶助の対象外であったり、対象となるかが不明確であったりしたものについて、積極的に扶助が利用できるように改めるべきである。

例えば、高齢者・障がい者に関して、生活保護等の行政手続の代理申請等はこれまで民事法律扶助の対象外であったが、これらが対象となるように広げていくことが重要であり、積極的に意見を述べていく必要がある。また、親から虐待を受けた子どもの代理人活動には民事法律扶助制度が使えない点も問題である。給付制の導入により、行為能力に制限のある未成年者にも使える制度へと改める必要がある。

第 3 裁判官制度の現状と展望

1 裁判官制度改革の成果と今後の課題

下級裁判所裁判官指名諮問委員会制度
- 審議内容を十分に国民に公開するため,議事録の詳細化と早期アップ
- 多様な国民の意見を反映できる法曹外委員の選任
- 外部情報収集充実のため,前任地照会の一般化
- 審理充実のための審議時間の確保,候補者面接の実施
- 地域委員会を経由しない裁判所情報の扱い
- 地域委員会の自主的な活動(面接実施,意見表明など)の尊重

裁判官人事評価制度
- 再任期裁判官に関する職務情報提供活動とのスムーズな連動
- 多様な人事評価情報(段階式など)の収集と,情報提供者に対するインセンティブの提供

地裁委員会・家裁委員会
- 市民委員主体の委員会運営のため,市民委員の委員長就任
- 市民委員の知恵と意欲を反映できる自主的テーマ選定の尊重

他職経験制度
- 弁護士職務経験制度を原則とし,2年間すべての裁判官・検察官に
- 応募事務所確保のため,財政的措置などの検討

最高裁判所裁判官任命手続
- 任命手続の透明化・民主化に資する諮問機関設置の実現
- 日弁連推薦の最高裁判官候補者の推薦手続の透明化・民主化

簡易裁判所判事任命手続の透明化
裁判官増員の必要性

1) 法曹一元の理念と司法制度改革審議会意見書

司法制度改革審議会意見書(以下「意見書」という)は,我々が強く求めてきた法曹一元制度の提言には至らなかったが,国民の信頼を高めることによる司法基盤の強化を図るため,判事補が判事の主たる給源である現状を改め,弁護士任官の積極的な推進,判事補がその身分を離れて弁護士などの法律専門家としての経験を積む他職経験制度の導入,特例判事補の計画的・段階的解消等,裁判官の給源を多様化・多元化すること,裁判官の任命手続や人事制度の透明性・客観性を確保する方策の導入,判事の増員等,官僚裁判官制度から国民的基盤を持つ司法への転換を求める提言であると評価できる。

この提言を後退させることなくさらに具体化し,これらの課題に対する我々の真摯かつ積極的な取組みと市民の理解によってこそ,法曹一元の実現へとつなげることができる。

2) 具体的課題の実現状況と今後の課題

(1) 下級裁判所裁判官指名諮問委員会制度の概要

❶ 中央の委員会

裁判官の指名過程を透明化し,国民の意思を反映させるため,2003(平成15)年5月1日,下級裁判所裁判官指名諮問委員会規則が施行され,最高裁判所に下級裁判所裁判官指名諮問委員会(中央の委員会)が設置

された。委員11名の構成は，法曹5名（内弁護士は2名）で，過半数の6名が学識経験者，委員長は、初代が奥田昌道（元最高裁判事、発足後～2012年7月）、現在は田中成明（京都大学名誉教授，2012（平成24）年7月～）。

中央の委員会は，下記任官希望者
ⅰ　再任候補者　ⅱ　判事補から判事への任命候補者
ⅲ　新任候補者　ⅳ　弁護士任官候補者
の適否について最高裁から諮問を受け，最高裁（人事評価資料、ただし意見を付さない）と地域委員会から提供される資料・情報に基づいて任官の適否判断を行い，理由を付した意見をもって最高裁に答申する。

❷　地域委員会

8高裁ごとに地域委員会が設置され，その委員5名の構成は，法曹3名，法曹以外2名（ただし，東京地域委員会は2倍の規模で，第1分科会が東京三会を，第2分科会がその他の関弁連所属単位会を各担当している）であり，地域委員会は，各地域の裁判所内外の情報を収集してこれを取り纏め，中央の委員会にその意見を付して報告する。

❸　中央の委員会の審議結果

2009（平成21）年度以降は，再任類型は，4月再任と10月判事任官（53期以降）の2種類となっている。また，本制度設置後の最高裁の指名は，中央の委員会の審議結果と異なったことはない。

❹　委員会制度の意義と答申内容

当委員会制度により，①最高裁事務総局の事実上の専権事項と見られていた指名過程の透明化と客観化が促進され，②不当な新任・再任拒否をされる人事が困難となり，③裁判官の質の確保が期待でき，④裁判官人事評価全体の透明化との相乗効果が期待でき，⑤外部情報によって民意の反映が可能となった。特に，裁判所の内部評価（所長などの人事評価権者の評価）と異なる弁護士からの外部評価も尊重されている。

以下は，委員会議事録掲載の任官希望者数と不適者の答申結果である。

(2) 現在の課題

❶　制度発足後10年が経過し，原則として全ての下級裁判所裁判官がこの指名諮問制度に基づく適否判断を受けていることになり，2013（平成25）年からは二度目の指名諮問となる再任期の裁判官も生まれている。

❷　主要な課題としては，次のようなものがある。

2003（平成15）年度	再任期	弁護士任官	56期	
候補者合計数	181	11	109	
不適	6	2	8	
取下げ			2	
2004（平成16）年度	再任期	弁護士任官	57期	
候補者合計数	179	4	115	
不適	4	2	7	
2005（平成17）年度	再任期	弁護士任官	58期	
候補者合計数	189	10	133	
不適	4	1	9	
取下げ			2	
2006（平成18）年度	再任期	弁護士任官	59期	
候補者合計数	193	7	123	
不適	4	2	8	
取下げ			2	
2007（平成19）年度	再任期	弁護士任官	60期（現）	60期（新）
候補者合計数	205	12	58	67
不適	3	6	6	1
2008（平成20）年度	再任期	弁護士任官	61期（現）	61期（新）
候補者合計数	166	11	25	78
不適	4	3	1	3
2009（平成21）年度	4月再任期	弁護士任官	62期（現）	62期（新）
候補者合計数	189	3	7	100
不適	3	2	0	1
2010（平成22）年度	4月期	10月期	弁護士任官	63期（現・新）
候補者合計数	116	75	9	104
不適	2	0	4	2
2011（平成23）年度	4月期	10月期	弁護士任官	64期（現・新）
候補者合計数	101	97	9	107
不適	2	2	4	5
2012（平成24）年度	4月期	10月期	弁護士任官	65期（新）
候補者合計数	117	90	3	94
不適	4	2	2	2
2013（平成25）年度	4月期	10月期	弁護士任官	66期（新）
候補者合計数	122	94	9	97
不適	2	1	4	1
2014（平成26）年度	4月期	10月期	弁護士任官	67期（新）
候補者合計数	120	102	5	101
不適	2	1	2	0

①　委員会の運用に関する改善

指名過程の透明化により審議内容を十分に国民に公開するため，議事要旨の匿名方式を顕名方式に改め，審議内容をできる限り具体的かつ早期に公表し，かつ，十分な審議時間を確保し，候補者面接の実施，不適格の場合の具体的な理由開示が必要である。

②　委員の選任方法

法曹外の委員についてはできるだけ本制度の趣旨に明るい適任者を選任すべきで，その適否判断の為にも前記議事録の顕名を基本とした公開方法は重要である。

③　外部情報収集の多様化・容易化

いわゆる外部情報の提供を量・質とも飛躍的に充実させるための活動や工夫である。弁護士においても，裁判官情報を積極的に提供していくことはその責務との意識が必要で，委員会側でも，前任地照会などを一

般化し，情報収集期間を3ヶ月程度は確保する必要がある。委員会と弁護士会は，相互に協力して，会員に対し情報提供を呼び掛ける関係にあり，両者の相互理解を深めるための機会を設けるべきである。

④ 制度運用の質を高めるために

指名諮問に対する答申に当たっての条件や理由を付した適否判断など多様な答申のあり方が検討されるべきであり，また2度目の指名諮問の際の前回諮問時の審議資料の活用方法について新しいテーマとして検討されるべきである。

⑤ 地域委員会の積極的活用

地域委員会は，中央の委員会とは独自の権限に基づいて，独自の多様性をもった資料収集，調査活動等を行う権限を有しているが，形骸化の指摘もある。その積極的な活用が工夫されるべきで，対象者との面接など地域委員会独自かつ自発的な情報収集方法が実施されるべきである。

(3) 裁判官人事評価制度

この制度は，裁判官の独立に配慮しつつ，人事評価権者（所属裁判所の長）による裁判官の人事評価の質を向上させるため，弁護士など外部からも評価情報を求める制度であり，2004（平成16）年4月1日に発足した。評価権者は，情報提供者を特定できない方法で外部資料を人事評価に利用することになるが，再任期の際には，かかる人事評価権者の評価の妥当性も間接的に問われることもあり（例えば，消極的な外部情報が多数寄せられていたにもかかわらず，人事評価権者が積極的な評価をしていた場合など），前述した下級裁判所裁判官の指名諮問制度と密接な関係を有している。今後も，弁護士会側独自の裁判官情報の収集と会員へのフィードバックなども試みながら，本制度の周知に努める必要がある。

(4) 地裁委員会・家裁委員会

裁判所運営について広く国民の意見等を反映させるため，2003（平成15）年8月1日，従前の家裁委員会を改組し，地裁・家裁それぞれに委員会が設置され，15人以内の委員の過半数は非法曹で構成されている。その運用には様々な課題があるが，市民委員の主体性と多様性を尊重した運営の下で市民委員が委員長となりかつ活発な意見交換を行っている委員会もあり，知恵と意欲が委員会運営にも反映されるような取り組みが求められている。

(5) 判事補が他の法律専門職を経験する制度（他職経験制度）

2005（平成17）年4月から，意見書の提言に基づき，多様で豊かな知識・経験を備えた判事を確保するため，原則としてすべての判事補にその身分を離れて裁判官の職務以外の多様な法律専門家としての経験を積ませる制度が発足した。任官10年以内の検察官についても同様である。

そして，その一環として，判事補及び検事の弁護士職務経験に関する法律が制定されているが，本来判事補全員に適用されるべき2年間の「他職経験制度」の履行者がその一部にとどまっていることである（例えば，2011（平成23）年に再任期を迎えた54期裁判官で見ると，再任希望者94名中，外部経験無し28名（うち，育児休暇10名），外部経験1年未満9名）。しかも，他職制度を経験したものの中で「弁護士職務経験数」を見ると，2005（平成17）年度は判事補10名，検事3名，2006（平成18）年度は判事補10名，検事5名，2007（平成19）年度は判事補10名，検事5名，2008（平成20）年度は判事補10名，検事5名に留まっている。さらに，制度発足当時と比べ弁護士の経済状態が大きく変化したことにより，現在の受入先事務所は大規模事務所がほとんどである。多数かつ多様なの受入事務所の確保のために，公設事務所の活用の他，経済的基盤の十分で無い中小事務所でも受け入れ可能な財政的措置やその他の負担軽減策の検討が必要である。

(6) 最高裁判所裁判官の任命に際しての諮問委員会設置

かつて日弁連は，「最高裁判所裁判官任命諮問委員会制度要綱」（1955〔昭和30〕年12月）や「最高裁判所裁判官任命諮問委員会の設置に関する立案（案）」（1974〔昭和49〕年9月）を提言し，その任命手続の透明化・客観化に関する提言を重ねていたが，実現には至っていない。この任命手続の不透明さは，最高裁裁判官の国民審査制度が国民に分かりにくい制度となっている原因の一つ（当該裁判官の選任理由が明らかでないこと）との指摘もある。日弁連では，日弁連会長が会員の中から最高裁判所裁判官候補者を最高裁判所に推薦する際の諮問機関として推薦諮問委員会制度を設け，近年では，個人推薦制度などを取り入れている。そして，今後は，前記の任命諮問委員会の先駆けとしての意義を明確に持って，推薦委員会に学識経験者を

含めてその透明化と民主化を徹底し，他方で弁護士および弁護士会は，推薦枠といった弁護士会の利害を超えた適切な候補者の発掘と推薦に取り組むべきである。

(7) 簡易裁判所判事の任命手続の透明化

これについては，現在簡易裁判所判事選考委員会が設置されているが，裁判所法に基づいて適切な任命手続が採られるよう，その審議経過の透明化を図るべきである。

(8) 裁判官増員の必要性

裁判官制度改革は，資質の高い裁判官を確保・養成し，もって司法判断の適正さを担保するための取組みである。ところが，その前提となる裁判官の人数は大きく不足し，そのために各種制度改革の支障をきたしている。大幅な裁判官増員は現在の緊急の課題である。

例えば，最高裁が2013(平成25)年7月に公表した「裁判の迅速化に係る検証に関する報告書(第5回)」でも，多数の潜在的な法的紛争が存在していることが取り上げられ，法的紛争の複雑化多様化によって事案が先鋭化する傾向にあることや，また高齢化を中心とする社会の変容により遺産紛争が深刻化し複雑困難化を招いている結果，裁判所が果たす役割が益々大きくなっていくことが指摘されている。このような現代的な課題に沿って質と量を備えた裁判官を確保し併せてその執務環境を確保することは，司法判断の質を高めるための取組として最優先かつ緊急の課題である。

2 弁護士任官への取組み

1) 弁護士任官制度の意義

> 弁護士任官は，「法曹一元」を目指す上で，弁護士が裁判官の給源となるという重要な意義を有する。
> しかし，現在の実態は，2003(平成15)年に10人が任官した後，弁護士数が増加しているのにもかかわらず，任官者数は年間8名以下にとどまっており，今後も任官者が増加する兆しはない。
> 今後，弁護士任官制度を発展させて法曹一元につなげるのであれば，これまでの地道な活動に加え，中規模以上の事務所に対する働きかけなど積極的な活動を行う必要がある。

「法曹一元」を実現するためには，まず弁護士が裁判官の給源たり得ることが必要である。また，国民の権利・利益を実現するためには，裁判官が，法曹としてふさわしい，多様で豊かな知識，経験と人間性を備えていることが望まれる。このような法曹を裁判官として送り出す制度が弁護士任官制度である。

2) 弁護士任官制度の経緯

最高裁は，1988(昭和63)年に「判事採用選考要領」を作成して弁護士からの任官の道を開き，1991(平成3)年にはその資格の拡大に踏み切った。しかしながら，必ずしも任官者数の増加には結びつかず，弁護士任官制度は低迷の状態が続いていた。

その後，2000(平成12)年11月20日，司法制度改革審議会は，中間報告において，判事にふさわしい有能な人材を裁判所内に限らず広く法曹各界から迎える趣旨で，裁判所法が多様な給源の規定を設けているのに，実際の運用では判事補が主要な給源となり，弁護士からの任官が進んでいない点を指摘し，この趣旨の実質化を図る必要がある旨の意見を述べた。これを踏まえて，日弁連が最高裁に協議を申し入れ，弁護士任官等に関する協議を重ねた結果，2001(平成13)年12月，日弁連と最高裁は，弁護士任官制度を実効あらしめるための具体的方策について，当面講ずべき措置の合意に達し，「弁護士任官等に関する協議の取りまとめ」を発表した。

そして，日弁連が「任官制度基準及び推薦手続」等を，最高裁が「弁護士からの裁判官採用選考要領」等をそれぞれ作成するなどして準備作業を進め，2003(平

成15)年度以降，この新制度の下で弁護士任官が続けられている。

また，日弁連と最高裁は，上記発表以降も非常勤裁判官制度の導入に関する協議を重ね，2002（平成14）年8月，弁護士任官を促進するための環境を整備するとともに，併せて調停手続をより一層充実・活性化することを目的として，「いわゆる非常勤裁判官制度の創設について」を合意した。そして，2003（平成15）年の通常国会で民事調停法及び家事審判法の改正がなされ，日弁連が推薦手続等，最高裁が採用手続等を整備し，2004（平成16）年1月，非常勤裁判官制度が発足した。

3）弁護士任官状況

1962（昭和37）年から2015（平成27）年6月1日までの任官者数は，合計145名（うち東弁出身者は29名）である。

2003（平成15）年4月1日以降に限定すると84名であり，1年平均で約6名が任官した。もっとも，近年は減少傾向が続いており，過去5年に限ると人数で21名，1年平均4.2名が任官したに過ぎない。

非常勤裁判官（民事・家事調停官）は，2004（平成16）年度から2014（平成26）年度までに合計422名（うち東弁出身者は70名）が任官した。

4）日弁連・東弁の取組み

日弁連は，2002（平成14）年11月，「裁判官制度改革の実践―弁護士任官と判事補のほかの法律専門職経験を中心に―国民の目線で判断できる優れた裁判官を安定的に確保できる準備を整えました」というテーマで第19回司法シンポジウムを開催し，2003（平成15）年度の任官希望者20名を確保できたと報告し，その後も任官者数を増やしていけば，2030年代には裁判官人口のうち弁護士任官者の占める割合が4割を超えるという試算を示すなどした。

しかし，2003（平成15）年度の任官者数は10名にとどまり，その後の任官者数も，上記のとおり伸び悩んだため，2004（平成16）年5月の第43回定期総会では，「弁護士任官を全会挙げて強力に進める決議」を宣言し，また2005（平成17）年6月の第21回司法シンポジウムでは，「21世紀の裁判所のあり方―市民が求める裁判官」のテーマで弁護士任官問題を取り上げ，任官の推進をアピールした。以上の他にも，日弁連は，全国各地でブロック大会や全国担当者会議を開催し，任官推進のための取組みを継続している。

東弁は，任官者の事件・事務所引継ぎ等に関する支障を除去する一助とするため，2001（平成13）年10月，公設事務所運営基金を設け，任官候補者や任官支援会員に対する貸付けを可能としたほか，弁護士任官の推進等を目的とする公設事務所の設置及び運営等に関する規則を制定した。そして，これに基づき，2002（平成14）年6月以降，順次，公設事務所が開設され，現時点で4事務所が運営されている。

5）法友会の取組み

法友会は，すでに2000（平成12）年7月の時点で，弁護士任官を法曹一元裁判官制度を実現するための基盤整備の一環と捉え，その推進を決議していた。

しかしながら，その後の任官者数が伸び悩んだため，2004（平成16）年7月には「弁護士任官推進に関する宣言」を採択し，親密な人間関係のある会派の特性を生かして，積極的に弁護士任官に取り組むべく，「法友会弁護士任官推進本部」を設置した。その後，同推進本部の活動は休止し，2008（平成20）年度の政策委員会で一時的に弁護士任官推進部会が設立されたものの，現在は同じく活動が休止している。

6）これまで提起された課題について

(1) 公設事務所の活用等について

公設事務所は，上記のとおり，弁護士任官推進を1つの目的として2002（平成14）年から2008（平成20）年にかけて，合計4事務所が開設された。しかしながら，一時的に登録先とした会員（1名）及び退官者の受入れ（1名）が見られるものの，弁護士任官の推進について積極的な役割を果たしているとはいえない。そのため，公設事務所の運営のあり方を改善する余地が残されているとの指摘がある。

また，任官者の事務所の閉鎖，事件引継ぎ等の問題を解消するために，法友会内の事務所で，任官に伴う賃貸借契約・造作等の買取り，事件の引継ぎ，事務職員の雇入れ，退官後の就職受入れなどに協力する支援事務所を募るなど，手厚い支援策の構築に向けた検討を開始すべきであるとの指摘が以前よりなされている。

(2) 短期任官及び専門的分野の任官の柔軟化について

「弁護士任官等に関する協議の取りまとめ」及び「弁護士からの裁判官採用選考要領」では，10年に満たない期間（ただし，少なくとも5年程度であることを要する。）を勤務期間として予定した任官を妨げないし，本人の専門的識見の程度によっては，これより短期間であっても採用可能な場合があり得るとする。

そこで，短期間の任官を前提として，倒産事件，知的財産事件，商事事件，家事事件等の専門分野に精通した弁護士を対象として専門分野を志望する任官希望者を積極的に発掘し，任官者増員の実績を作る取組みに着手すべきであるとの指摘がなされている。

(3) 手続の簡素化について

東弁の会員が任官を希望した場合，弁護士任官推進委員会の調査及び面接，理事者から関弁連への推薦，関弁連から日弁連への推薦を経て，最高裁の面接，下級裁判所裁判官指名諮問委員会の審査（地域委員会の資料収集を含む。），最高裁裁判官会議での採否決定，内閣による任命等の手続を経る必要がある。

このような手続に係る負担感を軽減するため，弁護士会・最高裁がともに手続に要する期間の圧縮に向けた協議を開始すべきであるとの指摘が以前よりなされている。

(4) 審査基準の明確化について

各弁護士会連合会の弁護士任官適格者選考委員会，東弁においては弁護士任官推進委員会の推薦を経たものの，最高裁から採用されない者も少なくない。2004（平成16）年度から2014（平成26）年度までを見ると，推薦を受けた者のうち採用された者の比率は62.5%である。そのため，最高裁及び下級裁判所指名諮問委員会（地域委員会を含む。）との協議を通じ，弁護士任官者の審査基準を具体的に把握するため，最高裁や下級裁判所指名諮問委員会と改善の余地がないかを協議すべきとの指摘が以前よりなされている。

(5) 非常勤裁判官の処遇について

また，非常勤裁判官から常勤裁判官への任官を拡充するために，非常勤裁判官の職務及び権限を拡大させ，さらに多様な人材を非常勤裁判官に任官させることが検討されるべきであるとの指摘もなされていた。

しかし，借地非訟事件や家事審判事件はまだしも，週1日の執務が原則とされる非常勤裁判官が，急を要する倒産事件や保全事件，執行事件を担当すること自体極めて困難である。そのため，かかる指摘自体，現実性が乏しいものであった。

(6) 地道な発掘作業について

法友会としては，引き続き任官者と一般会員による座談会，懇談会等を開催するなどして，弁護士任官に関する情報の発信，浸透を継続する必要があるとされてきた。確かに，その必要性は現在も大きいものの，この数年で具体化された取組みはない。

7）今後の取組みについて

最も望ましいのは，会員間で弁護士任官の重要性についての意識が高まり，中規模以上の事務所が，事件・顧問先の法人受任を行うことが可能な弁護士法人制度を利用して，裁判官の送り出し・退官者の受け入れを循環的に行うほか，個人事務所の弁護士が任官する際には，他の会員が事件・事務所の引き継ぎを行うという流れが自然にできることである。

近年の弁護士数の増加と経済状況に鑑みると，特に都市部で弁護士数に余剰感が生まれるとともに，経験年数に応じた弁護士の年収の伸びも頭打ちになるという傾向が生じていることから，望ましい形であるかどうかは別として，若手の弁護士において，弁護士任官への心理的障害は低くなっている要素が認められる。

もっとも，弁護士数の増加に伴い雇用弁護士を拡大した事務所においても，業務が分散するのではなく，かえって一部の若手弁護士に業務が集中するという状況がみられ，優秀な人材を裁判所に送り出すという機運が必ずしも高まっているとはいえない。

また，裁判所，さらには裁判の利用者である国民の立場としても，判事補制度では培えない能力を有する弁護士を，裁判官として任用するところに弁護士任官の意義があるのであるから，判決起案の訓練を積んだ判事補より起案能力は劣るとしても，それ以外の点で判事補を凌駕する弁護士を送り出さなければ，国民にとって有益な弁護士任官制度であるとはいえない。

そうであれば，法友会が行うべき今後の取組みとしては，日弁連の若手法曹センターなどと協働して，弁護士の送り出しと退官者の受入れを自発的に行う法律事務所（循環的事務所）の流れを作るとともに，優秀な弁護士を擁し，かつ裁判官への送り出しが可能な事務所に対し，積極的な働きかけを行うべきである。

第4 司法の人的・物的拡充の必要性

1 利用しやすい司法のための諸施策

> 国民が利用しやすい司法の運営を目指して，人員の増強と施設の設置・拡充，総合的な情報提供システムの確立・IT基盤の確立などを行うべきである。

1) 司法ネットの整備とIT基盤の確立

国民が利用しやすい司法の運営を行うべきである。

第1に，司法制度改革審議会の意見でも指摘され，司法制度改革推進本部で具体化された日本司法支援センターの情報提供業務と連繋して，国民が身近な所で法律相談，法律扶助，裁判手続，ADRに関する総合的な情報提供を受けることができるシステムを確立することが必要である。そのためには，市役所等の公共機関，弁護士会，裁判所，消費生活センター等の相談窓口を充実させ，総合的な情報提供と，これに基づき国民が主体的にそれぞれの事案に適した適切な紛争解決機関・解決方法あるいは紛争予防の方法を選択できるようにし，各窓口が連携し，ネットワークを強化し，さらなる充実を図るべきである。

第2に，国民がITを利用して司法を活用できる基盤を整備すべきである。判例情報の迅速な公開やITを利用した訴訟関係書類の提出や交換等，国においても，民間と協力して，司法分野においても，国民の利用と参加を促進するIT基盤の強化のための戦略的な投資を行うべきである。

2) 利用者の立場に立った裁判所及び裁判官等の配置と運営

(1) 裁判所施設の適正配置

かつて適正配置の名の下に，地・家裁支部の統廃合や簡裁統廃合の政策が進められ，各地の自治体などから反対の声が上がった。市民に身近で利用しやすい裁判所施設が存在することは，市民が権利を実現し，市民と司法の距離を縮める上で極めて重要であり，裁判所は，その配置についても地域住民の意向を十分に配慮しなければならない。弁護士会は，地域住民への司法サービスの充実の観点に立って，裁判所の新設を含む新たな裁判所の適正配置策を提言していく必要がある。

少額事件手続を取り扱う裁判機関については，利用者に便利な区・市役所など公共施設の一角の利用などを検討すべきである。

(2) 施設のあり方と運用

裁判所庁舎の新設・改築，庁舎・法廷の構造と施設のあり方及び運用方法についても，地元弁護士会や地域の意向を十分に反映する必要がある。

裁判所は，裁判所庁舎の新改築につき，基本設計が固まる前に，弁護士会に構想を開示して協議を行うことなどをルール化すべきである。弁護士会は，裁判ウォッチングなどの活動と連携し，市民の声を反映した利用しやすいものとなるよう提言を行うべきである。

裁判所は，地域住民が利用しやすい曜日，時間帯に裁判や調停ができるような態勢を整備することである。特に，家事，労働，少額事件等については，その必要性が高い。

(3) 人的基盤の整備

裁判官が不足しているために，迅速な裁判が行われていない可能性が指摘されており，増員すべきである。

(4) 裁判所支部の充実

裁判所支部では裁判員裁判が行われない，合議体の裁判ができない，行政事件，労働審判を扱わない，裁判官が常駐していないため期日が入りにくいなどの重大な問題がある。また，本庁と支部，裁判員裁判が実施されている支部と未実施の支部の格差が拡大しているとの指摘がされている。

支部機能を拡充して市民に利用されやすい裁判所にする必要がある。司法過疎の解消と裁判所支部問題はリンクしており，日弁連としてはこれらの問題の解消に積極的に取り組まなければならない。

東日本大震災の被災地の多くが司法過疎地域であることに配慮した取り組みが必要である。

3）検察庁の施設と利用しやすい運営のあり方

検察庁の施設の配置や構造そして運営方法も，国民が信頼を高め利用しやすいあり方の検討が求められる。

弁護士や家族による接見を容易にする工夫，検察官の支部への配置や告訴，告発等を受けやすくするための工夫，夜間や休日における受付の拡大等を検討していくべきである。

4）弁護士過疎・偏在の解消

日弁連は，いつでも，どこでも，誰でもが弁護士にアクセスできる体制の確立をめざし，法律相談センター，公設事務所，弁護士定着のための経済的支援制度によって，弁護士過疎・偏在の解消を進めている。

どこでも誰もが気軽に弁護士にアクセスができるよう，日弁連は，法テラスとの連携と適切な役割分担によって，弁護士過疎・偏在の解消に向けて引き続き最大限の努力をしなければならない。

東京都小笠原村では最高裁・法テラスなどに陳情書を提出し電話会議システムを利用した裁判所の設置を求めている。これに対し，最高裁も調停手続きの導入を検討するとし，具体的な検討に入ったと聞いている。弁護士会としても既存の裁判システムにこだわらない裁判所の設置を求めこれら自治体の要望をバックアップしていくべきである。

第3部
弁護士業務改革と活動領域拡充に向けた現状と展望

1 弁護士業務改革の今日的課題

- 司法制度改革審議会の意見書が，司法改革の基本は弁護士にあることを明確にしている点からも，弁護士制度改革や弁護士業務改革が，必然的に必要となることを意識しなければならない。弁護士業務改革も，このような観点からの意識を常に持ちつつ推進していくべきである。
- 国民の法的需要に対する供給がなされるよう，弁護士の業務制限の緩和，弁護士の質の向上，アクセス障害の除去，公設事務所の設置，法律扶助・権利保護保険など弁護士費用に関する対策を充実し，実質的な国民の裁判を受ける権利を保障すべきである。
- 国民に対して，法の支配の重要性の意識喚起，法教育の実施に努力し，社会に法の支配を根付かせる努力をしていくべきである。

1）司法改革推進上の業務改革の意義

法友会の政策として，従来から弁護士の使命としての「基本的人権の擁護」及び「社会正義の実現」を掲げ，そのための具体的方策を考えてきた。しかし，2001（平成13）年6月に公表された司法制度改革審議会の意見書は，弁護士の使命を上記のものにとどめることなく，司法全体のあり方に関わる大きな問題としてとらえ，健全な司法を実現するための弁護士の業務改革を要請した。その後，司法制度改革推進本部（2001〔平成13〕年12月から2004〔平成16〕年11月まで）が設置され，現在までにその意見書の内容がその組織での具体的検討を経てほとんど実現されている。

そこで，同審議会の意見書での弁護士業務に対する要請を以下にまとめ，最終的に司法制度改革推進本部でどのように実現がなされたのかをまとめた。今後とも弁護士，弁護士会，そして法友会としては，どのように制度の改革をするべきか，その是正を含め，検討すべきである。

2）審議会の要請とその実現

(1) 総論

❶ 法曹は，いわば「国民の社会生活上の医師」として，国民の置かれた具体的な生活状況ないしニーズに即した法的サービスを提供することを役割とすることが必要である。

❷ 司法制度改革の3本柱である「国民の期待に応える司法制度」「司法制度を支える法曹のあり方」「国民的基盤の確立」を実現するためには，主体としての弁護士がその改革を支えるべきであり，そのためにはさらに弁護士の業務を含めた全般的な弁護士に関する改革がなされなくてはならない。

(2) 各論

❶ 弁護士の社会的責任の実践

〈意見書〉国民の社会生活，企業の経済活動におけるパートナーとなるべく資質・能力の向上，国民とのコミュニケーションの確保に努めなければならない。同時に，「信頼しうる正義の担い手」として通常の職務を超え，「公共性の空間」において正義の実現に責任を負うという社会的責任を自覚すべきである。そのため，プロボノ活動，国民の法的サービスへのアクセスの保障，公務（裁判官，検察官）への就任，後継者養成への関与などで貢献すべきである。

〈実現内容〉弁護士から裁判官への登用の増加，民事調停官・家事調停官の創設，日本司法支援センターの創設など。

❷ 弁護士の活動領域の拡大

〈意見書〉当時の弁護士法30条での公務就任の制限，営業許可を届出制にし，自由化すべきであり，活動領域の拡大に伴う弁護士倫理のあり方を検討し，弁護士倫理の遵守を確保すべきである。

〈実現内容〉弁護士法30条の制限を届出制に改正，弁護士会における弁護士職務規程の新規創設など。

❸ 弁護士へのアクセス拡充

〈意見書〉法律相談センターなどの設置の推進をし，弁護士へのアクセスを拡充すべきであり，地域の司法サービスを拡充する見地から，国又は地方公共団体の

財政的負担を含めた制度運営を検討すべきである。

〈実現内容〉日本司法支援センターの創設，弁護士会の公設事務所の開設，法律相談センターの増設・専門化等の充実，保険による弁護士費用を実現化した「日弁連リーガル・アクセス・センター」の設置，国・自治体・民間会社等の組織内での弁護士の活動を容易にする制度設計など。

❹　弁護士報酬

〈意見書〉弁護士報酬は，透明化・合理化を進めるためにも，報酬情報の開示，報酬契約書の義務化，報酬説明義務などを徹底すべきである。

〈実現内容〉弁護士法から弁護士会の報酬規定の整備義務を削除し，報酬を自由化した。弁護士会の規定で，報酬契約書の義務化，報酬説明義務化，報酬情報の開示を定める。報酬情報としては，日弁連では，事案ごとの報酬アンケートの結果を公表し，報酬の目途として役立たせている。

❺　弁護士の情報開示

〈意見書〉弁護士の専門分野，実績も広告対象として認めるよう検討し，弁護士の情報開示を一層進めるべきである。

〈実現内容〉東京弁護士会では，弁護士の情報提供制度が創設され，日弁連でも「ひまわりサーチ」という名称で弁護士情報提供サービスが開始され，HPでの閲覧が可能となっている。専門分野に関しては，東弁で専門認定制度を創設すべきとの意見をまとめたが，日弁連では，研修制度等の整備が十分ではない現段階では時期尚早との結果となった。現在，日弁連をはじめとして専門研修が数多く実行されるようになっている。

❻　弁護士の執務体制の強化

〈意見書〉法律事務所の共同化・法人化，共同化・総合事務所化への推進，専門性強化のために研修の義務化，継続的教育を実行すべきである。

〈実現内容〉弁護士法の改正により，弁護士法人の設立が可能となった。専門性強化のための研修は，行政法関係，税務関係，知的所有権関係，労働関係等について東弁で開始され，日弁連でも開始されている。継続教育面では，東弁では倫理研修を義務化している。東弁でも日弁連でも，インターネットを通じたオンデマンド方式による研修ができるようになっている。

❼　弁護士の国際化，外国法事務弁護士等との提携・共同

〈意見書〉国際化時代の法的需要への対応のため，専門性の向上，執務体制の強化，国際交流の推進，法曹養成段階での国際化への対応，外国法事務弁護士との特定共同事業の要件緩和，発展途上国への法整備支援の推進をすべきである。

〈実現内容〉弁護士法，外国弁護士特別措置法の改正により，弁護士と外国法事務弁護士との共同事業が解禁され，外国法共同事業を認め，その範囲での報酬分配を認め，外弁による日本の弁護士の雇傭を認めるなどの改正がなされた。

❽　隣接法律専門職種の活用

〈意見書〉司法書士，弁理士への一定の範囲での一定の能力担保措置を条件とし，訴訟代理権の付与，税理士の訴訟における意見陳述権，行政書士，社会保険労務士，土地家屋調査士などの隣接法律専門職種については，その専門性を活用する必要性，その実績が明らかになった段階での訴訟への関与の仕方を検討すべきである。

〈実現内容〉司法書士への簡裁訴訟代理権の付与，弁理士の弁護士との共同での代理権付与など。

❾　ワンストップ・サービス

〈意見書〉ワンストップ・サービスの実現のため，弁護士と隣接法律専門職とが協働するための方策を講じるべきである。

〈実現内容〉協働できる事務所の設置を可能とする解釈は，もともと存在するが，各種の業種の特色による制限を踏まえた上での，協働化がどう進められるかの議論を進め，その協働化を進めることができるようになった。

❿　企業法務などの位置付け

〈意見書〉司法試験合格後，企業など民間で一定の実務経験を経た者に対しては，法曹資格を与えるための具体的条件を含めた制度整備をすべきである。

〈実現内容〉弁護士法の改正により，司法試験合格した後，①国会議員となった者，②官として又は民間にあって一定の法律業務に携わっていた者に対して，日弁連の研修を経た上で，法務大臣の認定を受けることにより弁護士資格が認定される制度となった。

⓫　特任検事・副検事・簡易裁判所判事の活用

〈意見書〉特任検事，副検事，簡易裁判所判事の経験者の専門性の活用の検討。特任検事への法曹資格付

与のための制度整備をすべきである。

〈実現内容〉特任検事に対しては，弁護士法の改正により，司法試験の合格者ではないものの，日弁連の研修を受けることにより，法務大臣の認定で，弁護士資格が認定されることとなった。

3）政府のもとの有識者懇談会等における議論の状況

2013（平成25）年7月16日，法曹養成制度関係閣議決定は，「閣僚会議の下で，各分野の有識者等で構成される有識者会議を設け，更なる活動領域の拡大を図る」こととし，これを受けて，同年9月24日，法務省のもと，法曹有資格者の活動領域の拡大に関する有識者懇談会（以下，「有識者懇談会」という。）が，座長を大島正太郎氏とし，田島良昭氏，岡野貞彦氏，泉房穂氏を構成員として，設置された。[*1]

この有識者懇談会の設置は，2013（平成25）年6月26日に答申された，法曹養成制度検討会議取りまとめ（以下，「検討会議取りまとめ」という。）[*2]が，法曹有資格者の活動領域の「更なる拡大を図るため」「新たな検討体制の下，各分野の有識者等で構成される有識者会議を設け」ることを提言したことを受けて，決定されたものである。

検討会議取りまとめは，「司法制度改革審議会意見書が，『法の支配』を全国あまねく実現するため，弁護士の地域的偏在の是正が必要であるとともに，弁護士が，公的機関，企業，国際機関等社会の隅々に進出して多様な機能を発揮する必要があると指摘された」にもかかわらず，「その広がりはいまだ限定的といわざるを得ない状況にある」として，このような答申を行った。つまり，有識者懇談会は，2001（平成13）年に答申された司法制度改革審議会意見書の趣旨を前提としつつ，その後10年以上を経過した時点で，我が国の法曹の活動の範囲が同意見書が予定した段階に至っていない，との問題意識にもとづき，これを克服すべく，設置されたものと言える。

そして，2013（平成25）年10月11日には，有識者懇談会のもとに，座長を田島良昭氏として，国・地方自治体・福祉等の分野における法曹有資格者の活動領域の拡大に関する分科会（以下，「国・地方自治体・福祉等分科会」という。）[*3]が，座長を岡野貞彦氏として，企業における法曹有資格者の活動領域の拡大に関する分科会（以下，「企業分科会」という。）[*4]が，座長を大島正太郎氏として，法曹有資格者の海外展開に関する分科会（以下，「海外展開分科会」という。）[*5]が，それぞれ設置された。これら3つの分科会もまた，検討会議取りまとめが，「企業，国・地方自治体，福祉及び海外展開等の各分野別に分科会を置くべきである」としたことを受けて，設置されたものであった。

以上のような経緯や使命ゆえに，有識者懇談会及び上記各分科会は，以下のような特徴をもつと言ってよい。

❶ 法曹養成制度改革の議論の流れのなかで設置されたことにより，法曹養成制度改革の議論，具体的には，ほぼ同時期に設置された法曹養成制度改革推進会議の議論のスケジュールや内容と連動することが運命づけられ，その設置期限を，法曹養成制度改革推進会議に合わせ，2015（平成27）年7月と定められた。[*6]

❷ これまでの活動領域拡大に関する議論に実効的成果が乏しかったとの反省からか，分科会のもとでは，具体的な試行方策を進めることが期待された。[*7]

---

*1 法務大臣決定「法曹有資格者の活動領域の拡大に関する有識者懇談会の設置について」（2013〔平成25〕年9月24日）。

*2 法曹養成制度改革検討会議「取りまとめ」（2013〔平成25〕年6月26日）。

*3 法曹有資格者の活動領域の拡大に関する有識者懇談会決定「国・地方自治体・福祉等の分野における法曹有資格者の活動領域の拡大に関する分科会の設置について」（2013〔平成25〕年10月11日）参照。

*4 法曹有資格者の活動領域の拡大に関する有識者懇談会決定「企業における法曹有資格者の活動領域の拡大に関する分科会の設置について」（2013〔平成25〕年10月11日）参照。

*5 法曹有資格者の活動領域の拡大に関する有識者懇談会決定「法曹有資格者の海外展開に関する分科会の設置について」（2013〔平成25〕年10月11日）参照。

*6 法務省決定「法曹有資格者の活動領域の拡大に関する有識者懇談会の設置について」（2013〔平成25〕年9月24日）参照。

*7 法曹有資格者の活動領域の拡大に関する有識者懇談会決定「国・地方自治体・福祉等の分野における法曹有資格者の活動領域の拡大に関する分科会の設置について」（2013〔平成25〕年10月11日），同「企業における法曹有資格者の活動領域の拡大に関する分科会の設置について」（2013〔平成25〕年10月11日），同「法曹有資格者の海外展開に関する分科会の設置について」（2013〔平成25〕年10月11日）では，「試験的かつ実践的な取組を企画，立案，実施する」ものとされている。

❸ 法務省とともに，日弁連が，共催者として，分科会の事務遂行に責任を負うこととなった。[*8]

こうした特徴を有した有識者懇談会及び上記各分科会では，およそ1年半の間，それぞれに議論や取組が進められた。そして，2015（平成27）年2月9日の有識者懇談会（第5回）においては，それまでの各分科会での議論を踏まえた有識者懇談会としての取りまとめ骨子案が承認され，更にこれを受け，同年4月には，3つの分科会において，分科会としての取りまとめ案が議論された。

こうした議論を経て，2015（平成27）年5月18日に開催された最終回の有識者懇談会では，各分科会の取りまとめが報告され，これをふまえた形で，同月25日付で有識者懇談会としての取りまとめ（以下，「取りまとめ」という。）が完成した。取りまとめは，法務省ホームページに公開されている（http://www.moj.go.jp/content/001146527.pdf）が，その概要を，3つの分科会に対応して述べれば，以下のとおりである。

国や自治体に任用され活動する弁護士の数は，地方自治体で常勤職員として勤務する法曹有資格者が，2015（平成27）年3月現在で，64の地方自治体において合計87名となるなど，増加傾向にある。これを前提としつつ，取りまとめは，「今後この分野における法曹有資格者の活動領域を一層拡大させるために」，日弁連が，「自治体や福祉の分野において弁護士の専門性を活用することの有用性や具体的な活用実績等を，セミナーやシンポジウム等を通じるなどして，実際に弁護士の活用を検討する自治体等との間で共有する取組」や，「自治体における政策法務や福祉の分野について，弁護士がこれらの分野で活動するに当たり必要とされる能力を涵養し，あるいは経験を共有するための研修等の取組を実施する」ものとし，他方，自治体や福祉機関の側においては，「それぞれの規模に応じ，政策の推進や業務の遂行のために法曹有資格者を活用する方策を検討・実施することが期待される」とした。

日本組織内弁護士協会の統計によると，企業内弁護士の数は，2014（平成26）年6月には619社において1,179名となっており，増加傾向にある。取りまとめは，これを前提としつつ，「こうした企業の分野で法曹有資格者の活用を更に拡大するため」，たとえば，日弁連が，「企業内弁護士を活用することの有用性や具体的な実績等について，企業への情報提供並びに企業間及び企業・弁護士間の情報共有の取組を全国各地に広げていくこと」「その採用の形態を含めた企業における弁護士等の活用の実態や，キャリアパスに関する情報を調査した上，各種の媒体を通じて，法科大学院を始めとする法曹養成を担う機関及び法曹有資格者との間で共有を図ること」が求められるとし，法科大学院においては，「企業法務に関する科目の設置，企業におけるエクスターンシップ，法曹有資格者の就職に関する企業との連携などに取り組むことが期待される」とした。

海外展開の分野における法曹有資格者の活動領域の拡大に関しても，これまで，日弁連において，日本貿易振興機構（ジェトロ）等の関係機関との連携の下，各地の弁護士会の協力を得て，海外展開に取り組む中小企業に対し，渉外法律業務に通じた日本の弁護士による法的支援を提供する取組（日弁連中小企業海外展開支援弁護士紹介制度）を行い，法務省において，東南アジアの国々において，現地の法執行の状況や，現地に進出した日本企業等や海外在留邦人が直面する法的ニーズにつき，弁護士に委託して調査を実施する取組などを行ってきた。これを前提としつつ，取りまとめは，今後，法曹有資格者の海外展開を一層進展させるために，たとえば，日弁連は，「日本の企業等の海外展開支援を始めとする，国際的な法律業務に通じた弁護士へのアクセス改善のために，身近にいる弁護士や関係機関を窓口として，様々な国際的な法務の分野に対応能力のある弁護士に容易にアクセスできる仕組みの構築を検討し」，「法科大学院においては，法律英語に関する講座や，国際的なビジネス法務に関する講座等，国際的な能力を涵養するためのプログラムの提供に取り組むこと」が期待され，法務省においては，「内閣官房に設置され，法務省も構成員となっている『国際法務に係る日本企業支援等に関する関係省庁等連絡会議』の下で，日本の弁護士と領事機関及び現地の弁護士との連携構築並びに日本の弁護士への海外からのアクセス改善等，日本企業や在留邦人が海外において直面する法的側面を含む各種問題への対応支援に向けた関係機関の取組に必要な協力を行う」などとしている。

以上の取りまとめは，2015（平成27）年5月28日開

[*8] 前掲注7各決定では，「分科会は，法務省及び日本弁護士連合会が共催する」とされている。

催の第21回法曹養成制度改革顧問会議に報告され，同顧問会議での議論を経て，同年6月30日付けの法曹養成制度改革推進会議決定「法曹養成制度改革の更なる推進について」（首相官邸ホームページ法曹養成制度推進会議第3回会合開催状況https://www.kantei.go.jp/jp/singi/hoso_kaikaku/dai3/siryou4.pdf等参照）の第1で言及された。

同推進会議決定においては，「法曹有資格者の活動領域の拡大に向けた取組を継続することが必要」とされ，法務省において，「法曹有資格者の専門性の活用の在り方に関する有益な情報が自治体，福祉機関，企業等の間で共有され，前記各分野における法曹有資格者の活用に向けた動きが定着するよう，関係機関の協力を得て，そのための環境を整備する」ことや，日本弁護士連合会及び各地の弁護士会において，「前記各分野における法曹有資格者の専門性を活用することの有用性や具体的な実績等を自治体，福祉機関，企業等との間で共有すること並びに関係機関と連携して，前記各分野において活動する弁護士を始めとする法曹有資格者の養成及び確保に向けた取組を推進すること」や，最高裁判所において，「司法修習生が前記各分野を法曹有資格者の活躍の場として認識する機会を得ることにも資するという観点から，実務修習（選択型実務修習）の内容の充実を図ること」が期待されている。

なお，同推進会議決定が出されたことをもって，法曹有資格者の活動領域の拡大を議論していた有識者懇談会や分科会のみならず，法曹養成制度改革について2013（平成25）年9月以来集中的な議論をしていた法曹養成制度改革推進室，法曹養成制度改革顧問会議はその任務を終えた。が，同推進会議決定に明記されたように，法務省，日弁連をはじめとする関係各機関は，その後も，この活動領域拡大を含め，法曹養成制度の諸課題について取組を継続することとされており，2015（平成27）年内にも，関係各機関の参画を得た新たな検討の場が設けられる見通しである。

4）日弁連における法律サービス展開本部の設置と活動の状況

以上述べたとおり，有識者懇談会及び3つの分科会が設置され，そこでの議論が進められるのと時期を同じくして，2014（平成26）年2月，日弁連において，法律サービス展開本部の設置が承認され，同年2月29日には，同展開本部のキックオフ的な意義をもつ，シンポジウム「未来をひらく 弁護士のチャレンジ」が開催された。

この法律サービス展開本部には，国・地方自治体・福祉等における活動領域拡大に対応するものとして，自治体等連携センターが，企業における活動領域拡大に対応するものとしてひまわりキャリアサポートセンターが，海外展開に対応するものとして国際業務推進センターの各組織が立ち上げられ，既に言及したように，各センターにおいて，分科会の議論等に対応しつつ，それにとどまらない精力的な活動を進めてきている。

こうした日弁連の取り組みは，2015（平成27）年5月に有識者懇談会等が終了した後も，当然のことながら鋭意続けられている。

たとえば，自治体等連携センターは，条例部会，福祉部会の他，公金債権部会，外部監査・第三者委員会部会といった部会を立ち上げ，各分野に関する自治体等との連携の取り組みを進めるとともに，自治体向けのアンケート調査や，弁護士会の行政連携の体制について調査を行い，各地でシンポジウムを開催し，全国の弁護士会に対し，行政連携メニューの作成や連携体制の構築を求めるといった活動を進めてきた。更に，国，自治体への職員としての弁護士の任用を更に促進するため，各地で任期付公務員登用セミナーや求人説明会を開催するなどの活動も進めてきているところである。

ひまわりキャリアサポートセンターは，企業及び企業内弁護士へのヒヤリングを継続的に行っているほか，企業向けの弁護士採用に関する情報提供会の実施，司法修習予定者を対象とした就職活動ガイダンスの開催など，企業で活躍する弁護士の拡大を目指す取組を進めている。また，企業内弁護士向けの研修会や，女性企業内弁護士向けのキャリアアップセミナーを実施するなど，企業で活躍する弁護士を支援する試みを行っている。

国際業務推進センターは，国際室等と連携しながら，留学を含む海外研修支援，各種研修会やセミナーの実施，国際機関登用推進などを通じた渉外対応力のある人材の育成，そのネットワーキングの構築といった取り組みについて情報共有を図りつつ，これを推進し，国際的な法律業務に進出する弁護士を拡大し，支援す

る試みを進めている。

　なお，東京弁護士会においても，後記5）のとおり，活動領域拡大を推進する組織を新設したほか，自治体との連携強化を目的として，2014（平成26）年3月，弁護士業務改革委員会内に自治体連携ＰＴを立ち上げ，自治体の様々な法的ニーズに対応したサービス提供メニューである「自治体連携プログラム」を作成した上，これを持って役員自ら自治体を訪問し，弁護士会が提供できる法的サービスを説明して回るなどの活動を展開しており，実際に自治体の依頼に基づくサービスの提供も開始している。

　法友会としても，これら日弁連・東弁の取組みに多くの人材を輩出しており，その活動を支えている。

5）東京弁護士会の活動領域拡大に向けた取組み

(1) 活動領域拡大に向けた取組みの現状

　東京弁護士会は，弁護士の活動領域の拡大を推進させる目的で，2014（平成26）年9月，本部長を東京弁護士会会長とする弁護士活動領域拡大推進本部を発足させ，次のような活動に取り組んでいる。

❶　弁護士トライアル制度（お試し弁護士制度）

　弁護士会が企業等と会員をマッチングし，法律事務所に籍を置く弁護士が，週のうち2～3日程度を企業内で執務する制度を設けることで，企業等に弁護士を雇用する有用性・必要性を知ってもらい，双方の心理的障害を取り除くことを目的とする制度である。

　2015年（平成27年）7月の制度発足以降，すでにこの制度を利用して，非常勤勤務の形態で弁護士を採用する自治体が現れているが，さらに利用促進を図るために，現在，制度利用に関心を有する企業，自治体，各種団体等に向けた制度説明などを行っている。

❷　在日外国人に対する法的サービスに関する調査

　現在200万人いると言われる在日外国人に対する法的サービスが十分に提供されているかどうか，大使館，外国の在日商工会議所，外国人支援団体等を訪問調査し，不足する法的サービスの提供を検討している。在日外国人から大使館や在日商工会議所等に対して多くの法的相談が寄せられていることから，大使館等との連携について検討しているところである。また，調査を行う中で要望があった団体において，在日外国人向けのセミナー（日本の司法制度や弁護士利用方法等に関するセミナー）を開催している。

❸　各種諸団体との連携等

　弁護士以外の士業や，政治・経済団体等との連携のための調査検討を行っている。

❹　法律相談業務に対するサポート

　弁護士会が実施する法律相談の件数が減少していることから，相談会イベントの実施等を通じて，相談事業の認知度向上等のサポートを行っている。2015年には，東京ドームで開催されたイースタンリーグの試合のスポンサーになり，オーロラビジョンで弁護士会の広報ビデオを放映し，球場内通路で日弁連キャラクター（ジャフバくん）とともに弁護士会のパンフレットやグッズと合わせて無料法律相談チケットを配布するなどの広報活動を行った。

❺　少額債権サービシングに関する新方式の検討

　従来はコスト倒れになるために個々の弁護士が受託できなかった少額債権の回収について，採算性を高めるための一括受託等の方式を検討している。

❻　スマートフォンを通じた市民への情報発信

　スマートフォン用のアプリケーションを開発し，市民に対して，当会が提供している法律相談等の法的サービスに関する情報を発信することを目的として，中小企業経営者向けのアプリケーションの開発を進めている。

❼　自治体連携

　領域拡大推進本部の自治体連携センターでは，自治体連携プログラムを策定し，各自治体を訪問して同プログラムの周知活動を行い，自治体との連携を検討している。また，空家等対策の推進に関する特別措置法案（2014（平成26）年11月27日公布）に関し，相談窓口の設置について検討するとともに，昨年度から自治体関係者を招いてのシンポジウム，意見交換会，勉強会等の開催，各自治体に対し具体的事案における法的助言を行うモデル事業を行っている。

(2) 活動領域拡大に向けた今後の活動

　弁護士活動領域拡大推進本部は，同本部と同時期に設立された東京弁護士会若手会員総合支援センターと連携し，情報を共有して活動している。新しい活動領域を模索するにあたって若手会員の意見と活動力を得ることは必須であり，今後の活動も若手会員の力を結集して進めていく必要がある。

　また，活動領域拡大分野の調査や試行的な取り組み

に一定程度の支出が必要と見込まれることから，東京弁護士会が必要な予算を準備する必要がある。

利用者の期待に応え，法の支配を社会の隅々に行き渡らせるべく，こうした弁護士の活動領域拡大に向けた取り組みを一層推進していくべきである。

2 弁護士と法律事務の独占

> 弁護士法72条は，国民の公正円滑な法律生活を保持し，法律秩序を維持・確立するという公益的目的を立法趣旨として，原則として弁護士の法律事務独占を認めている。一方，同条ただし書において，例外として他の法律により隣接法律専門職種等が法律事務を扱うことを認め，司法制度改革の一環として弁護士人口増までの過渡的・応急的措置として，各種の法律改正等がなされた。同条に関わる問題は，隣接法律専門職種のさらなる権限拡大問題に及ぶ重要な側面があり，総じて弁護士制度の根幹に関わる問題である。また，構成要件についての解釈の相違もあることから，隣接専門職種の非弁行為や，非弁の疑いのあるものもあとをたたない。我々弁護士は弁護士法72条に関わる問題について，隣接法律専門職種等の権限拡大運動により関心を持つと共に，非弁行為に対してどのような対応が適切か，活発な議論をすると共に行動に移すことが必要である。
>
> また，隣接法律専門職種は，法定の権限内業務を行うことを前提に弁護士との協働体制を取ることができれば，依頼者にとっても有用な法的サービスが提供できる側面もあり，これらを総合的に判断しながら，対応することが必要である。この両面を検討しつつ，将来の隣接法律専門職種を含めた，司法と法的サービス全般の担い手を，どのように総合的に構想するか，今後の議論が望まれるところである。

1）弁護士の法律事務独占と非弁行為の禁止

弁護士は，基本的人権の擁護と社会正義の実現を使命とし，広く法律事務を取り扱うことをその職務とするものであり，そのために弁護士法は，厳格な資格要件を設け，かつ，その職務の誠実適正な遂行のために必要な規律に服すべきものと規定している。しかし，弁護士の資格を有することなくみだりに他人の法律事件に介入することを業とする例が存在し，それを放置するとすれば，当事者や関係人の利益を損ね，ひいては法律生活の公正円滑な営みを妨げ，法律秩序を害することにつながる。かような国民の公正円滑な法律生活を保持し，法律秩序を維持・確立する公的目的をもった規定が弁護士法72条以下の規定である。

(1) 非弁護士取締りの対象と非弁行為の具体例

❶ 非弁護士の法律事務取扱または周旋事案（弁護士法72条）

① 要件

ⅰ弁護士または弁護士法人でないものが，ⅱ法定の除外事由もないのに，ⅲ業として，ⅳ報酬を得る目的で，ⅴ一般の法律事件に関する法律事務の取り扱いまたは一般の法律事務の取り扱いの周旋をする場合をいう。

※「業として，報酬を得る目的で」法律事務を取り扱うのが禁止されているところがポイント。

※法定の除外事由としては，以下のようなものがある。

(ア) 弁理士は，弁理士法6条の場合と特定侵害訴訟についての訴訟代理権をもつ（弁理士法6条の2）。

(イ) 司法書士は，簡易裁判所において請求額が140万円を超えない範囲の民事訴訟等の代理権をもつ（司法書士法3条1項6号）。

(ウ) 税理士は，租税に関する事項について補佐人と

して裁判所において陳述をすることができる。

(エ) 行政書士については，2014（平成26）年6月に行政書士法が改正され，行政庁に対する審査請求，異議申立て，再審査請求等の不服申立て手続の代理権が与えられることになった（行政書士法1条の3）。

(オ) 社会保険労務士については，2014（平成26）年11月の社会保険労務士法改正により，ADRにおいて紛争の価額120万円を上限とする単独代理権および裁判所における補佐人としての陳述権が認められた。

(カ) 債権回収会社（サービサー）は，法務大臣による厳格な規制のもと，債権の回収業務を行うことができる（債権管理回収業に関する特別措置法1条，11条1項）。

② 罰則　2年以下の懲役又は300万円以下の罰金（弁護士法77条3号）。

③ 趣旨　弁護士が，基本的人権の擁護と社会的正義の実現を使命とし，広く法律事務を行うことをその職務とするものであり，そのため，弁護士法には厳格な資格要件が設けられ，かつ，その職務の誠実適正な遂行のため必要な規律に服すべきものとされるなど，諸般の措置が講じられているところ，かかる資格を有さず，なんらの規律にも服しない者が，自己の利益のため，みだりに他人の法律事件に介入することを業とする行為を放置すれば，当事者その他の関係人らの利益を損ね，法律生活の公正かつ円滑な営みを妨げ，ひいては法律秩序を害することになるので，これを禁圧する必要があるとの趣旨に基づくものである（最判昭和46年7月14日判決・刑集25巻690頁参照）。

④具体例1　典型的なのが，債権管理組合・整理屋・NPO法人・探偵事務所・事件屋等による債権回収や非弁提携弁護士に対する事件の周旋である。

・具体例2　「地上げ」土地建物の売買等を営む者が，多数の賃借人の存在するビルについて，ビルオーナーから，その賃借人らと交渉して，賃借人らの立ち退きの実現を図るという業務を，報酬を得る目的で業として，賃借人らに不安や不快感を与えるような振る舞いをしながら行った事案で，弁護士法72条違反の罪の成立を認めた（最高裁平成22年7月20日判決・刑集64巻5号793頁）。

・具体例3　司法書士による本人訴訟支援　本人訴訟による約1300万円の過払金返還請求の訴え提起が，その実質は司法書士による代理行為によるものであり，民事訴訟法54条1項本文，弁護士法72条に違反する違法なものであるとして，不適法却下された（富山地裁平成25年9月10日判決・判例時報2206号111頁）。

司法書士には，一定の要件のもと，簡易裁判所における請求額が140万円を超えない範囲の民事訴訟等の代理権が与えられる（司法書士法3条1項6号7号，同2項，裁判所法33条1項1号）が，これを超えるものについての権限はない。この裁判例は，司法書士の訴訟代理権や本人訴訟への助力の限界について判断したものとして注目されている。

なお，多重債務者の債務整理についての司法書士の裁判外の和解権限について，受益説（弁済計画の変更によって得られる利益が140万円を超えない範囲で代理権があるとする説）と債権額説（裁判外の和解が不成立となった場合に通常される訴訟である貸金返還訴訟または過払い金返還訴訟において訴えで主張する金額が140万円超えない範囲で代理権があるとする説）の対立がある。この点について，大阪高裁平成26年5月29日判決は，債権額説を採ったといわれている（NBL1031号65頁以下）。

❷ 譲受債権回収事案（弁護士法73条）

① 要件　ⅰ他人の権利を譲り受け，ⅱ訴訟，調停，和解その他の手段によってその権利の実行をすることを，ⅳ業とする場合。

※主体は非弁護士に限定されていない。

※債権回収会社（サービサー）については，法務大臣による厳格な規制のもと，弁護士法の特例として，譲り受けた債権の回収も認められている（債権管理回収業に関する特別措置法1条，11条1項）。

② 罰則　2年以下の懲役又は300万円以下の罰金（弁護士法77条4号）。

③ 趣旨　主として弁護士でない者が，権利の譲渡を受けることによって，みだりに訴訟を誘発したり，紛議を助長したりするほか，弁護士法72条本文の禁止を潜脱する行為をして，国民の法律生活上の利益に対する弊害が生ずることを防止する（最高裁平成14年1月22日判決・判例時報1775号49頁）。

④ 裁判例（最高裁平成14年1月22日判決・判例時報1775号46頁以下）

ゴルフ会員権の売買等を業とする会社が，利益を得る目的で，預託金の額を下回る金額でゴルフ会員権を譲り受け，ゴルフ場経営会社を被告として預託金の返

還を求める訴訟を提起するという行為を反復継続する意思のもとに行うことが弁護士法73条に違反するか否かが争われた事案。最高裁は、形式的には他人の権利を譲り受けて訴訟等の手段によってその権利の実行をすることを業とする行為であっても、みだりに訴訟を誘発したり、紛議を助長したりするほか、弁護士法72条本文の非弁行為禁止を潜脱する行為をして国民の生活上の利益に対する弊害が生ずるおそれがなく、社会経済的に正当な業務の範囲内にあると認められる場合には、弁護士法73条に違反するものではないと判示した。

この判決は、形式的には弁護士法73条違反の要件にあたる行為であっても、違法とはいえない場合があることを明示したものとして注目されている。

❸ 非弁護士虚偽標示事案（弁護士法74条）
① 要件（以下のいずれかに該当する場合）
ⅰ 弁護士または弁護士法人でないものが、弁護士または法律事務所の標示または記載をすること、
ⅱ 弁護士または弁護士法人でないものが、利益を得る目的で、法律相談その他法律事務を取り扱う旨の標示または記載をすること、
ⅲ 弁護士法人でないものが、その名称中に弁護士法人またはこれに類似する名称を用いること
② 罰則　いずれも100万円以下の罰金（弁護士法77条の2）。
③ 趣旨　弁護士でない者による弁護士や法律事務所の名称を僭称する行為、法律相談等を取り扱う旨の標示・記載をする行為を禁止することによって、国民が正規の弁護士や法律相談と誤認混同して不測の損害や不利益を被ることを未然に防止する（髙中正彦『弁護士法概説（第2版）』〔三省堂，2003年〕364頁）。
④ 具体例　弁護士でない者（ＮＰＯ法人など）が、ウェブサイトで、「○○法律相談所」などと標示して法律相談受任の誘因をしているケースが典型的である。

(2) 非弁護士取締りの実情

❶ 取締りの主体
非弁護士の取締りは、各単位会が行っている。
各単位会の対応はさまざまであり、東弁のように非弁護士取締委員会と非弁提携弁護士対策本部の双方を置いて役割分担をしている会、一つの委員会が非弁護士と非弁提携弁護士の双方を取り締まる会、独立の委員会を設置せず理事者が対応している会などさまざまである。

❷ 日弁連の取組
日弁連は、2005（平成17）年1月「法的サービス推進本部」を組織し、2007（平成19）年3月16日、「業際・非弁問題等対策本部」に改組した。その後、「非弁提携問題対策委員会」を2011（平成23）年2月に統合し、「業際・非弁・非弁提携問題等対策本部」と改称して現在に至っている。業際・非弁・非弁提携弁護士対策本部では、ⅰ隣接士業等をめぐる法改正動向等の情報収集と業務範囲についての研究、ⅱ各単位会における非弁事例の紹介と検討、ⅲ非弁提携問題についての検討、ⅳ非弁取締活動に関するブロック別意見交換会の企画開催等の活動を行っている。

❸ 東弁の非弁護士取締委員会の活動概要
当会の非弁護士取締委員会は、委員定数80人のところ、2015年10月時点で61人の委員が委嘱を受け、10人前後の委員からなる6つの部会に分かれて非弁被疑事実の調査を行っている。通常、各事件には主査1名と副査1ないし2名が選任される。委員会の副委員長は、各部会長を兼任している。2015年9月時点における係属案件数は、長期未済案件撲滅に取り組んだ結果、25件となった。

年度	情報受付	前年度引継	調査開始	調査終了 告発	厳重警告	警告	措置しない（含誓約書）	調査打切（含経過観察・調査不能）	調査しない（含移送）	次年度引継
2011	41	49	24	3	0	0	14	9	0	47
2012	64	47	27	2	0	0	12	7	1	52
2013	93	52	13	0	0	0	15	8	0	42
2014	54	42	18	0	0	2	10	16	1	31

一般市民及び会員からの非弁被疑者事件の情報提供が会になされると、事務局は、一弁および二弁の事務局との間で情報交換を行い、他会にも情報提供がなされている場合には、東京三弁護士会合同非弁護士取締委員会に資料を回付し、三会非弁で担当会を決めることになる。当会で処理することになった事案については、担当委員に資料を回付する。担当委員は、事件について事情聴取等の調査を行い、調査が終了した場合は委員会に上程し、調査対象者に対する措置について決定する。措置は、ⅰ刑事告発、ⅱ厳重警告、ⅲ警告、ⅳ措置をしない、ⅴ調査打切り、ⅵ事案の性質上調査しない、の6種類である。なお、調査の過程で、調査

対象者が非弁行為をしないことを誓約する場合は，誓約書の提出を受け，措置をしないことを決定する場合もある。また，調査の過程で，ウェブサイトの問題のある記載が削除されたような場合には，それ以上の措置をする必要がなくなるので措置をしないことを決定することがある。

　刑事告発，厳重警告および警告の執行は，理事者会の決議を受けて会長名で行っている。刑事告発は捜査機関に告発状を提出する。厳重警告及び警告は原則として調査対象者を呼び出し，委員長から警告書を手交して執行する。

❹　東京三弁護士会合同非弁護士取締委員会（三会非弁）との関係

　非弁活動に関する情報提供は，当会だけでなく一弁や二弁に対してもなされることがある。この場合，東京三会のなかで担当会の調整をする必要があるので，三会非弁の会議が年6回程度開催されている。三会非弁では，三会非弁案件について，各会からの調査結果報告を受けて措置に関する審議・議決を行い，処分を執行している。三会非弁で行う警告・刑事告発等の措置は，三会会長名で行われる。各会単独では調査が難しい案件については各会から委員を選出して合同調査PTを立ち上げて調査を行ったり，隣接士業問題についての調査・検討を行ったりしている。

　三会非弁案件になると，事件配点にも調査終了にも会議を経なければならず，処理に時間を要するところが問題であるが，三会の調整が必須なので抜本的改善はなかなか難しい。

2）隣接士業問題

(1) 隣接士業とは

　隣接士業について法定化されているものとしては総合法律支援法第10条第3項が「隣接法律専門職者，隣接法律専門職者団体」の責務を規定し，業務運営等についても同様の「隣接法律専門職種」との規定が存在する。そこで想定されているのは，司法書士，税理士，弁理士，土地家屋調査士，社会保険労務士，行政書士の6士業である。このほかに公認会計士，不動産鑑定士も，隣接士業に包含される場合もあるが，公認会計士，不動産鑑定士の業務は，「法律業務」（弁護士法3条1項）ではないから，ここでは隣接士業から除く。

　この6士業の人口は，

司法書士　21,658人（2015〔平成27〕年4月1日現在）
税理士　75,645人（2015〔平成27〕年11月末日現在）
弁理士　10,901人（2015〔平成27〕年10月末日現在）
土地家屋調査士　17,216人（2015〔平成27〕年4月1日現在）
社会保険労務士　38,445人（2014〔平成26〕年3月末日現在）
行政書士　45,551人（2015〔平成27〕年10月1日現在）
である。

(2) 隣接士業問題の発生

　弁護士とこれらの隣接士業の関係は，司法制度改革以前までは，現在のように大きな問題とはなっていなかった。上記各隣接士業の本来業務は，司法書士は登記・供託手続きの代理業務，税理士は税務申告代理業務，弁理士は特許等の特許庁に対する申請業務，土地家屋調査士は不動産の表示に関する登記についての調査・測量と表示登記の申請手続き業務，社会保険労務士は労働・社会保険に関する申請手続業務，行政書士は官公署に提出する書類の作成業務であり，それぞれこれらについての付随業務も含め法定されており，紛争解決には関与することなく，限定された特定分野の法的サービス・隣接業務サービスを担ってきた。ある意味では，弁護士人口が少ない中である程度のすみわけができていたものである。

　この状況に変化を与えたのは，司法制度改革である。

　今次の司法改革は，二割司法といわれた弁護士過疎の解消を目指し，法の支配を全国津々浦々に行きわたらせることを目的として行われた。

　弁護士人口の増員と法科大学院を中核とする法曹養成制度の改革がその中核をなすものである。しかるに，2001（平成13）年6月に公表された司法制度改革審議会の意見書（以下「司改審意見書」という。）では，隣接士業からの要望があり（佐藤幸治ほか『司法制度改革』〔有斐閣2002（平成14）年〕288頁），弁護士人口の大幅増員が達成されるまでの間の過渡的・応急措置であるとして，「当面の法的需要を充足させるための措置」（司改審意見書87頁）として隣接士業の権限拡大措置が盛り込まれた。これ以降，隣接士業による権限拡大要求に対応した権限拡大が進んでいくことになった。

　以下，司法制度改革開始後の，各士業の状況を検討する。中でも訴訟手続きの代理権を得た司法書士，行

政不服審査の代理権を取得するに至った行政書士を中心に法改正とそれに続く運動を検討する。

(3) 司法書士問題

今時の司法制度改革で，認定司法書士には簡裁における140万円を超えない範囲での訴訟代理権が付与され裁判所の手続における代理権が認められた。

その後，弁護士が権限がありながら十分に責任を果たしていないこと，市民の利便性，ニーズに応えること，などを理由に司法書士会は権限拡大要求を掲げている。

その主要なものは，

❶ 140万円の簡裁代理権の範囲に制約されない法律相談権の確立
❷ 合意管轄による簡裁の代理権
❸ 受任事件に関する執行代理権
❹ 受任事件に関する上訴審代理権
❺ 家事事件における代理権
❻ 行政不服審査手続きにおける代理権

などである。

しかしながら，法律相談は，法曹たる弁護士のもっとも基本的な重要業務であり，その入り口に於ける法的判断において相談者の法的需要に的確に応えるためには，本来高度の専門教育を前提とした技量と経験が必要な分野である。訴訟代理権が認められる範囲でその前段階として認められた法律相談を無制限に認めることはいかなる能力担保措置を講じたとしても認められるべきではない。

また，弁護士が，権限がありながら十分その責任を果たしていないのではないかという批判に対しては，全国津々浦々，370ヶ所を超えるひまわり公設事務所，法律相談センターの開設，弁護士人口の大幅増員（2001（平成13）年18,246人→2014（平成26）年35,007人）に鑑みれば，既にその批判は該当しないと考えられる。弁護士の増員達成までの間の過渡的・応急措置としてなされた権限拡大の例外措置をさらに増幅させることは，今次の司法改革の流れに逆行する要求である。

なお，日本司法書士会連合会は，家事事件の代理権の取得を目指している。現在成年後見事務についても積極的に対応し，裁判所の後見人選任率は弁護士を超えている。さらに，相続・離婚事件など増加傾向にある事件についての代理権獲得については，明確な対応を取る必要がある。

(4) 行政書士問題

行政書士の本来業務は，他人の依頼を受け官公署に提出する書類を作成することであった。ところが2008（平成20）年，弁護士法72条に違反しない範囲で，官公署提出書類に係わる許認可等に関して行われる聴聞又は弁明の代理が認められるに至った（行政書士法1条の3第一号）。これらの改正は議員立法で条文の十分な吟味がなされていないため，事実上の陳述代理にとどまるのか，法律上の陳述代理までを含むのか規定が必ずしも明確ではない。行政書士会は，係争性ある法律問題にかかわらない限り，法律上の意見陳述代理権ありと主張しているが，検討されるべき問題である。また同条の3第3号の「前条の規定により，行政書士が作成することができる契約その他に関する書類を代理人として作成すること」の規定も代理権限の内容が曖昧である。当然のことながら書類の作成についてのみの代理であり対外的な民事上の代理権は認められるものではない。しかしながら，一部に行政書士会の立場を擁護する見解として，紛争性がないならば，例えば遺産分割協議において相続人間の合意形成をリードし，分割協議をまとめる代理行為がこの条文によって合法であるとの主張がなされている。そしてこれがいわゆる「法律相談」に該当しない「法規相談」であると強弁する（兼子仁『新版行政書士法コンメンタール』〔北樹出版，2005年〕）。

さらに2014（平成26）年6月に行政書士法が改正され，行政庁に対する審査請求，異議申立て，再審査請求の不服申立手続きの代理権が与えられることになった。これに基づいて2015（平成27）年12月，特定行政書士研修を修了した行政書士2,428名が特定行政書士に認定され，紛争性を有する事案における手続についても書類を作成し，その手続きの代理を業とすることとなった。

また，行政書士会は，ADR手続における代理権獲得も目指している。2012（平成24）年度の活動方針では，これら改正問題を大きく取り上げており，法改正に向けて活発な運動がなされている。

行政書士，行政書士会は2001（平成13）年頃からホームページ等で自らを「街の法律家」と称し，積極的な宣伝活動をするようになった。これに対し，2007（平成19）年，「街の法律家」という名称を掲載したチラ

シ等から削除することを求めた日弁連の要請に対し，行政書士会は「当該用語は既に国民に浸透している」として，続用する旨を回答してきた。

しかしながら，「法律家」という用語は法曹資格のあるものだけが使用することが認められることは，「法律事務所」という名称を弁護士以外のものが使用してはならないことからも明白である。行政書士がホームページなどを使って依頼者を誘引したうえ，明らかに紛争性のある事案について事件受任している事例も指摘されており，東京弁護士会，愛知県弁護士会，横浜弁護士会等は，悪質な事案について警告を発する等の措置を講じている。さらに進んで告発に踏み切った弁護士会もあり，今後とも弁護士法の理念に従った厳格な対応が肝要である。

(5) 社会保険労務士法の改正と全国社会保険労務士会の権限拡大要求

2005年，個別労働関係紛争について都道府県労働委員会が行うあっせんの手続，厚生労働大臣が指定する団体が行う紛争解決手続（紛争価額が60万円を超える事件は弁護士の共同受任が必要）の各代理，男女雇用機会均等法に基づき都道府県労働局が行う調停の手続の代理が，一定の能力担保研修と試験を終了した社会保険労務士に限るとの条件の下に認められるようになった。また，従来からあった労働争議への介入を禁止する規定が削除された。

2014（平成26）年11月，社会保険労務士法が改正され，①個別労働紛争に関する民間紛争解決手続において，特定社会保険労務士が単独で紛争の当事者を代理することができる紛争の目的の価額の上限が120万円に引き上げられ，②事業における労務管理その他の労働に関する事項及び労働社会保険諸法令に基づく社会保険に関する事項について裁判所において，補佐人として，弁護士である訴訟代理人とともに出頭して陳述をすることができるようになった。

全国社会保険労務士会連合会は，労働審判手続における代理権，個別労働関係紛争に関する簡裁訴訟代理権の付与を要望している。

(6) 土地家屋調査士法の改正

2005（平成17）年，筆界特定手続における単独代理権が付与された。また筆界特定をめぐる民間紛争解決手続について，一定の能力担保研修の修了と法務大臣の能力認定を受けた認定土地家屋調査士について，代理，相談業務が認められた。

(7) 弁理士法の改正

2005（平成17）年，日本知的財産仲裁センター，一般社団法人日本商事仲裁協会（JCAA）での工業所有権の紛争に関して，著作権についての代理業務が職務範囲に追加され，また，2007（平成19）年，弁理士が取り扱える特定不正競争行為の範囲が拡大された。また，引き続き2011（平成23）年，特許法の改正，商標法の改正など，知的財産権に関する関連諸法が改正されている。

(8) 隣接士業問題に対する今後の方針

上記の通り，隣接士業の法改正を求める権限拡大要求は極めて大きな政治的力となっている。また，法改正に先行して法律の拡大解釈等，運用による既成事実化により，権限の事実上の拡大も日々進行している。弁護士の法律事務の独占は事実上例外の範囲が拡大し，法曹ではない法的サービスの担い手とされる隣接士業により浸食されている。本来法曹が担うべきとされる裁判所における業務についても，司法書士の権限が認められる事態に立ち至っている。

しかしながら，これらは司法改革審議会意見書の立場からも，弁護士人口の増加が行われるまでの当面の措置であったのであるから，相当程度人口増が実現した現在，隣接士業の権限拡大を内容とする法改正は認められるべきではなく，また，当面の法的需要の充足という見地からすれば，この需要充足の達成度を検証し，場合により改正による措置の廃止も視野に入れて検討がなされなければならない。

この点について，意見書では，将来「各隣接専門職種の制度の趣旨や意義」「利用者の利便」「利用者の権利保護の要請」等の視点から，法的サービスの在り方を含めて総合的に検討することとされていた。

当時の「将来」が，既に「現在」の課題となり，当時の制度設計は見直されるべき時期にきている。ところが，当時は応急措置とされたはずの隣接士業の拡大された権限が，事実上後戻りのできない極めて困難な既成事実と化してしまっている。

この問題の総合的な検討は，我が国の「法の支配」をどの担い手によってどのように進めていくかという極めて重要な政策課題であるが，当面は，次のような対応が必要であろう。

① 各隣接士業の権限拡大に向けた立法活動に対し，

積極的な意見表明をし，現実的な対抗運動をすること。

これは，今までも続けてきた運動である。中でも行政書士法の改正に対する対応が重要である。

また他の諸立法については，国会情勢などに於いての判断で，改正による過渡的措置が一定期間継続せざるを得ないとしても，国民・市民の権利・利益の保護の視点から，「信頼性の高い能力担保措置」の強化を求めていくべきである。

いずれにしろ，日弁連執行部は，日本弁護士政治連盟とも連携して，その実現にあたる必要がある。

② 個別案件に付いての既成事実化に対する対応である。このことは既に非弁活動のところで述べたとおり，違法な非弁行為を覚知したときは，毅然とした対応を迅速に取りうる体制を準備する必要がある。

③ さらに直接的な対応ではないが，もっとも根本的なところに於いて重要な観点から，より広汎な弁護士業務を展開することが必要である。弁護士が国民のあらゆる法律的ニーズに応えるという立場に立って，例えば過疎地での弁護士業務の一層の充実，業務の新分野での対応，専門性の高い分野での対応等である。司法書士との競合分野でいえば，成年後見制度での受任体制の整備，不祥事対策，簡裁事件，少額事件への対応，税理士との関係でいえば，税務の専門性の高い弁護士による不服申立ての対応の強化，知財分野でいえば，知財の法律相談体制の一層の整備，社会保険労務士との関係でいえば，労働審判事件への取り組みの一層の強化，行政書士関連では，入管問題に対応する弁護士の強化，行政不服審査申立てについて関与する弁護士の体制の強化などである。これらの諸分野での活動を一層強化することが，隣接士業の権限拡大の立法事実を消すことになることを十分に理解した活動が重要である。

④ 弁護士と隣接士業との役割分担・協働の視点も重要である。

隣接士業は，これまでそれぞれの歴史の中で，様々な国民・市民の要望に応えてきた側面も有する。しかし，隣接士業が果たしてきた役割は，司法の担い手ではなく，各限定的な分野での有する専門性である。そのことを前提とすると，隣接士業に，限定的な訴訟代理権を付与するという方向性ではなく，弁護士と協働するなどの手法で，それぞれの業務の特殊性を生かしつつ，そのニーズに応えることが肝要である。むしろ

隣接士業者が法改正による新権限について単独で業務を営むという視点ではなく，弁護士と協働してより多くのニーズに応えるという視点こそが重要と言うべきである。そのことにより非弁活動も防止することが可能となる。

経費共同によるワンストップサービスの事務所あるいは隣接士業間での連携を可能とするネットワーク造りなど，いくつかの工夫が検討される。これらのネットワークは弁護士業務にとってもアクセスポイントとしての役割を果たすし，弁護士からの登記や税務申告の依頼という面でも共存共栄が模索されるべきである。

3）ADRに関する問題

(1) ADR法の制定

司改審意見書が，司法の中核たる裁判機能の充実を図るとともに，裁判外紛争解決機関（ADR）が，国民にとって裁判と並ぶ魅力的な紛争解決の選択肢となるよう，その拡充・活性化を図るべきであると述べたことを受けて，司法制度改革推進本部に「ADR検討会」が設置され，総合的なADRの制度基盤を整備する見地から，ADRの利用促進，裁判手続との連携強化に基本的な枠組みを規定する法律案等の検討がなされた。そして，その審議結果を踏まえ，2004（平成16）年12月，「裁判外紛争解決手続の利用の促進に関する法律」（ADR法）が制定された。同法は，ADRが第三者の専門的知見を反映して紛争の実情に即した迅速な解決を図る手続としての重要性をもつことに鑑み，基本理念と国等の責務を定め，民間紛争解決手続業務に関する認証制度や時効中断等に係る特例を規定している。

ADR法は2007（平成19）年4月1日に施行されたが，同法の附則第2条では施行後5年を経過した場合は施行状態を検討し所要の措置を講ずると規定し，制度の見直しが課題となっており，2012（平成24）年がその時期となっていた。2012（平成24）年にADR協会がワーキンググループを立ち上げ，見直しの検討を行った。ワーキンググループには弁護士だけではなく隣接法律専門職種である司法書士会，行政書士会，土地家屋調査士会からも委員が入っており，2011（平成23）年12月5日に見直しに関する提言案を出した。

(2) ADR手続代理

ADR法制定の後，ADRの利用を促進するため，手続実施者（ADR機関）だけではなく，紛争当事者の

代理人についても，利用者が適切な隣接法律専門職種を選択することができるように制度整備を図る必要があるとされ，2005（平成17）年4月，司法書士，弁理士，社会保険労務士，土地家屋調査士の4職種について，ADRにおける当事者の代理人としての活用を図るための法整備が行われた。なお，税理士，不動産鑑定士，行政書士について，ADR法施行後の手続実施者としての実績等が見極められた将来において再検討されることとなった。

(3) これからの課題

❶ 弁護士会ADRの課題

弁護士会ADRとして東京弁護士会では紛争解決センターを運営し，他の会でも紛争解決センター又は仲裁センターを運営しているが，事件数は伸びていない。唯一例外は今次の東日本大震災に対応した仙台弁護士会の紛争解決支援センターの活動であり，2011（平成23）年12月段階で申立件数が332件，解決例が116件と実績を挙げている。

今後は社会のニーズに応えるADRが必要であり，震災ADRにとどまらず，専門ADRの拡充が必要と思われる。東京三会でも，金融ADR，医療ADRといった専門ADRを拡充させるとともに，ハーグ条約による子の奪取事件や，国際的な家事事件を扱う国際家事ADRの創設など専門分野の拡充を図る必要性がある。

また，利用者である市民のために様々な紛争解決制度を提供するとともに，裁判所による調停手続きとの連携を構築し，利用者が裁判所及び民間のADRを柔軟に利用できる制度構築に向けて協議をすることも必要と思われる。

❷ ADR法見直しに関する課題

司法書士，弁理士，社会保険労務士及び土地家屋調査士に認められているADR手続代理権については，能力担保措置の一層の充実を図っていくことが課題となっている。弁護士会ないし日弁連としては，今後も研修教材の作成，講師の派遣等を通じて積極的な関与をしていくべきであり，紛争当事者に不測の被害が及ばないように努めるべきである。

また，将来的課題とされた税理士，不動産鑑定士，行政書士に対する手続代理権付与問題については，これら関連団体が行うADR手続主宰者としての実績を十分に見極めなければならない。安易なADR手続代理権の付与は，紛争当事者たる国民にかえって有害となることもあることを銘記すべきである。

いずれにしても，今後弁護士人口が大幅に増加していくことも踏まえ，隣接法律専門職に対するADR手続代理権付与の在り方を，国民の権利・利益の擁護の視点に立って検討していかなければならない。隣接士業からは，現在，さまざまな権限拡大要求が続いているが，われわれは，隣接士業による職域拡大の観点からのADRに関する代理権限の拡大要求については賛成すべきではない。

4）サービサー問題

(1) サービサー法の成立，施行

民間サービサー制度の創設を内容とする債権管理回収業に関する特別措置法（以下「法」という。）が1998（平成10）年10月12日に成立し，1999（平成11）年2月1日同法施行令および施行規則と共に施行された。

同2条2項は，サービサーが行う債権回収業の定義として「弁護士以外のものが委託を受けて法律事件に関する特定金銭債権の管理及び回収を行う営業または他人から譲り受けて訴訟，調停，和解その他の手段によって管理及び回収を行う営業をいう」としているので弁護士法72条，73条の禁止がこの法律の適用領域では例外的に容認されることとなった。

(2) サービサー法の改正

2001（平成13）年6月13日，サービサー法が改正され（同年9月1日施行），サービサーが取り扱える債権の範囲を大幅に拡大するとともに，利息制限法の制限を超える利息または賠償額の支払いの約定が付着している債権の履行の要求に関する行為規制が緩和された。

すなわち，取扱い債権の範囲につき，それまで銀行等の金融機関の貸付債権等に限定されていたが，①いわゆる貸金業法上の登録をしている貸金業者であれば，その有する貸金債権は全て特定債権とする，②いわゆる資産流動化法上の特定資産である金銭債権等，流動化対象資産となっている金銭債権を広く特定金銭債権とする，③法的倒産手続中の者が有する金銭債権等を特定債権とする，として大幅に拡張されることになった。また，従来は利息制限法の制限を超える利息または賠償額の支払約束の約定が付着している債権の履行の要求は，たとえ利息を含まない元本のみの履行の要求であってもこれを禁じる業務規制をかけていたが，改正法は，「当該制限額を超える利息または賠償額の

支払いを要求してはならない」と規定することにより，制限利息に引き直せば，元利金を含めて請求することを許容することを明らかにした。

(3) サービサー法の再改正問題

2000（平成12）年10月に発足した業界団体である全国サービサー協会（以下「協会」という。）は，2004（平成16）年8月，取扱債権の拡大を中心とするサービサー法改正を求める要望書を法務省その他の関係機関に提出した。これを受けて日弁連は，同法の改正問題が本格化するとの認識のもと，同年11月，日弁連会長を本部長とするサービサー法改正問題対策本部（以下「対策本部」という。）を設置するとともに，上記改正要望に反対するとの意見書を作成して法務省等に提出した。

その後，協会と対策本部との約2年間にわたる多数回の協議（法務省もオブザーバーとして参加）を経て，拡大する取扱債権について基本的に双方が合意に達した。これを踏まえて，自民党は，2006（平成18）年度の臨時国会にサービサー法改正案を上程すべく，同年10月にワーキングチームを組織し，協会，日弁連等の関係諸団体に対してヒヤリングを行った。これにより，改正内容はほぼ固まり，法務省において改正案を策定したが，その内容は，取扱債権（特定金銭債権）の拡大，すなわち，法的倒産者に対する金銭債権を，債務者側の同意又は行為規制を要件に扱うことができるようにする，法的倒産に至らない任意整理中の債務者が有する債権についても，弁護士が債務者の代理人として関与していることなどを要件として扱えるようにする，というのがその主な内容である。

法務省は2006（平成18）年度の臨時国会に改正案を上程する方向で準備を進めていたが，結局，国会審議の優先順位の関係から上記国会に改正案は上程されないでいたところ，2009（平成21）年6月，民主党が「債権管理回収業に関する特別措置法の一部を改正する法律案」を衆議院に提出した。この法案は，サービサーによる強引な取立て行為が社会問題化していることから，サービサー業務に従事する者が取立てを行うに当たって禁止される行為類型を具体的に例示し明確化すること，罰則を全体的に引き上げることなどを主な柱とするものであった。しかし，同法案は結局，可決されずに廃案となった。

(4) サービサーによる自治体債権の取扱問題

近時，自治体における未徴収債権問題がクローズアップされつつある。そのような中，自治体が税以外の債権，とりわけ住宅使用料等についての債権の管理業務をサービサーに委託している例が少なくない。サービサーは自治体債権のうち貸金については特定金銭債権に含まれているので取り扱うことができるが，住宅使用料については特定金銭債権に含まれていないので取り扱うことはできないはずである。

しかるところ，滞納使用料の案件を受任しているサービサーの中には，弁護士法72条は事件性を要件としているとの前提に立ち，たとえ滞納使用料であっても，単に「お支払いのご案内」をしているだけなので，弁護士法違反の問題はないと強弁しているものがある。しかしながら，自治体がサービサーに委託しているのは，督促を繰り返しても支払いのない，「しこった」案件であり，そのような案件の債務者に対しての「お支払いのご案内」は事件性のある債権についての請求行為そのものと解するほかはないと思われる。なお，最判昭和37年10月4日は，債権の成立またはその額に争いがある場合，あるいは焦げ付き債権として回収困難である場合など，債権者が通常の状態ではその満足を得ることができないものについて取立の委任を受けて請求行為等に及ぶことは「法律事件」に関して「法律事務」を取り扱ったものというべきであるとしている。上記最高裁判決が事件性必要説に立っているか否かは定かではないが，同判決からすれば，自治体が滞納使用料の管理業務をサービサーに委託することは弁護士法72条に違反していると解される。

(5) 弁護士会の取組み

上記のとおり，サービサーについては，ここ数年間，改正問題がくすぶっている。サービサーには，取扱債権をネガティブリスト方式（特定の債権以外は扱えるものとする方式）にするなどの全面的改正を望む声が強い。自民党の中にもネガティブリスト方式に賛同する有力議員もあり，そうなれば，サービサー法が弁護士法の特例であるという現行法の枠組みが崩壊することになる。今般の改正問題は，弁護士制度の根幹を揺るがしかねない大きな問題であることを考えると，法友会においてもこの問題に今後とも注視を怠ることなく，真剣に議論する必要がある。また，前記（4）のとおり，自治体が弁護士法違反の疑いの強い業務をサ

ービサーに委託しているという問題がある。弁護士会として自治体等に注意を呼びかける等の措置を講ずる必要があると思われる。

5）市場化テスト法の施行による公的資金の回収について

2006（平成18）年7月施行の「競争の導入による公共サービスの改革に関する法律」（市場化テスト法）の問題などもある。市場化テスト法の施行により，国民年金の保険料の滞納者に対し民間事業者が請求を行えるようになっている（同法33条1項2号）。上記請求行為については，同法33条4項により弁護士法72条の適用を排除されている。今後，国税徴収事業，公立病院の医療費未徴収の回収事業，地方自治体の租税債権や貸付債権の収納事業，公営住宅の滞納家賃の徴収事業等を一般事業者に開放することが政府において検討されているとのことであり，その動向に注目する必要がある。

6）非弁提携問題

非弁活動は，弁護士や弁護士法人でない者が法律事務を行うことを禁じたものであるが，弁護士がこのような非弁活動を行う者と結託することを禁止し，非弁活動が助長されることがないように，非弁行為と提携することが禁止されている（弁護士法27条）。いわゆる非弁提携行為の禁止に関する問題である。

弁護士法27条は，弁護士や弁護士法人が，非弁活動を行う者から事件の周旋を受け，又はこれらの者に自己の名義を利用させることを固く禁止している。しかし，非弁提携問題は相変わらず後を絶たず，弁護士会としては国民の適正な権利擁護を実現するとともに，社会的正義を実現しつつ，国民・市民が法律生活における公正円滑な営みができるよう努力を重ねるとともに，こうした非弁提携の根絶に向けてさらに注力しなければならない。

7）信託の活用

(1) 新信託法の意義

2007（平成19）年9月30日，85年ぶりに抜本的に改正された新信託法が施行された。新信託法は旧信託法には存在しなかった事業信託，自己信託，目的信託等，新しい制度を導入し，多様な社会経済のニーズに応えようとしており，改正により信託の利用可能性が拡大した。

資産を保有している個人が，自らの意思に沿った財産管理や財産承継を行うことができるようにするためには，①相談を受けた弁護士が信託を利用した財産管理及び財産承継の方法について適切に助言すること，並びに②財産管理及び財産承継の役割を担う受託者が整備されることが必要であり，弁護士会がこれらを実現するための環境整備を行う必要がある。

(2) 福祉型信託に対する取組み

新信託法の下，民事信託の分野で積極的な利用を期待されているのが，病弱であったり，判断能力が減退した高齢者や障がい者等の社会的弱者の財産を管理する目的での信託の利用であり，また世代間の円滑な財産移転のための信託の活用である。これらの場面においては，関係当事者の利害対立や紛争が潜在することが多いことから，弁護士は，紛争の予防・解決並びに財産の管理保全及び円滑な財産移転のためのツールとして信託を有効に利用する役割を担うべきである。

2004（平成16）年12月に改正された信託業法は，信託業の担い手を拡大し，金融機関以外の者が信託業を行うことを可能としたが，改正信託業法の下においても，信託業の担い手は株式会社を基本とすることが適当とされた。

他方で，改正信託業法には，「政府は，この法律の施行後三年以内に，この法律の施行の状況について検討を加え，必要があると認めるときは，その結果に基づいて所要の措置を講ずるものとする」（附則第124条）という規定が置かれ，改正信託業法の審議過程において「次期法改正に際しては，来るべき超高齢社会をより暮らしやすい社会とするため，高齢者や障害者の生活を支援する福祉型の信託等を含め，幅広く検討を行うこと」という附帯決議が行われた。

この附帯決議を受けて，金融審議会金融分科会第二部会により取りまとめられて2008（平成20）年2月8日に公表された「中間論点整理―平成16年改正後の信託業法の施行状況及び福祉型の信託について」において，福祉型信託の担い手として，議論の中で「福祉事業や後見業務を行う公益法人，NPO法人，社会福祉法人等がふさわしいのではないか」という意見が出されたこと，また，参入形態として，弁護士等個人による受託を認めるべきとの考え方と，継続性・安定性の確保

等の観点から法人に限られるべきとの考え方の双方があることが紹介されている。

弁護士が福祉型信託の担い手として信託を活用できるようにするため、弁護士会が信託業法の改正を含めた適正な制度構築の提言等に取り組むことが期待されている。

(3) 遺言信託業務に対する取組み

遺言信託業務とは、一般に信託銀行による遺言書の作成、遺言の執行、遺言整理等、相続関連業務への取組みを指すものであり、遺言「信託」という言葉が用いられているが、遺言による信託を意味するものではない。

遺言信託業務と呼ばれる遺言書の作成及び執行は、法的な専門知識が必要とされる業務であり、本来弁護士が、遺言によって自らの意思に従った財産承継を実現させることを望む個人の要望に応えることが期待される分野である。しかしながら、我が国の現状では信託銀行がこれに取り組んでおり、これまで、遺言書の作成を望む個人が弁護士にアクセスすることを容易にするための組織的な取組みが行われてこなかった。

そこで、弁護士が遺言書の作成及び執行業務を多くの一般市民に対して提供する取組みとして、日弁連法的サービス企画推進センターの遺言信託プロジェクトチームが検討を進めてきた。その成果として、同プロジェクトチームのメンバーが2008（平成20）年5月に設立した特定非営利活動法人遺言・相続リーガルネットワークが、一般市民に対して、弁護士が遺言書の作成及び執行業務を提供するための活動を始めている。

同NPO法人は、遺言書の作成を希望する一般市民が弁護士による法律相談を容易に受けることができるようにするために、各弁護士会と連携して環境を整備することを目指している。日弁連は、同NPO法人の要請を受けて、各弁護士会に対し、2010（平成22）年4月23日付で、同NPO法人から遺言分野における法律相談等の案件の紹介があった場合に対応できる組織の構築につき格段の協力を要請する旨の事務総長名の書面を送付した。多くの弁護士会は、同NPO法人から案件の紹介があった場合に対応できる窓口を整備しており、同NPO法人と連携、協力して、遺言書の作成を望む個人が弁護士にアクセスしやすい環境を整えつつある。

また、弁護士が、遺言書の作成及び執行の業務を行うに当たっては、新信託法に定められた後継ぎ遺贈と類似の効果を持つ受益者連続信託（受益者の死亡により、その受益者の有する受益権が消滅し、他の者が新たな受益権を取得する旨の定めのある信託。信託法91条）、死因贈与と類似の機能を持つ、委託者の死亡の時に受益権を取得する旨の定めのある信託（信託法90条）等を依頼者の要望に応じて利用することが求められる。

資産を保有する個人にとっては、信託契約を利用することにより、自らが判断能力を失った後、さらに自らの死後の財産管理と受益権の帰属を予め定めることができる利点があり、信託の利用に対する需要は高まっている。このような需要に、弁護士が応えることができていない現状を速やかに改善する必要があり、日弁連及び各弁護士会は、遺言による信託の利用に関する研究及び会員向けの研修を実施する必要がある。

さらに、現状では信託銀行が不動産信託の受託をしないなど、不動産を含めた財産管理の委託を希望する個人にとって、受託者のなり手がない点が問題となっている。日弁連及び各弁護士会が主体となって、信託の受託者を整備する必要がある。

3 法律事務所の多様化と隣接業種との協働

1）総合的法律・経済関係事務所

弁護士が、司法書士、税理士、弁理士等の隣接業種と協働して業務を遂行することは、業際分野の処理能力の向上等、有用なことであり、その協働を一歩進めた隣接業種との共同事務所は、ワンストップ・サービスとして依頼者の側からみても有用である。

また、政府は、「現行法上も、弁護士、公認会計士、税理士、弁理士等の専門資格者が一つの事務所を共用し、一定の協力関係の下に依頼者のニーズに応じたサービスを提供することは基本的に可能である」としている。この見解は、1997（平成9）年の日弁連の第10回弁護士業務対策シンポジウムでの結論と同様、経費

共同事務所は認め，弁護士法72条・27条の関係で，隣接業種との収入共同事務所は認めていないというのが一般的な理解である。

現在の問題は，さらに進んで収入共同事務所を立法論として認めるか否かという点である。ワンストップ・サービスの問題だけであれば，経費共同でも対応できるのであるが，より効率性・統一性の高い経営形態である収入共同＝パートナーシップを敢えて認めない理由は薄い。

しかし，近年，巨大会計事務所の弁護士雇用を利用した様々な違法問題，コンプライアンスが守られない状況が出てくるに従い，共同事務所における倫理規範の確立等については，最重要課題として議論が尽くされなければならないであろう。

弁護士が仕事をする上で守らなくてはならない最大の点は，弁護士法1条の基本的人権の擁護と社会正義の実現であり，この内容は弁護士の義務であり，かつ弁護士の権利であることが最大限尊重されなければならない。共同事務所においても同様に，このような義務と権利が意識されなければならない。現実の問題として，弁護士以外の職種において，このような義務と権利が確保される状況又はシステムになっているかは，疑問なしとは言えず，このような現実の問題を放置したまま他業種との収入共同事務所の構築はあり得ない。弁護士の国民からの信頼の基礎は何かを再度考えることにより，他業種との協働の問題を，より現実的なものとするために，整備すべき課題を再検討すべき時期に来ているものと思われる。

また，仮に収入共同を認める場合の立法上の手法も検討する必要がある。例えば，外国法事務弁護士と同様な手法による特定共同事業という方法も考えられるが，その場合の隣接業種の範囲なども慎重に検討する必要があるであろう。

このような外国法事務弁護士との協働のあり方，他業種との協働のあり方は，問題点は共通しているのであり，単なる協働化への技術的な問題点のみを議論するのではなく，協働化問題に潜む弁護士倫理の希薄化と弁護士の本質を侵害される危険性をどのように回避し，その回避を担保できるシステム作りができるかが問題とされなければならない。

東京弁護士会業務改革委員会では，2006（平成18）年に隣接士業との共同事務所経営に関するガイドラインを作成した。その内容は，基本的には，行政機関から監督される士業と行政機関から独立した監督機関を持つ弁護士との倫理感，行動様式，国民に対する義務の在り方の違いを明確にしたものであり，弁護士が隣接士業を雇用する場合には全て弁護士への責任として処理されるが故に問題とならないことが，弁護士の雇用によらない場合には問題が生じる場合が多いことを指摘し，その回避方法を論じている。この問題の根本は，司法権に関する職務内容を基本とする弁護士と，原則として行政に関する手続代理を行う行政補助職との目的の違いにある。司法権の独立にはそれなりの理由があるように，行政庁の監督下にある士業が司法権に属する業務を行うことが制度として妥当なのかどうかという判断によるものであろう。現在，世界的に，企業及び個人の行動様式の倫理性が求められている時代において，その助言者としての弁護士の独立性の問題が議論され，弁護士倫理が問題となっている現段階では，総合的・経済関係事務所問題は当面の間，弁護士の経営による事務所として進めることを原則と考えるべきであろう。

2）法律事務所の複数化

現在，弁護士法20条3項は複数事務所の設営を禁止している。その立法趣旨は，①弁護士間の過当競争の防止と弁護士の品位の保持，②非弁活動の温床の防止，③弁護士会の指導連絡監督権の確保，の3点にあると言われている。

一方，政府の規制緩和3計画を初めとして，弁護士間の競争制限規定を撤廃しようという動きや，弁護士偏在の解消策として複数化を容認する意見がある。現在は，立法当時と事情が異なり，問題点とされている過当競争の防止という論拠は薄弱化している。弁護士増員の結果，過当競争どころか，司法試験合格後も相当数が弁護士として活動できないような状況下に置かれるようになってきた。

複数事務所の設置自体は法人化した後に従たる事務所を設けることによってある程度実現できるが，従事務所設置の規制が相当緩和されない限り支店数は増えない。そもそも法人化することによるコストアップによって法人化をためらう弁護士も多い。

複数事務所の容認は，弁護士に対するアクセスポイントを増加させ，司法改革の理念に沿うばかりでなく，

新人弁護士の就職先を増やすものという積極的な評価もある。一方で，支店事務所における事務職員等による非弁活動の危険性を指摘して消極的な意見もある。非弁の問題については，別途手立てを尽くせば足りるし，弁護士会の指導・連絡も，技術的に解決することが可能であるとして，弁護士法20条3項を早期に改正して複数事務所の設立を認めるべきであるという意見もある。

法律事務所をめぐる状況も相当変化しているので，改めて，議論が必要であろう。

4 その他の領域への進出

1) 外部監査人制度への進出

(1) 現状と問題の所在

1999（平成11）年度より，主要な地方公共団体（以下「自治体」という。）において外部監査人による外部監査制度がスタートした。2008（平成20）年度外部監査の対象となっている自治体は11であったが，2014（平成26）年度は119で実施されている（都道府県，政令指定都市，中核市〔人口30万人以上で市議会及び都道府県議会の議決を経て，政令で指定された市〕等では義務的，その他の自治体は任意。）。

監査は自治体の行政事務が法令規則等に基づいて適正に行われているか否かをチェックするものである。従来，不適法または不正な行為を早期かつ容易に発見するという趣旨で，監査人は内部事情に通じた自治体に身分を有する監査委員とその補助的な事務を行う監査事務局とによって遂行されてきた。

しかし，近年，監査委員による監査の形骸化，行政の不正を是正する機能の欠如等の指摘がなされ，監査制度の抜本的な改革を求める声が強くなり，そのような背景や地方分権を求める気運の高まりとも相俟って外部監査制度が発足したのである。

外部監査制度には，包括外部監査（地方自治法252条の27第2項）と個別外部監査（同法252条の39〜43）とがある。包括外部監査は，地方自治法2条14項（組織，運営の合理化等），15項（法令遵守義務）の趣旨を全うすべく，行政事務の全般にわたって外部監査人の監査を受けるとともに，監査結果の報告を受けることを内容とし，個別外部監査は，自治体の長，議会あるいは住民からの個別の請求に基づき実施される監査である。

また，監査人の監査業務を助けこれを補助する者として，補助者の制度も併せて定められた。

外部監査制度は，自治体の監査制度を真に実効性あるものにするための改革として評価されるべきものと言えるが，監査人そのものに人を得なければ制度も絵に描いた餅となることが明らかである。制度に魂を入れるためには有為の人材を供給することが不可欠である。外部監査人による監査の実績が重ねられつつある現在，引き続き，関係各方面における努力が求められるところである。

(2) 弁護士会の取組み

日弁連は，外部監査制度の導入をいち早く評価し，外部監査人として弁護士を各自治体に送り出すための施策を積極的に推進すべく，日弁連として外部監査人を推薦することを目指して，1998（平成10）年4月，次のとおりの外部監査人の推薦基準を策定した（2001〔平成13〕年8月一部改定）。すなわち，

① 司法修習を終えた後，弁護士，裁判官もしくは検察官又はこれらに準ずる法律実務家として，通算して10年以上の法律実務家の経験がある者

② 当連合会が主催する外部監査人実務研修会の所定の過程を終了した者，又は当連合会会長が地方公共団体の行政運営につき特に識見があると認めた者

③ 外部監査人就任時に，当該地方公共団体の顧問弁護士もしくはこれに準ずる者でない者，又は当該地方公共団体の代理人，もしくは相手方とする事件の代理人でない者

という基準である。

また，日弁連は，制度発足以来，外部監査人候補者名簿を作り，名簿登録のための外部監査人実務研修会を各地で実施している。そして，2015（平成27）年9月には2007（平成19）年に作成された「包括外部監査マニュアル」を全面改訂し，会員用ホームページで配信している。さらに，外部監査人として活躍している会員を招いての交流会も原則年1回開催している他，日弁連法律サービス展開本部自治体等連携センター内

に，「外部監査・第三者委員会部会」を設置し，外部監査人経験者を中心としたメンバーで，単位会をバックアップする体制を整えている。

2014（平成26）年度，外部監査人たる弁護士は12名（神奈川県，大阪府，広島県，徳島県，高知県，沖縄県，新潟市，堺市，岡山市，岐阜市，倉敷市，長崎市）である（補助者は未集計，2014〔平成26〕年度包括外部名監査の通信簿より抜粋，なお2013（平成25）年度の補助者たる弁護士は60名）。

しかしながら，1999（平成11）年4月に制度が導入されて以来，東京都をはじめ，一度も弁護士が監査人に選任されていない自治体は少なくなく，監査人の選任に当たり，監査人の候補者の推薦依頼や公募情報の周知依頼を公認会計士協会等にのみ行い，弁護士会には依頼していない場合や，公募する監査人の資格を公認会計士に限定している場合もあり，その結果として，弁護士が監査人に就任するケースは全体の1割程度に止まるというのが現状である。

このような現状に鑑みると，単位会としては，監査人候補者として所属弁護士を推薦できる体制を整えるとともに，包括外部監査対象団体及び今般の地方自治体法の改正（2015〔平成27〕年4月1日施行）による「中核市制度と特例市制度の統合」により今後中核市に移行する可能性のある特例市に対し，積極的に弁護士を監査人又はその補助者として選任するよう働きかけていく必要がある。

(3) 今後の取組みと提言

行政の透明性，公正さを維持確保するための方策の一つとして，外部監査人のなす監査は今後益々重要度を増しこそすれ，その意義が減少することはないと考えられる。特に，地方分権の下，推進された基礎的自治体の大規模化（従前，約3,300あった自治体が，1,700程度になった。）が図られるとともに，近年も引き続き自治体の不祥事が相次いでいるという事態を見るとき，外部監査の果たすべき役割は格段に重要な意味を有することとなったものである。

そして，そのような外部監査人に求められる資質としては，法律による行政とそれに基づく行政のシステムをよく理解し，財務・会計に関する知識経験を有するなど，一定程度専門家としての知識経験を有することが求められ，そのような観点からすれば，弁護士は，公認会計士とともに外部監査人としてもっともふさわしい職種であると考えられる。実際に外部監査人に就任した弁護士の具体的な監査については，全国市民オンブズマン連絡会議からも高い評価が与えられており，毎年1件選出される（選出がない年もある。）オンブズマン大賞を弁護士が監査人である報告書が2008（平成20）年から2014（平成26）年までの7年間で5回受賞しているという実績にも表れている（なお，2011〔平成23〕年は大賞の選出なし。）。

弁護士及び弁護士会は，外部監査人としての人材の最も有力な供給源としての機能を果たすべきことが期待されているとい言うべきであり，より一層多くの人材を供給し，外部監査制度を支える役割を担っていくべきである。

2）会社法上の社外取締役等への進出

(1) 現状と問題の所在

❶ 社外取締役制度の現状

2007（平成19）年5月1日，2006（平成18）年7月26日に公布された「会社法」及び「会社法の施行に伴う関係法律の整備等に関する法律」が施行された。その改正では，機関設計の大幅な多様化が図られ，取締役は1人でもよいとされ（もちろん2人以上置いてもよい。），社外取締役の制度については，概ね従来の制度が踏襲された。

すなわち，新法においても社外取締役の定義は，①当該会社又はその子会社の業務執行取締役若しくは執行役又は支配人その他の使用人でなく，かつ，②過去に当該株式会社又はその小会社の業務執行取締役若しくは執行役又は支配人その他の使用人になったことがないものをいうとされている（会社法2条15号）。また，会社に対する損害賠償についても，社外取締役は，職務執行の対価として受け，又は会社から受けるべき財産上の利益の1年間当たりの額を省令で定めた方法により計算される額の2倍を限度として責任を負う（会社法425条1項1号ハ。ちなみに，代表取締役又は代表執行役は6倍，その他は4倍である。）。

社外取締役は業務の内容に精通していないことが通常であり，このような取締役が他の常勤の取締役と同一の責任を負うとしたのでは社外取締役のなり手がいないのではないかという配慮に基づく規定である。

❷ 社外監査役について

1993（平成5）年の商法改正において，監査役の機

能を充実強化すべく、任期を1年伸張するとともに大会社にあっては社外監査役の選任が義務づけられ、2001（平成13）年の改正では、任期は4年とされ、大会社においては資格要件が厳格化された社外監査役を半数以上とすることが義務づけられた。また、社外取締役同様、その責任を軽減する制度も設けられた。

新会社法においても、監査役を置くことを定めた会社、監査役を置かなければならない会社（取締役会設置会社、会計監査人設置会社）のうちの大会社については、2001（平成13）年の改正法施行後の商法特例法を踏襲している。

❸ 委員会設置会社

新会社法においても、委員会設置会社の制度が踏襲されたが、重要財産委員会の制度は廃止された。その代わり、取締役会設置会社で、取締役が6名以上、そのうち1名以上が社外取締役である会社では、予め選任された3名の取締役の決議によって重要財産の処分等の決議（会社法362条）を行うことができるという特別取締役の制度が定められた（会社法373条）。

ただし、旧法と同じく委員会等設置会社を選択する会社では、特別取締役の制度は使えないとされている。

委員会設置会社とは、定款に基づき監査委員会（取締役ないし執行役の職務の執行の監査、会計監査人の選任・解任等）、報酬委員会（取締役・執行役の報酬の決定、報酬額等の決定）、指名委員会（取締役の選任及び解任に関する議案等の決定）、及び1人以上の執行役を設置している会社をいう（会社法400条以下）。委員会を設置した会社では、監査役を置くことはできず、1人又は2人以上の執行役を置かなければならない（ただし、取締役が執行役を兼ねることはできる。）。各委員会は取締役3人以上で構成され、そのうち、過半数は社外取締役でなければならないとされている。

❹ 会社法改正問題

会社法の改正をめぐって、企業統治の強化、とりわけ企業収益の向上を図るためのモニタリングシステムの導入につき、社外（独立）取締役の設置を義務付けるか、監査役を置かず社外取締役が中心となる監査・監督委員会設置会社制度を創設するか等が議論されていた。法制審での答申においては、社外取締役の義務付けは見送られたが、社外取締役を選任しない場合にはその理由を事業報告書に記載しなければならないこととされた。また、監査・監督委員会設置会社制度を創設することとされ、2013（平成25）年の臨時国会に上程された。他方、上場会社では、内外の機関投資家等の意向を受けて、法改正に先行する形で、2013年（平成25）年度以降、新たに社外取締役を選任する企業が増加している。

そして、2014（平成26）年6月20日に社外取締役の要件の改正、上場会社である監査役会設置会社に社外取締役の設置を強く誘導する改正等を含む改正会社法が成立し、政令の制定を経て2015（平成27）年5月に施行された（第5部第2の8参照）。

さらに、東京証券取引所は、2015（平成27）年3月15日に公表された「コーポレートガバナンス・コード原案」を踏まえて「コーポレートガバナンス・コード」を上場規程として定め（同年6月1日施行）、独立性の高い社外取締役を「少なくとも2人以上選任すべきだ」と明記し、独立社外取締役の複数化、多様性確保を求めている。

本来、モニタリングシステムにおいて求められる社外取締役の役割や能力とは、単なる違法行為の監視や抑止だけではなく、企業経営の経験に裏付けられた企業業績の向上及び経営刷新をはかる能力であるが、実務では、依然として企業不祥事などに絡んで、弁護士である社外取締役を選任して、違法行為の再発防止に向けて助言者としての役割を期待する場面が少なくない。法科大学院あるいは経営大学院とも提携して、こうした社会のニーズに応え、さらにモニタリングシステムにおける社外取締役の職責を果たせる人材の発掘と育成、また他方、インハウスにおいて業務執行取締役や執行役を支えるオフィサー・法務部長等、幅広く安定的長期的に従業員として、その職責に応えられる能力を備えた者を多数育成し、組織化して、企業からの要請に迅速に対応できる態勢を整備していく必要がある。

❺ 現状と問題の所在

2001（平成13）年、2002（平成14）年度にわたる商法改正では、弁護士が社外取締役に就任することの一般的な義務化は見送られたが、サービサーの稼働とも相俟って弁護士たる社外取締役は増加傾向にある。ちなみに、日弁連が2006（平成18）年4月に行った上場会社1,700社余りに対して行ったアンケート調査では、回答数541社のうち、弁護士たる弁護士の社外取締役であった。

近年，企業経営ないし企業活動の適正化ないし社会的責任（CSR），コンプライアンス維持の要請はますます強まってきていると言える（第5部第2の11参照）。弁護士たる社外取締役ないし監査役は，そのような場面で有用な役割を果たし得ると考えられるが，そのことが一般的な認識となっているとはなお言い難い実情にある。

(2) 弁護士会の取組み

日弁連においては，この間，企業活動における不祥事を踏まえ，2001（平成13）年11月開催の業務改革シンポジウム（広島）を始め，CSRに関する研究に継続的に取り組んできており，企業活動への関与の方策を探るべく検討している。弁護士の職責上，社外取締役，社外監査役等として有効に機能すべき能力を備えているとの考えの下，多くの企業に有為の人材を供給すべく，商工会議所，経団連等の経済団体との間における懇談を開催してきている。

また，東弁等では，男女共同参画の観点から，社外役員候補者になることを希望する女性弁護士会員の名簿を作成し，これを希望する企業に提供している。

弁護士は，社会生活上の医師としての役割を果たすべきものとされており，企業活動に対しても，社外取締役，社外監査役としてこれまで以上に積極的に関与していくべきである。会社法の施行後の実績を検証しつつ，多くの弁護士が社外取締役，社外監査役として参画できるような仕組み作りも含めて，弁護士会としてより積極的な施策を講じることが必要である。

3）日弁連中小企業法律支援センター

(1) 設置の経緯

日弁連が，中小企業の弁護士の利用実態を把握するため，2006（平成18）年12月から2007（平成19）年5月にかけて全国の中小企業に対するアンケート調査を行った。

その結果，回答した中小企業のほぼ半分（47.7％）には弁護士の利用経験がなく，その理由のほとんどは「弁護士に相談すべき事項がない」ということであった。ところが，中小企業が法的問題を抱えていないのかと言えば，そうではなく「法的問題を抱えている」と回答した中小企業は約80％，しかも，約60％は「複数の問題を抱えている」ということであった。にもかかわらず，弁護士に相談しなかった理由は「弁護士の問題とは思わなかった」が最も多い（46.5％）。そして，法的課題の解決方法としては，「弁護士以外の専門家に相談」が38.9％，「社内で解決」が31.0％であり，相談相手の「弁護士以外の専門家」としては，税理士が56.6％と圧倒的に多く，社会保険労務士が31.0％，司法書士が24.8％と続く。さらに，「弁護士の利用経験がある」と回答した中小企業においても，法的手続（裁判など）以外で弁護士を利用したことがある比率は，わずかに約25％にとどまっている。

結局，中小企業にとっては，弁護士は「裁判等の法的手続を行う専門家」ではあるが，それ以外の日常的な法的問題への対処のための相談相手とは認識されておらず，実際，そのような形での利用もされていない，というのが実情であり，他士業（特に，税理士）がその受け皿となっていることが浮き彫りとなった。

(2) 全体像

我が国の経済の基盤を形成する重要な存在である中小企業の大半が法的問題を抱えているにもかかわらず，弁護士による法的サービスを，量的にも質的にも十分に受けているとは言えないのであるが，これは，法律実務の専門家である弁護士の存在意義そのものが問われていると言っても過言ではない。かかる事態を解消することを目的に，これまでに実施した各委員会における議論や活動の成果を踏まえて，①中小企業のニーズに応えることを徹底的に追求，②中小企業の弁護士に対するアクセス障碍の解消，③弁護士の中小企業の法律問題への対応能力，実践的なスキルの向上，④組織的かつ全国的な対応ができる体制の整備の4つを活動の基本方針として，日弁連中小企業法律支援センターが設置された。そして，現在，①広報部会，②企画・開発部会，③事業再生プロジェクトチーム（金融円滑化プロジェクトチームを前身とする），④海外展開支援チーム，⑤ニーズ調査報告書検討チーム及び⑥創業支援・事業承継プロジェクトチームが設置され，それぞれ活発に活動を行っている。同センターの具体的な活動内容としては以下に述べるとおりである。

(3) ひまわりほっとダイヤルの運営

日弁連中小企業法律支援センター（通称「ひまわり中小企業センター」）では，2010（平成22）年4月1日から，中小企業から弁護士へのアクセス改善のために，全国共通の電話番号により相談を受け付ける「ひまわりほっとダイヤル」の運用を開始した。「ひまわりほ

っとダイヤル」全国共通電話番号「0570-001-240（おおい，ちゅうしょう）」に電話をすると，地域の弁護士会の専用窓口で電話を受け，折り返しの電話で弁護士との面談予約などができるというサービスである。さらに，2012（平成24）年2月からホームページ上でのオンライン申込の受付も開始した。「ひまわりほっとダイヤル」の利用件数は全体的には増加しており，2010（平成22）年度は通話数9,532件，相談実施件数5,017件であったところ，2014（平成26）年度の通話数は10,640件，相談実施件数は5,249件であった。また，「ひまわりほっとダイヤル」開設時（2010〔平成22〕年4月）から2015年（平成27）年10月までの総通話数は59,580件，総相談件数は29,559件であった。ひまわりほっとダイヤルの設置・運営は，中小企業のアクセス障碍解消の一助となっていることが窺われる。また，「ひまわりほっとダイヤル」は一部の弁護士会を除き，初回相談最初の30分の相談料を無料としており，中小零細事業者のセーフティネットとしての役割も果たしている。

なお，相談実施の結果であるが，相談のみで終了が75.0％，受任が6.2％，継続相談が16.5％である（2010〔平成22〕年6月～2015〔平成16〕年10月）。

(4) 広報活動

ひまわり中小企業センターでは，ひまわりほっとダイヤルの事業展開に応じてチラシを作成し，各地の弁護士会，中小企業支援団体のナショナルセンター等に配布している。また，同センターでは，日弁連のウェブサイト内に同センターのホームページを立ち上げ，中小企業支援にかかわる情報提供を行っている。また上記ホームページを活用すべくリスティング広告及びFacebookを利用し，一定の効果を上げているその他，雑誌への記事及び広告掲載，ラジオ番組のミニコーナーへの出演及びラジオ広告等，新たな広告媒体の開拓を試みている。

(5) 中小企業向け及び弁護士向けの各DVDの制作

ひまわり中小企業センターでは，中小企業向けDVD「中小企業経営者のみなさんへ　弁護士はあなたのサポーターです」の制作を行い，中小企業経営者に弁護士業務についての理解を深めるよう努め，それと同時に，相談に当たる弁護士側の意識改革のために，弁護士向けのDVDも制作し，その上映を行っている。

(6) 全国一斉無料相談会・講演会

中小企業のアクセス障害解消に向けて，1年に一度，全国的に一斉無料相談会及び一部の単位会では講演会も併せて行っている。

(7) 中小企業関連団体との意見交換会

ひまわり中小企業センターでは，2010（平成22）年9月以降，各地の弁護士会との共催により，当該地域の中小企業関連団体の方を招いて，2015（平成17）年12月までに20ヶ所以上において意見交換会を実施している。それを通して，中小企業関連団体の方々に弁護士業務の理解を深めてもらうことができ，各地の弁護士会との連携促進の一助となっている。

(8) 中小企業のニーズに応えられる弁護士の育成

ひまわり中小企業センターが中小企業への法的サービス供給を推進するに際しては，その担い手である弁護士が中小企業の要望に的確に応えられるよう，同センターでは，中小企業関連業務に関するeラーニングのコンテンツの制作及び特別研修の開催も行っている。

(9) 中小企業の海外展開支援活動

前述のように中小企業の海外展開のニーズの高まりとともに，同センターでは，国際支援部会を設置したが，それとともに，日弁連内では，同センターの他，外国弁護士及び国際法律業務委員会，日弁連知的財産センター，日弁連研修センター，若手法曹サポートセンター等の日弁連内の関連委員会から人を得て中小企業海外展開支援ワーキンググループが設けられ，日弁連は，2012（平成24）年5月には，JETRO及び東京商工会議所との間で，中小企業の海外展開支援に関して連携協働する旨の協定を締結し，パイロット事業として日弁連中小企業海外展開支援弁護士制度を開始した。

(10) 中小企業庁及び支援諸団体との連携

日弁連は，中小企業庁との間での連携を強化し，ひまわり中小企業センター委員と中企庁担当者との間で定期協議を開催し，情報交換を行っている。

支援団体との関係では，2011（平成23）年4月27日付けで，日弁連と日本政策金融公庫との間で，中小企業支援等の支援に関する覚書を締結している。

また，後述のとおり2014（平成26年）ころから日弁連として創業支援に力を入れ始めたところ，同年9月から，女性起業支援を積極的に行っている日本政策投資銀行との共催で，女性起業家を対象とした法律セミナーを実施している。

(11) 特定調停スキームの策定と事業再生キャラバン

日弁連は，裁判所の特定調停の手続を用いた事業再生支援を提案，最高裁判所とも協議を重ね「特定調整スキーム」を策定した（2013〔平成25〕年12月より運用開始）。特定調停スキームの周知及び普及のため，地域の経済産業局や金融機関と共同して，各地（2015年〔平成25〕年12月時点で全国3ヶ所）で特定調停スキーム活用セミナー（通称事業再生キャラバン）を開催した。

(12) シンポジウムの開催

ひまわり中小企業センターでは，中小企業庁などの関係省庁及び中小企業支援団体等を招いて，ひまわりほっとダイヤルの周知のためのシンポジウム，2012（平成24）年10月「中小企業金融円滑化法出口戦略に関するシンポジウム」を初めとした事業再生関連のシンポジウムを複数開催した。

また，第17回（2011〔平成25〕年開催），第18回（2013〔平成25〕年開催）及び第19回（2015〔平成27〕年開催）の日弁連業務改革シンポジウムに参加し，それぞれ中小企業支援ネットワーク構築，海外展開支援及び創業支援をテーマに研究発表を行った。

(13) 今後の課題

ひまわり中小企業センターは，「弁護士は裁判になった時に頼めばよい」と考えている中小企業事業者に弁護士の有用性を知ってもらうことにより，弁護士が中小企業事業者の経営・法務についての日常的な相談相手となることを目指している。センター発足から約6年が経ち，「ひまわりほっとダイヤル」や各種セミナーや意見交換会，支援諸団体との連携を通じて，徐々に中小企業支援者としての弁護士の存在が周知されつつあるという手応えを感じつつはあるが，まだまだ弁護士が中小企業事業者の日常的な相談相手となっているとは言いがたく，さらなる努力が必要である。

今後は，これまでの活動を継続・発展させていくとともに，中小企業にとって重要でありながらこれまであまり弁護士が取り組んでこなかった分野，具体的には創業支援及び事業承継の分野にも積極的に取り組んでいくことを考えている。これらの分野については，前述の弁護士業務改革シンポジウムへの参加や日本政策投資銀行との共催セミナー等を通じ少しずつ取り組みを始めているところではあるが，本格的な活動はこれからである。

ひまわり中小企業センターは，最近は熱意のある若手弁護士の参加も増え，日弁連の中でも非常に活気のある委員会となっている。法友会においても，ひまわり中小企業センターの活動を参考に中小企業への法的サービス拡充のための施策が期待されるところである。

4）東京弁護士会中小企業法律支援センター

(1) 設立の経緯

東京弁護士会では，これまで業務改革委員会において，日弁連が企画する中小企業に関する全国一斉無料相談会や中小企業海外展開支援に関する弁護士紹介制度等の実施を担い，また，法律相談センターの乙名簿を利用してひまわりほっとダイヤルによる相談業務を行ってきた。

しかし，これらは，いずれも日弁連が企画する中小企業支援施策を単位会としていわば受動的に実施していたものであり，また，金融円滑化法の期限経過後の緊急対応を迫られる中，東京弁護士会としてより能動的・積極的に中小企業支援に取り組むべく，2014（平成26）年2月10日，業務改革委員会から派生する形で，東京弁護士会中小企業法律支援センター（以下「中小センター」という。）が設立された。

具体的な設立趣意は以下のとおりである。

① いわゆる金融円滑化法の期限経過後における中小企業への事業再生・経営革新のための支援は喫緊の課題であり，また，日本経済の原動力を担う中小企業への継続的かつ専門的な法的支援は，中小企業に活力を与え，ひいては日本経済全体に良好な波及効果をもたらす重要な課題である。

② これまで比較的小規模な事業者においては，法律事務を含む経営支援を税理士等に依頼していたのが実情であるが，弁護士数が増大した今日，弁護士が中小企業事業者の身近な存在として法的支援を行うことは，法の支配を社会の隅々まで行きわたらせる目的に叶うものである。

③ 弁護士が中小企業事業者の身近な存在として法的支援を行うには，それぞれの法的ニーズに即した専門的技能を提供できる体制を構築するとともに，中小企業事業者に寄り添いつつ，混沌とした悩みの中から法的ニーズを汲み上げていくためのアウトリーチ活動が必要である。

④ 日弁連が実施するひまわりほっとダイヤルや中小

企業海外展開支援弁護士紹介制度，中小企業に関する全国一斉無料相談会及びシンポジウム等を有効に機能させるには，中小企業事業者支援に特化した専門機関が必要であり，そのほか，例えば経済産業省が取り組む中小企業・小規模事業者ビジネス創造等支援事業の専門家派遣への対応，中小企業庁が実施する下請かけこみ寺（相談・ＡＤＲ業務）の受託，商工会議所が取り組む消費税転嫁対策支援への協力などの役割を十全に果たすには，中小企業事業者の支援を目的とした専門機関が必要である。

⑤　そこで，弁護士が中小企業事業者の身近な存在として，利用者に寄り添いながら，ニーズを汲み上げるためのアウトリーチ活動を行うとともに，経営革新等支援機関として認定された弁護士を中心とした弁護士による中小企業の再生支援（事業再生支援），起業，会社統治・企業統合，海外展開・国際取引，知的所有権，反社会的勢力の排除，労使問題等の中小企業の成長及び発展にかかわる各分野の法的支援（事業成長支援），中小企業の経営が世代を超えて持続可能となるような事業承継に関する法的支援（事業承継支援），中小企業の健全な自己統治が可能となるような組織内弁護士経験者等を中心としたコンプライアンス・内部統制に関する支援（コンプライアンス・内部統制支援）等を行うため，東京弁護士会中小企業法律支援センターを設立する。

なお，中小センターでは，その設立時に，東京三弁護士会の共催で中小企業支援体制構築のための「中小企業支援サミット」を開催し，中小企業支援団体，他士業を含め200名を超える中小企業支援に関わる出席関係者に対し，中小センターの設立及び活動内容を発表した。

(2) 中小センターの組織

中小センターでは，その活動内容に応じて，①アウトリーチ部会，②連携検討部会，③広報部会，④名簿・研修部会を置き，それぞれが活発に活動している。具体的な活動内容については後述する。

また，紹介部門の中に，法律研究部や専門委員会から推薦を受けた委員を中心に構成される部会として，①事業再生支援部会，②事業成長支援部会（②はさらに細分化され，ⅰ海外展開・国際取引PT，ⅱベンチャー・起業PT，ⅲ労使問題PT，ⅳ知財保護PT，ⅳ反社会勢力排除PTの各PTを設置），③事業承継支援部会，④コンプライアンス・内部統制支援部会を置き，後述する精通弁護士名簿の整備等を担っている。

(3) 中小センターの仕組み・活動実績

❶　コンシェルジュ弁護士の配置

中小センターでは，ひまわりほっとダイヤルからの受電のほかに，中小センター専用電話回線（03-3581-8977）を設け，弁護士紹介業務を行っている。その大きな特徴は，コンシェルジュ弁護士と呼ぶ配点担当弁護士を配置していることである。

相談者が電話をかけるとコンシェルジュ弁護士が直接電話に出て（正確にいうと，午後2時から4時まではコンシェルジュ弁護士が弁護士会館内で待機し直接電話に出るが，それ以外の時間帯ではまず事務局が電話に出て，コンシェルジュ弁護士が相談者にかけ直すことにしている），事案の概要をヒヤリングし，法律問題が含まれているかどうか，どの分野に精通する弁護士を紹介すればよいかを判断している。コンシェルジュ弁護士の電話対応は無料である。

これまでひまわりほっとダイヤルでは相談者にFAXを返信してもらうことにより事案の概要を把握していたが，その手間のため相談に至らないケースも多く存在し，また，事務局では事案を的確に把握することに限界があるという課題があったが，コンシェルジュ弁護士を配置することにより，これらの課題の解決に寄与している。

2014（平成26）年4月1日から同年11月25日までの相談件数は619件，1日当たり平均3.8件の受電がある（昨年度のひまわりほっとダイヤルのみの時代の1日当たりの平均件数は1.2件であった）。また，中小センターのアウトリーチ活動等の効果が徐々に出始め，専用電話回線による相談も増えてきており，月によって変動があるもの2014（平成26）年10月の相談割合は，ひまわりほっとダイヤル経由が約70％，中小センターの専用電話回線経由が約26％となっている。

中小センターの広報部会において，同年11月に東京弁護士会の委員会ブログに中小センターのページを開設し，今後は外部業者に委託し専用のホームページも開設する予定であり，さらなる相談件数の増加が予想されている。

なお，コンシェルジュ弁護士は，中小センターの委員の中で構成しているが，現時点では完全ボランティアで対応しており，その待遇が次年度以降の課題とな

っている。また，名簿・研修部会においてコンシェルジュ経験交流会を実施し，常により良い制度への改善を試みている。

❷ 精通弁護士紹介態勢の整備

中小企業が抱える法的問題は複雑かつ専門的であり，相談する際にはその分野に精通した弁護士に依頼したいというニーズが存在する。そのニーズに的確に対応するため，中小センターでは，各分野に精通する弁護士を登録した精通弁護士名簿を整備している。具体的には，前述の各部会に対応した①事業再生支援名簿，②事業成長支援名簿（②は，前述の各PTに対応して，さらに細分化され，ⅰ海外展開・国際取引名簿，ⅱベンチャー・起業名簿，ⅲ労使問題名簿，ⅳ知財保護名簿，ⅳ反社会勢力排除名簿），③事業承継支援名簿，④コンプライアンス・内部統制支援名簿を整備している。

また，契約書のチェック，債権回収，訴訟対応など，広く中小企業の法的支援を扱う⑤その他法的支援担当名簿も整備する準備をしている。

なお，①ないし④の各精通弁護士名簿については，中小センター設立時の過渡的措置として，法律研究部や専門委員会から精通する弁護士を登録してもらっている。また，⑤その他法的支援担当名簿については，名簿・研修部会において2015（平成27）年度から「中小企業法律支援ゼネラリスト養成講座」と題して中小企業に関わる分野の中から年間12回の研修講座を開設し，名簿登録者の能力向上に取り組んでいる。

❸ アウトリーチ活動の実践

中小事業者の中には，自らが抱えている法的課題が弁護士に相談すべき法律問題と認識していないことが多くあるため，弁護士側から積極的にアプローチして中小企業に寄り添い，その中から法的課題を抽出して，経営戦略を意識した実践的な解決を図る活動が必要となる。これをアウトリーチ活動と呼んでいる。

中小センターでは，アウトリーチ部会がこれを実践しており，これまで業務改革委員会において接点のあった中小企業関連団体とのさらなる関係強化や接点が薄かった中小企業関連団体との関係の模索と強化を行っている。具体的には，新銀行東京との中小企業支援に関する覚書の締結，日本政策金融公庫主催のセミナー・ワークショップ・相談会への弁護士派遣（東京三弁護士会共催），昭和信用金庫主催のセミナー・ワークショップへの弁護士派遣（東京三弁護士会共催），東京商工会議所が設置する東京都事業引継支援センターとの連携，自由民主党との中小企業支援に関する意見交換会等を行った。

❹ 各団体との積極的な協力・連携関係の構築

また，連携検討部会において，アウトリーチ活動の一環として，税理士，公認会計士，社会保険労務士，中小企業診断士等の他士業との連携構築と強化を行っている。

中小センターでは，前述した中小サミットのほかに，平成26年度夏期合同研究の全体討議を引き受け，「未来へつなぐ中小企業の絆」と題して，事業承継をテーマに研究発表を行った。いずれの企画もパネルディスカッションに税理士，社会保険労務士，中小企業診断士等に参加してもらい，他士業との連携により，中小企業支援に多角的に取り組むことの重要性を啓発した。

(4) 今後の課題

中小センターは，2014（平成26）年2月に立ち上げたばかりの組織であり，まだ試行錯誤を繰り返している段階である。しかし，積極的なアウトリーチ活動により着実に中小企業の需要を喚起しており，また，懇切丁寧なコンシェルジュ弁護士の電話窓口対応により，中小企業のニーズに的確に応える努力を続けている。

もっとも，コンシェルジュ弁護士の過大な負担，抜本的な精通弁護士名簿の整備，担当弁護士の能力向上，さらなるアウトリーチ活動，他士業との連携強化など，まだまだやるべき課題は多い。

法友会においても中小企業のニーズに的確に応えるための施策の推進が求められる

5）行政分野への取組み

弁護士は，社会の様々な分野で法の支配を確立すべく努力し，そのために必要な活動をすることを求められている。そのことは，必然的に弁護士の活動領域の拡大をもたらす。近時，国会や行政（国，地方自治体）及び企業との関係において，外部監査人や社外取締役の他，政策秘書や組織内弁護士（インハウスロイヤー）等の新たな需要が出現していること等もその例である。

弁護士会としては，今後，活動領域の飛躍的拡大に向けて，より一層積極的な施策を講ずるべきである。

(1) 国会と弁護士

❶ 政治資金監査

2008（平成20）年1月，政治資金法の一部改正により，国会議員の政治資金の監査の制度（主として支出と証憑との突合）が発足し，同年4月に施行された。監査人として弁護士が予定されている（その他公認会計士と税理士）。これは，希望者が応募して研修を受け，登録される制度である。

日弁連は，制度を広報するとともに，監査契約書（当該国会議員との間で締結）や監査報告書の雛形を作成して会員の参考に供している。

しかし，2013（平成25）年度（2月末日）における，政治資金監査人の登録者数4452人のうち，弁護士の登録者は，279人に過ぎない（約6％）。

❷ 政策秘書

また，近時の国会情勢により，大量の政策秘書が必要な状況が出現した。弁護士は，そのような職に就く者として適任である。党派を問わず，多くの弁護士が政策秘書として活躍できるよう環境を整備し，引き続き有用な人材を送り出すべく積極的な施策を講じるべきである。

日弁連は，2014（平成26）年中に「国会議員政策担当秘書説明会」を2回開催するなどの活動をしており，政策秘書として活躍している会員は，60期代を中心に10名を越える状況となっている。

(2) 行政と弁護士

❶ 弁護士の役割

近年の行政改革，地方分権改革は，行政に携わる者の法務に関する意識改革を強く迫ることとなった。社会の成熟とともに，行政の透明性やコンプライアンスが強く求められ，行政の職員とは異なるマインドを持った法律専門家たる弁護士の役割，有効性が再認識される状況となったのである。

特に，自治体においては，従来から弁護士が行っていた分野（訴訟対応・法律相談）だけではなく，今後は，条例等の制定・審査等の政策法務分野，債権管理・回収，包括外部監査等の新たな分野に対しても，法曹有資格者の人材と能力を十分に活用すべきである。

中でも，債権回収分野では，弁護士の活用が必須である。なぜなら，「普通地方公共団体の長は，」債務名義のある債権以外の債権について「訴訟手続により履行を請求すること」を義務づけられているからである（地方自治法施行令172条の2）。このように，自力執行権のない債権（私債権・非強制徴収公債権）について，大量の未収を抱える自治体にとってみれば，債権回収の場面で弁護士を積極的に活用することが不可避である。

❷ 任期付公務員

2000（平成12）年，任期付（最長5年）公務員の制度が発足した。前述のとおり，弁護士は限定された範囲で公務員になることができたが，実際に許可を得て公務員となった例は少なかった（金融庁，外務省，公正取引委員会等）。しかし，上記任期付公務員制度の発足と2004（平成16）年4月の公職就任の制限の撤廃により，国の機関に在籍する弁護士の数は飛躍的に増大し，また，地方自治体の公務員となって活動する弁護士も，出現するようになった。

(3) 国家公務員と弁護士

20012（平成23）年6月1日現在，弁護士が任期付公務員として従事している国の機関は18以上に及び（内閣府，公正取引委員会，金融庁，総務省，消費者庁，法務省，外務省，財務省，国税庁，経済産業省，資源エネルギー庁，原子力安全・保安院，特許庁，文化庁，厚生労働省，国土交通省，衆議院法制局，文部科学省），その人数は，335名にのぼっている。加えて，任期付公務員以外に，常勤職員として勤務している弁護士もいる。

公務員となった多くの弁護士の現場での活動に対する評価は高く，また，近時の政治情勢を反映して，弁護士を任期付公務員として募集する機関は増大している。

特に，東日本大震災を機に設立された原子力紛争解決センターでは，200名を越える弁護士が仲介委員と調査官となって，多数の損害賠償事件の解決にあたっている。

(4) 地方自治体と弁護士

❶ 地方分権改革と弁護士

① 地方分権改革

従来行政は，国，都道府県と基礎的自治体である市区町村が，いわば上下関係で位置付けられていた。しかし，1999（平成11）年の地方自治法の改正（機関委任事務の廃止等）を幕開として，住民自治と団体自治の徹底ないし拡充を目的とした地方分権改革に着手され今日に至っている。地方分権改革は，行政の上下関係を断ち切り，自治体に対し，国や都道府県と対等の立場で，自らの判断と責任において政策判断をなし，

遂行することを求めるものである。自治体が行う事務ないし活動領域は，福祉，教育，医療，産業振興等，住民の生活に直結するあらゆる領域にわたっている。そしてそれらは，すべて法令に根拠を有するものでなければならず（法律による行政），このことは，全ての領域における法的判断を自らの負担と責任において行わなければならないことを意味する。

② 司法制度改革

歴史的に司法の容量が低く抑えられてきた中で，弁護士（会）の多くは自治体の活動に関心を示さず，また，自治体においても弁護士を活用するという発想のないまま経過してきた。

しかし，近年の行政需要の増大や住民の権利意識の高度化という時代的・社会的背景の中で，自治体の活動は，より一層，住民自治の体現と透明性を有するものであることが求められている。そこでは，日々直面する法的な問題，それに伴う適切な施策が決定的に重要なテーマとなり，必然的に法律専門家の関与が要求される事態をもたらしていると言え，弁護士及び弁護士会は，自治体に対する取組を飛躍的に強化すべきである。

中でも，法令は，普通地方公共団体の長に対し，自力執行権のない債権については訴訟手続によって履行を請求することを義務づけ，さらに，債務名義のある債権については，強制執行手続をとることを義務づけているのであって，この場面における行政需要が膨大にあることは疑う余地がない（地方自治法施行令172条の2）。

❷ 弁護士・弁護士会の取組

① 日弁連の取組

日弁連は，業務改革シンポジウム（2001〔平成13〕年広島，2003〔平成15〕年鹿児島，2005〔平成17〕年札幌，2009〔平成19〕年松山，2011〔平成23〕年横浜，2013〔平成25〕年神戸，2015〔平成27〕年岡山）その他，弁護士と自治体との関係構築を目指して活動してきた。

平成27年の業務改革シンポジウムでは，「自治体との新たな関係構築に向けて〜実践例と今後の展望〜」と銘打った分科会を設け，外部弁護士と自治体との連携による公金債権管理，条例制定支援，包括外部監査，福祉分野におけるモデル事業等への取り組みの紹介などを発表した他，同年7月には，地方自治体における弁護士の役割に関するシンポジウムを宮城で開催し，東北地方の自治体職員向けに地方自治体における「債権管理回収」に関する研修を開催するなどの実績を積んでいる。

② 東京弁護士会の取組み

東京弁護士会は，2007（平成19）年，自治体との連携を目指しての自治体等法務研究部を発足させ，改正行政不服審査法で新たに導入された審理員候補者の推薦，条例の策定改正，債権の管理回収，eメール相談，自治体職員向け研修の開催等の活動を展開している。加えて，東京弁護士会は，2015（平成27）年，弁護士領域拡大本部を立ち上げ，その下に，自治体連携センターを設置した上で（センターの構成部会は，広報部会，空き屋部会など），「自治体の皆様のためにできること」をまとめた自治体連携プログラムを発行するなどして自治体との連携強化のための組織作りを行った。また，弁護士会の取組みではないが，教育現場の職員から直接担当弁護士に電話相談できる仕組み（スクールロイヤー）を発足させるなどの取組みもみられる。

③ 弁護士による取組み

日弁連の松山における自治体との関わりに関する弁護士向けアンケート（回答数は全弁護士の5.7％）によれば，自治体への関わりについては，審議会や委員会委員，研修講師，顧問弁護士，訴訟事件の受任（顧問弁護士以外），任期付公務員，一般行政職等の回答があった。

近時，自治体に関与している弁護士は着実に増大していると言えるが，アンケートへの回答率をみても，まだまだ，関心の薄いことが窺われる。

❸ これからの取組み

① 自治体と弁護士・任期付公務員

前述した地方分権改革の下，自治体の法務能力の向上は喫緊の課題である。法律専門家たる弁護士（あるいは，法曹有資格者）は，自治体の活動の有効な助言者ないしスタッフとして機能することができる人材である。そこには各種の形態があり，現在，日弁連では，任期付公務員として自治体に採用されることを推進している。ここでは，弁護士（法曹有資格者）は，法律専門家としての素養を有する人材として，自治体のあらゆる事務に関与すること，また，内部の職員として他の職員とともに機能することも意味あることと言うべきである。

なお，2015（平成27）年3月現在，自治体に勤務する法曹有資格者は，64の自治体で合計87名となっている（日弁連調べ）。

② 人材の育成・自治体

これまで自治体は，主として内部で人材を養成してきた。多くの職員はよくその要請に応えてきていると思われるが，それらの人材は，さらなるグレードアップが図られる必要がある。例えば，法的問題の中には憲法にまで遡って論議し検討しなければならない場合もあると思われ，そのためのスキルは不可欠のことと思われる。そのための研修も有益と思われるが，例えば，法務を担うべき職員を，一定期間法律事務所に派遣して在籍させるという仕組みなどが考えられてよいのではないかとも思われる。

③ 人材の育成・弁護士会

これまで，弁護士会の中で自治体との関係について組織的に取り組んでいる単位会はごく少数であった。しかし，東京弁護士会に自治体等法務研究部が発足し，若手会員が多く参加し旺盛な活動をするようになった結果，東京三会においても，同様の研究部が発足し，多摩支部にも自治体の法務を専門的に研究する部が発足するに至っている。

④ 議会活動と弁護士

地方議会の権能ないし権限については，今次の地方自治法の抜本改正の対象で，2011（平成23）年4月30日，地方自治法の一部改正が行われたところである。行政が透明性を持って，民主的なルールの下で遂行されるためには議会が充分機能することが必要である。そしてそのためには，中立的な立場で議会スタッフとして弁護士が関与し，議会をサポートする仕組みが考えられてよい。

これに関しては，大阪弁護士会が先駆的に行っている，議会事務局に対して，顧問的立場として活動する弁護士を推薦する取組みを参考にすべきである。

(5) 日弁連の取組みと今後の展望

日弁連は，この間，若手法曹サポートセンター及び業務改革委員会を中心に，国の機関，地方自治体など，行政・立法分野への弁護士の進出に向けて取り組んできている。

法律による行政の下，行政機関の活動はすなわち法務そのものである。しかし，行政，特に地方自治体の法務の意識はまだまだ高いとは言えない。また，多くの弁護士（会）も，国や自治体の活動を理解し関与しようとする意識は未だ必ずしも十分とは言えない。

しかしながら，行政，とりわけ自治体の扱う事務とその活動領域は広大で，したがって，弁護士（会）がサポートすべき分野も広大である。

弁護士（会）としては，今後，行政の需要に応えることができる人材を養成するなど，行政と広範かつ密接な関係を構築するための施策を積極的に推進していくことが必要である。

このような中，日弁連は，2014（平成26）年2月，法律サービス展開本部を設置し，その下に，国・自治体・福祉等の分野において弁護士による法律サービスの一層の展開・促進を図るべく，自治体等連携センターを設置した。自治体等連携センターには，条例部会，福祉部会の他，公金債権部会，外部監査・第三者委員会部会といった部会が立ち上がっており，各分野に関する自治体等との連携の取り組みを進めるとともに，自治体向けのアンケート調査や，弁護士会の行政連携の体制について調査を行い，各地でシンポジウムを開催するといった活動を行っている。さらに，国，自治体への職員としての弁護士の任用を促進するため，各地で任期付公務員登用セミナーや求人説明会を開催するなどの活動も進めている。

実際に，公金債権部会では，内閣府の公共サービス改革（市場化テスト）と協力して，全国各地で，公金債権の回収業務の現状と今後の取組や公金の債権管理回収業務に関する法令と実務，債権回収業務の取組の実例に関する研修を多数開催している。

5 組織内弁護士について

1）組織内弁護士の現状と課題

(1) 組織内弁護士人口の急増

企業内弁護士の人口は2015（平成27）年6月末時点において1,442人[*9]となった。これに加えて，2015（平成27）年12月時点で，75の自治体に106名の法曹有資格者が勤務している。また国の行政機関等で常勤・非常勤として勤務する弁護士も相当数存在する。結果，単位会の人数を上回る単位会は，東京三会と大阪弁護士会，愛知県弁護士会（1,782名）の5会となっている。

この状況について，注目すべきは，組織内弁護士人口の増大であり，それと表裏をなすものの，単位会内における人口分布のアンバランスである。

日本組織内弁護士協会では採用年度別の人口を公表しているが，それによれば2001年においては合計61名のうち，男性弁護士が全体の80％（44名），10年以上経験者が一定数（11名）を占めていた。これが2015年となると，弁護士経験5年以内の弁護士が66％（693名），うち3年以内で46％（453名）となっている。一方で，企業内弁護士を複数雇用する企業の内訳を見ると，当初は外資系企業がほとんどだったが，現在は日系企業が中心となっている。

この推移は，2000年代初頭は，外資系企業が法律事務所で経験を積んだ弁護士を法務部門総括者としてのジェネラル・カウンセルあるいはこれに準ずる高位のポジションで採用していたのに対して，近年は日系企業が新卒者を採用することが増加したことを意味する。「ジェネラル・カウンセル」級と新卒採用者では同じ組織内弁護士でも，全く別の業務といえるほど業務内容が異なっている。

一方，ここ1～2年の間に上記と異なる傾向も現れている。一つは，まだごく少数ではあるが，日系企業においてもシニアな弁護士をジェネラル・カウンセル等として迎える例が現れ（ただし，当該弁護士は日本資格者であるとは限らない。），もう一つは，5年から10年程度，法律事務所において経験を積んだ弁護士が企業内に転職する例が目立ち始めたことである。

(2) 組織内弁護士の意義と問題の確認の必要性

組織内弁護士の意義および価値，リスクおよび陥穽を踏まえて組織内弁護士を更に浸透させることが喫緊の課題であるが，以下の3つの観点から考えることができる。

❶ 組織内弁護士の業務の重要性の観点

我が国のほか欧米の実情から判断しても，組織内弁護士には法律事務所の弁護士業務では代替しえない独自の価値・意義がある。それは，組織の内部に存在することによる法的問題／機会（Risk and Opportunities）の早期かつ正確な発見，当該組織の実情に応じたより的確な解決策の提供，そして，組織の意思決定過程そのものに関与することによる組織の行動への直接的な影響力の行使ということに集約できる。単なる「アドバイザー」はなく，組織を適法に機能させるという「結果」を創り出していくことは，まさに「法の支配」の実現であり，弁護士会としても積極的に評価し，推進していくべきである。このような組織内法務のありかたは，欧米では「グローバル・スタンダード」として確立しており，近時，日系企業においても「チーフ・リーガル・オフィサー」等に弁護士を迎える動きが出てきている。

ただ，現実の問題として，これらの高度の機能は研修所新卒の弁護士で果たし得るものではない。したがって，組織内の業務に関する経験を積んだ弁護士を養成し，企業その他の組織へ送り込む方策を考えるべきである。

また，上記の組織内弁護士の意義は，そのまま組織内弁護士のリスクを内在する。往々にして「客観的」な法的判断が困難な状況の中で組織内で判断を行い，かつ，「法の支配」を実現させることが職責であるため，時に組織内弁護士は困難な立場に遭遇する。[*10]

このような組織内弁護士特有の課題は，先行する欧米の実情を踏まえて，具体的かつ現実に即した形で問題を特定し，弁護士会において倫理課題を含めた対応

[*9] 日本組織内弁護士会URL

[*10] 本間正浩「弁護士業務基本規程51条の実務上の問題点」（日本比較法研究所シンポジウム「リーガルマーケットの展開と弁護士の職業像」（2014〔平成26〕年10月18日開催）配布資料66頁以下所収）81頁以下。

策を示していくことが組織内弁護士の健全な発展のために必要不可欠である。

❷ 若手弁護士のキャリア形成の観点

一方で，前述のとおり，最近の大多数の組織内弁護士は司法研修所新卒で就職している。そして，その弁護士が当該団体初の弁護士であることがむしろ普通となってきており，そのような場合，組織内弁護士側も，採用した組織側も，当該組織内弁護士の期待値について正確な理解を欠いていることが多い。

組織内弁護士のリスクの一つとして，組織内においては，当該組織内の日常業務にともすれば忙殺され，広く深く法律専門家としての知識・技能を深める機会を得ることが往々にして難しいということが指摘される[*11]。

そのリスクは研修所新卒弁護士について顕著である。新卒の組織内弁護士には経験の積み重ねがなく，その能力には一定の限界がある。かかる限界について十分な認識がない場合，本来不可能な期待を持たれてしまうというリスクがある。実際にも期待と現実のミスマッチの事例はそこここで発生している。

また，若手の組織内弁護士にとって懸念になりうるのは，前述のとおり，法律事務所で一定の経験を積んだ弁護士が中途採用されるという近時の動きである。これは一方では組織が弁護士の現実に有する専門能力・経験に注目したということであって，それ自体は積極的に評価できる。しかし，それは他方において，新卒で入社した者の昇進の道が頭打ちになるということにもなりかねない。

新人を組織に送り込もうとするのであれば，そのようなリスク・限界についても，弁護士，組織双方に正しく理解させ，覚悟を持たせる必要がある。さもなければ，5年後10年後にキャリアの破綻した弁護士を大量に生むことになりかねず，そのようなことになれば，就職先としてすら意義を失ってしまう。

❸ 組織内弁護士が目指すべき姿

組織内弁護士としてのキャリアに関しては，長期的な視野に立ち，若手組織内弁護士たち目指すべき「目標」を掲げる必要がある。

長期的なキャリア・パスといっても固定したものを考える必要はなく，様々な多様な形がありうる。その中にあって，組織内弁護士として欧米企業で確立しているところのンセル」であることは異論を見日本でも，法務の重要性・意義者も現れ始めた。その意義を研を広めていくことが望まれると

(3) 弁護士会の問題点

さて，組織内弁護士の健全なことは，これまでに検討したして，弁護士会の対応は十分状況に対応する主導権を失いと言わざるを得ない。

日本組織内弁護士協会が組とし，活動を活発化させていに限定しなければ，他にもいくつかの企業内弁護士の団体が活動している。国際的には，会員数4万余を擁する世界最大の企業内弁護士団体であるAssociation of Corporate Counsel（ACC）やアジアを中心とするIn-House Counsel Worldwide，さらに国際法曹協会（IBA），ローエイシア，環太平洋法律家協会（IPBA）等の団体の組織内弁護士関係の委員会等との交流も模索されている。今や，弁護士会の外の様々なところで，組織内弁護士の発展を図るべく，さまざまな活動が行われている。

一方で，弁護士会の活動はいまだに「就職対策」に過度に偏っている。新卒弁護士を「企業法務の即戦力」などと謳って企業に採用を働きかける[*12]という，行うべきこととは正反対のことが行われている状況である。本要綱が主張するような根本的な活動はわずかである。それらの活動も，その担い手のほとんどは日本組織内弁護士協会の会員であって，弁護士会独自での活動をする能力はきわめて限定されているというのが現実である。

今，弁護士会が適切な対応を行わなければ，弁護士会が関与できないまま，組織内弁護士に関する現実が進行してしまうことになろう。弁護士業務の重要な一翼を担い，人数も急増中の組織内弁護士業務の発展について，弁護士会が当事者能力を失うとすれば，強制加入団体として法の支配の一翼を担うべき弁護士会と

---

*11 芦原一郎「社内弁護士という選択」，自由と正義65巻4号70頁（2014〔平成26〕年）。

*12 主要企業に宛てた日弁連会長による2013（平成25）年10月15日付「企業内弁護士の採用に関する御案内」と題する書簡。

して重大な事態に直面し、究極的には弁護士集団の統一性が失われ、弁護士自治すら危殆に陥ることになろう。

組織内弁護士業務に弁護士の業務独占はない。必要な能力・資質・経験があれば、どこの国の資格者であっても資格者でなくともジェネラル・カウンセルとなることができる。そのような状況下で、研修所新卒の弁護士に対して「目標」を与えないまま、漫然と組織に就職させるということが続くのであれば、最悪の場合、日系企業であっても法務のトップは海外でグローバル・スタンダードの法務部において経験を積んだ外国人や外国資格者で、日本の弁護士の多くはその下で使われるということになりかねない。現に日系企業で外国資格者や外国人をチーフ・リーガル・オフィサーとして採用した事例が現れてきている。これでは、一部を除いた日本の組織内弁護士はグローバル・スタンダードに追いつくことなく、「ガラパゴス化」してしまう。

失われかけた主導権を取り戻し、組織内弁護士業務を弁護士業務の重要な要素とするために、また、組織内弁護士を同じプロフェッションの「仲間」として取り込むために、弁護士会は喫緊の課題として、組織内弁護士の研究および研修活動に取り組むべきである

2)「任期付公務員」について

(1) 総論

任期付公務員とは、法律や条例に基づいて、中央省庁等や地方公共団体において、任期付で採用された職員をいう。任期は、制度上5年を超えない範囲だが、実際には2年程度で採用されることが多い。

司法制度改革においては、弁護士が国民のニーズに応えて、社会の様々な分野（公務を含む）で活躍することが理念とされており、中央官庁及び地方自治体公務員への登用がこれまで以上に進むことが期待されている。

法友会の政策としても、上記司法制度改革の「法の支配を社会の隅々に」という理念に資するものとして、弁護士の公務員登用を促進することが望ましいと言える。

しかしながら、弁護士の公務員登用に関しては、現在、障害となり得る問題がいくつか存する。

(2) 法規・会規上の問題点

❶ 公益活動

日弁連では、弁護士職務基本規程（略）を努力義務として規定している。弁護（略）活動を義務付けている会が数会ある（略）は規定あり）。公務員には職務専念義務（略）法第101条、地方公務員法第35条）があ（略）際には公務を抜けて弁護士業務を行うこ（略）合が多いことから、弁護士会の公益活動義（略）ことに困難を伴う場合がある（公益活動を（略）いる会においては、明文の例外規定による免（略）で対処できるが、義務付けていない会におい（略）文の例外規定がなく、逆に「事実上の公益活動（略）け」という事態が生じかねず、公務員就任への（略）の障害となっていることがある）。

特に、国選弁護や法律相談等依頼者を抱える業（略）行うものについては、職務専念義務に抵触するおそ（略）があるとともに、実際にも公務を抜けてこれらの業（略）に従事することが困難である。そこで、このような公務員の特殊性に配慮し、しかるべき配慮（免除、延期、場合によっては公益活動負担金等の支払等の代替措置など）が検討されるべきである（東京弁護士会では、かつては公務員の公益活動義務を免除していなかったが、現在は会規を改正して、免除している。）。

一方で、公務員に就任する弁護士及び官庁・自治体も弁護士会の公益活動の重要性を十分理解し、公務との適切な調整を図るような配慮と努力が求められる。

なお、弁護士会の委員会活動については、公務と内容的に抵触が生じない委員会に参加してもらうことで通常は対応可能であると思われるが、公務の都合上参加が困難な場合については、上記同様のしかるべき配慮が検討されるべきであろう。

❷ 研修

日弁連では、倫理研修を義務化し、新規登録弁護士研修はガイドラインで各弁護士会に義務化を要請しており、これを受けて、弁護士会によっては新規登録弁護士研修及び継続研修について義務化している。しかし、公務員の場合、公務を抜けてこれらを受講することが困難な場合もあり、公務との両立に支障が生じるおそれがある。

倫理研修については、弁護士として最低限身に付けておかなければならない規律を学ぶものであることか

ら，公務員に就任する場合にも受講してもらうことを原則とすべきである。もっとも，公務の都合上受講が難しい場合は，受講の時期をずらしたり一定期間猶予したりという柔軟な対応を検討すべきである。

他方，公務員に就任する弁護士及び官庁・自治体においても，弁護士の倫理研修の重要性を理解し，公務と受講との適切な調整を図るような配慮と努力が求められる。

新規登録弁護士研修や継続研修については，その内容からして，必ずしも公務員の身分を有している間に受講が必須であるとは考えられないし，国選弁護やクレサラ相談等依頼者を抱える業務を含むものについては，職務専念義務との関係でも研修受講が困難であるという事情がある。このような公務員の特殊事情を踏まえ，柔軟な対応（免除・猶予等）がとられることが望ましい。

❸ 弁護士登録抹消後の再登録

これまでは，弁護士登録を一旦抹消して公務員に就任し，再度弁護士登録する場合には登録番号が新しい番号となり（弁護士徽章規則第5条1項），登録料（6万円）も再度納付が必要となる（日弁連会則第23条1項）という不都合があった。この点，裁判官任官の場合と同様，従前の番号維持を認め，また登録料の再度の納付を免除すべきであるという意見がかねてよりあった（法友会政策要綱2013〔平成25〕年度版147頁参照）ところ，2013（平成25）年12月6日の日弁連臨時総会において，再登録時に登録番号の維持が認められることとなり，2015（平成27）年4月1日から施行されている。

なお，再登録料については，会費と同様の問題があることから慎重に判断すべきであり，現時点では再登録料を不要とすべきとまでは言えないであろう。ただし，登録料自体が，前述12月6日の臨時総会で，6万円から3万円に減額となり，2014（平成26）年4月1日から施行されている。

❹ 日弁連会費の減額

法の支配の拡充という観点からは，本来，弁護士登録を維持したまま公務に就任するのが望ましいと考えられる。しかしながら，公務員に就任した場合，弁護士登録を維持するメリットが少ないだけでなく，収入減となることが少なからずあることから，会費負担を回避すべく弁護士登録を取り消した上で公務に就任するケースが相当数ある。そこで，弁護士登録を維持したままでの公務就任を促進するため，会則第95条の4を改正して日弁連会費減額規定を設けるべきか否かが問題となる。

この点，日弁連の財源は会員の会費に拠っており，会費納付は会員の義務の根幹であることから，安易に減額を認めるべきではない。

しかし，弁護士の活動分野を広げるという観点から，弁護士資格を有したまま公務員に就任することを，今まさに促進すべき時であり，また，公務に就任した場合は，当該会員は日弁連のサービスを受けられる機会が定型的に少なくなる（ほとんど受けられなくなる場合が多い）という事情が存する。

そこで，一律に会費減額を否定あるいは肯定すべきではなく，一定の場合には，減額の余地を認めるべきである。例えば，就任する公務の内容，公務就任に至る経緯・動機，公務就任中の給与の額（就任前の収入と就任後の収入との格差），任期終了後の従前の弁護士業務復帰の容易性等，諸々の事情（別途詳細な検討が必要である）を総合的に検討し，当面，会費が減額される余地を設けることが望ましいと思われる。

なお，東京弁護士会においては，会則により会費の減免を規定していたが，2013（平成25）年11月28日の臨時総会で会則を改正するとともに，その後の常議員会において「東京弁護士会会則第27条第6項に規定する会員減免審査に係る基準及び手続に関する規則」を制定し，任期付公務員で職務専念義務により弁護士業務に従事することができない場合は，会費を半額に減額する旨規定し，明確な基準を定めた。

(3) 取り組むべき課題

❶ 対官公庁

未だ任期付公務員を採用していない官公庁について（あるいは採用済みであってもそれ以外の部署について），弁護士が活躍できる場を検討した上で，当該新規箇所に対して弁護士の有用性を周知すべく必要な施策を実施すべきである。また，関係省庁（人事院，総務省，法務省，文部科学省，国家公務員制度改革推進本部等）との協議会等を通じ，総合的に公務員登用促進を検討すべきである。

❷ 対自治体

潜在的なニーズは存在していると思われるが，現状において，任期付公務員の採用は極めて少数の自治体

にとどまっている。しかし，近年様々な取り組みにより少しずつ拡大しており，2015（平成27）年12月1日現在，把握されている法曹有資格者は14都県で26名（うち任期付は13名），61市区町村（一部事務組合を含む）で80名（うち任期付は68名）となっている（日弁連調べ）。さらなる拡大のためには，意見交換会等の実施を通じて弁護士の活用に関する理解を得ることが必要である。また，自治体に弁護士活用のメリットを理解して頂くべく，パンフレットを作成し配布するなどの積極的な施策が必要であろう。

❸ 対会員

任期付公務員制度のさらなる周知（若手弁護士に対してはキャリアアップに有効であることをアピールする），採用情報の効果的な提供，任期付公務員として官公庁・自治体に勤務することに興味・関心のある人材をプールする組織の整備，募集のあった公務員ポストについて人材を確保し応募を促進する仕組みの構築，併せて，任期を終えた後の受け入れ態勢の構築も検討されなければならない。また，官公庁・自治体の勤務経験者及び勤務希望者のネットワーク化，任期付公務員として必要な法的知識を得るための研修制度の導入なども検討されるべきである。

6　弁護士専門認定制度の意義と課題

> 弁護士専門認定制度をどのような範囲で，どのように認定すべきか等の問題が解決されていないが，国民の需要に適合した専門認定制度が制度化されるべく，検討し，努力をすべきである。

1）その必要性と今日的課題

弁護士を利用する国民からの意見として，紛争を抱えている事件をどの弁護士がやってくれるのか，その事件に関して専門家としての弁護士がいるのか，個々の弁護士はどのような分野を専門としているのかなど，あまりにも弁護士に関する情報が少なく，アクセスできないという不満が聞かれる。

この不満の内容には，2つの意味が込められているものと考えられる。1つは，まさに特定の分野における専門家としての弁護士を知りたいという需要である。もう1つは，専門家ではなくても，紛争を抱えている問題について取り扱ってくれる弁護士がいるかどうかを知りたいという需要である。前者が，専門認定制度の必要性につながるものであり，後者が，取り扱い業務の内容についての情報を提供すべきという必要性である。

東京弁護士会では，主としてこの後者の要望に応じるべく，2000（平成12）年10月1日から弁護士情報提供制度を発足させている。この制度は，現在，日弁連が全国の弁護士の情報を提供する「弁護士情報提供サービスひまわりサーチ」というネット検索システムに吸収されている。弁護士情報の提供という面では，取扱分野に対する国民の需要に応えようとしたものである。

弁護士専門認定制度は，以上の必要性とともに，広告問題とも密接に関係している。広告が自由化しても，未だ専門家の認定制度がないため特定分野での専門家という広告内容が認められないからである。広告も，国民に対する重要な情報源であることを考えると，弁護士会の広報だけではなく，個々の弁護士がその専門分野についての広告をできるようにすべき時がきていると考えられる。特に，先進国の中でこうした制度がないのは日本だけである点も国際的な状況としては考慮しなければならないであろう。

2）外国の実情

米国ではベイツ判決以後広告が自由化されたが，そこで「〇〇専門家」という表示が氾濫し，このような広告から利用者が惑わされることのないよう，弁護士会が中心となって，専門家表示に一定の要件を定めるようになった。この要件を満足させるものとして，専門認定制度が定着していったのである。現在，各州がその専門認定資格を任意団体又は弁護士会で定めるが，その認定要件の内容は，一定の研修への参加，実務経

験，取り扱い事件の集中度等となっている。特に特徴的なのは，消費者の保護のための制度として，この制度が発展していったという経緯である。

ドイツでは，労働裁判所，行政裁判所，社会保障関連の裁判所等の特別裁判所の発達とともに，それに対応できる弁護士を専門家として認定し，労働法，租税法，社会保障法，行政法，家族法，刑事法，倒産法の分野として認定するようになっている。しかし，現代では，さらに細かい分類に移行しようとしている。アメリカと異なり，スペシャリストという意味付けが基本である。その認定機関は，任意団体の弁護士協会である。

イギリスでは，法律扶助の発達により，税金によって法律事務を行う者（法律扶助事件担当者）は，一定の資格を要するということで，分野によりローソサイエティが認定する一定の資格を要する。分野として，人身傷害，医療過誤，都市計画，支払い不能，精神衛生，子の監護，家族法の分野がある。

フランスでは，1991（平成3）年11月27日のデクレにより専門家の呼称が認められ，身分法，刑事法，不動産法，農事法，環境法，公法，知的財産法，商事法，会社法，租税法，社会法，経済法，執行法，EC共同体法，国際関係法の分野がある。いずれも4年の実務経験の後に試験を受けるというもので，各法律分野の支配的な人物が，その分野を支配するという動機が強いと批判されている。

3）医師における専門性との類似性

日本の医師に対する専門性についても，上記の弁護士に対する需要と同様なものがある。

開業医においては，従来から皮膚科，産婦人科，小児科などの広告などが各医師の判断により自由になされてきていた。いわば，医師における取り扱い業務の広告が自由になされていたことを意味するものである。

しかし，近年になり，医師にも専門性が求められるようになり，各分野での学会を中心として「認定医」制度が採られるようになってきている。この認定の要件は，各学会により異なるが，多くは，特定分野での実務研修と試験が要件とされている。その意味で医師の世界でも，一部を除いて統一的な専門認定制度はできていないのであるが，統一的な信頼性のある専門認定のシステムを作ろうとする状況は存在し，そのような方向に向けての議論がなされているようである。

4）弁護士会での議論の推移

東京弁護士会の業務改革委員会は，東弁での仮案として2001（平成13）年に「法律研究部に3年在籍して5人以上の部員の承認を得たもの又は弁護士情報提供システムの要経験分野に登録して3年を経験して，同じ分野で5人以上の承認を得たもの」に専門認定するとの検討案を作成し，2002（平成14）年には，第2次試案として，「原則5年の経験年数，事件数，研修の履行等を条件とした専門認定制度」を提案した。

どのような分野が，専門分野として需要があるかに関しては，東弁の研究部の存在及び東弁が弁護士の情報提供制度において「要経験分野」として情報提供していた分野が参考となる。

次の問題として，どのような認定基準で行うかであるが，医師の世界での要件，外国の制度などから考えられるものとして，①実務経験年数，②専門分野での経験，③継続研修，④同僚評価，⑤試験，⑥面接，⑦調査書等がある。

日本では経験年数等の量評価は難しく，継続研修によるものは容易で効果的であり，同僚評価や試験は誰がやるかという困難な問題がある。

この問題は，日弁連業務改革委員会でのプロジェクトチームでも「普通の弁護士がやる分野は，差別化反対」という意見があるために，会内のとりまとめが難しい状況にあるが，全国の単位会の意見を集約し，2005（平成17）年9月に次の通りの答申書を提出している。

【弁護士の専門性の強化方策と「専門認定制度」の検討及び弁護士会による弁護士情報の公開開示の方策に対する答申】

弁護士の専門性の強化方策と「専門認定制度」の検討及び弁護士会による弁護士情報の公開開示の方策につき，以下の通り答申する。

1　弁護士の専門性の強化方策としての「弁護士専門認定制度」の導入は，時期尚早と考える。

2　市民，社会の専門性の要求に応え，更に将来の専門認定制度創設のために「専門登録制度」の導入について具体的な検討をすべきである。

3　弁護士個人の広告による専門性表示に関しては，弁護士広告が自由化になり4年半以上経過しても低調

である現状に鑑み，従前のガイドラインは維持するものの，専門登録制度，専門研修制度の進捗状況を勘案して，将来における緩和の方向を検討すべきである。

4 弁護士会広報としての弁護士情報の提供につき，大半の弁護士会が名簿情報程度にとどまっている現状は不十分であるので，取扱業務，得意分野等の情報提供を積極的に推し進めるべきである。

5 更に，日弁連は各単位会に対し，市民に対する弁護士情報の提供をより一層促進する為に，以下のアクションプログラムを提案する。

1年目 全国の単位会がホームページにより弁護士情報の提供を行う。

2年目 会員の5割が取扱分野を登録するように働きかける。(但し，大単位会は3割。)

3年目 取扱分野の登録は，単位会の8割を目標とする。(大単位会については5割。)

その後，専門分野登録や専門研修受講認定などの専門分野に関する諸制度を立ち上げる。

5）日弁連での現在の議論状況

弁護士業務改革委員会において，2011（平成23）年10月に専門分野登録制度の推進のため，その運営主体，研修の実施方法，若手弁護士の支援方法，弁護士会の責任などの検討課題を将来的に確認するためにも，パイロット分野を設定し，制度の推進をすべく提言している。しかし，日弁連理事会において，「時期尚早」との結論となり，現時点では，日弁連で「専門」性を付与する制度は，当面できないということとなった。

しかし，国民の要望を放置することもできないことから，現在，日弁連業務改革委員会で再度検討を始めるべきという方向性での議論が進んでいる。

7 専門的知見を要する事件への対応

> ・医事・建築紛争事件等の専門的知見を要する事件については，我々弁護士が専門的知見の獲得に努めるのは当然であるが，専門家との提携や情報交換のための組織作りなど，専門的知見を補うための制度構築についても研究し推進していかなければならない。
> ・専門委員制度の導入や鑑定制度の改善については，裁判所の中立・公平性等を損なわないための研究・提言を行なう必要がある。

1）長期間を要する審理

医事・建築紛争事件等は，通常の民事訴訟事件よりも平均審理期間が長い。その理由としては，主に，①弁護士や裁判所の専門的知見の不足とそれに起因して争点整理に時間がかかること，②鑑定人の選定及び鑑定作業に長時間を要すること等が指摘されている。

2）弁護士の研鑽と情報ネットワーク

我々は，このような指摘，特に1）①につき謙虚に耳を傾け，自ら専門的知見の獲得に努めなければならない。

ただ，個々の弁護士の努力には自ずと限界があることから，専門家との連携や情報交換のための組織作りなど，弁護士の専門的知見を補うための制度構築についても併せ研究し，提言していかなければならない。具体的には，日弁連，ブロック又は単位会で，各分野に造詣の深い弁護士によるバックアップ制度，事件協力が可能な医師・建築士等の名簿作成，専門家との連携による研修などを進めるべきである。

また，弁護士の専門化も望まれるところである。特に，弁護士会としては，若手弁護士の有する専門化に対するキャリア意識や意欲をサポートしていくことが重要である。

3）専門委員制度の導入と鑑定制度の改善等

(1) 専門委員制度の導入

2003（平成15）年改正法により，適正・迅速な裁判を実現するため，裁判所は，争点もしくは証拠の整理

又は訴訟手続の進行に関し必要な事項の協議をするに当たり、訴訟関係を明瞭にし、又は訴訟手続の円滑な進行を図るため必要があると認めるときは、決定で、専門的な知見に基づく説明を聴くために専門委員を手続に関与させることができるようになった（民訴法92条の2）。争点証拠整理手続及び証拠調べ期日への関与については、「当事者の意見を聴いて」（民訴法92条の2第1項、2項前文）、証拠調べ時の発問及び和解期日への関与については、「当事者の同意を得て」（同項後文、3項）がそれぞれ要件となっている。現在、裁判所では、他庁の専門委員を広域活用する取り組みがなされている等、さらなる活用がなされようとしている。

この制度の運用に当たっては、専門委員任せの裁判とならないよう、専門委員の選任方法及び関与の仕方に十分配慮する必要がある。とりわけ、医療過誤訴訟の分野については、この制度の立法化に対し、専門委員の非中立性、非公平性に対する強い危惧が指摘されたことを思い起こす必要がある。また、専門家の説明それ自体に基づく心証形成がなされないかとの警戒感が示されたことも思い起こす必要がある。我々弁護士としては、この制度の運用に当たり、適切に「意見」や「同意」を述べられるよう、ひき続き十分な研究を迫られている。また、弁護士は代理人として、専門委員に対して求めるものが、訴訟関係を明瞭にし、又は訴訟手続の円滑な進行を図る範囲を超えないように、各訴訟において確認していくべきである。

(2) 鑑定制度の改正及び改善

2003（平成15）年改正法により、鑑定人質問は、いわゆる説明会方式、すなわち、まず鑑定人が意見を述べた上で、その後に裁判長、鑑定申出当事者、相手方当事者の順で行なう方式が採用された（民訴法215条の2）。従来の交互尋問方式の運用では、鑑定人となった専門家に対する配慮に乏しかったことを改善しようとするものであるが、当事者の質問権に対する制約とならないような運用が必要である。

司法制度改革審議会意見書は、1）②を指摘し、具体的な方策として、鑑定人名簿の整備、専門家団体との連携、最高裁判所による医事関係訴訟委員会・建築関係訴訟委員会の新設などを挙げた。最高裁判所も、これらの委員会を発足させた。

我々も実務的な視点から、鑑定制度の改革案を提言していくほか、委員に選任された弁護士をバックアップしていかなければならない。また、今後とも、鑑定人の推薦過程の一層の透明化を図ること、また、鑑定を行うことが独立した業績となる仕組みを検討すること、その中で、鑑定結果が社会内又は医学界・建築学界内で共有化されるような仕組み等を検討すること等が必要である。

(3) 調停の利用

ＩＴ関係訴訟等では、事件を調停に付して専門家調停委員の関与を求め、評議の過程でその助言を受けて争点整理をするという取り組みがなされることがある。調停から訴訟事件に戻される際、調停主任と同一の裁判官が担当裁判官となったり、調停での争点整理がそのまま訴訟でも活用する等の工夫が加わることもある。有意義な取り組みであるが、弁護士は、その争点整理が、訴訟関係を明瞭にし、又は訴訟手続の円滑な進行を図るという範囲を超えて裁判官の心証に影響を与えることがないように、各訴訟において確認していくべきである。弁護士会としても、この点の裁判所の運用の誤りがないように適切に対応していくことが必要である。

8　弁護士研修制度の拡充

> 新規登録弁護士の増加を含む弁護士の増加や活動分野の拡がりに伴い，業務の質的向上がますます重要な課題となっており，弁護士研修の充実が求められている。弁護士会は，日弁連や日弁連法務研究財団の研修事業と連携をとりつつ，新規登録弁護士研修から専門研修まで各種研修プログラムを充実させるとともに，インターネットによる研修等，研修方法の多様化を図り，多数の会員が継続的に研修に参加できる体制を整備していく必要がある。

1）研修の必要性と弁護士会の役割

弁護士は法律専門職として高い識見を持ち，すべての法律分野に精通していなければならない。そして，多様化する社会のニーズに応えていくためには，弁護士自身の不断の研鑽が不可欠である。また，弁護士の増員に伴い弁護士の質の低下が指摘されている中で，研修制度の重要性は増していると考えられる。

上記の要請を充足するため，弁護士会は弁護士研修制度を整備・拡充して会員の研鑽を援助し，新しい時代にふさわしい弁護士を育成する義務があると解されるところ，東京弁護士会では以下の研修プログラムを運営している。

2）新規登録弁護士研修

東京弁護士会においては，新規登録会員に対して，新規登録弁護士研修として，国選弁護，当番弁護，法律相談の実務研修と少人数討論方式による倫理研修が実施されてきたが，2000（平成12）年10月からは日弁連の「新規登録弁護士研修ガイドライン」（その後直近では2015〔平成27〕年に一部改正・実施）に基づき，会則上義務化された新規登録弁護士研修が実施されている。

因みに，東京弁護士会において2015（平成27）年10月現在実施されている新規登録弁護士研修は，研修期間を登録から1年間として（但し，会務研修を除く），新規登録弁護士集合研修，クラス別研修，個別研修（一般法律相談を1回以上），倫理研修及び会務研修（東京弁護士会の委員会に所属し活動を行う）となっている。

なお，東京弁護士会においては，新規登録弁護士研修を充実させるべく，2008（平成20）年1月より，契約書の作成方法等，基礎的な内容の新規登録会員向け基礎講座の企画・実施を行ったが，2013（平成25）年1月より，クラス制による研修が導入されるに至っている。

このように東京弁護士会においては種々の研修メニューを検討しているものの，新規登録会員数の急速な増大に伴い，研修場所の確保，実務型研修（刑事弁護，法律相談等）にあっては事件の確保，指導担当弁護士の確保等が困難となっている（刑事弁護研修は義務研修ではなくなっている）等の事情があり，これらの点は早急に検討が必要な課題である。

さらに，いわゆる「即独弁護士」などOJTが必ずしも充分でないと思われる環境にある弁護士に対し，いかなる研修のフォローが可能なのかは引き続き検討する必要があろう。

3）継続的弁護士研修

(1) 倫理研修

会則上の義務となった倫理研修は，期別小グループによる討論形式により実施され，一定の成果を上げているが，さらに会員の高度の倫理感を培うために，倫理事例の研究と研修資料の作成蓄積に努めるなど，よりよい倫理研修をめざす具体的施策を進めるべきである。

弁護士倫理は弁護士の存在基盤をなすものであり，弁護士が弁護士業務を行う上で不可欠なものである。かかる認識に基づき，すでに倫理研修は義務化されているが，弁護士倫理の重要性に照らすと，研修義務の懈怠に対しては，重い制裁を科すべきである。

また，メーリングリストで行われていた共同受任者間の特定の事件に関する情報交換が外部から閲覧可能な状況になっていたこと等，インターネット環境における情報流失による守秘義務違反等，新たな問題が発

生している。かかる弁護士を取り巻く環境の変化に対応できるよう倫理研修の内容をいかにリニューアルして行くかも検討されるべきであろう。

(2) スキルアップ研修

❶ 一般研修

東京弁護士会は，前期・後期に原則として各6回ずつ（1回2時間），弁護士研修講座を開催しており，実務に直結するテーマを幅広く取り上げている。

❷ 専門研修

法的問題や紛争がよりグローバル化，多様化，複雑化，専門化することは間違いない。これに伴い，従来は扱わなかった分野に関する知識の習得や，離婚，相続，交通事故等一般の弁護士が取り扱う分野においても法改正に伴う最新の情報を取得する等の研修の充実は重大な課題である。

東京弁護士会は，2001（平成13）年から，専門弁護士養成連続講座（6回程度の連続講座となっている。）を開催している。これまで，工業所有権訴訟，会社法改正，不動産取引，行政法，医療過誤法等に関する講義を行い，いずれも多数の参加者の参加を得て好評である。今後，他の分野についても専門講座を開催していくべきであろう。

(3) 研修義務化について

一定数の一般研修や専門研修の受講義務を課すべきとの考え方があり，すでにその実施を開始した単位会もある。

確かに，弁護士増員時代を迎え，弁護士の知識，スキルを一定のレベルに保つことは不可欠であり，研修義務化はこの要請に応える可能性を有している。しかし，弁護士業務はますます多様化することが予想されるところ，各弁護士に対して研修義務を課すためには，その前提として，必要かつ十分な研修メニューを用意することが不可欠であり，自らの業務に関係ない研修の受講を強制され，これを拒絶したら懲戒されるといった事態を回避しなければならない。

研修義務化の導入に当たっては，かかる観点等にも留意し，導入及びその内容を検討すべきである。

(4) 今後の研修方法について

❶ 研修形式の工夫

講義方式，倫理研修やクラス別研修におけるバズセッション方式のほか，少人数・ゼミ形式で事例を研究したり，起案提出・添削といった方式も検討すべきである。また，OJTとして指導担当弁護士に付いて特定分野の訴訟に代理人として加えてもらい，実践で専門技能を身につける方式等も検討に値する。

❷ インターネット等の活用

講義を電磁的記録化し，何時でもどこでも視聴できる態勢（ライブ配信，オンデマンド配信等）を一層充実させるべきである。

この点，日弁連は，新規登録弁護士の増大時代にも対応できる研修充実策として，2008（平成20）年3月より，パソコン等にて受講可能なeラーニング研修を開始し，漸次プログラムを拡充している。東京弁護士会においても，研修映像をインターネット配信し，パソコン等で研修を視聴できる「東弁ネット研修」を開始すると共に配信停止されていた過去のプログラムの一部をライブラリー化し，これを東弁ネット研修として視聴可能としている。

eラーニングは，講義自体の電磁的記録化を前提に構成することが求められ，使い回しを予定することから，著作権等の処理，コンテンツ充実方法，効率的な配信方法等課題があるものの，上記の新規登録弁護士の飛躍的な増員による研修場所確保の困難，研修講座の増加に伴う講師の確保の困難などの問題の可及的な解消を図り，研修を充実させるためのツールの一つとして今後さらに検討発展させていく必要があろう。

(5) 研修の運営面に関する工夫

より充実した専門研修とするために，今までの研修テーマ・出席人数等を分析しているところ，広く会員の意見を募って，的確なテーマを選択した上で，会内外から優れた講師を招聘するようにすべきである。

また，日弁連法務研究財団の実施する専門家養成コースへの参加を積極的に奨励する等して，学者・研究者・隣接専門職・企業法務従事者との交流を深めて，会員各自専門分野におけるスキルの向上に努めるべきである。

さらに東京弁護士会と，日弁連あるいは他の単位会との研修の共同開催も，研修場所の効率的な運用や講師の確保の点から有用と考えられる。

4）クラス別研修制度

東京弁護士会は，2012（平成24）年12月20日以降入会の新規登録弁護士（主に修習65期）を対象とした研修として新たにクラス別研修制度（以下「クラス制」

という。）を導入した。クラス制を正式な新規登録弁護士の義務研修として導入するのは全国で最初の試みとなっている。

このクラス制は、約20人を1クラスとして、一方的な講義ではなくゼミ形式で弁護士としての依頼者等への基本的な対応、離婚、相続等の基本的な事件の処理につき研修するものであり、併せて同期間の懇親を図り横のつながりを構築すること等を目的とする。世話人の負担は大きいものの、受講者からは概ね好評である。

導入後3年経過に伴う見直しを行っており後述するカリキュラムの一部変更等を予定するが、2015（平成27）年10月現在のクラス別研修の概要等は次のとおりである。

(1) **クラス制の目的**

多人数での講義形式ではなく少人数でのゼミ形式により、基礎的な実務スキルとマインド（弁護士の使命）の滋養を図ると共に、新規登録弁護士同士が知り合う機会を設定し、同期同士の情報交換や弁護士会の活動により親しみやすくすることを目的としている。

(2) **クラス制の概要**

❶ 人数等

1クラス約20名として登録順に編成する。

この人数は、ゼミ形式として発言がし易いこと、また、2013（平成25）年の新規登録弁護士数を約400名と想定し、確保されるべき世話人の数、教室数その他の諸要素を勘案して設定されている。なお、多摩地区会員を別途にクラス編成すること、企業内弁護士を別途にクラス編成すること等も検討されたが、むしろクラス内に多様な弁護士が存在することが重要であること、事務手続等を勘案し機械的に登録順に編成することとされている。

❷ 世話人

担任（登録5年目～10年目）、副担任（登録11年目以上）により構成される。

世話人には1回2万円が会から支払われる。担任を5年目から10年目としたのは、ある程度の経験があり、しかし、あまりに新規登録弁護士と離れた期としないことで新規登録弁護士との世代間ギャップが生じないこと、発言の容易さ等に配慮している。

世話人の選任は、委員会からの推薦、各会派からの推薦によっている。

❸ 回数

全7回とされている。

当初開始の13クラスについては1回目から3回目までを毎月行い、その後2ヶ月毎となっている。これはクラス内での懇親を図るため最初の3回は連続させ、その後は世話人の負担を考慮して2ヶ月毎とされている。

また、7回中3回の出席が義務付けられている。出席義務が3回とされたのは規則・細則との関係もあるが、研修が夜であることから企業内弁護士、子育て中の会員につき、あまり多数回の義務研修として未履修となることを回避するという理由もある。ちなみに出席義務を履行しない場合には新規登録弁護士研修が未履修ということになる。この場合、会長名義での履行の勧告が為され、勧告にもかかわらず履修をしない場合法律相談センターの名簿への不掲載等の不利益を受ける可能性が生じることとなる。

❹ テーマ

毎回1テーマとして、テーマは以下のとおりである。

第1回　民事事件の相談から解決まで［1］
第2回　民事事件の相談から解決まで［2］
第3回　労働事件（労働審判を含む）
第4回　離婚事件（職権探知主義、子供への配慮、戸籍謄本・住民票の取得方法、見方）
第5回　消費者事件（特別法の理解、悪徳商法等への対処方法）
第6回　相続事件（事件解決のプロセス、調停の進め方、戸籍の集め方）
第7回　借地借家事件（賃料不払いによる明渡請求事件を例に、内容証明・仮処分・訴訟・和解・強制執行という一連の手続）

❺ 形式

座学型ではなくゼミ形式とされている。

少人数によるゼミ形式とすることにより基本的な事件の処理についての理解を深めることを企図された。

❻ 進行方法

世話人がペアとなってクラスを進行する。また、世話人から、毎回、事件処理等に関する体験談を話すようにし（経験交流）、生きた事件処理を学べるようにされている。

❼ 資料の配付等

当日東弁の職員が配布する等ではなく、全てメール

配信とし，受講者各自が持参する方法としている。また，義務研修であったことから出欠の管理が必要であるところ，担任が出席の管理を行っている。なお，基本的に各クラス毎の自主運営方式であり，運営は世話人に任されている。

❽ 懇親会

第1回目には各クラスともに懇親会を開催し，1人当たり5000円を会負担とした。

第2回目以降は懇親会の開催は自由とされた（この懇親会費は世話人の負担ではなく各自負担とした。）。なお，2014（平成26）年度以降第2回目以降の懇親会についても参加者の確保の観点，世話人の負担軽減の観点から一部会負担とする運用がなされている（年度によって会負担の状況は異なる）。

❾ 全体としての運営

弁護士研修センター運営委員会が担当するが，クラス制を支える組織として，クラス別研修制度バックアップ協議会（以下「バックアップ協議会」という。）が組織されている。バックアップ協議会は，会長，副会長，司法研修所教官経験者，弁護士研修センター委員，弁護士研修センター嘱託等で構成されており，同協議会においてテキスト作成，世話人の手配，具体的な運営の細部の決定等を行っている。

(3) 検討事項

2013（平成25）年4月17日，世話人の交流会が開催された。また，2013（平成25）年度クラス制終了後に世話人及び受講者にアンケートを実施した。これらを受けて具体的な課題を検討するべきことになろうが，上記交流会，バックアップ協議会等の中で話し合われた検討事項として以下の事項等が挙げられる。

❶ 義務とするべきかどうか。また，その義務としての出席回数

義務化には反対意見があり相応の理由を有している。しかし，義務研修としないと出席が確保できない側面があることは否定できないところと思われる。ただし，義務としての出席回数3回をさらに増加させることについては，未履修の場合のペナルティとの関係があり，新規登録弁護士にも色々な事情がある会員がいるであろうこと，さらに規則・細則の改正も必要であること等から，直ちに増加させることは困難であると共にさらなる検討が必要であろう。

❷ クラス制の実施回数

受講した新規登録弁護士あるいは世話人から，クラスの回数7回をさらに増加した方がよいのではないかとの意見も出ている。確かに回数を増加させることにより講義内容の充実を図ることはできる。しかし，世話人の負担，教室の確保，クラスが順次編成されるところ原則として1年間でこれを終了させること等の諸事情を考えると，回数の増加は困難な面があることは否定できない。この点も今後の検討課題である。

❸ 世話人の確保

世話人を継続的に確保することは難しい。しかし，充実したクラス制の実現にはやる気のある世話人の確保は不可欠である。安定的な世話人の確保は今後の大きな課題である。

❹ 開始時刻

当初制度スタート時は開始時刻を午後6時からとしていたが，勤務弁護士の都合や多摩支部の会員の参加の便宜を考え，現在の開始時刻は午後6時30分からとなっている。この点は今後も検討が必要と言えよう。

❺ 懇親会のあり方

第2回目以降の懇親会は各クラスの自主運営に委ねられている。クラス制度開始時の世話人への説明においては，クラス終了後の積極的な懇親会への勧誘，世話人による全額費用負担は回避するようにお願いがされていた。これは懇親会参加を義務としないことを前提として世話人に就任してもらっていること，にもかかわらずクラス間に懇親会開催の格差が生じ，事実上世話人に懇親会の開催・費用負担を強制するような事態が発生すると，就任した世話人を困惑させるし，究極的に世話人の確保が困難となる事態が発生することを危惧したものである。

他方，クラス制開始後に，世話人からは新規登録弁護士同士の情報交換の場，新規登録弁護士の世話人への相談の場等としてクラス終了後の懇親会は重要であり，また，新規登録弁護士の会費負担の軽減の必要もあり，世話人のクラス終了後の懇親会への参加，会費の負担は不可避な面があることも指摘された。

どのようにバランスを取るのか難しく今後の検討が必要な事項となっている。

❻ クラス編成のタイミング

昨今の情勢として会への登録が漸次的である（12月の一斉登録の後も相当数が年明けにも登録して来る）。この登録に合わせて順次クラスを編成することとなる

が，なかなか人数が集まらない等困難な面がある。これからもこの傾向は変わらないであろうと予想されるところ，効率的なクラス編成の方法を模索することが必要となっている。

(4) 総括

以上，課題は種々存在するものの，受講した新規登録弁護士からは大変好評のようである。クラスによってはクラスがない月にも飲み会を行う等自主的に懇親を図っていたところもあるようであり，現在の司法修習において同期同士の繋がりを形成しにくい中にあって，同期間の情報交換と懇親を深める場としては予想以上に有効に機能していた模様である。また，クラス終了後の懇親会にあっては世話人に事務所の移動についての相談がされる等，相談相手として世話人の存在も大変貴重であると解される。

クラス制は新規登録弁護士の基本的な弁護士のスキルの習得の場として，また，同期相互間の懇親を図り情報交換する場として有効と解される。OJTとまでは行かないものの若手サポートとしての面も見過ごせないものがあり，今後も課題を検討しつつ継続していくことが望ましいと解される。

（参考文献：LIBRA Vol13 No 4 2013/4「東京弁護士会の若手支援制度」中「Ⅱ　クラス制（1）クラス制の概略①65期　2012年副会長白井裕子」を参照。なお，同記事中に世話人と受講者の感想が掲載されているので参照されたい。）

9　弁護士への業務妨害とその対策

> 我々弁護士が人権擁護と社会正義の実現という使命を全うするためには，正当な業務活動が守られなければならない。近年，増加，悪化する弁護士業務妨害を根絶するため，日弁連挙げて具体的な対策を検討し，会員やその家族，事務局を守らなければならない。東京弁護士会においては，業務妨害対策センターの活動をより充実させ，バックアップしていかなければならない。

1）弁護士業務妨害をめぐる最近の情勢

2010（平成22）年，前野義広弁護士（横浜），津谷裕貴弁護士（秋田）が，いずれも業務に関連して殺害されるという最悪の事件が発生した。坂本堤弁護士一家殺害事件，渡辺興安弁護士殺害事件，岡村弁護士夫人殺害事件，女性事務員殺害事件（大阪，2007〔平成19〕年）など，弁護士・家族・事務員などの「命」に関わる重大かつ悪質な業務妨害事件が続発している。

日弁連は，弁護士業務妨害対策委員会において，各単位会に向け，業務妨害対策のための組織作りや活動の基本モデルを作り，さらに全会員向けに対策マニュアルを作成している。

東京弁護士会でもそれらに呼応し，1998（平成10）年4月，弁護士業務妨害対策特別委員会を発足させ，同時に「弁護士業務妨害対策センター」をスタートさせた。

2）弁護士業務妨害対策センターの活動状況

(1) アンケートによる実態調査

1997（平成9）年に実施された東弁全会員のアンケートによって，弁護士に対する業務妨害はすでに多数発生しており，決して特殊なことではなく，誰にでも起き得ること，その妨害の形態が多種多様であることなどが明らかとなった。のみならず，これまでは弁護士会として対策が皆無に近かったことも浮き彫りにされた。

それら妨害行為にあった弁護士が採った具体的対策としては，警察への通報・刑事告訴・仮処分申請等が一般的であり，複数弁護士での対応等も一定の効果が認められている。その反面，弁護士会は全く頼りにならない存在であった。

(2) 積極的対策

以上のような実態への反省から，近年は各地で弁護士会による具体的対策が講じられつつある。派遣弁護士制度や，弁護士会として仮処分の申立てをする，弁

護士会の名前で警告を発する等，弁護士会が主体的に動くケースが見られるようになってきた。

そのような情勢を踏まえ，東弁では，1998（平成10）年4月に「弁護士業務妨害対策特別委員会」を発足し，「弁護士業務妨害対策センター」を設置した。これは，弁護士業務妨害を個々の弁護士個人の問題として押しつけるのではなく，弁護士会が動いてこそ効果的かつ抜本的対策になるのだとの共通認識から，より積極的に弁護士会自体が動けるシステムを作るべきであると判断されたものである。

(3) センターの設置と運用

❶ 組織

30名の支援弁護士を一般会員から募集し，名簿を作成する。

❷ 活動の流れ

① 弁護士会事務局に窓口を設置し，被害を受けている（おそれのある）弁護士からの支援要請を受け付ける。

② 担当委員が事情聴取をし，委員会に報告する。委員会で支援の必要性および方法について検討する。ただし，緊急を要する場合には，委員会には事後報告とし，正副委員長の協議により迅速な支援対応ができるようにする。

③ センターが行う支援の内容としては，ⅰ）対策ノウハウの提供，ⅱ）支援弁護士の派遣，ⅲ）委員会ないし弁護士会の名で妨害者に通告・勧告・警告，ⅳ）仮処分その他の法的手続，ⅴ）警察その他関係機関との連携，ⅵ）広報などがある。

④ 支援活動の費用負担は原則として，支援要請弁護士の負担とする。金額については委員会の審査を受けるものとする。

(4) 研究活動

業務妨害の中でも，暴力団や右翼団体など民事介入暴力と共通するものについては，ノウハウもほぼ固まっている。他方，昨今問題とされているのは，精神的あるいは人格的障がい者による妨害にどう対処したらよいかという点である。業務妨害対策特別委員会では，精神分析学の専門家を招いてシンポジウムを開く等し，精神的・人格的障がい者に対する接し方のノウハウを研究している。

また事務所襲撃型の業務妨害では，弁護士だけでなく，事務員も被害者になる可能性があるので，事務所のセキュリティ（常時施錠など）・弁護士と事務員との連携・事務員の対処法等の研究及び情報提供もしている。

(5) 「ハンドブック」の作成配布

業務妨害対策特別委員会では，2002（平成14）年3月，様々な妨害形態を分類し，分析して，それぞれに適切な対策ノウハウをまとめた「弁護士業務妨害対策ハンドブック―弁護士が狙われる時代に―」を作成し，東弁全会員に配布した。2007（平成19）年に改訂版，2011（平成23）年には二訂増補版を発行した。

(6) 支援要請の実情と制度の整備拡充

被害を受けている弁護士からセンターに対する支援要請は，毎年確実に増加している。事件の相手方や依頼者からの脅迫行為，つきまとい，嫌がらせ，インターネットでの誹謗中傷，不当な高額賠償請求，濫訴的懲戒請求等々，その妨害形態は多様化している。

しかし，実際の妨害の件数に比して，支援要請に及ぶのはごく一部であり，大半は被害を受けながらも堪え忍ぶか，自ら対処しているものと推察される。東弁では，2015（平成27）年に規則等を改正し，支援要請弁護士に対する費用の支給や立替の制度を整備拡充した。支援制度およびセンターを周知し，より利用しやすいものとする必要がある。

3）業務妨害根絶に向けて

以上のように，弁護士業務妨害対策システムは，整備されつつあるが，今後もより一層利用しやすい制度とするための努力が必要である。

法友会としても，東弁の活動を全面的にバックアップしていかなければならない。例えば，支援弁護士名簿への積極的登録，情報提供等々である。

最大単位会たる東弁としては全国に範を示すべく，積極的かつ具体的に活動を推進していかなければならない。日弁連のバックアップ，東京地裁における仮処分決定の蓄積，警察庁・警視庁との連携，マスコミによる広報宣伝等々，東弁の果たすべき役割は極めて大きい。

卑劣な業務妨害を根絶し，正当な弁護士業務を守り，ひいては我々弁護士が人権擁護と社会正義の実現という使命を全うすることができるようにするために，東弁全体が一丸となり断固として戦うという姿勢を世に示していかなければならない。

10　権利保護保険（通称「弁護士保険」）

> 権利保護保険は，事件解決に必要な経済的側面を補填する制度の一つとして，重要かつ必要な制度である。しかし，現状は保険の対象となる法分野が限られている等の問題点も抱えており，この問題点を市民の利便性の観点から解決しながら，制度の発展を図るべきである。特に，本制度が目的とする中間的な所得層が弁護士費用を気にせずに弁護士依頼ができる制度を目指し，弁護士会としての弁護士紹介体制をよりよいものに組織作りしていくべきである。保険そのものも，その対象分野を一般に弁護士が扱う分野に広げることができるような環境整備を行うべきである。

1）権利保護保険の内容と必要性

権利保護保険とは，市民が法的な紛争に遭遇した場合に，それを解決するために必要な費用を保険金として支払うというものである。したがって，この保険の利用者は保険料を支払うことが必要であるが，現実に法的な紛争に巻き込まれたときに必要となる費用と比べて低廉な保険料支払いで賄える点に長所がある。

弁護士へのアクセス障害の大きな理由は，弁護士費用であり，この問題を解決しなければ司法へのアクセスそのものの保障がないも同然である。この問題を解決する一つの方法として，この保険の必要性が肯定される。

2）外国及び国内の状況

この保険を検討した日弁連業務改革委員会の検討グループが参考としたドイツ，イギリス等の保険を見ても，その国の紛争解決方法に合わせた保険制度でなくては利用しやすいものとはならないことが理解できる。ドイツでの普及は世帯数40％程度，イギリスでの普及は人口の60％程度で，そのような保険の普及が司法による紛争解決に道を開いていることが理解される。

日本国内においては，従来から自動車損害賠償保険の内容の一つとして，被害者の弁護士費用を保険金として支払う損害保険が存在している。しかし，これら特殊な分野における法的紛争以外については，弁護士費用を含めた紛争解決費用を支払うことのできる保険は存在しなかった。

3）日弁連の動き

日弁連としては，以上の通りの国内の状況を考え損害保険会社との協議を続けた結果，権利保護保険という保険商品が販売されることとなり，その商品の弁護士紹介を担う制度を日弁連がつくることとなった。1999（平成11）年11月に日弁連理事会で制度創設の承認を経て，2000（平成12）年7月には日弁連と損害保険会社との協定書の締結が初めてなされ，同時に日弁連内に「日弁連リーガル・アクセス・センター」（通称日弁連LAC）が設置された。現在は，このセンターが制度の発展維持と保険会社との協議を続けている。

現在，この保険は特に少額事件の紛争解決における弁護士の利用に役に立っているという状況である。

4）制度の現状

2015（平成27）年9月段階で，日弁連と協定している損害保険会社等は12社，共済組合連合会2つとなり，その保険の販売実績と弁護士紹介依頼件数は正比例して伸びている。

2015（平成27）年度は，4月から9月までの6ヶ月間ですでに弁護士紹介案件が，15,150件となっており，年間では3万件を超えることが確実視されている。

なお，日弁連がプリベント少額短期保険株式会社との間で，「弁護士保険（権利保護保険）の制度運営に関する協定書」を締結したことに伴い，同社が2013（平成25）年5月から販売する単独型の弁護士費用保険「Mikata」において同社が導入する「初期相談」（相談の内容が法律上の紛争に該当するかどうかにか関し回答し，併せて法制度の情報提供並びに法律相談機関及び弁護士斡旋紹介制度等の広報活動を行うこと）について，東京弁護士会も，「東京弁護士会初期相談制度運営規則」を制定した上，同社との間で業務委託契約を締結し，2015（平成27）年1月から，平日午前10

時から午後2時までの間，弁護士を担当者として配置し，試行によりこれを実施することとなった。現状では，東京と大阪で1ヶ月約200件前後の初期相談があり，1月から10月までの合計で249件の弁護士紹介がなされている。これにより，権利保護保険の一層の普及が期待される。

更に，2015（平成27）年11月から，損害保険ジャパン日本興亜株式会社から「弁護のちから」と呼称される多分野における弁護士保険の販売が始まり，この保険に関しても日弁連との間で追加の弁護士紹介の協定書が結ばれている。

5）この制度の問題点と育成

一般的な法的紛争解決費用に関する保険は日本でも初めてであり，弁護士としても，社会に生じる紛争解決のためには将来的な発展を応援すべきである。しかし，この制度は，弁護士会が関与することを含め初めての試みである点を多く含み，制度の持つ問題点も意識した上での発展でなくてはならず，問題点を議論しておく必要性は大きい。この制度の問題点を意識しつつ，国民にとって利便性のあるものとして育て上げていくよう，弁護士会としても，積極的にその普及に協力していくべきである。

❶ 弁護士会での報酬規定が廃止されたために，この保険制度の安定には，この制度のための報酬基準を決める必要性があるところ，現在，旧日弁連報酬基準を基礎として基準が決められている。依頼された弁護士がこの点を理解した上で事件処理をすることが重要である。特に，保険金として支払われる弁護士報酬の額の妥当性は，問題となり得るのであり，保険会社と日弁連との協議を続ける必要性の一つがここに存在する。

訴額基準では弁護士報酬が安過ぎるという欠点があった少額事件関係は，時間制報酬制度による報酬請求により原則60万円までできる制度となり，国民の少額事件における泣き寝入り防止に役立つことが期待できる。例えば，訴額が10万円の事件でも弁護士報酬は60万円までは必要であれば保険金として支払われるということである。ただ，ほとんどの弁護士が時間制弁護士報酬制度に慣れていないための問題点が現出している。

❷ 権利保護保険の内容はあくまで保険会社の商品開発の問題であり，全体として保険会社の開発姿勢に依拠しなくてはならない。このことは，解決費用としてどのような事件の費用に限定されるかは全て保険契約の内容の問題となることを意味し，その保険の内容が，国民にとって利便性のあるものとなるか否かは，保険会社間での自由競争原理での発展を望まざるを得ない。しかし，国民の紛争は現在ある商品だけの法分野だけではなく，多くの法分野でも対象となる保険商品が出てくることにより，国民と司法との距離が近くなることは間違いない。そこで，どこまで対象法分野を広げることが出来るかが大きな問題となろう。

❸ 日弁連と損保会社との協定書は，弁護士会が「適正な弁護士」を紹介する努力義務を負っている。弁護士会として，弁護士の供給体制を整えるためには多くの解決しなければならない問題が山積している。特に弁護士過疎地域での弁護士紹介は難しいが，この弁護士の供給は，弁護士の業務拡大にもつながることを意識すべきである。

❹ 東弁のこの制度に対する姿勢は，規則でその紹介を受ける弁護士人数を制限している点，弁護士紹介だけでも法律相談センターと同じ率の納付金がある点など，制度の普及に対する障害となりかねない問題点があり，さらに検討されるべきである。

❺ 保険事故か否かを判断するのは，保険会社であり，その判断の妥当性を担保する手段がどのように採られるかが問題である。

❻ 保険商品の内容，販売方法，運営方法については，日弁連も協議に加わることが予定されているが，この協議の実効性を確保するための方策を常に考えていくべきである。

❼ 保険で支払われる解決費用に，今後拡大することが予想される裁判外紛争処理機関での費用がどの範囲で含まれるかが問題である。その費用が含まれるような体制づくりに持って行くべきであろう。

11　弁護士広告の自由化

> 2000（平成12）年に弁護士広告は自由化され，日弁連の会規で不適切な広告に関する規制が行われている。非弁提携広告等の問題事例も危惧されるところであるが，広告自由化後10年が経過して弁護士を取り巻く状況も大きく変化しており，弊害防止を図りつつ，弁護士の業務拡大を図るために，弁護士広告活性化の観点からの規制の在り方の検討が必要となった。そこで，2012（平成24）年3月15日開催の理事会において，「弁護士及び弁護士法人並びに外国特別会員の業務広告に関する運用指針」が，「弁護士及び弁護士法人並びに外国特別会員の業務広告に関する指針」に全面改正された。

1）広告の自由化と不適切な広告に対する規制

2000（平成12）年3月24日，日弁連は，それまで原則禁止であった「弁護士の業務の広告に関する規程」を廃止し，広告を原則自由とする「弁護士の業務広告に関する規程」（以下「規程」という。）を会規として採択し，同規程は，同年10月1日から施行された。

この規程では，それまで限定列挙されていた広告できる事項及び使用できる広告媒体について特段の規定は置かないこととなったが，依頼者である市民への広告による弊害を防ぐべきとの考えから，一定の類型の広告について禁止規定が置かれている。

具体的には，①事実に合致しない広告，②誤導又は誤認のおそれのある広告，③誇大又は過度な期待を抱かせる広告，④特定の弁護士・外国法事務弁護士・法律事務所又は外国法事務弁護士事務所と比較した広告，⑤法令に違反する広告又は日弁連若しくは所属弁護士会の会則，会規に違反する広告，⑥弁護士の品位又は信用を損なうおそれのある広告，の6種類である。

これらの規制は市民への広告による弊害防止の観点から設けられているものではあるが，抽象的な文言もあり，結果として弁護士の広告に対する萎縮効果をもたらし，弁護士の広告の活性化を阻害しているのではないか，弁護士各自の業務拡大への工夫の範囲を狭めているではないかとの意見があった。

また，2000（平成12）年に規程と同時に「弁護士及び弁護士法人並びに外国特別会員の業務広告に関する運用指針」（以下「運用指針」という。）が定められたが，例えば，「専門分野」の表示については，国民が強くその情報提供を望んでいる事項としながら，「現状では」何を基準として専門分野と認めるかの判定が困難であるとして，「現状ではその表示を控えるのが望ましい」と指摘するにとどまっていた。

規程では，表示できない広告事項として，①訴訟の勝訴率，②顧問先又は依頼者，③受任中の事件，④過去に取扱い又は関与した事件を広告に表示することを禁止している。この内②～④については依頼者の書面による同意がある場合には許される。なお，依頼者が特定されない場合でかつ依頼者の利益を損なうおそれがない場合には，同意がなくとも広告に表示をすることは許されていた（運用指針第4）。

このほか，規程は，①訪問又は電話による広告，②特定の事件の勧誘広告（ただし公益上の必要がある場合には許される），③有価物等供与を禁止している。

しかし，これらの規制によって，過度に弁護士の業務拡大のための工夫が制限されていないかを改めて検討を行い，見直しを行う必要性が指摘されていた。

2）弁護士及び弁護士法人並びに外国特別会員の業務広告に関する指針

規定及び運用指針により運用がなされてきた10年間の研究・議論の成果を運用指針に反映させ，弊害を防止しながらも，市民が望んで情報提供を求めている専門分野を弁護士が積極的に表示できるようにする方向での運用方針の見直しが求められていた。

そこで，2012（平成24）年3月15日開催の理事会において，運用指針が，「弁護士及び弁護士法人並びに外国特別会員の業務広告に関する指針」（以下「新指針」という。）に全面改正された。

先に述べた「専門分野」の表示については，運用指

針同様,「表示を控えるのが望ましい」との結論に変更はない。ただし,広告中に使用した場合,文脈によって問題となり得る用語の具体例として,「信頼性抜群」,「顧客満足度」その他実証不能な優位性を示す用語などが明示された。なお,新指針では,電話,電子メールその他の通信手段により受任する場合の広告記載事項についても定められた。

3）弁護士業務広告の実態

いわゆる広告の自由化以降,まず,債務整理系事務所がマス広告を行った。これは,①マス広告の対象は不特定で,初期投資及びランニングコストもかかるため,債務整理のような潜在クライアント数の多いものに使わないと効率が悪いことと,②マス広告の対象は多数であるため,債務整理のような定型・大量処理できる業務以外で使うと効率が悪いことが理由と考えられる。

このように考えると,例えば交通事故なども,①潜在クライアント数は多く,②赤本・青本等で一定の定型化が進んでいるので,マス広告が行われてもよいように思われる。現在,交通事故のマス広告については,「情報提供や相談料のみならず着手金も無償,報酬のみ」という広告も少なくないようである。

東京地区の事務所による全国的なマス広告は,各地の単位会との軋轢を生む元となっているが,今後の健全なバランスのとれた発達を望みたい。その他,検索ワード連動のリスティング広告も,今では相当数の事務所が行っているようである。

ホームページを作成している法律事務所は多いが,かつては既存の顧客への情報提供のために行っている場合が中心と考えられていたが,状況は年々変化しており,今では,広告宣伝手段として利用することも増えているように見える。もっとも,弁護士による広告に関し,問題意識を持つ弁護士が相当数おり,近時,東京弁護士会消費者問題等特別委員会において,「弁護士による消費者被害を止めるチーム」というPTが立ちあがった。

4）これからの弁護士広告の在り方

2000（平成12）年以降,ホームページを持つ事務所の数は飛躍的に増え,交通機関での広告やマス広告を行う事務所,リスティング広告を行う事務所なども増えてきている。また,弁護士事務所の広告コンサルティングを行う業者も相当数あるようである。このように,徐々にではあるが,弁護士の業務広告は着実に拡大していくものと思われる。このことが,市民への弁護士情報の提供という観点から,好ましいものであることは間違いない。

先にも指摘したように,今後も,弊害防止を考慮しつつも,業務広告のさらなる活性化の観点からも議論を重ね,規程や指針を適宜見直して必要な改訂を行うべきである。そして,規定や指針を策定するのが日弁連であるとしても,個別の案件に関する調査権限及び必要な措置をとる権限をもつのは各単位会であるから,各単位会が日弁連と協力しながら,各地方の実情に応じて,個別具体的に弁護士による広告の適否を判断していくこととなる（規程12条）。

弁護士はまだ広告をすることに慣れていないが,市民の求める情報を発信して身近な存在となり,弁護士の業務の発展にも繋げる取組を行うべきである。また,若手の業務対策上,広告の自由化が必要であるとの強い意見もあり,さらに,広告の自由化の在り方そのものを含め,検討していかなければならない。

12 弁護士情報提供制度

> 日弁連が実施している弁護士情報提供制度は，市民に対して，弁護士の取扱業務等の情報を開示する制度である。全ての弁護士が，弁護士による情報開示は弁護士の市民に対する責務であることを自覚し，取扱業務を含めた弁護士情報を開示する制度として発展させなければならない。

1）弁護士会の広報としての役割

　国民が，弁護士にアクセスをする際に，弁護士に関する情報がなくては，どのような弁護士に連絡をしたらよいのかも分からない。その意味で，個々の弁護士についての情報提供は，国民の基本的人権を擁護し，社会正義を実現するために有益なものであり，国民に対する弁護士の責務である。

　しかし，それを個々の弁護士自身の情報提供や広告のみに頼ることは極めて困難である。そのため，弁護士の情報を開示するための小冊子や本を作るなどしている弁護士会も存在した。この要請は，東京であっても同様であり，弁護士の情報開示方法について検討を重ねてきた。もっとも，特に東京においては，地方単位会と比べると多数の弁護士が存在するため，小冊子の作成費用も莫大となることが予想されることが問題とされた。

　東京弁護士会では，このような情報提供は，弁護士会の広報として重要であることから，業務改革委員会において，実験的にFAX情報提供制度を立ち上げ，その利用度を勘案して制度の発展を期待することとした。

　そして，経費問題等を解決して，2000（平成12）年10月1日には，東京弁護士会のホームページ（http://www.toben.or.jp/）に，東京弁護士会所属の全弁護士の名前と事務所を明示し，取扱分野の情報提供を了解した弁護士に関しては取扱分野も明示した情報提供制度が掲載されることとなった。この制度は，国民の好評を得た。好評の理由は，自分の頼みたい事件の分野の弁護士に関する情報が従来は全くなかったのに，一般分野35分野，要経験分野22分野（この登録には，一定の経験要件が存在する）を検索すると必要な弁護士の情報（写真や地図，関わった判例等）が分かるからであった（なお，従来，取扱業務掲載には登録料や弁護士過誤保険に入ることが条件となっていたが，取扱業務を明示する弁護士増加の阻害要因となっていると推定し，その条件を撤廃した。）。

　しかし，日弁連においても，同様の問題意識から，全国の弁護士の情報提供をどのように行うべきかを検討した結果，2006（平成18）年12月から「ひまわりサーチ」という名称で弁護士情報提供サービスが開始されたため，「ひまわりサーチ」に一本化するという観点から，2011（平成23）年3月28日，東京弁護士会独自の情報提供制度は廃止された。

2）個々の弁護士にとっての位置づけ

　かつての多くの弁護士は，知人を介して頼まれる事件を分野も問わず受任していたため，専門特化の必要もなく，むしろ，どの分野でも対処できる態勢をとることが必要とされてきていたものと思われる。

　しかし，ある特定分野の事件を集中して受任し，短期間にその分野の専門特化した地位を築いて事務所を維持するという考え方もあり，社会の複雑化に伴って，国民の側からも，専門特化した弁護士に対する需要が高まっていることが感じられる。専門特化を目指す弁護士にとっては，この弁護士情報制度を活用することが考えられる。

　その意味で，情報提供制度は弁護士会としての広報でありながらも，各弁護士の広告的な側面も否定できないのであり，その面の効果もあると考えられる。ただ，弁護士会という公共的な立場からの広報と各個人のための広告との区別は，主体の違いや責任の所在の観点などから明確にすべきであり，その本質的な違いを常に意識し，弁護士会の広報が各弁護士の広告にならないよう注意をすべきである。

　弁護士会の広報としての情報提供制度を通じて，個々の弁護士自らの取扱分野についての情報公開が，市民に対する弁護士の責務であるとの考えに発端があることを個々の弁護士に浸透させるべきである。

3）今後の課題

弁護士が取扱分野等の情報提供に消極的な理由は，かつては見ず知らずの人からアクセスされることを嫌う傾向，現在の事件数で手一杯であり事件の相談があっても受けられない，というものであったが，最近では，業務確保の観点から，特に登録間もない弁護士を中心にこれらの抵抗感は減少しているものと考えられる。

現状で取扱業務の情報提供が少ない理由として，取扱業務を特定のものに限定した場合に十分な収益が得られるかが不透明なことや，まだ特定の取扱業務に限定している弁護士が多くなく，その情報提供も十分ではないために，自らその情報提供を行わなくとも立ち後れることがないことが考えられる。また，経験が浅いために取扱業務として掲げることをためらう弁護士もいるかもしれない。

しかし，これらの情報は市民が強く求めていることでもあり，弁護士会は，需要の多い分野や専門性の高い分野について研修等を通じて，より多くの会員が当該分野を専門分野とできるように支援をすべきである。その上で，例えば，いくつかの研修を指定して，あえて望まない場合を除き研修受講生について取扱業務が自動的に登録がされるようにする等，取扱業務として登録しやすい環境を整備すべきである。

また，日弁連の「ひまわりサーチ」への東弁会員の登録が極端に少ない状況にあるため，当面，その登録数の増加に取り組むべきである。

13　弁護士報酬支払いのクレジットカード利用と懲戒問題

1）経緯

1992（平成4）年当時の日弁連会長名で，「弁護士がクレジットカード会社と加盟店契約を締結することについての見解」と題し，カード利用に関しては自粛すべきであるとの要請が単位会会長宛てに出されている。これは，当時はそのカード利用料金が，そのカード利用額の1割を超えるなどの率であったために，主として弁護士報酬の一部を金融会社が取得することが非弁提携を禁じた弁護士法に違反するおそれがあったからである。これ以降，ほとんどの弁護士はこの自粛要請を守ってきているが，社会の変化により，その是非をめぐり議論が再燃してきたものである。

2）日弁連弁護士業務改革委員会でのカード支払いを認める決議

クレジットカードの利用が社会に浸透して，その後，自治体，公共料金，医療機関，他士業の報酬等の支払いもカードでできる時代となり，利用者の利便性の観点から非弁提携禁止の意義が再検討を求められてきた。2002（平成14）年に第一東京弁護士会がカード利用を認めるべきとの意見書を出したことを皮切りに，その後の検討により，特に，インターネットでの法律相談は，過疎地の依頼者に質の高い相談を容易にしており，その相談費用はカード決済以外には考えがたく，カード利用の必要性を明らかにした。業務改革委員会では，問題点を検討した上で，カード会社との協議を重ねながら，カード手数料を3％以内とするとの約束をとりつけ，2006（平成18）年6月に弁護士会は弁護士のカード利用を否定できない旨の意見書を提出した。

3）現在の日弁連の意見

上記の業務改革委員会の意見書をもとに日弁連内での議論がなされ，消費者委員会の強い反対に一定の配慮をしつつ，日弁連は，2009（平成21）年3月30日に「弁護士報酬等のクレジットカード決済の問題点について（要請）」という文書を全会員宛てに出した。その意味するところは，原則としては，カード会社と契約すること自体が懲戒処分の対象となるものではないが，他の要因が重なり合った場合には懲戒処分の対象となりうるというものである。その要因の例として，次の3つが挙げられている。

① カード会社がカード会員に対して加盟店としての一般的な紹介を超え，積極的に弁護士を紹介する場合
② 依頼を受けた法律事務に関して弁護士と依頼者間での紛争が生じ，依頼者がカード会社への支払いを停止又は拒絶したり，立替金返還を要求したりする場合に，法律事務の内容をカード会社に開示する場合
③ 任意整理，法的整理等の依頼を受けた場合に，依

頼者が当該カード会社に対する立替金の支払いができなくなることが見込まれるにもかかわらず，当該事件の報酬をカードの利用により決済させた場合

日弁連では，これらの懲戒とならないための注意点を記載したガイドラインを設定している。したがって，今後はこのガイドラインに沿った運用に注意をした上で，利用者の利便性の向上と弁護士業務の健全性の調和を図っていくべきである。

第4部
刑事司法の現状と展望

1 刑事司法改革の視点

> 刑事司法制度は大転換期を迎えている。2009（平成21）年8月には，第1号の裁判員裁判が開かれ，また，被害者参加制度も開始された。
> 弁護士・弁護士会は，このような時期に，取調べの可視化，人質司法の打破等の実現に設けて全力を傾注する必要がある。

1）憲法・刑事訴訟法の理念から乖離した運用

刑事司法の改革を考える上で重要なことは，日本の刑事司法の現実を，憲法，国際人権法そして刑事訴訟法の理念を尺度として，リアルに認識することである。

日本国憲法は，旧憲法下の刑事司法における人権侵害の深刻な実態に対する反省に基づき，31条から40条に至る世界にも類例をみない審問権・伝聞証拠排除原則（37条），黙秘権（38条），自白排除法則（38条）などの規定を置いている。

この憲法制定とともに，刑事訴訟法は全面的に改正され，詳細な刑事人権保障規定が置かれた。刑事手続における憲法の原則は，適正手続・強制処分法定主義（31条），令状主義（33条，35条），弁護人の援助を受ける権利（34条，37条）等であり，被疑者・被告人は，厳格な要件の下で初めて身体を拘束され，弁護人による援助の下で，検察官と対等の当事者として，公開の法廷における活発な訴訟活動を通じて，裁判所によって有罪・無罪を決せられることとなった。要するに，現行刑事訴訟法は，憲法上の刑事人権保障規定を具体化して，捜査・公判を通じて適正手続を重視し，被疑者・被告人の人権保障を強化したのである。「無実の1人が苦しむよりも，有罪の10人が逃れるほうがよい」との格言があるが，そのためのシステムを構築しようとしたのである。

ところが，その後の我が国の刑事訴訟法の運用の実態は，憲法や刑事訴訟法の理念から著しく乖離し，大きく歪められている。すなわち，被疑者は原則的に身体拘束されて，強大な捜査権限を有する捜査機関による取調べの対象とされ，密室での自白の獲得を中心とする捜査が行われ，調書の名の下に多数の書類が作成された上（自白中心主義），検察官の訴追裁量によって起訴・不起訴の選別がなされる。公判段階でも犯罪事実を争えば，長期にわたって身体拘束をされ続け，事実を認めないと身体の自由は回復されない（人質司法）。そして，有罪・無罪はすでに起訴前に決していて，公判は単に捜査書類の追認ないしは引き継ぎの場と化し，公判審理は著しく形骸化してしまった（調書裁判）。まさに，検察官の立場の圧倒的な強大さは，旧刑事訴訟法下の手続と同様の「糾問主義的検察官司法」となって現出した。

2）出発点としての死刑再審無罪4事件

このような事実を端的に示しているのが，死刑が確定していた4事件について，1983（昭和58）年から1989（平成元）年にかけて再審無罪判決が相次いで言い渡されるという，50数年にわたる戦後刑事司法の汚点ともいうべき衝撃的な事実である。死刑が確定していた4事件について，相次いでいずれもが誤判であることが明らかになるという事態は，事件に携わった警察官，検察官，裁判官の個別的な資質や能力にのみ原因を求めるわけにはいかないことを示している。すなわち，刑事司法のシステムそのものに誤判・冤罪を生み出す構造が存在していたことを示唆するものである。それゆえに，平野龍一博士は，1985（昭和60）年，このような刑事手続の状態を，「我が国の刑事裁判はかなり絶望的である」と表現された。

弁護士会としては，この間，当番弁護士制度を創設するなど，かような事態の打開のために努力してきたが，以上に述べたような事態は，その後も何ら改善されていないばかりか，むしろ悪化していると評される時期が続いた。

2007（平成19）年にも，再審無罪となった富山氷見事件，自白強要の実態が暴かれ，結果として被告人12名全員が無罪となった鹿児島志布志事件，2010（平成22）年には足利事件，2011（平成23）年には布川事件

でも再審無罪が確定している。さらに，2010（平成22）年9月に厚生労働省元局長事件でも無罪が言い渡されたが，同事件に関連して，大阪地検の主任特捜部検事が証拠改ざんを行い，特捜部長・同副部長まで証拠隠滅罪に問われ，2012（平成24）年3月に元特捜部長と元副部長に対し，大阪地裁はいずれも懲役1年6月，執行猶予3年の判決を言い渡している（2013〔平成25〕年9月，大阪高裁が控訴を棄却し，確定。）。同じ2012（平成24）年には，いわゆる東電OL殺害事件で，再審を認める決定が東京高裁で出され，同年11月に再審無罪が確定する等，誤判・冤罪を生み出す構造的欠陥は解消されていないばかりか，検察への信頼が地に落ちる未曾有の事件が発生している。

2014（平成26）年3月，死刑判決が確定していた袴田事件で再審開始決定（死刑及び拘置の執行停止）が出たことは特筆すべきであり，今後その帰趨を注目したい。

3）改革の方向

このような我が国刑事司法の改革する必要性及びその方向性については，国際人権（自由権）規約委員会の度重なる勧告が極めて的確に指摘しているところである。すなわち，この勧告は，被疑者・被告人の身体拘束の適正化を図ること（人質司法の改革），密室における自白中心の捜査を改善して手続の公正化・透明化を図ること（自白中心主義の改善，取調べ捜査過程の可視化，弁護人の取調立会権），証拠開示を実現して公判の活性化を図ること（公判審理の形骸化の改善）等の勧告をしている。

新たな時代の捜査・公判手続の第一の課題は，20世紀の負の遺産とも言うべき，身体拘束を利用して自白を採取することを目的とした捜査システムとこれに依存した公判システム（自白中心主義）の克服であり，冤罪を生まないシステムを確立することである。

4）司法制度改革審議会意見書及び刑事司法改革の法案化について

司法制度改革審議会意見書（以下「司改審意見書」という。）は，委員全員一致のとりまとめであるため，「今後，我が国の刑事司法を，国民の期待に応えその信頼を確保しうるものとする」にいう「国民」とは，「被疑者・被告人たる国民」よりも，刑事事件を第三者として見聞きする「一般国民」という意味合いが強く，そのため，司改審意見書の刑事司法制度改革の基調は，全体として，被疑者・被告人の権利・利益を擁護し，弁護権を強化するという方向よりも，社会秩序を維持し国民生活の安全を図るといった面が強調されているという批判もある。

しかし，その提起する制度内容をみると，今後解決されなければならない多くの問題は残されているものの，「裁判員制度」の導入によって，公判のみならず捜査に及ぶ自白中心主義や調書裁判の克服の可能性をもたらし，また，国費による被疑者弁護制度についても，被疑者・被告人を通じた公的弁護制度の枠組みを示すことによって，目指すべき制度の実現への大きな前進を遂げたと評価することができる。

その後，司法制度改革推進本部内に設けられた「裁判員制度・刑事検討会」及び「公的弁護制度検討会」において法案化に向けて精力的な検討が加えられた。

一方，日弁連では，「裁判員ドラマ」を作成して，全国で裁判員ドラマの上映活動を実施し，また，2003（平成15）年7月に実施された第20回司法シンポジウムにおいて，裁判員制度についてのパネルディスカッションを行うなど，裁判員制度の普及を図るとともに，弁護士会の意見の反映された裁判員制度を実現すべく努力をした。

その結果，司改審意見書を基にし，検討会における検討を踏まえ，2004（平成16）年5月に，裁判員法案及び刑事訴訟法改正法案が可決成立するに至った。

裁判員制度の実施に向け，東京では，2005（平成17）年5月以降，継続的に法曹三者において模擬裁判員裁判を実施し，2007（平成19）年度からは，東京地方裁判所の各部において，全員参加型の模擬裁判員裁判を実施するなど，2009（平成21）年5月からの裁判員裁判実施に向けての運用上の問題点を探るなどした。2009（平成21）年8月には，全国民注目のもとで，東京地裁にて第1号の裁判員裁判公判が開かれた。以後，全国各地で裁判員裁判が行われ，国民参加の裁判は着実に進行するに至っている。弁護士会では，これらの問題点の検証作業を引き続き行い，今後の裁判員裁判における弁護活動に生かす必要がある（詳細は第4部2参照）。

なお，2005（平成17）年11月には，公判前整理手続に関する改正刑事訴訟法が施行され，その結果，証拠

開示請求（類型証拠開示請求，主張関連証拠開示請求）が権利として認められた。弁護士会でも，裁判員裁判の検証作業とともに，公判前整理事件の研修や成果の集積を行う等，制度が適切に運用されるよう助力する必要がある（詳細は第4部3参照）。

また，2006（平成18）年5月には，法務大臣より，検察庁における取調べの一部につき録音・録画の試行が行われることが発表された。また，2009（平成21）年度からは，一部の警察署においても，被疑者取調べの一部の録音・録画の試行が行われることとなるなど，取調べの可視化問題にも大きな動きが生じている。また，前述した大阪地検特捜部の不祥事をきっかけに，特捜部の事件での取調べの全過程の可視化の試行も始まっており，可視化実現に向けて絶好の時期を迎えている。この時期を逃すことなく，引き続き，全面的な取調べの可視化実現に向けての運動を継続すべきである（詳細は第4部5参照）。

これら人質司法の打破，取調べの可視化，自白中心主義の改善，公判審理の形骸化の改善のための作業を行うに当たっては，弁護士会に課せられた役割は大きいものと考える。弁護士会では，引き続き国民を巻き込んだ運動を起こすなどして，よりよい刑事司法改革を実現できるように全力を傾注する必要がある（詳細は第4部2ないし15参照）。

2 裁判員裁判導入の成果と課題

> 裁判員法附則第9条が定める3年経過後の見直しにより，2015（平成27）年6月，裁判員法の一部が改正されたが，さらに改善すべき点は残されており，弁護士会は，引き続きより良い裁判員裁判の実現へ向けて積極的な提言をしていくべきである。
>
> また，裁判員裁判においても被告人の防御権を十分に保障するため，身体拘束の解放，弁護人との接見交通権の運用の改善，量刑データベースの創設等に取り組むべきである。
>
> 加えて，弁護士会内では，裁判員裁判に対応する弁護人の弁護技術の向上に向けた実践的な研修を継続的に実施するなどして弁護人の体制を充実させるとともに，他方，裁判員制度が国民に定着していくためには，市民の理解と協力，そして裁判員制度に対する市民の信頼が必要不可欠であり，それらを得るための広報活動を今後も継続的に行う必要がある。

1）裁判員裁判導入の意義

(1) 裁判員制度の開始までの経緯と検証

裁判員制度は，広く一般の国民から無作為に抽出された者が，裁判官とともに責任を分担しつつ協働し，裁判内容（有罪・無罪の決定及び刑の量定）に主体的，実質的に関与するという制度である。

我が国にこのような制度を導入することについては，2001（平成13）年6月に出された司法制度改革審議会意見書で提言がなされ，その後，内閣に設置された司法制度改革推進本部の「裁判員制度・刑事検討会」において，2002（平成14）年6月から具体的制度設計についての本格的な議論が開始された。そして，2004（平成16）年5月21日，「裁判員の参加する刑事裁判に関する法律」（裁判員法）として可決・成立し，2008（平成20）年4月18日，「裁判員の参加する刑事裁判に関する法律」の施行期日を定める政令が公布され，2009（平成21）年5月21日，裁判員制度が始まった。

裁判員法附則9条では，法の施行3年経過後に「所用の措置を講ずるもの」と規定されており，日弁連は，3年が経過するのに先立ち，2012（平成24）年3月，「裁判員法施行3年後の検証を踏まえた裁判員裁判に関する改革について」と題する提言を行った。

ここでは，①公訴事実等に争いのある事件について

の裁判員裁判対象事件の拡大，②公判前整理手続における証拠開示規定の改正，③被告人側に公判前整理手続に付することの請求権を認める法律改正，④公訴事実等に争いのある事件における公判手続きを二分する規定の新設，⑤裁判員及び補充裁判員に対する説明に関する規定の改正，⑥裁判員裁判における評決要件の改正を提案した。

また，裁判員等の心理的負担を軽減させるための措置に関する規定及び心理的負担軽減に資する事項の説明に関する規定の新設を提言した。

さらに，死刑の量刑判断について全員一致制の導入，少年法の理念に則った規定の新設，裁判員制度の運用に関する調査研究のための守秘義務適用除外規定の新設，裁判員制度の施行状況を検討し，法制度上あるいは運用上必要と認める措置を提案する新しい検証機関の設置などを提言してきた。

しかしながら，法務省に設置された「裁判員制度に関する検討会」（以下「検討会」という）においては，日弁連のこれら提言はいずれも採用されず，現行の制度をほとんど変更することなく，平成27年6月に，①審理期間が著しく長期又は公判期日が著しく多数で，裁判員の選任等が困難な事案を対象事件から除外する規定（3条の2），②重大な災害で被害を受け，生活再建のための用務を行う必要があることを辞退事由とする規定（16条8号），③著しく異常かつ激甚な非常災害で交通が途絶した地域において裁判員候補者の呼出しをしないことができるとする規定（27条の2，97条5項），④選任手続等における被害者特定事項の保護規定（33条の2第1項，3項），を新設する改正が行われたにとどまった。

(2) 意義

この裁判員制度は，司法改革の重要な柱であった。裁判員法1条によれば，この制度は「司法に対する国民の理解の増進とその信頼の向上に資する」とされている。裁判員制度の導入は，司法に国民の健全な社会常識を反映させ，かつ，国民に対し，司法の分野における「客体」から「主体」へと意識の変革をもたらすという意味で，我が国の民主主義をより実質化するものとして大きな意義がある。

すなわち，司法の分野においても，国民がその運営に参加し関与するようになれば，司法に対する国民の理解が進み，裁判の過程が国民にわかりやすくなる。

その結果，司法はより強固な国民的基盤を得ることになると期待されているのであり，日弁連は裁判員法を「司法に健全な社会常識を反映させる意義を有するに止まらず，我が国の民主主義をより実質化するものとして，歴史的な意義を有するものである」と評価している。

また，裁判員制度の導入により，刑事司法の抱えている諸問題を解決し，直接主義・口頭主義の実質化，調書裁判の打破と自白調書偏重主義の克服，連日的開廷による集中的審理の実現等を可能にし，刑事訴訟法の基本原則に立ち返った本来あるべき刑事裁判の姿を取り戻すことも期待されている。

2）裁判員裁判の現況と成果

(1) 裁判員裁判の現況

（以下，最高裁判所発表の制度施行から2015（平成27）年9月末までの統計〔速報〕による）

制度施行から2015（平成27）年9月末日までの6年4か月間の裁判員裁判対象事件の新受人員は，全国で10,073人（東京地裁本庁で838人）であり，裁判員裁判の終局人員は，全国で8,273人（東京地裁本庁で739人）である。新受人員を罪名別でみると，強盗致傷が2,369人で最も多く，以下殺人2,131人，現住建造物等放火974人，傷害致死874人，覚せい剤取締法違反802人，（準）強姦致死傷742人，（準）強制わいせつ致死傷721人の順になっている。

また，この間に裁判員裁判において選定された裁判員候補者は75万9,635人である。このうち，調査票の回答により辞退が認められた方などを除いた54万2,525人に対して呼び出し状が送付され，質問票の回答により辞退が認められるなどして，さらに23万2,513人の裁判員候補者の呼び出しが取り消され，残りの31万0,012人に選任手続期日への出席が求められた。このうち23万4,692人が選任手続期日に出席し（出席率75.7％），4万6,648人が裁判員に選任され，1万5,892人が補充裁判員に選任された。辞退が認められた割合は60.7％であった。辞退率は，制度が始まった2009（平成21）年の53％から上昇が続いている。

裁判員裁判の平均審理期間（受理から終結まで）は8.8月であり，このうち公判前整理手続に要した期間が6.5月となっている。公判期日を開いた回数は平均4.3回（自白事件3.6回，否認事件5.2回）であり，実質

審理期間（第1回公判から終局まで）は平均7.1日（自白事件5.0日，否認事件9.8日）となり，制度が始まった当初より少しずつ長期化する傾向にある。

(2) 裁判員裁判導入の成果

裁判員裁判導入から6年4か月を経過した段階で，裁判員裁判による終局人員は8,000人を超えているが，大きな混乱はなく，概ね順調に推移しているものと評価しうる。

2009（平成21）年5月21日から平成25年12月までの裁判員経験者のアンケートでは，良い経験と感じたと回答した人が95.3%であったところ，2015（平成27）年1月から同年8月までの同アンケートでは96.1%に増加し，引き続き肯定的な結果となっている。審理の内容についてわかりやすかったと回答したのは65.2%（前年度比＋3.0ポイント）で前年度に続いて上昇しており，制度施行後続いていた低下傾向が改善された。但し，検察官と弁護人の法廷での説明のわかりやすさを比較すると，わかりやすかったとの回答は，検察官が67.0%に対して，弁護人は35.0%，わかりにくかったとの回答は，検察官が4.0%に対して，弁護人が17.9%との結果が出ており，改善する必要があろう。また，裁判員裁判の導入により，従来なされてきた供述調書の取り調べを基本とする審理から，人証中心の審理へと変化し，冒頭陳述，論告，弁論等も書面に頼らない方法へと変化しており，直接主義・口頭主義という本来あるべき刑事訴訟の審理がなされるようになっているといえる。そして，裁判所主催で実施されている裁判員経験者との意見交換会などによれば，裁判員は無罪推定の原則に従った判断をしようとする姿勢が伺われ，従前の裁判官裁判との違いが感じられる。

さらに，手錠・腰縄を解錠したのち，裁判員と裁判官が入廷する，被告人の着席位置を弁護人の隣にする，服装も相応な服装で出廷することを認めるなどの運用もなされるようになってきているなど，裁判員裁判の導入による刑事裁判の改善が実現しており，今後もかかる方向性を推し進めるべきである。

3）裁判員制度の課題

(1) 部分判決制度

部分判決制度は，事実認定のみを行う裁判員と事実認定及び量刑判断を行う裁判員との差異が生じ，最後に判決を言い渡す裁判体の裁判員の負担が重くなることや，部分判決では有罪と判断されたが，最後の事件では無罪との結論に達した場合，最後の裁判体は部分判決で有罪とされた件についての量刑判断を行わなければならないといった点，さらに，一般情状の立証をどの裁判体の段階で行うのかなどといった問題点が指摘されており，運営のあり方については，今後十分に検討をする必要があろう。

(2) 裁判員選任手続

裁判員選任手続については，裁判員候補者として呼出を受けた者が「思想信条」を理由として裁判員を辞退できるかにつき，2008（平成20）年1月に定められた裁判員の辞退事由についての政令では，「精神上……の重大な不利益が生ずると認めるに足りる相当の理由があること」と規定されている。しかし，この規定によれば，「精神上の重大な不利益が生ずると認めるに足りる相当の理由」の有無は個々の裁判官の判断によることになり，かつ，その基準が不明確であることから，選任段階で混乱が生ずるおそれがある。

また，裁判員への事前の質問票では，事件関係者との関係の有無や，事件を報道等で知っているか，近親者が同種事件の被害にあったことがあるか，などといった事項につき回答を求めるだけであり，選任手続期日における質問でも，質問票への回答の正確性，予定審理期間のスケジュールの確認，公正な裁判ができない事情があるかどうか，といった点についてだけ質問を行うことが想定されている。これでは，検察官や弁護人が不選任の請求を行う際の判断材料が極めて乏しく，裁判員候補者の外見と直感で判断せざるを得ないことになりかねない。また，特に性犯罪事件では，被害者のプライバシーを守る工夫が必要であり，この点についても検討が必要である。

これら選任手続の問題点を検討し，今後も適切な制度運営がなされるよう働きかけていく必要がある。

(3) 説示や評議のあり方

裁判員法39条は，「裁判長は，裁判員及び補充裁判員に対し，最高裁判所規則の定めるところにより，裁判員及び補充裁判員の権限，義務その他必要な事項を説明するものとする」と規定しており，裁判所はその説明案を公表し，裁判員選任時には概ねその説明案に沿った説明がなされている。

無罪推定の原則，合理的疑いを容れない程度の立証といった基本原則に基づかない刑事裁判がもし行われ

るようなことがあれば，被告人の適正な裁判を受ける権利が侵害されるのみならず，裁判員裁判も十分機能しないおそれがある。裁判所に対し，裁判員選任時以外にも証拠調べ開始時，評議開始時などに重ねて基本原則について説明をするなどして十分裁判員が理解した上で審理，評議に臨めるように説明の徹底を求めるべきであり，弁護人としても，事案によっては弁論などにおいて，具体的に立証の程度などに言及する必要がある。

また，評議の内容については，裁判員に守秘義務が課されているために公表されておらず「ブラックボックス」となっていたが，平成25年から毎年,東京三会裁判員制度協議会は，典型的な事案を題材とし，裁判員役を一般市民の中から選び，現職の裁判官3名の参加を得て模擬裁判・評議を実施し，現実の裁判員裁判におけると同様の評議の進め方を確認する機会を得た（この模擬評議は次年度も開催を予定）。評議が適切になされているか否かは，裁判員裁判がその目的に合致した制度となり運用がなされているかに大きく関わるものであり，常に検証しなければならないものと考えられる。

さらに，裁判員の守秘義務を，検証目的の場合には解除するなどの方法により，検証の支障にならないようにすべきである。

(4) 被告人の防御権の観点

❶ 身体拘束からの解放

裁判員制度において連日的開廷を可能ならしめるためには，公判前整理手続において被告人と弁護人が十分に打ち合わせを行って方針を立て，証拠収集等を行う必要が生ずる。この被告人の防御権を十分に保障するためには，被告人と弁護人が自由に打ち合わせを行えることが不可欠であり，保釈の原則化など勾留制度運用の改革が必要である。

裁判員制度の導入は，公判手続のあり方，証拠開示，取調べの可視化，被告人の身体拘束からの解放など，現在の刑事裁判そのものを大きく変容させる要素を含んでおり，これを機に刑事裁判全体の改革につなげていくことが重要である。

❷ 接見交通権の実質的保障

人質司法の打破は，裁判員裁判に特有の問題ではなく全ての刑事事件について実現されるべきであるが，裁判員裁判では，対象事件が重大事件に限られていることから，被告人は身体を拘束されている可能性が高い。そして，裁判員裁判で連日的開廷が実施されることを考慮すれば，裁判所における公判の前後や休廷時間における接見が重要となり，夜間・休日の接見も拡充される必要がある。これを受けて東京拘置所における夜間接見の開始，検察庁における電話接見の開始等の制度改革が進められているが，我々弁護士・弁護士会は，その活用をするとともに，さらなる改善に取り組むことが必要である。

❸ その他

法廷における服装，着席位置，刑務官の位置などが裁判員に多大な影響を与え，事実認定や量刑に影響を与えることは否定できない。法廷における服装，着席位置，刑務官の位置などについては一定の改善が見られたが，裁判員に対して被告人に不利益な印象を与えることのないように，今後も継続して改善を求めていくべきである。

また，裁判員裁判は一般市民が判断できるようわかりやすいものでなければならず，裁判員の負担を軽減する必要性のあることも否定できない。しかし，あまりにその点ばかり強調して被告人の防御を軽視してはならず，公判期日の短縮や証拠の厳選により被告人の防御が犠牲になることがあってはならない。裁判員裁判においても，この点を留意し，被告人の防御権を強く意識して審理に臨むべきである。

(5) 公判審理

平成25年5月，強盗殺人事件の裁判員裁判で裁判員をつとめ死刑判決にかかわった女性が，検察官から書証として提出された殺害現場のカラー写真を見たり，被害者が助けを求め通報した音声を聞いたことが原因となり急性ストレス障害を発症したとして国家賠償を求める訴訟を提起した。検察官請求証拠の必要性に対するチェックは，まず弁護人においてなされるべきであるが，この事件を契機として，裁判所では，裁判員の心理的な負担を考慮して，公判において取り調べる証拠について，立証趣旨との関係で書証の必要性を慎重に吟味する運用がなされるようになった。

裁判員裁判においては，凄惨な証拠に接すること等による裁判員の精神的負担に配慮した訴訟活動が求められ，この点をも意識した公判審理の実現に取り組むことが必要である。

(6) 裁判員が参加しやすい環境の整備と市民向けの広報

この制度は，広く国民が参加し，国民全体で支えるものとする必要があり，そのためには，国民が裁判員として参加しやすいように職場などの労働環境を整えるとともに，託児所・介護制度等の充実も図らなければならない。

そして，国民が，司法は自らのものであり主体的に担うものであるという自覚を持って参加するよう裁判員制度に関する理解を深めるため，情報提供や広報活動も積極的に行うことが重要である。裁判員裁判に参加した裁判員の意見は参加して良かったとするものが多くを占めているが，一般国民の裁判員への参加意欲は必ずしも高いものとはいえない。裁判員に守秘義務が課されているため，その経験を社会で共有することができないという根本的な問題はあるが，まずは我々弁護士・弁護士会が，引き続き裁判員裁判に対する広報を行う必要性は高いといえる。

また，犯罪報道によって裁判員に予断を生じさせるおそれがあることも懸念されており，犯罪報道のあり方についての提言，具体的な犯罪報道に対する意見表明，積極的に被告人の立場からの報道を求めるなどの活動も広報活動の一環として必要である。

(7) 少年逆送事件

❶ 問題の所在

裁判員法は，少年被告人の事件も対象としている。ところが，その場合に生じ得る現実的な問題点について，裁判員制度導入を検討した政府の司法制度改革推進本部裁判員制度・刑事検討会では，議論がされなかった。

しかし，裁判員制度の運用次第では少年法改正手続を経ずして少年法が「改正」されるおそれがある。すなわち，少年の刑事裁判に関しては少年法上，審理のあり方・処分の内容に関して科学主義が定められ（少年法第50条，9条），これを受けて，証拠調べに関し「家庭裁判所の取り調べた証拠は，つとめてこれを取り調べるようにしなければならない」（刑事訴訟規則第277条）という規定が置かれており，「家庭裁判所の取り調べた証拠」の中でとりわけ重要なのが社会記録である。これらの規定は，刑事訴訟法の特則としての位置を占めているが，裁判員制度の運用次第では，これらの規定が死文化しかねない。

したがって，少年被告人を裁判員制度の下で裁くのであれば，いくつかの規定整備（法律レベルと規則レベルと両方考えられる。）と，運用についての法曹三者の合意が必要であった。

そこで，日弁連は，2008（平成20）年12月19日に「裁判員制度の下での少年逆送事件の審理のあり方に関する意見書」を発表するとともに，論点整理を行い，最高裁に対して，制度開始前の一定の合意に向けた協議の申し入れを行ったが，最高裁は，正式な「協議」の実施は拒否し，単なる意見交換を実施することができただけであった。そして，その意見交換の中で，最高裁は，日弁連が提示したさまざまな問題点について，あくまでも個別の裁判体の判断であるとの姿勢を崩さず，何らの合意をすることはできないまま，裁判員制度が開始した。

❷ 審判の変容のおそれとその現実化

裁判員制度が，逆送されなかった大多数の少年保護事件の審判を変容させるおそれがあることも懸念された。

すなわち，家裁での調査結果（社会記録）が，刑事公判において提出され，直接主義・口頭主義にしたがって証拠調べが行われた場合には，調査対象者の高度なプライバシーが公になるおそれがあり，そのおそれがあるとなると，今後他の事件の調査において，学校・児童相談所を含め，関係者が調査に非協力的になることなどが懸念される。

そして，それらの懸念を未然に防止するために，家裁が調査のやり方を変え，幅広い調査をしなくなる，あるいは調査はしても調査票への記載をしない（あくまでも調査官の手控えとして事実上裁判官が情報を入手する。）など，社会記録のあり方が変容することが危惧される。それは，ひいては少年審判のあり方を変容させることになってしまうのである。

この危険が，現実化しているという危惧を抱かざるを得ないような，いくつかの動きが裁判所側にあったので，日弁連は，2009（平成21）年5月7日に「少年審判における社会調査のあり方に関する意見書」を発表して警鐘を鳴らした。

❸ 少年法の理念を守る裁判員裁判のあり方の模索

以上のとおり，①刑事訴訟手続の中で少年法の理念を貫徹すること，②審判手続の中で少年法の理念を貫徹すること，という2つの要請を満たしつつ，裁判員

制度の理念を実現するための方策が検討されなければならない。

すなわち，社会記録等の高度にプライバシーを含んだ情報を，公開法廷で明らかにすることなく，どのように主張したり証拠として提示したりしていくのかという問題である。その詳細については，2014（平成26）年度版政策要綱150頁参照。

❹　今後の取組み

本来，少年法の理念を全うしながら少年の裁判員裁判を実施するには，成人事件とは異なるさまざまな問題が解決されなければならなかった。そのためには，立法的手当も必要である。その手当なくして，少年被告人を裁判員裁判の下で裁くことは，本来は避けられなければならなかった。

しかし，日弁連からの問題提起に対して，何らの問題解決がされないまま裁判員制度が始まってしまった以上，その中で，完璧とは言えないまでも可及的に少年の権利擁護を図ることができるか否かは，個々の弁護人の訴訟活動にかかっているということになる。そのため，日弁連では「付添人・弁護人を担当するにあたってＱ＆Ａ」を作成して全国に配布した。

しかし，制度上の問題を抱える中で実施される少年の裁判員裁判においては，個々の弁護人の努力ではいかんともし難い点が多々ある。したがって，各弁護士会では，個々の弁護活動の独立を侵害しない形で，弁護人に対して必要な支援を行うとともに，事後には情報を収集して，現行法上の問題点の洗い出しをすることが必要となってくる。

これまでに全国から寄せられた情報からは，当初懸念されたとおり，社会記録の取扱いが大きく変わり，科学主義の理念を表す少年法50条，9条，刑事訴訟規則277条がないがしろにされた運用が散見される。また，少年のプライバシー保護にも意を払われていない訴訟指揮も見受けられるところである。

やはり，個々の弁護人の努力だけでは，少年法の理念を守ることが難しくなっていることが明らかである。日弁連は，2012（平成24）年1月，「少年逆送事件の裁判員裁判に関する意見書」を取りまとめ，少年法の理念に則った審理方法が貫徹されるよう弁護人の請求による公開の停止や少年の一時退廷を認めることができる旨の規定の新設，科学主義の理念の明記，少年法の理念や科刑上の特則等の少年事件固有の規定について公開の法廷で説示する旨の規定の新設などを提言し，裁判員法の3年後の見直しにおいて，今度こそ少年事件の問題を置き去りにすることなく，改正がなされることを目指した。そして，法務省が設置した「裁判員制度に関する検討会」において，一応，少年逆送事件についても議論がされたが，制度改正の必要性について理解を得るに至らなかった。

日弁連・弁護士会としては，今後，裁判員裁判に限らず，少年逆送事件の刑事裁判の在り方について，抜本的な見直しの提言をしていくべき時期にきている。

(8) **外国人事件**

裁判員対象事件で被疑者・被告人が外国人の場合，特に以下の点を注意すべきである。

❶　まず，裁判員裁判では，わかりやすい法廷活動が当事者に求められている。そして，審理は連日的開廷による集中審理が予定されているので，裁判員は法廷で見て聞いたことによって，最終的な評議まで行うことになる。そこで，現在は書面中心に行われている裁判が，直接主義・口頭主義によることとなる。必要的に行われる冒頭陳述（裁判員法49条，刑訴法316条の30）や弁論も書面を従前の読み上げる方法から，口頭による説得が多くなろうとしている。そうなると，要通訳事件では，あらかじめ書面を法廷通訳人に送付しておいて準備をしておいてもらうという現在の実務運用は，修正を余儀なくされる。法廷での逐語訳による通訳を原則とすべきである。また，通訳人の集中力持続にも限界があるので，複数体制を原則とすべきであるし，報酬も労力に応じたものにする必要がある。

❷　2008（平成20）年4月以後，検察庁は裁判員対象事件のうち，自白調書を証拠請求する予定の事件について取調べの一部録画をする運用をすることとし，2008（平成20）年夏以後，各警察署においても試行されている。そこで，通訳人の能力に問題があったり，誤訳の可能性がある場合に，取調べ状況のDVDを類型証拠開示請求（刑訴法316条の15第1項7号）により開示させることによって，これらを検証することが可能になった。現在では，取調べ全過程が録画されているものではないので，問題となっている供述調書が作成された場面そのものが録画されていない場合もあるが，通訳人の能力を判定する極めて有力な資料となりうることは間違いない。必ず，開示請求をすべきである。

❸ 法廷通訳に誤訳があるかどうかは，後日検証することができない。誤訳があるのであれば，その場その場で指摘しなければ修正不可能である。また，裁判員裁判では，申入れさえあれば，被告人が弁護人と並んで座ることが認められている。そこで，公判の進行に応じてコミュニケーションを取るためにも，法廷通訳とは別に，弁護人席に通訳人を配置することが必要である。そのために，弁護人席に補助者として通訳人が同席することを認めさせる必要がある。また，国選弁護事件では，その通訳人に対する報酬を支出するための制度作りが必要である。

(9) 被害者参加と弁護活動への影響

刑事訴訟法の第二編に「第三節　被害者参加」として，刑訴法316条の33から同39までの規定が新設され，刑事裁判に被害者等が参加することが認められる被害者参加制度が，2008（平成20）年12月1日から施行され，2009（平成21）年5月21日から施行された裁判員裁判においては，全ての事件についてこの制度が適用されている。

被害者参加制度は，これまで，刑事裁判に直接関わることがなかった被害者及びその遺族らが，刑事裁判に直接出席して，立証活動を行ったり，弁論としての意見陳述をすることを認める制度である。

日弁連は，2007（平成19）年6月20日に発表した「被害者の参加制度新設に関する会長声明」において，「被害者参加制度は，犯罪被害者等が自ら，被告人や証人に問いただすこと，さらには求刑をも可能とするものである。犯罪被害者等の心情を被告人に伝える手段として，既に認められている意見陳述制度に加えて，さらに，犯罪被害者等による尋問や求刑ができる制度を認めることは，客観的な証拠に基づき真実を明らかにし，被告人に対して適正な量刑を判断するという刑事訴訟の機能を損なうおそれがある。こうした懸念は，一般市民が参加し2009年から施行される裁判員裁判において，より深刻なものとなる。」と述べており，裁判員制度への影響に対する懸念を表明していたところである。

被害者参加制度の運用によって，被告人・弁護人の防御権が侵害されることのないように適切かつ慎重な運用がなされることが必要である。

(10) 量刑データベースの創設への取組み

❶　量刑評議とデータベース

裁判員裁判では，一方で量刑に市民の感覚を反映させることが期待されているが，他方，刑の公平性の確保という理念も軽視できない。裁判所では，行為責任を基本として量刑評議が進められており，かつ，ほとんどの事件で最高裁判所が作成した量刑データベースが用いられている。

そこで，弁護人としても，裁判員に対して説得力のある弁護活動を行うためには，量刑データベースが不可欠となった。

❷　弁護人のための量刑データベースの必要性と活用方法

最高裁判所は，裁判員裁判対象事件に関しては，被疑者段階から弁護人に対し，各裁判所において最高裁判所が作成した量刑データベースの利用を認めている。しかし，最高裁判所の量刑データベースからは，判決文にアクセスできない。そのため検索項目の細分化における評価の誤りの危険がある。

また，最高裁判所のデータベースには，「被害者の落ち度」，「被告人の反省」等の検索項目があるが，これを入力する担当裁判体の「評価」が入り，弁護人として原判決記載の具体的な事実摘示を読むことなしには正確な判断ができないおそれがある。

さらに，裁判員裁判において，最高裁判所の量刑データベースを用いた「量刑の大枠」の設定の仕方そのものが争点となる事案も出ており，弁護人として，「量刑の大枠」を打ち破って裁判員が人間らしい市民の視線で量刑を考えることができるような弁護を展開するためには，被告人・弁護人の立場にたって作成された日弁連の量刑データベースを活用して，より工夫された説得力のある量刑主張が必要となっている。

❸　役割分担と弁護技術の向上

運用を開始した日弁連の量刑データベースは，参加する各単位会が判決の収集・匿名処理（マスキング）・要旨作成を担い，日弁連は業者を通じてデータベースを管理して契約単位会の会員の利用に供し，判決文の管理・保管・送付の事務を行うというものである。

現在，日弁連は，愛知県弁護士会の協力を得て作成した要旨作成の基準に基づき，各地で要旨作成のための勉強会を実施している。副次的な効果ではあるが，継続すれば，担当弁護士の刑事弁護の知識や能力の向上が飛躍的に向上することが報告されている。

❹　東京弁護士会の役割

東京弁護士会では，すでに刑事弁護委員会に量刑データベース部会を立ち上げて，要旨作成の態勢を構築しているが，裁判員裁判の判決文の収集や匿名処理（マスキング）についての指導など制度定着に向けて着実な展開が求められている。

(11) 一審裁判員裁判事件の控訴審の問題

裁判員制度を導入する際，控訴審を従来どおり3人の職業裁判官だけで構成した場合，控訴審において裁判員が加わって行った原審の事実認定や量刑判断を変更することが裁判員制度の趣旨と調和するのかとの疑問から，控訴審に特別の規定を設けるべきとの意見もあった。これに対しては，一審判決を尊重し，控訴審は事後審として原判決の認定に論理則・経験則に違反する誤りがあるかどうかの判断に徹れば問題ないとする意見があり，結局，裁判員法では特別な規定を設けなかった。そして，この後者の考え方は，最高裁平成24年2月13日判決で確認された。

ところが，その後，大分地裁が言い渡した一審無罪判決に対する控訴事件において，福岡高裁は延べ50人を超える証人尋問を実施した上で，原審判決は論理則・経験則等に違反するとして逆転有罪を言い渡した（平成25年9月20日判決）。このような事例に鑑みると，控訴審のあり方について明文の規定なしに運用のみで事後審に徹するということには限界があり，例えば裁判員裁判の無罪判決に対しては検察官控訴を制限したり，上訴理由の特則を設けるなどの立法的な解決を含めた改善が検討されるべきである。

(12) その他の裁判員制度自体の問題点

❶ 裁判員対象事件について

裁判員法では，「死刑又は無期の懲役若しくは禁固にあたる罪にかかる事件，裁判所法第26条第2項第2号に掲げる事件であって，故意の犯罪行為により被害者を死亡させた罪にかかるもの」について基本的に裁判員対象事件とされているが，覚せい剤事犯，性犯罪事件，少年逆送事件などを裁判員対象事件とすべきか否かについて，様々な観点から議論がされている。また，むしろ裁判員対象事件を拡大すべきとの意見のほか，逆に否認事件に絞るべきとの意見もある。裁判員対象事件については，様々な意見があり得るところであって，それらの様々な意見を十分検討した上で，一定の結論を出すべきである。

❷ 公判前整理手続について

公判前整理手続については，公判担当裁判官と別の裁判官が担当すべきであるとの担当裁判官の問題，全面証拠開示あるいは証拠一覧表開示を導入すべきとの問題，立証制限規定の問題，被告人側の予定主張義務の撤廃の問題など，様々な問題提起がされており，被告人の権利保障の観点から，改善すべき点がある。

なお，裁判員裁判開始後，公判前整理手続が長期化しているとの問題点が指摘されている。公判前整理手続が徒に長期化することは被告人の身体拘束期間が長くなるなど適切ではない面もあるが，公判前整理手続を短縮化することは，被告人の防御権の保障に支障を与える可能性もあり，必ずしも短縮すれば良いという問題ではない。身体拘束の長期化については保釈の弾力的運用で対処すべきである。

❸ 裁判員裁判における量刑の問題

裁判員が量刑を判断するのは困難であるとして量刑を裁判員の判断対象からはずすべきとの意見もあるが，量刑にこそ社会常識を反映させるべきであるとの意見もある。裁判員裁判は，職業裁判官の判断よりも厳罰化の傾向にあるとの指摘もあるが，職業裁判官による判断よりも軽い量刑がなされたと考えられる事件も少なからずある。しかしながら，量刑についての評議は適切になされなければならず，必要以上の厳罰化は避けなければならない。弁護人は，一般市民感覚に則して裁判員に理解を得られるように情状事実を主張すべきである。

また，被害感情等の純然たる量刑証拠が犯罪事実の存否の判断に影響を与えないために，犯罪事実の存否に関する判断の手続と量刑の判断の手続を明確に分けるべきとの見解もあり（手続二分論），具体的事件によっては，弁護活動のために手続きを二分するのが有益な場合もあることから，運用，制度化両面から検討すべきである。

❹ その他の制度上の問題点

そのほか，いままで述べた点以外にも，被告人の選択権を認めるべきか，死刑求刑事件の審理のあり方，評決のあり方（過半数とするのが適切か）など様々な検討課題がある。これらについても検討を加えるべきであるが，その際，国民の司法参加の観点，被告人の権利保障の観点等様々な観点から検討を加える必要がある。

4）今後の弁護士・弁護士会の活動

(1) 裁判員裁判の改善にむけた検討

裁判員法附則9条において，法の施行後3年を経過した時点で，検討を加え，必要があるときは，「所要の措置を講ずるものとする」とされ，法務省に設置された「裁判員制度に関する検討会」において検討が行われたが，前述のように，日弁連の提言は多数意見とはならず，2015（平成27）年6月の法改正は，審理期間が著しく長期にわたる事件の除外や災害時に裁判員候補者の呼び出しのあり方などといった細部の修正に止まった。

しかしながら，裁判員制度には前述のような課題が残されており，絶えず見直しを図ってゆく必要がある。日弁連・弁護士会としては，今後，さらなる裁判員裁判の実践を踏まえた検証を行い，引き続き粘り強く制度の改善を求めて提言等の活動をしていくべきである。

(2) 弁護士会内の研修体制

裁判員制度においては，公判審理のあり方の変容にともなって，我々弁護士の弁護活動も，これまでのものとは異なったものが要求されるようになった。

裁判所が実施している裁判員経験者を対象としたアンケートによれば，法廷での訴訟活動のわかりやすさについて，弁護人の説明が検察官の説明よりわかりにくいという結果がでている。例えば，早口や声が聞き取りにくいなど話し方に問題があるとの指摘は，検察官に対するものの2倍以上であった。従前であれば裁判官が弁護人の意図をくみ取ってくれたことでも，裁判員には理解されないことがある。弁護士及び弁護士会は，新しい裁判員裁判に対応した弁護活動のあり方について十分な検討を行うとともに，その検討結果を早期に一般の会員に対して伝えて，多くの弁護士が裁判員制度を熟知し，この制度に適応した弁護技術を習得して裁判員裁判における弁護活動を担えるよう今後も継続的に取り組む必要がある。また，広報との関係で言えば，広く国民にこの制度を理解してもらうため，一般国民に直接接する我々が裁判員制度についての情報発信をできる態勢にあることも必要であり，このためにも研修は重要である。

東京弁護士会では，各種の裁判員裁判のための専門講座や裁判員裁判対応弁護士養成講座，また，裁判員裁判を経験した弁護人を呼んだ経験交流会も定期的に行っているが，今後もこれらの講座や交流会を継続的に行うべきである。そして，実際に裁判員裁判が始まった現状のもとでは，裁判員裁判の検証の成果を踏まえた，最新の情報に基づくものとすべきである。

(3) 裁判員裁判に対応する弁護体制の構築

裁判員裁判においては，連日的開廷が実施され，弁護人が1人だけで弁護活動を行うことが困難となり，複数人で弁護団を組む必要性が高い。

また，裁判員裁判は従来型の刑事裁判とは異なる弁護活動も要求されることから，弁護団に裁判員裁判に習熟した弁護人が入る必要がある。また，裁判員裁判の場合には基本的に複数の弁護人が就くべきであり，国選弁護人の場合には全件について複数選任の申出を行うべきである。

東京弁護士会では，2010（平成22）年3月から，裁判員裁判対象事件に特化した裁判員裁判弁護人名簿を整備し，裁判員裁判に対応できる弁護士を捜査段階から配点できるようにすることとしているが，複数選任の場合における2人目の弁護人も裁判員裁判に習熟した弁護人が選任されることが望ましく，平成27年9月に規則を一部改正し，追加の国選弁護人候補者も，同名簿に登載されている者，第一東京弁護士会又は第二東京弁護士の裁判員裁判サポート名簿に登載されている者又は刑事弁護委員会が推薦する者のいずれかでなければならないとした。

弁護士会としては，今後もこのような裁判員裁判に対応する弁護体制を充実させる取り組みを継続すべきである。

3 公判前整理手続と証拠開示

> 2005（平成17）年11月の改正刑事訴訟法の施行以来，公判前整理手続は積極的に利用され，これまでに相当数の運用事例が積み重ねられてきた。
> 　今般，法制審議会「新時代の刑事司法制度特別部会」における答申に基づき法案が国会に上程されるに至ったが，政治情勢等に鑑み，成立に至らなかった。
> 　弁護士会としては，その運用及び改正が適切になされるよう，今後とも引き続き検討を継続する必要がある。

1）公判前整理手続の概要

制度の詳細は専門書に譲り，以下は制度の概観にとどめる。

なお，以下では特に限定しない限り，公判前整理手続と期日間整理手続とを併せて述べる。

(1) 公判前整理手続の目的と対象事件

公判前整理手続の目的は，充実した公判の審理を継続的，計画的かつ迅速に行うための審理計画を立てるところにある（刑訴法316条の2参照）。「充実した公判審理」のためには，予め争点を整理し，争点に集中した証拠調べを実施することが必要であり，そのために主張をかみ合わせ，どの証拠を取り調べ，当該証拠調べにどの程度の時間を費やすべきかを決め，審理予定を策定する。

裁判員裁判対象事件以外の事件も，公判前整理手続に付されることがありうるから，同手続によるメリットが大きいと判断した場合には，弁護人から裁判所に対して同手続に付することを求めるべきである。

(2) 公判前整理手続の進行

公判前整理手続は，通常，公判前整理手続期日ないし事実上の打合せ期日が指定された上で，書面等の提出期限が定められるという形で進行していく。具体的には，次の各点が進行上重要な意味を持つことになろう。

❶ 検察官による証明予定事実記載書面提出・証拠調べ請求，弁護人に対する検察官請求証拠の開示
❷ 類型証拠開示請求
❸ 弁護人による予定主張記載書面提出・証拠調べ請求，検察官請求証拠に対する弁護人の意見

予定主張明示においては，民事事件におけるような「認否」が求められるわけではない。また，被告人の供述内容を子細に明らかにしなければならないわけでもない。あくまでも審理予定の策定に必要な限度で明らかにすればよく，弁護戦略上の視点から具体的内容を検討すべきである。

また，証拠調べ請求にあたっては，証拠制限（刑訴法316条の32）に注意が必要である。

❹ 主張関連証拠開示請求
❺ 審理予定の策定・争点及び証拠の整理の結果確認

弁護人による予定主張記載書面提出・証拠調べ請求，検察官請求証拠に対する弁護人の意見は，いずれも，類型証拠開示が終了した段階で行う（刑訴法316条の16，316条の17）。

弁護人としては，類型証拠開示請求権の重要性を十分に理解し，必要に応じて，開示証拠や予定主張の検討・調査等に必要な準備期間を適切に把握した上で，公判前整理手続期日の指定や予定主張記載書面の提出期限設定に対する意見を述べるべきである（刑訴規則217条の5）。

(3) 被告人の出席

公判前整理手続期日には，検察官・弁護人は必ず出席しなければならないが，被告人は，出席する権利はあるが，その義務はない（刑訴法316条の9）。

被告人が公判前整理手続期日に出席する場合には，弁護人としては，裁判所が被告人の言い分を直接に問いただし，被告人の発言内容を公判前整理手続調書に記録するという措置を取る可能性のあること（刑訴法316条の12第2項）を，認識しておく必要があろう。

2）証拠開示の概要と問題点

(1) 証拠開示の目的

公判前整理手続における証拠開示請求権は，訴訟指揮権に基づく証拠開示命令とは異なり，極めて広範な証拠につき，その開示を求めることに権利性が付与されたものである。

これによって，弁護人は，検察官請求証拠の証明力を判断し，それに対する証拠意見や弾劾の方針を固めて，適切な弁護方針を策定することになる。すなわち，証拠開示請求権は，計画審理のもとで十分な防御権を行使するために不可欠の制度なのであって，弁護人としては，可能な限り幅広い証拠の開示を請求しなければならない（なお，この要請は公訴事実に争いのない事件であっても，基本的に異なることはない。）。

(2) 類型証拠開示

類型証拠開示の眼目は，とにかく幅広に開示を受けること，原典（特に証拠物）へのアクセスを目指すこと，にあると考える。

早期の段階で幅広の開示を受けることは，弁護方針を策定していく上で必須である。弁護人としては，決して開示請求の対象を自ら狭めてはならない。

次に，原典へのアクセスが極めて重要である。例えば，携帯電話の通話履歴を見やすい形式でまとめた捜査報告書の開示を受けることにとどまらず，捜査機関が目にした通話記録そのものの開示を求めていかねばならない。捜査機関の手が入る前の証拠にアクセスしなければ，証拠の信用性判断などできようはずもないことを肝に銘ずべきである。

(3) 主張関連証拠開示

主張関連証拠開示請求は，弁護人の予定主張が明らかになった段階で行う。予定主張との関連性が要件とされることから，類型証拠開示に比べ限定的になるという側面が否めない。その意味からも類型証拠開示の重要性を指摘することができる。

(4) 証拠開示請求に対する裁判所の裁定

弁護側の開示請求に検察側が応じない場合には，裁判所に裁定を求めることができる（刑訴法316条の26）。

裁定決定に対して不服がある場合には，決定から3日以内に即時抗告を申し立てることができ，さらに，即時抗告の決定に対して不服がある場合には，5日以内に特別抗告を申し立てることができる。

3）現時点の運用状況

(1) 第1回打合せ期日の早期化

東京地裁では，検察官からの証明予定事実記載書の提出及び請求証拠の開示を，起訴日から2週間経過した日までになされる運用を定着させている。この運用を前提として，起訴日から1週間程度のうちに打合せ期日を入れ，その席上で公訴事実に対する意見等弁護側の対応を問う運用を行っている。具体的には，公訴事実についての認否はもとより，弁護側が問題意識をもっている争点等について問われ，弁護側からの回答をもとにして，検察側の証明予定事実記載書の記載について濃淡をつけ，また証拠開示の準備や任意開示証拠の選定等の準備にメリハリをつけようというものである。

もちろん，拙速な意見や主張の開示は行うべきではない（その意味から特に公訴事実に対する意見を話せる場合は限られるであろう。）。しかしながら，可能な範囲で弁護側の問題意識を明らかにすることで防禦の充実につながることがあり，形式的な対応が相当ではない場合もあり得る。あくまでも当該事件において，よりよい弁護のために必要であれば，明らかにできる範囲で明らかにしていくことも検討してよいと考える。

(2) 東京地裁における運用の評価

上記の運用は，裁判所として争点の整理を早期に行うことを進める観点から，試行錯誤を繰り返した上でのことと考えられる。拙速な審理に応じる必要がないことはもちろんであるが，無用に長い時間をかけることも相当ではない。

確かに，「起訴から1年経過しているのに公判が入らないのはおかしい」等と裁判所から形式的な指摘がなされたとしても，それが必要な期間であれば弁護人としては譲るべきではない。しかしながら，時間の経過による被告人や証人の記憶の減退，身体拘束期間の長期化等，依頼者である被告人にとって，また，充実した公判の実現等の観点からも看過できない問題が生じることもあり得るところである。その意味から審理期間のみを形式的に問題視することは相当ではないが，審理期間を度外視することもまた相当ではなく，東京地裁の運用は，充実した審理（その前提となる適切な争点・証拠の整理）に資するものとして一定の評価ができよう。

むろん，今後もこのような運用が，裁判所側の便宜

のために行われ被告人の権利をないがしろにすることのないよう，注視していかなければならない。

なお，制度発足当初は，初回の打合せ期日において「予定主張の提出期限」を設定しようとする運用が多くなされたが，各弁護人の奮闘により，そのような訴訟指揮を行う裁判長は一掃されたかに思われた。しかしながら近時，このような運用が復活しつつあるように思われる。弁護人としては，不当な訴訟指揮に対して冷静かつ徹底的に闘う姿勢を失ってはならないことはいうまでもなく，証拠開示もなされていない段階で予定主張の提出期限を設定することには，原則として応じてはならない。

4）任意開示の活用
(1) 一定の類型該当証拠の早期開示
裁判所からの働きかけもあり，東京地検では，請求証拠の開示と同時ないしその直後に，一定の類型該当性が明らかな証拠を任意開示という形で開示される運用がなされている。具体的には，5号ロ，7号，8号が多いようである。それ以外にも，前述の第1回打合せ期日において弁護側が問題意識を示せた場合には，それに関連する証拠が任意に開示される例もある。

この場合，注意すべきは，その後に行うべき類型証拠開示においても，重ねて同号についても開示請求をすべきであるということである。任意開示はあくまでも任意開示であって，これらの類型に該当する他の証拠が開示されたもの以外に存在しないことを意味しない。刑訴法316条の15に基づく請求をしてこそ，刑訴規則217条の24に基づく不開示理由の告知を求められるのであるから，他の証拠の不存在は確認しておかなければならない。なお，東京地裁以外では，公判前整理手続においても「任意開示」で対応する運用がなされている庁もあるとのことであるが，この観点から相当ではないというべきである。

(2) 裁判員対象事件以外の事件における任意開示
公判前整理手続が施行されてしばらく後より，裁判員対象事件以外であって，公判前整理手続や期日間整理手続に付されていない事件についても，弁護人の要請に応じて，任意開示を行う例が多くなっている。

実際には，類型証拠開示請求や主張関連証拠開示請求に準じた形式で書面を作成し，開示を要求することになる。否認事件であれば当然，自白事件であったとしても，何らかの有利な情状事実を見出すこともあり，積極的に活用していくべきである。また，否認事件等で公判前整理手続や期日間整理手続を求めていく場合，その前提として任意開示を求め，それでもなお十分な開示が得られないことを論拠として，これら手続に付すことを求めていくこともある。

5）法制審議会特別部会における成果及び刑訴法改正へ
冒頭に触れたとおり，2014（平成26）年7月，法制審議会内に設置された特別部会において，その審議結果が要綱としてまとめられ，それに基づく改正案が国会に上程された（なお，未だ成立はしておらず，先送りにされてしまうこととなった）。本テーマ関連として，同要綱中の「証拠開示の拡充」と題された部分につき若干触れる。

(1) 証拠の一覧表の交付制度の導入
検察官は，検察官請求証拠の開示をした後，被告人又は弁護人から請求があったときは，速やかに，検察官が保管する証拠の一覧表を交付しなければならないものとし，その記載内容は標目（物は品目），数量，作成年月日，作成者（供述調書は供述者）とすべきとされた。

例外が認められているものの，これまで弁護人にとってアクセスすることができなかった一覧表の交付制度の導入に向けた動きは評価されるべきである。

(2) 公判前整理手続の請求権の付与
検察官，被告人及び弁護人に公判前整理手続及び期日間整理手続の請求権を付与するとされた。

この決定に対して不服申立は許さないとされてしまったものの，これまではあくまでも職権発動を促すことしかできなかった弁護側にとって，請求権が認められたことによって裁判員対象事件以外の事件での，よりいっそうの活用が期待しうる。

(3) 類型証拠開示の対象の拡大
類型証拠開示の対象として，①共犯者の身柄拘束中の取調べについての取調べ状況等報告書，②検察官が証拠調請求をした証拠物に係る差押調書・領置調書，③検察官が類型証拠として開示すべき証拠物に係る差押調書・領置調書がそれぞれ追加されるべきとされた。

上記については，これまで「任意開示」として開示

される例もあったが，改正後は類型証拠開示の対象となる。

①については，共犯事件において供述の生成過程を明らかにしていく上で極めて重要である。

これらの証拠が開示されることにより，弁護人にとっても捜査過程が可視化されていくことにつながり，より適切な弁護方針を立てることが期待される。

6）今後の課題

(1) 手続・運用に習熟すること

裁判員裁判においては，裁判員の心に響く弁護活動を行う大前提として，公判前整理手続において適切な弁護方針を策定することが重要である。したがって，裁判員裁判を担う弁護士が，まずこの手続に習熟しなければならない。そのために，我々弁護士会としては，その運用実態を把握するとともに，証拠開示に関する裁定決定例の集積・研究を進めなければならない。

(2) 立法過程への提言

上述のとおり，法制審特別部会において一定の結論が出され，今後はこれをいかに立法化していくか，立法後はそれをいかに適切に運用していくかという観点が重要である。また同時に，法制審特別部会の結論も，100％満足ができるものではない。証拠は，国庫をもって収集した「公共財」とでも呼ぶべきものであり，本来は全面開示が当然と言わなければならない。また，再審事件における証拠開示については，要綱の中に織り込まれることはなかった。

我々実務家は，適切な刑事司法を実現していくべく，今後も不断の努力を重ねていかねばならない。

4　開示証拠の目的外使用問題

> 開示証拠の使用管理問題の核心である目的外使用禁止規定の解釈について，今後，調査研究を深め，適切な運用基準の策定に努めるべきである。
>
> その際，形式的に目的外使用となる場合であっても，裁判の公開原則の範囲内にある場合，名誉，私生活及び業務の平穏についての具体的な侵害がない場合，具体的な侵害がないとはいえない場合でも，被告人の防御権行使における必要性の程度，その他使用の目的及び態様に照らして正当と認められる場合には違法とはならないことに十分留意すべきである。

1）証拠開示の拡充と適正管理義務・目的外使用の禁止規定との関係

裁判員制度の導入をも見据え，改正刑事訴訟法（2005〔平成17〕年11月1日施行）では，集中審理の実現を目指し，実効的な争点整理と被告人の防御の準備を十全ならしめるため，証拠開示制度が導入された。これにより，検察官手持ち証拠の開示は従前に比し，拡充される。

しかし，この証拠開示の拡充が議論される中では，開示証拠の流出や目的外使用によって，証人威迫や罪証隠滅が誘引されるのではないか，名誉・プライバシーが侵害されるのではないのかとの弊害が具体的に指摘され，また当該事件の審理やその後の捜査活動への支障も強い懸念として提起されていた。

そこで，改正刑訴法は，これらの弊害を防止し，懸念を払拭する手立てとして，開示証拠について，弁護人の適正管理義務を定めるとともに（刑訴法281条の3），弁護人及び被告人について開示証拠の審理準備目的外の使用を禁止する規定を置いた（同法281条の4）。

2）目的外使用の禁止をめぐる日弁連の活動の経緯

目的外使用については，当初，弁護人は被告人と同様に，目的外使用罪の適用を全面的に受ける案が提起されていた。しかし，日弁連の強い説得活動により，弁護人については，利得目的で使用した場合を除いて，

刑事罰の対象としないことで法案化された（刑訴法281条の5第2項）。これは，弁護士には，国民から付託された弁護士自治の下での懲戒制度があり，これに裏打ちされた高い職業倫理を有していることへの信頼が基になっている。また，法案化の段階では，科料の制裁も検討されていたが，これも排斥された。

さらに，日弁連は，改正刑訴法が国会に上程された後にも，会長声明（2004〔平成16〕年4月9日）を出し，正当な理由のある開示証拠の利用については，禁止対象から除外する修正を強く求めて，与野党国会議員に精力的な説得活動を続けた。この間，本林徹元日弁連会長は，退任直後の2004（平成16）年4月6日，自ら衆議院法務委員会での参考人質疑に臨み，開示証拠の目的外使用について，「規制は現行法の範囲」に止めることを強く訴えた。

これらの活動が奏功して，開示された証拠の目的外使用の禁止を定めた刑訴法281条の4に以下の文言を第2項として追加する法案修正が，与野党共同提案にて成立した。すなわち，「前項の規定に違反した場合の措置については，被告人の防御権を踏まえ，複製等の内容，行為の目的及び態様，関係人の名誉，その私生活又は業務の平穏を害されているかどうか，当該複製等に係る証明が公判期日において取り調べられたものであるかどうか，その取調べの方法その他の事情を考慮するものとする」という一文である。

日弁連は，この第2項が追加修正された意義について，次の3点を挙げている（2004〔平成16〕年8月「第159回国会成立の司法改革関連法に対するコメント」）。

第1に，禁止規定に違反した場合，すなわち開示証拠を「審理の準備」以外に使用した場合の措置についても「被告人の防御権」を踏まえるべきとされたことは，被告人の防御に必要な開示証拠の使用は「審理の準備」だけに限定されないことを法律も認めたものと評価できる。

第2に，「関係人の名誉，その私生活又は業務の平穏を害されているかどうか」を考慮すべきとされたことは，関係人の名誉等を害さない場合には，実質的違法性がない場合があることを法律自体が認めたものと解することができる。

第3に，「当該複製等に係る証拠が公判期日において取り調べられたものであるかどうか」や「その取調べの方法」を考慮すべきとされたことは，裁判公開原則の趣旨からも，公判廷で取調べられた証拠の利用については，相応の配慮がなされるべきことを確認したものと言える。

3）「開示証拠の複製等の交付等に関する規程」の制定

検察官から開示された証拠についての適正管理義務（刑訴法281条の3）の規定は，①審理準備目的による被告人への事件記録の差し入れまでも禁止するのか，②審理準備目的のために交付した事件記録が流出し，第三者の名誉・プライバシーを侵害した場合，あるいはその流出証拠が証人威迫や罪証隠滅などの違法行為に使われた場合の責任はどうなるのかについて明確ではなく，これが弁護活動の萎縮を招くことになる。

もとより，開示された記録が適切に取り扱われないという事態は，国民の不信を招き，改正刑訴法のもとで導入された証拠開示制度の円滑な運用に支障を来す要因となる。

そこで，審理準備等目的で証拠の複製等を交付する場合の遵守すべき注意義務を具体的に規定し，証拠開示制度を十全に機能させるとともに弁護活動の萎縮を防止することが必要となる。このような考えに基づいて，日弁連では，2006（平成18）年3月3日の臨時総会において，「開示証拠の複製等の交付等に関する規程」を制定した。

4）今後の課題

開示証拠の使用管理問題については，被告人の防御権，弁護人の弁護権，弁護士の職務行為，弁護士研修，法曹養成及び学術・言論活動等が不当に制限されるのではないのか，という問題が横たわる。そこで，今後も引き続き，目的外使用禁止規定の解釈についての調査研究を深め，早急に，適切な運用基準の策定に努めるべきである。

その際，日弁連の取組みの成果として，国会審議の場において，「被告人の防御権を踏まえ，複製等の内容，行為の目的及び態様，関係人の名誉，その私生活又は業務の平穏を害されているかどうか，当該複製等に係る証明が公判期日において取り調べられたものであるかどうか，その取調べの方法その他の事情を考慮するものとする」との修正が与野党の共同提案により成立したことの意義を十分に斟酌すべきである。

特に，目的外使用禁止規定に抵触するか否かの解釈に当たっては，形式的に目的外使用となる場合であっても，複製等の内容が裁判の公開原則（憲法37条1項，同法82条，刑訴法47条但書，同法53条）の範囲内にある場合，名誉，私生活及び業務の平穏についての具体的侵害がない場合，具体的侵害がないとはいえない場合でも被告人の防御権行使における必要性の程度，その他使用の目的及び態様に照らして正当と認められる場合には，違法とはならないことに，十分，留意すべきである。

5）新たな展開

2013（平成25）年5月23日，大阪地検が，裁判員裁判で証拠提出された取り調べの録画映像をNHKの番組に提供したとして，この録画映像を提供した弁護士を，刑事訴訟法が禁じる証拠の目的外使用に当たるとして懲戒請求するという新たな展開が生じた。報道によると，取り調べの録画映像は，公判で，検察側が大阪地裁に証拠提出したDVDの内容の一部であるとされている。ＮＨＫ大阪放送局は4月，関西で放送された報道番組「かんさい熱視線」で，捜査機関の取り調べをテーマにした際に放映した。弁護士は，対価をもらうことなく，本人の了解を得た上で，国民全体で可視化を議論するには多くの人に映像を見てもらう必要があると考えて，録画映像の提供を行ったとのことである。

このような事実関係の下では，国会審議の過程で，刑訴法281条の4に第2項が追加される修正が行われた趣旨に照らし，形式的には目的外使用に当たるとしても，懲戒処分の対象とならないことは明らかであって，大阪地検による懲戒請求は遺憾である。本件に限らず同様のことは今後も起こりうるであろうが，弁護士会や日弁連は，現場で闘う個々の弁護人が法の趣旨の範囲内で活動することさえ萎縮してしまうことのないよう，捜査機関による濫用的な懲戒請求に対しては，毅然とした対応をとるべきである。

大阪弁護士会綱紀委員会は，2014（平成26）年1月，弁護士を懲戒しないとしながら映像提供を刑訴法の規定に違反する行為と認定した。懲戒しないとした結論は当然として，刑訴法の規定に違反するとの意味が違法であることを意味するのであれば，同綱紀委員会の判断には，理由において疑問がある。

5　取調べの可視化

　法制審議会の新時代の刑事司法特別部会の議論を踏まえて，法制審議会総会で「新たな刑事司法制度の構築のための調査審議の結果」が採択されて法務大臣に答申され，2015（平成27）年3月，通常国会に，刑事訴訟法等の一部を改正する法律案として提出された。

　同改正案は，衆議院においては可決され，一部修正がされたが，施行後一定期間経過後に基本構想及び当答申を踏まえて，録音・録画の実施状況について検討を加え，必要があると認めるときは，その結果に基づいて所要の措置を講ずる旨の見直し規定を設けることが明記され，その附帯事項として，その検討の際には，制度自体の運用状況だけでなく，録音・録画の実施状況を勘案し，取調べの録音・録画等に伴って捜査上の支障その他の弊害が生じる場合があること等に留意しつつ検討を行い，必要があると認めるときは所要の措置を講ずることになっている。

　また，検察庁は，依命通達により，2014（平成26）年10月から，従来の試行については正式な実施をすることとするとともに，その対象外であった身柄事件の被疑者，被害者・参考人についても取調べの録音・録画の試行を開始しており，取調べの録音・録画の対象が拡大している。

　弁護人は，今後，警察や検察に対しては，全件について取調べの全過程を録画・録音することを申し入れ，全件について「被疑者ノート」を被疑者に差し入れるとともに，自白を強要する取調べが行われた場合には，検察官については決裁官に対する申入れ，最高検の指導監察部に対する申告，警察官については取調べ監督官に対する苦情申出を行うなどの弁護活動を実践すべきである。

　警察や検察による取調べの全部又は一部の録画がなされた場合には，弁護人は，その全ての事件において証拠開示を請求し，公判においては自白の任意性・信用性を徹底的に争うべきであり，検察官から一部録画のDVDが証拠請求された場合には不同意又は異議を述べて証拠として採用されないようにするための弁護活動を実践すべきであるとともに，上記の法律が成立した後も，その法律が認める取調べの録音・録画の義務化が不十分であり，全ての事件における取調べにおいて，供述の任意性担保の手段かつ取調べの適正化のための制度として，全過程の可視化が不可欠であることを明らかにして，制度見直しに向けて，全事件・全過程の可視化を実現するように，全力で取り組んでいくべきである。

1）日弁連の活動

　日弁連は，かねてから一貫して，取調べの全過程の録画・録音を提言してきた。2003（平成15）年7月14日付「取調べの可視化についての意見書」を理事会で承認し，同年10月17日には，日弁連人権擁護大会において「被疑者取調べ全過程の録画・録音による取調べ可視化を求める決議」を採択し，その後，2007（平成19）年5月25日の日弁連定期総会において「取調べの可視化（録画・録音）を求める決議」を，2009（平成21）年11月6日の第52回人権擁護大会において，「取調べの可視化を求める宣言―刑事訴訟法施行60年と裁判員制度の実施をふまえて」を，それぞれ採択してきている。

　2011（平成23）年5月27日，日弁連定期総会において，「取調べの可視化を実現し刑事司法の抜本的改革を求める決議」を採択し，①遅くとも翌年度（2012〔平成

24〕年度）の通常国会までに，被疑者取調べの可視化（取調べの全過程の録画）を，対象事件の範囲を段階的に拡大することを含め，法制化すること，②上記①の法制化がなされるまでの間，各捜査機関の捜査実務運用において，取調べ・調査の全過程の録画を，できるだけ広範囲で実施すること，特に知的障がい者，少年，外国人等のいわゆる供述弱者及びいわゆる特捜事件については，弁護人等の求めがあれば原則として取調べ・調査の全過程の録画をすることを求めている。

日弁連は，会員に対して，弁護活動の中で捜査機関に対して可視化を要請し，被疑者に「被疑者ノート」を差し入れ，自白の任意性・信用性を徹底的に争うための弁護技術についての特別研修を実施している。

2009（平成21）年4月には，会員向けに，「被疑者ノート活用マニュアル（改訂版）」，「取調べの可視化申入書（モデル案）活用マニュアル（裁判員裁判対応）」及び「取調べ一部録画事案弁護活動マニュアル」を発行し，その後，2012（平成24）年2月，これらを一本化した「取調べ対応・弁護実践マニュアル」を発行した。

その後の状況の変化を踏まえて，2014（平成26）年10月，「取調べ対応・弁護実践マニュアル第2版」を発行している。

2）検察における全過程の録音・録画の試行の開始

検察庁は依命通達により，2014（平成26）年10月1日から，従来の試行を本格実施することとして，①裁判員裁判対象事件，②知的障害を有する被疑者で，言語によるコミュニケーションの能力に問題がある者，又は取調官に対する迎合性や被誘導性が高いと認められる者に係る事件，③精神の障害等により責任能力の減退・喪失が疑われる被疑者に係る事件，④独自捜査事件であって，当該事件について検察官が被疑者を逮捕した事件については，取調べの全部又は一部の録音・録画を実施することとしている。

また，併せて，①公判請求が見込まれる身柄事件であって，事案の内容や証拠関係等に照らし被疑者の供述が立証上重要であるもの，証拠関係や供述状況等に照らし被疑者の取調べ状況をめぐって争いが生じる可能性があるものなど，被疑者の取調べを録音・録画することが必要であると考えられる事件，②公判請求が見込まれる事件であって，被害者・参考人の供述が立証の中核となることが見込まれるなどの個々の事情により，被害者・参考人の取調べを録音・録画することが必要であると考えられる事件について，取調べの全過程を含め，様々な録音・録画を試行することとしている。

3）法制審議会特別部会での審議結果を受けた法案提出とその審議状況について

江田法務大臣（当時）は，2012（平成24）年5月18日付で，法制審議会に対して，「近年の刑事手続をめぐる諸事情に鑑み，時代に即した新たな刑事司法制度を構築するため，取調べ及び供述調書の過度に依存した捜査・公判の在り方の見直しや，被疑者の取調べ状況を録音・録画の方法により記録する制度の導入など，刑事の実体法及び手続法の整備の在り方について，御意見を承りたい。」とする諮問（諮問第92号）をし，これを受けて，法制審議会は「新時代の刑事司法制度特別部会」（以下，単に「特別部会」という。）を設置した。

同年6月29日に同特別部会の第1回会議が開催され，2014（平成26）年7月9日の第30回会議において，「新たな刑事司法制度の構築のための調査審議の結果【案】」が全会一致で了承され，裁判員裁判対象事件と検察官独自捜査事件については，原則として取調べの全過程の録音・録画が義務付けられ，検察官は，当該取調べで作成された被疑者調書の任意性が争われたときは，当該供述調書が作成された取調べの状況を録音・録画した記録媒体の取調べを請求しなければならないとするなどが盛り込まれ，同年9月18日に開催された法制審議会総会で了承され，法務大臣に答申がされた。2015（平成27）年3月，通常国会に「刑事訴訟法等の一部を改正する法律案」が提出され，同年7月，衆議院で一部修正の上可決されたが，参議院では継続審議となっている。

衆議院で可決された一部修正された法案の附則第9条では，政府は，取調べの録音・録画が，被疑者の供述の任意性その他の事項についての的確な立証を担保するものであるとともに，取調べの適正な実施に資することを踏まえ，この法律の施行後3年を経過した場合において，取調べの録音・録画等の実施状況を勘案し，取調べの録音・録画に伴って捜査上の支障その他

の弊害が生じる場合があること等に留意しつつ，取調べの録音・録画等に関する制度の在り方等について検討を加え，必要があると認めるときは，その結果に基づいて所要の措置を講ずるものとすると定められている。

法案の1日も早い成立が期待されているところである。

4) 期待される今後の取組み

日弁連及び弁護士会は，前述したように，検察庁が依命通達により，2014（平成26）年10月から取調べの録音・録画の試行が大幅に拡大することになったことから，個別事件において可視化の申入れが必須の弁護活動であることを会員に周知徹底するために，研修等を実施するとともに，その実施状況を調査検討する必要がある。

弁護人は，警察や検察に対して，全件について取調べの全過程を録画・録音することを申し入れ，全件について「被疑者ノート」を被疑者に差し入れるとともに，自白を強要する取調べが行われた場合には，検察官については決裁官に対する申入れ，警察官については取調べ監督官に対する苦情申出を行う弁護活動を実践すべきである。

なお，2011（平成23）年7月8日に，笠間治雄検事総長（当時）が発表した「検察改革—その現状と今後の取組—」と題する文書の中で，監察指導部を新設し，検察官又は検察事務官の違法・不適正行為に対処するための監察の実施等の指導を充実強化するとされていることから，自白を強要する取調べをしたのが検察官である場合には，弁護人は，最高検の監察指導部に対する申告をも行うべきである。

警察や検察による取調べの全部又は一部の録画が試行された場合には，弁護人は，その全ての事件で証拠開示を請求し，録画されたDVDを謄写し，公判においては自白の任意性・信用性を徹底的に争うべきであり，検察官から一部録画のDVDが証拠請求された場合には，不同意又は異議を述べて，証拠として採用されないような弁護活動を実践すべきである。

取調べの全過程の録画がなされる場合に備えて，弁護人は，被疑者に対して，録画についてどのようにアドバイスするかという新たな弁護活動のあり方の検討も必要となっている。

日弁連及び弁護士会は，このような各弁護人の刑事弁護における実践の積み重ねを通じて，近く成立する予定の「刑事訴訟法等の一部を改正する法律案」では，取調べの録音・録画の義務化が不十分であり，全ての事件における取調べにおいて，供述の任意性担保の手段かつ取調べの適正化のための制度として，全過程の可視化が不可欠であることを明らかにして，制度見直しに向けて，全事件・全過程の可視化を実現するように，全力で取り組んでいくべきである。

6　人質司法の打破と冤罪防止

> 冤罪を防止するとともに，争点整理を実効あらしめ，裁判員制度を充実したものにするために，刑事司法における取調べの可視化と並ぶ二大課題として，「人質司法」の打破に全力で取り組み，これを実現すべきである。
> 権利としての保釈について，ひいては防御権の行使について，貧富の差による差別の解消を図るため，全国弁護士協同組合連合会を保証機関とする「保釈保証制度」が開始されており，より広い利用を呼びかけるべきである。

1) 勾留・保釈に関する憲法・国際人権法上の5原則

勾留・保釈に関する憲法・国際人権法上の原則として，

① 無罪推定の原則（憲法31条が保障していると解されるし，国際人権〔自由権〕規約14条2項が直接規定している。）

② 身体不拘束の原則（同規約9条3項）

③　比例原則（憲法34条が定める「正当な理由」を満たすためには，達成されるべき目的〔裁判権・刑罰執行権〕とそのために取られる手段〔勾留〕との間に，合理的な比例関係が存在する必要がある。）
④　最終手段としての拘束の原則（「社会内処遇措置のための国際連合最低基準規則〔東京ルール〕」。1990〔平成2〕年国連総会で採択。同規則は，公判前抑留の代替措置が法律上規定されることを前提にしている。）
⑤　身体拘束の合理性を争う手段の保障の原則（国際人権〔自由権〕規約9条4項）
を挙げることができる。

2）人質司法の実態

(1) 日弁連の意見・提言

日弁連は，2007（平成19）年9月，「勾留・保釈制度改革に関する意見書」及び「勾留・保釈制度改革に関する緊急提言」を公表し，さらに，この2つの意見書と一体となるものとして，2009（平成21）年7月，「出頭等確保措置導入についての提言」を公表した。

この3つの意見書は，「人質司法」を脱却するために，短期的課題として，次の5点の実現を求めるものであった。

❶　起訴前保釈制度の創設
❷　刑訴法89条1号の改正（権利保釈の対象外犯罪の限定）
❸　同法89条4号の改正（削除または権利保釈除外事由の厳格化）
❹　同法89条5号の改正（同前）
❺　出頭等確保措置の創設（従前「未決勾留の代替制度」と呼ばれていた制度であり，勾留と「在宅」の間の中間的な形態として，行動の自由に対する一定の制限を課す制度である。）

(2) 日弁連の新たな意見書

日弁連は，法制審議会の特別部会に対応するため，会内議論を深め，2012（平成24）年9月13日付けで，「新たな刑事司法制度の構築に関する意見書（その3）」を公表した。

これは，前記(1)の従前の日弁連の提言・意見を踏まえつつ，以下を内容とする新たな意見書である。

❶　勾留及び保釈制度の改善
①　勾留又は保釈に関する裁判においては，被疑者又は被告人の防御権を踏まえ，被疑者又は被告人が嫌疑を否認したこと，取調べ若しくは供述を拒んだこと，又は検察官請求証拠について同意をしないことを被告人に不利益に考慮してはならないものとする。
②　勾留又は保釈に関する裁判においては，犯罪の軽重及び被疑者又は被告人が釈放されないことによって生ずる防御上又は社会生活上の不利益の程度を考慮しなければならないものとする。

❷　住居等制限命令制度の創設
これは，従前の出頭等確保措置を見直したものであり，裁判所が，被告人（被疑者）に対し，2ヶ月以内の期間を定めて，住居の制限，被害者その他事件の審判に必要な知識を有すると認められる者若しくはその親族への接触の禁止，特定の場所への立入りの禁止その他罪証の隠滅又は逃亡を防止するために必要な命令（住居等制限命令）をすることができるものとし，被告人（被疑者）が住居等制限命令に違反したとき，または，住居等制限命令を受けてもこれに従わず，罪証を隠滅すると疑うに足りる相当な理由があるとき若しくは逃亡すると疑うに足りる相当な理由があるときは，これを勾留することができるものとする制度である。

❸　その他刑事訴訟法の改正
①　刑訴法89条4号を削除し，「被告人が罪証を隠滅すると疑うに足りる相当な理由があるとき」を権利保釈の除外事由としないものとする。
②　刑訴法61条の規定により被告人（被疑者）に対し被告事件（被疑事件）を告げ，これに関する陳述を聴く場合において，被告人（被疑者）に弁護人があるときは，これに立ち会う機会を与えなければならないものとする。
③　刑訴法207条1項但書きを削除し，公訴提起前に保釈をすることができるものとする。
④　刑法429条2項を削除し，裁判官がした勾留決定に対して，犯罪の嫌疑がないことを理由として準抗告をすることができることを明確にする。

(3) 保釈保証保険制度等の導入

日弁連法務研究財団は，韓国の保釈保証保険制度を研究するとともに，我が国への同様の制度導入につき検討し，①全国弁護士協同組合連合会（全弁協）を保証機関とし，②損害保険会社とも連携して事業の継続性・安定性を維持し，③保証料率を保釈保証金の2％程度とすることなどを骨子とする「保釈保証制度」導入を提言する研究報告書を取りまとめた。この保釈保

証制度は，権利としての保釈について，ひいては被告人としての防御権の行使について，貧富の差による差別の解消を図るものである。被疑者国選弁護制度と同様の発想に基づくものと言える。

これを受けて，日弁連は2011（平成23）年1月20日付「保釈保証制度に関する提言」を行った。

その後，全国弁護士協同組合連合会を保証機関とし，保釈のための保証書（刑事訴訟法94条3項）を発行する事業（保釈保証書発行事業）が，2013（平成25）年から開始され，全国の単位協同組合で実施されている。

これは，弁護士協同組合の組合員である弁護士が，保証する金額の2％に相当する手数料を支払うとともに，保証する金額の10％に相当する自己負担金を預けることにより，全国弁護士協同組合連合会が保証書を発行し，弁護士はそれを利用して保釈を実現することができるというものであり，今後は，資力がない被告人についても保釈請求が容易に可能となるものであり，弁護士会は会員にこの制度を周知して，保釈率が向上するように働きかけをすべきである。

平成26年度（平成27年3月末現在）においては，全国で818件の申し込みがあり，うち保証書発行は501件となっている。

(4) 保釈請求励行の運動の展開

保釈の運用の改善については，何よりも刑事弁護の現場での積極的な弁護活動が不可欠である。現行の保釈制度の運用への弁護人の諦めからくる保釈請求件数の減少が，今日の事態をもたらした副次的な原因であったことも否定できない。運用・制度の改革，そして保釈保証制度の導入など保釈請求を容易にする環境の整備に努めつつ，具体的な事件において，弁護人は，保釈請求等を積極的かつ果敢に実践する必要があり，日弁連及び弁護士会は，そのような運動の提起とそれに対する支援や情報提供を，随時，具体的に行っていくべきである。

7　伝聞法則の徹底

> 直接主義・口頭主義を徹底するために，裁判員制度実施後も，伝聞法則の厳格化につき，引き続き取り組むべきである。

1）伝聞法則の厳格化

我が国の刑事裁判の調書裁判と言われる現状は，伝聞法則の大幅な例外を認める現行の刑訴法それ自体によってもたらされたのであって，伝聞禁止の原則と例外との逆転した運用を改めるには，伝聞法則を厳格化する刑訴法の改正が不可欠だというべきである。

特に，現行の刑訴法は，検察官面前調書につき，いわゆる相反供述の場合に証拠能力を与えている（同法321条1項2号後段）が，この規定こそが，捜査を肥大化させ，被疑者の人権侵害をもたらしてきた。すなわち，この規定は，調書裁判の元凶であって，削除されるべきである。

また，現行の刑訴法は，特信性の存在を条件に，被告人の供述調書に証拠能力を認めている（同法322条1項）。

この規定の運用については，司法研究報告書「裁判員制度の下における大型否認事件の審理の在り方」（法曹会，2008〔平成20〕年）において，特信性の判断は，裁判員法上，裁判官の権限に属するが，信用性の判断と不可分の関係にあることから，裁判員も心証形成することは不可欠であり，その関係で，特信性の判断については，外部的付随事情に純化して判断する方向は避けられず，当該証人が共犯者の場合には，その供述を録音・録画（DVD化）する等の取調べ状況に関する客観的な証拠を確保することが求められるなどと述べられている（同書94頁以下）。

これ自体は注目すべき見解であるが，それでも，検察官面前調書が採用されて，誤った事実認定に利用されるおそれが完全になくなるとは言えないのであるから，自白偏重の裁判を抜本的に改革するためには，この規定は法改正により全面的に削除されるべきである。

弁護士会としては，裁判員制度が実施された後も，その運用状況を見守り，直接主義・口頭主義をより徹

底するために、伝聞法則の厳格化について、引続き重要な課題として取り組む必要がある。

2）法制審議会の特別部会での議論

2012（平成24）年5月、法務大臣が法制審議会に対して、「近年の刑事手続をめぐる諸事情に鑑み、時代に即した新たな刑事司法制度を構築するため、取調べ及び供述調書の過度に依存した捜査・公判の在り方の見直しや、被疑者の取調べ状況を録音・録画の方法により記録する制度の導入など、刑事の実体法及び手続法の整備の在り方について、御意見を承りたい。」とする諮問（諮問第92号）をし、これを受けて、法制審議会には「新時代の刑事司法制度特別部会」（以下、単に「特別部会」という。）が設置された。

供述調書に依存した公判の在り方の見直しという点で、伝聞法則の在り方も、議論の射程に入っており、刑訴法321条項2号を廃止すべきであるとの意見も出されたが、他方で同制度を維持すべきであるとの意見も出されていたところ、2013（平成25）年1月29日に開催された第19回会議で了承された「時代に即した新たな刑事司法制度の基本構想」においては、「いわゆる2号書面制度の在り方」については、「当部会で結論を得ることは困難と考えられる」として、「その要否及び当否も含めて別途検討されるべきである」とされ、同特別部会の検討課題から外されてしまった。

したがって、日弁連及び弁護士会は、今後も、粘り強くこの問題について取り組んでいく必要がある。

8　接見交通権の確立

> 接見交通権を確立するために、大法廷判決の壁を打ち破るに足る違憲論を再構築し、国際人権法を梃子として刑訴法39条3項そのものの削除を求める運動を推進するとともに、接見妨害や写真撮影・録音の制限やそのための検査に対しては、法務省や刑事施設と協議を行う必要がある。そして、会員に対して、適切な情報を提供し、会員の弁護活動が萎縮することがないように支援することが求められている。
>
> 今後も、日弁連及び弁護士会は、接見交通権確立のための取組みを強化していくべきである。

1）接見交通権をめぐる闘い

憲法34条、37条が保障している被疑者・被告人の弁護人選任権とは、弁護人の援助を受ける権利にほかならない。被疑者・被告人には、まさに援助が必要なその時にこそ、弁護人の実質的な援助が与えられなければならない。

この弁護人の援助を受ける権利の中核的権利である接見交通権については、いわゆる一般的指定制度によって組織的・継続的な接見妨害がなされてきたが、日弁連は、早くからこの問題に取り組み、国賠訴訟の全国での積極的提起とその勝訴判決を背景として、法務省との直接協議によって、「面会切符制」の廃止など一定の改善を実現した。

しかし、他方で、最高裁は、浅井・若松の両事件判決において、「取調べ予定」を理由に接見指定ができるとするなど現状追認に終始し、さらに、1999（平成11）年3月24日の安藤・斎藤事件大法廷判決において、「接見交通権の行使と捜査権の行使との間に合理的な調整を図らなければならない」などの理由で、刑訴法39条3項違憲論を退けるに至っている。

2）違憲論の再構築へ向けて

国連の規約人権委員会は、日本政府の第4回定期報告書につき、1998（平成10）年11月、「最終見解」を採択し、「刑事訴訟法39条3項のもとでは弁護人へのアクセスが厳しく制限され」ていることを指摘し、これを直ちに改革するよう勧告したが、大法廷判決はこの勧告に逆行する内容に終始したのである。

被疑者には，取調中であったり，取調べの予定がある場合にこそ，弁護人の援助が必要なのであって，我が国の現状は，未だ憲法，国際人権法の保障する弁護人の援助を受ける権利とはかけ離れた状況にある。

違憲論を再構築するとともに，「捜査の必要」を理由に接見制限を認める刑訴法39条3項自体を削除する法改正を求めて運動を再展開する必要がある。

3）法友会の取組み

また，接見交通権を確立するためには，妨害行為を看過することなく，国賠訴訟を積極的に提起すべきである。法友会は，会員が3日間にわたり接見することができなかった事案や取調中でもないにもかかわらず接見指定された事案について，法友会の会員を中心に約150名の弁護団を組織し，1997（平成9）年4月，国を被告として国賠訴訟を提起し（伯母・児玉接見国賠訴訟），間近で確実な捜査の必要がある場合であっても検察官に接見申出をした弁護人との間で「調整義務」があり，この調整義務違反があるとして賠償を命ずる判決（一審・2000〔平成12〕年12月25日，控訴審・2002〔平成14〕年3月27日）を得るなどのめざましい成果を上げている。

司法制度改革の前哨戦とも言うべき一般的指定書（面会切符制）を廃止させるための闘いも，接見妨害に対する闘いも，若手会員にとっては，いまや，過去の歴史の中に埋もれつつある。我々は，弁護士・弁護士会がいかに闘い，活路を見出してきたのかを，特に若手会員に伝えていく必要があろう。それこそが，弁護士自治を守り，継続していくための礎ともいうべきである。

4）検察庁通達の活用

最高検察庁は，2008（平成20）年4月3日に「検察における取調べ適正確保方策について」と題する文書を公表し，同年5月1日にそれを具体化する「取調べの適正を確保するための逮捕・勾留中の被疑者と弁護人等との間の接見に関する一層の配慮について（依命通達）」（最高検企第206号）を発したことは注目に値する。

この通達は，「2　検察官の取調べ中に被疑者から弁護人等と接見したい旨の申出があった場合の措置について」において，（被疑者から）「当該申出があった旨を直ちに弁護人等に連絡することとされたい」とし，

「3　検察官が取調べ中の被疑者又は取調べのために検察庁に押送された被疑者について弁護人等から接見の申出があった場合の対応について」において，「（1）申出があった時点において現に取調べ中でない場合には，直ちに接見の機会を与えるよう配慮することとされたい。（2）申出があった時点において現に取調べ中の場合であっても，できる限り早期に接見の機会を与えるようにし，遅くとも，直近の食事又は休憩の際に接見の機会を与えるように配慮することとされたい」としている（なお，同年5月1日付の「取調べに当たっての一層の配慮について〔依命通達〕」では，「少なくとも4時間ごとに休憩時間をとるよう努める」ことが明記されている。）。

そして，接見の申出及びこれに対してとった措置を記録にとどめ，当該書面を，事件記録に編綴することとされており，当該書面が証拠開示の対象にもなることが明記されている。

この通達は，いわゆる内田第2次国賠事件についての最高裁2000（平成12）年6月13日第三小法廷判決（民集54巻5号1635頁）が示した内容を通達で一般化したという点において，従来よりも迅速に接見を認めようとするものであり，弁護人においては，この通達を熟知して活用すべきである（これらの通達は日弁連の会員用ホームページにおいて公開されている。）。

5）今後の課題

裁判員制度との関係では，連日的開廷となるために，拘置所における休日・夜間接見の保障，裁判所構内接見の拡充が不可欠であり，被疑者国選弁護制度実施との関係では電話接見の導入が不可欠である（電話による外部交通及び一部の夜間接見はすでに試行されている。）。

また，被疑者・被告人との接見について，弁護人による録音・録画の自由化が図られねばならない。従来この問題は，主として接見内容の記録の一方法として捉えられてきたが，責任能力が争われる事件においては，被疑者の逮捕当初の供述態度・内容を記録して証拠化することの重要性が認識されつつあり，実践例もあらわれてきている。

ところが，実務の取扱いは，通達（1963〔昭和38〕年4月4日法務省矯正甲第279号）により，書類の授受に準ずるものとされており，「弁護人が右録音テープ

を持ち帰る場合には，当該テープ等を再生のうえ内容を検査し，未決拘禁の本質的目的に反する内容の部分また戒護に支障を生ずる恐れのある部分は消去すべきである」とされている。この通達は，証拠保全に制限を加え，秘密交通権を侵害するものであり，違法であり廃止されねばならない。

日弁連は，2011（平成23）年1月20日，「面会室内における写真撮影（録画を含む）及び録音についての意見書」において，「弁護士が弁護人，弁護人となろうとする者若しくは付添人として，被疑者，被告人若しくは観護措置を受けた少年と接見若しくは面会を行う際に，面会室内において写真撮影（録画を含む。）及び録音を行うことは憲法・刑事訴訟法上保障された弁護活動の一環であって，接見・秘密交通権で保障されており，制限なく認められるものであり，刑事施設，留置施設若しくは鑑別所が，制限することや検査することは認められない。よって，刑事施設，留置施設若しくは鑑別所における，上記行為の制限及び検査を撤廃し，また上記行為を禁止する旨の掲示物を直ちに撤去することを求める。」との意見を公表している。

ところが，近時，拘置所側は，弁護人が接見する際の写真撮影や録音を認めない態度を示し，拘置所によっては，携帯電話等を預けない限り接見を認めない措置をとるところも現れており，これに対して，現在，全国で3件の国家賠償請求が提起されている。

このうち，東京拘置所面会室で，弁護人が被告人と面会中に，鑑定請求に関する証拠とするために被告人をデジタルカメラで撮影したため，拘置所職員が画像の消去及び接見中は撮影をしないように求めたが，弁護人が拒否したために接見が打ち切られた事案について，東京地方裁判所の2014（平成26）年11月7日判決は，「本件撮影行為のように，専ら証拠保全として行われた写真撮影行為は，『接見』に含まれると解することはできない」との極めて不当な判断をしていたものの，撮影行為を理由に接見を一時停止又は終了させることは違法であるとして，国に対して10万円の支払を命じたが，被告国が控訴して，東京高等裁判所の2015年7月9日判決は，「被告人が弁護人等により写真撮影やビデオ撮影されたり，弁護人が面会時の様子や結果を音声や画像等に記録することは（接見には）本来的には含まれない」などと判示して，原告側の請求を全て棄却する不当な判決をしているため（東京弁護士会会長伊藤茂昭の2015年7月15日付「接見室での写真撮影に関する東京高裁判決に対する会長談話」），上告中である。

これ以外に，小倉拘置支所において，弁護人が面会室内で撮影した写真の消去を拘置所職員から強要されたとして国家賠償請求訴訟が提起されたが，福岡地裁小倉支部で2015年2月26日に敗訴判決が出されて，現在控訴中である。

また，佐賀少年刑務所において，弁護人が面会室内で撮影した写真の消去を拘置所職員から強要されたとして国家賠償請求訴訟が提起されたが，現在，佐賀地裁で審理中である。

日弁連は，2011（平成23）年1月20日付の前記意見書と同趣旨の「面会室内における写真撮影（録画を含む）及び録音についての申入書」をとりまとめて，2013（平成25）年9月2日に法務大臣に対して申入れを行い，翌3日には警察庁長官及び国家公務委員長に対して申入れを行った。

日弁連及び弁護士会は，今後も，この問題に真剣に取り組み，弁護人が防禦活動の一環として行う写真撮影や録音が刑事施設の妨害を受けることがないように，法務省や刑事施設と協議を行う必要がある。そして，会員に対して，適切な情報を提供し，会員の弁護活動が萎縮することがないように支援することが求められている。

接見交通権を確立し，実効性あるものにするために，日弁連及び弁護士会は，従来からの取組みをさらに強化していくとともに，弁護人は接見交通権を確立するための活動を展開する必要がある。

9　国選弁護制度の課題

> 　長く先人たちがその実現に苦闘してきた被疑者国選弁護制度も，2009（平成21）年5月21日の第2段階の実施を経て，はや6年が経過し，もはや制度として定着したとともに，次のステップが行程に上がっている。
>
> 　いまや，被疑者弁護が，被告人国選弁護に代わって，国選弁護そして刑事弁護のスタンダードとなった。国選弁護人の援助を受ける権利が与えられ，我々弁護士には，被疑者段階から弁護する機会が与えられた。被疑者弁護の充実なくしては，刑事弁護を語れない時代になった。
>
> 　今般，法制審議会「新時代の刑事司法制度特別部会」における結論が要綱としてまとめられ，その中で，勾留段階のすべての被疑者を対象とする被疑者国選弁護制度（いわゆる「第3段階」）の実施が謳われ，これを受けて，ようやく国会へと上程されたが，政治情勢等に鑑み，成立には至らず，先送りとされた。我々は，被疑者国選の実現を，弁護士及び弁護士会の努力の成果と評価するとともに，さらに第4段階として逮捕段階からの国費による弁護制度の確立を目指す段階にいる。日弁連の国選弁護本部では，これらの課題に取り組んでいる。
>
> 　次のステップに進むためには，弁護士偏在問題の解消に努め，被疑者国選弁護制度の運用状況を不断に検証しなければならない。さらには初回接見が直ちになされないような事態を根絶する体制を実現しなければならない。
>
> 　被疑者国選弁護制度を維持発展させるために，我々個々人の弁護士が，国選弁護人として「なすべきこと」は，一つ目に，個々の事件に対し誠実に弁護活動を行い，二つ目に，手続を正しく実践して制度を支えることである。政策問題を検討する前に，この2点を確認しておく。

1）被疑者国選における弁護人の弁護活動

　充実した被疑者弁護活動を行うには，被疑事実，被疑者の主張，被疑者の置かれている状況を正しく把握しなければならない。これらを把握する手段は，いうまでもなく接見である。被疑者弁護人は，事件の特質に応じて，必要な回数，時間の接見をしなければならない。特に，初回接見は迅速に行われる必要がある。

(1) 弁護士側の接見態勢

　被疑者，被告人からのクレームの大半は，接見不足に起因している。当番弁護士や被疑者国選の待機日には，その日のうちに接見に行けるスケジューリングをしておかなければならない。理想を言えば，1日中，いつでも出動できる執務態勢としておき（裁判期日や打ち合わせを入れない），要請があったら直ちに接見に赴く。そこまでは困難であっても，夕方から夜にかけて，接見に行ける時間を確保しておかなければならない。そして，当日中に接見に行き，必要な初期アドバイスを終わらせるべきである。どうしても，その日に接見に行けないなら，翌日の朝ないし午前中とできうる限り早く出動しなければならない。

　そして，当番弁護士として出動したなら，可能な限り受任する。資力がなければ，被疑者国選か被疑者弁護援助制度を利用する。弁護人に選任されたら，事件の内容に応じて，必要な回数の接見を行う。こうした地道で誠実な姿勢が被疑者国選弁護制度の発展を支える原動力となる。

(2) 被疑者弁護における接見

　法テラスへの終結報告書には接見期日，回数を記載することとなっている。この報告書を検討すると，初回接見が数日遅れる事例や，そもそも被疑者段階で接見を一度もしていない事例（被疑者国選報酬はゼロになる。）が散見される。もっとも，接見がゼロ回とい

う事例は，その理由を子細に見ると，少年被疑者の場合で選任直後に家裁送致され，接見の機会がなかったなど，合理的な理由がある場合がほとんどである。接見が遅れるのも，すでに当番弁護士で初回接見があった事案などの理由もある。しかしながら，弁護士会としては，初回接見（なるべく早く行くこと。）の重要性を啓発し，必要な回数の接見が確保されるよう研修と広報が必要である。

2）国選弁護制度の正しい運用について（岡山での水増し請求の反省を踏まえて）

被疑者弁護活動の報酬は，弁護人からの請求に基づき算定されて支払われる。

この請求が正確に行われるよう支援センターは，2009（平成21）年8月3日から警察署での接見，2010（平成22）年2月から拘置所，刑務所，少年鑑別所での接見の際に，複写式の接見申込書を利用して，接見したことの疎明資料とし，接見回数を正しく報告するシステムを開始した。

さらに，2011（平成23）年10月から被告人国選報酬の基礎となる公判時間について，書記官から法テラスに対し公判の開始・終了時刻を記載した報告（公判連絡メモ制度）がなされ，弁護人の報酬請求の際の報告書の適正さを事前にチェックし，齟齬があれば，弁護人に照会し，被告人国選報酬の適正さを制度的に保障する制度が発足した。10分程度の相違を問題にするものではないが，弁護士各人は，公判開始時刻と終了時刻を正しく記載し，公判の開始が遅れた場合にはその事情等も含めて，報告書作成の際に誤謬がないよう記載しなければならないし，弁護士会としては，会員に正確な請求を促進しなければならない。

我々弁護士は，国選弁護報酬の水増し報酬請求問題（いわゆる岡山問題）で，当該弁護士が，弁護士会においては業務停止2年の懲戒処分，刑事手続においては，起訴され，一審では有罪判決（詐欺罪で懲役1年6月・執行猶予5年）が言い渡された事実を忘れてはならない（2012〔平成24〕年6月上告棄却，確定）。

3）当番弁護士活動の成果としての被疑者国選弁護制度

被疑者国選弁護制度は，戦後の新刑事訴訟法制定の過程において，すでに実現すべき課題として捉えられていた。その後，現行憲法の解釈論としても位置づけられ，日弁連をはじめ多くの先人が長年にわたってその導入を強く訴えてきた。これを実現することは，我々法曹に課せられた責務であるとの認識が拡がり，弁護士会は，1992（平成4）年，当番弁護士制度が全国で展開し，以後実績を積み重ね，制度を定着・発展させてきた。

この当番弁護士制度には，国民世論の大きな支援が寄せられ，それが原動力となって，刑訴法が改正された。2006（平成18）年10月，いわゆる法定合議事件に見合う事件につき被疑者国選弁護制度が導入されるに至った。そして，その対象事件の範囲は，2009（平成21）年5月21日以降，いわゆる必要的弁護事件に拡大された。その件数は，年間約8万件前後に達している。

さらに冒頭で述べたとおり，法制審議会「新時代の刑事司法制度特別部会」の要綱において，被疑者国選を被疑者国選弁護制度の対象を「被疑者に対して勾留状が発せられている場合」に拡大することとされた。

我々はこのことを，当番弁護士活動を含むこれまでの運動の輝かしい成果として率直に評価すべきである。そして，我々は，そのことに自信と誇りを持ちながら，ここに留まることなく，被疑者の人権擁護の拡充のため，被疑者弁護制度を共に担い，そして制度拡充を実現していく責務がある。

4）日本司法支援センターの業務と弁護士会の役割

前記の刑訴法改正と併せて，総合法律支援法が成立し，日本司法支援センター(愛称「法テラス」。以下「法テラス」という。)が2006（平成18）年4月に設立され，その業務が同年10月から開始された。

同法は，国選弁護関係では，「迅速かつ確実に国選弁護人の選任が行われる態勢の確保」（同法5条）を図ることを目的としている。そのために，法テラスは，以下の業務を行う。

① 弁護士と，国選弁護人契約を締結し，国選弁護人の候補者を確保する。

② 裁判所等からの求めに応じて，国選弁護人契約弁護士の中から，国選弁護人の候補を指名し，裁判所等に通知する。

③ 法律事務取扱規程を定めて，国選弁護人の業務の基準を定め，それに違反した場合の措置を行う。

④ 国選弁護人の報酬の算定と支払いを行う。

このような法テラスの業務に関し，弁護士会は，「連携の確保及び強化」（同法7条）をなすとともに，法テラスに対し支援（同法10条）をなすべきものと位置付けられている。

弁護士会は，それ以上に，これら法テラスの業務によって，国選弁護活動の自主性，独立性が侵されることがないように不断に監視し続けなければならない。なお，法テラス設立時のこの観点の議論を知らない弁護士が増えていることに注意を要する。それら若手弁護士の，この点に関する意識が希薄化している現状を踏まえつつ，「監視が必要である」との意識を醸成していかなければならない。

5）国選弁護人契約締結，国選弁護人候補指名についての弁護士会関与

弁護士会として弁護活動の自主性・独立性を確保していくためには，法テラスが国選弁護契約を締結する弁護士を恣意的に選別してはならないし，指名通知する国選弁護人候補について，法テラスは弁護士会の推薦を尊重するという運用を確立する必要がある。

かような観点から，例えば東京では，東京三弁護士会は，法テラス東京地方事務所及び東京地裁・高裁・最高裁等との間で，国選弁護人の指名基準等につき精力的な協議を行い，以下の合意に達した。

① 一般国選弁護人契約の締結については，弁護士会がその推薦する会員についてのみ申込のとりまとめを行い，東京地方事務所は弁護士会の意見を尊重する。
② 国選弁護人候補者の指名・通知用名簿については，東京三弁護士会が作成し，東京地方事務所はこれを尊重して指名・通知をする。
③ 指名・通知用名簿での指名が困難ないわゆる特別案件事件等については，東京地方事務所が別途東京三弁護士会に対し推薦を求めて対処する。

この合意に基づき，現にそのように運用されており，今後ともこのような方式を維持していかねばならない。

6）「法律事務取扱規程」の制定と弁護士会関与

弁護士会が定める弁護士職務基本規定は，国選弁護を含む弁護活動一般を規律する。法テラスとの契約に基づく国選弁護活動も，形式も，実質も，同じ規律でなければならない。

これを踏まえ，法律事務取扱規程においては，弁護士職務基本規程をベースに，一般的な倫理規定や受任に関する規定など契約弁護士等に対する適用になじまないものを除く23項目の基準が制定された。

また，法テラスが定める「契約弁護士等がその契約に違反した場合の措置に関する事項」につき，例えば，東京三弁護士会と東京地方事務所との協定では，東京地方事務所が契約弁護士の所属する弁護士会に事実の調査を委嘱し，意見を求め，東京地方事務所は，東京三弁護士会の調査結果及び意見を尊重することが合意され遵守されている。

7）国選弁護人報酬の算定基準について

国選弁護人報酬の算定基準については，報酬制度の改革等によって充実した弁護活動の提供が確保される仕組みを創るという視点が重要である。

弁護活動に対する介入は，直接的な介入のみならず，報酬決定を通じての介入もあり得る。そして，かつての国選弁護報酬は，低額であるのみならず，定額であった。いかに熱心な活動が行われても，また，いかに手抜きであろうとも報酬に反映することは少なかった。それが実際には手抜き方向でのコントロールが働いていたことをリアルに認識する必要がある。適正な報酬が支払われることなくしては，弁護活動の自主性・独立性は損なわれ，充実した弁護活動の提供が確保されないのである。

日弁連は，労力に応じた報酬，明確な算定基準，報酬の増額を目標に取り組み，裁判員裁判の弁護報酬の創設も含めて，2010（平成22）年までに6度の改訂を実現してきた。しかし，国選弁護報酬の額が一般事件の基礎報酬を中心に「低額」であることは，根本的には克服できていない。

国選弁護報酬が，法律事務所の経営維持の観点から適正と言える金額に増額すること（つまり，ボランティア活動ではなく，業務と評価できるまで高めること。）が，優れた国選弁護人候補者を継続して確保するための前提であることを忘れてはならない。

会員各自に対しては，問題事例を数多く報告することにより，改善への後押しをお願いしたい。

8）当番弁護士制度・被疑者弁護援助制度の存続と次の展開

（1）当番弁護士制度の存続

　改正刑訴法31条の2は，全ての被告人・被疑者を対象に，弁護士会に対する私選弁護人の「選任申出」制度を創設した。さらに，同法36条の3及び37条の3は，資力が基準額以上の国選弁護対象事件の被疑者及び任意的弁護事件の被告人は，予め「選任申出」を行っておくことを，国選弁護人選任請求を行うための要件としている。

　これを踏まえ，当番弁護士制度は，改正刑訴法の「弁護士会に対する弁護人選任申出」に対応する役割をも担う制度として位置付け直され，存続させることとされた。今や当番弁護士制度は，被疑者国選弁護制度を運用する上で不可欠な制度となっている。

（2）刑事被疑者弁護援助制度の存続

　2009（平成21）年5月21日に被疑者国選の対象事件が拡大されたことの反射的効果として，刑事被疑者弁護援助制度（以下「被疑者援助制度」という。）の必要性は相対的に小さくなったと言うことができる。しかし，被疑者国選制度は，逮捕段階には使えない，法定刑の制限がある，という限界があり，その不十分な部分を補っていく必要がある。つまりは，身体拘束を受けた全ての被疑者に対して国選弁護制度が認められるまで，被疑者援助制度はその役割を終えることはない。

　そのため，財団法人法律扶助協会によって運用されてきた被疑者援助制度については，法律扶助協会解散後も，日弁連の財源負担により法テラスへの一括委託方式で存続させることとなった。

（3）当番弁護士，被疑者弁護援助制度の財源

　法テラス発足以前は，当番弁護士等緊急財政基金（以下「当番基金」という。），法律扶助協会の自主財産及び贖罪寄付等が財源となっていた。当番基金の財源となる日弁連の特別会費については，2009（平成21）年5月，被疑者国選の第2段階がスタートすることで，当番基金の目的の大きな部分が達成されたと評価可能なこと，被疑者国選の拡大の裏面として被疑者援助事件が減少すると想定されることから，当番基金は，廃止された。その代わり，以後は，少年保護事件付添援助制度の利用が拡大すると想定されていたことから，新たに，少年保護事件に対する予算措置を主軸にした「少年・刑事特別基金」が創設された。当番基金のノウハウを受け継ぎ，少年保護事件付添援助制度を中心に，当番弁護士制度，被疑者弁護援助制度の財源として，支えていくことになった。

　被疑者国選の拡大に伴い，裏返しとして，被疑者援助制度の利用件数は減少すると予測されていたが，現実には，減少幅が小さい。利用件数は，実質増となっている。この事実は，被疑者段階での弁護人の必要性が認識され，浸透していることを意味するものと評価できる。

（4）第3段階そして第4段階の国選弁護制度へ

　我々は，被疑者国選の実現を，弁護士及び弁護士会の努力の成果と評価するとともに，増大した毎年8万件の被疑者国選事件を担い，さらに第3段階として身体拘束事件全件年間11万件への拡大を実現し，その先に第4段階として，逮捕段階からの国費による弁護制度の確立を目指す段階にある。第3段階については，法制審特別部会の要綱を受け，ようやく本年の通常国会に上程されたが，残念ながら立法化には至らず，継続審議されることとなった。すでに，日弁連の国選弁護本部・国選弁護シンポジウム実行委員会では，立法化に備えた全国の単位会における個々の扱いをいかに平準化するかという検討作業が始まっている。第4段階の制度設計については，2012（平成24）年12月岡山で開催された第12回国選弁護シンポジウムにおいて，第11回よりも踏み込んだ検討結果が報告された。さらにはこれを受け，2013（平成25）年9月には，日弁連国選弁護本部において，「逮捕段階の公的弁護制度（当番弁護士型）試案」を取りまとめた。同試案においては，被疑者からの要請を受けた弁護士が，24時間以内に接見に向かうこととし，当該接見にかかる費用に対して国費を投入するというものである。

9）弁護の質の向上（被疑者，被告人とのアクセスの拡充を中心に）

　弁護活動の出発点は，被疑者，被告人の主張に耳を傾けることにある。接見の重要性を再認識する必要がある。とくに事件が，まだ流動的である被疑者段階での接見は重要性が高い。必要にして十分な接見を実現するためには，その為の設備や手続が整備されるとともに，弁護人側にも，接見の重要性に対する認識を深め，接見のための時間を確保することも求めていかなければならない。

(1) 接見室の増設

弁護人が警察等に赴いたところ，一般接見や，他の弁護人の接見と重なってしまい，長時間待たされることが少なくない。複数の接見室を備えている警察署は少ない。接見室の増設が望まれる。

他方，弁護士会は代用監獄の廃止を求めており，警察の接見室の増設を求めることには原理的には疑問の余地がある。さはさりながら，目の前の被疑者，被告人とのアクセスを充実させるためにやむを得ないものとして，日弁連を通じて警察庁に接見室の増設を申し入れている。

これに対して，警察からは「予算の問題等があり，警察署の増改築等の機会に逐次対応する」との回答がなされるのみで，実際の増設は進んでいない。さらに増設を求めて活動をするべきである。

(2) 東京拘置所での夜間・休日接見

拘置所での接見は，原則として平日昼間しか認められず，弁護活動に支障を生じることもあった。2007(平成19)年6月1日より，公判期日等の5日前から，夜間や休日に接見が可能となった（現在では夜間接見は公判期日等の5日前，土曜日午前の接見は公判期日等の2週間前という運用である。）。また，2009(平成21)年7月27日より，面会受付時間が午後4時50分までと，延長された。より一層の拡大が望まれる。

なお，八王子拘置支所が，立川拘置所に移転し，収容人数も格段に増えた。今後の運用を見届ける必要がある。

(3) テレビ電話によるアクセス

東京では，2009(平成20)年4月16日から，東京拘置所との間でのテレビ電話による外部交通が「試行」されている。弁護士は，東京地検記録閲覧室(15階)又は，法テラス東京事務所(四谷3階)から，東京拘置所に収容された未決の被拘禁者とテレビ電話で連絡をとることができる。立川拘置所とのテレビ電話も試行が開始された。

ただし，これは正規の接見ではない。拘置所側では個室が用意されるが，弁護士側での秘密は保持されない。弁護方針に関する打合せ等は，テレビ電話によることなく，現実の対面による接見をすることが望まれる。

また，予約制であること，時間が20分に制限されていること，弁護人側のアクセスポイントが限定されていることなど，必ずしも使い勝手の良いものではない。一層の改善が望まれる。

(4) ファックスによるアクセス

日弁連と法務省は，刑事施設の未決拘禁者から弁護人へのアクセス方法として，ファックス連絡について申し合わせ，条件が整った弁護士会から実施することとされている。

すでに，2008(平成20)年5月15日現在で，高知弁護士会をはじめ8弁護士会で実施されている。東京でも，2009(平成21)年10月から実施されている。

しかしながら，法務省と申し合わせたファックス連絡は，刑事施設から弁護士会にファックス送信され，弁護士会から各弁護士に転送する方法のため，迂遠であること，弁護士からの返信は週1回に限られていることなど，利便性・即時性に欠ける。実施状況を踏まえつつ，法務省と再調整を図ることも含めて，検討していく必要がある。

10) 今後の課題

(1) 対応態勢について

2009(平成21)年から開始された第2段階では，被疑者国選弁護事件数は年間8万件前後で推移している。これに不足なく対応し，第3段階への拡大で年間11万件の被疑者国選弁護事件数へ対応していくには，日弁連規模で考えたときには弁護士偏在の解消が望まれる。東京に限定しても，多摩地域の弁護士数の不足を，23区の弁護士が補う必要がある現状にある（もっとも，多摩支部からは，本会化を目指した意欲が示されているところであり，今後，状況は変わるであろう。）。国選弁護を担う弁護士数の確保のためには，国選弁護報酬基準の抜本的改革，契約弁護士（ジュディケア弁護士）の裾野拡大，スタッフ弁護士の確保，等が求められる。その他，国選弁護活動を効率よく行うための整備として，全国で8ヶ所しかない電話によるアクセスの全国的実施，拘置所における夜間・休日の接見の全面的実現などの課題につき，精力的に取り組んでいく必要がある。

(2) 国選弁護人割当制度の改革

東京三会独自の課題としては，東京三弁護士会が作成した国選弁護人名簿により，法テラス東京地方事務所がなす指名打診の方式をどうするのかという課題がある。「被告人国選」の指名方法として，いわゆる「自

由選択制」が取られている。この方式は，弁護士が事件を選ぶことを認めるもので，滞留事件が生じやすいなどの問題点も指摘される。

また，「被疑者国選」の指名方法としては，待機制が採用され，事件ごとに，待機している弁護士に電話連絡をして(指名打診)，承諾を得てから指名していた。ところが，被疑者国選の事件数が10倍にも増加すると，1件ごとに電話等で指名打診する事務量は膨大となる。そこで，被疑者国選にも自由選択制を取り入れて，事務の合理化を図っている（法テラス多摩地方事務所では，事件数が比較的少ないので，原則通り，電話での指名打診を行っている。)。

これらの指名方法が，どのように運用されるのか，迅速な指名通知に支障はないか，事件ごとに適切な弁護士を指名できているか，その他，弁護活動の自主性，独立性に対する問題はないか等について，弁護士会は継続的に検証を続けていかなければならない。

また，裁判員裁判が始まって，裁判員裁判用の名簿の充実を図るため，東京弁護士会では，2011（平成23）年より裁判員裁判を担当する国選弁護人の指名方法も改訂された。また，控訴審・上告審で弁護の充実を図るため，一審が裁判員事件であったものについては，裁判員裁判を担当する弁護人用の名簿から選出する等の工夫が行われている。さらなる指名方法の改善が求められるところである。

(3) 継続受任問題

東京高裁では，一審からの継続受任を原則として認めない方針に転換した部もあり，被疑者段階からの蓄積を活かして充実した弁護をしようとする努力を無にするような扱いは，継続受任を制度化した立法の経緯にも反するものである。

(4) 触法障がい者への対応

大阪で始まったいわゆる触法障がい者対応弁護人名簿を参考に，東京三会でも障がい者が被疑者となった事件について対応することができる専用の名簿を作成し，2014年4月からその運用が開始された。いわゆる触法障がい者問題は，逮捕・勾留段階，公判段階だけの問題ではない。専門的な福祉期間との連携を図りつつ，障がいを有する人の人権を適切に擁護する体制をとらなければならない。特に，その障がいや再犯率に目を奪われて，障がい者に対する予防拘禁的な取扱いになることが決してないよう自覚をもって取り組みを深めていく必要がある。

(5) 国選弁護における専門家助力を得るための資金援助制度

前項で述べた触法障がい者の刑事事件を十分に対応するために，社会福祉士との連携などが適切に模索されなければならない。また，責任能力や法医学上の問題が生起した際には，医師や学者からの支援が必要となる。

しかしながら，専門家としての関与を求める以上，これらの活動に対しても，正当な報酬が支払われなければならない。しかしながら，従来はそれに関する資金的手当は何らなされていなかった。

東京弁護士会では，より実質的な弁護活動に資する観点から，会としてこれらの事件の一部ではあるが，このような専門家からの援助を得るための資金を援助する制度を立ち上げた。

その範囲は限られているものの，これによって，よりいっそう充実した活動を行うことが期待されている一方，本来は国選弁護に関する費用である以上，国費によって支弁されるべきものである。今後も，より充実した弁護活動に資するための費用を得ることができるよう，活動を継続していかねばならない。

10 未決拘禁制度の抜本的改革

> 2007（平成19）年6月1日，「刑事収容施設及び被収容者等の処遇に関する法律」が施行され，旧監獄法の全面改正が行われたが，いまだ改革は不十分である。日弁連は，総会決議や人権擁護大会決議，「刑事被収容者処遇法『5年後見直し』に向けての改革提言」，「新たな刑事司法構築のための意見書」及び「刑事施設医療の抜本的改革のための提言」に基づいて，今後も，法務省や警察庁に働きかけ，未決拘禁制度の抜本的改革と「代用監獄」の廃止を目指して，さらに国民を巻き込んだ運動を進めるべきである。

1）拘禁二法案反対運動の経緯とその後の状況

日弁連は監獄法改正問題に早くから取り組み，1982（昭和57）年4月，国会に提出された刑事施設法案，留置施設法案（いわゆる拘禁二法案）に対して，冤罪の温床である代用監獄を恒久化させ，「管理運営上の支障」を理由に弁護人との接見交通を制限し，規律秩序と保安の強化を進めるものであるとして，「拘禁二法案対策本部」を設置して全会的な反対運動を展開し，三度にわたって同法案が廃案となる事態をもたらした。

その後，2001（平成13）年から2002（平成14）年にかけて，名古屋刑務所で，刑務官らが受刑者を制圧し，革手錠を使用して保護房に収容したところ，受刑者が死傷した事件が3件発生していたことが発覚した。この刑務官の受刑者に対する暴行致死事件発覚を契機として，法務省は，2003（平成15）年4月，行刑改革会議を設置し，同年12月には，受刑者処遇に関する改革案が同会議の意見書に取りまとめられた。

2）被拘禁者処遇法の成立・施行と今後の課題

これを受けて，政府は，受刑者処遇のみならず，未決，代用監獄をも含めた法案を，次期通常国会に提出するとの意向を示し，日弁連の申し入れにより，日弁連，法務省，警察庁の三者による協議会が設置され，協議が行われた。

その結果，受刑者処遇と代用監獄制度のあり方を含む未決拘禁者等に関する部分を分離して，先に受刑者処遇に関する法改正を行うことで日弁連，法務省，警察庁の三者が合意し，2005（平成17）年5月18日，監獄法の一部を改正する「刑事施設及び受刑者の処遇等に関する法律」（受刑者処遇法）が成立し，2006（平成18）年5月24日から施行されている。

これにより，受刑者の処遇について，監獄法制定以来100年ぶりに一定の改善が図られることになった。

受刑者処遇法が成立した後，日弁連の要求を受けて，法務省と警察庁は，2005（平成17）年12月6日から2006（平成18）年2月2日まで，「未決拘禁者の処遇等に関する有識者会議」を設置して議論を行い，同有識者会議では，「未決拘禁者の処遇等に関する提言」がまとめられた。

それを踏まえて，2006（平成18）年3月，国会に「刑事施設及び受刑者の処遇等に関する法律の一部を改正する法律案」が上程され（受刑者処遇法の改正という形式を取っている），同年6月22日，同法案が成立し（以下「被拘禁者処遇法」という），未決拘禁者及び死刑確定者の処遇等について，監獄法制定以来100年ぶりに一定の改善が図られることになった。

被拘禁者処遇法は，2007（平成19）年6月1日に「刑事収容施設及び被収容者等の処遇に関する法律」として施行された。

同法は，留置施設視察委員会の設置を定め，拘置所における弁護人の夜間・休日接見への道も開き，死刑確定者の処遇について「心情の安定」を理由とする外部交通の相手方の制限を取り払うなど一定の改善が図られた。

しかしながら，同法は，いわゆる「代用監獄」問題の解決を先送りする内容となっている。

具体的には，「都道府県警察に，留置施設を設置する。」（同法14条1項）として警察留置施設の設置根拠を規定するとともに，被逮捕者及び被勾留者を「刑事施設に収容することに代えて，留置施設に留置するこ

とができる」(同法15条1項)と規定して,「代用監獄」である留置施設への代替収容を認めており,「代用監獄」制度の現状を追認する内容となっている。

3)被拘禁者処遇法の課題

現在においても,捜査機関の管理下で被疑者の身体拘束を行う「代用監獄」が取調べに利用され,自白の強要がなされて,冤罪や人権侵害が繰り返し惹起されている。2007(平成19)年に明らかとなった富山氷見事件においても,冤罪であるにもかかわらず,「代用監獄」における取調べで虚偽自白がなされ,その自白に基づいて実刑判決を受けて服役までするに至っている。

「代用監獄」制度は,捜査と拘禁の分離を求める国際人権基準に違反し,国内外から厳しい批判に晒されてきており,廃止されるべきものである。

国連の拷問禁止委員会は,2007(平成19)年5月18日,日本政府報告書に対する最終見解の中で,「当委員会は,代用監獄制度の広範かつ組織的な利用について深刻に懸念する。逮捕された者が裁判所の前に出頭した以後も,起訴に至るまで長期間拘束されるため,拘禁及び取調べに関する不十分な手続保障と相俟って,彼らの権利侵害の可能性が高まり,無罪推定の原則,黙秘権,被疑者の防御権などの事実上の無視につながりうることになっている」と指摘し,「代用監獄」を中心とする我が国の未決拘禁制度を厳しく批判した。

国連の国際人権(自由権)規約委員会は,2008(平成20)年10月31日,国連の市民的及び政治的権利に関する国際規約の実施状況に関する第5回日本政府報告書に対する総括所見を発表したが,その中で,代用監獄制度の廃止を勧告するだけでなく,刑事施設視察委員会,留置施設視察委員会及び刑事施設の被収容者の不服審査に関する調査検討会の制度について独立性と権限を強化すること,死刑確定者を例外なく独居拘禁とする体制を緩和すること,保護房拘禁の最長時間を制限し事前の医師の診察を必要とすること,分類上の判断に基づいて審査の申請のできない独居拘禁を継続しないように勧告している。

未決被拘禁者処遇法の成立にあたって,衆議院及び参議院の両院の法務委員会の附帯決議は,代用監獄に収容する例を漸減することの「実現に向けて,関係当局は更なる努力を怠らないこと」とされたが,これを文言だけに終わらせないようにしなければならない。

4)未決拘禁制度の抜本的改革に向けて

被拘禁者処遇法附則41条は,「政府は,施行日から5年以内に,この法律の施行の状況について検討を加え,必要があると認めるときは,その結果に基づいて所要の措置を講ずるものとする。」との見直し規定を定めている。

日弁連は,2006(平成18)年5月26日に開催された第57回定時総会において,「引き続き未決拘禁制度の抜本的改革と代用監獄の廃止を求め,刑事司法の総合的改革に取り組む決議」を行い,「代用監獄」制度の廃止とともに,未決拘禁制度の抜本的改革を含む刑事司法手続の総合的改革に取り組む決意を表明している。

また,日弁連は,2009(平成21)年11月6日,第52回人権擁護大会において,「取調べの可視化を求める宣言——刑事訴訟法施行60年と裁判員制度の実施をふまえて」を採択し,代用監獄制度の廃止等とともに取調べの可視化を求める宣言を採択している。

さらに,日弁連は,2010(平成22)年11月17日,「刑事被収容者処遇法『5年後見直し』に向けての改革提言」をまとめ,その中で,被拘禁者処遇法に対する具体的な改正提言をまとめている。

ところが,法務省は,5年後見直しに当たって,何らの法改正を提案せず,一部の法務省令改正を行うだけにとどめた。しかも,改正された法務省令の中には,受刑者に外部通勤作業を行わせる場合又は外出・外泊を許す場合に,受刑者に位置把握装置(GPS機能付きの携帯電話と手首か足首に巻く小型装置)を装着等することを条件とする内容も含まれている(2011〔平成23〕年5月24日付東京弁護士会「外出する受刑者に位置把握装置の装着等を義務付ける刑事施設及び被収容者の処遇に関する規則改正に反対する会長声明」)。

日弁連は,2012(平成24)年6月14日付「新たな刑事司法構築のための意見書(1)」において,刑事訴訟法の総則において,無罪推定原則及び身体不拘束原則を明文で規定すべきであることを求めるととともに,同年9月13日付「新たな刑事司法構築のための意見書(3)」では,勾留に代替する手段として,住居等制限命令制度を創設するなど勾留及び保釈制度の改善を提案している(詳細は第4部6「人質司法の打破と冤罪防止」を参照)。

日弁連は、法務省において2013（平成25）年7月25日から開催されている「矯正医療の在り方に関する有識者検討会」に対する意見として、同年8月22日、「刑事施設医療の抜本的改革のための提言」をした。同有識者検討会は、2014（平成26）年1月21日、「矯正医療の在り方に関する報告書」をまとめ、法務省は、その提言を受けて、2015（平成27）年3月、通常国会に「矯正医官の兼業及び勤務時間の特例等に関する法律案」を提出し、同年8月27日に成立した。同法は、矯正医官について、その能力の維持向上の機会を付与すること等により、その人材を継続的かつ安定的に供給するために、兼業の許可等に関する国家公務員法の特例を設ける等の措置を定めるものである。

日弁連及び弁護士会は、今後も、法務省や警察庁に働きかけ、未決拘禁制度の抜本的改革と「代用監獄」の廃止を目指して、国民をも巻き込んだ強力な運動を組織し展開していくべきである。

11 共謀罪の創設とその問題点

> 共謀罪は、適用される団体が極めて曖昧である上に、共謀しただけで直ちに犯罪が成立するとされていることから、その構成要件は広汎かつ不明確であり、600以上もの犯罪について共謀罪が新設されることは、近代刑法における行為処罰の原則を否定するものである。日弁連及び弁護士会は、市民に呼びかけるとともに、政府に働きかけて、共謀罪法案が二度と提案されないように、反対運動を展開すべきである。共謀罪法案を国会に再提出する動きがあることから、国民に広く呼びかけ、全力で再提出を阻止する必要がある。

1）共謀罪の提案に至る経緯と共謀罪の概要

政府は、2000（平成12）年12月、国連越境組織犯罪防止条約（United Nations Convention against Transnational Organized Crime）に署名している。

同条約は、越境的な組織犯罪が近年急速に複雑化・深刻化してきたことを背景として、これに効果的に対処するためには、各国が自国の刑事司法制度を整備し、強化するのみならず、国際社会全体が協力して取り組むことが不可欠であるとの認識を踏まえて、越境的な組織犯罪を防止し、これと戦うための協力を促進する国際的な法的枠組みを規定している。2003（平成15）年5月には、国会において同条約を批准することが承認されている。

政府は、同条約の締結に伴い必要となる罰則の新設等、所要の法整備を行うためであるとして、第156回通常国会に「犯罪の国際化及び組織化に対処するための刑法等の一部を改正する法律案」を提出した。

上記法案は、組織的な犯罪の処罰及び犯罪収益の規制等に関する法律6条の2として、「団体の活動として、当該行為を実行するための組織により行われるものの遂行を共謀」することを犯罪として処罰すると定め、死刑又は無期若しくは長期10年を超える懲役若しくは禁錮の刑が定められている罪の共謀については5年以下の懲役又は禁錮、長期4年以上10年以下の懲役又は禁錮の刑が定められている罪の共謀については2年以下の懲役又は禁錮に処する旨を規定していた。

その後、何度か実質審議が行われたが、第171回通常国会において、解散による廃案となり、それ以来、現在に至るまで、共謀罪法案は国会に上程されていない。

2）共謀罪の問題点

政府が提案していた共謀罪の構成要件は、「組織的な犯罪集団」の関与を求めておらず、単に「団体」と規定するだけであるために、共謀罪が適用される団体が極めて曖昧である上に、共謀しただけで直ちに犯罪が成立するとされていることから、その構成要件は広汎かつ不明確であり、刑法の人権保障機能の観点から到底容認することはできない。

近代刑法においては、法益侵害の結果を発生させた

既遂犯を処罰するのが原則であり，実行に着手したが結果が発生しなかった未遂犯は例外的に処罰され，法益が重大な場合にさらに例外的に予備罪が処罰されることになっている。

ところが，共謀罪は，予備罪よりも遙かに以前の合意の段階で犯罪が成立するとされ，長期4年以上の全ての犯罪が前提犯罪となることから，現行法上600以上もの犯罪について共謀罪が成立しうることになり，未遂犯や予備罪による処罰がなされない犯罪であっても共謀罪は成立しうるという逆転現象まで生ずることになってしまう。これは，現行法体系を崩すものであるとともに，近代刑法における行為処罰の原則を否定するものと言わなければならない。

しかも，アメリカ合衆国の一部の州では共謀罪の要件とされている顕示行為（overt act）すら要件としないで，合意だけで犯罪が成立することになると，人と人のコミュニケーションそれ自体が犯罪とされることになり，表現の自由や内心の自由を侵害するおそれもある。

2006（平成18）年の通常国会においては，与党と野党とが政府案に対する修正協議を行い，それに基づいて，与党は，①対象となる団体を組織的な犯罪集団に限定し，処罰の対象をかかる集団の活動（その意思決定に基づく行為であって，その効果又はこれによる利益が当該集団に属するもの）に限定すること，②処罰条件として「共謀した者のいずれかによりその共謀に係る犯罪の実行に必要な準備その他の行為が行われた場合」を追加することなどを盛り込んだ修正案をまとめている。

与党の修正案は，適用範囲をある程度限定しようとしている姿勢は見られるものの，予備罪よりも遙かに以前の合意の段階で犯罪が成立するという基本的な枠組みには変更はなく，近代刑法における行為処罰の原則を否定する立法であるという点では政府案と根本的な違いはない。

3）法案をめぐる最近の情勢と求められる日弁連及び弁護士会の活動

日弁連は，2012（平成24）年4月12日，政府に対して，「共謀罪」の創設を含む組織犯罪処罰法改正案を提出すべきではないとする「共謀罪の創設に反対する意見書」を公表した。

日弁連は，2014（平成26）年3月に，共謀罪法案対策本部を設置し，全国の弁護士会で反対の会長声明を出したり，会内学習会や市民集会などの実施を進めている。

フランスの首都パリで，2015（平成27）年11月13日午後9時過ぎ（日本時間14日午前5時過ぎ）に，コンサート会場やレストランなどで銃撃や爆弾攻撃が相次ぎ，130人近くが死亡し，少なくとも180人が負傷する事件が起こったが，その後，自民党の谷垣禎一幹事長は同年11月17日，テロ撲滅のための資金源遮断などの対策として組織的犯罪処罰法の改正を検討する必要があるとの認識を示し，自民党の高村正彦副総裁や石破茂地方創生担当相から，共謀罪法案の早期成立を求める声が相次いでいる。

その後，岩城光英法務大臣が，同年11月20日の閣議後の会見で，「これまでに国会で示された不安や懸念を踏まえ，法案のあり方を慎重に検討しており，国会に提出する時期は未定だ」と述べて慎重な姿勢を示し，官邸筋や安倍首相側近から，通常国会への共謀罪法案の提出はないとの見方が示されている。

2016（平成28）年7月の参議院選挙後の特別国会以降，国会に再提出される可能性が極めて高まっている情勢にある。

日弁連及び弁護士会は，今後も，二度と政府として共謀罪の新設を内容とする組織犯罪処罰法の改正案を提出することがないように，反対運動を展開すべきであり，共謀罪法案を国会に再提出する動きに対しては，国民に広く呼びかけ，全力で再提出を阻止する必要がある。

12 検察審査会への取組み

> 公訴権行使により直截に民意を反映させ、公訴権行使をより一層適正なものとし、ひいては、司法に対する国民の理解と信頼を深めるために、検察審査会法が改正され、2009（平成21）年5月21日から施行されている。
>
> 制度の信頼を確保するため、弁護士会は、適任の審査補助員や指定弁護士を推薦する必要があるが、そのためには選任過程について公正さを確保するような仕組みを作るとともに、今後も研修を実施するなどして候補者の育成に努めるべきである。また、審査補助員や指定弁護士の日当や報酬が極端に安いことから、弁護士会においては、これを物心両面から支援する態勢を作るよう努力すべきであり、日弁連は、報酬の増額を含む審査補助員や指定弁護士の待遇の改善を求める活動を行うべきである。

1）検察審査会法の改正とその施行

司法制度改革審議会意見書（2001〔平成13〕年6月12日）は「刑事司法制度の改革」の一つとして、「公訴権の在り方に民意をより直截に反映させていくことも重要である。」として「検察審査会の組織、権限、手続の在り方や起訴、訴訟追行の主体等について十分な検討を行った上で、検察審査会の一定の議決に対して法的拘束力を付与する制度を導入すべきである。」との提言を行っていた。

これを受けて、司法制度改革推進本部の裁判員制度・刑事検討会において検討がなされ、検察審査会法の改正案が2004（平成16）年3月に第159回国会に提出され、同年5月21日に参議院で可決されて成立し、同月28日に公布され、それから5年以内に施行されることになった。改正検察審査会法は、裁判員の関与する刑事裁判に関する法律と同じく、2009（平成21）年5月21日から施行されている。

なお、検察審査会法は、2007（平成19）年5月17日、検察審査員及び補充員の選定手続等の整備や不利益取扱いの禁止規定の新設等の改正案が成立し、この改正案は同年5月30日に公布とともに施行されている。

2）改正検察審査会の概要

弁護士との関係で重要な改正は、次の3点である。

(1) 検察審査会の議決に基づき公訴が提起される制度及び指定弁護士制度の新設

公訴権行使により直截な民意を反映させ、公訴権行使をより一層適正なものとし、ひいては司法に対する国民の理解と信頼を深める趣旨で導入された制度である。

検察審査会が、第一段階の審査において起訴議決をしたのに対し、検察官が、当該事件について、再度不起訴処分をしたとき又は一定の期間（原則として3か月）内に公訴を提起しなかったときは、当該検察審査会は第二段階の審査を開始しなければならず、その審査において、改めて起訴を相当と認めるときは、8人以上の多数により、起訴をすべき旨の議決（起訴議決）をする。起訴議決があると、裁判所は検察官の職務を行う弁護士が指定され（これを「指定弁護士」という。）、この指定弁護士が、起訴議決に基づいて公訴を提起し、その維持に当たることになる。

公務員の職権濫用等の罪について告訴又は告発した者が、検察官による不起訴等の処分に不服がある場合に、裁判所に審判に付することを請求することができ、裁判所が審判に付する旨の決定をした場合は、対象たる公務員につき公訴が提起されたものとみなされ、裁判所はその事件について公訴の維持にあたる者を弁護士の中から指定して、公判維持等の検察官の職務を行うことになっている（刑訴法266条2号、267条、268条1項）。

改正検察審査会法による起訴議決がなされる場合と付審判事件とでは、前者は犯罪の種類に限定がなく、裁判所から指定される指定弁護士が公訴の提起を行う（起訴状を作成して地方裁判所に提出する。）という点が異なっている。

(2) 検察審査会が法的な助言を得るための審査補助員制度の新設

検察審査会の権限が強化されることに伴い，検察審査会の審査が一層充実し，適正なものとなるよう，検察審査会が法的な助言を得るために審査補助員を弁護士の中から委嘱することができる制度が新設された。

検察審査会は，審査を行うに当たり，法律に関する専門的な知見を補う必要がある場合には，弁護士の中から事件ごとに1人，審査補助員を委嘱することができる（任意的委嘱）。但し，起訴議決を行う第2段階の審査には，審査補助員は必ず委嘱しなければならないことになっている（必要的委嘱）。

審査補助員は，検察審査会長の指揮監督の下，①当該事件に関係する法令及びその解釈を説明すること，②当該事件の事実上及び法律上の問題点を整理し，並びに当該問題点に関する証拠を整理すること，③当該事件の審査に関して法的見地から必要な助言を行うという各職務を行うことになっている。

日弁連と法務省，最高裁との協議により，審査補助員の委嘱に際しては，弁護士会への推薦依頼を受けて，弁護士会が適任の弁護士を審査補助員として推薦することになっている。

(3) 検察審査会数の見直しと統廃合

改正前は，検察審査会の数は200を下ってはならず，かつ，各地方裁判所の管轄区域内に少なくとも1箇所置かなければならないとされていたが，都市部の検察審査会と地方の検察審査会とでは事件数に著しい差が生じており，一部の大都市では審査期間が長期になっていることなどの理由から，それぞれの検察審査会の取り扱う事件数が適正なものとなるよう，この規定が撤廃された。

2009（平成20）年1月21日，最高裁判所は，全国の検察審査会のうち事件受理数の少ない50会を廃止して近隣の審査会と統合する一方，多忙な大都市に計14会増設する統廃合を決定した。東京では，これまで東京地裁本庁に2会があったが，本庁に6会，支部に1会が置かれる形で大幅に増設された。

3）弁護士会に期待されている役割

これまで弁護士は，検察審査会とは全く無縁の存在であったが，改正検察審査会法においては，審査補助員及び指定弁護士という形で検察審査会の審理やその活動に大きく関わることが予定されている。

都市部で事件数も多く，7会に増設された東京地区においては，東京三会が協力して，ある程度の数の審査補助員及び指定弁護士を推薦できる名簿及び態勢が既に作られているが，今後も，新人弁護士に対する研修等を実施して，検察審査会や裁判所から推薦要請があればすぐに対応できる態勢を整備することが早急に求められている。

検察審査会への関与は，弁護士にとって全く新たな分野であるが，市民の弁護士に対する信頼を勝ち得る場として極めて重要であるから，弁護士会としては，会内での広報や研修に全力で取り組み，推薦態勢を確立していくべきである。

すなわち，検察審査会から審査補助員，裁判所から指定弁護士の推薦依頼があれば，弁護士会としては，これらの推薦依頼に速やかに応えられるように，一定の数の候補者を募って推薦名簿を作成し，審査補助員や指定弁護士のための研修を実施するなどして（日弁連は，2013〔平成25〕年3月に改訂「改正検察審査会法対応・審査補助員・指定弁護士のためのマニュアル」を作成・配布している。），改正検察審査会法が予定し期待している適任の弁護士を養成し，推薦する態勢を早急に作ることが求められている。

東京においても，民主党の小沢一郎元幹事長の政治資金規正法違反事件，福島第一原発事故に関する業務上過失致死傷事件が，検察審査会で審査され，審査補助員として弁護士が選任され，その審理に関与している（いずれも起訴議決がなされた。）。

これまでに，全国で9件（神戸2件，沖縄2件，東京2件，徳島1件，鹿児島1件，長野1件）が検察審査会の起訴相当決議に基づいて，指定弁護士が選任され，強制起訴がなされている（東京の1件は2016〔平成28〕年3月11日までに起訴される見込みである。）。

現行法上，指定弁護士の報酬は，後払いである上に，審級毎に19万円以上120万円以下とされていたが，日弁連は，法務省に働きかけて報酬の上限を引き上げるように働きかけていたところ，2015（平成27）年12月1日，検察官の職務を行う弁護士に給すべき手当の額を定める政令1条の改正が閣議決定され，50万円以上315万円以下（上訴審及びその後の審級については，19万円以上315万円以下）に引き上げられ，2016（平成28）年1月以降に審理が終了した事件の当該審級に

関する手当について適用されることになっている。

また、審査補助員の選任の在り方についても透明性が要請されている。

東京弁護士会は、元々、「審査補助員候補者及び指定弁護士候補者推薦等に関する規則」（2009〔平成21〕年4月9日制定）7条3項において、「会長は、審査補助員候補者又は指定弁護士候補者の推薦依頼を受けた場合は、原則として、候補者推薦名簿の中から、適切と思われる弁護士会員を合理的な方法をもって選択して推薦するものとする。」としていたが、「合理的な方法」について特に定めがなかった。そこで新たに、「審査補助員候補者及び指定弁護士候補者推薦等の手続に関する細則」（2013〔平成25〕年8月5日制定）を設けて、同2条において、「検察審査会に対し推薦する審査補助員候補者及び裁判所に対し推薦する指定弁護士候補者（以下「候補者」という。）は、刑事弁護委員会担当副会長が刑事弁護委員会、当該事件について意見を徴することが相当と思われる委員会の委員長等の意見を聴く等して、原則として、規則第7条第1項に規定する名簿の中から適切と思われる本会に所属する弁護士会員（以下「弁護士会員」という。）を選考し、会長に報告する。」（同1項）、「会長は、前項の規定により報告を受けた弁護士会員について、副会長の意見を聴いた上で、候補者としての適否を検討する。」（同2項）、「会長は、前項の規定により検討した結果、適当と判断した弁護士会員に対して、被疑者、被疑事実及びその関係者との利害関係並びに面識等を照会したうえで、当該弁護士会員を候補者として推薦する。」と規定して、「合理的な方法」を明確化した。

検察審査会の推薦依頼に対して、審査補助員に適任の候補者を推薦することは弁護士会の責務というべきであり、その推薦に当たっては、外部から見た公平さが要求されているというべきであるから、今般の東京弁護士会が設けた細則はその点で評価すべきであり、今後の適切な運用が強く期待される。

このように、弁護士会においては、適任の審査補助員や指定弁護士を推薦するとともに、その選任過程について公正さを確保するような仕組みを作るとともに、今後も研修を実施して、候補者の育成に注力するとともに、審査補助員の日当が極端に安いし、指定弁護士については報酬が増額されたが、まだまだ、大事件については不十分であることから、これを物心両面から支援する態勢を作るよう努力すべきである。

また、日弁連においては、一刻も早く、報酬の増額を含む審査補助員や指定弁護士の待遇の改善を求める活動を行うとともに、検察審査会の運用や制度改善に関する提言を行い、弁護士が審査補助員や指定弁護士になることを躊躇することがない制度にするよう努力すべきである。

13　法制審議会特別部会の検討結果

> 「村木事件」を契機として，近年の刑事手続をめぐる諸事情に鑑み，時代に即した新たな刑事司法制度を構築するための刑事の実体法及び手続法の整備の在り方が，法制審議会に対して諮問され，2011（平成23）年6月から，新時代の刑事司法制度特別部会が設置されて審議され，2014（平成26）年7月9日の第30回会議で，「新たな刑事司法制度の構築についての調査審議の結果【案】」が全会一致で決定された。
>
> その後，同年9月18日に開催された法制審議会総会において，同【案】が全会一致で原案どおり採択され，法務大臣に答申された。2015（平成27）年3月，通常国会に「刑事訴訟法等の一部を改正する法律案」が提出され，同法案は，同年7月に，衆議院において，一部修正の上可決されたが，参議院で継続審議とされている。
>
> 日弁連及び弁護士会は，まずは，今回の改革が実現するために全力を尽くすとともに，取調べの全過程の可視化の実現を始め，全面的証拠開示や人質司法の打破など，今回の改革で実現されなかった点について，世論にも働きかけて，一日も早く実現できるように全力で取り組んでいくべきである。

1) 特別部会設置に至る経緯

江田法務大臣（当時）は，2011（平成23）年5月18日付で，法制審議会に対してこれに関する諮問（諮問第92号）をした。

その内容は，「近年の刑事手続をめぐる諸事情に鑑み，時代に即した新たな刑事司法制度を構築するため，取調べ及び供述調書の過度に依存した捜査・公判の在り方の見直しや，被疑者の取調べ状況を録音・録画の方法により記録する制度の導入など，刑事の実体法及び手続法の整備の在り方について，御意見を承りたい。」とするものであり，そこで論議されることが予想される内容としては，被疑者取調べの可視化だけでなく，新たな捜査手法も含まれるものであった。

同年6月6日に開催された法制審議会総会は，この諮問につき検討し，「新時代の刑事司法制度特別部会」を新設して，そこに付託して審議することを決めた。

検察の在り方検討会議の提言が，「国民の声と関係機関を含む専門家の知見とを反映しつつ十分な検討を行う場」で議論を行うことを求めていたこともあり，特別部会には，「検察の在り方検討会議」に出席していた法律関係者や，裁判所，法務省，警察庁の関係者や日弁連推薦の委員・幹事のほか，村木厚子さんや周防正行さん（映画監督）や経済界，労働団体などからも委員が選ばれ，委員・幹事の数も多く，法制審議会としては異例の委員構成となっている。部会長には，日本たばこ産業株式会社相談役の本田勝彦氏が選任された。

2) 特別部会の設置とその議論状況

同年6月29日に同特別部会の第1回会議が開催され，以後，月1回程度のペースで審議が行われ，2013（平成25）年1月29日に開催された第19回会議において「時代に即した新たな刑事司法制度の基本構想」（以下「基本構想」という。）が了承された。

それを受けて審議が尽くされ，同年7月19日の第30回会議において，「新たな時代の刑事司法制度の構築についての調査審議の結果【案】」を法制審議会総会に報告することで全会一致で了承された。

同【案】の概要は，以下の通りである。

❶　取調べの録音・録画制度の導入

裁判員裁判対象事件と検察官独自捜査事件（いわゆる特捜事件）については，身体を拘束された被疑者について，一定の例外事由がある場合を除き，取調べの全過程を録音・録画することを義務付ける。

一定期間経過後に，録音・録画の実施状況を踏まえ，必要に応じて見直す旨の見直し規定を設ける。

❷ 捜査公判協力型協議・合意制度，刑事免責制度の導入
　① 捜査公判協力型協議・合意制度の導入
　　捜査公判協力型の協議・合意制度（司法取引）を，一定の財政経済関係犯罪及び薬物銃器犯罪を対象事件として導入する。
　　協議は，検察官と弁護人，被疑者・被告人との間で行う。検察官が司法警察員に授権した範囲で，司法警察員も協議を行うことができる。
　　検察官は合意を書面として作成し，裁判所に証拠調請求しなければならない。
　　裁判所は，合意に拘束されない。
　　合意が成立しなかったときは，被疑者・被告人の供述を証拠とすることができない。
　　合意をした者が，捜査機関に虚偽の供述をしたときには罰則（5年以下の懲役）がある。
　② 刑事免責制度の導入
　　検察官が，証人尋問の請求に際し，裁判所に，証人に刑事免責（使用免責）を与えて証言を強制することを求めることができる。
　　証人尋問実施後にも請求できる。
❸ 通信傍受の合理化・効率化
　① 対象犯罪の拡大
　　財産犯（窃盗，恐喝，強盗，詐欺）や逮捕・監禁，略取・誘拐，傷害・普通殺人，現住建造物等放火，児童ポルノ法違反（製造，提供）にまで拡大する
　　今回拡大する対象犯罪については，その要件として，「ただし，別表第二に掲げる罪にあっては，当該犯罪があらかじめ定められた役割の分担に従って行動する人の結合体により行われたと疑うに足りる状況があるときに限る。」との組織性の要件が加重される。
　② 傍受手続の合理化・効率化
　　通信内容を自動的に暗号化する装置（特定装置）を利用することで，これまで，通信会社の1箇所（東京）でしか傍受ができなかったことを改めて，通信会社から警察署等へ，通信を暗号化して伝送し，警察署等で，通信会社の職員の立会いをすることなく，警察官等だけで傍受ができるようにする。
　　その方法について，警察署等で，①リアルタイムで傍受を実施する方法，②通信会社から対象となる通信をまとめて伝送し，警察署等で傍受を実施する方法と，通信会社において，対象となる通信をまとめた保存しておいて，警察官等が通信会社に出向いてそこで傍受する方法の3つの方法が認められている。
❹ 身柄拘束に関する判断の在り方についての規定の新設
　　裁量保釈の判断要素についての規定を新設する。
❺ 弁護人による援助の充実化
　　被疑者国選が，全勾留事件に拡大する（いわゆる第3段階）。
❻ 証拠開示制度の拡充
　① 証拠の一覧表の交付義務
　　検察官の手持ち証拠の一覧表を，弁護人の請求により交付する（いわゆるリスト開示）。
　② 公判前整理手続の請求権の付与
　　当事者に，公判前整理手続請求権を付与する。但し，不服申立手続はない。
　③ 類型証拠開示の対象の拡大
　ⅰ 共犯者の身柄拘束中の取調べについての取調べ状況等報告書
　ⅱ 検察官が証拠調請求をした証拠物に係る差押調書・領置調書
　ⅲ 検察官が類型証拠として開示すべき証拠物に係る差押調書・領置調書
❼ 犯罪被害者等及び証人を保護するための方策の拡充
　① ビデオリンク方式による証人尋問の拡充
　　別の裁判所間でのビデオリンクを認める。
　② 証人の氏名・住居の開示に係る措置の導入
　　証人の氏名・住所について，被告人の防御に実質的な不利益を生ずるおそれがある場合を除いて，弁護人には伝えるが，被告人には伝えてはならないとの条件を付すようにすること，及び，弁護人にも伝えないことが，それぞれ認められる。但し，裁判所への不服申立権は認められる。
　③ 公開の法廷における証人の氏名等の秘匿措置の導入
　　犯罪被害者について認められていた秘匿措置が証人に拡大された。
❽ 公判廷に提出される証拠が真正なものであることを確保するための方策
　① 証人不出頭罪，犯人蔵匿罪・証拠隠滅罪等の法

定刑を引き上げる。
　②　勾引要件を緩和する。
❾　自白事件の簡易迅速な処理のための方策
　即決裁判手続の申立てを却下する決定があった事件について，当該決定後，証拠調べが行われることなく公訴が取り消され，公訴棄却の決定が確定した場合等においては，同一事件について更に公訴を提起することができるものとする。

　その後，同年9月18日，法制審議会第173回会議において，同【案】が全会一致で了承されて，法務大臣に答申された。

　2015（平成27）年3月，通常国会に，「刑事訴訟法等の一部を改正する法律案」が提出され，同年7月に，与党と民主党，維新の党との協議により一部修正の上，衆議院で可決されたが，参議院では継続審議となっている。

　衆議院での一部修正は，①協議合意制度について，検察官が合意をするか否かを判断するに当たって考慮すべき事情として，合意に関係する犯罪の関連性の程度を明記するとともに，合意のための協議の場に弁護人が常時関与することとした，②通信傍受制度について，傍受記録に記録されている通信の当事者に対する通知事項として，傍受記録の聴取等及び傍受の原記録に対する聴取等の許可の請求並びに不服申立てをすることができる旨を追加するとともに，通信傍受についての国会報告事項を追加し，暗号技術を活用する方法により傍受の実施をしたときはその旨を国会に報告しなければならないこととした，③附則の検討条項の表現を少し改めたなどである。

3）今後の課題

　取調べの録音・録画制度については，全過程の可視化が法律により義務付けられることになるが，対象犯罪が限られている。ただ，2014（平成26）年10月1日施行の最高検察庁の依命通知によって，可視化の対象事件を，公訴提起されたら任意性が争われることが予想される事件や，被害者・参考人にも拡大されることになっている。

　そこで，今後は，弁護人が，個別の事件において，可視化に向けた弁護活動を行い，供述の任意性担保の手段かつ取調べ適正化のための制度として，可視化が必要不可欠であることを示していき，次の改正に向けた活動を行う必要がある。

　協議・合意制度については，今後，日弁連及び弁護士会において研修を行うなどして，その制度の内容を周知し，被疑者・被告人の防御権が侵害されることのないように努めていく必要がある。

　通信傍受制度については，対象犯罪が拡大し，傍受手続が緩和されることから，濫用されることがないようにチェックするため，弁護活動として，裁判所に保管された傍受記録を聴取する手続をとり，不服申立てを活用する必要がある。

　被疑者国選の拡大や証拠開示制度の拡充についても，弁護活動における実践により，より拡大させるように活動していく必要がある。

　ビデオリンク方式による証人尋問の拡大，証人の氏名・住居の開示にかかる措置の導入，公開の法廷における証人の氏名等の秘匿措置の導入，公判廷に顕出された証拠が真正なものであることを担保するための方策，自白事件の簡易迅速な処理のための方策等については，弁護人として慎重な対応が求められる。

　いずれにしても，継続審議中の改正案の動向を注視し，施行までに，研修を実施するなどして，会員に周知し，その活用を求めていく必要がある。

　その上で，日弁連及び弁護士会は，刑事弁護の現場における諸活動の積み重ねによって，被疑者・被告人の供述に過度に依存しない刑事司法制度の構築のために，世論を喚起しながら，次なる法改正に向けて努力すべきである。

14　新たな刑罰（一部執行猶予制度等の導入）

> 2013（平成25）年6月13日，国会で「刑法等の一部を改正する法律案」と「薬物使用等の罪を犯した者に対する刑の一部の執行猶予に関する法律案」が成立し，2016（平成28）年6月までに施行される。
>
> 特に，一部執行猶予制度と薬物使用者に対する同制度については，実刑と執行猶予制度との間の中間的な刑を新設するものであり，被告人の更生のために，適切に活用される必要があり，弁護人の弁護活動において，この点を意識した弁護活動がなされる必要がある。
>
> そこで，日弁連及び弁護士会は，以上に述べた新たな制度について，弁護人になる会員が，被告人の更生に資する弁護活動を行うことに役立たせるために，この制度を周知させるとともに，研修等を実施して，適切な弁護活動ができるようにすべきである。

1）一部執行猶予制度等の導入について

2013（平成25）年6月13日，国会で「刑法等の一部を改正する法律案」と「薬物使用等の罪を犯した者に対する刑の一部の執行猶予に関する法律案」が成立した。2016（平成28）年6月までに施行される。

前者は，刑の一部の執行を猶予する制度と更生保護法を改正して，特別遵守事項に社会的活動を一定の時間行うことを追加すること等を内容とするものである。

刑の一部執行猶予は，犯罪者が刑の一部の執行を受けた後，残りの刑の執行を一定期間猶予する旨の判決を宣告することができることとする制度である（執行猶予期間中に保護観察を付すことが可能とされる。）。

特別遵守事項の追加は，特別遵守事項の類型に，新たに，「善良な社会の一員としての意識の涵養及び規範意識の向上に資する地域社会の利益の増進に寄与する社会的活動を一定の時間行うこと。」を追加するものである（従来，「社会奉仕命令」と言われたものを，保護観察の特別遵守事項として取り入れたものである。）。

後者は，薬物使用等の罪を犯した者が，再び犯罪を起こすことを防ぐために，薬物使用等の罪を犯した者に対する刑の一部執行猶予について刑法の特則を定めるものである。

2）一部執行猶予制度のメリットと課題について

実務的に見て，実刑か執行猶予かはよく争われるところであり，そのいずれかしか選択肢がないという現状では，必ずしも適切な処遇を選択することができないという限界があるので，その中間的な刑を設けることは処遇選択のメニューを増やすものとして意義があると考えられる。

刑の一部執行猶予制度は，一部実刑を受ける被告人に対し，判決の時から，ある程度長期間の執行猶予期間を設定して社会内処遇を受けることを予定することができるので，刑の一部の執行を受けた後の社会内処遇を手厚くすることができるというメリットがあると考えられる。

この制度の対象となる者として，具体的には，道路交通法違反の罪などの比較的軽い罪を繰り返し，何度か罰金刑を科せられた後，執行猶予判決を受けたが，その後再び罪を犯して初めて実刑になる場合等が想定されている。

また，執行猶予期間中に，比較的軽い罪を犯した場合，現行法上は，執行猶予に付された懲役刑と再犯について言い渡された懲役刑を合算して服役することになるが，執行猶予を言い渡された懲役刑の期間は，通常検察官の求刑通りの懲役刑が言い渡されることが多いことから，この一部執行猶予制度が利用できれば，合算により相当長期に及ぶことが予想される服役期間を短くすることができると考えられる。

したがって，この制度が，機動的かつ弾力的に運用されることによって，適切な処遇選択を可能にするという点で評価することができる。

この制度の課題としては，判決時に，担当する裁判官が，この制度に則った判決を言い渡すことになっているが，諸外国の判決前調査のような情状に関する資料を職権で調査する制度がない我が国において，果たして裁判官が適切に実刑の期間を定めることが可能かという問題がある。

特に，弁護人の側から，情状に関する資料をより多く提出するなどの協力がなければこの制度の適用が受けにくくなることが予想され，また，刑の執行の開始から受刑中を含めて，社会との連携が保たれるように，できる限り，予め環境整備をしておくことなども求められることになると考えられる。

被告人の更生のためには，この制度が適切に活用される必要があり，弁護人の弁護活動においては，この点を意識した弁護活動がなされる必要がある。

なお，この制度により，実刑を終えた受刑者がその後の執行猶予期間中に保護観察を受ける場合に備えて，保護観察官や保護司について，増員を含めて充実させる必要がある。

この制度に対する懸念として，従来，完全に執行猶予になった人が一部実刑になるという意味において重罰化されるのではないかという懸念が表明されていたところである（京都弁護士会の2011〔平成23〕年11月18日付「刑の一部執行猶予制度新設についての慎重審議を求める会長声明」，福岡県弁護士会の2012〔平成24〕年5月18日付「刑の一部執行猶予制度に対する意見書」参照）。

中間的な刑であって社会内処遇をより充実させるというこの制度の趣旨を踏まえて，重罰化されることがないような運用がなされることが強く期待されていると考えられる。

3）保護観察の特別遵守事項の追加について

法制審議会の「被収容人員適正化方策に関する部会」においては，当初，社会奉仕命令を不起訴の条件とすることや執行猶予の条件とすることが検討されたが，結局，社会奉仕命令は導入されず，保護観察の特別遵守事項として社会的活動を追加することになったものである。

すでに，社会内処遇としての社会奉仕命令が導入されている近隣の韓国や台湾では，不起訴の条件や執行猶予の遵守事項としてこの制度が導入されているために，被疑者や被告人において社会的活動をしようとするインセンティブが働きやすいのに対して，保護観察の特別遵守事項とするのではその点はあまり期待できず，むしろ，保護観察による負担を重くするのではないかと危惧される面がある。

ただ，保護観察の特別遵守事項として，一定の者に対して，社会的活動を課すことが適当と考えられる場合にそれを認めることは，保護観察処遇の選択肢を広げるものとして評価することはできる。

具体的な実施方法は，今後検討されることになるが，その際には，社会内処遇措置のための国連最低基準規則（いわゆる東京ルール）に従って実施される必要があると考えられる。

例えば，東京ルールの中には，「対象者が遵守すべき条件は，実践的であり，明確であり，かつ可能な限り少なくなければならない。」，「処遇は，適切な訓練を受け，実務的な経験を積んだ専門家によって実施される必要がある。」，「違反が自動的に拘禁処分を課すことになってはならない。」などの指摘がなされており，社会的活動の運用のあり方として，これらを踏まえて検討される必要がある。

4）薬物使用等の罪を犯した者に対する刑の一部執行猶予制度について

これは，刑法による一部執行猶予制度について，特に薬物使用者について，累犯者であっても適用される点と，執行猶予期間中は必要的に保護観察が付されるという点が異なっている。

薬物使用者は，薬物への親和性が高く，常習性を有する者が多いという特殊性に鑑み，施設内処遇ではなく，社会内処遇によって，その傾向を改善することが一般的に有用であると考えられたことによるものである。

すでに，薬物使用者については，現行法上，刑事施設においては，刑事収容施設及び被収容者等の処遇に関する法律に基づいて，特別改善指導の一環として，薬物依存離脱指導がなされているし，仮釈放後の保護観察について，保護観察所が薬物離脱のための処遇を行い，2008（平成20）年6月から「覚せい剤事犯者処遇プログラム」の受講を特別遵守事項として義務付けて実施されているところであり，これらと相俟って，この制度が良い方向で運用されることが期待される。

薬物依存に関する外部専門家によって構成される「薬物地域支援研究会」は，2014（平成26）年9月，「薬物依存のある刑務所出所者等の支援に関する当面の対策」が提言として取りまとめられ，薬物依存からの回復に向けた指導や部ログラムに関する刑事司法機関内における一層の情報共有，連携強化を図ること等が提言されている。

この制度の課題としては，一部執行猶予制度が適用されて実刑を終えた受刑者に対する保護観察中の薬物依存離脱のためには，多くの保護観察官や保護司の配置が必要になるとともに，より専門性を有した保護観察官の養成が必要となると考えられる点である。

これについては，特別の保護観察官の創設を検討するとか，日常的に執行猶予を受けた者と接する保護司についても，薬物使用者に対応する専門的知識を身につけた保護司を養成する必要があると考えられる。

薬物使用者に対して，刑事施設から保護観察に至るまでの処遇を一貫して有効なものとし，より適切な処遇を行うためには，刑事施設と保護観察所が実施している処遇プログラムを有機的に連携させるとともに，情報交換等を日常的に行うことなどが求められると考えられる。

保護観察中の遵守事項違反については，一部執行猶予を「取り消すことができる」とされる。現在の全部執行猶予の場合には，「遵守すべき事項を遵守せず，その情状が重いとき」に取り消すことができるとされているのに対して，一部執行猶予の場合には，「情状が重いとき」との文言が入っていないため，軽微な遵守事項違反を理由に一部執行猶予が取り消されて実刑を科される可能性がある。しかしながら，社会内処遇を充実させるというこの制度の趣旨からすれば，この文言の有無によって著しい差が生じることは相当ではなく，保護観察対象者に対して，より強く遵守事項の遵守を促すというメッセージを示したものと見るべきであり，裁量的な取消事由であることから，保護観察中の遵守事項違反による一部執行猶予の取消は慎重になされるべきであると考えられる。

5）日弁連及び弁護士会の対応について

最近，最高裁判所と日弁連は，この制度の運用について協議を開始している。

日弁連及び弁護士会は，その成果も踏まえつつ，以上に述べた新たな制度について，弁護人になる会員が，被告人の更生に資する弁護活動を行うことに役立たせるために，この制度を周知させるとともに，研修等を実施して，適切な弁護活動ができるようにすべきである。

15　刑事弁護と福祉手続の連携

1）高齢者・障害者の刑事問題が取り上げられる経過

知的障害等をもった被疑者・被告人への対応が強く意識されたのは，2003（平成15）年に発刊された山本譲司元参議院議員の「獄窓記」において，刑務所内に知的障害を持った方が多くいるという衝撃的な事実が明らかにされたことが発端であった。これに対応する必要性を感じ，先駆的な取り組みを行ったのが，長崎県の社会福祉法人である南高愛隣会であった。まず，南高愛隣会は，厚生労働省の厚生労働科学研究として，2006（平成18）年から2008（平成20）年にかけて「罪を犯した障がい者の地域生活支援に関する研究」で，実態調査を行った。

この結果，2006（平成18）年度の新受刑者33,032人のうちIQ69以下の新受刑者が7563人（22.9％）であり，IQ79以下の新受刑者が15,064人（45.6％）であることや，同年度の受刑者を対象としたサンプル調査の結果，27,024名のうち410名（1.5％）が，知的障害者又はそれを疑われる者であることが明らかとなった。

この調査で明らかになったのは，司法と福祉の狭間で福祉的支援に繋がることのないまま，刑務所生活を繰り返さざるを得なくなってしまった障害者がおり，そのような障害者にとっては刑務所が「最後のセーフティーネット」になってしまっているということであった。このことから，現実にこのような障害者を福祉的支援に繋げていく試行的な取組みが開始されることとなった。

なお、ここでいう「高齢者・障害者」とは、コミュニケーション能力に障害があることなどから社会的に生きづらさを感じている者を指す。

2）高齢者・障害者の刑事問題に取り組む理念・財政的意義

(1) 憲法上の理念

日本国憲法13条は、「すべて国民は、個人として尊重される。生命、自由及び幸福追求に対する国民の権利については、公共の福祉に反しない限り、立法その他の国政の上で、最大の尊重を必要とする。」と定め、同25条は、「すべて国民は、健康で文化的な最低限度の生活を営む権利を有する。」と定める。

福祉の支援がなければ生活をすることができない高齢者・障害者が、福祉支援体制の不備の故に福祉の支援が及ばないために犯罪を繰り返す状況に陥っているのであれば、それは、国家がそのような高齢者・障害者の個人の尊厳を貶めていると同じである。

(2) 財政的意義

障害者の再犯を防ぐことは、年間受刑者一人当たり3,000,000円の費用が必要であるとされているが、障害者が社会内で生活保護を受給して生活した方が財政的には負担が軽いと言われている（慶応大学商学部中島隆信教授『刑務所の経済学』〔ＰＨＰ研究所、2011年〕）。

また、障害者も当然ながら、労働を通して、自己を実現するという勤労の権利を有している。障害者が、かかる権利を行使することができるようになるならば、財政的にも大きな意義を有することとなる。

以上のように、罪に問われた高齢者・障害者を支援することには、財政的意義も認められるのである。

3）弁護士の具体的な支援の在り方について―入口支援と出口支援

(1) 高齢者・障害者が支援を必要とする理由

❶ 刑事手続における支援の必要性

高齢者・障害者は、障害を有しない者に比して、刑事手続において有効に防御権を行使することができない場合が多い。

例えば、
①そもそも弁護人選任権や黙秘権といった抽象的な権利の意味が理解できない、
②捜査官に迎合しやすく、誘導により事実と異なる供述をさせられてしまう可能性が高い、供述調書を読み聞かせされてもその内容が十分に理解されていない、
③取調べが取調室という密室で行われることにより、これらの危険性はより一層高まるのである。

❷ 刑務所出所後の支援の必要性

高齢者・障害者には、出所後には福祉的な支援を受けなければ個人単独で生活することが困難なものも多い。このような高齢者・障害者が単独で福祉の支援を受けるにも手続の複雑さなどから支援に繋がれない場合も多い。

(2) 出口支援

南高愛隣会の取組みの中、一つの制度として結実したのが、厚生労働省の事業として行われるようになった「地域生活定着支援センター」であった。同センターは、高齢や障害等の理由で特別な支援が必要な矯正施設からの退所者に対し、出所後のサービス利用事業所の調整をはじめ、地域生活に適応させるための福祉的支援を行うものとされている。同センターは、数年をかけて47都道府県、48か所に設置をされるに至っている。

このような刑務所等の矯正施設からの出所時の支援については、「出口支援」と呼ばれるようになった。

このような刑務所等の矯正施設からの出所時の支援については、「出口支援」と呼ばれるようになった。

(3) 入口支援

❶ さらに、南高愛隣会は、出口支援だけでは不十分であり、裁判段階（罪に問われ刑が確定するまでを含む）から福祉が関わっていかなければ十分な支援は困難であると考え、裁判段階での支援も模索するようになる。これが「入口支援」と呼ばれる。この入口支援については、毎年その形を少しずつ変えてはいるが、大きくは裁判段階において、福祉的支援の必要性や具体的な福祉的支援の在り方を調査、判定し、それを更生支援計画書等として証拠化し、裁判所に提出をするという枠組みである。

大阪弁護士会では、この南高愛隣会の流れとは別に2011（平成23）年度から冒頭に述べたとおり、罪に問われた知的障害者等に対応するための名簿を作成し運用を開始した。大阪弁護士会は、充実した研修を実施するとともに、社会福祉士との連携を強め、被疑者・被告人との接見同行や更生支援計画の作成等の取組み

を行っている。

その後，横浜弁護士会，東京三弁護士会，千葉県弁護士会でも同様の取組みが開始され，全国各地で徐々に同様の取り組みが広がってきている。

❷ 東京における独自の取組みとして，東京社会福祉士会，東京精神保健福祉士協会，東京臨床心理士会，精神科医と東京三弁護士会との団体としての連携が挙げられる。これらのメンバーは，ほぼ毎月，協議が続けられている。2015（平成27）年度から，この協議会の取り組みの一つの結果として，東京三弁護士会が，東京社会福祉士会や東京精神保健福祉士協会にソーシャルワーカーの派遣を依頼した場合，これらの協会が協会としてソーシャルワーカーを紹介・派遣してくれるという制度を試行として立ち上げた。このような試行が成功すれば，個人的な取組みが団体としての取り組みとなることによって，より幅の広い，永続的な活動として位置づけられることとなる。

東京三弁護士会は，このような活動に対して，2015（平成27）年度から独自の費用援助制度を設けるに至っているが，後述のとおりその費用の拡充は今後の課題である。

❸ 以上のように，弁護士が，福祉と繋がる以外にも，当然ながら，障害の特性に応じて，公判において，刑事責任能力，訴訟能力を争う，自白の任意性・信用性を争う，情状鑑定を請求することが求められる。

4）今後の取組み

(1) 弁護士会内の横断的な連携の必要

この問題は，刑事弁護，高齢者・障害者福祉等多岐にわたる問題にかかわる。そこで，弁護士会においても，刑事弁護，刑事法制，刑事拘禁等の刑事関係の委員会のみならず，高齢者・障害者関係委員会，子どもの権利に関する委員会等が横断的に連携する必要があり，弁護士会は，この問題に関して弁護士会内で横断的な連携を図る必要がある。東京弁護士会は，2013（平成25）年3月に「地域生活定着支援センターとの連携に関する協議会」を立ち上げ，この問題に取り組み始めた。その後，東京三弁護士会が一致して，この問題を取組みを行うべきであるとの流れが出来，2013（平成25）年11月には，東京三弁護士会障害者等刑事問題検討協議会を立ち上げ，これらの委員会の横断的な連携を実現している。

(2) 個々の弁護士の研修等を通じたこの問題の理解

具体的な事案の取組みにあたっては，当然，個々の弁護士の理解が必要不可欠である。東京三弁護士会障害者等刑事問題検討協議会では，かかる問題について，「障害者刑事弁護マニュアル」の作成し，研修会の企画を積極的に実施しており，これを継続していく必要がある。

(3) 関係各機関との連携の必要

また，問題が多岐にわたる以上，弁護士会内の取組みだけでは十分ではなく，社会全体における総合的な取組みが必要である。裁判所，検察庁，警察に障害者への配慮を求めることはもちろんのこと，社会復帰する際の受入れ体制を整えるためには，福祉事務所を含む自治体，刑務所，少年院，保護観察所，地域生活定着支援センター，社会福祉法人等々との連携も必要であり，ひいては社会全体の理解が必要不可欠である。

東京三弁護士会刑事問題検討協議会では，現在，東京社会福祉士会や東京精神保健福祉士協会との間で連携の在り方を継続的に協議し，社会福祉士の接見同行等の試みを開始しようとしているところである。また，各関係機関との継続的な協議が行える体制を築こうとしているところである。

なお，司法と福祉の連携は，必ずしも罪に問われた高齢者・障害者に限って重要というわけではない。被疑者・被告人・受刑者に障害がなくとも，困窮などの問題から更生のために福祉的支援を必要とする場合には，司法と福祉が連携していかなければならない事案もあると思われる。

(4) 福祉関係者の費用の問題

以上のように，現在，司法と福祉は連携を深めようとしているが，最も大きな障壁となるのは，国選弁護活動などにおける医療・心理・福祉関係者の費用の問題である。これらの費用（例えば，更生支援計画の作成料等）に関しては，医師の作成する診断書以外は，国選弁護費用から支出されることはない。そこで，東京三弁護士会では，各弁護士会で独自にこれらの費用を援助する制度を設けている。

第5部
民事・商事・行政事件の法制度改革の現状と課題

第1 新たな民事司法改革のグランドデザイン

1 司法制度改革から10年で何が変わったか

1）2001（平成13）年6月発表の司法制度改革審議会意見書は，日本の国の形が，事前規制・調整型社会から事後監視・救済型社会へ変わってゆくことを想定して司法の機能と役割の強化を提唱した。国際化が飛躍的に進み司法の役割も強調された。そのためには司法の容量を拡大し，「法の支配」を隅々まで浸透させて司法が国民にとって利用しやすく，頼りがいのあるものにすることとした。

2）（平成13）年12月から3年間にわたり政府に司法制度改革推進本部が設置され24本の司法改革関連の法整備がなされたが，その中でも法科大学院により法曹の質を維持して数を増やす，法テラスを創設して司法を利用者の身近にする，裁判員制度により国民の司法参加という大きな改革が実現した。特に裁判員裁判により刑事事件がより国民に身近になった。

3）しかし，民事・家事・行政の裁判分野をはじめ裁判所の司法基盤や法律扶助改革を初めとするアクセス費用などの司法分野では改革は部分的であり，手つかずの積み残し課題が多く残されたままになっている。

4）法曹人口は2010（平成22）年頃には司法試験合格者数を年間3,000人とするとされその後徐々に増加し，最近では1,800人超で推移している。弁護士人口は10年で13,000人と大幅に増えたものの，裁判官は600人程度しか増えず，法曹需要は低迷し，弁護士の就職難，法曹志望者が激減するという大きなひずみを抱えている。

5）昨今，わが国司法の抱える難題は単に長期化したデフレ不況による経済の低迷といった経済的背景もさることながら，司法制度とりわけ民事分野の制度改革，弁護士の活動領域の拡充が不十分であることに原因があるのではないか。

2 今，なぜ民事司法改革か

1）民事裁判制度の利用しやすさと利用満足度

司法制度改革審議会はその意見書（2001〔平成13〕年6月12日）において各種提言を行うにあたって，国民に利用しやすい民事司法制度の在り方を検討する基本的な資料とすべく，2000（平成12）年，民事訴訟制度研究会（代表菅原郁夫早稲田大学教授）を通じ，民事司法の利用者調査を実施した。その後審議会意見書に基づき様々な改革が実行されたが，利用者にそれらがどう評価されたかを検証し，継続して制度改革に反映させる目的でその後も2回（2006〔平成18〕年，2011〔平成23〕年）利用者調査が実施された。

そのアンケート中で，民事司法の「①利用しやすさ」と「②満足度」についての利用者の意識調査を行っているが，各調査年度の肯定的割合の変遷を示すと下記の通りである。

	利用しやすさ（肯定的回答）	満足度（同）
2000年度調査	22.4%	18.6%
2006年度調査	23.6%	24.1%
2011年度調査	22.3%	20.7%

（民事訴訟利用者調査結果より）

（注）2000年→司法制度改革前
2006年→司法制度改革の諸立法制定直後
2011年→司法制度改革審議会意見書発表10年経過

これをみると①②ともに司法制度改革前より司法制度改革推進本部による改革諸立法制定直後やや上昇したものの，2011年には下がるか（①），若しくは改革前に近い数字（②）になっている。

利用者の意識は訴訟結果に左右されることはあると

しても2割程度しか民事司法を評価しておらず，司法改革開始前に言われた利用者の司法アクセスについて「2割司法」の実態は利用しやすさや満足度といった内容面でも改善されていないことが見て取れる。

2）民事訴訟件数は，国際比較でも極端に少ない

わが国の民事裁判の件数は各国と比較しても極めて少なく，人口比でアメリカの8分1，イギリス・フランスの4分の1，ドイツ・韓国の3分の1である。訴訟件数と相関関係にあるのがリーガルコスト（弁護士や裁判所等に支払う法的費用）といわれる。アメリカではGDPの1.4%がリーガルコストといわれる。これを日本で見ると，日本の実質GDPは2015（平成27）年532,529兆円なので1.4%は7.4兆円となる。弁護士の2010年度調査の収入平均値（3,304万円）に弁護士数（30,525人）をかけると1兆85億（GDP比0.19%）であり，アメリカの8分の1弱の数値になる。イギリスの2012年の弁護士収入が250ポンド（約4兆円）であり，日本は約4分の1である。このようにわが国のリーガルコストの規模も海外に比べて極めて少ないのが実情である。

私達は日本の訴訟社会化を目指すものではないが，訴訟件数が外国に比べて極端に少ないだけでなく，国民のリーガルコストもやはり諸外国との比較でも極端に少ないという事実は日本社会には紛争が少ないゆえに訴訟件数も少ないという合理的推測を越えて，訴訟制度に紛争解決機能上の欠陥があり，利用者の利用をためらわせる原因があるのではないかと考えさせられる。

3）最近10年間日本の訴訟は，過払いを除き横ばいか，やや減少している

民事通常事件（全地裁）では2003（平成15）年度が157,833件（114,417件）であったが，2013（平成25）年度147,390件（89,869件）となっていて過払い金等金銭事件を除くとやや減少している。（　）内は過払い等金銭事件を除く件数ところで，本人訴訟についてみると，弁護士が大幅に増加したが実質的紛争のある本人訴訟の実数に変化がない。具体的には平成17年から弁護士人口は一貫して増加し2011（平成23）年までに43.9%増加したにも拘わらず，双方弁護士が付いている事件はその期間に9.9%しか増えておらず，本人訴訟の件数は横ばいである（司法研修所「本人訴訟に関する実証的研究」5頁参照）。

弁護士選任率についてみると，地裁通常民事訴訟事件の弁護士選任率は2001（平成13）年度78.9%であったが，2011（平成23）年度は77.4%とむしろ減少している。

4）司法予算（裁判所予算）0.3～0.4%と低額のままであり，また，裁判官の数も増えていない

2014（平成26）年度の裁判所予算は3,110億円であり，国家予算に占める割合は0.324%に過ぎない。法テラス予算が裁判所予算から法務省予算に移行したとはいえ国家予算に占める裁判所予算の割合は年々減少傾向にある。

また裁判を起こす側の弁護士の数はここ10年で約13,000人と大幅に増えたにもかかわらずそれを受ける立場の裁判官の数は600人弱しか増えておらず早急に是正しなければならない状況もある。

5）訴訟件数が増えないのは，文化的原因（日本人の訴訟嫌い）ではなく，制度的原因にある（現在の通説的見解）

川島武宣「日本人の法意識」（1967〔昭和42〕年）は，わが国において訴訟が少ないのは日本人の訴訟嫌いという文化的な原因にあるとする。その中で「訴訟には費用と時間がかかるということは，わが国で訴訟が少ないということを説明する十分の理由とは考えられない」とし，「私には，むしろ現代の裁判制度と日本人の法意識のずれということの方が，この問題にとってはるかに重要であるように思われる」としている。

更に，「権利義務が明確・確定的でないということによって当事者の友好的な或いは協同体的な関係が成立しまた維持されている……訴訟はいわゆる黒白を明らかにすることによって，この友好的な協同体的な関係の基礎を破壊する。だから，伝統的な法意識にとっては，訴訟を起こすということは，相手方に対する公然たる挑戦であり，喧嘩を吹っかけることを意味する」として訴訟がわが国で少ない要因として日本人の伝統的な法意識を挙げている（岩波新書前掲書137～140頁参照）。

これに対して，ジョン・ヘイリー「裁判嫌いの神話」（1978〔昭和53〕年）では，訴訟は意識面より制度面が重要な要素とし，訴訟を提起しやすくするための条件として①権利義務に関して十分な情報があること，②司法アクセス（裁判官や弁護士の数，管轄や訴えの利益の制限，申立手数料，訴訟費用の担保）が適性であること，③訴訟の結果として十分な権利救済があることの三要素を挙げ，日本ではこれらが不十分とする。近時の件数が増加した過払金訴訟で見れば最高裁判例で利息制限法違反の利息は元本充当後，不当利得として返還請求出来ることが新聞，ＴＶで大々的に報道・広告され，市民に十分な情報が与えられ（①），これを取り扱う弁護士・司法書士の広告が新聞・ＴＶでもなされ，確実に回収出来ることから弁護士も着手金なしで事件受任して，利用者のアクセスも容易になっている（②），更に判決を得ればサラ金各社は任意に払い，しかも判決にならないで和解により速やかに支払う業者も多く権利救済もできている（③）。要するにジョン・ヘイリーの言うように①〜③の条件がそろえば法需要は顕在化し，訴訟件数は増加する。

菅原郁夫「日本人の訴訟観　訴訟経験と訴訟観」（2005〔平成17〕年）では，日本人は訴訟嫌いかという問題設定を行い，訴訟利用経験者では訴訟を始めるにあたって躊躇したものより，躊躇しなかった者の方が多いことをデータで示す。また訴訟未経験者では離婚などでは多くが躊躇を感じている（82.4%）が，他人との契約問題（52.3%），交通事故の損害賠償問題（29.4%）ではそう多くは躊躇していない。親族問題について訴訟をさけるのは日本だけではないので交通事故など訴訟を敬遠する傾向はさほど大きくないとする。日本人は川島理論とは異なりむしろ権利の実現をはかり，白黒をはっきりさせることが訴訟の内外を通じて期待されていたとし，さらに訴訟経験者，未経験者を通じて公正な解決への欲求が強く，訴訟が少ないのは文化の原因でなく制度的原因にあるとする結論を導いている（ジュリスト2005〔平成17〕年9月15日号NO.1297）。

上記の視点から，わが国の民事司法の現状を分析すれば民事司法の利用者にとってわが国の現状は解決されるべき法的需要はあるにも関わらず，制度や裁判所基盤の壁に阻まれて顕在化せず，利用者にとって公正な解決手段が確保されていない状況があるといえる。ここに今民事司法改革に着手すべき大きな理由が存在する。

3　日弁連での取組み

1）日弁連定時総会での民事司法改革推進決議（2011〔平成23〕年5月）と民事司法改革推進本部（2011〔平成23〕年6月）の設立

日弁連は2011（平成23）年5月27日の定時総会において次の3点を内容とする「民事司法改革と基盤整備の推進に関する決議」を行う共に，同年6月，日弁連に民事司法改革推進本部を設置した。

(1) 民事司法改革諸課題について

政府関係諸機関に対し，強力な改革推進の取組を求めるとともに，これらの改革実施に必要とされる司法予算の大幅な拡大を求める。

❶　裁判官，裁判所職員等の人的基盤整備，裁判所支部の充実及び裁判所の物的基盤整備を推進すること。

❷　誰にでも身近で利用しやすい民事司法とするために，民事法律扶助制度の拡充，提訴手数料の低額化及び定額化，弁護士費用保険（権利保護保険）の拡充を図ること。

❸　市民の権利を保障し頼りがいのある民事司法とするために，民事訴訟・行政訴訟における証拠及び情報収集手続の拡充，多数の被害者の権利行使を糾合する集団訴訟制度等の導入，原告適格等訴えの要件の緩和や団体訴訟等新たな訴訟制度の創設を含む行政訴訟制度の改革の推進，また，判決履行確保のための諸制度の改革の検討，簡易迅速な訴訟及び審判手続の導入の検討，裁判等への市民参加の検討，損害賠償制度等民事実体法の改善改革の検討を進めること。さらに，裁判外紛争解決手続（ＡＤＲ）の拡充及び活性化を図ること。

(2) 諸課題の検討と提言

上記諸課題を推進するため　当連合会内に整備される新たな取組体制のもと，各弁護士会や市民団体等外

部の意見を聴きながら鋭意検討を進め，それぞれの検討状況に応じて，適時に提言を行う。

(3) **弁護士の意識改革，業務態勢の改革などの取組み**

あわせて，上記のような民事司法改革に対応するため弁護士自身の意識改革，業務態勢の改革に努めるほか，法曹養成や研修を含めた弁護士の能力の向上に取り組む。

2) 民事司法改革グランドデザイン（2012〔平成24〕年3月）

日弁連に設置された民事司法改革推進本部は，約9ヶ月の議論を経て，民事，家事，行政，消費者，労働，基盤整備の各分野に関わる委員会からの意見を集約してグランドデザインを策定した。その後1年を経て2013（平成25）年その改訂版を策定している。

4 東弁での取組み

1) 民事司法改革実現本部の創設

東京弁護士会は，2013（平成25）年6月常議員会において民事関連委員会及び研究部計17の委員会等と会長推薦から構成される委員による民事司法改革実現本部を設置した。同本部は，民事司法改革の現状と諸課題を会員に周知すること，検討中や未着手の課題について意見の集約を行うこと，諸課題を継続的に検討しその取組結果及び改善策を提言し，その実現のための活動を企画・実行することを目的としている。このような民事司法改革実現を視野に入れた本部組織を立ち上げたのは東京弁護士会が最初であり今後の活動が注目される。

同本部は，民事司法実情調査部会・権利保護保険部会・仕分け部会の3部会を設けて活動してきたが，民事実情調査部会は東京弁護士会を中心とする東京三弁護士会が弁護士に対して実施したアンケート結果が集約され2014（平成26）年11月末には報告書が出されることになって目的を達成したこと，仕分け部会については，民事司法を利用しやすくする懇談会最終報告書に指摘された課題を抽出して，最高裁判所との民事司法改革に関する協議のテーマとして適切かどうかの検討資料として活用されたが，同年9月から日弁連と最高裁との協議が開始されることになったことからやはりその目的を達成した。そこでこの二つの部会を発展的解消して，最高裁との協議が開始されてことに伴い部会を次の5部会に再編した。

①基盤整備部会
②証拠収集調査部会
③判決・執行部会
④子どもの手続き部会
⑤権利保護保険部会

なお，⑤権利保護保険部会は，日弁連においてプリベント少額短期保険株式会社との間で権利保護保険制度に関する協定を締結することになったことに伴い同社が実施する「初期相談」（相談の内容が法律上の紛争に該当するかどうかにか関し回答し，併せて法制度に関する簡潔な情報提供並びに法律相談機関及び弁護士斡旋紹介制度等の広報活動を行うこと）を実施することとし，東弁は現在2015（平成27）年1月から同社から受託して試行を行っている。また，同部会では2015（平成27）年10月から損保ジャパン日本興和が本格的な権利保護保険を我が国において販売し，12月1日から運用開始することに伴いこの保険利用者の相談，事件受任に対応する弁護士の体制整備を行うため独自の組織作りが求められている。

2) 第26回司法シンポジウム・プレシンポの開催

2014（平成26）年9月20日，日弁連で司法シンポジウムが開催されるにあたり東弁を含む東京三弁護士会及び日弁連は，民事司法を利用しやすくする懇談会との共催で同年6月20日よみうりホールにおいて「いま司法は国民の期待にこたえているか」をテーマに730名の市民，弁護士らが参加して民事司法改革の必要性についてシンポを開催し，刑事司法改革に比べて遅れている民事司法改革の必要性を訴えた。

5 「民事司法を利用しやすくする懇談会」の発足（2013〔平成25〕年1月24日）

1）設立目的とメンバー〜各界からなる民間懇談会

2013（平成25）年1月24日民事司法を利用しやすくする懇談会が発足した。この懇談会（以下，「民事司法懇」という。）には研究者（憲法，民法，商法，民事訴訟法，行政法，法社会学）はじめ，経済団体，労働団体，消費者団体，及び法曹関係者等34名が参加している。民事司法懇は各委員が，「民事・家事・商事部会」，「行政部会」，「労働部会」，「消費者部会」，「基盤整備・アクセス費用部会」を構成して議論し，報告書を取りまとめる作業を行った。

その間，日弁連の民事司法改革グランドデザイン，最高裁判所の迅速化検証検討報告書，本人訴訟に関する実証的研究，民事訴訟利用者調査結果等の調査・分析を行い，日弁連との共催で2013（平成25）年3月16日利用者の声を聞く「民事司法改革オープンミーティング」を実施した。そのような検討を経て，先の司法制度改革が，利用しやすく，，頼りがいのある，公正な民事司法を目指したものの，積み残し課題が多く残されていることや経済活動の更なる国際化や経済格差の拡大，経済再生の必要性など新たな展開が求める課題も有ると指摘する。そして，公共インフラとしての民事司法制度の整備・拡充は国が行うべき喫緊の課題としている。なお，この民事司法懇の事務局は委託されて日弁連が担っている。

2）中間報告書（同6月29日）

民事司法懇は2013（平成25）年6月29日中間報告書を発表した。この中で提言実現の方法として①運用，②従前の法改正（法制審をへての立法や議員立法），③新たな検討組織の3通りの選択肢を示した。

3）最終報告書（同10月30日）

続いて2013（平成25）年10月30日最終報告書を発表した。最終報告では改革は待ったなしであるとし，国と民間の協同で大がかりな事業として，政府に改革の道筋をつける強力な検討組織を設置することを求めている。また，民事司法懇は，今後も委員と各出身母体が提言実現のために適宜必要な行動をとるとしている。なお，最終報告書の全文は「民事司法を利用しやすくする懇談会」のＨＰで公開している。

6 重要な改革課題

民事司法改革の重要課題は多岐に亘る。従って，各論として諸課題について内容を紹介することは紙面の関係からも適切でないが特に重要と考えられる課題について下記に列挙する。なお，諸課題の内容は日弁連の民事司法改革グランドデザインとその添付の資料編（ＤＶＤとして全て収録されている）や前述の民事司法懇の最終報告書の全文（ＨＰで公開中）を参照されたい。

❶ 司法へのアクセス
　① 費用〜提訴手数料の低・定額化，法律扶助での利用者負担の在り方（償還制から負担付給付制へ），権利保護保険の拡充，弁護士費用のわかりやすさ
　② 解決手段の多様さ〜ＡＤＲ，民事調停の充実・活性化，集合訴訟の実現
❷ 証拠収集手続きの拡充〜弁護士照会制度と文書提出命令の改正
❸ 執行制度の改革〜財産開示手続き，第三者への財産照会制度
❹ 判決の適性〜損害賠償制度の改革
❺ 家事事件の改革〜家事事件手続法による子どもの手続き代理人費用の国費化
❻ 行政訴訟事件の改革
❼ 労働事件の改革〜労働審判事件の２２支部（立川，小倉）以外への拡充
❽ 消費者被害の救済〜集合訴訟，違法収益はく奪制度
❾ 裁判所の基盤整備〜裁判官の増員，支部機能の充実
❿ 国際化への対応〜弁護士依頼者間の秘密特権

7　日弁連と最高裁との民事司法に関する協議の開始

1）民事司法改革課題に取り組む基本方針

　民事司法改革を今後どのようなプロセスで実現するかが，我々弁護士と日弁連及び各地弁護士会に課された課題である。前述の民事司法懇の最終報告書の提言のとおり政府に新たな検討組織を設置されて提言が実現して行くことが望ましい。しかし，民事司法懇の提言を受けて日弁連においては最高裁からの働きかけもあり直ちに政府に新たな検討組織を設ける前に運用や従来の法改正プロセスで実現できるものについてはまず民事裁判を運営する裁判所との間で協議を先行させて実現を図るべきという執行部方針の下，2014（平成26）年3月19日開催の理事会において民事司法改革に取り組む基本方針が決議された。

　それによると①司法アクセスの拡充，②審理の充実，③判決・執行制度の実効性の確保，④行政訴訟制度の拡充，⑤基盤整備の拡充について運用，従来の法改正プロセス（法制審議会等），政府の新検討組織の3つの方法で実現を目指すべきであるが改革課題を分類，整理し（3つの出口），適切な方法で実現することを目指すとされた（①〜⑤の日弁連の実現課題については本稿末尾添付の一覧表を参照）。また，新検討組織については，根拠法令，組織体制，権限，取り上げるべきテーマと順序，検討期間，事務局の派遣体制などについて，単位弁護士会及び関連委員会を含め会内議論を行い，そのうえで改めて新検討組織の設置に向けた働きかけを行うことを決定することになっている。

2）最高裁との協議スキーム

　上記の方針が決議された後，日弁連は最高裁と予備折衝を行い運用と従来の法改正プロセスで実現できる課題の内，議論の成熟度が一定程度に達していると日弁連・最高裁が合意した課題について意見交換が行われた結果，別紙協議スキームのとおり協議を行うことが合意され，2014（平成26）年9月から協議が開始された。

　協議の枠組みは日弁連副会長と最高裁事務総局の局長等で構成される「親会」のもとにテーマごとに4つの「部会」を設置し双方の実務担当者で協議を行なっている。

①　基盤整備部会では，労働審判の支部が現在2支部にとどまっていることからこれを更に拡充すること，全国46ある非常駐支部の常駐化，開廷日の拡大，合議事件の取り扱い支部の拡大，家裁出張所の運用改善，支部の新設などを検討しており，最高裁から一定の検討案が示されることになっている。

②　証拠収集手段拡充部会は，他の部会より遅れて開始されたこともあり，文書提出義務の範囲（秘密保持命令を含む），当事者照会，弁護士法23条の2照会の検討を開始しているが，出口についての見通しはこれからの状況である

③　判決・執行部会では，弁護士からも強い要望のある執行制度を実効化すべく，財産開示，第三者照会制度他について検討してきたが，2015（平成27）年10月からこの点を含む研究会が法務省に設置され，2016（平成28）年2月に法制審への諮問を目指すこととなった。

④　子ども手続き部会では，「子ども手続き代理人の役割と同制度の利用が有用な事案の類型」について日弁連と最高裁との間で合意が成立し，日弁連は各地弁護士会に，最高裁は事務総局から各地家庭裁判所に同文書が発出され，今後実務において子ども手続き代理人の利用が活発化することが期待される。他方この制度利用のネックになっている代理人費用の国費化について，日弁連は刑事国選代理人制度に準じ，法テラスの枠組みを利用すべきとしていて，そのためには法務省との協議が必須であることから，現在制度設計に向けた協議の申し入れを行っている。

民事司法改革に関する日弁連・最高裁協議スキーム

日弁連・最高裁

親会

副会長・局長レベル協議

部会

基盤整備	証拠収集手段の拡充（23条照会含む）	判決・執行制度の拡充	子どもの手続代理人制度の充実
【主な協議テーマ】 ・労働審判支部の拡大 ・非常駐支部の改善 ・裁判所支部の拡大	【主な協議テーマ】 ・文書提出義務の拡大 ・当事者照会の実効化 ・23条照会制度の改正	【主な協議テーマ】 ・財産開示制度の改正 ・第三者照会制度の創設	【主な協議テーマ】 ・子どもの手続代理人の運用の在り方 ・子どもの手続代理人の報酬の在り方
【構成メンバー】 ・（地域司法） ・（労働法制） ・（家事法制） ・（民事裁判） ・（民事改革） ・（副会長） ・（事務次長）	【構成メンバー】 ・（民事裁判） ・（民事裁判） ・（23条照会） ・（行政訴訟） ・（消費者） ・（副会長） ・（事務次長）	【構成メンバー】 ・（民事裁判） ・（民事裁判） ・（民事裁判） ・（民事裁判） ・（消費者） ・（副会長） ・（事務次長）	【構成メンバー】 ・（子ども権利） ・（家事法制） ・（子ども権利） ・（対応室） ・（民事改革） ・（副会長） ・（事務次長）

日弁連の実現課題

①司法アクセスの拡充

①子どもの手続代理人の報酬の国費化
・国選代理人の報酬は法テラスの本来事業として公費から支出するべき。
・私選代理人の報酬は給付制の民事法律扶助制度を創設するべき。
（子どもの手続代理人の報酬の公費負担を求める意見書　2012年9月13日）→新検討組織

②民事法律扶助の拡充
・対象範囲の拡大　・償還制から原則給付制への転換の検討
（第62回定期総会決議「民事司法改革と司法基盤整備の推進に関する決議」2011年5月27日）
（第63回定期総会決議「より身近で頼りがいのある司法サービスの提供に関する決議」2012年5月25日）→新検討組織

③弁護士費用保険制度の対象拡大
（第62回定期総会決議「民事司法改革と司法基盤整備の推進に関する決議」2011年5月27日）→運用の改善

④消費者への情報提供・伝達の充実
・法教育の充実　・製品事故情報の消費者への伝達
（消費者教育推進法の制定を求める意見書　2009年2月19日）
（「消費者庁」の創設を求める意見書　2008年2月15日）
→新検討組織

⑤高齢者や障がい者の司法アクセス支援
・関係者との連携　→新検討組織

⑥消費者団体，消費生活センターや弁護士を身近で頼りがいある存在に
・消費者のアクセス改善　・弁護士の専門性向上
・行政型ＡＤＲの活性化　・消費者団体の消費者相談業務に対する財政支援検討　→運用の改善

⑦違法収益はく奪制度の導入
（「消費者庁」の創設を求める意見書　2008年2月15日）
→新検討組織

⑧その他
・集団的消費者被害回復訴訟制度の見直し　・ＡＤＲの拡充　等
（「集団的消費者被害回復に係る訴訟制度案」に対する意見書　2012年8月31日）

⑨提訴手数料の低・定額化
（提訴手数料の低・定額化に関する立法提言　2010年3月18日）
→新検討組織

⑩弁護士費用の調達方法の充実
・民事法律扶助制度における給付制の実現　・訴訟費用保険制度
（第62回定期総会決議「民事司法改革と司法基盤整備の推進に関する決議」2011年5月27日）→新検討組織

⑪法教育の充実　・情報提供　・市民育成
（人権のための行動宣言2009　2009年11月）

②審理の充実

①民事訴訟及び行政訴訟における証拠・情報収集手段の拡充
・文書提出義務の拡大　・当事者照会制度の実効化
・秘密保持命令制度の拡充　・弁護士・依頼者秘密保護制度の創設
（文書提出命令及び当事者照会制度改正に関する民事訴訟法改正要綱試案　2012年2月16日）→法政審議会

②弁護士会照会制度の改正
・照会先の報告義務の創設　・報告拒絶等に対する審査制度の創設
・報告勧告制度の創設　・目的外使用の禁止の規定化
（司法制度改革における証拠収集手続拡充のための弁護士法第23条の2の改正に関する意見書　2008年2月29日）
→新検討組織

③判決・執行制度の実効性の確保

①財産開示制度の改善
・財産開示制度手続の改正　・財産開示手続違反者名簿制度の創設
・第三者照会制度の創設　・虚偽陳述に罰金刑を科す改正
（財産開示制度の改正及び第三者照会制度創設に向けた提言　2013年6月21日）→法政審議会 or 新検討組織

②企業等への責任追及の実効化
・取締役等への責任追及ができるよう商業登記制度の改善検討
・証拠収集制度の充実・強化　・執行制度の強化
→新検討組織

④行政訴訟制度の拡充

①裁量統制の改革（2012.5.15「行訴法第二次改正法案」）
②行政計画に対する訴訟手続の整備（2012.5.15「行訴法第二次改正法案」）
③行政立法に対する訴訟手続の整備（2012.5.15「行訴法第二次改正法案」）
④環境団体訴訟制度の導入（2012.6.15「環境団体訴訟法案」）
⑤訴訟要件のさらなる緩和（2012.5.15「行訴法第二次改正法案」）
⑥支部における行政訴訟提起の許容（2012.5.15「行訴法第二次改正法案」）
⑦訴え提起手数料の合理化（2012.5.15「行訴法第二次改正法案」）
⑧仮の救済の要件見直し（2012.5.15「行訴法第二次改正法案」）
など
→上記は全て新検討組織

⑤基盤整備の拡充

①家庭裁判所の人的物的基盤の根本的な拡充　・裁判官，調査官の増員　・調停室・待合室・家族面会室等の増設
（第62回定期総会決議「民事司法改革と司法基盤整備の推進に関する決議」2011年5月27日）→新検討組織

②労働審判事件を扱う支部の拡大
（第63回定期総会決議「より身近で頼りがいのある司法サービスの提供に関する決議」2012年5月25日）
→新検討組織

③裁判所の人員拡充，設備の整備
（第62回定期総会決議「民事司法改革と司法基盤整備の推進に関する決議」2011年5月27日）
（第63回定期総会決議「より身近で頼りがいのある司法サービスの提供に関する決議」2012年5月25日）→新検討組織

④裁判所支部，簡易裁判所，家庭裁判所の出張所の配置の見直し
（第62回定期総会決議「民事司法改革と司法基盤整備の推進に関する決議」2011年5月27日）→新検討組織

⑤一定地域における弁護士ゼロ地域の解消，女性弁護士ゼロ地域の減少化
（第63回定期総会決議「より身近で頼りがいのある司法サービスの提供に関する決議」2012年5月25日）

第1　新たな民事司法改革のグランドデザイン

第2 民事・商事諸制度の現状と課題

1 民事訴訟の充実と迅速化及び民事司法改革

1）改正法の定着

1996（平成8）年に改正された現行民事訴訟法の運用が定着し，旧法での運用はすでに過去のものとなった。

現在は，訴訟の争点を整理し，必要な証拠を厳選し，集中証拠調べが行われるようになった。

2）審理の充実

充実した審理のためには事前準備が重要である。弁護士が事案の筋を把握し，争点を見出し，その争点についての証拠を固め，訴訟進行に対する見通しをしっかりと立てることが必要となる。このことによって，時には依頼者の望む結果が得られないこともある。しかし，いたずらに紛争を長引かせることは望ましくないのであり，どのように依頼者を説得するのかも重要な弁護士の役割でもある（現在は，不必要な提訴に対する損害賠償請求や懲戒請求も起こされやすくなっており，事前の弁護士の調査の重要性は上がっているということもできる。）。

提訴前の手続きとして，提訴前予告通知や，それに伴い利用できる提訴前の証拠収集も十分に検討すべきであるが，積極的に活用されてはいないようである。訴訟類型によっては有効な手段となりうるので，日頃からの十分な研究が必要であろう。

訴訟が開始された後も，当事者照会などで相手方からの情報収集が可能であるが，この制度も活用した上で，重要な争点について主張立証を尽くす努力が求められる。

そして，争点整理を今まで以上に活発化し，争点整理手続きで明らかになった争点に絞った集中証拠調べを行うことを，さらに進めるべきである。ただし，必要以上に証人の数が絞られたり，必要な検証等の手続がなされないというようなことにならないよう，弁護士としては十分注意をする必要がある。

3）計画審理

計画審理に当たっては，弁護士が十分な訴訟活動ができるようスケジュールをしっかりと検討し，可能な審理計画であるかをチェックする必要がある。

ともすると裁判所は，弁護士が複数の事件を抱え特定の事件に集中することが困難であるという事実を忘れがちである。充実した審理のための審理計画が逆に不十分な訴訟追行につながってはならない。

4）文書提出命令等の情報・証拠の開示・収集の制度

文書提出命令については，さまざまな事案の集積もあり，日弁連も2012（平成24）年2月16日に「文書提出命令及び当事者照会制度改正に関する民事訴訟法改正要綱試案」を発表している。2014（平成26）年9月から開始された日弁連と最高裁との民事司法改革に関する協議においては，一定の部分については，取りまとめがなされる予定である。我々は，当事者照会制度の実効化，文書提出命令制度の拡充，秘密保持命令制度の拡充を，引き続き目指すべきである。

5）弁護士会照会制度の運用の厳正化と同制度の実効化

弁護士会照会の受付件数は年々増加していて，2011（平成23）年は，全国で11万9283件となっており，重要な情報収集手段として活用されている。2008（平成20）年2月29日，日弁連より「司法制度改革における証拠収集手続拡充のための弁護士法第23条の2の改正に関する意見書」が発表されている。同制度についても，最高裁との上記の民事司法改革に関する協議において，取りまとめがなされる予定である。我々は，引き続き立法活動を行っていくべきである。

6）裁判の迅速化

2003（平成15）年7月に裁判迅速化法が施行され，最高裁は6回にわたり「裁判の迅速化に係る検証に関する報告書」を発表した。その中でも，第4回の2011（平成23）年7月8日付報告書では裁判の長期化要因を検討し，さまざまな施策についての報告がなされてい

る。最高裁自身が裁判官等裁判所の人的な対応力の問題に触れているなど，従前の報告書に比して進んだ形の報告を行っている。同報告書では，弁護士強制の問題や，書面提出の締め切りを厳守するための方策などにも触れており，弁護士実務にとっても重要な内容を含んでいる。また，第5回報告書では，社会的要因について報告をしている。このような5回の検証を通じて，迅速化法が基盤整備法としての意義を有することが確認されている。続く第6回報告書では，民事事件における争点整理の充実，合議体による審理の充実，家事事件における透明性の高い手続の実現など，運用改善の観点を中心に具体的に述べている。日弁連や弁護士会でも同様の実証的な取り組みを行うべきであろう。

7) 判決履行制度

判決が，履行においてその実効性が図られなければならないことはいうまでもない。特に，財産開示手続は，申立件数，開示率等からみてその利用は低調と言わざるを得ない。日弁連が行った第26回司法シンポジウムでの弁護士アンケートの結果でも，多くの弁護士が改善を望んでいる。同制度の拡充及び第三者に対する財産照会制度の創設等の判決履行制度の改革を行うべきである。その内容は，2013（平成25）年6月21日，日弁連意見「財産開示制度の改正及び第三者照会制度創設に向けた提言」」を充分参考にすべきである。また，その他の立法課題いついても積極的に取り組んでいくべきである。

なお，判決・執行制度の拡充については，最高裁との上記の民事司法改革に関する協議が終了した。法制審での諮問と迅速な立法化が期待される。

2　家事事件手続法

1) 非訟事件手続法の改正と家事事件手続法の制定

家事審判・調停の手続は訴訟とは異なる非訟手続であるが，旧家事審判法の第7条は，特別の定めがない限り，非訟事件手続法を準用するとしていた。非訟事件手続法は，明治時代に制定された古色蒼然とした古いものであった。ただ，家事の分野以外では借地非訟法，会社非訟法，労働審判等，分野ごとに特別法ができており，非訟事件手続法をそのまま準用する場面も少なくなっていた。とはいえ，非訟事件手続の一般法として，全面的な改正の必要性が言われていた。今や非訟事件においても手続保障を整備する必要があるという見解が通説になってきたからである。

そこで，非訟事件手続法の見直しと家事審判法の見直しがセットになって，立法作業が進められることになり，法制審議会の非訟事件手続法・家事審判法部会で議論がされ，2011（平成23）年5月19日に，国会で非訟事件手続法の改正と家事事件手続法の制定が可決成立し，2013（平成25）年1月1日から施行された。

2) 家事事件手続法制定の経緯

家事審判及び家事調停を規律する法律は，長らくの間，戦後間もなくである1948（昭和23）年1月1日から施行された家事審判法であった。

家事審判法は，1946（昭和21）年制定の日本国憲法が家族に関する法制度について，「個人の尊厳と両性の本質的平等」に立脚して制定することを義務付けたことを受けて制定されたものである。すなわち，家事審判法は「個人の尊厳と両性の本質的平等」を指導理念として，「家庭の平和と健全な親族共同体の維持」を目的として制定されたのであり，家父長的「家」制度に基づく価値観からの脱却を目指した「革命的」なものであった。

ただし，戦後の混乱期に急いで作られたため，手続法として備えるべき規定が不備であったうえ，職権探知主義をとることから，裁判所の後見的役割や広い裁量（合目的的裁量判断）の必要性が強調され，当事者の手続保障は軽視された法律であった。

裁判官の裁量の幅が大きいということは，個別の事情の差が大きい家事事件において妥当な結論に導く効果も期待される一方，結果が見通せず，手続運営のばらつきが当事者に不公平感を与えることにもなりかねない。

しかも，家庭に関する紛争が著しく増加した一方，

ライフスタイルや家族のあり方をめぐる価値観も多様化し，当初の指導理念だけでは，当事者の納得を得られなくなってきた。そして，個人の権利意識の高まりとともに，裁判所の判断過程を透明化することが求められてきた。

さらに，家事審判法では主体性が認められておらず，あくまでも事件の客体として位置づけられていた子ども（未成年者）であるが，我が国も1994（平成6）年に批准した子どもの権利条約の理念からして，子どもは権利の主体として位置づけられるべきであるという意識が広がってきた。社会のあらゆる場面で，子どもの人生に関わる事項を決めるときには，子どもが手続に主体的に関わることが認められて然るべきという意識が，少しずつではあるが高まってきたのである。そして，言うまでもなく，家事事件は子どもの人生をも大きく左右するものであり，したがって，子どももその成熟度に応じて手続に関与し，意見表明権の保障が認められるべきであるという考えが支持されるようになった。

そこで，かつて革命的と言われた家事審判法も，戦後60年を経て，時代に合わせた改正をすることになったのである。

3）理念・特徴

家事事件手続法の理念としては，①手続保障の強化，②子どもの意思の尊重・意見表明権の強化，③利用者にとっての利便性の向上，が挙げられる。

形式面では，④基本的手続事項が明確化され，⑤法律事項と規則事項が整理された。

なお，個人の尊厳と両性の本質的平等は，家事事件手続法にも当然承継されているが，現在では当然のことであり，上位法である憲法に明記されていることから，家事審判法第1条そのものに該当する規定は置かれていない。

① 手続保障の強化

審判手続における「当事者」の地位の明示，参加手続の整備，記録の閲覧・謄写権の保障，証拠調べ申立権の保障，事実の調査の通知の規定など。

② 子どもの意思の尊重・意見表明権の強化

未成年者が手続行為能力を有する事件類型の定め，裁判所の子の意思の把握・意思考慮義務，15歳以上の子の必要的意見聴取の範囲の拡大，子どもの手続代理人の選任など。

③ 利用者にとっての利便性の向上

審判手続における合意管轄の新設，電話会議システムの導入，審判申立て前の保全処分の一部導入など。

④ 基本的手続事項の明確化

申立て，手続の期日，事実の調査及び証拠調べ，審判等の手続の流れに沿って規律を明文化した。

⑤ 法律事項と規則事項の整理

民事訴訟法など他の手続法と同様，手続の基本事項を法律事項，細則を規則事項とする区分となった。

4）課題

(1) 適切な運用

法律制定後施行までに1年半以上の期間があったことから，日弁連と最高裁，各地の家裁と弁護士会とでは，法律施行後の具体的な運用面について，協議を続けた。

申立書や事情説明書の記載内容も，手続の透明性とともに，むやみに対立をあおるべきではないという家事事件の特徴，とりわけ家事調停事件の特徴を踏まえ，実務の経験に即した協議がされ，一定の運用方針の下で，新法施行後の手続が始まった。

今後，よりよい手続運用となるよう，個々の弁護士の個別の事件における努力とともに，日弁連・弁護士会としても，定期的に，最高裁や家裁と運用面での協議を行い，市民にとってよりよい司法サービスが提供できるようにしなければならない。

とりわけ，法律の理念の1つである子どもの意思の尊重・意見表明権の強化に関し，子どもの手続代理人の選任事例がいまだ少ないことは大きな課題である。また，利用が少ないことの大きな障害となっている費用の点も法的手当が必要な課題であり，日弁連としては2012（平成24）年9月に「子どもの手続代理人の報酬の公費化を求める意見書」を発表しているところである（詳細は，第8部第1の1の9）参照）。

これらの課題につき，2014（平成26）年9月から始まった民事司法改革に関する最高裁・日弁連協議の中で，子どもの手続代理人制度の充実部会が開催されることとなった（第5部第1の8参照）。そして，部会で議論を重ねた成果を2015（平成27）年8月に，「子どもの手続代理人の役割と同制度の利用が有用な事案の類型」という文書にとりまとめ，日弁連事務総長名義

で各地の弁護士会に送付し，これを最高裁も全国の家裁に周知したところである。今後は，各地の家裁と弁護士会との間で協議をして運用の改善を目指す努力が求められる。

(2) 家裁調査官の体制の充実

なお，我が国の家庭裁判所の特徴は，家裁調査官の存在である。

近時，家事事件において，家裁調査官の役割が増え，最高裁も，少年事件よりも家事事件に調査官を多く配置するようになっている。それでもまだ，子どもの親権・監護権や面会交流をめぐって当事者が激しく対立することが増えている中で，子どもの最善の利益を実現するために調査官調査の果たすべき役割は大きいことから，今後も人的体制の充実が図られる必要がある（一方で少年事件調査の軽視があってはならないので，全体としての人数確保が必要であろう）。

(3) 当事者の利用しやすさ

また，新法の下でも，家事調停における本人出頭原則が維持された。しかし，平日の日中しか期日が入らない調停に出頭することは，とりわけ，不安定な雇用条件で就労し，一人親として子どもを育てていく覚悟で調停に臨んでいる者（多くは女性）にとって，負担は大きい。

運用上，手続代理人が選任されている場合には本人出頭原則を柔軟にするか（これまでもある程度は柔軟にされているが，裁判官の裁量によってばらつきがある），本人出頭を強く求めるのであれば，夜間調停，休日調停を実施するなど，利用者の利便性向上に向けた努力が裁判所側に求められる。

(4) 事件処理体制の整備

家事事件新受件総数は毎年増加しており，1997（平成9）年からの増加が特に大きく，同年の44万9,164件が毎年増加を続け，2013（平成25）年には91万6,398件と過去最高となった（2014〔平成26〕は91万0,648件と微減）。

このように，家事事件は毎年増大しているが，家庭裁判所の事件処理等の体制の整備はこれに対応しておらず，期日が入りにくいなど社会のニーズに応えきれていない状況が生じている。家庭裁判所の物的・人的設備の整備・充実が急務となっている。

3　国際民事紛争解決制度

1）訴訟と仲裁

経済のグローバル化とともに，国際的な紛争も益々増加している。そのような国際的紛争を解決する効果的手段として，国際商事仲裁の制度が発展充実して今日に至っている。しかし，仲裁は当事者の仲裁に付することの合意が前提であって，相手方との間に契約上，あるいは紛争発生後の当事者間での仲裁合意がなければ，仲裁を利用しようと思っても利用できない。そこで，国境を超えた民事裁判手続を利用できる制度の確立が，国際的民事紛争の解決に不可欠である。

我が国をみるに，1998（平成10）年1月施行の新民事訴訟法においても，国際管轄など国際民事訴訟手続は将来の作業として全面的に見送られ，実務上は送達手続や証拠調べについてのハーグ条約，一部の国との二国間条約で個別に対応しており，判例も少なく，法的安定性を欠いているのが実情である。

2）ハーグ国際私法会議における条約案作成作業

国際私法の統一を目的としてオランダ政府が呼びかけて設立されたハーグ国際私法会議は，1883（明治16）年9月に第1回会議が開かれてから100年以上の歴史があり，日本も1904（明治37）年に加盟した国際機関である。

このハーグ会議で現在検討されているのが「民事及び商事に関する国際裁判管轄及び外国判決の承認執行に関する条約案」である。2001（平成13）年の外交会議において討議が行われたが，加盟国間の意見がまとまらず，多くの課題が持ち越しとなった。そこで，各国の合意が得られる分野から交渉を進めていくこととなり，その一分野である裁判所の選択合意に関して，2004（平成16）年には作業部会草案が作成され，2005（平成17）年の外交会議で採択された。その後，国際裁判管轄に関する民事訴訟法が改正され，2012（平成24）年4月1日から施行された。労働関係，消費者契約

については特則が設けられている。国際基準での民事訴訟法が求められる。

3）ハーグ条約（国際的な子の奪取の民事面に関する条約）

近年，外国における結婚生活の破綻に伴い，日本人親が他方親の同意を得ずに子どもを日本に連れ帰り，子の返還や子との面会を求めても拒否されるという問題について，欧米諸国から批判が高まっていた。このような国境を越えた不法な子の連れ去りについて，子どもを連れ去り前の常居所地国に迅速に戻すべきことや，そのための国家間の協力などについて定めた「国際的な子の奪取の民事面に関する条約」（ハーグ条約）の締結を日本政府に求める動きが強まってきた。

ハーグ条約については，国境を越える子の不法な連れ去りについて，子の監護の問題については子の常居所地国が管轄を有することを前提とし，子をいったん常居所地国に迅速に返還し，子の監護の実質的な問題については，子の常居所地国の裁判所の決定に委ねるものである。国境を越えた子の監護・奪い合い紛争における国際的なルールと関係国家間の協力を定めた合理的で有用な条約であるとの評価がある一方，条約の機械的・画一的運用により，帰国の理由が，他方親から子どもへの虐待やドメスティック・バイオレンスにある場合に，子どもを常居所地国に返還することが子の利益に反することとなる可能性などについての懸念が指摘され，日弁連内においても，両性の平等に関する委員会を中心に，条約締結に否定的な意見が強かった。

しかし，ハーグ条約は，子どもの監護や面会交流についての紛争解決は，連れ去られた先の裁判所よりも，常居所地国の裁判所の方が，充実した審理ができ，それが子どもの最善の利益の実現につながるという発想に基づいている。そして，常居所地国の他方親の下に戻されると子どもが虐待を受けるおそれがあるような場合にまで常居所地国に返還することを命じるかどうかは，国内法で定めた返還拒否事由に基づき，我が国の裁判所の判断で決められることである。そこで，日弁連では，2011（平成23）年2月18日「国際的な子の奪取の民事面に関する条約（ハーグ条約）の締結に際し，とるべき措置に関する意見書」を発表して，ハーグ条約が子どもの権利条約に定める「子どもの最善の利益」にかなうように適切に実施・運用されることを確保するために必要な事項を定めた国内担保法を制定することを提言した。

政府は，2011（平成23）年5月にハーグ条約締結に向けた準備を進める旨の閣議了解を行い，外務省が中央当局の機能を担うことが決定されるとともに，条約の実施を国内で担保するための法律である「国際的な子の奪取の民事上の側面に関する条約の実施に関する法律」（以下「実施法」という。）の法文化作業を行った。その結果，2014（平成26）年4月1日，ハーグ条約の締結が国会で承認され，同年6月には実施法案も国会で成立した。2014（平成26）年4月1日，ハーグ条約が発効し，実施法も施行となった。

実施法上，ハーグ条約事件では外務省による当事者への援助が行われ，日本に住所を有していない外国人も民事法律扶助の利用が可能とされている。この援助の一環として，日弁連では，4月1日から，外務省を通じた弁護士紹介を開始している。

さらに，弁護士会としては，ハーグ条約締結後の体制整備として，ハーグ条約についての研修を行い，ハーグ条約の事案を適切に扱うことのできる弁護士の養成にも力を注ぐことが求められる。とくに，子どもの手続代理人が大きな役割を果たすことも期待されるので，その担い手の確保が必要である。弁護士会で，代理人活動に関する研修，任意的解決のためのあっせん仲裁機関の紹介事業に対応できるような機関（単位会のあっせん仲裁機関）の強化をする必要がある。

なお，弁護士費用の他，高額になりかねない通訳人費用についても，民事法律扶助制度の利用が可能となっている。

4　裁判外紛争解決機関（ADR）

1）ADRの必要性

　司法制度改革審議会意見書は，ADRの存在意義として，「社会で生起する紛争には，その大小，種類などにおいて様々なものがあるが，事案の性格や当事者の事情に応じた多様な紛争解決方法を整備することは，司法を国民に近いものとし，紛争の深刻化を防止する上で大きな意義を有する。裁判外の紛争解決手段（ADR）は，厳格な裁判手続と異なり，利用者の自主性を活かした解決，プライバシーや営業秘密を保持した非公開での解決，簡易・迅速で廉価な解決，多様な分野の専門家の知見を活かしたきめ細かな解決，法律上の権利義務の存否にとどまらない実情に沿った解決を図ることなど，柔軟な対応も必要である」と述べている。

　確かに，社会生活上生じる様々なトラブルの解決手段として，多様な制度が用意されていることは，市民に多様な法的解決の場を提供するという意味で重要である。また，市民がどのような紛争解決手段を選択するかは，トラブルの深刻化の程度と費用負担能力などの複合的要因によって決定されるのであるが，その選択の結果によって法的解決とかけ離れた，もしくは当事者の意図と異なった解決がなされることのないこと，すなわち，法の支配を貫徹することがADRの存在意義である。

2）ADR利用促進法の制定

　2004（平成16）年12月1日，ADR基本法ともいうべき「裁判外紛争解決手法の利用の促進に関する法律」が公布され，2007（平成19）年4月1日に施行された。この法律は，第1章・総則，第2章・認証紛争解決手続の業務（法務大臣の認証，基準，欠格事由など），第3章・認証紛争解決手続の利用に係る特例（時効の中断，訴訟手続きの中止，調停前置に関する特則），第4章・雑則，第5章・罰則，附則によって構成されている。

　また，ADR基本法で時効中断，訴訟手続の中止，調停の前置に関する特則などの法的効果が与えられることになった。

3）ADRと弁護士法72条

　ADR基本法制定後は，様々なADR機関が創設された。しかも，弁護士が主宰者とならない形態も法律上は可能である。

　しかし，それらのADR機関が市民の法的権利を十分に擁護するものであるかなど検討する必要がある。

　また，主宰者の他に，隣接専門職種について，ADR手続代理権をどのように認めるかの問題があるが，これについては個別の各士業法で立法的解決が図られた。

　すなわち，隣接法律専門職種については，①認定司法書士に一定の範囲で仲裁手続の代理権，筆界特定手続の代理権が認められ，②弁理士の仲裁代理業務が調停，あっせんを含む裁判外紛争手続についてのものであることを明確化し，ADR手続代理業務の対象に著作物に関する権利に関する事件が追加され，③特定社会保険労務士に，一定の公的ADRにおける代理権と一定の民間紛争解決手続においては紛争価額が60万円以下の単独の，紛争価額60万円を超える場合は弁護士と共同の条件で代理権が認められ，④土地家屋調査士には筆界特定手続の単独代理権が，認定土地家屋調査士には一定の民間紛争解決手続において弁護士と共同の条件で代理権が認められた。

4）ADR機関の評価

　ADR機関として，海運集会所の仲裁（TOMAC），国際商事仲裁協会（JCAA），日本商品先物取引相談センター，日本知的財産仲裁センター，独立法人国民生活センター，財団法人家電製品PLセンター，境界問題相談センター，建設工事紛争審査会，財団法人交通事故処理センターなど，多くのADR機関がADRを実施しているが，その程度において様々である。

　弁護士会には，2013（平成25）年4月現在，全国で35センター（32弁護士会）が設置されている。2011（平成23）年度の受理件数は1,336件である。解決事件は，ほとんどが和解・あっせんによるもので，仲裁によるものはわずかである。東京三弁護士会で実施されている医療ADRは，医療過誤などの専門性のあるADRを積極的に実施し，評価されている。

5）原子力損害賠償紛争解決センター

2011（平成23）年3月11日に発生した東日本大震災の際に東京電力株式会社の福島第一，第二原子力発電所での事故による被害者に対して，迅速に，円滑かつ公正に紛争を解決するために，原子力損害の賠償に関する法律に基づき，文部科学省の原子力損害賠償紛争審査会のもとに原子力損害賠償紛争解決センターが設置された。センターでは，被害者の申立てにより，弁護士などの仲介委員らが原子力損害の賠償に係る紛争について和解の仲介手続を実施するものであり，数万人と言われる被害者の救済手続として期待されてきた。上記審査会では，紛争解決の指針として原子力損害の範囲の判定などに関する中間指針を同年8月5日に公表した。申立ての受付は同年9月1日から開始され，すでに3年以上経過しているが課題も多い。

すなわち，①数万に及ぶと言われる被害者に対する賠償手続をどのように迅速に解決出るか（一応，3ヶ月を目途としているが），②自主避難者への損害賠償など，中間指針に記載のない被害者への損害賠償をどうするか，③財物評価などの中間指針とは異なる賠償請求についてどうするか，④東京電力がどれ程この手続での解決に積極的か，などの諸問題が相変わらず存在し，解決していかなければならない。

原子力損害賠償紛争解決センターの現状と課題についての詳細は第7部5参照。

5　仲裁法

1）仲裁法制定

仲裁法の制定は，社会の複雑化・多様化，国際化が進展する中で，紛争について多様な解決制度を整備する必要があるという認識の下に行われることになった。その中で，特に，共通の手続や価値観のない国際紛争にあっては，仲裁による紛争解決が実効性のある迅速な解決手段でありながら，旧仲裁法は，現代の社会経済状況に適合しないばかりでなく，国連の国際商取引法委員会で検討され，各国で採用されているモデル法（アンシトラル）とも内容的にかけ離れていたため，2003（平成15）年8月1日に公布され，2004（平成16）年3月1日に施行された。

2）仲裁法の構成・概要等

(1) 構成

仲裁法は，総則，仲裁合意，仲裁人，仲裁廷の特別の権限，仲裁手続の開始及び仲裁手続における審理，仲裁判断の終了，仲裁判断の取消し，仲裁判断の承認及び執行決定，雑則，罰則の10章55条及び附則22条で構成されている。

(2) 概要

仲裁法案提案理由説明書によれば，この概要は，
① 仲裁合意は，明確化の観点から書面によるものとするとともに，通信手段の発達を踏まえて，電子メールによることも認めた。

② 仲裁人選定手続や仲裁人の権限をめぐって手続が停滞しないための規定を設け，手続自体についても当事者の自主性を尊重しながら，合意が成立しない場合には国際的標準に従った内容の規定を置いた。

③ 仲裁判断書の記載内容を定め，取消事由等についても国際的標準に従って整備し，仲裁判断の取消し及び執行の許可については迅速な対応をするため決定手続とした。

と説明されている。

ところで，この仲裁法にあっては，当分の間，①消費者と事業者との間に成立した仲裁合意は消費者が解除できること，②個別労働関係紛争を対象とした仲裁合意は無効とするという重要な規定が附則に置かれている。

このような仲裁合意に関する規定が附則に置かれたのは，検討会の議論の中で，手続法は万人に適用されるべきであり，個別契約の修正は消費者契約法等で行うべきであるという立場と，当事者間に圧倒的な力の差がある場合には仲裁法でも手当をすべきであるという立場の違いがあり，この両者の議論の到達点として，附則に「当分の間」という期間限定を付して特則を置くことでこの問題を解決したことによるものである。

なお，個別労働関係紛争については，労働検討会で早急に結論を出すということで，無効とされた。

個別労働紛争事件については，すでに労働審判など

裁判よりも迅速で柔軟な手続が法定化され実施されており，また労働契約法（2008〔平成20〕年3月1日施行）でも仲裁については触れていない。したがって，未だ仲裁法附則の規定が効果を有していると言える。

3）これからの課題

　仲裁法の制定を契機として，これまで我が国の紛争解決制度として利用されることがほとんどなかった仲裁制度が改めて脚光を浴びることになり，この制度が活用される可能性が高い。

　他方，消費者との関係で議論されたように，業者が設営する仲裁機関等で適正な仲裁判断がなされるかという問題を含んでいることも事実である。

　そこで，今まで（あっせん）仲裁センターを開設して迅速な紛争解決を行ってきた弁護士会では，仲裁制度の有用性を市民に認識してもらうために仲裁について広報するとともに，未設置の弁護士会では，市民が利用しやすいように仲裁センターの開設を促進する必要があると考える。

　多くの紛争は，中立な専門家が仲裁に入ることで解決すると考えられる。裁判所の調停も可能であるが，必ずしも弁護士のような法律家やそれ以外の専門家が調停人となっておらず，かえって紛争が長期化する場合もある。弁護士会の仲裁センターは，専門性のある弁護士を仲裁人にすることで，効果的な仲裁を実施することができるものと期待できる。

　また，仲裁の専門性を高めるための組織作りが必要であり，弁護士を中心として設立された社団法人日本仲裁人協会の活動が期待されるところである。

6　知的財産権にかかる紛争解決制度の改革

> 　知的財産権に係る紛争は，その性質上，迅速性と専門性が要求される分野であり，法改正も頻繁に行われているところであるが，裁判や裁判外紛争解決機関（ADR）のより一層の充実・改善を目指すとともに，弁護士の態勢の充実・強化を図るための施策を検討・実施していくべきである。
> 　また，知的財産法制の改革について，十分な議論を経た上で，弁護士としての立場から積極的な意見を発信していくことも重要である。

1）知的財産権紛争の動向

　知的財産権関係民事事件の新受件数（全国地裁第一審）は，2003（平成15）年には635件であったところ，2008（平成20）年には497件，2013（平成25）年には552件と，増減がありつつも概ね横ばい傾向といえる。同事件の平均審理期間（全国地裁第一審）は，2003（平成15）年には15.6月であったところ，2008（平成20）年には13.7月，2013（平成25）年には15.7月と，横ばい傾向である。

　また，知財高裁（2009〔平成17〕年3月までは東京高裁）における審決取消訴訟の新受件数は，2003（平成15）年には534件であったところ，2008（平成20）年には496件，2013（平成25）年には353件と減少傾向にある。同事件の平均審理期間は，2003（平成15）年には12.4月であったところ，2008（平成20）年には8.0月，2013（平成25）年には7.6月と短縮傾向が顕著である。

2）近時の実体法改正の動向

(1) 特許法（2014〔平成26〕年改正，2015〔平成27〕年改正）

　2014（平成26）年改正では，特許から6か月以内に何人も書面にて特許異議の申立てができる制度が創設された一方，特許無効審判は利害関係人に限り請求できるものとされた。また，災害等のやむを得ない事由が生じた場合に特許料の納付等の手続期間を延長することができる救済措置が拡充された。

　2015（平成27）年改正では，職務発明制度の見直しにより職務発明にかかる特許を受ける権利を当初から法人帰属とすることが可能となるとともに，特許料の

引き下げ，特許法条約に対応した手続規定・救済規定等の導入などがなされた。

(2) 商標法（2014〔平成26〕年改正，2015〔平成27〕年改正）

2014（平成26）年改正では，それまで認められていなかった①色彩のみからなる商標，②音商標，③動き商標，④ホログラム商標，⑤位置商標が保護の対象とされるなどした。

2015（平成27）年改正では，登録料の引き下げやシンガポール条約に対応した手続規定・救済規定等の導入がなされた。

(3) 不正競争防止法（2011〔平成23〕年改正，2015〔平成27〕年改正）

2011（平成23）年改正では，営業秘密侵害の刑事裁判において営業秘密の内容を秘匿することができるようになるとともに，アクセスコントロール回避装置に対する規制が強化された。

2015（平成27）年改正では，営業秘密の保護を拡大するため，刑事処罰の範囲の拡大と罰則の強化，損害賠償請求等における立証責任の転換や差止請求の除斥期間の延長などがなされた。

(4) 著作権法（2012〔平成24〕年改正，2014〔平成26〕年改正）

2012（平成24）年改正では，著作物等の利用を円滑化するため，付随対象著作物としての利用，許諾を得るための検討過程での利用等，著作権者の許諾なく著作物を利用できる場合が規定された。一方，著作権等の保護を強化する観点から，ＤＶＤ等に用いられている暗号型の技術的保護手段を回避することが規制されるとともに，違法ダウンロードに刑事罰が科されることとなった。

2014（平成26）年改正では，デジタル化・ネットワーク化の進展に伴う電子書籍の増加を背景として，電子書籍に対応した出版権の整備がなされた。また，視聴覚的実演に関する北京条約の採択に伴い実演家の権利の保護が強化された。

3）紛争解決制度の充実に向けて

(1) 日弁連知的財産センター

日弁連知的財産センターは，知的財産権の確立・普及等を進め，より良い知的財産制度の発展を図るとともに，弁護士である会員が知的財産業務に関与するための施策を企画する等の活動に取り組むことを目的として設置されたものであり，知的財産権に関する制度及び政策提言等に関する活動や，知的財産権の確立・普及及び人材育成等に関する活動を行っている。

近時では，2014（平成26）年5月7日付け職務発明制度の在り方に関する意見書，2015（平成27）年1月23日付け「商標審査基準」改訂案（平成26年特許法等の一部改正対応等）に対する意見書，同年7月31日付け「特許・実用新案審査基準」改訂案に対する意見書などを発表するなどしているが，実務を担う弁護士の立場から，こうした積極的な意見発信を行っていくことは重要である。

また，日弁連知的財産センターでは，日弁連特別研修会や知的財産訴訟に関する講演会を毎年実施しており，知的財産業務に精通する弁護士の育成を行っているが，知的財産権にかかる紛争の解決を適切かつ迅速に行うためには，弁護士一人一人の実力を向上させることが必要不可欠であるといえ，こうした研修等を通じて絶えず研鑽を続けることができるよう態勢を整える必要がある。

(2) 日本知的財産仲裁センター

日本知的財産仲裁センターは，日本弁護士連合会と日本弁理士会とが1998（平成10）年3月に「工業所有権仲裁センター」という名称で設立したADRである。

日本知的財産仲裁センターは，東京本部のほか，関西及び名古屋の2支部と，北海道，東北，中国，四国及び九州の5支所とがあり，全ての高裁所在地に設置されている。特許権等に関する訴え等の管轄（民事訴訟法6条）の規定により，一定の知的財産権に関する紛争については東京地裁又は大阪地裁の専属管轄となるが，同センターの支部・支所は，これらの地裁に提訴することが困難な当事者に，訴訟に代わる紛争解決手段を提供するものといえる。

同センターは，相談，調停，仲裁等の業務を行うとともに，特許発明の技術的範囲に属するかどうかや特許に無効事由があるかどうかを判断する判定サービス（センター判定）も提供している。

なお，同センターに申し立てられた調停又は仲裁事件は，2008（平成20）年以降は年間10件未満で推移しており，さらなる認知度の向上や利用促進のための方策を検討・実施する必要がある。

7 債権法改正

1）改正作業のこれまでの経過

(1) 法制審議会民法（債権関係）部会による審議の状況

2009（平成21）年10月28日，法務大臣から法制審議会に対し民法（債権関係）の改正に関する諮問がなされ，これに基づき法制審議会内に民法（債権関係）部会（以下「法制審部会」という。）が設置された。

法制審部会での審議は，まず，中間論点整理案の検討を行うことから開始された。これを第1ステージとし，続けて中間試案策定のための検討を行う第2ステージ，さらには最終的な要綱案を策定する第3ステージの検討をもって審議を終えるとされた。これに基づき，2011（平成23）年4月12日の第26回会議において「民法（債権関係）の改正に関する中間的な論点整理」（以下「中間論点整理」という。）が，2013（平成25）年2月26日の第71回会議において「民法（債権関係）の改正に関する中間試案」（以下「中間試案」という。）が，それぞれ部会決定された。

そして，2013（平成25）年7月16日の第74回会議からは第3ステージが開始され，2014（平成26）年8月26日の第96回会議に「民法（債権関係）の改正に関する要綱仮案」（以下「要綱仮案」という。）が部会決定され，多くの論点について結論を得た。ただし，約款に関する規律等について未だ議論が残っていたため，さらに審議を行い，2015（平成27）年2月10日の第99回会議において「民法（債権関係）の改正に関する要綱案」（以下「要綱案」という。）を決定した。これを受けて，同月24日の法制審議会総会において「民法（債権関係）の改正に関する要綱」（以下「要綱」という。）が決定されている。

(2) 国会への法案提出とその後の状況

要綱に基づき法案が作成され，2015（平成27）年3月31日，第189回通常国会に「民法の一部を改正する法律案」（以下「法案」という。）が提出され，会期中の成立が目指された。しかし，この通常国会では，衆議院法務委員会審議案件の法案が多数，存在し，本法案は次回以降の国会審議に先送りされることとなった。

(3) 法友会や弁護士会等の取組みの状況

❶ 法友会・法友全期会の取組み

法友会は，2009（平成21）年8月には債権法改正問題についての合宿を行うなどして意見集約に務めてきた。また，2011（平成23）年7月には，中間論点整理に関するパブリック・コメントの手続に際し，法友会としての意見を東京弁護士会宛に提出している。

また，法友全期会も積極的に調査，研究活動を行い，その成果を著作（『民法改正を知っていますか?』民事法研究会・2009年，『債権法改正を考える—弁護士からの提言』民事法研究会・2011年，『弁護士が弁護士のために説く債権法改正』第一法規・2015年）として発刊するなどしている。

❷ 東京弁護士会の取組み

東京弁護士会は，これまでにも法制審議会での審議に関する意見書を作成したり，会長声明を発表するなどしている。2011（平成23）年7月には，中間論点整理に関するパブリック・コメントの手続に際し，東京弁護士会としての意見書を法務省宛に提出している。この意見書は，（『「民法（債権関係）の改正に関する中間的な論点整理」に対する意見書』信山社・2011年）として出版，市販されている。さらに，2013（平成25）年5月30日には，中間試案に関するパブリック・コメントの手続に際し，東京弁護士会としての意見書を法務省に提出している。

❸ 日弁連の取組み

日弁連では，司法制度調査会民事部会において継続的な検討を行い，法制審部会が設置された段階で，法制審民法部会バックアップ会議を設置し，法制審部会での弁護士委員・幹事の活動をサポートした。

そして，中間論点整理および中間試案に関する各パブリック・コメントの手続に際しては，各単位会に対する意見照会の結果を踏まえ，それぞれ日弁連意見書を法務省に提出している。その間も数度にわたり日弁連意見書を法務省に提出しているが，なかでも2012（平成24）年1月20日に策定された，「保証制度の抜本的改正を求める意見書」では，一定の例外を除き自然人の保証（個人保証）を原則的に禁止すべきことや，債権者の保証人に対する契約締結時の説明義務，情報提供義務等を必須のものとするなどの極めて重要な提言を行っている。

なお，要綱決定後も会員向けの債権法改正に関する研修会を適宜，行っている。

❹ 公益財団法人日弁連法務研究財団の取組み

公益財団法人日弁連法務研究財団は，2013（平成25）年5月13日の東京・関東地区を初回として，中間試案およびその弁護士実務への影響を研究し，より一層，実務を踏まえた検討がなされることを目的として全国研修を実施した。

2）法案の内容

(1) 履行障害法に関する改正

債務不履行に基づく損害賠償責任や契約解除などの履行障害法のあり方に関しては，民法（債権法）改正検討委員会が発表した「債権法改正の基本方針」（以下「基本方針」と略称する。）の内容が大きな議論を巻き起こした。法制審部会においてもこの問題については活発な議論がなされ，今回の改正における最重要論点のひとつとなっている。

❶ 債務不履行に基づく損害賠償責任について

基本方針では，「責に帰すべき事由」という概念を不要とするのとの案が示された。契約当事者間では，むしろ契約によって引き受けていた事由か否かが重要な判断基準であることがその理由とされている。

これを受けて法制審部会でも，「責に帰すべき事由」という表現を引き続き維持すべきという意見と，他の用語に置き換えるべきとする意見とがそれぞれ表明されたが，最終的な法案では，「契約その他の当該債務の発生原因及び取引上の社会通念に照らして債務者の責めに帰することができない事由によるものであるとき」は免責されるという規律（法案415条1項）になっている。これは，帰責性概念を維持すべきとの東京弁護士会および日弁連の意見を反映したものであり，一定の評価を与えることができる。すなわち，帰責性は当該行為が社会通念あるいは信義則等によって許されるべきか否かという規範的な意味合いを含む要件であると思料される。現行民法がこの概念に託してきた規範的価値を今後も引き続き維持し，さらに発展させていくことは大切である。その意味で，「責に帰すべき事由」という要件を維持することは現実的な選択である。

❷ 解除について

債務不履行解除に関して基本方針は，「重大な不履行」があれば契約を解除しうると定め，かつ，催告解除制度を，この重大な不履行解除との関係で一元的に理解しようと試みていた。これは，従来の解除制度を抜本的に改めようとするものであった。

これに対し，法制審部会では，催告解除が解除の可否について明確な基準を提供してきたこと，「重大な不履行」という要件によって全ての解除類型を一元的に理解することは困難であることを指摘し，催告解除と無催告解除の区別を維持すべきとの意見が有力となった。

法案も，催告解除制度を維持し，無催告解除との二元的構成とする内容になっている。すわなち，催告解除については，債務不履行の場合に，「相手方が相当の期間を定めてその履行の催告をし，その期間内に履行がないときは，相手方は，契約の解除をすることができる。ただし，その期間を経過した時における債務の不履行が当該契約及び取引上の社会通念に照らして軽微であるときは，この限りでない。」と規定する（法案541条）。そのうえで，無催告解除類型を別途設け，「債務者がその債務の履行をせず，債権者がその履行の催告をしても契約をした目的を達するのに足りる履行がされる見込みがないことが明らかであるとき」に，契約を解除しうることを定めている（法案第542条1項5号）。ここにおいても東京弁護士会および日弁連の意見が反映されている。

なお，解除の要件として従来は帰責事由を必要としていた。しかし，解除は契約関係からの離脱のための制度であり，不履行当事者に対して制裁を課すものではないとの理解から，要綱仮案では帰責事由は解除の要件とはされていない。

❸ 危険負担について

従来から批判の強かった民法534条の債権者主義の規定は削除の方針となった。また，契約解除に不履行債務者の帰責事由の存在を不要とした結果，債務者の責めに帰することができない事由による履行不能の場合にも債権者は解除によって契約関係を終了させることができるので，危険負担制度そのものを廃止するという案も法制審部会では議論されたが，最終的には，危険負担の効果を債務消滅構成ではなく履行拒絶構成に改めたうえで，民法536条を維持することになった（法案536条）。

(2) 債権者代位権，詐害行為取消権に関する改正

債権者代位権については，従来，転用型とされていたもののうち，登記・登録の請求権を被保全債権とす

るものを明文化することが提案されている（法案423条の7）。この点は債権者代位権制度の充実に適う改正と評価できる。

これに対し，本来型については，これまでよりも限定的な適用となる方向での規律となっている。すなわち，法案では債権者が代位権行使をした後も，債務者は第三債務者に対する当該債権の行使は制限されないとしている（法案423条の5）。この点は債権者代位権が行使され，その事実が債務者に通知された時，あるいは債務者が了知した時に債務者の管理処分権は失われるとする判例法理（大判昭和14年5月16日民集18巻557頁）を変更するものである。

詐害行為取消権については，今回，大きな改正がなされる分野である。中間論点整理までは責任説に基づく制度設計も検討されていたが，中間試案以降においてはこれまでの判例法理の問題点を個別に修正するという立場（個別修正説）からのみの検討になっている。特徴的なのは，大審院明治44年3月24日連合部判決（民録17輯117頁）が判示した相対的取消構成を今回，一定限度で見直すという点である。法案425条は，詐害行為取消訴訟の認容判決が確定した場合，その判決は債務者及びその全ての債権者に対してもその効力を有すると規定し，絶対的構成への回帰が見られる。ただし，詐害行為取消訴訟の被告は受益者若しくは転得者のみで足り債務者は被告とならないとの上記連合部判決以来の取扱いについては，法案においても維持されることとなった。中間試案段階では債務者も被告とする案が提案されていたが（中間試案第15の1(3)），最終的に債務者については被告とする必要はなく，詐害行為取消訴訟を提起した原告は遅滞なく債務者に対し訴訟告知をしなければならないという規律を設けることで決着した（法案424条の7第2項）。債務者を受益者らと共に被告とし固有必要的共同訴訟とすると，債務者が行方不明の場合や訴訟に非協力的な場合，訴訟上の和解や取下げが制限され，詐害行為取消訴訟を極めて硬直的なものとしてしまう。債務者を被告とし固有必要的共同訴訟とする取扱いについては，東京弁護士会及び日弁連が慎重論を唱えていたところである。

(3) 保証契約における個人保証人の保護

日弁連は，2003（平成15）年8月に策定した統一消費者信用法要綱案で，消費者信用取引によって生じた債務について与信業者が消費者との間で保証契約を締結することを禁止し，事業者信用取引による債務の保証の場合でも消費者との保証契約締結には一定の制限を設けるべきことを既に提案していた。この提案をさらに推し進め，2012（平成24）年1月20日策定の，「保証制度の抜本的改正を求める意見書」において，日弁連として自然人の保証（個人保証）の原則的禁止を提言したことは前述のとおりである。そして，法制審部会においても，弁護士会の提案を受ける形で，少なくとも事業者向け融資（事業者の事業に係る金融債務）については経営者等の一定の者を除き個人保証は原則的に禁止し，これに反する保証は無効とするという考え方が検討され，これを踏まえ中間試案では，個人保証の制限，各段階での情報提供義務その他の保証人保護の方策の拡充について引き続き検討するとされた（中間試案第17の6）。改正法案は，このうちの情報提供義務について一定の規律を設けている（契約締結時の情報提供義務について法案465条の10，主たる債務の履行状況に関する情報提供義務について法案458条の2，主たる債務者が期限の利益を喪失した場合における情報提供義務として法案458条の3）。これに対し，個人保証の原則的禁止に関しては，中小企業における事業資金融資を困難とするとの強い意見が法制審部会で示された結果，原則的禁止は断念され，事業に係る債務についての保証契約に関して原則として公正証書による保証意思の表示を義務付けるという規律となった（法案465条の6以下）。これについては，例外規定（法案465条の9）が設けられるなど注意すべき点も存するが，保証が軽卒になされることへの対策としては一定の効果があると思料される。この点は，弁護士会が多年にわたり取り組んできた保証人保護の拡充に繋がる改正であり，今後，更なる保護の拡充に向けて引き続き努力する必要がある。

さらに，法案では，現在の貸金等根保証の規律を保証人が個人である根保証一般にも，一定の限度で拡大することを提案しており（法案465条の2以下），この点も重要である。

(4) 債権譲渡に関する改正

債権譲渡法制については当初，対抗要件を抜本的に改正すること等が試みられたが，法制審部会での議論が纏まらず，最終的には小規模の改正にとどめられている。しかし，その中においても，改正法案が，当事者が債権の譲渡を禁止し，又は制限する旨の意思表示

をしても債権の譲渡の効力は妨げられないと規律していること（法案466条2項）や，異議なき承諾に抗弁権の喪失の効果を結びつけている現行法の規律を改めたこと（法案468条1項）や，将来債権譲渡について新たに規律を設けたこと（同第466条の6）については注意が必要である。

(5) 定型約款について

民法の現代化という観点からは，約款取引について何らかの法的規律を改正法に導入することは不可避と判断された。しかしながら，法制審部会における審議はその規律の内容をめぐって最後まで難航し，最後の会議である2015（平成27）年2月10日の第99回会議でようやく議論の一致をみた改正項目である。

改正法案は，まず多様な約款取引のうち，定型的な取引及び定型的な約款のみを今回の改正の対象とすることを明らかにする（定型取引と定型約款に関する定義規定を設ける）。そのうえで，この定型取引を行う合意（定型取引合意）をした場合において，当事者が定型約款を契約の内容とする旨の合意をしたとき，あるいは定型約款準備者が予めその定型約款を契約内容とする旨を相手方に表示していたときには，その定型約款の個別条項についても合意したものとみなされると規定する（法案548条の2第1項）。そのうえで，みなし合意から除外される場合として，相手方の権利を制限し，又は相手方の義務を加重する条項であって，その定型取引の態様及びその実情並びに取引上の社会通念に照らして民法第1条第2項に規定する基本原則に反して，相手方の利益を一方的に害すると認められるものについては，合意をしなかったものとみなすと規定している（法案548条の2第2項）。また，改正法案にはその他にも定型約款の内容表示に関する規律（法案548条の3）及び変更に関する規律（法案548条の4）を設けている。

3）残された問題点

(1) 惹起型錯誤や現代型暴利行為の明文化の断念

今回の改正において，現代社会における暴利行為の内容を改めて検討し，これを明文化することが試みられた（中間試案第1・2(2)）。しかし，適切な要件化が難しく引き続き公序良俗違反に関する規定の解釈に委ねるべきとの意見が有力となり，最終的に明文化が断念された。また，いわゆる動機の錯誤の明文化に関して，今回の改正では，「その事情が法律行為の基礎とされていることが表示されたときに限り」，取消しが可能と定められる予定である（法案95条）。しかし，法制審部会の審議では，この他にも，「相手方の行為によって当該錯誤が生じたとき」にも取消しを認める案が検討されていた。いわゆる惹起型の動機の錯誤であるが，明文化賛成論と慎重論が対立し，長期間の議論の末に結局，意見の一致がみられず立法化が断念された経緯がある。

これらの断念された規律は，現代の取引社会において市民の生活の平穏を維持するための重要な規律となるものである。したがって，今回の改正において明文化が断念されたとしても，その重要性を看過してはならず，これらの法理を意識した解釈論を展開するなどの努力が必要である。

(2) 契約の基本原則に関する規定の新設

上記の他にも，中間試案段階では，契約に関する基本原則に関して一定の内容を民法に規定することが提案されていた。付随義務及び保護義務に関する規定の明文化（中間試案第26の3）や，一定の契約においては格差の存在を考慮すべきという規律の新設等である（同第26の4）。信義則の具体化，実質化の要請は21世紀を担う民法の重要な使命であり，また，法友会及び東京弁護士会が力説してきた「格差社会の是正」に資するものとして極めて重要である。しかしながら，その後の法制審部会においては，この点についてコンセンサスを得ることができず，これらの規定は法案においては，結局，明文化が見送られた。この点については，不十分な内容となっていると言わざるを得ない。今後のさらなる検討が必要である。

(3) 個人保証の保護のさらなる充実の必要性

個人保証の保護の規定について，今回の改正において一定の規律が盛り込まれたことは前述のとおりであるが，その内容については必ずしも十分なものではない。公正証書による保証意思の表示という方法論自体，保証契約の情誼性という観点から考えた際には疑問が残るし，また，適用除外が許容される場合として，主たる債務者が行う事業に現に従事する配偶者が含まれている（法案465条の9第3項）ことにも問題がある。個人保証人の保護については，より充実した規律を設ける必要がある。

以上の諸論点のほかにも重要な検討課題が数多く存

在している。民法は私たち法律実務家が日常的に使用する法律である。その民法が1896（明治29）年の成立以来，120年ぶりに抜本的に改正されようとしている。改正がなされた後は，その解釈，運用を適切に行っていく必要があり，法律実務家の役割がいよいよ重要となる。私たちはことの重大性をよく認識し，改正内容に関して今後，さらなる研鑽に務めていく必要がある。

8 会社法改正と企業統治の改革

1）会社法改正の施行と社外取締役選任に関する2年後の見直し

改正会社法が，2015（平成27）年5月1日に施行された。改正法では，投資効率の向上のために有効とされる社外取締役の選任を義務付けてはいないが，上場会社では社外取締役不選任の場合には，定時株主総会において「社外取締役を置くことが相当でない理由」を説明しなければならないとして，社外取締役の選任を政策的に推進している（会社法327条の2）。改正法の附則において，社外取締役の選任について，施行後2年を経過した時点で見直し，「必要があると認めるときは」社外取締役の選任の義務づけ等の所要の措置を講ずるものとするとしている。議決権行使の助言機関の方針等もあって，近年上場会社では社外取締役を選任する企業が急増し，女性の社外取締役や2名以上の社外取締役を置く上場企業も増加している。従って，今後は，社外取締役の義務付けとともにその人数や多様性の確保が課題となろう。

また，改正法は，企業統治に関連して，監査役を置かず2名以上の社外取締役を置く監査等委員会設置会社制度を創設した。その導入の理由は，監査役制度が日本独自の制度であるために，海外の機関投資家に理解されにくい点にあった。取締役会における議決権を有しない者が，特に，代表取締役・業務執行役員の報酬（業績評価）や選解任に関する議決権を有しない者が，なぜ企業統治を担えるのかという疑問を解消したいという要請に基づき，その対応策として導入されたものである。同制度への移行を公表した上場会社は，同年9月4日時点で217社であるが，同制度が企業統治の強化に繋がるのかについては理論的には明らかとは言えず，今後の動向を見守る必要がある。

2）コーポレートガバナンスコード等への対応のあり方

2014（平成26）年6月の日本再興戦略改訂が閣議決定でなされ，上場企業を対象にした企業統治の強化，特に投資効率の向上が打ち出された。その方策として，①2015（平成27）年6月から適用が開始された上場企業を対象とするコーポレートガバナンスコード及び②同年2月に策定公表された機関投資家を対象とするスチュワードシップコードが定められ，両者を両輪とする改革が目指されている。その狙いは，国外のグローバルな機関投資家から，国内の上場企業へ中長期のリスクマネーが供給されるようにすることにある。そのために，グローバルな基準に沿った規律（ソフトロー）の整備を行うものである。

①コーポレートガバナンスコードでは，まず，上場企業が自らの目標（経営理念）を定めることを求める。その上で，その実現のために，当該企業が戦略や計画を示し，それを支える経営陣・人材を中長期にどのように確保・育成・選抜するか，そして，同時にどのように監督（投資効率の向上に関する評価・人事・報酬）・監査（法令遵守・コンプライアンス）していくのか，あるいは，顧客，投資家，従業員，や地域社会（環境問題）と，どのように利害を調整していくのか等を，グローバルな73項目の原則（基本原則・原則・補充原則）に沿って，一貫性をもって，自らの理念と言葉で訴えることを求めている。求められているのは，どの上場企業にも一律平等に遵守することを求める最低限の規律・ルールベース（細則主義）を示すことではない。当該企業が自らの経営環境に即して常に最善を目指すためのプリンシパルベース（原則主義）での提示である。comply（遵守）できているものについてはその報告を，complyできていないものについては，その理由と今後の対応についてのexplain（説明）を行うことを求めている。

②スチュワードシップコードは，機関投資家側の自己規律を提案するものである。責任ある機関投資家が，上場企業との対話と相互理解そして中長期のリスクマネーの供給を通じて，当該上場企業の持続的な成長と中長期的な企業価値の向上を図る上での自己規律を規定したものであり，2015（平成27）年9月11日現在197の機関投資家が受け入れを表明している。

3）今後の取組み

金融商品取引所は，上場企業に対しコーポレートガバナンスの報告を求めている。すでに提出された報告書を見ると，確かに，遵守・complyしていない場合の説明・explainはなされている。しかし，遵守の場合にどのように遵守しているかについての報告は，先行している諸外国の企業の報告と比較して，不足しているものが多いとの指摘がある。改善が求められるところである。

また，オリンパスや東芝の例を挙げるまでもなく，大企業において，投資効率の向上もコンプライアンスも，社外取締役や社外監査役を含む役員だけで十全になしうるものではない。特に，経営陣の暴走を防ぐためには，事件が発覚した後に社外の弁護士や公認会計士が第三者委員会に関与するだけではなく，企業内弁護士と同公認会計士が厚く支える基盤の整備が求められているといえよう。

9　労働法制に対する改革

1）はじめに

近時，「ワークライフバランス（仕事と生活の調和）」を図るとの視点から，派遣労働者，有期契約雇用者等の非正規社員の待遇改善に関し重要な法改正がなされてきた。2007（平成19）年のパートタイム労働法の改正に始まった非正規雇用労働者の不安定性・正規雇用労働者との処遇格差・職業能力形成の不十分さ等の是正を目的とした法改正が一段落したといえる。

もっとも，厚生労働省HP掲載の2014（平成26）年のデータをもとにした「正規雇用と非正規雇用労働者の推移」によれば，非正規雇用労働者の全体の労働者に占める割合は37.4％と高い水準にあり，非正規雇用労働者の数は年々増加している。そのため，非正規雇用労働者の雇用の不安定性や正規労働者と比較して低い処遇の改善など，非正規雇用労働者を巡る問題は，今後も重要な課題であることに変わりがない。

さらに，政府が2013（平成25）年に発表した「日本再興戦略」の中で新成長戦略が示され，その最重要課題として「働き手の数（量）と労働生産性（質）の向上の実現に向けた思い切った政策の必要性」を強調されており，近時の法改正案では，後記の労働基準法の改正案にみられるように，健康で効率よい働き方が可能な労働環境の整備に加え，柔軟かつ多様な働き方の実現に向けた動きがある。

今後は，近時の法改正の趣旨を踏まえ，企業の現実の運用において，その改正趣旨に沿った運用が実現されるとともに，新たに顕在化した問題点について迅速かつ適切な改正がなされるよう，今後の立法・行政の動きに注視する必要があろう。

2）労働契約法の改正

近時の重要な法律改正として，労働契約法の改正があげられる。その具体的な内容は，①有期労働契約の期間の定めのない労働契約（無期労働契約）への転換，②雇い止め法理の法定化，③期間の定めがあることを理由とした不合理な労働条件の禁止の3つである。

もっとも，特に，無期労働契約への転換については，これを回避する目的で，転換が可能となる通算期間前に組織的な雇い止めが実施されることが懸念されている。その際，解雇権濫用法理の適用があるか否かなど，既に，運用上想定される問題点について議論が始まっている。無期労働契約の転換は，2013（平成25）年4月1日以降に締結された有期労働契約に適用があり，5年間の継続雇用により無期転換が可能となることから，上記問題点は解消すべき喫緊の課題として取り組むとともに，今後の立法・行政の動きに注視する必要があろう。

3）労働基準法の改正

労働基準法等の一部を改正する法律案が，第189回

通通常国会に提出されたが，同国会では成立に至らず，現在，継続審議となっている。

その内容は，長期労働時間の抑制や年次有給取得の促進など，労働者が健康で効率的に働ける環境整備（長時間労働抑制政策・年次有給休暇取得促進策等）のほか，労働者のライフスタイルに合わせたフレックスタイムの見直しなど，多様で柔軟な働き方の実現に向けた制度設計（多様で柔軟な働き方の実現）が大きな柱とされている。

前者については，一定日数の年次有給休暇の確実な取得や，これまで猶予措置が採られてきた中小企業に対する月60時間を超える時間外労働に係る割増賃金率（50％以上）を3年後に廃止するなど，中小企業で働く労働者に正当な割増賃金を保障するとともに，過労死などの社会問題を解消するための政策といえよう。後者については，フレックスタイムの見直しなど，多様な柔軟な働き方を目指した政策であり，労働者のライフスタイルに合わせた勤務形態が可能となると予想されるが，一方で，結果的に，労働者が長時間労働やサービス残業を強いられる懸念もあり，今後の立法・行政の動きを注視する必要があろう。特に，いわゆるホワイトカラー・エグゼンプションについては，一定の年収以上の労働者については割増賃金等の規程を適用除外とするものであり，同制度の導入により，割増賃金等の規定の適用が除外された結果，長時間労働が常態化する可能性も否定できず，年収金額や健康確保措置等の要件の検討はもちろんのこと，制度導入の是非を含めて慎重に議論がされることが望まれる。

4）労働者派遣法の改正

労働者派遣法の改正は，社会的にも様々な議論がなされ，第187回臨時国会に改正法案が提出されたものの成立するに至らず，その後，いったん廃案になった後，2015（平成27）年3月6日，第189回通常国会において，再度，改正法案が提出され，2015（平成27）年9月11日に成立し，同月30日に施行となった。

今回の改正により，労働者派遣事業は許可制に一本化され，これまでのような一般労働者派遣事業（従前は許可制）と特定労働者派遣事業（従前は届出制）の区別が廃止され，全ての労働者派遣事業が許可制になった。また，これまで派遣期間は，専門業等のいわゆる26業種か否かによって区別をしてきたが，改正後は，全ての業務について派遣労働者個人単位の期間制限（3年間）と派遣先の事業所単位の期間制限（3年間）を設けることとされた。さらに，雇用安定措置やキャリアアップ措置などの制度が設けられた。

従前より，労働者派遣制度は，本来，長期間の勤務を前提としないものであるにもかかわらず，実際の運用では，派遣労働者の雇用を不安定にしたままで，低賃金で正社員と同等の業務をさせるなどの問題点が指摘されてきた。

今回の改正案についても，3年間の派遣の後，派遣先事業所の「課」等の組織単位を変えることにより，雇用が不安定なまま，派遣労働者が長期間雇用されることにはならないか，あるいは，いわゆるクーリング期間を悪用し，労働者派遣終了後，3ヶ月以上の期間をおいて，再度，同一労働者を派遣することにより上記の期間制限の適用を免れることが行われないかなど，運用上問題点は残っている。

そのため，新たに顕在化した問題点について迅速かつ適切な改正がなされるよう，今後も立法・行政の動きに注視する必要があろう。

5）労働紛争解決制度の充実

2006（平成18）年4月から地裁で導入された「労働審判」は，導入後から順調に申立件数が増加し，個別労働紛争解決制度として定着したと言える。

なお，現在，簡裁では，現行の民事調停をベースとしながら，調停委員に労働問題に詳しい弁護士・社労士等を任命し，調停手続の充実，解決力アップの試みがなされている。

弁護士会としては，調停委員として労務に精通した弁護士を推薦するだけでなく，調停手続の有効利用を会員に対して広報するとともに関係機関との強い連携が望まれるところである。

10 独占禁止法制の改革

> 2009（平成21）年6月3日の独占禁止法改正の際，同改正法附則において，審判手続に係る規定について，全面的に見直すものとし，2009（平成21）年度中に検討を加え，その結果に基づいて所要の措置を講ずるものとすることが確認された。また，この改正の際の衆参両院の経済産業委員会の附帯決議でも，「現行の審判制度を現状のまま存続することや，2005（平成17）年改正以前の事前審判制度へ戻すことのないよう，審判制度の抜本的な制度変更を行うこと」とされた。
>
> この流れを受け，①公正取引委員会が行う審判制度を廃止するとともに，審決に係る抗告訴訟の第一審裁判権が東京高等裁判所に属するとの規定を廃止する。②裁判所における専門性の確保等を図る観点から，排除措置命令等に係る抗告訴訟については，東京地方裁判所の専属管轄とするとともに，東京地方裁判所においては，3人又は5人の裁判官の合議体により審理及び裁判を行うこととする。③適正手続の確保の観点から，排除措置命令等に係る意見聴取手続について，予定される排除措置命令の内容等の説明，証拠の閲覧・謄写に係る規定等の整備を行う。④実質的証拠法則（旧独禁法80条）や新証拠提出制限（同法81条）の制度を廃止する。これらを主な内容とする同法の再改正が，2013（平成25）年12月7日，185回国会で可決された。
>
> 公取委による調査・審査の手続にはさらに適正手続保障の理念が徹底されねばならない。

1）改正法の概要

改正法の概要を簡単に説明すると下記のとおりである。

(1) 審判制度の廃止・排除措置命令等に係る訴訟手続の整備

❶ 審判制度の廃止

① 公正取引委員会が行う審判制度を廃止する（旧法第52条～第68条他）。

② 実質的証拠法則を廃止する（旧法第80条）。

③ 新証拠提出制限を廃止する（旧法第81条）。

ここに新証拠提出制限とは，公正取引委員会が審判手続において正当な理由なく当該証拠を採用しなかった場合等に限り，被処分者は裁判所に対して新たな証拠の申出をすることができることを意味する。

❷ 排除措置命令に等に係る訴訟手続の整備

① 第一審機能を地方裁判所に（改正法第85条）

審判制度の廃止に伴い，公正取引委員会の行政処分（排除措置命令等）に対する不服審査（抗告訴訟）については，その第一審機能を裁判所に委ねることとする。

② 裁判所における専門性の確保（東京地検への管轄集中）（改正法第85条）

独占禁止法違反事件は，複雑な経済事案を対象とし，法律と経済の融合した分野における専門性の高いものであるという特色があることを踏まえ，公正取引委員会の行政処分（排除措置命令等）に係る抗告訴訟については，東京地方裁判所の専属管轄とし，判断の合一性を確保するとともに裁判所における専門的知見の蓄積を図ることとする。

③ 裁判所における慎重な審理の確保（改正法第86条，第87条）

ア 東京地方裁判所（第一審）においては，排除措置命令等に係る抗告訴訟については，3人の裁判官の合議体により審理及び裁判を行うこととする。また，5人の裁判官の合議体により審理及び裁判を行うこともできることとする。

イ 東京高等裁判所（控訴審）においては，5人の裁判官の合議体により審理及び裁判を行うことができる

こととする。

(2) 排除措置命令等に係る意見聴取手続の整備

❶ 指定職員が主宰する意見聴取手続の制度を整備（改正法第49条以下）

① 意見聴取手続の主宰者（改正法第53条）

意見聴取は，公正取引委員会は事件ごとに指定するその職員（指定職員：手続管理官）が主宰することとする。

② 審査官等による説明（改正法第54条第1項）

指定職員は，審査官その他の当該事件の調査に関する事務に従事した職員に，予定される排除措置命令の内容等（予定される排除措置命令の内容，公正取引委員会の認定した事実，法令の適用，主要な証拠）を，意見聴取の期日に出頭した当事者（排除措置命令の名あて人となるべき者）に対して説明させなければならないこととする。

③ 代理人の選任（改正法第51条）

当事者は，意見聴取手続に当たり，代理人を選任することができる。

④ 意見聴取の期日における意見申述，審査官等に対する質問（改正法第54条第2項）

当事者は，意見聴取の期日に出頭して，意見を述べ，及び証拠を提出し，並びに指定職員の許可を得て審査官等に対して質問を発することができることとする（当事者は，期日への出頭に代えて，陳述書及び証拠を提出することもできる）。

⑤ 指定職員による調書・報告書の作成（改正法第58条，第60条）

指定職員は，意見聴取の期日における当事者の意見陳述等の経過を記載した調書，当該意見聴取に係る事件の論点を整理して記載した報告書を作成し，公正取引委員会に提出することとする。公正取引委員会は，排除措置命令に係る議決をするときは，指定職員から提出された調書及び報告書を十分に参酌しなければならないこととする。

❷ 公正取引委員会の認定した事実を立証する証拠の閲覧・謄写（改正法第52条）

① 閲覧

当事者は，意見聴取の通知を受けた時から意見聴取が終結するまでの間，意見聴取に係る事件について公正取引委員会の認定した事実を立証する証拠の閲覧を求めることができるものとする。

② 謄写

当事者は，閲覧の対象となる証拠のうち，自社が提出した物証及び自社従業員の供述調書については，謄写を求めることができるものとする。

❸ 課徴金納付命令・競争回復措置命令についての準用（改正法第62条第4項，第64条第4項）

排除措置命令に係る❶及び❷の手続は，課徴金納付命令及び独占状態に係る競争回復措置命令について準用することとする。

2）日弁連の意見

日弁連は，2010（平成22）年2月5日，公取委の行政処分前の手続における手続保障を十全なものとし，また，充実した取消訴訟の審理を確保する観点から，当該手続については，一定の手続保障を前提として迅速かつ実効的な処分がなされることを確保すべきである，などとした意見書を，また，同年4月23日には，調書等の閲覧謄写のあり方などにつき法案の修正を求める意見書を，それぞれ公表した。しかし，必ずしもこれらが改正法に反映されたとは言い難い。

3）法改正後の動向

改正法の附則（第16条）では，「政府は，公正取引委員会が事件について必要な調査を行う手続について，我が国における他の行政手続との整合性を確保しつつ，事件関係人が十分な防御を行うことを確保する観点から検討を行い，この法律の公布後一年を目途に結論を得て，必要があると認めるときは，所要の措置を講ずるものとする。」とされたが，これを受け，政府は，弁護士を含む委員らにより，2014（平成26）年2月以降，「独占禁止法審査手続についての懇談会」を開催し，協議を重ねている。同懇談会は，同年6月12日，ヒアリング結果等を踏まえた「独占禁止法審査手続に関する論点整理」（ただし，文責は，内閣府大臣官房独占禁止法審査手続検討室）を公表した（その内容は内閣府のHP〔http://www8.cao.go.jp/chosei/dokkin/pubcomm/s-02.pdf〕参照）。

これに対し，日弁連は，同年7月17日付で，事件関係人の防御権の確保が基本的視点として明記されるべきところ，①依頼者に対する弁護士の法的助言の秘密保持措置が講じられるべきである，②供述の聴取に際しては弁護士の立会が許諾されるべきであり，また，

聴取過程の録画等による可視化も図られてしかるべきである，③被疑事業者に資料謄写の権利を認めるべきであり，供述調書の写しも遅滞なく供述者に交付されるべきである…等々を内容とする意見書を公表した。

前記懇談会は，審査手続きのあり方について報告書をとりまとめ（2014〔平成26〕年12月），公正取引委員会は，「独占禁止法審査手続に関する指針」を公表した（2015〔平成27〕年12月）。

今後も，適正手続の保障が独占禁止法にかかわる調査，審査の過程でも十分貫徹されるよう，われわれは不断に監視と発言を続ける必要がある。

11　弁護士による企業の内部統制システム構築・CSR活動推進の支援等

- 日弁連の主導により，弁護士が企業の内部統制システム構築およびCSR活動推進を支援する仕組みを導入すべきである。
- 内部統制システム構築に関しては，内部統制構築・検証に取り組む弁護士主体のNPOと協働すべきである。
- CSR活動推進に関しては，日弁連が「企業の社会的責任（CSR）ガイドライン」の公表を継続すべきである。

1）内部統制システム構築

2006（平成18）年5月から施行された会社法では，取締役会を設置する大会社に対して，業務の適正を確保するために必要な体制，すなわち内部統制システムを中心としたコーポレート・ガバナンス体制の構築を求め，取締役会でその概要を決定し，事業報告に決定内容を記載する義務が課された。しかも，同施行規則では企業集団における業務の適正確保についての報告も求められている。経営の健全化や透明化に向けた取り組みは大会社のみにとどまっていてはならず，広く日本の企業社会全体に浸透していくことが望まれる。

しかし，そもそも良いコーポレート・ガバナンスに唯一無二の形はなく，しかも，日本の社会では，企業及び指導的立場にある専門家がともに暗中模索の段階にあり，踏襲すべき手本（モデル）や最善行動（ベストプラクティス）も不足しており，経営者がコーポレート・ガバナンスの質的向上を実現することは容易ではない。

この分野には，監査法人系コンサルティング業者やIT業者が進出している。しかし，内部統制システムはリーガルマターであることから，弁護士が活躍すべき分野である。

そこで，2005（平成17）年7月，弁護士，研究者，企業法務関係者，政治家，検察官が一堂に会して「企業の内部統制システム認証研究会」を立ち上げ，日弁連法務研究財団の助成のもと，内部統制システムの構築・支援の仕組みの研究を開始した。同研究会では，弁護士，会社法制の研究者及び企業の実務経験者を人的母体として，企業内部における体制構築の指導者の養成，理論面・実務面の指導，統制状況の評価等の専門的支援を合理的な費用で提供する第三者組織の設立の検討を重ねてきた。その成果はNPO「内部統制システム・検証機構」として結実した。

今般，日弁連において，NPO「内部統制システム構築支援・検証機構」と協働する構想が具体化している。同機構が提供するサービスは，大きくは，①内部統制システム構築マニュアルの提供，②研修会（社長・担当役員対象，システム構築責任者・担当者・内部監査人対象），③検証・指導（弁護士と企業実務経験者のペアが企業に赴いてドキュメントをチェックするほか，役員らにインタビューして内部統制が機能しているかを検証し，検証に基づきアドバイスする）の3種を計画している。いずれも廉価で提供する予定である。さらに，同機構では，検証サービス等から収集したデータに基づいて内部統制の基準化・標準化の研究を行うほか，検証・指導方法を研究する。また，サービス提供の前提となる検証員を育成するほか，弁護士向け内部統制構築にかかる研修会を実施し，さらに

機構に寄せられた個別的案件を会員に取り次ぐこととし，業務拡大の契機としたい。

日弁連は，「内部統制システム構築支援・検証機構」を通じて，企業コンプライアンスに貢献し，法の支配を拡げ，弁護士の業務拡大に繋げるべきである。

2）企業の社会的責任（CSR）

CSR（Corporate Social Responsibility）は，法令遵守を当然の前提とした上で，自然環境及び社会の持続可能性を追及すべく，企業がその事業の中でどのような貢献をなしうるかを考え，行動し，それによって社会からの信頼を勝ち得ることによってその企業価値を高め，結果的に企業自身の持続可能性も保たれるという考え方である。この考え方は，もともと欧州における移民問題，失業問題，企業による環境破壊が端緒となって発展したものであり，そのメインテーマは労働問題，人権問題，環境問題であることから，本来的に法律家が活躍できるフィールドである。

現在，多くの企業が，CSR報告書を作成し公表している。我が国では，自然環境保護が先行していたが，人権，労働，消費者の権利などの社会的項目の重みが増している。これらの社会的項目は，我々弁護士が得意にする分野である。そこで，企業のCSR推進は，弁護士の新た活動フィールドになるはずである。

日弁連は，CSR推進のために2008（平成20）年3月に「企業の社会的責任（CSR）ガイドライン2007度版」（改定2009年度版）を公表した。また，これを踏まえ，弁護士主体の日本CSR普及協会も設立され，個々の弁護士ならではの視点で，CSR経営による企業倫理の確立に寄与すべく積極的な活動を展開してきており，今後も，これらの活動をバックアップしていくべきである。

3）企業等不祥事と第三者委員会

企業等不祥事において，CSRの観点から，ステークホルダーに対する説明責任を果たすために，不祥事の原因究明及び再発防止等を目的として，独立性を有する第三者委員会が設置されることがある。

この第三者委員会については，2010（平成22）年7月，日弁連により「企業等不祥事における第三者委員会ガイドライン」（改訂2010〔平成24〕年12月17日）が公表され，日弁連の第17回業務改革シンポジウムで分科会が開かれて活発な議論がなされた。また，大阪弁護士会では，第三者委員会委員推薦制度を設けられている。

今後，弁護士は，第三者委員会の設置と活動が適切になされることを進めることにより，日本における企業活動を適正なものとすることを推進するべきであり，今後も取り組みを活発に進めるべきである。

4）ビジネスと人権に関する指導原則

2011（平成23）年6月の国際連合の人権理事会において「ビジネスと人権に関する指導原則：国際連合『保護，尊重及び救済』枠組実施のために」（以下「指導原則」という。）が採択された。日弁連は，指導原則に基づき，2015（平成27）年1月に企業が人権を尊重する責任を果たすための「人権デュー・ディリジェンスのためのガイダンス」（手引き）を公表した。このガイダンス（手引）により，企業及び企業への助言等を行う弁護士が，指導原則に基づき，人権リスクを評価し，負の影響を回避・軽減するための内部統制システムを構築する際の手引きとして機能することが期待される。

第3 行政に対する司法制度の諸改革

1 行政手続の民主化

> 司法の行政に対するチェック機能の強化，市民の迅速な権利救済，行政の適正化の確保のために，政策の決定から実施，評価に至る全行政活動について，民主化ルール（情報の透明化と市民参加手続きの保障）を徹底させるべく，弁護士は，行政手続法，行政不服審査法及び行政事件m訴訟法の実践的解釈並びに積極的な活用を行うとともに，日弁連・弁護士会は立法措置の必要性について積極的に提言していくべきである。

1）行政の透明化と市民参加

行政は一義的には立法府（国会）においてコントロールされる。そして，行政は，立法府のコントロールの下にあることによって，民主的正当性を獲得する。

しかしながら，現代における行政の役割は法律の執行に限定されるわけではなく，より積極的な役割を果たすことが期待されている。すなわち，環境，医療・衛生，社会福祉，消費者保護等の政策分野における行政の役割は大きく，さらには，東日本大震災の復興対策，年金・保険改革等高齢化社会対策，エネルギー・食糧問題などの広範かつ大量の政策課題が存している。一方において，財政的な制約等により総花的な政策を実施していくことは困難であり，一つの政策の選択・実施は，国内において様々な利害関係を生じさせることになる。したがって，行政においては，行政主体自体がその信頼を獲得・回復し，かつ政策決定とその遂行に関し，市民との議論と説得による行政の民主化が必要となる。

以上から，市民自身が課題の設定，政策立案，政策実施，政策評価の各段階において意見表明をし，関与していくシステムが不可欠なのであり，その前提として市民が政策の全過程において，充分な情報にアクセスでき，自由かつ公正な機会における意見の表明の場が不可欠である。したがって，弁護士及び弁護士会としては，既存の法制度の意義と問題点を把握しつつ，創造的にその活用を図るためにも，行政訴訟，その他不服審査手続やパブリックコメント等の事前手続において，国民の議論を提供する形で積極的に関与し，かつこれらの法制度を充実・発展させるための活動をすることが要請される。

2）行政手続法の施行状況

行政手続法は，行政運営における公正の確保と透明性の向上を図り，国民の権利利益の保護に資することを目的とし，1994（平成6）年10月1日，施行された。

その内容は，行政活動のうち，申請に対する処分（許認可等），不利益処分，行政指導，届出を対象とするもののほか，2007（平成19）年度からは政令，省令，その他官庁が定める基準，規則等に関する意見公募手続（パブリックコメント）が定められている。

行政手続法の実施状況（以下の数値は，総務省による2014（平成26）年3月31日現在の調査による）は，2012（平成24）年度及び2013（平成25）年度の2か年に新設された処分のうち，申請に対する処分に関する審査基準の設定は80.0％，標準処理日数の設定は53.0％，不利益処分に関する処分基準の設定は76.0％である。一方，意見公募手続については，2013年（平成25）年度中，実施件数が722件，全体の90.4％に当たる653件で意見提出期間が30日以上確保され，意見考慮期間（意見提出期間から政令等が公布されるまでの期間）は，5日以上が97.6％，うち31日以上が44.9％であった。また，意見提出数は合計23,760件で，1件当たり平均33件（ただし，「なし」が217件あり，501以上の意見提出は7件あった）。結果公表が公示されたものは，原文の公示が220件，要約の公示が316件であり，提出意見が反映された（政令等が修正された）ものが115件（意見提出されたものの22.8％）であった。さらに，政策課題等法定事項ではない任意の意見募集も

449件が実施されており、意見提出数は26,292件、意見により当初の案が修正されたものは38.4％となっている。

以上に鑑みると、行政手続法は、全体的に見れば、安定的な運用がなされているとも見られなくはないところである。しかしながら、個別の行政処分に係る審査基準設定状況等は水準の低下が見られ、意見聴取手続きも件数としては減少が見られることから、行政手続法の適正な執行を注視する必要がある。

なお、意見公募手続においては、例えば、特定秘密保護法案を例にとると、2013（平成25）年9月に実施された法案に対するパブリックコメントは9万0480件以上の意見が提出され、反対意見が69,579件（79％）であったにもかかわらず、これを踏まえた議論や検討も十分に行われたと言えない状況で拙速に法律が成立したとの非難もあり、更に、同法の運用基準や政令に対するパブリックコメントでも2万3820件が寄せられ、これを受けて、運用基準については、「知る権利の明記」、「公益通報対象事実の秘密指定の禁止」「5年間後の見直し」等の修正がなされたものの、本来当初から記載されるべき事項であったとの意見もある。また、2012（平成24）年に実施された原子力発電の比率に関するパブリックコメントでは、約8万9000件の意見が寄せられ、そのうち、原発廃止の意見が90％を超え、それが2030（平成42）年に全廃との政策決定につながったとされたが、2013（平成25）年に実施された原子力発電を「基盤となる重要な電源」としたエネルギー基本計画に対するパブリックコメントについては、1万8,663件の意見にとどまり、公表においても、主な意見とその回答は公表されたが、原子力発電の賛否は分類されなかった（その後、新聞社の情報公開による調査によって、廃炉や再稼働反対の意見は94.4％、再稼働を認める意見は1.1％であったことが報道された）。これらの例に鑑みると、パブリックコメント募集の広報、その結果の公表や政策への反映が恣意的に行われ、形骸化しているのではないかとの危惧を持たざるを得ないのであって、国民の意見や英知を反映させることによる行政の民主化のため、更に、実効性のある制度の充実を図る方向での制度設計の検討も必要である。

2 公務員制度の適正化

> 公務員の汚職その他不適切な行為の防止のためには、個々の公務員の自覚や行政内部の監督体制の強化等のみでは、特に組織ぐるみの違法行為に対しては無力である。
> したがって、市民が主体的にその責任を追及でき、司法審査を及ぼすため、実効性のあるオンブズマン制度や納税者訴訟等の創設などを検討すべきである。

1）実態と問題点

現実の行政を担うのは、公務員という個人であるが、多くのスキャンダルは、単に公務員一個人の資質の問題と退けるわけにはいかず、構造的・組織的な問題であるとも認識される。

そのような認識に立てば、個人としての処罰や賠償を求めることは当然ではあるにしても、それのみでは十分ではなく、また単に個々の「倫理」の問題ととらえるとの認識も当を得ていないことになる。

しかしながら、このような問題に対する、行政当局の動きは極めて緩慢であると言わざるを得ず、国家公務員倫理法も上記のような組織的構造的な行為については無力であると言わざるを得ないし、さらに言えば、厚い身分保障がむしろこのような事態を温存させているのではないかとも思える。

さらに、無駄な公共事業等、政策の失敗にもかかわらず、その政策に当たった公務員が、その責任を問われるどころか、「天下り」、「わたり」を繰り返し、高額の給与・退職金の支給を受けている現実を知らされるにつけ、公務員制度の抜本的改革の必要性を感じる。

2）提言

　公務員個人の倫理に依拠するものとしては内部告発制度の充実という施策も考えられるが，自ずと限度があり，市民による民主的コントロールが不可欠である。むしろ，生身の人間が構成する組織体として，一定の違法行為は，不可避的な病理現象として発生するという認識の下，その対策を講じるべきである。

　さらに，政策の失敗（不合理な需要予測に基づく公共事業の実施や薬害等に見られる生命・健康被害を防止する規制の放置等）に対する責任の所在の明確化と責任追及制度の確立が必要であろう。

　そのためには，外部監査制度の拡充，内部告発制度，情報公開の拡充，官民の人事交流等により，日常的かつ制度的にモニタリング体制を構築し，行政過程を透明化することによって，違法行為をリアルタイムで発見し，即時に対応できる体制を構築するとともに，政策決定における責任の所在の明確化と事後の政策評価制度を充実させ，市民自らの手による責任追及と公務員組織内部における自己評価や自己批判が可能ともなるシステムの必要性も感じられるところである。

　したがって，法的実効性を伴ったオンブズマン制度，納税者訴訟等の制度を創設することにより市民によるチェックを強化するとともに，局長クラスの上級公務員への民間からの任期付登用等が図られ，公務員組織内部における厳しい自己評価と自浄能力体制を構築するなどの検討が必要であろう。

3　行政訴訟改革

- 行政訴訟制度が改正法の趣旨にしたがって積極的に運用されるよう，国民及び弁護士はチェックを怠ってはならない。
- その意味で，2005（平成17）年の改正は第一歩に過ぎず，数多くの積み残し課題について，いわゆる「五年後見直し」を踏まえ，2010年（平成22年）11月17日付の日弁連改正案骨子も踏えて，第二ステージの改革を確実に確保する必要があるところ，法務省からは2012年（平成24年）11月22日付で「改正行政事件訴訟法施行5年後の検討について」が出されたものの，いまだ十分な議論はなされていない。
- 2014年（平成26年）に公布された改正行政手続法が2015年（平成27年）4月1日に施行されたことに伴い，その更なる整備（行政立法，行政計画，公共事業手続，行政契約等），行政型ADRの整備・改革，行政訴訟改革を真に実現するための個別行政実体法の改正等が検討されるべきである。
- 2014年（平成26年）に公布された改正行政不服審査法の施行期日が2016年（平成28年）4月1日と定められたことを踏まえ，その更なる抜本的な改革を実現しなければならない。

1）はじめに

　「法の支配」の理念が貫徹されるためには，行政手続の民主化とともに，行政主体（国，公共団体等）と国民との間に生じた様々な不都合に対し，国民が積極的にかかわり，これを是正していく是正訴訟の方向が追求されなければならない。こうした方向性の最後の砦ともいうべきわが国の行政事件訴訟法を，市民の権利を実効的に保障する制度へと改革していくには，法律の更なる整備とともに，行政訴訟の担い手である法曹の資質・意識の改善を図るべきである。

2）行政事件訴訟の改正と改正後の運用

　2004（平成16）年6月，行政事件訴訟法（以下「行訴法」という）が42年ぶりに改正され，国民の救済範囲の拡大（原告適格の拡大，義務付け訴訟の法定，当事者訴訟としての確認訴訟の活用など），訴訟におけ

る審理の充実，促進（裁判所の釈明処分として資料の提出制度など），行政訴訟を利用しやすくするための方策（抗告訴訟における被告適格の簡明化，国家を被告とする抗告訴訟について，管轄裁判所を，原告住所地を管轄する高裁・所在地の地裁に拡大，出訴機関を6ヶ月に延長，処分に当たっての被告，出訴期間，審査請求前置，裁決主張についての教示），本案判決前における仮の救済制度の新設など多くの前進があった。

今まで，行政訴訟を提起しても，第1回期日に至るまで被告たる行政庁側からどのような答弁がされるのか，いわゆる門前払いとなるのではないかと戦々恐々としていた実情からみれば，一定の前進がなされたことは事実である。

現に，在外投票違憲判決（2005〔平成17〕年9月14日最高裁大法廷判決）は投票権という明確な権利に関するものではあるが，確認訴訟の可能性を広げた改正法の趣旨に沿った判決であった。また，小田急事件大法廷判決2005（〔平成17〕年12月7日）は原告適格についてもんじゅ判決以来の判断枠組みを維持しつつも行訴法9条2項の解釈を通じて広く関係法令の規定を参照するとともに個別的利益を比較的緩やかに認定し，原告適格を拡大した。更に，遠州鉄道上島駅周辺の区画整理事業計画の処分性に関する最高裁判決（〔2008平成20〕年9月10日）は，「計画の決定は一般的抽象的な『青写真』にすぎず，訴えの対象にはならない」と判示した1966（昭和41）年2月23日のいわゆる「青写真判決」を42年ぶりに変更し，事業計画段階での取消しの可能性を認めた。また，下級審においても，例えば障害児である子について就園不許可処分を受けた保護者により申し立てられた町立幼稚園への就園許可について仮の義務付けが認容され確定した事案（徳島地平17.6.7判例自治270号48頁）のように，厳格な解釈が懸念された「償うことの出来ない損害を避けるため緊急必要があること」という仮の義務付け（行訴法37条の5第1項）の要件について，極めて常識的に判断し，改正行訴法の趣旨を裁判所が十分に受け止めて改正法を活用した画期的決定，更には広島地判2009（平成21）年10月1日の差止認容例（判時2060号3頁）などが現れている。

他方で，例えば，差止訴訟については，職務命令違反を理由とする懲戒処分差止訴訟につき，命令違反を理由として懲戒処分が反復継続的かつ累積加重的になされていくことにより生ずる損害は，処分後の取消訴訟により容易に抹消されないとして，訴えの適法性が認められた（最判平成24・2・9民集66・2・183）。一方，下級審レベルで「重大な損害」要件を不相当に厳格に解釈する傾向があり（大阪地判平18.2.22判タ1221号238頁など），このような立場が確立すれば，ごく一部の例外を除いて差止訴訟を利用できないことになりかねない。また，医療法（改正前）7条に基づく開設許可のされた病院の付近において医療施設を開設し医療行為をする医療法人等は，同許可の取消訴訟の原告適格を有しないとする最判2007（平成19）年10月19日についても議論の余地があろう。

こうして，改正法は一定の評価に値するものであるが，その成否は今後の解釈運用に委ねられている面が大きい。国民の権利利益の救済の拡大という改正の趣旨や衆参両院の附帯決議を踏まえた積極的な解釈・運用がなされることが期待されるが，万一，要件の不当に厳格な解釈等により改正の趣旨が実現されない場合，例えば義務付け訴訟が十分に活用されない，執行停止の運用も従来のままである，といった事態が生じるおそれもないとはいえない。

あるいはまた，処分概念の拡張は，「青写真判決」の変更により，事業計画段階での処分性・取消の可能性が認められる半面，かえって出訴期間途過や取消訴訟の排他的管轄が問題とされる事案もあらわれていて，権利の実効的な救済の見地から問題が生じる可能性がかえって増大する危険性がある。

「法の支配」の理念は，国民主権の担い手たる国民が，行政主体との様々なかかわりの中で，例えば計画段階はもとより，その後の具体的処分についても，いわば全ての段階において，単に政治的に意見を述べるだけでなく，法的に是正する権限を持ってこそ達成されるものである。

そこで，附則第50条を踏まえることはもちろん，新たな行政訴訟制度が改正法の趣旨にしたがって積極的な運用がされるよう，国民及び弁護士はチェックを怠ってはならない。

3）積み残し課題に関する改革の具体的方策

2004年（平成16年）の行政事件訴訟法の改正は，時間的制約の下で行われた最低限の第一次改革に過ぎない。

まず留意すべきことは，多数の論点が，この改正の対象にはならなかったが，それは「改正をする必要がない」というわけではないことである。

例えば，裁量処分（法第30条）については，義務付け訴訟の規定（法第37条の2第5項）にそのまま援用されているが，改正の必要がないと判断されて残されたというわけではない。

そもそも行政訴訟改革は，行政改革の総仕上げとも言われる巨大な課題であった。したがって，第二ステージの改革を確実に確保する必要がある。なお，参議院法務委員会の附帯決議は，「政府は，適正な行政活動を確保して国民の権利利益を救済する観点から，行政訴訟制度を実質的に機能させるために，個別行政実体法や行政手続，行政による裁判外の紛争解決・権利救済手続も視野に入れつつ，所要の体制の下で，必要な改革を継続すること」としている。

訴訟制度についてのさらなる改革としては，少なくとも目的規定・解釈指針の法定，訴訟対象の拡大，訴え提起手数料の合理化（同一処分を争う場合には，原告数にかかわらず訴え提起の手数料を同額とする等），弁護士報酬の片面的敗訴者負担制度の導入（行政訴訟の公益性に鑑み勝訴原告の弁護士費用を行政側敗訴の場合にのみ負担させる制度），民事訴訟との関係の整理，団体訴訟制度の導入（環境保全，消費者保護分野等において公益性を有する団体に訴権を付与する制度），納税者訴訟の導入（国レベルの公金支出をチェックする制度），行政訴訟に国民の健全な常識を反映させる陪・参審制ないし裁判員制度の導入等が検討されるべきであろう。

更に，「法の支配」の理念が真に実現されるためには，法律の条文の改正に止まらず，制度を担う法曹はもとより，国民の意識改革も必要である。

手っ取り早く法曹に限っていえば，いかに法律を変更して間口や証拠収集権限を広げたところで，行政裁量という最大の難関について，裁判所・裁判官が従前どおり消極的な判断に終始するのであれば，事態は何ら改善されず，結局は機能不全に陥ってしまう。

現在の行政訴訟をめぐる問題の根元は，裁判所が行政と企業を含めた国民との中間に位置せず，著しく行政寄りのポジションを取っているところにある。このような指向は，任官後の最高裁の人事統制，市民生活から距離を置いた日常生活，最高裁判例に沿った事件処理，判検交流による訟務検事または行政庁への出向などの経験によって強まっていくものと思われる。これは，日本におけるキャリア裁判官制の弊害である。行政訴訟の真の改革には，法曹一元，参・陪審制の導入などによる，裁判体の質的な変革が必要不可欠である。この点は，司法制度改革審議会の意見書では言及されていないが，行政訴訟本来の機能を取り戻すためには，最も重要な改革すべき点である。

さらに，当該裁判体に，行政に対する司法的抑制を積極化することが，憲法上求められたあるべき姿であるという意識を高めさせるには，訴訟活動を通じて，当事者の立場から裁判体を監視し，意見を述べていくことが必要である。そのため，行政訴訟を担うことが出来る弁護士を育成することも，行政訴訟改革のためには不可欠な要素である。

また，そもそも社会的紛争の解決を訴訟（司法ルート）に委ねることの社会的コストは大きく，基本的なスタンスとしては，事前の適正手続と合意形成にこそ力が注がれねばならない。

その意味で，2014年（平成26年）に行政手続法の改正がなされ，2015年（平成27年）4月から施行されたとはいえ，その整備（行政立法，行政計画，公共事業手続，行政契約等）は未だ遅れており，行政型ＡＤＲの整備・改革，行政訴訟改革を真に実現するための個別行政実体法の改正等が検討されるべきであろう。

行政不服審査法については，2014年（平成26年）に改正がなされ，2016年（平成28年）4月1日施行される。その改正の理念は，①公正性の向上，②使いやすさの向上，③国民の救済手段の充実・拡大にあり，新法の大きな特徴としては，①審査員による審査手続の導入，②行政不服審査会等への諮問手続の導入，③審査請求人の権利の拡充，④審査請求期間を3ヵ月に延長（現行60日），⑤不服申立ての手続において「異議申立て」を廃止し，「審査請求」に一元化，⑥標準審理期間の設定等による迅速な審理の確保，⑦不服申立前置の見直し，⑧情報提供制度の創設などが挙げられるが，今後の運用については，更なるブラッシュアップが必要であろう。

行政訴訟改革は，司法改革の一内容として位置づけられてはいるが，実際には司法権の枠内にとどまる議論ではなく，権力分立及び国民と権力との関係という国家の根本を変更する作業であり，21世紀のこの国の

あり方を左右する重要課題である。技術的で分かりにくい地味な議論ではあるが，行政訴訟制度の第二ステージにおける改革は，行政訴訟制度を先進諸外国の水準に近づける作業である。国民及び弁護士がこの課題に関心を持ち，積極的に発言していくことが求められている。

4 行政不服審査法

> 行政不服審査法改正の目的である審理の公正性の向上，使いやすさの向上，国民の救済手段の充実・拡大，ひいては国民の権利利益の保護のためにも，弁護士が新制度の担い手として，弁護士が，代理人としてだけではなく，審理員及び第三者機関（行政不服審査会等）に積極的に参加していくとともに，改正法において，残された課題，施行後の問題点，新制度における弁護士関与の状況等を蓄積し，今後の見直しのための提言を継続していく必要がある。

1）はじめに

行政不服審査は，行政上の救済手段であり，狭義の行政争訟制度である。行政による国民の権利義務の侵害に対しては，行政事件訴訟法や国家賠償法による司法的救済制度が存在するが，司法救済はもっぱら違法な行政の行為による国民の権利救済を目的としているのに対し，行政不服審査は，救済の対象を違法にとどまらず不当な場合にも拡大し，これを行政過程において簡易迅速な手続で救済するとともに，行政が自らの処分を見直すことを通じて行政の適正な運営を確保することを目的とする点（行政不服審査法第1条1項）で，その性格が大きく異なる。

2）改正経緯

行政不服審査法は，1962（昭和37年）の制定以来，実質的な法改正がなされないまま50年近くが経過し，この間の国民の権利利益や行政の公平性・透明性をめぐる意識の大きな変化を受け，時代の変化に即した見直しの必要性が高まっていた。

そこで，公平性の向上，使いやすさの向上，国民の救済手段の充実・拡大の観点から，時代に即した見直しが必要であるという認識のもと，総務省において，2008年（平成17年）秋から改正の取り組みが開始され，以後，衆議院解散による廃案（2010年〔平成20年〕）などの経緯を経て，2014（平成26）年6月，改正行政不服審査法が成立した。施行期日は，2016（平成28）年4月1日である。

3）提言

改正行政不服審査法について，単に手続的な規定の遵守にとどまらず，法改正の趣旨に沿った，実質的にも公平かつ簡易迅速な制度と評価されるべく運営されることが強く期待されるべきであり，その担い手として，弁護士の果たすべき役割は大きい。

以下，改正法で実現された点を説明するとともに今後に向けた提言をする。

まず，審理の公正・中立の観点では，審理員制度が導入され，職員のうち処分に関与しない者（審理員）に審理を担当することとした（9条）。併せて，審査庁は，裁決について，有識者からなる第三者機関（行政不服審査会等）に諮問しなければならないとした（43条）。

本来，処分庁と国民の間における紛争を公平公正に解決するためには，第三者的立場にある機関による判断が必要となるはずである。本改正では，第三者機関による審査制度は実現されなかったものの，中立的立場の審理員と第三者的立場の諮問機関（行政不服審査会等）の導入を実現した点は評価できよう。

そして，新制度のもと，実質的公平性を確保するため，審理員及び第三者機関（行政不服審査会等）において，弁護士が積極的に参加することが必要であり，また，期待されるところであると言えよう。とりわけ，地方公共団体において，行政法分野に専門性を有する弁護士が積極的に供給源となり，関与していかなけれ

ばならない。

　次に，使いやすさの向上の観点では，不服申立ての手続が審査請求に一本化された（4条）。改正前は，処分庁への異議申立てと上級行政庁への審査請求という二本立てでかつ手続内容が異なっていたため，わかりづらいものであったところ，本改正で手続が一本化した点は，弁護士会もこれを求めてきたところであり，評価できよう。

　もっとも，不服申立期間について，行政事件訴訟法に合わせ6カ月とするように求めてきたにもかかわらず，3か月の延長に留まった点（18条1項），不服申立適格について，抗告訴訟の原告適格より広く認められるべきで，行政活動の根拠法規によって法律上保護される利益を有する者のみならず，事実上保護される利益を有する者や一定の団体にも，広く適格を認めるべきと求めてきたにもかかわらず，結果として，改正に至らなかった点は，必ずしも十分な前進とはいえない。

　改正法では，附則で施行後5年を経過した後に施行状況を検討し，必要があれば見直しがされると規定されている。残された課題，改正法施行後の問題点，ひいては，新制度における弁護士関与の状況等を蓄積し，今後の見直しのための提言を継続していく必要がある。

第6部
憲法と平和をめぐる現状と課題

> 憲法をめぐる現状については，憲法改正論をはじめとして，多くの諸問題が認められるが，それぞれの課題について，憲法の基本原理である基本的人権尊重，国民主権，恒久平和主義がなし崩しにされることの無いよう，我々は充分に警戒し，毅然と対処してゆくべきである。

1　はじめに

　安全保障法制は，安倍政権の強引な立憲主義違反の手続で制定されたが，憲法9条そのものを改正し，今以上の防衛力あるいは軍事力の整備が必要だとする意見も少なくなく，引き続き憲法改正を目指す動きが加速する恐れがないとは言えない。この中には，災害の救助を名目にして「緊急事態条項」の条文化を目指す動きもある。

　さらに，すでに2013（平成25）年の強行採決によって成立している特定秘密保護法に関する問題や，表現の自由をめぐる諸問題，一票の格差問題等々，憲法をめぐる問題は多いが，基本原理である基本的人権尊重，国民主権，恒久平和主義がなし崩しにされることの無いよう，我々は充分に警戒し，毅然と対処してゆくべきである。

2　憲法改正問題

1）憲法の基本原理と改憲論

(1) 日本国憲法の基本原理の再確認

　日本国憲法は，「国民主権」，「基本的人権の尊重」，「恒久平和主義」を基本原理としている。特に平和主義は，過去の軍国主義の歴史と先の大戦の惨禍への深い反省に立って憲法前文に「平和的生存権」を謳い，9条において「戦争を放棄し，戦力を保持せず，交戦権を否認した」ことにより徹底した恒久平和主義として規定され，世界において先駆的意義を有するものである。そして，これらの基本原理を支えているのは「個人の尊重」と「法の支配」であるとされる。

　このような原理や理念を確保するために，権力を制限する制限規範であることを本質とする憲法が，立憲主義的憲法であるとされる（〔具体的には〕概ね「人権尊重理念を核心的価値として，硬性憲法によってこれを担保し，立法による侵害を裁判的手続きで排除するもの」と定義される〔樋口陽一「憲法Ⅰ」【青林書院】〕）が，以上の諸原理を採用する日本国憲法は，優れて立憲主義的憲法であると言える。

(2) 憲法改正の限界と基本原理

　憲法は，改正手続によって改正されるものであり，日本国憲法も96条に改正規定をおいている。そして，改正手続の要件が厳しい硬性憲法であり，立憲主義憲法としての特徴を備えている。

　改正手続に従う限り，どのような改正も可能かという問題については，同一性を欠く改正はできないとの考え方が主流である。そして，同一性を欠くか否かは，憲法の根本規範にあたる基本原理を変更するものであるか否かがその判断基準となるとされる（憲法制定権力は，一度その力を発揮すると，自らを憲法改正権力として制限するのであり，制定権力が定めた基本原理を壊せるのは，新たな制定権力だけであるなどと説明されることもある）。

　この点，日本国憲法においては，すでに何度も述べた通り，「国民主権」，「基本的人権の尊重」，「恒久平和主義」を基本原理としているので，これを大きく変更する改正はできないと解すべきである（改正規定自体の改正の可否については，諸説ある）。

2）各界の動き

(1) 政界の動き（自民党の「憲法改正草案」について）

　憲法改正については，各政党に様々な意見があるが，自民党が2012（平成24）年4月，サンフランシスコ講和条約60年の節目に当って発表した改正草案は，その体裁が整っていること，政権政党としての影響力が大きいこと，その内容が日本国憲法の基本原理を大きく

後退させるものではないかとの危惧があることから，注視する必要がある。

その内容は，前文に，「国と郷土を誇りと気概を持って守り」などと謳い，本文において天皇を元首と定め，日の丸・君が代が国旗国歌である旨の明記と，国民のこれに対する尊重義務を規定し，国防軍の保持と自衛目的以外の活動及び海外派兵を可能とする9条の2を創設し，「公益及び公の秩序」によって人権制限を強化して表現の自由・結社の自由を制限する一方，政教分離は緩和し，緊急事態に関する規定を置き，憲法改正手続を緩和する等を骨子とするものである。

この草案に対しては，今後の与党の改正の方向を指し示すものでもあることから，現行憲法の基本理念を大きく変容させるものとなっている点について，憲法としての同一性を欠いている（「改正の限界」を超えている）として強い批判的意見もある。

安倍内閣は，自民党結党60周年の節目に当たる2015（平成27）年11月，改めて自民党の結党以来の党是である憲法改正に意欲を見せており，我々としても，今後もこのような改憲の動きには十分注視していく必要があろう。

(2) 財界の動き

財界は改憲に積極的である。経済同友会，日本商工会議所，日本経済団体連合会（以下「経団連」という。）は，従前から意見書などにおいて改憲に向けた意見を述べている。

経済同友会は，2013（平成25）年4月，「実行可能な『安全保障』の再構築」において，武器輸出三原則を拡大緩和し，集団的自衛権行使を容認し，集団安全保障活動への参加を求めるなどを提言している。

日本商工会議所も，2005（平成17）年4月に懇談会報告書において「自然に家族を愛し，地域と国を大切にし，伝統と文化を誇りに思う」ことを基本とし，これらを教育に反映することを求め，自衛のための戦力保持の明文化や，集団的自衛権行使を容認する憲法改正の提言を行い，さらなる改正案も検討中である（この提言内容は，自民党の憲法改正草案に極めて類似性が強い）。

経団連も，2005（平成17）年1月に公表した「我が国の基本問題を考える～これからの日本を展望して～」において，9条第2項（戦力の不保持）と96条（憲法改正要件）の改正を主張し，2013（平成25）年7月の参議院選挙後に，憲法改正を求める勉強会を発足させている。

(3) 新聞社の改憲論

読売新聞社は，1994（平成6）年以降，第1次改正試案，第2次改正試案，「憲法改正2004年試案」を公表している。その内容は，全面改正論であり，自民党の憲法調査会や新憲法起草委員会の議論にも影響を与えたと言われている。

また，日本経済新聞が，2000（平成12）年5月3日の憲法記念日に当たって，「次代へ活きる憲法に自律型社会に対応を」という見出しの記事で，「福祉国家」を根拠づけた25条の見直し，経済活動に対する国家の規制を根拠づける22条，29条の「公共の福祉」条項の削除を主張しているのが印象的である。

朝日新聞や毎日新聞，その他の新聞においては，おおむね改憲には慎重である。

(4) 市民の動き

市民や文化人の間には，改憲を目指す方向の「『21世紀の日本と憲法』有識者懇談会」（民間憲法臨調），「日本国を立ち直らせるには，まず日本国らしい歴史と文化を織り込んだ日本独自の憲法を作らねばならない」と主張する「日本会議」（安倍内閣の閣僚には，「日本会議」のメンバーが少なくない）などの動きがある一方，護憲を強調して日本と世界の平和な未来のために日本国憲法を守る努力を今すぐ始めることを訴える「九条の会」のような動きがある。

2013（平成25）年5月には，96条先行改正論に対抗して，政権の暴走を止め憲法の基本原理を容易に変更することに反対する「96条の会」が発足した。

さらに2014（平成26）年7月，安倍内閣のいわゆる「解釈改憲」の閣議決定に反対する多数の学者ら（憲法学に限らず，政治学，経済学，社会学，人文科学等の多くの学者や理系の学者，経済人等）を呼びかけ人とする「立憲デモクラシーの会」が発足し，多くの市民，学者，弁護士等が賛同者に加わっている。

3）憲法改正論に対する検討

(1) 改憲論の特徴

ところで，現在主張されている改憲論のほとんどが，「国民主権，基本的人権の尊重，恒久平和主義」という日本国憲法の基本原理を一応は維持するとしているが，その多くは，前記の経団連の意見に象徴されるよ

うに，9条2項の改正と96条の改正を強く求めている。

しかしながら，自民党改正草案をはじめとする現在の改憲論の主張の特徴をつぶさに検討すると，実際にはこれを越えて，日本国憲法の基本原理やその根底にある理念を損なう方向に大きく変容させるものである疑いがある。

特に自民党草案は，前文冒頭が「日本国民」ではなく「日本国」で始まり，しかも「天皇を戴く国家」と規定し，本文において，天皇を「元首」とし，天皇の憲法尊重擁護義務を外し，逆に国民に憲法尊重義務を課しており，主権者である国民の地位が後退している。

また，人権相互の調整原理と解釈されている「公共の福祉」に代えて「公益及び公の秩序」と規定し，人権相互の調整の場合だけではない人権制約を認めようとすることが，「基本的人権の尊重」を後退させることであることも明らかである。

さらに，自衛権の行使の他に，国連決議がなくとも「国際社会の平和と安全を確保するために国際的に協議して行われる活動」のために国防軍が活動できると規定している点において，徹底した「恒久平和主義」を変容させているとの批判を免れることは難しいであろう。

なお，改憲論の多くが，我が国の歴史・伝統・文化を憲法に明記しようとしている点も特徴的であるが，そこにいう「我が国の歴史・伝統・文化」の中身が問われなければならない。仮にこれが戦前の大日本帝国憲法下における歴史・伝統・文化であるとすれば，過去の軍国主義や戦争の教訓が全く顧みられていないと言わざるを得ないし，個人の矮小化と共同体の肥大化の傾向を持つことは，「個人の尊重」原理に反するといえる。

(2) 立憲主義と改憲論

自民党憲法改正草案の，Q&Aによると立憲主義と国民の義務について，「立憲主義は国民に義務を課すことを否定するものではない」として，これをあたかも矛盾しないかにごとく説明している。このことは，改正草案が立憲主義的傾向から離脱するものであることを隠蔽するだけでなく，国民を誤導するものであって，自民党草案における日本国憲法の基本理念の形骸化が単なる杞憂でないことを示すものといえよう。

我々は，立憲主義が，近代市民社会以来幾多の試練を乗り越えて形成されてきた憲法を支える根本原理であり，人類の歴史的英知であることを再確認し，これを後退させる改正論に対しては，毅然と批判するものである。

(3) 国家緊急権

さらに，憲法改正論において今後注目すべきものとして，緊急事態条項の問題がある。一般に「国家緊急権」と称され，大災害や武力攻撃，内乱等によって国家の平常の統治機能によって対応することが困難であるような非常事態に陥った際に，憲法秩序の一部を停止して，政府が立法権能などの機能を集中させるなどして，人権の一部の制限を認め，非常事態からの回復を図る規定である。

諸外国では，これを明文化する国もあれば，明文化しない国もあり，明文化しない場合でもコモンローによって認められる英国のような国もある。

国家緊急権は，憲法秩序の危機に際し，憲法秩序自体を一時的に一部停止して，よって憲法秩序の回復をはかるという奇妙な自己矛盾をはらんでおり，憲法規範が国家権力の制限規範であるという立憲主義の観点からも，自らを一時マヒさせることで自らの原理を回復させるという極めて逆説的な制度である。

この制度は，非常事態において，迅速に強力な対応ができるという利点がある反面，権力による濫用の防止ができないのではないかという危険性が常に論じられている。特に，人権制限が行き過ぎたものとならないような歯止めを機能させることができるか，政府にとって都合の悪い言論や活動を選択的に制限する危険性などに濫用の歯止めが設けられるのか，侵害された人権の適正な回復を図る保証があるのかなどの基本的な問題点をきちんと議論し，安易に制度化することによって立憲主義が骨抜きにされることが無いよう十分に注意しなければならない。国家緊急権は，自民党改正草案にも明文化されているが，立法委任が広すぎて，これらの点の配慮は充分ではないとの批判も強い。

我々は，ともすれば，東日本大震災のような自然災害においても，緊急事態条項の明文が叫ばれる今日において，これらの事態に対しては，法律の整備で対応可能ではないか，運用の工夫で効果的に対応できるのではないかを常に検討し，安易な明文化を求めるいわゆる「惨事便乗改憲論」には与することの無いよう，立憲主義の重要性を意識しなければならない。

(4) 弁護士会の基本的な立場

弁護士の中にも，憲法改正問題については，多様な意見があり，さらに検討を深めて行くべき課題である。しかしながら，すでに述べた通り，憲法の基本原理を損ない，立憲主義に反する改憲論については，弁護士と弁護士会の責務としてこれを批判し，国民に広く理論的な提言を行うべきである。

なお，弁護士会は，これまでに何度も全国各地で人権大会を開催し，人権大会宣言を行ってきたが，その内容は，憲法の基本原理の尊重・擁護を宣言するものであり，憲法改正に関する直接の言及はないが，基本原理を尊重すべきことを強調する立場に立つ以上，これを軽視するような安易な改正を許さないという意味合い持つものと言えよう。

例えば，2005（平成17）年11月に鳥取市で開催した第48回人権擁護大会においては，「立憲主義の堅持と日本国憲法の基本原理の尊重を求める宣言」を採択し，2008（平成20）年10月に富山市で開催した第51回人権擁護大会においては，「平和的生存権および日本国憲法9条の今日的意義を確認する宣言」を採択し，2013（平成25）年10月3日広島市で行われた第56回人権擁護大会においては，「なぜ，今『国防軍』なのか－日本国憲法における安全保障と人権保障を考える－」をテーマとするシンポジウムを行い，「恒久平和主義・基本的人権の意義を確認し，『国防軍』の創設に反対する決議」を出席者874名中反対1名棄権1名という圧倒的な賛成によって採択した。

これらの宣言は，いずれも，日本国憲法の基本原理である恒久平和主義を堅持すべきことを強調しているのであり，その意味で，この原理を後退させる改憲論に対しては，厳しく批判する立場に立つものと考えられる。

(5) まとめ

我々は，憲法の基本原理を軽視する安易な改憲論を許さず，立憲主義や憲法の基本原理の重要性を訴え続けていく必要がある。そして，これに反する改憲論に対しては，毅然とした理論的批判と活動を展開してゆかなければならない。

特に，恒久平和主義を軽視する改憲論に対しては，戦争は最大の人権侵害行為であることを踏まえて，「…今，我が国に求められているのは，何よりも日本国憲法が目指す個人の尊重を根本とした立憲主義に基づく基本的人権の保障であり，軍事力によらない平和的方法による国際的な安全保障実現のためのリーダーシップの発揮である。」とする広島人権大会宣言の趣旨に則った反対意見を表明するものである。

3 憲法改正手続法の問題点

1）憲法改正手続法の施行に至る経緯と問題点

前記のとおり，日本国憲法の改正手続に関する法律が公布・施行され，憲法審査会が活動している。

日弁連，各弁護士会は，国民主権などの憲法の基本原理を尊重する見地から，またこれを確保する立憲主義の内容をなす硬性憲法の趣旨からも，憲法改正手続法については，国民投票法案と呼ばれた法案段階から，最低投票率の定めがないことを初め，本来自由な国民の議論がなされるべき国民投票運動に萎縮効果を与えるような多くの制約が課されること，資金の多寡により影響を受けないようなテレビ・ラジオ・新聞利用のルール作りが不十分であること等，多くの問題があることを指摘してきた。

このような慎重な議論を要する問題が山積しているにもかかわらず，これらの重大な問題点が解消されないまま，同法が可決成立された。しかし，参議院特別委員会において，最低投票率制度の意義・是非について検討することを含む18項目にもわたる附帯決議がなされたことからも，同法が十分な審議を経ていないものであることは明らかである。

日弁連は，2011（平成23）年10月27日，「憲法審査会が始動した今日，憲法改正の審議の前にまずなすべきことは，こうした問題点についての抜本的見直しである。当連会は，あらためて憲法改正手続法の抜本的見直しを強く求めるものである。」との会長声明を出し，東京弁護士会も，2011（平成23）年11月8日，「あらためて憲法改正手続法の抜本的見直しを求め，これがなされないままに憲法改正の審議がなされることに強く反対する。」旨の会長声明を出した。

そして2014（平成26）年4月13日，憲法改正の是非

を問う投票年齢を当面20歳以上とし、4年後に18歳に自動的に引き下げることを内容とする改正国民投票法案が成立したが、先の付帯決議について全て解決したものではなく、多くの課題を残している。

2）今後の対応

憲法改正手続法は、憲法改正権者は国民であるという視点からみて、きわめて問題であり、同法の下において憲法改正手続が進められたならば、真に国民の意思が反映されないままに憲法改正がなされるおそれがあると言わざるを得ない。

したがって、我々は、改めて同法についての抜本的な見直しがなされることを強く要請するとともに、その抜本的改正がなされるまでは、憲法改正のための審議がなされないことを求め、そのための活動をしていかなければならない。

4　日の丸・君が代について

1）国旗・国歌法について

1999（平成11）年に施行された国旗・国歌法については、国である以上、国旗や国歌が定められるのは当然で、日の丸を国旗とし、君が代を国歌とすることは国民の間に慣行として定着しているという肯定的意見がある一方、①政府は君が代の「君」は象徴天皇を指すとしており、これは国民主権主義と相容れない、②日の丸や君が代はかつての軍国主義の象徴であり、アジア諸国の反発を招いている、③日の丸・君が代の法制化は、学校における国旗掲揚や国歌斉唱を強制することの法的基盤を与えるものであり、思想・良心の自由を侵害するものである、といった批判もある。

国旗・国歌の法制化の是非については、議論が分かれるが、基本的人権の擁護を使命とする我々としては、それが強制力を伴って国民の思想・良心の自由を侵害するような運用がなされないように注視し提言していくべきである。

2）自民党改正草案での日の丸・君が代

自民党憲法改正草案第3条では、日章旗を国旗、君が代を国歌と明記し、2項において国民に尊重義務を課している。

憲法自らが国旗・国家を定め、これに対しての尊重義務を規定してしまえば、もはや思想・良心の自由の例外として、生活すべての場面において強制される事態が生じてしまう。我々は、基本的人権の例外を認めるような規定については看過できないということを指摘していくべきである。

3）公立学校における国旗・国歌問題

(1) 学校行事における国旗・国歌の強制について

国旗・国歌法の成立により、学校行事における国旗・国歌の強制が可能という前提での運用がされるようになり、現在、公立学校の入学式、卒業式等の学校行事においては、国歌斉唱時に国旗に向かって起立しなかったこと、ピアノ伴奏をしなかったこと等を理由として、教職員に懲戒処分がされるという事態が多発している。

日弁連・各地の弁護士会は、公立の学校現場の現状に鑑み、思想・良心の自由等の観点から、教育委員会に対し、不利益処分ないし不利益取扱いをもって、教職員や児童・生徒に対し、国旗に向かっての起立等を強制しないよう提言してきた。

(2) 最高裁判決とこれに対する日弁連会長声明

都立高等学校の教職員が、卒業式等の式典において国旗に向かって起立し国歌を斉唱することを命ずる校長の職務命令に従わなかったことを理由として、定年後の再雇用が拒否された事案に関し、最高裁第二小法廷は2011（平成23）年5月30日に、同第一小法廷は同年6月6日に、同第三小法廷は同年6月14日に、いずれも、上記職務命令につき、「上告人ら自身の歴史観ないし世界観及びこれに由来する社会生活上ないし教育上の信念等」に対する「間接的な制約となる面がある」ことを認めつつ、上記起立斉唱は、「慣例上の儀礼的な所作」であること等を理由に、かかる「制約を許容しうる必要性及び合理性が認められる」として、思想と良心の自由を保障する憲法19条には違反しないとした（なお、宮川光治裁判官、田原睦夫裁判官の反対意見に加え、補足意見の中にも慎重な配慮を求める複

数の意見が表明されている）。

日弁連は、これらの最高裁判決に対し、上記起立・斉唱行為は日の丸・君が代に対する敬意の表明をその不可分の目的とするものであって、職務命令によるその強制はこれらに敬意を表明することが自らの歴史観や世界観に反すると考える者の思想・良心の自由を直接的に侵害するものであると指摘して教職員に君が代斉唱の際の起立・斉唱を含め国旗・国歌を強制することのないよう強く要請する旨の会長声明を発表している（2011〔平成23〕年6月3日、同年6月10日及び同年6月23日付会長声明）。

(3) **大阪府条例について**

2011（平成23）年6月3日、大阪府議会で、「大阪維新の会」の提案により、学校での儀式の際の国歌の起立斉唱を教職員に義務づける「大阪府の施設における国旗の掲揚及び教職員による国歌の斉唱に関する条例」（以下「6月条例」という。）が可決成立した。さらに、「大阪維新の会」は、同年9月21日、国歌の起立斉唱命令違反も念頭におき、同じ職務命令に3回違反すると免職となることも含む「教育基本条例案」などを大阪府議会に提出し（以下「9月条例案」という）、同条例は、翌2011（平成23）年3月23日に成立した。

これに対しては、日弁連も大阪弁護士会も反対する旨の会長声明を出している。

(4) **まとめ**

前記のとおり、国旗・国歌については多様な意見が存するが、いずれの意見も、憲法上は個人の思想・良心の自由として尊重されるものであり、いずれか一つの意見が強制されることがあってはならない。また、個人の内心領域の精神活動は外部に表れる行為と密接に関係しているものであり、これらの行為を精神活動と切り離して考えることは困難かつ不自然であるから、国歌を起立斉唱することや国歌のピアノ伴奏を命じる職務命令を受忍すべきものとすることは、思想・良心の自由の保障の意義を没却しかねない危険性を有するものとも考えられる。

当会内部においても議論のあるところではあり、最高裁の判断については、憲法の最終的解釈権者であるから、司法の一翼を担う我々としても当然尊重すべきものと考えるが、同時に「内心の自由」が個人の尊厳の核心をなす最も重要な人権の一つであることに鑑みて、より強制にわたらない方策を求める趣旨の批判的な意見を表明することは、憲法解釈における理論的な見解の表明として許されるものと考える。

また、この問題は、教職員に対する懲戒処分を通して、子どもの内心の自由にも影響を及ぼすという、より深刻な問題にも直面する。子どもは、教育行政によっても教職員によっても、一定の思想や考え方を押しつけられるべきではなく、可塑性に富んだ子どもに対しては、柔軟な思考ができるような教育上の配慮が必要である。

5　一人一票の実現

選挙権は議会制民主主義の根幹をなす基本的な政治的権利であり、選挙権の平等は投票価値の平等を含む。投票価値が不平等では、本当の意味で一人一票とは言えないからである。

最高裁の2011（平成23）年3月23日大法廷判決（民集65巻2号755頁）は、衆議院選挙について、各都道府県にあらかじめ1を配当するという1人別枠方式及びこの方式に基づく1対2.3の較差を違憲状態であるとした。また、参議院についても、最高裁の2009（平成21）年9月30日大法廷決（民集63巻7号1520頁）は、1対4.86の較差は大きな投票価値の不平等が存する状態であるとしている。また、いずれの大法廷判決も、このような不平等を是正するために、国会において速やかに適切な検討が行われることが望まれるとしている。

2012（平成24）年10月17日には、2010（平成22）年7月11日に施行された参議院議員通常選挙が、最大で5倍の投票価値の格差が生じていたことに対して事情判決により請求を棄却したものの、違憲の問題が生ずる程度の著しい不平等状態に至っていたというほかはないとし、参議院と衆議院とで投票価値の平等の要請に差はないことを明確にした。

ところが、国会は、2011（平成23）年の大法廷判決後1年9ヶ月にわたり、1人別枠方式を含めた選挙制度

を抜本的に見直さないまま，弥縫的な0増5減の定数調整をなしたのみで，2012（平成24）年12月16日に第46回衆議院議員選挙が施行された。そのため，投票価値の格差が最大で2.43倍に拡大していたことを理由として弁護士らが違憲無効確認訴訟を提起したが，最高裁は2013（平成25）年11月20日，「憲法の投票価値の平等の要求に反する状態にあった」としつつ，「憲法上要求される合理的期間内における是正がされなかったとはいえ（ない）」として，選挙を有効とした。これに対し，日弁連は同日，会長声明を発し，「裁判所には司法権の担い手としてだけでなく，憲法の最後の守り手としての役割が期待されている。」とした上で，「今回の最高裁大法廷判決は民主主義の過程そのものが歪んでいる状態をさらに延長させてしまうものであって，裁判所が果たすべき職責に照らし不十分なものと言わざるを得ない」と判決を非難した。さらに，最高裁は，2014（平成26）年11月26日，2013（平成25）年7月21日に施行された参議院議員通常選挙が，最大で4.77倍の投票価値の格差が生じていたことに対して，「違憲の問題が生ずる程度の著しい不平等状態にあったものではあるが，本件選挙までの間に更に本件定数配分規定の改正がなされなかったことをもって国会の裁量権の限界を超えるものとはいえ」ないとして，選挙を有効とした。

さらに，最高裁は，2015（平成27）年11月25日，2014（平成26）年12月に実施された衆議院選挙が，最大で2.13倍の投票価値の格差が生じていたことに対して，「『1人別枠方式』廃止の趣旨に沿った選挙制度の整備が十分ではないとして，投票価値の平等に反するとしたが，是正のための合理的期間を経過したとまではいえない」として，違憲状態とするにとどめた。

我々は，投票価値の平等の保障の重要性に鑑み，今後も国に対し，直ちに衆議院選挙における1人別枠方式を廃止するとともに，衆参いずれの選挙についても，選挙区別議員1人当たりの人口数をできる限り1対1に近づける選挙区割の見直しを実現するよう求めていくべきである。

6 表現の自由に対する抑圧について

近時，表現の自由，特に言論の自由を抑圧し，萎縮させるような事件が発生しており，これは，表現の自由が民主主義の根幹なすものであるという点において，その制約については原則として違憲の推定を受け，合憲性が厳格に審査されるとされていること(いわゆる「優越的地位」)に鑑み，極めて憂慮される事態である。

1）ビラ投函問題

防衛庁立川宿舎に政府の自衛隊イラク派遣政策を批判したビラを投函した事件について，東京地裁八王子支部は，2004（平成16）年12月16日，「ビラ投函自体は憲法21条1項の保障する政治的表現活動の一態様であり，民主主義社会の根幹を成すもの」であるとし，被告人らの行動は可罰的違法性がないと判示して無罪としたのに対し，東京高裁は，2005（平成17）年12月9日，一審判決を破棄し，被告人ら3名に対し，罰金刑の言渡しを行った（その後，2008〔平成20〕年4月11日に最高裁で確定）。

これに対し，東京弁護士会は，2006（平成18）年12月26日，ビラ投函に関連し起訴される事案が続いていること，こうした高裁判決が民主主義社会の根幹をなす表現の自由を萎縮させる結果をもたらすことを憂慮し，「民主主義社会において表現の自由とりわけ政治的表現の自由は，大きな意義を有するものであり，高裁判決は政治的表現活動の自由の意義をふまえた被害法益保護などとの比較考量に乏しいと言わざるを得ない。」との会長声明を出した。

また，いわゆる葛飾政党ビラ配布事件について，最高裁が2009（平成21）年11月30日に，東京高裁が下した5万円の罰金刑を維持した。これに対しては，「当会は，最高裁に対し，ビラ配布を含む表現の自由の重要性に十分配慮し，国際的な批判にも耐えうる厳密な利益衡量に基づく判断を示すことで『憲法の番人』としての役割を果たすよう強く要望する次第である。」との会長声明を出した。

ビラ投函行為は，マス・メディアのような意思伝達手段を持たない市民にとって，自己の意見を他に伝達する重要な手段となっているのであり，このような表

現手段を萎縮させるような公権力の発動に対しては反対していかなければならない。

2）新聞記者個人攻撃問題

2014（平成26）年3月以降，札幌市厚別区所在の北星学園に対し，同大学の教員が朝日新聞の記者時代に従軍慰安婦に関する記事を書いたことを理由に，この教員を解雇ないし退職させるよう要求する電話やＦＡＸが繰り返し送りつけられ，同年5月及び7月には要求に応じないと学生に危害を加える旨の脅迫文が届くという事件が起こった。さらに，インターネット上にはこの教員の家族に関する情報までが実名や顔写真入りで掲載され，脅迫的文言が書き込まれる等，異常な事態に至っている。

これらの行為は，それ自体が犯罪行為に当たる違法行為であるとともに，大学の自治に対する侵害行為であるし，元記者の家族のプライバシー権の侵害にも当たる。のみならず，このような違法な行為によって過去の記事の撤回や作成者に不利益を課すことを求める行為自体，言論や表現の自由に対するあからさまな暴力的攻撃であり，表現の自由を委縮させるもので，断じて看過できない。

自己と異なる好ましくない意見が存在したり，不正確な報道がなされたり，その報道の訂正に不適切な問題があったとしても，その是正は，健全かつ適正な批判や，報道機関自身のさらなる検証や訂正に委ねるべきであり，違法な手段による個人攻撃は絶対に許されるものではない。

我々は，このような卑劣な個人攻撃及び表現の自由への威嚇を断じて許さず，これらの違法な人権侵害行為を根絶する活動に取り組んでゆくものである。

7　知る権利や取材・報道の自由に対する制限について

> 「特定秘密の保護に関する法律」（特定秘密保護法）は，かつての国家秘密法案と同様に，国民の知る権利や言論と報道の自由をはじめとする国民の基本的人権の侵害の危険が極めて大きい危険な法律である。
> 2013（平成25）年12月7日，同法案が臨時国会において成立し，2014（平成26）年12月10日に施行されたが，日弁連及び弁護士会は，その廃案を求めるための運動を今後も引き続き行うべきである。

1）かつての国家秘密法案に対する日弁連の動き

1985（昭和60）年6月に提案された「国家機密に係るスパイ行為等の防止に関する法律案」（議員立法）に対し，日弁連は，国民の知る権利や言論と報道の自由を初めとする国民の基本的人権の侵害の危険が極めて大きいとして，同年10月7日，理事会で，同法案に反対する意見書を承認するとともに，同年10月19日には，秋田市で開催された第28回人権擁護大会において，同法案反対の決議を満場一致で採択した。

その後，国民の広範な反対運動が巻き起こり，第103回国会において，国家秘密法案は廃案となった。その後，自民党内部で，廃案になった国家秘密法案を修正して再上程する動きもあったが，日弁連や各弁護士会が国会上程に反対する運動を広範に展開し，修正案に対しては，52弁護士会全てが反対の決議等を出し，1987（昭和62）年5月30日の日弁連定期総会において，圧倒的多数により国家秘密法反対決議が採択された。

その後，国家秘密法案の修正案が法案として上程されることはなかった。

2）秘密保護法案提出とその成立並びに施行に向けた動き

第二次安倍政権は，国家安全保障会議（日本版NSC）設置関連法案と，特定秘密保護法案を一体のものとして，2013（平成25）年秋の臨時国会に提出して成立させる方針を明らかにし，同年10月25日に，同法案は閣議決定されて国会に上程された。

国会においては，国家安全保障に関する特別委員会を設置して精力的に審議し，みんなの党との間で修正協議を行い，その修正案を踏まえて，同年11月26日に同委員会で強行採決をし，同日衆議院本会議で自民党・公明党・みんなの党の多数で可決され，同年11月27日から参議院で審議入りし，同年12月6日の会期末を延長して同年12月7日，可決・成立した。なお，国家安全保障会議（日本版NSC）設置関連法案は，同年11月27日に参議院で可決・成立し，同年12月4日から施行され，国家安全保障会議が設置されている。

その後，特定秘密保護法を実施するための政省令が検討され，2014（平成26）年7月24日から1か月間，特定秘密保護法施行令案と統一的な運用基準案についてパブリックコメントが実施され，約23,000件もの意見が集まったと報じられている。

同年10月14日，一部修正された施行令と統一的な運用基準が閣議決定されるとともに，特定秘密保護法の施行日が同年12月10日と定める政令が制定された。

3）特定秘密保護法案の問題点

特定秘密保護法案は，以下のような問題点がある。
① そもそも，立法事実を欠いており，必要性がない。その内容は，かつての国家秘密法案と本質的にほとんど変わってない。
② 特定秘密保護法案は，国民主権原理から要請される知る権利が侵害されるなど，憲法上の諸原理と正面から衝突するものである。また，秘密漏えいに関わる刑事裁判手続は，公開裁判を受ける権利や弁護を受ける権利を侵害するおそれがある。
③ 「特定秘密」の概念が，従来の「国家秘密」以上に，曖昧かつ広範に失するため，本来国民が知るべき情報が国民の目から隠されてしまう懸念が極めて大きい。
④ 行政機関の長が特定秘密を指定すると，それを誰もチェックすることができない。
⑤ 特定秘密の指定は5年以内の期間を定めて行うが，その延長が可能であり，30年を越える場合に内閣の承認があれば永久に秘密指定を行うことができることになっており，行政機関にとって都合の悪い情報が特定秘密と指定されて封印されてしまい，国民の批判を受けられなくなる可能性がある。海外のように一定の期間が経過すると自動的に解除される仕組みになっていない。
⑥ 適性評価制度（人的管理）については，適性評価制度の対象者及びその周辺の人々（家族，同居人）のプライバシーが空洞化するおそれがある。
⑦ 罰則については，処罰対象行為が，故意の漏えい行為，過失の漏えい行為，特定取得行為，未遂行為，共謀行為，独立教唆行為及び扇動行為と極めて幅広い上に，それぞれの行為について，「特定秘密」の概念が曖昧であることと相俟って，処罰範囲が，極めて広範かつ不明確であり，罪刑法定主義や行為責任主義など，刑事法上の基本原理と矛盾抵触するおそれがある。特に，マスコミに勤める記者やジャーナリストや情報公開を求める市民が，特定秘密に近付こうとする行為を包括的に処罰する仕組みとなっている。
⑧ 罰則の上限は懲役10年と罰金1000万円の併科であり，国家公務員法が定めた刑の10倍，自衛隊法が定めた刑の2倍であり，極めて重い刑罰が設けられている。

このように，特定秘密保護法案については，かつての国家秘密法案と同様に，国民の知る権利や言論と報道の自由をはじめとする国民の基本的人権の侵害の危険が極めて大きいと言わなければならない。

4）日弁連・弁護士会の対応

日弁連は，2013（平成25）年9月12日付けで「特定秘密の保護に関する法律案の概要」に対する意見書を公表している。

同年10月3日には，「特定秘密保護法案に反対する会長声明」を出し，同年10月23日付けで「秘密保護法制定に反対し，情報管理システムの適正化及び更なる情報公開に向けた法改正を求める意見書」を公表し，「重要な情報の漏えいの防止は，情報管理システムの適正化によって実現すべきであって，取扱者に対する深刻なプライバシー侵害を伴う適性評価制度や，漏えい等に対する広範かつ重い刑罰によって対処すべきではない。今必要なのは，情報を適切に管理しつつ，情報の公開度を高め，国会が行政機関を実効的に監視できるようにするために，公文書管理法，情報公開法，国会法，衆参両議院規則などの改正を行うことである。」として，現在明らかにされている特定秘密保護法案の制定にも強く反対することを述べている。

日弁連は，同年10月25日には，特定秘密保護法案の閣議決定に対する会長声明を出し，同年11月15日には，「特定秘密保護法案に反対し，ツワネ原則に則して秘

密保全法制の在り方を全面的に再検討することを求める会長声明」を出している。この会長声明においては，「国家安全保障と情報への権利に関する国際原則」（「ツワネ原則」）は，自由権規約19条等を踏まえ，国家安全保障分野において立法を行う者に対して，国家安全保障への脅威から人々を保護するための合理的な措置を講じることと，政府の情報への市民によるアクセス権の保障を両立するために，実務的ガイドラインとして作成されたものであり，同年6月，南アフリカ共和国の首都ツワネで公表されたものであるが，日弁連はツワネ原則による法案の見直しと撤回を求めるとして具体的に指摘する内容である。

全国の単位会においても，対策本部が設置され，特定秘密保護法案について，2013（平成25）年11月20日現在で，全ての弁護士会から意見書・声明等が公表された。

特定秘密保護法案が国会に上程された後，大阪や埼玉全国各地でデモが実施されたり，市民集会が開催されるなど，活発な反対運動が展開されており，多数の市民が参加した。

日弁連及び弁護士会は，かつての国会秘密法案の時と同様に，会を挙げてこの問題に取り組み，市民集会の開催やデモ（パレード）などを通じて，この法案の危険性を国民に広く訴えかけ，市民とともに反対運動を展開した。

その後，市民の反対運動は一層強まり，世論調査などでも国民の多数が法案の廃棄又は慎重審議を求めていたにもかかわらず，政府・与党は，国会の会期を延長して，同年12月7日に参議院本会議での強行採決に踏み切り，法案は可決・成立した。

日弁連は，2014（平成26）年9月5日付けで「秘密保護法施行令（案）等に対するパブリックコメントの検討手続の公開を求める会長声明」を出すとともに，19日付で「特定秘密保護法の廃止を求める意見書」を採択した。そして，同年10月14日付で「秘密保護法施行令（案）等の閣議決定に対する会長声明」を出して，特定秘密保護法の施行に反対する姿勢をとっている。

同年12月10日には特定秘密保護法が施行されたが，引き続き日弁連及び弁護士会は，世論に呼びかけて，その廃案を求める活動を続けるべきである。

8 国民の管理・統制の動き（マイナンバー制度）について

> 2013（平成25）年5月24日に国会で成立し，同月31日に公布された「行政手続における特定の個人を識別するための番号の利用等に関する法律」は，IT時代の国民総背番号制であり，国民を管理・統制するために利用されるおそれがある。
>
> 日弁連及び弁護士会は，同法律の施行に向けた動きを注視し，国民を管理・統制が行き過ぎて，国民のプライバシーを不当に侵害することがないように，政府に働きかけるべきである。

1）立法に至る経緯

2013（平成25）年3月，「番号関連4法案」（「行政手続における特定の個人を識別するための番号の利用等に関する法律案」，「行政手続における特定の個人を識別するための番号の利用等に関する法律の施行に伴う関係法律の整備等に関する法律案」，「地方公共団体情報システム機構法案」及び「内閣法等の一部を改正する法律案」）が第183回通常国会に提出された。

衆議院は，同年5月9日，番号関連4法案のうち一部修正の上可決し，同月24日，参議院での審議を経て同法案は可決・成立し，同月31日に公布された。

今後，2015（平成27）年10月までに政省令を整備し，同年末までに，国民に対して番号通知を行い，2016（平成28）年1月から個人番号カードの交付が開始され，順次，マイナンバーの利用が開始することになっている。

2）マイナンバー制度の問題点

　マイナンバー制度は，税の分野で納税者を特定する納税者番号を，国民と外国人住民の全員に新たに付番して，社会保障分野（健康保険番号，介護保険番号，年金番号など）と共通の番号にするものである。

　マイナンバーで個人識別されたデータは，「情報連携基盤」と呼ばれる中継システムを経由して相互に紐付けられるとともに，附則で定めた3年後見直しの際には，特に民間分野における利用拡大をも目指している。

　そして，マイナンバーを裏面に記載したICカードを任意に交付して，健康保険や年金手帳の機能を持たせて身分証明証とすることもできるようにすることが構想されている。

　すでに，住民基本台帳法改正により住基ネットが構築されていたが，住基ネットで取り扱われている情報は，主に本人確認情報だけであるのに対して，マイナンバー制で取り扱われる情報は，多種多様な情報であり，医療分野に関するレセプト情報も含まれ，その中には，傷病の名前等の詳細な情報も含まれることから，いわゆるセンシティブ情報が含まれている点で大きく異なっている。

　そして，マイナンバー制度では，各種の情報をマイナンバーにより紐付けしてマッチング（突合）できることから，国民の勤務先や家族の情報，各種納税・社会保険料の支払状況，社会保障給付に関する情報，そして各種の経済活動や消費生活に関する情報が国家によって名寄せされて一元化されることになる。

　これはまさに国民総背番号制であり，コンピュータ化された現在においては，この情報の一元化が実に容易になされることになっている。

　そのため，いったんこれらの情報が流出した場合には，国民のプライバシー侵害という深刻な結果をもたらすものとなる。

　このことは，2015（平成27）年6月1日に公表された日本年金機構における約125万件に上る情報漏えい事件が発生したことから，国民にとって，現実的な危惧感となっている。

　また，アメリカや韓国など諸外国において深刻な社会問題になっている大量の情報漏洩や，なりすましなどのプライバシー侵害のリスクは極めて高くなる。

　この制度は，個人情報の適切な取扱いを担保するために，独立性の高い第三者機関として特定個人情報保護委員会を設けることにしている。しかしながら，委員長及び4人の委員という構成であり，現状ではうち2人が非常勤となっていることから，第三者機関としての役割をどれだけ果たせるか疑問が残る。

　また，その監督権限には，一部例外が認められており，捜査機関が利用する場合には，同委員会による監督は及ばないことになっているなど，広い例外が定められている。

　マイナンバー制度は，そのメリットとされる所得の正確な把握は実際には不可能であることや，新たな社会保障制度の内容も決まらないうちから，税と社会保障の一体改革のためにマイナンバーが必要であるなどとは言えないことなどが明らかとなっている。

　マイナンバー制度は，以上のような問題点を有しており，国家の特定秘密を保護するための特定秘密保護法案と相俟って，国家が国民に関するあらゆる情報を利用しやくする一方で，国民には見えにくくなる事態を招くものである。

　そして，官僚による情報の独占は，いずれ治安対策や思想統制に及び，国民の監視・統制を強めていくおそれがある。

　日弁連は，マイナンバーの通知を受ける国民・外国人住民について2015（平成27）年8月9日に公表された読売新聞の世論調査において，マイナンバー制度を「知らない。」又は「名称は知っているが，内容は知らない。」と回答した人を合わせると52％にも上ることから分かるように，このマイナンバーがどのような目的で利用され，その管理にはどのような注意が必要であるのか，どのようなリスクがあるのかなどについての周知は決定的に不足していることや，住民票所在地と実際の居所とが異なっているために，通知カードを受け取れない国民や外国人住民も相当数に達すると見込まれる問題も存在することを指摘して，「このような周知不足・準備不足の状況の中で，マイナンバーを通知し，各法人等でその番号の収集を開始することとなれば，番号の目的外収集や漏えい，当該制度に便乗した詐欺行為等，相当の社会的混乱を招来するおそれが極めて高いと言わざるを得ない。」，「当連合会は，現行のマイナンバー制度自体が，プライバシー等に対する高い危険性を有しているものであるとして強く反対してきたところである。現状での施行には大きな危

惧があるため，本来ならば施行を延期すべきであるが，施行する以上は，上記の諸問題点について速やかに対策を取り，プライバシー等に対する懸念や実務上の問題点の早急な解消を求めるものである。」との会長声明を公表しているところである（2015〔平成27〕年9月9日付「マイナンバー法の施行に関する会長声明」）。

日弁連及び弁護士会は，マイナンバー制度にそのような問題があることを認識した上で，同法律の施行に向けた動きを注視し，国民を管理・統制が行き過ぎて，国民のプライバシーを不当に侵害することがないように，政府に働きかけるべきである。

9 核兵器廃絶に向けて

核兵器の使用や実験は，人類にとって最大の人権侵害であり，国際法に違反することは明らかである。我が国は，原子爆弾の投下による被害を受けた唯一の被爆国であり，国民の核兵器廃絶に対する希求は大なるものがある。国際社会は，1995（平成7）年に核拡散防止条約（NPT）の無期限延長を決め，1996（平成8）年に包括的核実験禁止条約（CTBT）を成立させている。

さらに，2009（平成21）年4月5日に，アメリカのオバマ大統領は，核兵器を使用した唯一の国として行動する道義的責任に言及し，核兵器のない世界を追求することを世界に呼びかけた。このオバマ演説は，これまで国連総会での核兵器廃絶決議に反対し続けてきたアメリカの核政策の転換として世界の注目を集めた。

同年7月には先進国首脳会議（G8）が「核兵器のない世界のための状況をつくる」ことで合意し，同年9月には，安全保障理事会の首脳会合で「核兵器のない世界に向けた条件を構築する決意」を盛り込んだ決議1887号を採択した。また，2010（平成22）年5月に開催されたNPT（核拡散防止条約）再検討会議においては，NPTの3本柱である核軍縮，核不拡散，原子力の平和的利用などについて，将来に向けた6項目の具体的な行動計画を含む最終文書が全会一致で採択された。特に，最終文書が，「すべての国が『核兵器のない世界』の達成を目標とし，その目標と完全に一致する政策を追求することを約束する」としたこと，核兵器保有国に対して核軍縮の履行状況等について2014（平成26）年の準備委員会に報告するよう求めたことは，「核兵器のない世界」に向けての重要な一歩である。このように，核兵器の廃絶を求める動きは，今まさに世界の潮流となりつつある。

2013（平成25）年10月21日，国連総会第一委員会でニュージーランド政府が125ヶ国連名の「核兵器の人道上の結末に関する共同声明」を発表し，日本は声明に今回，署名した。前回4月のジュネーブのNPT会議で署名を拒否したときの理由とされた「いかなる状況においても核兵器が再び使用されないこと」という表現は今回も残っていたが，署名したものである。

国内においても，衆議院では2009（平成21）年6月16日に，参議院では同月17日に，我が国は，唯一の被爆国として，世界の核兵器廃絶に向けて先頭に立って行動する責務があり，核廃絶・核軍縮・核不拡散に向けた努力を一層強化すべきであるとする「核廃絶に向けた取り組みの強化を求める決議」がなされた。

日弁連は，前記のような世界における核廃絶を求める動きに対して，2010（平成22）年10月8日に盛岡市で開催した第51回人権擁護大会において，日本政府に対し，「非核三原則」を法制化すること，北東アジアを非核地帯とするための努力をすること，さらに我が国が先頭に立って核兵器禁止条約の締結を世界に呼びかけることを求めるとともに，日弁連も，核兵器が廃絶される日が一日も早く実現するよう国内外に原爆被害の深刻さを訴えるとともに，法律家団体として，非核三原則を堅持するための法案を提案し，広く国民的議論を呼びかけるなど，今後ともたゆむことなく努力することを決意することを内容とする「今こそ核兵器の廃絶を求める宣言」をした。

我々は，この宣言を実現するために，今後とも一層の努力を行っていかなればならない。

第7部
東日本大震災と弁護士

1 東日本大震災の被害状況と弁護士に課せられた使命及び復旧復興支援活動を行うに当たっての視点

> 被災地の各弁護士会，行政機関，他分野の専門家，ボランティア等の民間団体，マスコミ，政治家等と協力し，すべての被災者に必要十分な法的支援が行き渡るように，以下のとおり，制度改正を含めた総合的な取り組みをすべきである。
> ① 復興まちづくりの遅延状況を踏まえ，用地取得の迅速化のための調査・研究及び立法提言等に取り組むとともに，仮設住宅の住環境改善に尽力すべきである。
> ② 被災ローン減免制度の活用を促すとともに，今後発生する二重ローン問題に対応するため，債権買取制度の創設等の立法的手当てを行うべきである。
> ③ 被災地の真の復興のためには，被災中小企業の立て直しが不可欠であり，そのためには，産業復興機構と事業者再生支援機構の統一化や適用要件の緩和等を図るべきである。
> ④ 原子力損害賠償紛争解決センターの和解仲介手続の利用促進とともに，その手続きが迅速，適正に進むよう，センターも弁護士もさらに一層の努力が求められる。
> ⑤ 災害関連死の認定の不均衡，不合理を是正するため，国が審査事例を集約して事例集として公表すること，災害と死との間の相当因果関係は法律判断であることを関係者に周知させること，主たる生計維持者の判断を適切に行うこと，審査業務は市町村が直接行うこと，及び，審査委員に弁護士を多く選任することを働きかけるとともに，研修と人材の提供に努めるべきである。
> ⑥ 震災により全・半壊した自宅での居住を続け，支援の網から外れている「在宅被災者」の実態を早急に調査した上で，在宅被災者に対するサポート体制の構築や実態に則した各種支援等，在宅被災者の置かれている劣悪な生活環境を改善するための施策を速やかに検討・実施すべきである。

1）東日本大震災の被害状況と弁護士に課せられた使命

2011（平成23）年3月11日に発生した東日本大震災は，岩手県，宮城県，福島県といった東北地方の太平洋岸を中心とする広い地域において，死者15,892人，行方不明者2,573人（2015〔平成27〕年8月10日現在：警察庁まとめ），建築物の全壊・半壊は40万戸以上，ピーク時の避難者は40万人以上，停電世帯は800万戸以上，断水世帯は180万戸以上という未曾有の被害をもたらし，震災後4年以上を経てもなお，避難生活を余儀なくされている被災者の数は202,433人（2015〔平成27〕年7月16日現在：復興庁まとめ）にものぼっている。この大震災は，我が国における観測史上最大のマグニチュード9.0という大地震に加えて，波高9m以上，最大遡上高40.1mにも上る大津波と，炉心溶融，水素爆発の発生等による大量の放射性物質の外部環境への放出（国際原子力事象評価尺度のレベル7〔深刻な事故〕に相当する。）という極めて重大な原子力事故（福島第一原子力発電所事故）を伴った複合的災害であるところ，とりわけ原子力発電所事故は，現在も事態が完全に収束するには至っていない。

我々弁護士は，これまでにも，1995（平成7）年1月17日発生の阪神・淡路大震災（兵庫県南部地震）や，2007（平成19）年7月16日発生の新潟県中越沖地震などにおいて，日弁連や各単位会として，あるいは個々の弁護士が，様々な形で災害復興に関わり，これを支援してきた。

しかし，今回の大震災は，かつてのどの災害をも凌

駕する甚大な被害をもたらしたものであり，また，とりわけ福島第一原子力発電所事故は，多くの識者からも「人災」であるとの評価がなされており，事故発生後の政府の対応の迷走，不手際は勿論のこと，東京電力及びこれまで原子力事業を推進してきた省庁，各種関係者，利益団体等の原子力事故に対する認識の甘さが，このような大惨事を引き起こしたというべきであって，これらはすべて，個々の市民の人権問題ということができる（なお，原発事故については「被災者」ではなく「被害者」との表現が正確というべきであるが，以下では被災者及び被害者の双方を指す場合は便宜上，「被災者」と表記する。）。

我々は，このたびの大震災に，会員の一人一人が真正面から向き合い，被災地の復興支援に取り組むべきである。その際，我々は，被災者が真に求めているところを，被災者の立場に立って把握するとともに，被災者に寄り添い，被災者の心の支えとなるよう努め，日本国憲法13条（幸福追求権），同25条（生存権）が保障する基本的人権確保の見地から，被災者が喪失した生活基盤の回復，被災地経済・産業の復興への歩みを強力に後押しする必要がある。また，被災地の弁護士・弁護士会や行政機関，他分野の専門家，ボランティア等の民間団体，マスコミ，政治家等との一層緊密な連携と協働を基本に据えつつ，地域ごとに異なり，また，時間的経過とともに変化する法的ニーズを把握するよう，被災者の声なき声に常に耳を傾けながら，すべての被災者，とりわけ，障がい者，傷病者，高齢者，乳幼児・子ども，外国人，女性等，いわゆる災害弱者と呼ばれる人々に対しても，適時に，漏れなく，必要にして十分な法的支援が行き渡るように，相応の覚悟を持って，様々な施策に積極果敢に取り組まなければならない。

このような観点から，法友会は，原発事故被害者への適切な賠償の促進を始めとして，被災者の生活再建・事業再生の支援に取り組むことを目的として，震災直後の2011（平成23）年4月に東日本大震災復興支援特別委員会を設置し，以後，本年度に至るまで，毎年度決議して同委員会を設置し続けてきた。その活動として，法友会は，東日本大震災発生直後から，被災者，被災地を支援する決意を度々表明し，様々な復興支援活動に取り組んできた。また，法友会は，毎年，年数回開催される総会において復興支援に関する様々な決議を行ってきたが，2015（平成27）年7月の総会においても，二重ローン問題克服のための立法を提言する意見書と原発事故による営業損害賠償の打ち切り問題についての意見書の2件の意見書を決議し，速やかに所轄官庁を始めとする関係各機関に執行した。法友会は，震災から4年以上が経過した現時点でも，東日本太平洋沿岸部の復旧・復興，原子力発電所事故被害の回復について，数多くの課題が残されていることを銘記し，今後も被災者の方々に寄り添い，被災者の方々のために活動するという原点を忘れることなく，復興支援活動に引き続き最大限の尽力をする決意である。

2）復旧復興支援活動を行うに当たっての視点（被災者に寄り添うために）

(1) 被災者の中へ飛び込む

我々弁護士は，これまで，弁護士へのアクセス拡充という視点から，ひまわり基金公設事務所の設置や法テラス地方事務所，法律相談センターの開設など，長年にわたり，弁護士過疎・偏在の解消に向けたインフラ整備のために多大な努力をしてきた。

しかし，今回の大震災では，被災が広範囲に及んでいる上，被災地域自体がもともと弁護士数が少なく，かつ，住民の高齢化が進行し，移動手段も限られた過疎地域が多く，避難所，仮設住宅等における生活の不便や不都合も相まって，被災者の多くは容易に弁護士にアクセスできない状況に置かれていた。

この点，被災者が容易に弁護士にアクセスできるようにするために，日弁連や被災地弁護士会等の尽力により，法テラスと連携し，宮城県南三陸町・山元町・東松島市，岩手県大槌町・大船渡市（法テラス気仙），福島県二本松市・双葉郡に法テラスの出張所が新設されるとともに，岩手県陸前高田市にいわて三陸ひまわり基金法律事務所が，福島県相馬市に原町ひまわり基金法律事務所が新設されるなどして被災者に対する支援活動が展開されてきた。引き続き，我々は，被災地弁護士会の活動に配慮しつつ，その活動を補充する意味で，被災地弁護士会の活動に対する後方支援や，被災者支援に尽力している既設の公設事務所や新設の公設事務所等の所属弁護士に対する援助，任期付公務員の派遣等について取り組んでいく必要がある。

加えて，被災者の中には他の都道府県に避難してい

る方々も多数存在しており，現在も東京都だけでも7,341人の被災者が避難していることを忘れてはならない（2015〔平成27〕年7月16日現在：復興庁まとめ）。

そこで，我々は，被災地の各弁護士会・東京三弁護士会，社会福祉協議会を初めとするボランティア等の民間団体，メディア，政治家等と強固な協力関係を構築し，被災者のプライバシーに配慮しながらも，被災者支援に取り組む行政機関等と緊密な連携を図り，被災者の所在地を把握するなどして，弁護士の側から，被災地や東京都に避難している被災者へ支援の手を差し伸べるべく積極的にアクセスを試みる必要がある（アウトリーチの手法）。

さらに，個々の被災者が生活を再建するためには，とりわけ住いの再建が必須といえる。そのため，我々弁護士は，引き続き復興まちづくりのための知識の習得に努めるとともに，防災集団移転促進事業及び土地区画整理事業等が迅速・円滑に行われるように復興まちづくりに積極的に関与し，行政機関等への働きかけや必要な法改正等の提言等を行っていくべきである。

(2) 被災者の身になって

被災者に対する心のケアの必要性は，どんなに強調してもし過ぎることはないが，心のケアを必要とするのは，子どもや高齢者などの災害弱者にとどまるものではない。長期間にわたる避難生活や生活再建の見込みが立たない現状に，働き盛りの被災者までもが希望を見出すことができず，恒常的なストレス症状により身体と精神が蝕まれるといった事例が相当数報告されている。

我々弁護士には，今こそ，法律相談などを通じて，カウンセリング機能（心のケア）を大いに発揮することが期待されている。そのためには，法律家である前に，一人の人間として，被災者の立場に身を置き，不安，恐怖，苦悩，悲しみ，不満に思いを寄せて，被災者の気持ちを想像し，これを理解し，これに共感する力が必要であることを肝に銘じなければならない。

(3) 被災者・被災地支援の担い手を作る

被災地における法的支援のニーズは多種多様であり，その数は膨大である。被災地の各弁護士会にかかる負担は甚大であり，また，一部会員の献身的な支援活動のみに依存することだけでは到底足りない。被災地の状況や，被災者の置かれた苛烈な状況に照らせば，我々すべての会員が何らかの形で法的支援に関わる必要があることは論を俟たない。

ただ，支援の意思はあるものの，その方法が分からない会員も少なからず存在し，それら会員の意思を実際の支援活動に結びつける方策や仕組み作りをする必要がある。また，福島第一原子力発電所事故に関する損害賠償問題等，被災者，被災地が抱える法的問題は複雑多岐にわたり，しかも，被災後の時間の経過とともに風化が懸念される中，実務家法曹としての我々に対しては，より専門的かつ実際的な法的支援の実践や，被災者が真に必要とする情報を確実に提供することが強く求められている。

法友会は，これまで法友会独自に，また東弁や東京三会に働きかけて多数の研修会や講演会を実施してきたが，今後も継続的かつ専門性のある研修会や講演会を実施するなどして研修体制の充実を図り，被災者，被災地支援の担い手を多数育成するよう努め，また，これと同時に，すべての会員に対して，被災地の状況・支援への参加方法・関連する制度等に関する情報を不断に更新しながら発信を継続して，一般会員の参加意欲を高めるための努力をする必要がある。

(4) 将来の災害への対応を

東日本大震災の発生後，被災地単位会だけではなく日弁連・東京三会・東弁等に東日本大震災の対策本部が設置されるとともに，従来から委員会が設置されていた日弁連だけでなく，東京三会・東弁おいても今後の災害に備えて震災対応の委員会が設置され，種々の有益な活動が行われている。法友会においても，今後の災害対策等に対応するためのＰＴを委員会内に設置して各種活動を行っているが，このような活動は今後も不断に継続していく必要がある。

また，東京都においては，2004（平成16）年に東京三会が他の専門家職能団体等に呼びかけて「災害復興まちづくり支援機構」が創設され，東京都と協力関係を構築しており，災害が発生した場合は東京三会が同機構と協力して各種相談事業や復興まちづくり事業等に寄与することが想定されているが，我々は引き続き同機構の活動の充実・強化を支援していく必要がある。

2　住いの再建について

1）住いの再建についての各事業の概況

「復興まちづくり」は，産業や商店街の再生，住いや公共施設，医療施設等の再建，地域コミュニティの再構築など，いくつかの要素から構成されているが，個々の被災地住民の生活再建のためには，産業の復興等による職の確保とともに，とりわけ住いの再建が必須である。また，住いの再建は，地域コミュニティの再構築とも不可分の関係にある。

住いの再建については，津波被災地においては，他の被災地と異なり，単に従前の居住地に住居を再建すればよいわけではなく，今後の津波被害を防止するために，高台に移転したり盛土して土地を嵩上げする等の津波対策が必要であることから，対応にはより困難を伴う。このため，住宅再建のペースは，阪神淡路大震災と比較しても大幅に遅れてしまっている。

現在，津波被災地の復興まちづくり，とりわけ住いの再建に関しては，集団で高台に移転する防災集団移転促進事業と土地区画整理事業及び災害公営住宅整備事業が中心的制度として利用されている（なお，その他，漁業集落防災機能強化事業〔36地区〕，津波復興拠点整備事業〔24地区〕，市街地再開発事業も主として利用されるべき制度として位置づけられ，利用されているが，以下では，論述の便宜上，前記3事業を中心に述べることとする。）。

復興庁によると，2015（平成27）年8月末時点で，防災集団移転促進事業は予定されている333地区すべてについて法定手続が終了して330地区について工事が着手され，うち196地区について工事が完成し，戸数ベースでみると43％の住戸用土地の造成が完成している（なお，2015〔平成27〕年3月末時点で用地確保済みの割合は96％となっている。）。また，土地区画整理事業は予定されている50地区のすべてについて工事が着手され，うち2地区が完成し，戸数ベースで3％の住戸用土地の造成が完成している。

土地区画整理事業では高台に移転するわけではないから，津波対策としては対象地域内において住宅をできるだけ高地に配置するとともに，盛土による土地の嵩上げにより対処することになる。加えて防潮堤（防潮堤を補完する防波堤，河口部の水門等を含む。）の建設も合わせて実施する必要がある。

一方，防災集団移転促進事業では十分な高さの土地に移転しさえすれば，津波被害の防止のためには有効な対応策となる。しかし，集団移転の目的地として相応しい高台の土地が多数あるわけではないため，用地確保の点に困難があり，また高台移転は利便性等を犠牲にする側面もあるため，現状では大規模な住宅の防災を防災集団移転促進事業だけで実現することは困難である。

また，資力その他の理由から自宅を再建しない被災者のために，約3万戸の災害公営住宅の建築が計画されており（宮城県約1万6千戸，岩手県約6千戸，福島県約7千6百戸），災害公営住宅についても，津波被害を防止できる高台等に建築する必要があるため，用地確保の困難性は同様に障害になっており，震災から約4年半後の2015（平成27）年8月末時点でも，完成戸数は計画戸数の約40％，約1万2千戸にとどまっている（なお，2015〔平成27〕年3月末時点で用地確保済みの割合は93％となっている。）。

2）用地取得の迅速化の必要性と国の対応

高台移転や災害公営住宅，防潮堤や防災道路等の建設のための用地確保に関しては，相続手続が未処理だったり，権利者が所在不明であったり，あるいは境界が不明確である等の問題を抱える土地が多数あることから，復興まちづくり事業の重大な障害となってきた。復興まちづくりが遅れることによって，不自由の多い仮設住宅暮らしが続いて人々が疲弊するだけでなく，被災地からの人口流出や防災集団移転促進事業等からの離脱など，様々な問題が発生している。

復興事業の遅れを踏まえて，国（復興庁）は，2013（平成25）年2月に復興大臣の下に関係省庁の局長級を構成員とする「住宅再建・復興まちづくりの加速化のためのタスクフォース」を立ち上げ，「住宅再建・復興まちづくりの加速化措置」として，2013（平成25）年3月発表の第1弾から2014（平成26）年5月発表の第5弾までの措置，及び2015（平成27）年1月発表の総合対策の措置等に基づき様々な施策を実行してきた。その中で用地取得の迅速化に関しては，財産管理制度（不在者財産管理人制度及び相続財産管理人制度）の手続の迅速化・円滑化，土地収用制度の手続の迅速化，権利者調査や用地交渉の補償コンサルタント等への外注の促進，司法書士の非常勤職員としての採用，等の

措置が講じられてきた。

　しかしながら、これらの措置はいずれも既存の制度を前提としたものであり、一定の効果はあったものの、用地取得の進行は全体に遅れ気味であり、また被災地自治体においては取得の困難な土地を避けて事業計画を立案する傾向が強いが、これは適切な復興まちづくりを実現する上では望ましいことではない。

　このため、2013（平成25）年7月には東北弁護士連合会が「被災地の復興を促進するため、新たな法制度及び制度の改正・改善を求める決議」により、被災地域における相続手続未処理の不動産を迅速に自治体が購入できるようにする特別法の立法を提言し、また、2013（平成25）年11月には岩手県が岩手弁護士会との共同研究案として、土地収用法の特別法ともいうべき特例法を制定し、特に公共性の高い復興整備事業について被災自治体が特例措置適用を決定し、第三者機関が算定した損失補償金見積額を予納することにより復興工事事業に着手できる制度の創設を提言し、法友会においても、被災地訪問等を通じた研究成果を踏まえて2014（平成26）年3月に当該提言を速やかに実現すべきとの意見書を決議して関係各機関に執行した。さらに、日弁連においても、同月19日、同趣旨の「復興事業用地の確保に係る特例措置を求める意見書」を公表した。

　このような働きかけを受けて、国会は、2014（平成26）年4月に東日本大震災復興特別区域法の一部を改正し、土地収用法の収用適格事業の拡大（集団防災移転事業につき収用適用要件を50戸以上から5戸以上に緩和）や、土地収用手続の迅速化・簡易化等の立法措置を講じ、この改正法は2014（平成26）年5月1日から施行された。

　しかしながら、この立法は、岩手県や弁護士会が提言していた立法案に比べて部分的限定的な内容にとどまっており、実際、現在までのところ利用された実例は余り存しない状況にある。

3）更なる立法の必要性について

　以上のとおり、国は、遅ればせながら、土地収用法の特例という既存の法律の枠組みの中での部分的立法措置を実施した。しかしながら、岩手県をはじめとする被災自治体は、国に対し、相続関係の処理等について特例法の制定ないし超法規的措置を度々要望しているところであって、今回の国の立法措置は、被災自治体の期待に十分に応えるものとはなっていない。

　岩手県や弁護士会等が提言するように、土地収用制度を全面的に修正した内容の特例法の制定が望まれるが、のみならず、土地収用だけでなく、復興用地の任意取得を容易化するためにも、相続未了の土地についての立法的手当がなされるべきである。

　すなわち、被災地には、相続手続が未処理の土地が数多く存在しており、数世代に亘って相続登記がなされていない土地の中には相続人が百人を超えるものもある。相続人が多数の事案では、相続人全員の同意を取りつけるのが困難となり、そもそも相続人全員を見つけることすらできない土地も存在する。このような土地を収用あるいは任意取得するためには、極めて多大な労力と時間を要するものであり、被災自治体の担当者の大きな負担となった。このため、多くの事業においては、このような土地を避けて復興用地の選定が行われた。

　前記のとおり、震災から約4年が経過した時点で、ようやく住宅再建事業のための用地取得は90％台に達したが、用地を確保するためだけにこれだけの長期間がかかり、なおかつ未だ100％には達していないこと、また、取得に困難性のある土地を避けて事業が計画されたため、必ずしも最善の事業計画が立案できなかったことは大きな反省点である。

　災害大国と評される我が国では、今後も南海トラフ地震を始めとして大規模な地震や津波被害の発生が予想されているが、今回の被災地に限らず、我が国においては相続登記未了の土地が広範に存在することを踏まえると、今回の反省を踏まえて早期に抜本的な立法的解決を図っておかないと、今後発生する大災害においても今回と同様の深刻な状況が長期間にわたり発生してしまうことは必至である。

　この点につき、東北弁護士会連合会は、前記2013（平成25）年7月の決議において、有価証券についての公示制度に類似する制度を創設し、被災地の不動産について、届出のあった権利者のみの意思によって売却できること、売却代金は供託し、相続人間での相続財産の分割が終結したときに供託金を分配することとする等の特別法の検討を提案している。

　また、日本商工会議所は2014（平成26）年2月に、「東日本大震災から3年、被災地の本格復興に向け取組み

の加速化を」と題して国に対する要望を行い，その中で，事業用地の円滑な確保の促進に関し，一部の相続人の存在が判明している場合においても，相続財産管理人を活用し土地等の処分を可能とする特例措置を講じることを提案しているが，共同相続において生死不明ないし所在不明の相続人がいる場合には，利害関係人又は検察官の請求により相続財産管理人を選任できる改正等も検討されてしかるべきである（於保不二雄「共同相続における遺産の管理」家族法体系Ⅶ104頁参照）。

ついては，国は，これらの提案も参照しつつ，速やかに相続登記未了の土地に関する立法検討作業に着手すべきである。

4）仮設住宅について

仮設住宅は正式には応急仮設住宅といい，災害救助法に基づき原則2年（ただし，東日本大震災に関しては，現在に至るまで原則的に延長されている）を目途として被災者に供与される住宅であるが，被災地の仮設住宅は約5万3千戸が建設され，震災から4年以上が経過した2015（平成27）年5月現在でも，約3万6,400戸・約7万6,300名の被災者が入居中である。自宅に住めなくなった被災地の住民は，避難所→仮設住宅→自宅再建又は災害公営住宅あるいは賃貸住宅入居，と住いを変更していくことが想定されているが，復興まちづくりの進行状況を踏まえると，今後も，相当期間にわたって仮設住宅住まいを余儀なくされる住民が多数発生することが予測される。

仮設住宅については，用地確保の困難性や建築業者の対応能力の問題等から建築完了までに相当な期間がかかり，住民は長期間の避難所生活を強いられた。また，完成した仮設住宅についても，寒さ対策を初めとして様々な不備があり，実に多様かつ多数の追加工事が行われ，結果的には建築費用も当初想定より倍以上の金額を要することになってしまった。また度々の追加工事の結果，住環境が改善されてきたとはいえ，簡易な建物であるため，依然として冬季の底冷えは厳しく，また，住民の従来の住居に比べて狭く，近隣の音も伝わり易く，災害にも脆弱である。また堅牢な造りとなっていないため，建築から4年近く経過したことによる様々な劣化が報告されている。また，仮設住宅は学校の校庭に建築されている例も多いため，生徒らの運動やクラブ活動に支障をきたしている現状にある。については，復興まちづくりを加速して，極力早期に生徒らが自由に校庭を利用できる状態に戻すべきあるし，その一方で，長期間の継続が想定される仮設住宅の住環境の改善に引き続き努める必要がある。

また，ハード面の改善だけでなく，仮設住宅のコミュニティにおいては，グループ化，孤立化が進行し，人間関係のトラブルや孤独死などの問題が発生していることが報告されており，良好な人間関係を形成，維持するためのソフト面での工夫もなされる必要がある。

さらに最近は，住宅再建の進行により仮設住宅から退去する住民も増え，仮設住宅において空き家が目立つ状況となって仮設住宅の集約やそれに伴う仮設住宅から仮設住宅への転居等が問題となるとともに，比較的資力のある住民が早期に退去していくなどして，住民間の格差から生じる問題も指摘されている。

また，以上の通常の仮設住宅とは別に，今回の被災においては，仮設住宅建築の遅れ等も踏まえて，民間賃貸住宅を利用した「みなし仮設住宅」制度が大々的に活用された結果，本来の仮設住宅を上回る約5万4千戸も利用された。みなし仮設住宅の場合は，被災者は自らのニーズに応じて好みの住宅を探して入居することができ，しかも通常の仮設住宅に比べて住宅性能も高い。自治体の側でも用地確保や建築等の労力がかからず（ただし，賃貸借契約や審査等の事務作業が大量に発生した。），仮設住宅確保のペースも大幅に迅速化することができた。しかし，みなし仮設住宅の場合は，他の被災者との交流も乏しいなど情報過疎の傾向が強く，また契約更新が確実とは言えないなど（このため，契約更新できなかったみなし仮設住宅から他の仮設住宅に移転する事例も発生している。），いくつかの欠点も指摘されており，対策が求められる。

我々弁護士も，仮設住宅の住民の状況については今後も常に目配りを怠らず，適時適切な提言を行う等して支援を行っていくべきである。

3　個人の二重ローン問題について

1）被災ローン減免制度の導入とその現状

(1) 二重ローン問題の重要性

　災害大国というべき我が国においては，地震，津波，集中豪雨や台風，噴火などの自然災害により生活基盤である居住用不動産や事業用資産を失ったにもかかわらず，住宅ローンや事業用借入などの既往債務が残ってしまう事態が一定の地域に大量に発生する事態が生じてしまう。既往債務をかかえる被災者が住居や事業を再建するためには新たにローンを組む必要があるが，そうすると被災者としては二重にローンを支払わざるを得なくなり，過重な負担を背負い込むことになる。

　また，既往債務を抱える状態では，そもそも新たな借入れ自体が受けにくく，結果として生活や事業の再建に支障を来すことになる。このような事態を放置すれば，被災地からの人口流出や産業の衰退を招き，被災地復興の大きな阻害要因になってしまう。

　こうした問題は，「二重ローン問題」と呼ばれ，過去の災害の際にしばしば課題として指摘されてきたが，なんらの立法的解決がなされないまま1999（平成7）年の阪神・淡路大震災を迎えてしまい，多くの被災者が二重ローン問題に苦しんだ苦い経験がある。

(2) 被災ローン減免制度の導入と現状

　このような苦い経験を踏まえ，今般の東日本大震災においては，政府は2011（平成23）年6月に「二重債務問題に対する対応方針」を取り纏め，この方針に従って個人被災者を対象とした個人版私的整理ガイドライン（以下，「被災ローン減免制度」という。）が制定されるとともに一般社団法人個人版私的整理ガイドライン運営委員会が設置され，震災発生から5カ月強経過した2011（平成23）年8月22日からその運用が開始された。被災ローン減免制度は我が国初の二重ローン問題に対応する画期的な制度であったが，次項で述べるとおり，残念ながら十分には成果を上げていない

　この制度は，私的整理の枠組み内でガイドラインに従って震災前の債務を減免することで被災者の生活再建を支援する制度であるが，債務者にとっては，原則として保証人への請求がなくなること，債務の減免を受けたことが信用情報機関に登録されないこと，制度利用に必要な書類作成等を登録専門家である弁護士に無償で支援してもらえることなどのメリットがある一方，金融機関等の債権者にとっても，本ガイドラインを適用して債権放棄した場合，無税償却できるものとされ，債務整理の進展に寄与することが期待された。

　運用開始当初は抑制的な運用が問題視されたが，数度にわたる運用変更によって改善が図られ，また，義援金，生活再建支援金等を差押禁止財産とする特別法も制定されたことから，同制度上もこれらが返済原資から除外されることとなり，被災者の保護が図られた。

　しかし，運用開始から2015（平成27）年9月4日に至るまでの約4年間のガイドライン運営委員会への相談件数は5,588件にとどまり，しかもそのうちガイドラインの手続に乗った件数は僅か1,348件，債務整理の成立件数は1,281件しかない。震災直後の2011（平成23）年5月に支払停止をしている債務者は1万4,083件（うち住宅ローンは6,664件）であるところ，2012（平成24）年7月末には，僅か1,158件（うち，住宅ローンは619件）残すのみとなっており，発災から2012（平成24）年7月末までの14ヶ月の間に1万3,000件近くの債務者（住宅ローンは6,000件以上）が返済を開始しているのである。そして，金融庁の発表によると，金融機関と返済期限延長等の条件変更に個別に応じた債務者数は，2014（平成26）年10月末時点で3万3,612件・債権額1兆7,859億円（うち住宅ローンは1万552件・債権額1,538億円，1件あたり平均1,500万円）に上っている。以上の数字には，巨大な住宅ローン債権者である住宅金融支援機構（旧住宅金融公庫）の債権額が含まれていないため，これを含めればさらに件数，債権額ともに増大する。さらに，支払停止や条件変更の合意を行わないまま無理をして約定通りの返済を続けている被災者も相当数いるものと推測されることから，二重ローン問題に苦しんでいる被災者は相当な数に及んでいることが推測される。

2）被災ローン減免制度の利用が進まなかった原因と運用改善の必要性

　上記の通り，被災ローン減免制度は当初期待された程に利用されているとはいい難い。最近でいえば，2015（平成27）年4月3日時点での債務整理成立案件は1,211件であったところ，同年9月4日時点では1,281件で，5か月で僅か70件（一週間に3〜4件）の成立に

とどまっている。

同制度の利用が低調な理由として，以下の点が指摘されている。

(1) 制度の周知不足及び金融機関による条件変更契約締結（リスケジュール）の進行

被災者に対する制度の周知が不十分だった一方で，金融機関が弁済が困難な債務者に対して積極的にリスケジュールを働きかけたため，被災債務者の多くが同制度の説明を十分に受けることのないまま金融機関とのリスケジュールに応じてしまった。このため，被災債務者の多くについて被災ローン減免制度の利用要件（いわゆる支払不能要件）を満たさなくなってしまうとともに，被災減免ローン制度を使えば債務者の手元に残すことが可能であった自由財産や義援金，生活再建支援金等も返済原資に充てられるという事態が多発してしまった。

このような状況に対し，被災地弁護士会や日弁連が同制度の周知徹底を求めた結果，金融庁はようやく2012（平成24）年7月24日付で金融機関に対し被災ローン減免制度の積極的利用を求める通知を発し，同通知後はガイドライン運営委員会等も同制度の広報・周知に積極的に取り組んだ。しかし，それまでにすでに多くの事例でリスケジュールが行われてしまっていたこともあり，その後も期待したほど利用件数は増加しなかった。

(2) 申出要件及びその運用が厳格に過ぎたこと

被災ローン減免制度の申出要件として，破産ないし民事再生と同様の，被災者が現時点で支払不能ないし近い将来のそれが確実であることという厳格な要件（いわゆる支払不能要件）が求められており，かつ，とりわけ初期段階においてこの要件に関連して破産手続きを念頭に置いた厳格な制度運用がなされたため（例えば仮設住宅入居者は住居費の負担がないことを理由にこの制度の利用ができない等の運用がなされた。），被災者の間で被災ローン減免制度は利用しづらい制度であるとの評価が流布，定着してしまった。

(3) 全債権者の同意が必要とされたこと

ガイドラインによる債務の減免を含めた弁済計画の成立には，住宅ローン等の債権者を含めた全債権者の同意が必要とされているため，一部の債権者の反対により計画の成立が阻害されたり，また運営委員会が過度に債権者の意向を尊重するなどの傾向が見られた。そのため，被災債務者の立場に立った弾力的な運用が困難であった。

(4) 運営委員会において被災者の状況把握等が適切になされなかったこと

運営委員会の主な構成員に被災地で活動する弁護士が含まれておらず，また，ガイドラインの運用上，債務者本人との面談等を積極的に行うことが重要であるところ，運営委員会の本部・支部が東京や県庁所在地に設置され，主な被災地である沿岸部には出張所なども置かれなかったことから，債務者本人との面談等も十分になされず，全般に被災者の状況把握等が適切になされなかった。

(5) 地縁関係を原因とする制度利用への躊躇及び弁護士過疎

地元金融機関や農協・漁協といった日頃の生活と密着した金融機関からの借入れについては，債務者側としても制度利用後の関係維持や新たな借入れ等に支障を及ぼすこと，風評等を懸念して，制度利用を躊躇する傾向が見られた。また，被災地においては，司法過疎地における共通の問題として，法的問題についてまず弁護士に相談するという意識が一般的とはいえないことも要因として指摘されている。

3）今後の大規模災害に対する立法的対応の必要性

(1) 個人の二重ローン問題対策についての弁護士会の提案

上記の通り，被災減免ローン制度が十分に機能しなかった状況を踏まえると，今後発生する大規模災害によって生じる個人被災者の二重ローン問題について，災害発生前に立法による抜本的対策を講じておくことが不可欠である。

この点につき，仙台弁護士会は，2014（平成26）年11月13日付「二重ローン問題対策に関する立法措置を求める意見書」において，個人向け債権買取機構の設立を国に求めた。これは次項で述べるとおり，中小企業の二重ローン問題解決のために導入された債権買取制度が一定の成果を上げたことから，中小企業ほど複雑ではない個人被災者の二重ローン問題について，債権買取制度はより大きな成果を上げ得ると期待されるからである。

これを受けて法友会も，2015（平成27）年7月11日

の総会で，個人向け債権買取機構を迅速に設立し，同機関の周知徹底を図ることを提案する「二重ローン問題解決のための立法措置を求める意見書」を決議して関係各機関に執行したが，同意見書では，金融機関が主導するリスケジュールが行われたことが二重ローン問題の解決を困難にした反省を踏まえ，金融機関に対し発災後の一定期間について支払猶予を義務付けるなどの対応を検討することも提案している。

このような動きを受けて，日弁連も，2015（平成27）年11月19日付で「災害時の二重ローン問題対策の立法化を求める意見書」を採択して，国に対し，債権買取機構及び専門のADR機関の設置について速やかな立法措置をとることを求めるとともに，これらの制度が創設されるまでの経過措置として，東日本大震災における上記ガイドラインを東日本大震災以外の災害にも特定調停手続を通じて活用しうるよう，一般準則化することを求めている。

(2)「自然災害による被災者の債務整理に関するガイドライン研究会」の発足

以上の弁護士会の動きに対し，金融界等では今後の大災害における個人の二重ローン問題については東日本大震災と同様にガイドラインによる対応を考えており，2015（平成27）年9月2日付で全国銀行協会内に「自然災害による被災者の債務整理に関するガイドライン研究会」が発足し，「全国各地で自然災害が発生した場合に，被災者の自助努力による生活や事業の再建を支援するための取組みとして，被災した個人債務者の債務整理に関する新たな準則について検討し，その成果をガイドラインとして取りまとめる」ことを予定している（全銀協ウェブサイト）。

同研究会の委員には金融機関の管理職等の他，日弁連の事務次長も含む複数の弁護士も就任しており，またオブザーバーとして最高裁や法務省その他の関係官庁等も参加していることから，同研究会の取りまとめは今後の個人被災者の二重ローン問題について重要な意味を有することになると予想される。

しかし，同研究会には被災地で実際に債務整理や復興支援に携わった弁護士が参加しておらず，このため東日本大震災における二重ローン問題の教訓を十分に生かせるか懸念もある。そこで早速，仙台弁護士会は，2015（平成27）年9月9日付の「自然災害による被災者の債務整理に関するガイドライン研究会に対する要望書」と題する会長声明において，ガイドライン策定にあたっては被災地弁護士ないし弁護士会の経験が適切に反映されるよう求めたが，妥当な意見である。同研究会が，日弁連の意見書等で指摘されているガイドライン制度の欠点を十分に考慮して取りまとめを行うよう，我々は引き続き注視していく必要がある。

4）まとめ

新たなガイドライン制定の動き自体は決して批判されるべきことではなく（日弁連の意見書においても，債権買取機構やADR機関の設置までの経過措置としてガイドラインの一般準則化を求めている。），我々は新ガイドラインがよりよいものとなるよう働きかけていくべきであるが，その一方で，ガイドラインだけで被災者救済が十分に図れるかというと疑問であるため，引き続き債権買取機構設置の恒久法の制定に向け，研究及び提言等を粘り強く継続していく必要がある。

4　被災中小企業の支援体制の強化（二重ローン問題）

1）中小企業支援の重要性と法的支援

被災者の自立的再建，被災地の真の復興のためには，これまで長年にわたり被災地経済と地元コミュニティを支えてきた被災中小企業の立て直しが焦眉の課題であり，被災中小企業の支援に対しては十分な取り組みが必要不可欠である。その意味で，被災中小企業の再建なくして，被災地の復興はあり得ないとすら言うことができる。

しかし，実際には，被災中小企業の法的ニーズの裾野は広いものの，弁護士に相談されないまま適切な対応ができていない事例が多数存在する。日弁連では中小企業の法的ニーズに対応すべく，ひまわり中小企業センターを設置して活動しているが，今後も，中小企業庁や被災地の商工会議所，商工会等との連携を深めながらこれを拡充・発展させる必要がある。また，ひまわりホットダイヤルの周知徹底を図るよう努め，中

小企業に対して適切な情報提供を行うとともに，中小企業の法的ニーズを的確に捉えて，これに応えていかなければならない。

2）国がとった中小企業支援策（中小企業の二重ローン問題）

(1) 二重ローン問題の重要性

中小企業支援の重要性は上記の通りであるが，いわゆる「二重ローン問題」が中小企業の再建の重大な支障となっている。すなわち，地震，津波などの自然災害により事業用資産を失った中小企業は，その事業を再建するために新たにローンを組む必要があるが，当該企業は既往債務と新たな債務について二重にローンを支払わざるを得なくなり，過重な負担を背負うことになる。また，既往債務の存在が新規融資の際の返済能力の評価に影響し，新規借り入れによる事業資金の確保自体が困難となる事例も多い。

こうした二重ローン問題が，中小企業の再建の重大な支障となり，地元産業の復興が遅れ，雇用も確保できず，被災地からの人口流出や産業の衰退を招いている一因となっている。

(2) 産業復興機構と事業者再生支援機構の設立

そこで，経済産業省及び復興庁は，中小企業の二重ローン問題に対処すべく，それぞれが主導して，二つの債権買取機関を設立した。

まず，経済産業省（中小企業庁）が主導して，県や地域金融機関等との共同出資により投資事業有限責任組合の形態で産業復興機構（通称）が岩手県，宮城県，福島県，茨城県，千葉県に設立され，同機構が金融機関の中小企業に対する債権を買い取り，買取後一定期間の元利金の返済猶予や債権放棄を行うことによって，被災企業の再建を支援することとなった。これまでに債権買取が決定した件数は，岩手県102件，宮城県133件，福島県42件，その他36件（平成27年9月11日現在，中小企業庁まとめ）と当初見込みより少ないものの，増加傾向にある。

また，復興庁が主導して，小規模事業者（資本金5億円未満の事業者及び従業員1,000人未満の事業者）を対象として，株式会社東日本大震災事業者再生支援機構（以下，「再生支援機構」という。）が震災発生の翌年の2012（平成24）年2月に設立されたが，再生支援機構は債権買取に加え，出資や保証業務といった支援業務も行っている。2015（平成27）年9月3日までに支援決定は620件なされ，そのうち債権買取を含むものは589件，一部債務免除を含むものは408件，債務免除額は総額413億円に及んでいる。再生支援機構により支援決定がなされた案件のうち，債権買取による支援が有効であると判断された事例は9割を超えている（95％）。

(3) 支援要件の厳格さ

上記のとおり，二つの機構は一定の成果を上げているものの，被災規模からみて件数は必ずしも多いとまではいえない。その要因は，支援決定や債権買取の要件が厳格であることにある。

件数の多い再生支援機構を例にして説明すると，再生支援機構の支援要件（一般的要件）のうち最も重要かつ厳格な要件は，再生可能性の要件である。平成24年内閣府等の告示第1号によると，再生可能性については以下の要件が定められた。すなわち，再生支援機構からの支援を受けるには，①政令に定めた地域で事業を行っている事業者で，「事業再生が見込まれるもの」であることが必要となるが，更にいくつかの要件を全て満たす必要がある。例えば，ⅰスポンサー等が事業再生に必要な資金の貸付又は出資を行うことが見込まれること，ⅱ一定期間内に黒字化（5年以内に営業損益が黒字化）するなど，事業の業績が好転すること，ⅲ支援決定時の債権評価額（清算時の評価）が，事業再生計画実施後の債権評価額を下回らないと見込まれること，ⅳ支援決定予定日から15年以内に，再生支援機構が買い取った債権や実施した出資を処分できる見込みがあること（事業者にメインバンクから再融資を受けさせて買取債権の返済に充てさせることや，再生支援機構が取得した株式をメインバンク等のスポンサーに買い取らせることなどを念頭に置いている。）が必要となる。

そして，債権買取による支援をする場合，再生支援機構は，支援決定を行った後，直ちに金融機関等に対し3カ月以内の再生支援機構が定める期間内に債権の買取を申込むか否かの回答を求め，申込期間が経過した場合，又は申込期間満了前であっても全ての金融機関の申し込みがあった場合には，再生支援機構は，各申し込みに対して債権の買取を行うか否かの決定を行う。

しかし，買取を行うには，さらに，②金融機関か

ら買取申込があった債権のうち，買取が可能と見込まれる債権の合計額が一定以上であること（必要債権額），③買取価格が適正な時価を上回らないものであることも必要で，そのため，いかに金融機関から適正価格での債権買取りの同意を得るかが重要になる。

また，産業復興機構による支援を受けるためにも，再生可能性があることが必要とされており，再生支援機構と類似の厳格な要件が定められている。

このように，両機構は多額の公的資金や金融機関からの資本提供を受けていることもあり，厳格な要件を課しているが，中小企業の再建が地域経済の復興のために不可欠であることを踏まえると，その要件はもう少し緩やかに設定，運用されるべきである。

(4) 機構の並立による問題点

また，両機構はいずれも被災企業の支援を目的として設立され，かつ，債権買取による支援が支援の中心的態様とされており，機能が類似している。こうした機能が類似した機関が並立することは，利用者を混乱させ，また，利用要件の複雑さ，厳格さと相まって，利用を躊躇させる一因となってしまいかねない。

したがって，制度の統一化が検討されるべきであるし，また，我々弁護士も，両機構の制度を理解して被災企業に対し適切に助言していくことが不可欠である。

3）弁護士会の採るべき活動

以上の点を踏まえ，我々弁護士は，両機構の存在を前提として，研修や相談体制の整備，拡充などを通じて，実践的な支援活動を行っていくとともに，国や関係機関に対して，①両機構を統一して利用者のニーズに添ったワンストップサービスを実現すること，②支援要件を緩和して，被災企業が支援を受けやすくすること，③今後発生する大規模災害に対応するための恒久法の制定を行うこと等を提言していく必要がある。

5　原子力損害賠償の問題解決に向けて

1）原子力損害賠償に係る紛争解決状況

福島第一原子力発電所事故（以下，「本件原発事故」という。）に起因する原子力損害賠償請求のための方法としては大別して，①東京電力株式会社（以下，「東京電力」という。）に対する直接請求（本賠償手続），②原子力損害賠償紛争解決センター（以下，「センター」という。）による和解仲介手続（原発ＡＤＲ），及び，③裁判所を利用する通常の訴訟手続が存在する。

(1) 直接請求の状況

このうち，直接請求に対する東京電力の支払状況は，2015（平成27）年9月18日現在，政府による避難指示区域等からの避難者（個人）に対して約800,000件（累計）で賠償額合計2兆3,628億円，個人（自主的避難等に係る損害）に対して約1,294,000件で賠償額合計3,535億円，法人・個人事業主などに対して約366,000件（累計）で賠償額合計2兆4,190億円となっている（同日付東京電力発表資料「賠償金のお支払い状況」）。

(2) センターによる和解仲介手続の状況

これに対して，センターによる和解仲介手続の実施状況は，2015（平成27）年9月11日現在，申立件数は17,557件，これに対して既済件数は14,735件，既済件数のうち和解成立件数は12,313件となっている（ただし，後述の「集合立件」を前提とした件数である。）。既済件数の割合は申立件数全体の約70パーセントとなっており，これは前年度における既済件数の割合とほぼ同じである。また，現在進行中の件数が2,822件となっており，そのうち全部和解案を提示中の案件が251件と，昨年度とほぼ同様ないし微増傾向にある。

なお，「原子力損害賠償紛争解決センター活動状況報告書〜平成26年における状況について〜」では，以下のような報告がなされている。

「申立件数の計上方法について，平成26年5月以降，代理人が付されていない本人による集団申立てについては，同じ日に申立書が提出されたものを併せて1件として立件し，各申立書については枝番により管理を行うという『集合立件』の方式で受け付けるよう変更した。

平成26年の申立件数は5,217件となり，平成25年の28％増であった。平成26年5月以降は集合立件により件数を計上していながらも，当センター発足以来，初めて年間5,000件を超えた。また，平成23年9月1日からの累計では，2月に1万件を超え，本年末には

14,371件となった。

月ごとの申立件数は，平成25年9月以降見られた増加傾向が平成26年も続き，10月と12月を除く全ての月で前年同月を上回った。特に2月及び3月には初めて月間申立件数が500件を超え，うち3月は過去最多の549件に上った。上記のとおり，5月以降は，代理人を付さない本人による集団申立てについては集合立件を行っているが，仮に，4月までと同様の方法により立件を行った場合には，各月の申立件数が，5月は901件，6月は563件，9月は461件，10月は1,121件，11月は1,140件（7月，8月及び12月には集合立件はない。）となり，平成26年1月から12月までの合計件数も7,337件となる。このように，事故から3年以上経過した現在においても申立件数が多く，依然として原子力損害賠償に係る紛争の解決に向けての和解の仲介が必要とされている状況にある。」

上記報告によれば，代理人を付さない本人による集団申立が急増したことが分かるが，報告書においても，このような状況では手続きが停滞する懸念及び十分な賠償が実現されない懸念があることが指摘されている。

本人による集団申立が急増した理由について，先般，南相馬市を当会が訪問した際に同市の原発損害賠償担当の職員に尋ねたところ，原発弁護団にお願いしても手が足りないとして断られてしまう状況にあるためではないかとのことであった。東京三会の弁護士が中心となり構成されている原発弁護団等においては，弁護士の社会的使命を重視して個々の弁護士は低報酬で献身的に業務を行っており，それ自体は高い倫理観に基づく行為として高く評価されるべきではあるものの，その結果として被害者代理の担い手不足の状況を生んでしまっており，現在の状況を踏まえると，弁護士報酬の増額等により担い手を増加する方策も検討されるべきと思われる。

(3) 訴訟の状況

原発事故の避難者が全国各地に避難していることから，東京三会をはじめ避難先の各弁護士会が基軸となって各地に弁護団が形成され，原発事故被害者の支援に当たってきた。そして原発弁護団においては，センターへの申立て等の活動を通じて，原子力損害賠償に関してセンターが果たしている役割・功績は大きいものの，後記のとおりセンターの役割には限界があり，センターの手続では十分な被害回復が図られない被害者が相当数存在することが認識されてきた。その結果，原発弁護団が関与して，全国20地裁及び地裁支部で，総勢約1万名の被害者が集団訴訟を提起している状況にある。

これらの集団訴訟の多くは国の責任を問うていることもあって審理に時間がかかっており，まだ判決に至っている事件はないが，集団訴訟とは別に個別訴訟に関しては，2014（平成26）年8月には避難中に焼身自殺した女性の遺族が東京電力に対して慰謝料請求を求めた訴訟で，福島地裁は東京電力に約4,900万円の支払いを命ずる判決を下した（自殺に対する原発事故の寄与割合は8割と認定され，判決は確定した。）。また，2015（平成27）年7月には同じく避難中に自殺した男性の遺族が東京電力に対して慰謝料請求を求めた訴訟で，福島地裁において東京電力に約2,720万円の支払いを命ずる判決が下された（自殺に対する原発事故の寄与割合は6割と認定され，判決は確定した。）。いずれも原発事故の寄与度合いが高い割合で認められ，因果関係が肯定されたことが注目される。

今後，集団訴訟の判決が積み重ねられる中で，中間指針等では十分な救済が図られない被害者について救済が図られることが期待される。

2) 弁護士へのアクセスの確保

原発事故による福島県の避難者数（避難指示区域及び避難指示区域外）は，2012（平成24）年5月の時点で約16万4,000人であった（うち約11万人が避難指示区域からの避難。避難指示区域外からの避難も5万人以上に上る。）。原発事故当時，福島県の人口は，約200万人で，放射線量の低い会津地方を除くいわゆる浜通り及び中通りの人口は約160万人であった。このうち訴訟に参加し，又はセンターにADR申立てしている人は，避難者数及び人口と比較すれば，かなり低い割合にとどまっている。我々は，この現状を見据え，「被災者の身になって」「被災者の中へ飛び込む」対応を考えなければならない。

原子力損害賠償について，特別立法で時効の延長はなされたものの，東京電力に対する直接請求すらしていない被害者，あるいは東京電力に対する直接請求はしているもののセンターに対する申立て等を行っていないため適正な賠償を得られていない被害者等がいまだ数多く存在する状況にある。このような状況に鑑み

ると，より一層の被害者救済のためには，広域にわたって避難している被害者と弁護士とを結びつけるさらなる取組みが必要である。

ちなみに，福島県の避難者支援課のホームページに「避難されている方々へ」という，全国各地の避難者向けの地域情報提供サイトへの入口が置かれているが，「ご相談を承ります」のコーナーには，東京地区では民間ボランティア団体や「東京司法書士会」の連絡先が掲載されているのみである。全国を見ても賠償等の相談先としては近畿圏の弁護士会，弁護団が目立つものの，避難先が全国各都道府県に広がっていることを踏まえると，全体として弁護士と被害者を結びつける情報提供が不足している感は否めない。

ついては，弁護士及び弁護士会は，被害者の状況を個別具体的に調査，確認しつつ，原子力損害賠償についての情報提供や啓発活動を今後も積極果敢に行うべきである。また，各地で結成されている弁護団にアクセスできてない被害者もまだ相当数存在することからすれば，被害者への広報とともに活動の担い手となる弁護士を増加させることが必要であり，またそれらの諸活動に対する弁護士会の後方支援も必須である。

3）原子力損害賠償の特徴と問題点

(1) 各手続の選択

原子力損害賠償に関しては，民法709条の例外として，原発事業者（東京電力）に無過失責任が課せられている（原子力損害の賠償に関する法律）。したがって，被害者が東京電力に対して損害賠償請求するためには，東京電力の過失を問題にする必要がない。しかし，現在提起されている訴訟の多くは，被害者の意向を尊重して国をも被告にしていることもあって，責任論を展開せざるを得ず，被害者救済に時間を要する状況となっている。これに対して，センターに対するADR申立においては責任論の主張立証は行われず，因果関係や損害論のみを議論すれば足りるため，訴訟に比べて迅速な救済を実現しうる。ただし，事案によってはセンターが和解案をなかなか提示しなかったり，センターの和解案に東京電力が従わない事案もあるため，弁護士は被害者のニーズに合わせて損害賠償請求の手段・方法を適切に選択する必要がある。

(2) 中間指針及び同追補について

センターにおいては，2011（平成23）年8月5日付けの原子力損害賠償審査会による「東京電力株式会社福島第一，第二原子力発電所事故による原子力損害の範囲の判定等に関する中間指針」及び同追補が尊重され，事実上，本件原発事故の損害賠償の算定指針として機能している。しかし，1ヶ月10万円とされる避難慰謝料の額の妥当性，強制避難対象地か否か，再区分後の避難区分が帰還困難区域か居住制限区域かあるいは避難指示解除準備区域かによる基準の色分け，避難指示解除後の賠償，住宅確保損害についての問題等，中間指針については問題点も指摘されている。したがって，我々弁護士は，中間指針を無批判に受け入れるのではなく，常にその内容を十分に吟味しながら，被害者の救済により資する解決を目指す必要がある。

(3) センターにおける和解仲介の現状と問題点

❶ センターの果たしてきた役割・功績について

原発事故損害賠償に関してセンターが果たしてきた役割は極めて大きいが，まず，量的なメリットとして，我が国の貧弱な司法インフラ及び被災地住民の訴訟に対する消極的姿勢という前提条件のもと，人類史上例のない本件原発事故の深刻な被害に関する様々な法的紛争をセンターが多数解決してきたことが挙げられる。2015（平成27）年9月11日現在，和解成立件数は12,313件となっており，被害者の総数から見れば未だ一部にとどまるとはいえ，すでに1万件を超える件数に及んでおり，かつ，これらについては判断の困難な事案も多かったこと，東京電力に対する直接請求では認められなかった損害賠償が認められていることを考えると，その功績は大きい。また，東北地方の忍耐強い気風，争いごとを好まない風土から，被害者においては弁護士が訴訟を勧めても尻込みする人が多い状況にあるが，そのような訴訟に対する抵抗感から，もしセンターが存在しなければ泣き寝入りしていた被害者も多かったのではないかと思われる。よって，この点からしても，センターの果たした役割・功績が大変大きいことは明らかである。そして，センターの中心的役割を担ってこの制度を支えている仲介委員・調査官も弁護士であることを考えると，センターを支える存在として，弁護士及び弁護士会が果たしている役割・功績は社会的にも高く評価されてしかるべきである。

次に，質的なメリットとして，賠償基準の明確化・具体化を実現してきた点が挙げられる。中間指針自身が冒頭で全ての損害を記載するものではないと指摘し

ているように，中間指針は具体的算定方法を定めているものではない。特に営業損害は中間指針では適切に算定できない。また，中間指針はあくまでも一応の基準にすぎないから，実際の被害実態との間に齟齬がある場合にそれを埋める必要がある。その部分をセンターがうまく補充・修正して賠償基準の明確化・具体化等を図ってきた場面は多い。具体的には，①緊急時避難準備区域から避難した住民の日常生活阻害慰謝料，②避難先での家財・食料購入費用，③事業用動産の評価，④住宅確保損害，被害実態に関する被害者の立証負担の緩和などがあげられる。

❷ センターの限界及び問題点

このようにセンターが果たしている役割は大変大きい反面，センターのADR手続では，必ずしも被害者の十分な損害賠償や被害の回復が図られない場面もあることが次第に明らかとなってきた。

具体的には，センターでは中間指針の内容を大幅に超える請求については判断を回避することが多いこと，自主的避難等対象区域からの避難者に対する慰謝料額はほとんど認められないこと，自主的避難等対象区域外から主体的な判断で避難している被害者についてはセンターは基本的に慰謝料を含めたすべての損害を認めようとしないこと，被害者においては国の責任を問う声も多いがセンターでは国の責任は問えないこと，センターの和解案について東京電力が従わないことがあること，などである。

また，申立人代理人側の弁護士からは，センターの手続に関し下記のような問題点も指摘されている。
①賠償基準に合理的根拠があるのか疑わしいものがある。例えば，家財については，閉め切った家に置いてきて使い物にならなくなったり，仮に使い物になっていないとしても主観的には価値がなくなってしまっていることが多い。この点，申立人代理人は火災保険の補償基準を用いて請求し，センターも当初はこれを認めていた。しかし，東京電力がこの点につき2012（平成24）年に示した算定基準は，火災保険の基準よりも低いが，その根拠は必ずしも明確ではない。この点につき申立人代理人が何度求釈明しても，東京電力は回答しようとしない。そうであるにもかかわらず，センターは東京電力の賠償基準を採用したが，その判断に合理性があるか疑問である。
②判断の統一性が必ずしも十分ではないこと。例えば慰謝料については，避難時期，学校・病気で戻れないなどの事情が類似していても，仲介委員の判断がばらつくことがよくあるが，このばらつきはパネルの独立性を理由に正当化される傾向にある。しかし，本来は和解案の蓄積により基準が統一化，明確化され，それにより予見可能性が確保されることが望ましく，それにより紛争の早期解決も実現されうる。したがって，センターにおいては，判断の統一化に向けて更に一層の努力がなされるべきである。
③中間指針に対する知識が不足している仲介委員・調査官が時に存在すること。例えば，介護者の慰謝料増額について，介護者の増額は認められるが，本人は認められないとするなどの対応が時に見受けられる。
④東京電力が「センター限り」として，重要な資料を申立人側に開示せずに提出していること。このような取り扱いは，和解手続の公平性，信頼性を害する点で問題である。
⑤住居確保損害の取り扱いにおいて，第四次追補が出た以降は，直接請求では移住の合理性については柔軟な判断をするが，センターでは厳しい判断をするようになるという逆転現象が生じてしまっているが，これではセンターへの申立てを躊躇するなどの弊害を生じさせかねない。
⑥区域外避難者に対する賠償基準は，中間指針にはほとんど記載されていないため，賠償はセンターの和解先行で進んできているが，明確な基準がないために，パネルごとの判断に大きなバラツキがある。
⑦ADRの手続の厳格性による使い勝手の悪さ（立証の問題）。ADRの審理においては，個別立証の困難性に配慮し，例えば家財についての定額賠償基準（小高基準）などの基準が立てられていた。しかし，現在は個別立証へと逆戻りしている印象がある。例えば，これまで通院交通費1回5,000円とされていた概算賠償基準が，実費の証明を求められるようになっている。
⑧ADRの手続の厳格性による使い勝手の悪さ（相続の問題）。相続絡みの賠償については，センターは相当慎重な姿勢をとっており，時に硬直的ともいえる面が見受けられる。例えば，遺産である不動産についての賠償の場合，相続人全員が揃っていないと賠償がなされない。これに対し，東京電力基準では，名義が2世代前の場合でも，2親等以内の同意書や公正証書などの提出だけで賠償を認めており，家財についても同

様である。この点では⑤と同様にＡＤＲの方が使い勝手が悪くなってしまっている。

　以上は申立人代理人の側から見た問題点の指摘であるが、これらの指摘が正しいかどうかを含めて、センターと申立人代理人側とが双方建設的な立場に立って率直な意見交換を行うとともに、研修体制の充実等により制度をより良いものにしていく努力が必須である。また、センターも万能の機関ではなく自ずから一定の限界があることから、申立人代理人としては、事案の性質に応じて、東京電力への直接賠償請求・センターへの申立て・訴訟提起のどの方法を採るべきか適切に選択する必要がある。

4）仮設住宅やみなし仮設住宅の使用期限

　仮設住宅やみなし仮設住宅の使用期限の延長について、毎年年度末に延長申請している状況であったが、福島県は、福島県への住民帰還を推進する観点から自主避難者に対する住宅の無償提供を2017（平成29）年3月末で打ち切る方針を固めたと報道されている。しかしながら、日弁連や新潟県弁護士会、群馬弁護士会などがこれに対する反対声明を発しているように、本件原発事故は依然として収束しておらず、放射線量の高い地域も多く、帰還に不安を感じる被災者の心情を理解すれば、当然に利用期限を延ばすべきである。

5）損害賠償の終期について

(1) 営業損害

　国は、2015（平成27）年6月12日に、「原子力災害からの福島復興の加速に向けて」を改訂する閣議決定を行い、これを受けて東京電力は、農林漁業以外の法人及び個人事業主の営業損害を年間逸失利益の2倍相当額を一括払いした上で、やむを得ない特段の事情により損害の継続が余儀なくされ、事故と相当因果関係が認められる損害が、今回の賠償額を超過した場合には、自立支援施策の利用状況等も踏まえ、個別事情ある場合のみ賠償するとの対応を打ち出した。しかし、現在の状況を見る限り、年間逸失利益の2倍相当額を東京電力が支払ったとしても、被災事業者が従前と同等の営業が可能となる保証はなく、その中で中間指針第二次追補を前提として「事業拠点の移転や転業等の努力」の立証を求めることは損害賠償の打ち切りに等しいといわざるを得ず不当である。

　したがって、国は、原発事故により顧客を失ったとみられる小売業や飲食業等の事業再開・転業の支援を継続しつつ、それらが明らかな進展を遂げるまでの間、従来と同様に「事業拠点の移転や転業等の努力」の立証を要することなくその営業損害の賠償を行うよう東京電力に対して指導すべきである。

(2) 避難指示解除準備区域・居住制限区域（大熊町・双葉町を除く）における精神的損害等の賠償

　現在、東京電力は、2018（平成30）年3月末までの精神的損害等の賠償を行っているが、その後も被害者の実情に応じ、必要な場合には賠償が継続されるべきである。

6　災害関連死の認定について

1）認定の不均衡

　災害弔慰金の支給等に関する法律に基づき、災害により死亡した者の遺族に対して災害弔慰金が支給される（同法第3条）。ところが、この「災害により死亡した」（以下、「災害関連死」という。）との認定を受けた者は、岩手県で452人、宮城県で910人、福島県で1,914人（2015〔平成27〕年3月31日現在：復興庁まとめ）とされているが、ここには、被災状況や被災者数に照らして、統計上明らかな不均衡が認められる。そして、震災相談等の現場からは、この不均衡の要因として、①認定基準の不統一、②制度の周知不足、③災害関連死の審査について市町村が県の審査会に委託していること、④委員の構成等が挙げられている。

　実際、宮城県においては、震災から6ヶ月以上後に死亡した方についての申請が著しく少ないことが指摘されているが、これは、新潟中越沖地震の時の運用基準（いわゆる長岡基準：震災から6ヶ月以上経過後の死亡は災害関連死でないと推定する）を形式的に援用しているためと思われる。しかし、司法の場では、災害関連死であるかどうかは震災から死亡までの期間

（例えば6ヶ月以内）で形式的に判断されてはいない。したがって、長岡基準を援用したかのような形式的な運用を行い、これにより認定上の不均衡が生じて救われるべき人が救われていないとすれば、重大な問題といわざるを得ない。

2）不均衡の是正策

上述の自治体間の不均衡を是正し、救われるべき人が救われるための施策としては、国が、自治体から関連死の審査事例を集約した上で、匿名化を行って事例集を作成して、認定基準の統一化を図るとともに、自治体との間で情報を共有し、さらには住民に向けて公表することが必要かつ有効である。

また、国及び自治体は、被災地の住民及び全国の避難者に対し、災害関連死と認められるためには、災害と死亡の間に直接的なつながりが認められる場合だけでなく、災害がなければその時期に死亡することはなかったと認められる場合が含まれること、及びその具体例を積極的かつ分かりやすく広報することが必要である。さらに、現在に至るまでに死亡届の提出がなされた被災者の遺族に対し、遺族の心情に十分に配慮した内容の災害関連死の制度と申出に関する案内を発送し、疑問を感じる事案については積極的に災害関連死の審査の申出又は弁護士会や日本司法支援センターへの相談を促すべきである。

3）審査委員会の問題

さらに、岩手県において災害関連死の認定率が低い理由としては、災害関連死の審査について、多くの市町村が審査業務を県の審査委員会に委託していることが指摘されている。すなわち、県の審査委員は被災地在住ないし勤務している者ではないため、被災地の審査委員と比べ震災直後の被災地の状況、仮設住宅入居者に生じている問題点等、審査に必要な前提知識に乏しく、情報を十分に吟味した上で判断することが困難であり、その結果、死亡時期から因果関係の有無を決する長岡基準に依拠しやすくなっているのではないかと推測されている。このことを裏付けるように、宮城県でも、県の審査委員会に審査を委託している市町村の申請件数は著しく低い。

また、審査委員会の委員構成において医師の委員が多い場合には、医師はその職務の性質上死亡の主たる原因にこだわりやすく、法律判断である相当因果関係の判断が適切に行えていないことも要因ではないかと思われる。福島県において災害関連死の認定が比較的多い要因のひとつは、審査委員として弁護士がその中心的存在となっているからではないかと指摘されている。相当因果関係の判断が法律判断であることを踏まえると、医師を医療判断アドバイザーとし、審査委員には弁護士を多く選任すべきである。

以上の状況を踏まえ、弁護士会は、県に審査業務を委託しないよう市町村に働きかけるとともに、審査委員における弁護士委員の割合を増やすように働きかけるべきである。そのために、弁護士会は研修と人材の提供に努めなければならない。

4）災害弔慰金額の算定の問題

災害関連死と認定されると、死亡した者が主たる生計維持者の場合は500万円、そうでない場合は250万円の災害弔慰金が遺族に支給されるところ、生存配偶者に103万円以上の収入がある場合には死亡者は主たる生計維持者と認められない運用がなされている。その結果、生存配偶者が、自らが働くことにより亡くなった配偶者の命の価値を低下させてしまったと苦しむ事例も出ており、また、パートに出て生計の補助を図る必要のある遺族について弔慰金が半額しか支給されず、社会政策的に見ても相当とは思われない事態を招来している。したがって、上記収入基準によって判断する運用は速やかに改めるべきである。

7　在宅被災者の実情と今後の支援の在り方について

1）在宅被災者の存在

東日本大震災では、津波により数多くの住宅が滅失し又は損傷を受けた。かかる被害を受けた被災者の多くは、被災直後から避難所での避難生活を送ることとなった。その後、順次仮設住宅やみなし仮設住宅（以下、「仮設住宅等」という。）での生活を開始しており、

未だ多くの被災者が仮設住宅等での不自由な生活を余儀なくされているものの，次第に自力再建や災害公営住宅への転居，借家住まいへ移行し，住環境が改善された被災者もいる。

その一方で，住宅に大規模な損傷を受け，全・半壊しているにもかかわらず，そのまま又は応急修理を施しただけの住宅に居住し続けることを余儀なくされた「在宅被災者」と呼ばれる被災者が数多く存在する。

在宅被災者は，①避難所が満員で避難所に入れなかった，②避難所に入れたものの，「家が残った人は戻るべき」という避難所の雰囲気から自宅に戻らざるを得なくなった，③高齢者や障がい者，要介護者，ペット等を抱えていることから，自宅に留まらざるを得なかったなど，様々な事情に起因して生じたものである。

このような在宅被災者が相当数存在することは明らかであるが，これまでに具体的な調査や統計が取られていないことから，明確な数は判明していないのが現状である。

2）在宅被災者と他の被災者への支援の格差

避難所での避難生活や仮設住宅等での居住を開始した被災者については，東日本大震災発生直後から行政がその実態や生活状況の把握に努め，各種支援が実施されてきた。また，民間ボランティアによる支援についても，主に仮設住宅等に居住する被災者に対して行われた。

一方で，在宅被災者については，2011（平成23）年3月下旬に厚生労働省から自治体宛に在宅で暮らす被災者であってもライフラインが途絶していて食料確保が困難な場合には避難所にいる被災者と同様に支援するようにとの通知が発出されたにもかかわらず，在宅被災者の把握ができなかったことや支援のマンパワーが足りないこと，「避難所に来ることが食料支援の前提である」「浸水地域で暮らすこと自体，防災上望ましくない」などの考え方に基づき，多くの自治体において積極的な対応がなされなかった。

その結果，在宅被災者は避難所に届いた食料その他の物資を支給してもらえず，食料確保にも事欠く状況が続くこととなり，避難所に避難していた者と在宅被災者との間で，支援に格差が生じていた。

その後も，在宅被災者は要支援被災者として明確に認識されず，その実態が行政によって把握されなかったことから，行政による支援の対象とならず，また，在宅被災者を対象とした医療・福祉関係者による見守り活動等が十分に実施されることはなく，日本赤十字社からの「生活家電6点セット（洗濯機，冷蔵庫，テレビ，炊飯器，電子レンジ，電気ポットの6点）」も仮設住宅及びみなし仮設住宅の居住者にのみ支給され，在宅被災者には支給されることはなく，一部の者が民間ボランティアからの支援を受けるにとどまり，避難所や仮設住宅等に居住する被災者と比較して大きな支援の格差が生じるに至った。

3）在宅被災者の実情

在宅被災者の多くは，被災直後から電気，ガス，水道などのライフラインすらままならない劣悪な住環境に身を置くことを余儀なくされている。

また，在宅被災者は津波で大半の住宅が消滅した地域において，まばらに残った住宅に居住しているケースが多く，地域での共助は望めない状況のもとで不安を抱えたままの孤立した生活が続いている。さらに，様々な支援の情報が十分に行き届かず，各種支援制度の認識・理解が不十分であり，本来であれば享受できるはずの支援が受けられずにいる在宅被災者も見受けられる。

加えて，在宅被災者には高齢世帯が多数存在するところ，低年金で日常生活にも困窮し，資金面の問題から住宅の修繕にまで手が回らず，修繕の見通しが全く立っていない人も少なからず存在する。災害救助法に基づく応急修理制度を利用すると仮設住宅に入居できないことや，被災者生活再建支援法に基づく被災者生活再建支援制度を利用すると災害公営住宅に入居できないという運用をしている自治体が少なからず存在することから，在宅被災者となってしまった者は在宅被災者として固定され，現状から脱却することができないという問題も存する。

4）今後の在宅被災者支援の在り方について

在宅被災者について，2011（平成23）年6月に災害対策基本法が改正され，第86条の7に「災害応急対策責任者は，やむを得ない理由により避難所に滞在することができない被災者に対しても，必要な生活関連物資の配布，保健医療サービスの提供，情報の提供その他これらの者の生活環境の整備に必要な措置を講ずる

よう努めなければならない。」との規定が置かれ，在宅被災者の存在が認知され，今後の災害発生時における在宅被災者への支援の必要性が明記されるに至った。

しかしながら，先述したとおり，これまでに東日本大震災により生じた在宅被災者に関する具体的な調査や統計は取られていないために，在宅被災者の実態が把握されておらず，要支援被災者として十分に認識されていない。これこそが在宅被災者をめぐる問題の原点である。まず在宅被災者の生活状況等について実態調査を実施し，在宅被災者が抱えている問題を行政において十分に把握することが不可欠であり，これが問題解決へ向けた出発点となる。

そして，その実態を把握した上で，実態に即した相談支援，精神的なケア，生活支援，サポート体制の構築，平時の医療・福祉・介護等一般施策への橋渡しの強化等の施策が早急に検討され，実施されるべきである。また，これに伴い，医療や福祉，介護等の関係者，在宅被災者への支援活動を行っている民間団体などと連携して，情報の共有化，集約化を可能とする仕組みを構築することも望まれる。

加えて，応急修理制度や被災者生活再建支援制度の利用を勧めたり，生活状況等を考慮して災害公営住宅への入居を勧めたりといった支援，そして，住居再建支援制度を上積みしてより充実した支援を可能とすることにより，在宅被災者が現在置かれている劣悪な住環境から脱却し，人として享受すべき生活環境を得るための機会を付与すべきである。

5）今後の大規模災害に向けて

我が国は地震大国であり，遠くない将来において，首都直下地震や東海地震，南海トラフ地震などの巨大地震の発生が予測されている。

今後の大規模災害に備え，東日本大震災における在宅被災者の問題を教訓として，避難所の設置状況の確認や再整備を行うことにより，災害時に支援を要する被災者が全・半壊した住宅に戻らざるを得ない状況となることを極力防止するための措置を講じておくべきである。加えて，特に首都直下地震など，人口密集地域が災害の中心地となった場合には，避難所の収容可能人数を大幅に上回る要支援被災者が生じ，多くの被災者が自宅での避難を余儀なくされることが予想される。そのため，被災直後から他の被災者との格差なく，在宅被災者にまで支援が行き届くような仕組みの構築も不可欠である。

また，人口密集地域での災害の場合，被災者の数や用地確保等の問題から仮設住宅を必要な戸数だけ用意できず，被災した住宅を修繕する方向での生活再建を図らざるを得ないという状況も想定されよう。住宅の修繕が途上のままとならないように，予め地震保険への加入を促進したり，住宅再建制度を拡充したりすることにより，かような状況に備えておく必要性も高い。

ところで，東日本大震災後における被災者支援の内容は，避難所に避難しているか在宅かのみならず，自宅の損壊の程度が罹災証明書に記載されている「全壊・大規模半壊・半壊」という評価にも連動して大きな差異が生じている。

支援の内容について，在宅か否かは勿論，自宅の損壊の程度のみにより差異を生じさせることには，合理性を見出し難い。自宅の損壊の程度が大きくなれば被災者の被った損害も比例して大きくなることを否定する趣旨ではないが，被災者が被災を原因として負ったダメージは，自宅の損壊の程度の程度に比例するとはいえない。被災者支援の内容は，自宅の損壊の程度に加えて，職を失うなどの生活状況の変化，心身の障碍の有無，年金生活者か否か，貧困世帯かどうかなどきめ細やかな判断基準に基づき，被災者の状況に応じた支援を可能とすべきである。そして，在宅被災者を含め，支援を必要としている被災者に適切に行き届くよう施策を講じておくことが望まれる。

第8部
人権保障制度の現状と課題

第1 各種権利保障の在り方の改革

1 子どもの人権

> ・子どもをめぐる立法・法改正に際しては、子どもの権利条約の趣旨に立ち返り、子どもは人権の主体であることを再確認して、子どもの人権が真に保障される制度を作るべきであり、日弁連及び弁護士会は、子どもの権利基本法の制定へ向けた提言を含めた積極的な提言を行なうべきである。
> ・少年法の理念を守り、少年の成長発達権を保障するため、日弁連及び弁護士会はより良い制度改正へ向けた運動をするとともに、付添人・弁護人として、少年法の理念に沿って少年の権利利益を守る活動をするべきである。また、新たな少年法「改正」を阻止すべく全力を挙げるべきである。
> ・家庭・学校・施設・地域など社会のあらゆる場で、子どもの人権保障が全うされるよう、弁護士・弁護士会としては子どもに対する法的支援をいっそう進めるべきである。

1）子どもの人権保障の重要性

　子どもは、明日の社会を生きていかなければならない。この世に生を受けた以上、みな等しく人格的価値を尊重され、それぞれの特性に応じた成長発達が保障されるべき存在である。成長の過程で人間としての尊厳と成長発達する権利を十分に保障されてこなかった子どもは、子ども時代に非行などの問題行動という形でSOSを発することもあれば、大人になってから、犯罪に走ることもあり、また、心の病に罹って長期間苦しむ者も多い。子どもの人権が保障され、成長発達することができて初めて、将来、子どもが大人になった時に、他者の人権を尊重することのできる人間になれるのである。

　また、子どもは大人社会の鏡でもある。したがって、子どもの人権保障は、大人の人権保障達成度の尺度でもある。

　ところが、日本においては、子どもの権利条約が批准されて発効（1994〔平成6〕年5月22日）した後においても、子どもは「保護の客体」であるという意識が根強く、一人の「人権主体」として扱うという視点が欠けている。子どもは、一人一人が人権の享有主体であり、とくに「子ども期」に特有の人権として「成長発達権」「意見表明権」（憲法13条等）が保障されなければならないということを再確認する必要があろう。

　そのためには、国レベルでは子どもの権利基本法を制定し、また、東京都のレベルでは子どもの権利条例を制定して、子どもが権利の主体であること、成長発達権と意見表明権を有することを明記した上で、具体的な立法や行政の中で生かしていくこと必要であり、日弁連・弁護士会としての真剣な取り組みが求められる。

2）少年司法制度をめぐる問題

(1) 少年司法制度の目的

　少年司法制度の理念・目的は、少年の健全育成であり（少年法1条）、非行に陥った少年に対しても、応報的な観点から厳罰を下すというのではなく、教育・福祉・医療などを含めた総合的な見地からの対応がなされなければならない。なお、「健全育成」という言葉は、少年を権利の主体として見るのではなく、保護の客体と見るニュアンスがあるため、最近では、少年司法制度の理念を、少年の成長発達権保障という観点から捉え直すべきであるという考えがもはや常識である。

　少年の成長発達権保障（健全育成）とは、少年が未来に開かれた可能性を秘めており、試行錯誤を繰り返しながら成長してゆく過程にあることを前提とし、教育的配慮及び対応によって、非行に陥った少年が再び

非行に走ることなく，自らの力で立ち直り生きてゆくことを支援することに他ならない。少年は，経験・学習を積み重ねながら，日々成長して人格を形成していくが，この過程は，人間存在の根本に連なるものとして，国家・社会などがみだりに干渉すべきでない憲法上の権利（憲法13条，25条，26条など）であると言うべきである。

もとより，試行錯誤の過程において非行に走った少年に対しては何らかの支援が必要である。そして，その支援としての少年審判手続及び保護処分は，少年自身や被害者，家族・関係者などの人間の尊厳，基本的人権の尊重などについて，少年を啓発するものでなければならない（子どもの権利条約40条参照）。

このような視点からすれば，少年に対する保護処分は，刑罰でもなければ社会防衛処分でもないのであり，少年の成長発達権を保障するものでなければならない。

(2) 少年法「改正」と少年審判の変容

ところが，現実には，少年法は，2000（平成12）年を皮切りに，2007（平成19）年，2008（平成20）年，2014（平成26年）と相次いで「改正」され，刑事裁判化，刑罰化・厳罰化が志向された。4度の「改正」を経ても，少年法1条が規定する「少年の健全育成」という理念は変わらないとされるが，実際には，制度の変更は理念の変容をもたらし，少年審判のあり方や調査官調査のあり方が変容しているというのが現場の実感である。そのために，少年の成長発達権保障がないがしろにされる事態が生じている。なお，2000（平成12）年以降の「改正」の歴史についての詳細は，2014（平成26）年度版政策要綱を参照。

このような変容は，時の経過とともに不可避である担い手の変化が大きい。すなわち，2000（平成12）年から15年を経て，当時の「改正」をめぐる議論を知らない者たちが，今の少年審判を担う裁判官・調査官・付添人になっている。そのため，「改正」法の解釈運用も立法当時に議論されていたような厳格なものではなくなってきて，安易な検察官関与や観護措置期間の特別更新がなされたという事例や，少年法の理念に反する逆送事例なども報告されているところである。

少年法が徐々に「改正」されてきたことに対し，日弁連は常に反対してきたが，残念ながら，「改正」を阻止することはできなかった。反対運動にもかかわらず「改正」されてしまった以上，我々弁護士は，個々の事件において，弁護人・付添人として活動する中で，少年法の理念を守る守護者にならねばならない。

(3) 新たな少年法「改正」の動き

与党の中に，少年法の適用年齢引き下げへ向けた動きがあったことから，日弁連は2015（平成27）年2月20日，「少年法の『成人』年齢引下げに関する意見書」を発表した。また，全国の全ての弁護士会も，同趣旨の意見書ないし会長声明を発表している。

予想どおり，自民党の成年年齢に関する特命委員会は，2015（平成27）年9月10日，少年法の適用年齢を現行の20歳未満から18歳未満へと引き下げることなどを内容とする提言をとりまとめたので，即日，日弁連は，「少年法の適用年齢引下げに反対する会長声明」を発出した。

特命委員会の提言は，少年法適用年齢引下げの理由として，選挙権年齢の引下げ等を踏まえた「国法上の統一性」を挙げるが，法律における年齢区分は，それぞれの法律の立法目的や保護法益によって定められるものであり，現に，法律によって区々の年齢区分がなされているところである。

したがって，少年法の適用年齢は，少年法の理念や刑事政策・福祉政策という政策的な配慮から決められるべきものであって，実際の少年法の運用状況のみならず，成人に対する現在の刑事司法制度が再犯防止の観点からうまく機能しているのかどうかの検証も踏まえた，冷静な議論が必要である。少年法適用年齢の引下げに賛成する世論は，その理由として少年非行が増加していると答えているが，実際には増加しておらず，人口比で言っても，20歳未満の少年人口に対する犯罪発生率は，60歳以上の高齢者人口に対する犯罪発生率よりも低いのである。

日弁連は，シンポジウムや院内集会を開催するほか，2015（平成27）年11月に「少年法の適用年齢引き下げを語る前に」と題するパンフレットを作成し，国会議員やマスコミに頒布をし，反対運動を強めている。

2000年「改正」以来の「大改正」になり得るので，我々弁護士・弁護士会は，非行に至った少年の家庭環境等，背景や実像をよく知る立場で，少年法は再非行・再犯防止という点で概ねうまく機能していることを社会にアピールして，新たな少年法「改正」を阻止しなければならない。

(4) 全面的国選付添人制度実現へ向けた運動

　少年事件に付添人を付する必要性は、成人の刑事事件の弁護人選任の必要性に勝るとも劣らない。この必要性は、2000（平成12）年の少年法「改正」により、ますます強まった。

　ところが、少年法は、少年及び保護者に付添人選任権を認めるが、資力のない少年に実質的に付添人選任権を保障する制度にはなっていなかった。2000（平成12）年改正少年法は、検察官関与のある事件について国選付添人制度を規定したが、検察官関与のない通常の事件について、付添人選任権を保障するものではなかった。

　そこで、少年の付添人選任権を実質的に保障するため、福岡県弁護士会は、2001（平成13）年2月より、当番付添人制度（身柄全件付添人制度）を発足させ、目覚しい成果を上げた。

　東京も福岡に続くべく、法友会・法友全期会は、2003（平成15）年7月、「当番付添人制度実現を提言する決議」を行い、2004（平成16）年4月からの東京での当番付添人制度実現に向けてさまざまな取り組みを行った。

　その結果、東弁では、2004（平成16）年7月28日の臨時総会において財政的手当てを行い、2004（平成16）年10月より、東京家裁本庁の事件について当番付添人制度を発足させ、多摩支部では、2005（平成17）年4月より制度実施に至った。その経過の詳細については、2014（平成26）年度版政策要綱273頁参照。

　このような運動の成果は、2007（平成19）年「改正」少年法の唯一評価できる点として、検察官関与を前提としない国選付添人制度の創設という形で現れた。

　しかし、国選付添人選任の対象となるのは、いわゆる重大事件に限られ、①故意の犯罪行為により被害者が死亡した事件、②死刑又は無期若しくは短期2年以上の懲役若しくは禁錮に当たる罪の事件、③被害者等が審判傍聴の申出をした事件、に限定されるうえしかも、裁判所の裁量的選任であるために、実際に国選付添人が選任される事件は、身体拘束事件全件のうちのわずかに過ぎなかった。

　2009（平成21）年に被疑者国選弁護事件の対象がいわゆる必要的弁護事件に拡大した後は、法制度としては、被疑者国選弁護人が選任された少年について、その弁護人が、家裁送致後には少年から「去って行ってしまう」という不合理な事態になりかねないものとなっていた。そのため、国選付添人選任の対象事件を少なくとも身体拘束事件全件に広げるためにも、各弁護士会が独自に当番付添人制度（全件付添人制度）を発足させ、人的対応能力を示した上で、少年が付添人の援助を受けることが、少年の権利保障の観点はもちろん、少年の更生にも不可欠であるという実績を示すことが必要であった。そこで日弁連は、2009（平成21）年3月、全面的国選付添人制度実現本部を立ち上げ、制度実現へ向けた内外への働きかけを本格的に開始した。

　そして、全国で全件付添人制度（当番付添人制度）を実現・維持していくためには、援助制度の充実・継続が不可欠であり、そのための財政的な手当てを講じることが必要であった。そこで、日弁連は2007（平成19）年10月より、少年保護事件付添援助事業を含めた各種法律援助事業を、法テラスに委託して実施することとした。そして、この事業を支える財源の手当の必要性があったことから、法友会・法友全期会は、2008（平成20）年7月、「少年保護事件付添援助制度等を維持・発展させるための財源手当を求める決議」を行い、新しい基金（少年・刑事財政基金）の創設及びその維持を推進してきた（詳細は2014〔平成26〕年度版政策要綱273頁参照）。その結果、2008（平成20）年12月の日弁連臨時総会において、「少年・刑事財政基金」の創設とそのための特別会費徴収（1人当たり1か月3,100円）が決まった。

　ところが、必要的弁護事件以外の被疑者弁護の受任が促進されたこと、付添人活動が全国的に充実してきたことから、早くも2009（平成21）年には援助制度利用件数が想定件数を上回り、このままでは2010（平成22）年中に基金が枯渇する事態になった。そこで、2010（平成22）年2月の臨時総会にて、特別会費徴収額を1人当たり1か月4,200円に増額することが決まった。

　そして、このような取組みの成果として、2014（平成26）年4月11日、国選付添人制度の対象事件を拡大する少年法改正案が可決成立した。

　ただし、この改正に伴い、検察官関与対象事件が拡大したこと、少年の厳罰化が進行したことは、少年法の理念に反する「改悪」であった。その経緯と立法過程における日弁連の対応の問題点については2014（平

成26）年度版政策要綱275頁参照。

ところが、せっかく実現した対象事件の拡大であるが、裁判所がなかなか国選付添人を選任しようとしないため、選任率が対象事件の5割に満たない状況が続いており、国選付添人が選任されなかった事案については、いまだに日弁連の委託援助事業を利用した私選付添人として活動せざるを得ない状況が続いている。

これは不合理なので、今後は国選付添人の選任率を高めるべく、日弁連と最高裁、各地の弁護士会と家裁との間で適正な運用に向けた協議を続ける必要がある。さらに全面的な国選付添人制度実現へ向けての運動を続けることも必要である。

(5) 少年矯正制度の改革

広島少年院での複数の法務教官による在院少年に対する暴行事件（以下「広島少年院事件」という。）があったことが、2009（平成21）年5月22日に広島矯正管区が発表したことで明らかになった。

これを受け、日弁連は、同日に会長談話を発表し、さらに同年9月に、「子どもの人権を尊重する暴力のない少年院・少年鑑別所への改革を求める日弁連提言」と題する意見書を公表し、「視察委員会（仮称）」等の設置を提言した。併せて、法務省内に設置された少年矯正を考える有識者会議（以下「有識者会議」という）に、日弁連子どもの権利委員会委員長を推薦して、有識者会議における議論の推移を見守ってきた。

そして、有識者会議が法務大臣に対して最終報告書を提出することが見込まれた2010（平成22）年10月には、日弁連として改めて「少年矯正のあり方に関する意見書」を公表し、「随時の視察や被収容者との面談等を行うことで処遇の実情を適切に把握し、処遇や運営について把握し、これに対して必要に応じて意見や勧告を行う機関として少年院監督委員会、少年鑑別所監督委員会（仮称）を矯正施設ごとに創設すべき」ことなどを提言した。そして、2011（平成23）年11月4日、法務省から少年院法改正要綱素案が発表されたが、少年の人権保障を大原則にするという発想に乏しいので、日弁連は、同年12月2日、「少年院法改正要綱素案に関する意見書」を発表した。その後、よりよい法律案となるよう、日弁連と法務省とで非公式の意見交換を続け、日弁連の意見が一定程度取り入れられた法案が、2012（平成24）年3月に国会に上程されたものの、混乱する国会情勢の中で廃案となり、なかなか成立しなかったが、2014（平成26）年6月4日に、ようやく可決成立し、2015（平成27）年6月1日に施行されるに至ったのである。

早速、全国の弁護士会は、それぞれ少年院・少年鑑別所の視察委員として適任者を推薦し、各委員が精力的に活動しているところである。その活動を充実したものとするために、日弁連では全国の委員の連絡協議会も開催して意見交換をしている。

ところが、法務省は、視察委員会の開催回数を予算の制約を理由に年に4回に制限しようとしており、視察委員会が形骸化しかねない事態が生じている。本来、施設から独立した第三者機関として、「抜き打ち」調査も含めた自由な視察権限があるはずの視察委員会の活動が制約される事態は法の趣旨に反するものであることから、日弁連は法務省に対して、強く抗議し、今後は、少年院・少年鑑別所改革を具体的に実施する段階になるので、日弁連として、少年院視察委員会・鑑別所視察委員会にふさわしい人材を供給してくことなど、少年矯正制度の改革が頓挫することのないように積極的に関与していかなければならない。視察委員の活動が決して形骸化することのならないよう、東京三会は都内にある3つの少年院と2つの少年鑑別所の視察委員を、責任をもって送り出し、そのバックアップ体制も考えるべきである。

3）学校内の子どもの人権

(1) いじめ

相変わらず、いじめを苦にした自殺事件が発生するなど、いじめ問題は後を絶たない。

教育現場におけるいじめは、子ども同士の葛藤、軋轢などを背景にして、いつでもどの子どもに起き得る現象である。これに加えて、国連子どもの権利委員会が指摘する我が国の競争主義的教育環境におけるストレスの増大等の要員が加わり、いじめが深刻化している。そして、近年は、携帯電話やネット産業の普及に伴って、携帯メールやサイトを利用したいじめが横行するようになり、いじめの態様が見えにくく、陰湿化していると見られている。

ところが、社会がいじめ問題に関心を持つのは、ときにマスコミが自殺事件を大きく報道したときだけであると言っても過言ではない。例えば、近年では、2011（平成23）年10月に滋賀県大津市の公立中学2年

生の男子生徒が自殺した事件が2012（平成24）年7月になって大きく報道されるようになると、社会の関心はにわかに高まった。

大津事件は、学校関係者が、いじめを察知していた被害生徒の同級生らのSOSに耳を傾けなかったために、自殺を防止できなかったこと、自殺が起きた後の中学校と教育委員会の調査の体制・方法に問題があったことから、教育現場の自立的な問題解決能力に疑問符が付くこととなったという問題があるが、学校や教育委員会の対応のまずさが、社会の怒りを呼び起こし、それが加害生徒や保護者に対する過剰なバッシングとなり、加害者側の人権侵害が生じてしまっているという点も大きな問題である。本件の学校関係者に対する不信感が、教育現場に警察が介入することを歓迎する世論を醸成してしまったことは非常に危険なことであり、いじめ問題への対策には、子どもの成長発達権保障の観点から、冷静な議論が求められるところである。

そこで、日弁連は、2012（平成24）年7月、「滋賀県大津市の公立中学校2年生の自殺事件に関する会長声明」を発表し、子どもの権利条約に立ち返った抜本的な対策を提言した。大津市は、弁護士を委員に含む第三者委員会を設置し、第三者委員会は2013（平成25）年1月、調査報告書を公表した。調査報告書は、単に自殺原因を究明するだけでなく、将来にわたるいじめ予防策として学校での弁護士の活用などの提言をも含むものである。

また、国も、2013（平成25）年6月28日、いじめ防止等のための対策を総合的かつ効果的に推進するためのいじめ防止対策推進法を制定するなど対策に動き出した。この法律は、いじめに関する基本法が制定されたという意味では歓迎すべきことであるが、内容面では、問題もある。例えば、道徳教育の充実が謳われているが、子どもを国家の考える価値観に基づく理想像に押し込め、多様な価値観を認めようとしない教育から培われる子どもたちの意識が、「普通」から外れた個性を持った子どもをいじめの対象とすることにつながるという指摘もあるところであり、道徳教育が逆効果になりかねない。また、加害者と被害者を対立構造でとらえている点やいじめの四層構造を踏まえていない点も問題である。

日弁連は、法律制定に先立ち2013（平成25）年6月20日、「『いじめ防止対策推進法案』に対する意見書」を発表していたが、これが反映されないまま法律が成立した。法律制定を受けて、学校現場が実際にどうなっていくのかを注視する必要がある。

なお、いじめ問題に対応するときには、いじめる側が、実は家庭で虐待を受けていたり、過去のいじめの被害者であったり、教師から体罰を受けていたり、その子自身が深刻な問題を抱えている可能性が高いことを頭に置きつつ対応することが必要となる。いじめる側にも適切な援助をするのでなければ、問題の根本的な解決にならないことが多い。

したがって、相談を受けた弁護士としては、場当たり的な対応ではなく、いじめの背景をも視野に入れて対応する必要がある一方、いじめられている子どもを非難するようなこと（「あなたも悪いところがあったんじゃないの」など）は決して言ってはならない。また、被害者を励ましたつもりが、かえって追い込んでしまうこともある。このように、いじめ相談については、弁護士の側でも特殊な知識・素養が必要なので、弁護士会としても継続的な研修制度の充実に努めるべきである。

また、いじめ予防のためには、子どもたちに、人権の視点からいじめについて考えてもらうことが必要なので、弁護士によるいじめ予防授業を学校現場に浸透させていくべく、東弁ではかねてより学校からのニーズに応じて弁護士を派遣する実践を積み重ねているところ、学校からの依頼は年々増加している。なお、日弁連では、2013（平成25）年12月に初めて講師養成講座を実施するなど、弁護士側のスキルアップに努めているし、東弁でもいかに講師の質を保ちつつ、増えるニーズに対応するべく人材を養成するかつかを検討中である。

(2) 体罰

体罰は、学校教育法11条で厳に禁止されているにもかかわらず、各地の弁護士会が実施している子どもの人権相談などでは、依然として、体罰に関する相談が多数ある。これは、学校・教師・保護者・地域に依然として体罰容認の意識が残っていることが原因であると思われる。

そのような中、2012（平成24）年12月に、大阪市立桜宮高校の生徒がバスケットボールの顧問から体罰を受けていたことを苦に自殺した事件が発生し、世間を騒がせた。その過程で、体罰をもって厳しく指導して

もらうことを歓迎する保護者や生徒の声も表に出てきた。このように、いまだに体罰肯定論が根強いために学校現場での体罰根絶につながらないという実態が改めて明らかとなった。

そのため日弁連は、2015（平成27）年3月19日、「子どもに対する体罰及びその他の残虐又は品位を傷つける形態の罰の根絶を求める意見書」を公表し、家庭、学校を含めあらゆる環境で体罰等が禁止されるべきことを訴え、民法の懲戒権規定（822条）の削除も求めた。

今後も弁護士・弁護士会としては、体罰が子どもの尊厳を犯し、自尊感情を低める人権侵害行為であることを言い続けていかなければならない。

(3) 教育基本法「改正」と教育改革

2003（平成15）年3月、文部科学省・中央教育審議会は、「新しい時代にふさわしい教育基本法と教育振興基本計画の在り方について（答申）」を発表した。その後のさまざまな政治情勢の中で、法案確定までに紆余曲折があったが、教育基本法改正を公約に掲げる安倍政権の下で、2006（平成18）年12月、教育基本法改正法案は、与党の賛成多数で可決成立した（それ以前の経緯については、2011〔平成23〕年版政策要綱202頁参照）。

これを受けて、同年6月には、学校教育法、地方教育行政組織法、教育職員免許法などの教育関係三法「改正」法が、多くの問題を先送りしたまま成立した。

改正教育基本法が看過できない問題をはらんでいることについては、第6部10「教育基本法改正問題」を参照されたい。

新しい教育基本法の下で、教育改革は着々と進み、2014年（平成26）年10月21日、文部科学大臣の諮問機関である中央教育審議会（中教審）は、「道徳に係る教育課程の改善等について（答申）」を発表した。この答申は、学校教育法施行規則及び学習指導要領において、道徳の時間を「特別の教科　道徳」（仮称）として位置づけ、検定教科書を導入し、子どもの道徳性に対して評価を加えること等を内容とするものである。

東弁は、これに先立つ2014（平成26）年7月11日に、「道徳の『教科化』等についての意見書」を公表した。その内容は、「道徳教育の充実に関する懇談会」が道徳の教科化について提言していたのに対し、「国家が公定する特定の価値の受け入れを子どもに強制することとなる点で、憲法及び子どもの権利条約が保障する、個人の尊厳、幸福追求権、思想良心の自由、信教の自由、学習権、成長発達権及び意見表明権を侵害するおそれがあり、見直されるべきである」とするものである。

ところが、上記の中教審答申の内容は、東弁の意見書において指摘した懸念が払拭されていないばかりか、「道徳教育の充実に関する懇談会」の報告と比較していっそう、子どもの内心や人格に対する不当な干渉となるおそれが強まっているため、2014（平成26）年11月12日、東弁は「道徳『教科化』に関する中教審答申を受けての会長声明」を発表した。

今後も、教育現場で「道徳教育」の名の下に子どもの人権が侵害される事態は進行しかねないので、注視が必要である。

また、教科書検定制度を通じて国が教育へ過度に介入する動きがあからさまになってきたので、2015（平成27）年5月12日、東弁は「教科書検定基準等の改定及び教科書採択に対する意見書」を発表したところであるが、立憲主義をないがしろにする政権の下で、将来の主権者たる子どもたちへの教育が政治的に利用されることのないよう、今後とも注視が必要である。

4）家庭内の子どもの人権〜児童虐待〜

(1) 児童虐待防止法の成立による効果と課題

2000（平成12）年5月、児童虐待防止法が与野党一致の議員立法として成立した。児童虐待の定義を明確に定め、虐待の禁止を法定して、国及び地方公共団体に児童虐待の早期発見及び被虐待児の迅速かつ適切な保護を義務づけ、守秘義務を負う医者や弁護士などが児童相談所に虐待通告した場合は守秘義務違反を問われないと定められるとともに（もっとも、虐待親から「子どもを殴ってしまうがどうしたらよいか」などの相談を受けた弁護士については、守秘義務が優先するのではないかとの議論がある）、虐待を行った者は、たとえ親権者であっても刑法上の責任を免れないこと、児童相談所長等は、児童を保護した後、保護者の面会又は通信を制限することができることなどを明文で定めた。

この内容そのものは、とくに新しい制度や権限を創設したものではなく、従来、通達により、児童福祉法や民法、刑法の解釈・運用の中で実施してきた児童虐待に関わる制度について、明文で定めて明確な法的根

拠を与えたというに過ぎない。

(2) 児童虐待防止法制定による効果と課題

これは児童虐待の防止そのものを目的として児童虐待防止法が成立したことは，社会に虐待問題を周知させ，その防止に向けて社会全体で取り組む原動力になるという意味で，喜ぶべき第一歩であった。実際，児童相談所の虐待受理件数は急増し，2000（平成12）年度に全国の児童相談所が受付けた相談は約1万9000件，2001（平成13）年度は約2万5000件だったものが，その後毎年増加し，2007（平成19）年度は初めて4万件を超え，2010年（平成23）年度には5万件を，2012（平成24）年度には6万件を，2013（平成25）年度には7万件を2014（平成26）年度には8万件を超えた（厚生労働省調べ）。

ところが，児童虐待の通告先である児童相談所は，人的・物的手当てがほとんどできておらず，十分な対応ができていないという現状である。児童相談所の人的・物的設備の充実が望まれるとともに，被虐待児救出のためには，民間の専門機関とも協力する必要があると言える。

また，弁護士の積極的な関与も期待される。そのため，各地の弁護士が，児童相談所の代理人として活動するようになってきており，大阪や横浜に続いて，2004（平成16）年度からは東京でも，各児童相談所の非常勤弁護士として弁護士が関与する仕組みができた。しかし，週に1回程度の非常勤では，本来弁護士の目が入ることが望まれる場面において，十分な働きができているとは言い難い状況があり，非常勤弁護士の数を増やして，弁護士が毎日，児童相談所に詰めるようなことも検討されるべきである。また，市区町村のレベルで虐待対応をする組織（「子ども家庭支援センター」等）や要保護児童対策協議会にも弁護士が関与していくことが期待される。

(3) 児童虐待防止法の改正

児童虐待防止法は，成立から3年後の2003（平成15）年に見直されることになっていたところ，この見直しに向けて，日弁連は，同年5月に「児童虐待防止法制における子どもの人権保障と法的介入に関する意見書」を発表するなど，積極的な意見を述べてきた。

そして，2004（平成16）年4月，児童虐待防止法が改正された。しかし，改正法は，前進はあったもののなお不十分であった。

2006（平成18）年に，2度目の法律改正が行われ，「この法律は，児童虐待が児童の人権を著しく侵害」するものであるとの文言が第1条に盛り込まれたことは，法律が，子どもが人権の主体であることを明示したという意味で画期的であった。

そして，2007（平成19）年の改正では，裁判所の令状による強制立入りの制度が規定されることになった。

(4) 児童福祉法改正の動きと親権制度の見直し

児童虐待防止法の制定・改正と同時に児童福祉法も改正を重ねてきたが，子どもの権利保障という観点からは，いまだに不十分な点が多い。

2015（平成27）年9月，社会保障審議会の「新たな子ども家庭福祉のあり方に関する専門委員会」が第1回の会合を持ち，近々，とりまとめがされる予定である。公表されているたたき台によれば，児童福祉法の適用年齢を現在の18歳未満から20歳未満に引き上げることなど，児童福祉の現場からは肯定的に受け容れられる内容のものが多い。もっとも，日弁連がかねてより求めている

現行民法の親権制度は，さまざまな問題があるが，とくに虐待を受けた子どもの保護の場面では，親権制度の見直しの必要性が言われていたところ，2009（平成21）年6月，法務省が「児童虐待防止のための親権制度研究会」を設置し，いよいよ親権制度の見直しに向けて動き始めた。

日弁連は，従前から，親権制度の見直しについてさまざまな提言を行ってきたが，改めて，2009（平成21）年9月，「児童虐待防止のための親権制度見直しに関する意見書」をまとめた。そこでは，親権の一部停止・一時停止など，目的に応じた柔軟な制度の創設を提言している。また，親子分離に際して司法審査を導入することは先送りになっているし，や，司法審査の際に子どもの国選代理人を選任することなどは盛り込まれていないなど，不十分な点はある。制度を創設することを提言している。司法審査の導入については，最高裁の抵抗も予想されるところであるが，虐待を受けた子どもをより良く保護するために必要な制度的手当は，人的・物的対応態勢を整えることとセットで速やかに行われるべきである。

2011（平成23）年5月，虐待防止の観点からの親権制度の見直しが行われ，親権の一時停止や未成年後見制度の改正を含む民法の改正が実現した。日弁連の意

見からすると十分な改正とは言えない点も多々あるが，今次の改正を，虐待を受けた子どもの保護のために有効に活用するとともに，さらなる改正へ向けて，弁護士・弁護士会としての引き続きの取り組みが求められる。

日弁連・弁護士会としては，子どもの権利保障の観点から，よりよい制度提言を続けていき，そのための実践も積んでいかなければならない。

(5) 未成年後見制度の改善

親権制度の見直しに伴い，未成年後見制度も改正され，従前よりも利用しやすい制度に改められたことと，折しも，2011（平成23）年3月11日の東日本大震災により，両親を亡くしたり，ひとり親を亡くしたりして親権者がいなくなった子ども（いわゆる震災孤児）が被災三県で229人（2011〔平成23〕年7月29日現在）発生し，未成年後見人の選任が必要な子どもが多数生まれたこともあって，弁護士が未成年後見人として活躍することが期待される状況が生まれた。

従前，未成年後見制度は，後見人の身上監護義務の負担が大きいことなどから，弁護士がその担い手になることを躊躇する例もあり，また，裁判所も弁護士後見人を活用する姿勢が乏しかったと言える。子どもの権利保障の観点からは，未成年後見制度の運用が低調なことが問題であった。今般の民法改正により未成年後見制度が以前よりは使いやすいものになり，弁護士も後見人に就任しやすくなったとはいえ，いまだ，身上監護義務に伴う損害賠償義務の負担が大きいことや未成年後見人の戸籍事項が被後見人の戸籍に載ることなど，弁護士が職務として後見人に就任することの壁は残っている。

そこで，日弁連は，2012（平成24）年2月，「未成年後見制度をより使いやすくするための制度改正と適正な運用を提案する意見書」を発表し，家庭裁判所が積極的に弁護士を未成年後見人に選任すべきであると提言するとともに，弁護士後見人の負担を過大なものとしている現行制度の改善を求めるとともに，親族後見人の不正防止という観点から最高裁が導入を進めてきた後見制度支援信託制度を未成年後見に利用することの慎重な運用を求めた。

民法改正を受け，2011（平成23）年以降，日弁連と最高裁は，継続的に各地の運用状況について協議を続け，制度の円滑な運用のために協力していく姿勢で進んできている。各地でも家裁と弁護士会との間の協議を継続して，子どもの権利保障の観点からよりよい運用を模索すべきであるし，弁護士会としては，責任をもって，専門性のある未成年後見人を推薦できるように研修体制や候補者名簿の作成に取り組む必要がある。

(6) 司法面接制度の導入の必要性

虐待や犯罪の被害者になった子どもや目撃者となった子どもからの聴き取りは，子どもの特性に合わせた専門的訓練を積んだ者が原則として1回で行うことにより，可及的に信用性の高い子どものありのままの供述を得るとともに，二度三度の聴き取りによる二次被害を防ぐことが必要である。そこで，関係機関が一堂に会してバックヤードで見守る中で，訓練を積んだ面接者が子どもからの聴き取りを行い，その様子を全てビデオでとり，それを捜査機関も福祉機関でも，また司法手続の中でも生かしていく司法面接という制度が我が国でも導入されるべきである。日弁連は，2011（平成23）年8月に，「子どもの司法面接制度の導入を求める意見書」を発表した。

刑事訴訟の中での証拠の取扱いについての検討課題は残っているが，縦割り行政の中で関係機関の連携が必要であるので，日弁連が主導権を発揮して，関係機関との協議を進めて制度創設を現実化していく必要がある。

制度化には各種法律の改正というハードルがあるが，近時，現場では少しずつ司法面接制度の意義が認識され，試行的な取組みもされるようになってきているので，日弁連としての積極的な取組みが期待される。

5）児童福祉施設内の子どもの人権

(1) 児童福祉施設の現状

被虐待児の受け皿である児童養護施設等の児童福祉施設は，現在，危機に瀕していると言っても過言ではない。なぜならば，処遇が困難な被虐待児の入所が増加しているにもかかわらず，政府の定める「児童福祉施設最低基準」による人的・物的水準はあまりに低位であり，しかも，かつては，最低基準を上回る基準を定めていた東京都では，逆に職員の定員が削減されたのが現状である。とくに，心理職員の配置が不十分なため，心に深い傷を負った子どもたちに対して，適切なケアを行うことができないことは大きな問題である。

さらに，子どもを保護する入口である児童相談所の

一時保護所は，定員を超える子どもを収容しているために，手厚い処遇ができず，子どもに過度な規制をすることで秩序を保とうとしたり，通学ができなかったり外部交通が保障されていなかったりして，子どもの人権侵害的な処遇がなされているという実情がある。虐待で傷ついた子どもたちの成長発達権保障に悖る施設になってしまっていることは由々しき事態である。

(2) 施設内虐待

また，児童養護施設等における体罰・虐待等は後を絶たない。もっとも，児童養護施設等の閉鎖性と，中にいる子どもたちが声を上げる術を持たないことから，問題が公になることは少なく，施設内虐待の実情把握は容易ではない。

しかし，千葉県の恩寵園における虐待は，園長らの刑事事件（有罪が確定）にまで発展した。

また，2002（平成14）年9月には，茨城県の筑波愛児園を相手に，東京弁護士会に人権救済申立がされ，東京弁護士会では，同年11月，同園における十数年にわたる虐待行為を認定し，施設に対して警告を，監督権限を持つ東京都と茨城県に対して勧告を行った。

その他にも，全国で複数の施設での体罰・虐待の事実が明らかになっている。

家庭の中で虐待を受けてきた子どもたちが，施設でも虐待を受けるというのは悲劇である。これを防止するための1つの方策として，外部の目が入ることが不可欠であるところ，一部施設の中には，オンブズパーソンを受け容れているところもあるが，問題のある施設ほど，外部の人間を入れたがらないという傾向がある。

東京都では，社会福祉事業団が運営する旧都立の児童養護施設において，2000（平成12）年10月から半年の試行期間を経て，2001（平成13）年4月からオンブズパーソン（正式名称は「サービス点検調整委員」）制度が導入されたものの，東京都の児童福祉行政の方針により，この制度は，2002年（平成14）年度をもって終了してしまった。

弁護士が社会の隅々にまで入っていくべしという司法制度改革の流れからしても，児童福祉施設のオンブズパーソンも弁護士が担うことが必要になってくるというべきであり，弁護士・弁護士会としては，オンブズパーソン制度の必要性を説いて制度の創設を行政に働き掛けるとともに，適切な人材を，責任を持って送り込んで行くべく，人材の養成が望まれる。

6）子どもの権利条約

1994（平成6）年，日本は子どもの権利条約を批准し，2014（平成26）年は，批准後満20周年を迎えた。そこで，東弁では，2014年（平成26）年12月13日に，子どもの権利条約批准20周年記念シンポジウム「決めないで。私の幸せ，わたし抜きでは。〜子どもの権利条約が求めるもの〜」を開催し，子どもを人権・権利の主体として見ることの意味と子どもの権利を実現するために弁護士による法的支援が重要であることを訴えた。

この20年間の中で，我が国における子どもの権利保障は，前進した点もあるが，まだ子どもの権利条約に則った法律の制定や行政の運用がされているとは言い難い。子どもの権利条約44条1項に基づき，各国政府は，国連子どもの権利委員会に対して，同条約の実現状況を定期的に報告すべき義務を負っている。政府の報告書提出とそれに対する日弁連のカウンターレポートの提出，それらを踏まえた国連子どもの権利委員会の審査の経過については，2011年（平成23）年度版「政策要綱」204頁に詳しく述べたとおりである。

日本政府は，これまで第1回ないし第3回の国連子どもの権利委員会の審査において，いずれも我が国の条約実施状況が不十分であることを指摘されても，それを無視し続けているが，2016（平成28）年に第4回目の政府報告書が提出される予定になっており，その内容が注目される。日弁連としても，政府報告書に対するカウンターレポートを速やかに提出することが必要である。

前回政府は，国連子ども権利委員会の最終見解を無視した施策を続けた上，2008（平成20）年4月に，予定より2年遅れて第3回政府報告書を提出した。これを受けて，日弁連は，2009（平成21）年7月，カウンターレポートとして「子どもの権利条約に基づく第3回日本政府報告に関する日本弁護士連合会の報告書」を作成している。

弁護士・弁護士会としては，国連子どもの権利委員会の最終見解を踏まえて，子どもの権利条約を社会の隅々にまで浸透させるための地道な活動を今後も行なっていかなければならない。とくに，司法手続の中で子どもの権利条約が生かされることがほとんどないことは問題であり，司法関係者の意識改革が必要であり，

そのためには弁護士活動の中での実践の積み重ねという地道な努力が不可欠であろう。

7）子どもの権利に関する自治体の取組みと条例の制定

子どもの人権救済に関わるオンブズパーソンは，全国的な制度としては整備されていないが，自治体レベルでは，兵庫県川西市（1999〔平成11〕年），神奈川県川崎市（2000〔平成12〕年），埼玉県（2002〔平成14〕年）などで実現している。

東京都では，子どもの権利擁護に関する権限を有する第三者機関の設置に向けて，1998（平成10）年11月から，「子どもの権利擁護委員会」による子どもの権利擁護システムが試行的にスタートした。財政難や子どもの「権利」に対する反発等さまざまな障害が発生して，しばしば廃止の危機がささやかれたが，2004（平成16）年4月から，「子どもの権利擁護委員会」は形式的には廃止するものの，東京都福祉局子ども家庭部が所管する「子どもの権利擁護専門相談事業」として，「子どもの権利擁護専門員」が従前とほとんど変わらない権利擁護活動を本格実施することになった。ただし，あくまでも福祉局の策定する要綱に基づいて実施される事業であり，子どもの権利条例制定の目途は立っていない。専門員が子どもの権利擁護活動を全うするためには，行政からの独立性確保が必須であり，行政に対する権限規定が明文化されることが不可欠である。

弁護士・弁護士会としては，全国の自治体で子どもの権利条例が制定され，子どもの人権の特殊性に配慮した，独立し，かつ十分な権限を有する人権救済機関が作られるよう，条例制定段階から積極的に提言を行う必要があろう。

8）子どもの問題専門の法律相談窓口

(1) 東京弁護士会「子どもの人権110番」

東京弁護士会では，1986（昭和61）年より，子どもの人権救済センターを設置し，子どもの問題専門の法律相談窓口として，電話相談と面接相談をいずれも無料で実施してきた。

ここ数年は，年間600件前後の相談がある。必ずしも一般に（とくに子どもたちに），その存在が周知されていないので，広報のあり方に課題が残るものの，着実な実績を残している。

ただ，平日の午後1時30分から4時30分までしか相談業務を実施していなかったため，日中，学校に行っている子ども本人からはアクセスしにくいのではないかとか，仕事をしている大人からの相談も難しいのではないかという問題点が指摘されていた。

(2) 子どもの人権110番の拡張

2004（平成16）年6月から，都市型公設事務所である東京パブリック法律事務所の全面的な協力を得て，同事務所内で，平日の午後5時から午後8時までの夜間相談（電話・面接とも）と土曜日相談（午後1時から4時）を実施することになった。

相談件数は倍増の勢いであり，夜間・休日の法律相談業務を実施することの重要性が明らかとなった。

社会の中の「弱者」の中でも一番の弱者である子どもがアクセスしやすい法律相談窓口を設置・拡充することは，全国の弁護士会で取り組むべき大きな課題であろう。

(3) 民間組織との連携

子どもの人権110番に寄せられる相談のうち，少なからぬ相談が，「今夜泊まる場所もない子ども」に関するものである。子どものための一時的な居場所（避難場所）作りは，子どもの人権110番の相談担当者の長年の願いであった。

そこで，2004（平成16）年6月，子どもの人権110番の相談活動に携わってきた弁護士が中心となって，NPO法人カリヨン子どもセンターを設立し，子どものためのシェルターを開設した（2008〔平成20〕年3月に社会福祉法人カリヨン子どもセンターとなった）。そして，東京弁護士会子どもの人権救済センターとカリヨン子どもセンターとの連携システムを作り，子どもの人権110番の相談担当者が，子どもの緊急な保護が必要と判断した場合には，カリヨン子どもセンターが運営するシェルターへ保護することが可能となった。

子どもの人権保障を全うするためには，単に相談活動を行うだけでなく，実際に子どもを救済するための受け皿が必要であり，弁護士会とNPO法人の連携として，各地の弁護士会からも注目されているところである。

その後，全国の弁護士が少しずつ立ち上がり，2007（平成19）年に神奈川，愛知，2009（平成21）年に岡山，2011（平成23）年に広島，2012（平成24）年に，京都，福岡で，2013（平成25）年に北海道で，2014（平

25) 年に千葉と新潟で，それぞれ弁護士を中心にNPO法人が設立され，子どもシェルターが開設された。

これらの動きの中で，日弁連は2011（平成23）年2月「『子どものためのシェルター』の公的制度化を求める意見書」を発表した。これを受けて，厚生労働省が，子どもシェルターを，児童福祉法上の児童自立援助ホームの一形態と位置づけられるように要綱を改正したので，2012（平成24）年度からは，補助金が出ることになり，子どもシェルター開設の動きが促進されることが期待される。ただし，補助金は，必要な運営費のすべてを賄えるわけではない。全国で子どものニーズに応じた数だけ子どもシェルターを開設し，安定的な運営をするには，公費のよりいっそうの投入が不可欠である。そのためのさらなる働き掛けが必要となる。

弁護士・弁護士会は，各種民間組織と連携しながら，子どものための相談活動・人権擁護活動を実効あらしめるべく，新しい取り組みが求められていると言えよう。

(4) 子どもに対する法律援助

これらの活動に対する弁護士費用は，日弁連が法テラスに委託した各種人権救済関連自主事業の1つである「子どもに対する法律援助制度」を使うことになる。

従前，法律扶助協会東京都支部の独自事業として行われていたものが全国に広まることとなったものであるが，それに伴い，従前の援助対象が削られてしまったり，申込手続が子どもの特性に対する配慮を欠いたものとなったりしているという難点もある。

そのため，制度の柔軟な運用や援助対象の拡大を図るなど，子どもの人権救済活動に当たる弁護士の経済的負担を軽減することにより，活動の担い手を拡充し，ひいては，これまで法的救済の埒外に置かれていた子どもたちが広く弁護士の援助を受けられるような仕組みを作るべきである。

9）子どもの代理人制度

(1) 自主的な取組みとしての子どもの代理人活動

我が国では，行為能力の制限ある子どもに親権者から独立した代理人選任権があるとは考えられていなかったし，ましてや国費で子どもに代理人が選任されるという制度は存在しない。しかし，日弁連の法テラス委託援助事業である上記の「子どもに対する法律援助事業」を利用して，弁護士が子どもの代理人として活動する事例は増えており，国費による子どもの代理人制度創設の必要性は高い。

そこで，以下のような制度の実現を目指して，立法提言，社会運動等の政治的取り組みを進めるべきである。

① 児童福祉法等の改正により，虐待を受けた子どもが行政手続によって親子分離された際，子どもに国選代理人が選任されるような制度の創設。

この方式をとり，国選弁護人や少年保護事件の国選付添人のように，国選代理人の指名通知等の業務を法テラスの本来事業とすることにより，法テラス予算（国費）の中で賄うことになる。

② 児童相談所が関与しないが親子関係に問題がある事案において，子どもに弁護士による法的援助が必要な場合に，子どもが民事法律扶助制度を使えるような制度改正。民法，家事審判法，総合法律支援法等の改正が必要となる。

これは，選任権は子ども本人であるが，弁護士費用を法テラス予算（国費）の中で賄うというというものである。

(2) 家事事件手続法の子どもの手続代理人

2011（平成23）年5月，家事審判法が全面的に改正されて家事事件手続法が成立し，2012（平成24）年1月に施行された。その中で，子どもが家事事件手続に参加する制度ができ，参加の際に弁護士を代理人として選任できるという制度が作られた。法文上は「手続代理人」であるが，これは子どもの代理人制度の一類型であると言え，子どもの代理人の選任が法律上の根拠を持ったという点では日弁連の意見を反映させた画期的なものだと言える。ただし，その費用の手当ができておらず，子どもによる代理人選任権が画餅と化しかねないという問題がある。すなわち，家事事件手続法の規定では，裁判所が手続代理人を選任する場合（国選代理人）に，その費用は子どもが負担することが原則とされており，極めて不合理な制度である。また，子ども自身が弁護士を選任する場合（私選代理人）に，行為能力の制限がある子どもは，償還義務の負担のある民事法律扶助利用契約を単独で締結することができない。そこで，日弁連は，2012（平成24）年9月，「子どもの手続代理人の報酬の公費負担を求める意見書」を発表して，法務省との協議を行ったが，公費化の目

処が立たないままに制度が始まり，子どもの代理人選任件数は極めて少ないほどんどない状態で推移している（第5部第2の2）。

これに対し，最高裁と日弁連の間では一定の問題意識の共有が図られ，2014（平成26）年9月から始まった民事司法改革に関する最高裁・日弁連協議の中で，子どもの手続代理人制度の充実部会が開催されることとなった（第5部第1の8参照）。今後，一定の成果が得られることが期待されるが，日弁連・弁護士会としては，社会に対しても，子どもの手続代理人の有用性を訴えて制度の改善につなげていく必要がある。子どもの手続代理人の報酬の国費化へ向けて，日弁連・弁護士会は運動を強めていかなければならない。

10）民法成年年齢見直しの動き

2007（平成19）年5月に成立した日本国憲法の改正手続に関する法律（国民投票法）が，国民投票の投票権者の範囲を18歳以上と定めるとともに，「選挙権を有する者の年齢を定める公職選挙法と，成年年齢を定める民法その他の法令の規定について検討を加え，必要な法制上の措置を講ずるものとする」と規定したことを受け，2008（平成20）年2月，法務大臣は，法制審議会に民法成年年齢引き下げの是非を答申した。

この経過からも明らかなとおり，民法成年年齢の引き下げの是非が問わることになったのは，それ自体として，引き下げを必要とする立法事実があったということではなく，あくまでも国民投票法に引きずられたものである。しかし，国民投票の投票年齢や選挙年齢の引き下げと民法の成年年齢を，必ずしも一致させる必要はない。諸外国でも，成年年齢と選挙年齢が一致していない（成年年齢の方が高い）国は3分の1近くある。

したがって，民法成年年齢の引き下げ自体にそれを必要とする立法事実があるのか，また，逆に，引き下げることによる弊害はないのか，という点が慎重に検討されなければならない。

この点，日弁連は，多角的な検討を行った結果，2008（平成20）年10月21日付けで「民法の成年年齢引下げの是非についての意見書」を発表し，「現時点での引下げには慎重であるべき」としていた。

そして，法制審民法成年年齢部会における検討を経て，2009（平成21）年10月28日，法制審議会は「現時点で直ちに成年年齢の引下げの法整備を行うことは相当ではない」としながらも，将来的には「民法の成年年齢を18歳に引き下げるのが適当である」とする答申を行った。ただし，答申は，引下げを可とする条件として，かなり高いハードルを設けている。すなわち，「民法の成年年齢の引下げの法整備を行うには，若年者の自立を促すような施策や消費者被害の拡大のおそれ等の問題点の解決に資する施策が実現されることが必要である。現在，関係府省庁においてこれらの施策の実現に向け，鋭意取組が進められているが，民法の成年年齢の引下げの法整備は，これらの施策の効果が十分に発揮され，それが国民の意識として現われた段階において，速やかに行うのが相当である。」としている。

にもかかわらず，答申の結論部分だけが独り歩きして，答申が条件としているさまざまな法整備をしないままに，ただ民法成年年齢を引き下げるということがないように，日弁連・弁護士会としては，監視の目を光らせる必要がある。

そもそもの立法事実の有無や他法への影響についての検討の詳細は，2011（平成23）年度版「政策要綱」207頁を参照されたい。

法制審答申を受けた後，しばらくは具体的な動きはなかったが，国民投票の投票権が18歳以上と定められ，次いで選挙権年齢が18歳以上に引き下げられたことにより，民法成年年齢の引き下げも喫緊に動きがあると予想される。

しかし，憲法改正を党是とする自民党が政権に復帰してからは，いつ，動き出すとも限らず，その際，しかし，法制審が引下げを可とした条件はいまだに成就しているとは言い難いので，国会が拙速に走ることのないよう，日弁連・弁護士会は積極的な働き掛けをする必要がある。

2 高齢者の人権

> 介護や能力補完を必要とする高齢者の人権と福祉を考えるに当たっては，ノーマライゼーションの理念を基礎として，高齢者の自己決定権を十分に尊重し，その残された能力を最大限に活用して，生き生きとした生活を送ることができるように援助することが必要である。

1）基本的視点

(1) 高齢者問題の現状

我が国は，医学の進歩による平均寿命の伸びと少子化により，諸外国に例を見ないほど急激な早さで高齢化社会を迎えている。65歳以上の高齢者の全人口に占める割合は，1970（昭和45）年に7.1％であったが，2013（平成25）年には25.1％と初めて25％を超え（総務省統計局人口推計），さらに2025（平成37）年には，30.3％に達するものと推計されている（国立社会保障・人口問題研究所推計）。また，認知症率，要介護率が急速に増加する75歳以上の後期高齢者の全人口に占める割合も，2015（平成27）年で12.9％に達している（総務省統計局2015〔平成27〕年データ）。

高齢者世帯についてみると，核家族化，少子化による高齢者と子どもの同居率の低下を原因として高齢者世帯が著しく増加している。

平均寿命の伸びによる高齢者絶対数の増加によって，単に「高齢者」という，一括りにできない様々な人々が含まれることになり，高齢者問題も多岐にわたることになった。

比較的若年の高齢者の中には，就労を希望している者も多数存在する。介護期間の長期化で，在宅介護において，親族等の介護者の負担加重等から高齢者に対する虐待等の人権侵害が行われたり，他方，介護施設においても，プライバシーに対する配慮がなされていなかったり，老人病院において，認知症のある老人に対し，薬剤を使って「寝たきり」状態にしたり，ベッドや車椅子に縛っておく等の人権侵害が行われている事例が数多く見られる。また，判断能力の低下や孤独を抱える高齢者を狙った財産侵害や悪徳商法による消費者被害も多発している。

(2) 高齢者の権利擁護と基本的視点

上記の通り「高齢者」と言っても一括りにできない多様な人々が含まれる以上，一人一人が住み慣れた地域で自分らしく生き生きとした生活が送れるために必要とされる援助は，異なっている。高齢者の人権と福祉を考えるに当たっては，すべての人が，同じ人間として普通に生活を送る機会を与えられるべきであるというノーマライゼーションの理念を基礎として，高齢者の自己決定権を十分に尊重し，その残された能力を最大限に活用し，住み慣れた地域で生き生きとして生活を送ることができるように援助することが必要である。

2）成年後見制度の活用

(1) 成年後見制度の利用促進

2000（平成12）年4月から施行された介護保険制度により，介護サービスの利用は措置制度から契約関係に移行した。これに伴い，認知症等の判断能力の低下・喪失がみられる高齢者が契約上の不利益を被らないよう成年後見制度が導入された。

この間，成年後見制度の利用は飛躍的に進み，後見・保佐・補助の3類型の開始審判申立件数は2000（平成12）年度が3,492件であったところ，2014（平成26）年は34,373件と実に9.8倍に増加し，同年12月末時点における成年後見制度（成年後見・保佐・補助・任意後見）の利用者数は合計で184,670人となっている（最高裁判所発表「成年後見関係事件の概況」）。今後，団塊の世代が後期高齢者になるに伴い，さらに成年後見制度の活用が見込まれる。

家庭裁判所も事件数の増加への対応に追われているが，さらに利用しやすい制度の構築，家庭裁判所の人的・物的拡充による審理の迅速・適確化が必要である。

(2) 親族後見人等による権利侵害への対策

また，成年後見制度の普及に伴い，後見人等による財産侵害等の権利侵害も現実化している。特に，親族後見人等による不正行為は，2010（平成22）年6月から2011（平成23）年6月までの13ヶ月間に242件，被害

総額26億7,500万円とされており，これに対する有効な対策を講ずることは，成年後見制度への信頼，ひいては判断能力の低下した人に対する権利擁護の観点から喫緊の課題である。弁護士会としては，後見人・後見監督人等候補者に適切な人材を供給して，未然に被害を防止するとともに，不正が疑われる案件に関し複数後見による早期是正を図るなど，職責を果たす体制を整備すべきである。

また，東京家裁の弁護士・弁護士会に対する信頼を回復するため，東弁は，2013（平成25）年度に，他会に先がけて弁護士会による後見人・後見監督人候補者の推薦方式（団体推薦方式）を強化し，研修や事案検討会の充実・強化を図り，報酬の5％を弁護士会に納付させることを通じて業務遂行状況を把握するなど，弁護士会としての管理監督体制を，個々の弁護士の独立に反しない限度で行う体制を作った。

なお，2011（平成23）年に最高裁が親族による横領等の不祥事を防止するための方策として，信託協会の協力を得て「後見制度支援信託」という仕組みを提唱し，その試行的運用を開始した。成年後見制度が本人の自己決定権の尊重を理念とし，本人のための柔軟な財産管理や身上監護を目指している制度であるのに対し，後見制度支援信託は運用によってはこれに悖るおそれがある。東京三弁護士会は，東京家庭裁判所における後見制度支援信託の試行的運用にあたって，その運用が本人のための後見制度の趣旨に悖らないよう，事案の内容に応じて適切な運用がなされるよう協議を尽くしてきた。現状，東京家庭裁判所では，本人の状態に応じて手元金の余裕を認め，むしろ本人の財産のうち一部のみを信託に付して最低限の財産を保全するなど，柔軟な運用がなされている。

(3) 弁護士後見人等への信頼の確保

残念ながら，弁護士後見人等による不祥事も相次いで報道されている。弁護士会の役職を務めた者も複数含まれており，弁護士への信頼を根底から覆す事象であり，不祥事防止のために積極的に有効な対策をとることは喫緊の課題である。

この点，司法権の独立（憲法76条）と，これを支える弁護士の独立性確保を強調する立場から，個々の弁護士が受任する事件に関する弁護士会の指導・監督については，消極的な意見がみられる。しかし，弁護士会が強制加入団体であり，個々の弁護士に対する資格審査，懲戒などの監督が弁護士会にのみ認められている弁護士自治の趣旨に鑑みれば，弁護士による不祥事を防止するために積極的な手立てを講じ，社会的責任を果たすことは，弁護士自治を守り，弁護士の国家権力からの独立性を維持するために避けては通れない課題である。

後見人等に対する監督は，第一義的には家庭裁判所の役割である。しかし，専門職後見人等としての弁護士の職務の適正に関して，弁護士会は独自の立場で，判断能力の低下した被後見人等の権利擁護の観点から，弁護士の職務の適正をチェックし，あるいは，弁護士が不祥事に陥らないよう業務を支援する体制を整備すべきである。なお，東弁の不祥事対策は，第2部第1の7の7）の(6)を参照されたい。

また，弁護士後見人による不祥事により被後見人の生活が揺るがされる事態に対しては，弁護士会が何らかの補塡をすることも検討されるべきである。

3）高齢者虐待

介護保険制度の普及，活用が進む中，一方では高齢者に対する身体的・心理的虐待，介護や世話の放棄・放任等が，家庭や介護施設などで表面化し，社会的な問題となっている。2005（平成17）年6月，介護保健法が改正され，高齢者等に対する虐待の防止及びその早期発見その他権利擁護のため必要な援助等の事業が市町村の必須事業とされるようになった（介護保険法115条の38第1項4号）。この事業の内容として，成年後見制度を円滑に利用できるよう制度に関する情報提供を行うことが挙げられており，2006（平成18）年4月から発足した全国の市町村が設置する地域包括支援センターが，この事業を担うこととされている。また，2006（平成18）年4月から高齢者虐待防止法が施行された。

高齢者虐待防止法は，①身体的虐待，②介護・世話の放棄・放任，③心理的虐待，④性的虐待，⑤経済的虐待を「虐待」と定義している。

虐待者は，被虐待者と同居している者が88.6％と多数を占め，虐待されていることを自覚している高齢者は約半数にとどまっている。

高齢者虐待を覚知した自治体には，家族からの虐待から避難させなければならない場合等において老人福祉法上の措置により施設入所等を行うことや，財産上

の不当取引等の被害を防止するため成年後見制度の申立等が義務づけられているが，法律上の専門的相談まで地域包括支援センターの職員が担当することは現実的でなく，弁護士等法律専門家とのネットワークの構築により，必要に応じて連携・役割分担して被虐待高齢者を救済していくことが求められている。

このため，弁護士会としては，各自治体及び地域包括支援センター等からの要請に応じて臨機に専門的相談を提供できるネットワーク作りを重要な活動の一つと位置づけなければならない。低所得者への対応など，法テラスとの協力関係も構築すべきである。

4）認知症高齢者の医療をめぐる問題点

2006（平成18）年4月，介護報酬・指定基準等の見直しが行われた。その一つとして，指定介護老人福祉施設において，一定の看護・医療体制の確保を条件に，医師が一般に認められている医学的知見に基づき回復の見込みがないと診断した者に対する「看取り介護」への介護報酬加算が創設された。

しかし，本人の意思確認が困難となる終末期においては，従前の本人の意向と家族の意向とに相克が生じることも予想される。後見人等には医療同意権は付与されていない現状，代諾権者が誰か判然としない状況下で，安易に家族の意向を優先させれば，生命の維持という最も根本的な人権が侵害されかねない。

「看取り介護」の実施状況を調査するとともに，適正な実施のための提言，実施状況の監視が必要である。

5）消費者被害

判断能力の低下や孤独感などから，高齢者を狙った財産侵害や悪徳商法による消費者被害が多発している。

これらの被害の再発防止は成年後見制度の活用によるとして，被害の回復には弁護士による法的助力が不可欠である。2004（平成16）年6月に施行された総合法律支援法は7条において，「総合法律支援の実施及び体制の整備に当たっては，国，地方公共団体，弁護士会，日本弁護士連合会及び隣接法律専門職者団体，弁護士，弁護士法人及び隣接法律専門職者，裁判外における法による紛争の解決を行う者，被害者等の援助を行う団体その他並びに高齢者又は障害者の援助を行う団体その他の関係する者の間における連携の確保及び強化が図られなければならない」と規定する。

この趣旨に則って，弁護士会は，高齢者又は障がい者の援助を行う地域包括支援センターや社会福祉協議会，その他援助団体との連携関係を築き，関係を強化していかなければならない。低所得者への対応など，法テラスとの協力関係も構築すべきである。

3 障がい者の人権

> 障がいのある人は，社会の一員としてすべての基本的人権を完全かつ平等に享有し，固有の尊厳を有する権利の主体であるという「障がいのある人の権利に関する条約」の基本理念を則った社会の構築，制度の実効性確保のための施策が必要である。特に，2016年（平成28年）4月1日には障害者差別解消法が施行される。差別的取扱の禁止と，合理的配慮の実施を注意深く見守らなければならない。

1）基本的視点

世界的には，2006（平成18）年に国連において「障がいのある人の権利に関する条約」（Convention on the Rights of Persons with Disabilities）（以下「権利条約」という）が採択され，2008（平成20）年5月に発効した。同条約の基本理念として，障がいのある人は，社会の一員としてすべての基本的人権を完全かつ平等に享有し，固有の尊厳を有する権利の主体であることを表明した。そして，「障がい観」をそれまでの医学モデルから社会モデルへと大きく転換させ，「障がいのある人が個々に必要な支援を得て社会の対等の一員として位置づけられること（インクルージョン）」という理念に基づき，障がいのある人が地域で暮らす権利を保障した。さらに，「差別」には直接差別・間接

差別のみならず、合理的配慮を行わないことも含まれることを明確にした。

ところが、我が国においては、長らく障がいのある人は「権利の主体」ではなく「保護の客体」として従属的地位に置かれてきた。また、地域における受入れ環境が整わないために退院することができずに、人生の大半を病院で送る「社会的入院」状態の障がいのある人が何十万人といる現状がある。その背景には、国連加盟各国のGDP（国内総生産）に対する障がい者関係支出額の比率を対比すると、我が国の障がい政策公的支出費用比率は0.67％とされ、加盟30か国の中で下から3番目であり、我が国の障がいのある人の権利保障の水準は国際水準に照らして、憂慮すべき低い水準に置かれているということがある。

日本政府は、2007（平成19）年9月に権利条約に署名した上で、2009（平成21）年12月に障害者制度改革推進本部を設置し、権利条約の批准に向けて国内法の整備が行われてきたが、遅々として国内整備が進まない状況があった。しかし2014（平成26）年1月20日に遂に日本政府も権利条約を批准した。しかし、我が国の法整備は今なお不十分であり、障がいのある人たちは「あらゆる人権及び基本的自由の完全かつ平等な享有」には程遠い状況に置かれている。

2）障害者自立支援法から障害者総合支援法へ

障害者自立支援法違憲訴訟において、国（厚生労働省）（以下「国」という）と障害者自立支援法違憲訴訟原告団・弁護団とが2010（平成22）年1月7日、基本合意文書を調印し、自立支援法の2013（平成25）年8月までの廃止を確約した。

そして、政府では、2009（平成21）年12月から権利条約批准の実現を目的として、障がい者制度の集中的な改革を行う「障がい者制度改革推進本部」、障がいのある人を半数以上の構成員とする「障がい者制度改革推進会議」（以下「推進会議」という）を設置し、当事者の意見を踏まえずに拙速に施行して障がいのある人の尊厳を傷つけた障害者自立支援法の轍を踏まないように、55人からなる「総合福祉部会」が設置され、障害者自立支援法廃止後の新たな総合的な法制について精力的な議論がなされ、新しい法律の骨格が提言されてきた。これを踏まえ、障害者自立支援法（自立支援法）は2013（平成25）年4月1日に「障害者の日常生活及び社会生活を総合的に支援するための法律（障害者総合支援法）」に変更される旨の法律が2012（平成24）年6月20日に参議院で可決成立、同年6月27日に公布された。

2006（平成18）年に施行された障害者自立支援法は、障がい者に対する福祉サービスを行政の「措置」から「契約」に転換し、福祉サービスの利用量に応じた自己負担を伴う応益負担を制度の骨格とするものであり、障がいゆえに生じる「必要な支援」を「利益」とみなし、本人の責任に帰する仕組みであった。これに対して、障害者総合支援法では、基本理念として、「全ての国民が、障害の有無にかかわらず、等しく基本的人権を享有するかけがえのない個人として尊重される」こと、「全ての国民が、障害の有無によって分け隔てられることなく、相互に人格と個性を障害者及び障害児が基本的人権を享有する個人としての尊厳にふさわしい日常生活又は社会生活を営むことができるよう、必要な障害福祉サービスに係る給付、地域生活支援事業その他の支援を総合的に行い、もって障害者及び障害児の福祉の増進を図るとともに、障害の有無にかかわらず国民が相互に人格と個性を尊重し安心して暮らすことのできる地域社会の実現に寄与することを目的と」（第1条）し、「全ての国民が、障害の有無によって分け隔てられ」ないこと、「障害者及び障害児が可能な限りその身近な場所において必要な日常生活又は社会生活を営むための支援を受けられることにより社会参加の機会が確保されること」、「どこでだれと生活するかについての選択の機会が確保され、地域社会において他の人々と共生することを妨げられないこと」、「障害者及び障害児にとって日常生活又は社会生活を営む上で障壁となるような社会における事物、制度、慣行、観念その他一切のものの除去に資すること」を基本理念として支援がなされなければならないとされた（第1条の2）。

そして、従前の身体障害・知的障害・精神障害という障害類型から外れる難病等の障害者にも必要な支援を谷間なく提供できるよう、「障害者」の範囲の見直しがなされる。また、「障害の程度（重さ）」ではなく、支援の必要性を基準として「障害支援区分」が定められる。さらに、地域の中で生活できるよう社会基盤の整備、地域移行支援事業の整備が行われる。

弁護士会としても，障がい者の地域移行支援を促進するため日弁連から日本司法支援センターへの委託援助事業「精神障害者・心身喪失者等医療観察法法律援助」の積極的な活用，後見・保佐・補助の受け皿づくりに，尽力すべきである。

3）障害者差別解消法の成立・施行

前述のとおり，2006（平成18）年に権利条約が採択された後，我が国もその批准に必要な国内法の整備を進めてきたが，遅々として進まなかった。

国際的には，1990（平成2）年に「障がいのあるアメリカ人のための法律」が包括的に差別を禁止し，その後，1992（平成4）年にオーストラリアで，1993（平成5）年にニュージーランドで，1995（平成7）年にイギリスで障害者差別禁止法が制定され，さらに2000（平成12）年にはEUで「雇用・就労と職業における均等待遇のための一般的枠組み設定に関する指令」が採択され，EUにおいて障がい分野の差別を禁止する立法を有しない加盟国は無い状況となっている。アジアにおいても，2010（平成22）年に韓国で「障害者差別禁止及び権利救済等に関する法律」が制定された。

このように先進国と言われる国において，障がい分野の差別を実効的に禁止する何らかの法律の制定をみない国は我が国以外にない状況になっていたが，ようやく2013（平成25）年6月19日，「障害を理由とする差別の解消の推進に関する法律」（以下「障害者差別解消法」という）が制定された。しかし，この法律の内容は，権利条約及び日弁連が従前から求めてきた内容と比べると不十分な点があるので，日弁連は，2013（平成25）年6月19日，以下の問題点を指摘する会長声明を発している。

① 差別の一類型である合理的配慮義務違反につき，行政機関等は法的義務となっているのに対し，民間事業者は努力義務にとどまっていること。
② 権利侵害の救済機関として新たな組織を設けず，既存の機関を活用していくことが想定されているが，実効性ある権利救済のためには，第三者性のある救済機関が必要であること。
③ 本法律は，差別の取扱いや合理的配慮の具体的内容など，重要事項の定めをガイドラインに委ねているが，このガイドラインは，障害者権利条約の各則の趣旨に適合する内容となるよう具体化するとともに，障害のある人の実状にあった内容となるよう，国会の関与などの制度的担保が必要であること。

本法律の施行は，2016（平成28）年4月であり，差別的取扱いが禁止されるとともに，障害者差別を解消するための合理的配慮が国・地方公共団体等には法的義務として，民間事業者にも努力義務として求められる。安易に「過重な負担」に逃げることなく，すべての人が個人として尊厳を重んじられる社会を実現しなければならない。

本法律は，施行から3年経過時に，所要の見直しを行うこととされているが，問題解消のため，施行後3年を待たず，可及的速やかに本法律を見直すべきであり，日弁連・弁護士会としてもさらなる運動が必要である。日弁連では，2014（平成26）年10月の第57回人権擁護大会において，シンポジウムを開催するとともに，「障害者権利条約の完全実施を求める宣言」を発表したが，引き続き，社会の意識を変えるための取組みが必要である。

4）障害者虐待防止法の実効性確保

(1) 障害者虐待防止法の概要

2011（平成23）年6月18日，障害者虐待防止法が成立し，2012（平成24）年10月1日に施行された。

同法の立法趣旨は，障がい者に対する虐待が障がい者の尊厳を害するものであり，障がい者の自立及び社会参加にとって障がい者に対する虐待を防止することが極めて重要であること等に鑑み，障がい者に対する虐待の禁止，国等の責務，虐待を受けた障がい者に対する保護及び自立の支援のための措置，養護者に対する支援のための措置等を定めることにより，障がい者虐待の防止，養護者に対する支援等に関する施策を促進し，もって障がい者の権利利益の擁護に資することにある。

障がい者に対する虐待を，行為類型別に①身体的虐待，②ネグレクト，③心理的虐待，④性的虐待，⑤経済的虐待，主体別に①養護者による虐待，②障害者福祉施設従事者による虐待，③使用者による虐待と定義し，虐待の禁止，虐待の早期発見，虐待に対する措置を定めた。市町村・都道府県に「障害者虐待防止センター」，「障害者権利擁護センター」が設置された。法律の施行後3年を目途に再検討が予定されている。

(2) 養護者による虐待に関する弁護士の役割

養護者による虐待の背景には，障がい者及びその養護者の孤立があることが指摘されている。障がい者及び養護者が家庭内で孤立することのないよう社会的に支援していくことが必要である。養護者への支援・見守りでは障害者への虐待を防げない場合には，障がい者を養護者から分離し，成年後見制度の活用などにより障がい者の権利を守り，障がい者が社会の中で生活できるよう支援する必要がある。

弁護士は，虐待された障がい者の権利を守る立場での関与，虐待をしたとされる養護者からの依頼をいずれも受ける立場にあるが，いずれの場合であっても，障がい者本人の権利擁護を中心に据えて，利害調整に当たらなければならない。

(3) 施設従事者による虐待に関する弁護士の役割

施設内における虐待は，障がい者自身が被害を訴えることが困難であったり，家族が「面倒をみてもらっている」意識から声を上げにくかったりすることから，施設内における虐待が発覚しにくい側面があった。障害者虐待防止法の施行，公益通報者保護法により，施設従事者による虐待が顕在化し，虐待防止が促進されることが期待される。

弁護士は，障がい者及びその家族，公益通報者，施設設置者，都道府県等からの依頼を受ける立場にある。障害者虐待防止法の趣旨を踏まえ，虐待の事実の確認，虐待を受けた障がい者の保護，公益通報者の保護，再発防止策の策定などに遺漏なきよう助言しなければならない。

(4) 使用者による虐待に関する弁護士の役割

使用者による虐待は，使用者による直接的な虐待のみならず，従業員間の虐待を放置することも使用者による虐待に当たる（ネグレクト・安全配慮義務違反）。

弁護士は，障がい者及びその家族，公益通報者，使用者，都道府県等からの依頼を受ける立場にある。障害者虐待防止法の趣旨を踏まえ，虐待の事実の確認，虐待を受けた障がい者の保護，公益通報者の保護，再発防止策の策定などに遺漏なきよう助言しなければならない。特に，労働局による使用者への指導監督等は体制の整備が遅れている。適切な権限行使に向けて，弁護士が果たす役割は大きい。

(5) 3年後の見直しに向けて

今回の立法においては，学校，保育所等，病院における虐待は，通報義務や行政による措置など法による権限行使の対象から外された。しかし，現実には，学校においては，障がいのある児童に対する教員による虐待や生徒によるいじめが生じている。これに対して，学校現場が有効な対策を取れているとは言い難い。また，精神病院等に社会的入院で長期入院を強いられている障がい者に対する虐待も後を絶たない。学校及び病院における虐待も障害者虐待防止法の対象とするよう，働きかけていくべきである。

5) 罪を犯した知的・精神障がい者の支援

刑務所等の矯正施設入所者の中には知的障がいや精神障がいにより生活上のさまざまな困難を抱えながら，従来，福祉的な支援を受けられずに罪を犯してしまった障がい者が含まれている。新規受刑者の約22％に知的障がいがあるとの指摘もある。

(1) 刑事手続の中での支援

社会の中での生活よりも刑務所等での生活の方が期間が長くなっている中・軽度の知的障がいや精神障がい者は，障がいのわかりにくさゆえに社会の中に居場所がなく，孤立し，排除されて，罪を犯してしまうことが少なくない。そして，刑事手続の中でも，障がいの特性に気づかれることなく，「反省の色がない」などとして十分な弁解もできず刑務所等に排除されている。

弁護人として関わる弁護士には，

① 被疑者・被告人の障がいに気づき，取調べや刑事裁判の中において知的・精神障がい者の防御権を十分に行使できるよう援助する。

② 福祉的支援を受けていなかった被疑者に福祉機関を関与させ，起訴猶予・身柄拘束からの解放を実現する。

③ 社会内処遇に向けて福祉機関等の社会資源を活用したサポート体制をコーディネートし，執行猶予判決を得る。

などの活動が求められる。

(2) 刑務所等を出るときの支援

2011（平成23）年度までに都道府県に設置された「地域生活定着支援センター」を中心に，「地域生活定着促進事業」が展開されている。その他，市区町村の福祉事務所，社会福祉協議会，病院，福祉作業所，グループホームなどの関係機関と連携し，障がい者が社会

的に排除されて刑務所等に戻らなくてすむよう支援していくべきである。

弁護士会は，これらの罪を犯した障がい者の支援に関する基本的知識を，全ての刑事弁護に関わる弁護士に周知すべきである。

4 両性の平等と女性の権利

- 憲法14条1項及び24条に定める両性の平等を実現すべきである。
- 選択的夫婦別姓，婚外子差別の撤廃，婚姻適齢の平等化，再婚禁止期間の再考をなすべきである。また，養育費の算定につき，見直しを行うべきである。
- 労働の分野においては，①男女間の処遇・賃金格差，②女性労働者の非正規化，③男女間の勤続年数の格差の問題を解決せねばならない。また，労働現場におけるマタニティー・ハラスメントを根絶する取り組みをすべきである。
- 法曹界における両性の実質的平等を実現すべきである。

1）基本的視点

憲法第14条1項で，性別に基づく差別が禁止され，第24条で，家族生活における個人の尊厳と両性の平等を定めている。にもかかわらず，いまだにあらゆる場面で男女間格差や差別は存在し，実質的平等は実現されていない。

女性の社会進出が謳われつつも，厳然として存在する性別を理由とする差別につき，法改正を軸として，全ての人間の実質的平等を実現していかねばならない。

2）婚姻制度等の改正

法制審議会は，1996（平成8）年2月，①「選択的夫婦別姓」の導入，②婚姻適齢を男女とも18歳に統一すること，③女性の再婚禁止期間を100日に短縮すること，④婚外子の法定相続分を婚内子と同等とすること，⑤「5年以上の別居」を離婚原因とすること，等を内容とする「民法の一部を改正する法律案要綱」を答申した。さらに，2010（平成22）年にも国会への提出を目指して上記要綱と同旨の法律案が政府により準備されたが，保守派を中心とする反対にあい，国会提出には至らなかった。なお，2013（平成25）年9月14日最高裁大法廷で，婚外子の相続分差別規定（900条4号但書前段）につき違憲決定が出され，同年12月5日に民法改正案が可決したが，その他の条項についての改正は同時になされていない。

日弁連及び東京弁護士会は，これまで何度も民法の差別的規定の改正を求めてきたが，直近では，日弁連は2015（平成27）年3月18日に「夫婦同姓の強制及び再婚禁止期間等民法の差別的規定の早期改正を求める会長声明」を出し，東京弁護士会では2015（平成27）年3月2日に「夫婦同氏強制及び再婚禁止期間等の民法の差別的規定の早期改正を求める会長声明」を出している。

(1) 選択的夫婦別姓

氏名は個人の人格権の一内容を構成する（最高裁1988〔昭和63〕年2月16日判決）。しかし，現行民法750条の夫婦同姓の規定は，婚姻に際して姓を変更したくない者に対しても姓の変更を強いることになるので，人格権を侵害するものであるという強い意見もある。

もし，婚姻をしても姓を変えたくないのであれば，事実婚という方法を選択せざるを得ない。ところが，いまだ事実婚は法律婚と完全に同等の法的保護がなされているとは言い難いため，事実婚を選択することによって不利益を被っている者も存在する。さらには，法律上の婚姻の条件として姓の変更が挙げられていることとなり，憲法24条1項の「婚姻は，両性の合意のみに基づいて成立する」旨の規定にも違反するという主張もされているところである。

たしかに，現行民法750条において，女性が姓を変更することは条文上強制されていないが，我が国においては現行民法の下で妻の姓を選択した夫が10％を超

えたことはなく，直近のデータでは2014（平成26）年に婚姻した女性の98.1％が夫の姓に改姓しており，実質的平等が実現されているとは言い難い。女性の社会進出が進んでいる現代社会において，職場で通称名を用いても，公的書類は戸籍上の氏名を用いなければならないため，混乱や不都合が生じている。そして，夫婦同姓を維持する代わりに，通称名を使用できる範囲を拡大して仕事上の不利益を解消しようという意見に対しては，戸籍上は改姓していることに変わりがないので，女性の自己喪失感は大きいという強い反対意見が存在する。

一方で，夫婦同姓を望む意見も存在するので，同姓か別姓かを押し付けるのではなく，同姓・別姓の選択を認める，選択的夫婦別姓の導入が重要である。

この点，女子差別撤廃条約第2条は，女性に対する差別法規の改廃義務を定め，同条約16条（b）は，「自由に配偶者を選択し及び自由かつ完全な合意のみにより婚姻をする同一の権利」を定め，同条（g）は，「夫及び妻の同一の個人的権利（姓及び職業を選択する権利を含む）」を定めており，国連女性差別撤廃委員会も，夫婦別姓を実現するよう，日本政府に対し，繰り返し改善勧告を行っている。

もともと，日本においても夫婦同姓が採用されたのは1898（明治31）年であり，それまでは女性は結婚後も実家の姓を名乗っていたものであり，「家制度」が導入された旧民法から夫婦同姓が始まったものである。そのため，夫婦同姓が我が国固有の歴史ある制度とはいえず，すでに廃止された「家制度」の名残である夫婦同姓を維持する意義は乏しい。

そして，2015（平成27）年12月16日に夫婦別姓につき最高裁は合憲との判断を行ったが，上記理由により違憲の疑いが濃厚である以上，国会は民法改正を行い，選択的夫婦別姓制度を早急に導入すべきである。

現時点では，もはや夫婦同姓の原則を採っている国は少数となっており，個人の尊厳と両性の実質的平等を実現すべく，夫婦同姓制度の改正を積極的に提言していくべきである。

(2) 婚外子差別の撤廃

2013（平成25）年9月4日，最高裁大法廷は，子が数人あるときに婚外子の相続分を婚内子の2分の1とする規定（民法900条4号但書前段）につき，憲法14条1項に違反すると判示する決定を行った。これを受けて，2013（平成25）年12月5日，民法900条4号但書前段を削除する民法改正案が可決成立し，相続面における婚外子差別がようやく解消された。

なお，根本的には，「嫡出子」「非嫡出子」という用語自体が，差別的であるので，その用語も改めるべきである。さらには，出生届に婚外子か婚内子かの区別をいまだに記載しなければならないとされる戸籍法も改正されるべきである。これについては，「最高裁が違憲としたのは民法900条4号但書前段だけ」という詭弁を用いて，戸籍法改正に反対した国会議員も存在し，2013（平成25）年の臨時国会において，参議院では，民法改正と戸籍法改正にも踏み込む改正案が野党議員から提案されたが，わずか1票差で否決された。

このように，国会が最高裁の決定を受けても，最低限度の改正しか行っていない現状に鑑み，日弁連としては粘り強い取り組みを行って，「嫡出子」用語の撤廃及び戸籍法の改正の実現を図るべきである。

(3) 婚姻適齢の平等化

現行民法731条では，男性は18歳，女性は16歳で婚姻できると定められており，男女で婚姻適齢に2歳も差がある。

これに対し，日本政府は，女子差別撤廃委員会から何度も婚姻適齢を男女とも18歳にするように勧告されていたが，自由権規約第6回報告書審査においても2014（平成26）年に改めて婚姻最低年齢の改正を勧告された。世界的には，16歳での結婚は「児童婚」とされており，女性から教育の機会を奪うという意味もある。日本においては児童への性的搾取へ取り組みが遅れていると国際社会から非難されていたが，2014（平成26）年6月18日，児童買春，児童ポルノに係る行為等の処罰及び児童の保護等に関する法律の一部を改正する法律が成立し，同年7月15日から施行された。これにより自己の性的好奇心を満たす目的での児童ポルノの単純所持も禁止されることになったが，いまだに「JKビジネス」と称する少女の性的搾取が横行している。そのため，児童婚の容認も，これらと同じく女性蔑視が根底にあることと思われる。

そのため，両性の実質的平等のために，早急に現行民法731条の改正を実現すべきである。

(4) 再婚禁止期間と無戸籍の子

現行民法733条1項で，女性のみ6か月間の再婚禁止期間が設けられている。

そのため、離婚後300日以内に生まれた子は、遺伝子上の父ではなく、前夫が子の父親と推定されるために、子の出生届を出さない母親がおり、無戸籍の子が存在するに至っている。この場合、医師の証明や裁判上の手続で対応をしているのが現状であり、手続きが煩雑である。

父性の推定の重複を避け、法律関係を早期に安定させて子の福祉を図るためという立法理由は、立法当時は合理性があったものの、DNA鑑定の技術が進んで、現在は遺伝子上の父親が科学的に立証できるまでに至っている。そして、DNA鑑定を行わなくとも、6か月間も再婚を禁止する合理的理由はなく、100日に短縮することで足りる旨、上述の1996（平成8）年2月の法制審議会総会決定「民法の一部を改正する法律案要綱」も指摘している。

しかし、女子差別撤廃委員会は、再婚禁止期間が女性のみに課せられていることを問題とし、再婚禁止期間の短縮ではなく、撤廃を勧告している。

再婚禁止期間について、2015（平成27）年12月16日に最高裁は100日を超える部分については違憲という判断を行った。上述の通り、再婚禁止期間の短縮よりも撤廃が望ましいところではあるが、国会は上記最高裁判決を尊重し、速やかに民法改正を行うべきである。

(5) 養育費の算定

離婚後、子の養育費については、主に女性から男性に請求することが多い。

これは、女性が親権を得ることが多いというだけではなく、自力で十分な収入を確保できない女性が多いという、男女間格差にも起因する。

しかし、家庭裁判所において一般的に用いられている養育費の算定表は、判例タイムズ1111号で2003（平成15）年に発表されたものであり、東京・大阪の裁判官の共同研究（東京・大阪養育費等研究会）で作られたものであった。

現在の裁判所では、この算定表が動かし難い基準として運用されている傾向があり、事案に応じた弾力的な運用がなされているか疑問がある。さらに、この算定表で算出される養育費が、最低生活水準にも満たないという事態となっており、母子家庭の貧困を一層推し進めている。

そこで、日弁連は2012（平成24）年3月15日に「「養育費・婚姻費用の簡易算定方式・簡易算定表」に対する意見書」を出し、新たな算定表の作成を試みている。これまで、養育費の支払い確保に関して日弁連では過去2回、「離婚後の養育費支払確保に関する意見書」（1992〔平成4〕年2月）及び「養育費支払確保のための意見書」（2004〔平成16〕年3月19日）を発表している。しかし、養育費算定の方法や算定金額についての具体的な意見はいまだ出したことはない。

養育費の履行の確保はもちろん必要であるが、支払われる養育費が不十分であれば、子どもの教育の機会が失われ、貧困が連鎖するという事態を招く。そのため、養育費の算定を見直し、かつ、それが確実に履行されるようにしなければ、子の福祉は実現しない。したがって、子どもの権利保障という観点から、養育費の算定の見直しも、より具体的に検討されるべきである。

(6) ドメスティック・バイオレンス、ストーカー、リベンジポルノ

夫や恋人など、親しい関係の男性から女性に対する暴力（ドメスティック・バイオレンス、略して「DV」）について、国連は、DVが女性に対する人権侵害ないし性差別であり、かつ、全世界に共通する看過し得ない問題であるとの認識から、1993（平成5）年12月に「女性に対する暴力撤廃宣言」を採択し、1995（平成7）年の北京宣言では、「女性及び少女に対するあらゆる形態の暴力を阻止し、撤廃する」と表明した。

これを受けて、日本でも2001（平成13）年4月、「配偶者からの暴力の防止及び被害者の保護に関する法律」が成立し、同年10月13日施行された。

2004（平成16）年6月及び2007（平成19）年7月の一部改正により、「配偶者からの暴力」の定義を拡大し、離婚後に元配偶者から引き続き受けるこれらの暴力又は言動も含めるものとした。さらに、保護命令制度の拡張、退去命令の期間の拡大、再度の申立も認めた。そのうえ、生命・身体に対する脅迫を受けた被害者も保護命令の申立ができることとし、被害者に対する電話・電子メール等の禁止命令、被害者の親族への接近禁止命令も認めることとした。

その後、デートDVと呼ばれる交際相手からの暴力が社会的に問題となり、2013（平成25）年6月の改正（2014〔平成26〕年1月3日施行）により、法律名が「配偶者からの暴力の防止及び被害者の保護等に関する法律」に改められた。ただ、交際相手といっても、「生

活の本拠を共にする交際相手」に限定されているため，範囲が非常に狭い。生活を共にしていなくとも，交際相手からの暴力にさらされている被害者は多数存在するのであるから，これについては，対象を拡大すべきである。

そして，DVからストーカーに発展する事案が非常に多い。ストーカー殺人は後を絶たず，警察に相談していたが，被害を防げなかった事案も多数報告されている。

そこで，2000（平成12）年5月，「ストーカー行為等の規制等に関する法律」が成立した。しかし，立法当初予定していなかった，電子メールの連続送信や，被害女性の実家での殺傷行為等の被害事案も生じていたので，2013（平成25）年6月，①連続して電子メールを送信する行為を規制対象に追加，②被害者の住所地だけでなく，加害者の住所地などの警察・公安委員会も警告・禁止することができる，③警察が警告したときはその内容を被害者に通知し，警告しない場合は理由を書面で通知する等の改正が行われた（同年10月3日施行）。

しかし，「LINE」「フェイスブック」等のSNS（ソーシャルネットワークサービス）上のメッセージの送信について規制が及んでいなかったので，警察庁の有識者検討会は，2014（平成26）年8月5日，SNS上のメッセージの送信も規制対象とする法改正をすべきである旨の報告書をまとめた。これについては1年以上経過した現在も改正がなされておらず，インターネット及びスマートフォンの普及により，被害が増大している現状に鑑みると，早急に法改正を進めるべきである。

マイナンバー制度との関係では，DVやストーカー被害で住民票の住所地以外の場所に転居している場合，住民票のある市区町村に居所情報登録申請書を提出することでマイナンバーの通知を居所で受け取れるようにしたが，その申告期間は1ヶ月と極めて短期間であり，しかも，場所を明かせないシェルターに避難している場合には居所の証明の点で問題となるので，転居しているDV等の被害者全てがマイナンバーの通知を受け取れたのか疑問である。さらには，DV被害者が子どもを連れて逃げている場合，離婚していなければDV加害者も子どもの法定代理人であるので，DV加害者が子どものマイナンバーを取得できる可能性があり，この点でも課題がある。マイナンバー制度によって，DV被害者やストーカー被害者の個人情報が漏れないよう，制度の整備を進めるべきである。

そして，元交際相手の裸の写真をインターネット上でばらまく，「リベンジポルノ」も世界中で問題となっている。一度，インターネット上に出回った写真は，加害者でも回収・削除が不可能となることから，被害者が長期間にわたって回復困難な被害を被ることとなり，重大な人権侵害となっている。このような社会情勢を受けて，2014（平成26）年11月19日，私事性的画像記録の提供等による被害の防止に関する法律（リベンジポルノ防止法）が成立し，一定の規制ができた。

これら主として女性に対する犯罪に関して，弁護士は，警察と連携しながら，被害者の安全な避難先の確保や住所等の漏洩防止措置等にも積極的に関与していく必要があろう。

そして，広く法教育を行い，ストーカーやDV，リベンジポルノの加害者にも被害者にもならないように啓発活動を行うべきである。

3）女性の労働権

(1) 基本的視点

2013（平成25）年度の統計では，女性の就業者のうち，雇用者は2,406万人，家族従業者は142万人，自営業主は139万人となっており，雇用者は就業者全体の89.1％を占めている。それゆえ，働く女性の大部分は雇用労働であるといえる。にもかかわらず，雇用労働における女性の現状を見ると，①男女間の処遇・賃金格差，②女性労働者の非正規化，③男女間の勤続年数の格差の問題がある。

①について，役職者に占める女性の割合は，2013（平成25）年度の統計によると，部長級5.1％，課長級8.5％，係長級15.4％となっており，2012（平成24）年度より微増したものの，男女間の格差は開いたままである。さらに，一般労働者の正社員の男女間の賃金格差についてみると，男性を100とすると，女性は，きまって支給する現金給与額で71.3となっており，2012（平成24）年度の71.5に比べて格差が若干拡大してしまっている。

②については，1985（昭和60）年には女性の正規雇用は67.9％であったが，2013（平成25）年には44.2％となっており，年々下がっている。他方で，2013（平成25）年の女性の非正規労働（パート，アルバイト，

その他）は56.8％に達しており，前年より49万人も増加している。したがって，女性の過半数は非正規労働者である。しかし，男性の正規雇用は，年々減少傾向にあるとはいえ2013（平成25）年は78.8％にものぼり，大きな男女格差が見られる。

③については，2013（平成25）年の統計で，勤続10年以上の男性は49.5％，女性は33.3％であり，平均勤続年数は，正社員の女性は10.1年，正社員男性は14.0年で，男女差は3.9年であった（ただし，企業規模10人以上）。女性の勤続年数が短いのは，仕事と家庭の両立を図ることが困難であるためであり，日本の女性の年齢階層別労働力率は，出産・育児期の30歳代に低くなる，いわゆる「M字カーブ」現象が見られる。まず，十分な育休を誰でもが取れるわけではないという壁があり，さらに，出産・育児後に再就職しようとしても，正規雇用が困難であったり，正規雇用における長時間労働の実態から，家庭との両立のために非正規雇用を選択せざるを得ないという実状も報告されている。育児・介護休業法は，有期雇用労働者（期間雇用者）には適用されないとしていたが，2005（平成17）年に改正され，有期雇用労働者にも適用されるようになり，有期期間労働者にも育休が認められるようになったが，①申し込み時点で同一の事業主に引き続き1年以上雇用されていること，②子の1歳の誕生日以降も引き続き雇用されることが見込まれること，③子の2歳の誕生日の前々日までに，労働契約期間が満了しており，かつ，契約が更新されないことが明らかでないことという厳しい条件が付されている点が問題である。誰でもが育休を取得できる仕組みにしなければ，今後も「M字カーブ」現象は続くであろう。

また，職場における女性に対するハラスメントは多様化し，セクハラ・パワハラの他に，働く女性が妊娠・出産をきっかけに職場で精神的・肉体的な嫌がらせを受けたり，妊娠・出産を理由とした解雇や雇い止めで不利益を被ったりするなどの不当な扱いを意味する，マタハラ（マタニティー・ハラスメント）も存在する。

以上のことからして，女性の権利の確保，両性の平等の実現は，労働の権利の確保の場面でも非常に重大であり，女性の労働環境を整えることは，急務であるといえる。

(2) 性別を理由とする昇進及び賃金における差別の禁止

男女雇用機会均等法6条で，労働者の配置，昇進，降格等につき，性別を理由として差別的取り扱いをすることを禁じている。

そして，男女雇用機会均等法施行の約40年前の1947（昭和22）年には，労働基準法4条が「使用者は，労働者が女性であることを理由として，賃金について，男性と差別的取扱いをしてはならない。」と定め，男女同一賃金の原則を規定している。

労働基準法4条にいう「女性であることを理由として」とは，通達によれば，「労働者が女子であることのみを理由として，あるいは社会通念として又は当該事業場において女子労働者が一般的又は平均的に能率が悪いこと，勤続年数が短いこと，主たる生計の維持者でないこと等を理由」とすることと解されている（1947〔昭和22〕年9月13日発基17号）。そのため，同一職種に就業する同学歴の男女間の主任級の差別は，一般的に労基法4条違反となる。

しかし，男女雇用機会均等法6条の「性別を理由として」とは，通達によると，例えば，労働者が男性であること又は女性であることのみを理由として，あるいは社会通念として又はその事業所で，男性労働者と女性労働者との間に一般的に又は平均的に，能力，勤続年数，主たる生計の維持者である者の割合等に格差があることを理由とするものであり，個々の労働者の意欲，能力等を理由とすることはこれに該当しないとされる。

同じく，労働基準法4条についても，通達では，「職務，能率，技能等によって賃金に個人的差異のあることは，本条に規定する差別待遇ではない」としている。

そのため，現在ではあからさまに男女に賃金差や昇進差をつける規定を置いている会社は存在しないと思われるが，人事評価や賃金制度が不透明であり，事実上の男女格差が存在しても，「能力の問題である」との抗弁が通ってはならない。そこで，使用者側は，公正・透明な賃金制度，人事評価制度の整備を行うべきである。ただし，女性管理職を増やすなどのポジティブ・アクションは，これまでの男女格差是正の良い機会であり，男女雇用機会均等法8条でも認められている。

安部内閣では，2014（平成26）年6月24日，「『日本

再興戦略』改訂2014－未来への挑戦－」（以下「再興戦略」という）を閣議決定した。そこでは，女性の活躍推進へ向けた目標として，「待機児童解消加速化プラン」「2020（平成32）年に女性の就業率（25歳から44歳）を73％（現状68％）にする」「2020（平成32）年に指導的地位に占める女性の割合30％」（以下「2020・30」という。）が掲げられ，「女性の活躍を促進することを目的とする新法の提出に向けて検討を開始することとした」とされた。

そして，2015（平成27）年の第189国会で「女性の職業生活における活躍の推進に関する法律案」が可決・成立し，2016（平成28）年4月1日から，労働者301人以上の大企業は，女性の活躍推進に向けた行動計画の策定などが新たに義務づけられることとなった。労働者が300人以下の民間事業主については努力義務にとどまっているものの，全ての事業主に対し，女性の活躍を推進するシステムの構築が望まれる。また，男女間の賃金格差の是正や非正規雇用労働者の処遇改善に資する内容が，この法律には明記されていないので，引き続き真の男女平等を目指して，法整備を働きかけていくべきである。

(3) 労働者派遣法改正の問題点

2012（平成24）年に労働者派遣法が改正され，派遣労働者の保護の観点から有期雇用の派遣労働者（雇用期間が通算1年以上）の希望に応じ，①期間の定めのない雇用（無期雇用）に転換する機会の提供，②紹介予定派遣（派遣先に正社員や契約社員などで直接雇用されることを前提に，一定期間スタッフとして就業する形態）とすることで派遣先の直接雇用を推進，③無期雇用の労働者への転換を推進するための教育訓練などの実施，のいずれかの措置をとることが，派遣会社の努力義務となった。さらに，労働契約申込みみなし制度，すなわち，派遣先が違法派遣と知りながら派遣労働者を受け入れている場合，違法状態が発生した時点において，派遣先が派遣労働者に対して直接雇用の申込みをしたものとみなす制度が，2015（平成27）年10月1日から施行されている。

他方で，2015（平成27）年9月，「労働者派遣事業の適正な運営の確保及び派遣労働者の保護等に関する法律等の一部を改正する法律」が成立した。

これまでは，特定の26業種以外の業務について，3年を超えて同じ業務に派遣労働者を受け入れることはできなかった。しかし，改正法では，課を異動すれば，3年を超えて引き続き派遣のまま雇用を続けることが可能となっている。また，これまで特定の26業種は派遣期間の制限がなく，同じ職場で働き続けられたが，今後は3年で職場を変わるなどしなければならなくなるおそれも生じた。

そして，改正法では，派遣労働者個人レベルで派遣期間の上限を設定し，派遣労働者が就業継続を希望するときは雇用安定措置をとることとされたが，雇用安定措置には私法上の効果がなく，「派遣先への直接雇用の依頼」などという「直接雇用の義務付け」ではなく単なる「依頼」レベルにとどまっており，実効性がないといえる。また，有期雇用派遣労働者の場合，事業所の過半数労働組合若しくは過半数労働者の意見を聴きさえすれば，それが反対意見であっても引き続き3年派遣労働者の受け入れを延長でき，その3年後にも同様に延長できるため，事実上，派遣先が派遣労働者を受け入れる期間制限が撤廃されたに等しい。

厚生労働省「平成24年派遣労働者実態調査」によると，女性派遣労働者のうち，53.4％の女性派遣労働者が自分自身の収入だけが収入源である。しかし，厚生労働省「賃金構造基本統計調査」（2013〔平成25〕年）によれば，一般労働者の賃金は1919円であるのに対し，男性派遣労働者は1495円，女性派遣労働者に至っては1236円である（所定内実労働時間数で除した値）。派遣は，その地位が不安定であるだけでなく，賃金が低いことからも，働きつつも貧困から脱却できないという，ワーキング・プアを招いている。

一度，派遣労働者となった者が，正規雇用労働者になるのは難しいのが現状である。そのため，2015（平成27）年の労働者派遣法改正により，ますます派遣労働者の固定化が進み，地位の不安定と貧困の問題は解決しないおそれがある。そして，改正法は常用代替防止の大原則を事実上放棄したものであるため，正規雇用労働者から派遣労働者への労働力の置き換えも進む可能性が高い。

日弁連は2014（平成26）年1月29日，「労働政策審議会建議『労働者派遣制度の改正について』に反対する会長声明」を出し，派遣労働者の雇用安定を確保し，常用代替防止を維持するための労働者派遣法改正を行うよう求めた。東京弁護士会も，2014（平成26）年3月27日付で「労働者派遣法改正案に反対し，労働者保

護のための抜本的改正を求める会長声明」を出し，常用代替防止の理念の有名無実化を懸念し，雇用の安定化を強く求めている。しかし，これらの会長声明に反する改正法が成立してしまったため，派遣労働者の問題の解決に向けてさらなる努力をしなければならない。

(4) マタニティー・ハラスメント（マタハラ）

男女雇用機会均等法9条で，婚姻・妊娠・出産等を理由とする不利益取扱いの禁止が定められている。改正前は，女性労働者について婚姻・妊娠・出産等を理由とする解雇のみの禁止規定であったが，現在の均等法では，これらを理由とする解雇以外の不利益扱いも全面的に禁止している。また，これまで明確でなかった母性健康管理措置についても不利益取扱いを禁止し，妊娠・出産に起因する労働能率の低下に対しても不利益取扱いを禁止したことは重要である。

にもかかわらず，妊娠・出産を理由に，配置転換・降格をされたり，解雇・派遣切りをされるというマタハラが増加し，訴訟も提起されるようになった。

最高裁2014（平成26）年10月23日判決では，妊娠を理由として軽易な業務への転換を希望したところ，異動に伴い降格されたことは，原則として均等法9条3項の禁止する不利益取扱いに当たるとし，例外的に，①当該労働者について自由な意思に基づいて降格を承諾したものと認められるに足りる合理的な理由が客観的に存在するとき，又は②事業主において，降格の措置を執ることなく軽易業務への転換をさせることに業務上の必要性から支障があり，その業務上の必要性の内容や程度及び上記有利又は不利な影響の内容や程度に照らして，上記措置について同項の趣旨及び目的に実質的に反しないものと認められる特段の事情が存在するときは，同項の禁止する不利益取扱いに当たらないという判断を示したうえで，原審に差し戻した。この判決後，2015（平成27）年1月に男女雇用機会均等法及び育児・介護休業法の解釈通達が改正され，妊娠・出産，育児休業等を「契機として」なされた不利益取扱いは，原則として違法と解されることが明確化された。

少子化が社会問題となりながらも，妊娠・出産した女性を労働の現場から不当に排除することは，さらなる少子化を招く。そして，これは「女性は家で子育てをしろ」というメッセージでもあるので，性別役割分担の押しつけであり，女性の労働権を著しく侵害し，ひいてはリプロダクティブヘルス・ライツ（性と生殖に関する健康とその権利）を侵害することにもつながる。

マタハラについては，包摂する問題が重大であるので，我々は根絶に向けて，積極的に取り組まねばならない。

4）弁護士社会における問題点

司法試験合格者に占める女性の割合は増加しているにもかかわらず，その家族が，法曹である女性に家庭責任を重く担わせているために，女性法曹が家庭責任を理由に弁護士会の役員就任を希望しないことが多いとすれば，それはゆゆしき事態である。この点，第二東京弁護士会は，2014（平成26）年に，副会長候補者中，女性候補が2名以下の場合には，女性候補は選挙を経ずに優先的に当選する制度を導入した。このようなクオータ制を導入するか否かについては慎重に議論をすべきではあるが，東京弁護士会においてもクオータ制を導入するか，あるいは会合の時間を昼間に設定するなどの他の方策をとるか等，検討すべきである。

さらに，女性司法修習生への法曹三者によるセクハラの報告も多数存在する。法を担い，範となるべき者が自ら人権侵害を行うことは許されるものではない。東京弁護士会及び日弁連では，セクハラの相談窓口を設けており，さらに，東京弁護士会では新規登録弁護士研修や倫理研修時にセクハラ研修を行っているが，さらなる啓発が必要である。

長らく，男性中心であった法曹界において，両性の実質的平等を実現すべく，女性の積極的登用，会務の時間的拘束の工夫，セクハラ研修等の充実による啓発，産休・育休のガイドラインの策定等を行うべきである。

5 外国人の人権

> 弁護士会は，外国人の人権に関する諸問題を解決するため，次の取組みをすべきである。
> ・外国人のための相談，救済活動の一層の拡充を行うこと
> ・我が国の入管制度，難民認定制度について法制度上及び運用上の問題点を見直すための調査，研究活動を行うと共に，その成果に基づき日弁連と協力して法改正や行政各省庁の取扱いの是正を求めるための活動をより積極的に行うこと
> ・国際人権規約の選択議定書をはじめとする外国人の権利保障に関連する諸条約の批准促進運動を展開すること
> ・外国人の人権に関する法教育や行政機関に対する説明パンフレットの配布などの啓蒙活動を行うこと

1) 入管行政の問題

日本に在留している外国人の人権状況に大きな問題があることは，国際社会から長年懸念を表明されているところである。直近では，2014（平成26）年7月24日に国際人権（自由権）規約委員会の総括所見が，同年8月29日に人種差別撤廃委員会の総括所見が発表されたが，それぞれヘイトスピーチ問題，外国人技能実習生制度，退去強制手続中の非人道的取扱いの禁止，移住労働者や難民庇護希望者等に対する日本政府の取組みの不十分さを厳しく指摘する内容となっている。しかしながら，外国人の人権状況は，なお改善されていない。法務省は，2015（平成27）年9月，第5次出入国管理基本計画を発表したが，これについても，外国人の人権の視点から問題を含むものとなっている。

(1) 現状の問題点

❶ 在留管理の強化を目的とした新たな在留管理制度を構築する2009（平成21）年7月の入管法一部改正及び従来の外国人登録制度を廃止して外国人住民を住民基本台帳に記載することとする住民基本台帳法の改正が，2012（平成24）年7月9日に施行された。これら改正法の施行の結果として，成立前から懸念されてきた，以下の点が問題となっている。

① 非正規滞在者の社会保障や行政サービスへのアクセスが困難であること

新しい在留管理制度のもとでは，非正規滞在者も対象としていた外国人登録制度が廃止された。外国人登録に代わる在留カード（特別永住者については特別永住者証明書）及び外国人住民票は，一時庇護許可者及び仮滞在許可者・出生又は国籍喪失に伴う経過滞在者を除き（ただし，これらの者についても在留カードは交付されない），非正規滞在者を対象としない。従来，非正規滞在者であっても，外国人登録を通じて各地方自治体がその存在を把握し，母子保健（入院助産，母子健康手帳，育成医療等）及び保健衛生（予防接種，結核予防，精神保健等）の対象とすること，就学予定年齢に達した子どもへの就学案内の送付を行うこと等が可能であった。しかしながら，新しい在留管理制度の下で各地方自治体において非正規滞在者の存在を把握する方法がなくなり，こうした最低限の社会保障や行政サービスすら事実上受けられなくなるおそれがある。

この問題について政府は，上記2009（平成21）年住民基本台帳法改正に関する衆議院法務委員会での審議において，これまで提供されてきた行政サービスの対象範囲が変更されることはないと答弁し，また同改正法附則23条は，非正規滞在者についても，行政上の便益を受けられることとなるようにするため，必要な措置を講じることとした。しかしながら，施行後3年以上が経過した現時点において，各地方自治体が誤った対応をし，非正規滞在者について，これまで提供されてきた行政サービスが拒否されたという実例が報告されている。

したがって，今後も，制度の動向を注視し，実態を把握したうえで，各地方自治体の誤った対応については是正を求め，非正規滞在者についても把握できる制度の構築を目指すべきである。

② 在留資格取消事由の拡大による身分の不安定化

2013（平成25）年7月9日の改正入管法施行により，これまで在留資格取消制度の対象ではなかった日本人又は永住者の配偶者としての在留資格を有する者について，「配偶者の身分を有する者としての活動を6月以上行わない」で在留した場合には，正当な理由がない限り在留資格の取消事由とされた。この改正については，改正法成立前，DVから避難している被害者まで取消制度の対象となってしまうとして強く批判され，DVによる別居など配偶者としての活動を行わないで在留していることに正当な理由がある場合は取消事由とはならないことが条文に明記された経緯がある。

しかしながら，配偶者としての活動のあり方というのは，夫婦によって様々であり，本来法務大臣や入国管理局が判断すべきものではないし，また，別居の事情についてもDV以外にも様々なものがある。したがって，このような抽象的な要件により配偶者としての在留資格を取消制度の対象とすることは，在留外国人の地位をいたずらに不安定にするものである。

したがって

❷ 近年，政府等において，テロの未然防止等の名のもとに，外国人の出入国・在留に関する管理・監視を強化する新しい体制を構築する動きが急速に進められてきた。

2007（平成19）年11月，2006（平成18）年5月の入管法一部改正（以下「2006年改正法」という）に基づき，日本に入国する全ての外国人（特別永住者，16歳未満の外国人などを除く）について，個人識別情報の提供（指紋の電磁的採取及び顔写真撮影）が義務化された。さらに，公衆等脅迫目的の所定の犯罪行為，その予備行為又はその実行を容易にする行為を行うおそれがあると認めるに足りる相当な理由があると法務大臣が認定した者及び国際約束により日本への入国を防止すべきものとされている者を退去強制することができるとする退去強制事由が追加された。

また，2007（平成19）年改正雇用対策法により，すべての事業主などに対して，新たに雇い入れた外国人の氏名・在留資格・在留期間・国籍などの個人情報を厚生労働大臣に報告することが罰則をもって義務づけられ，当該情報が厚生労働大臣から法務大臣に提供されることになった。また，2009（平成21）年には，入国時の指紋採取，顔写真撮影と一体化したIC在留カードの常時携帯を義務づける法案が可決され，2012（平成22）年7月に施行された。

しかし，これら改正法等には，以下のような問題点がある。

すなわち，日本に入国する全ての外国人に対し個人識別情報として生体情報の提供を義務づけることは，外国人のプライバシー権を侵害し，国際人権自由権規約（以下「自由権規約」という）7条が定める品位を傷つける取扱いの禁止に違反するものである。さらに，日本人と生活実態が異ならない定住外国人からも生体情報を取得することは，自由権規約26条が禁止する外国人差別である。

また，入国時に取得した生体情報を全て保管し，犯罪捜査や在留管理に利用しようとすることは，外国人の自己情報コントロール権を侵害し，外国人全体が危険な集団であるかの偏見を生み出すおそれがあると指摘されている。

さらに，上記退去強制事由の追加，すなわち法務大臣がいわゆるテロ関係者と認定した者の退去強制を可能とした点については，日本に定住している外国人の生活の根拠を奪う重大な結果を生じさせるものであるにもかかわらず，認定要件が極めて曖昧かつ広範であり，かつ，十分な不服申立の機会が制度的に担保されていない。退去強制手続における不服申立てとして口頭審理手続が存在するが，その審理の対象は，「テロリスト関係者であると法務大臣が認定した者であるか否か」であって，真実「テロリスト関係者」であるか否かは審理の対象とならないことになりかねない。とりわけ，難民の場合には，出身国と政治的に対立していることが少なくないところ，出身国において反政府活動をしている者やその支援者がテロリスト関係者として認定され，不服申立の機会が保障されないまま退去強制される可能性も否定できない。このような退去強制は，ノン・ルフールマンの原則（難民条約33条1項，拷問等禁止条約3条1項）に違反するおそれがあると言わざるを得ない。

この間の動きに対し，日弁連は，2005（平成17）年12月には「外国人の出入国・在留管理を強化する新しい体制の構築に対する意見書」を，2006（平成18）年5月には，「入管法『改正』法案の徹底した審議を求める」会長声明を，2007（平成19）年10月には「出入国管理及び難民認定法施行規則の一部を改正する省令に

対する意見書」を，それぞれ発表した。さらに，2007（平成19）年11月に開催された第50回人権擁護大会において，「人権保障を通じて自由で安全な社会の実現を求める宣言」を採択した。また，2007（平成19）年改正雇用法による外国人雇用状況報告制度については，2007（平成19）年2月，「外国人の在留管理を強化する新しい外国人雇用状況報告制度に対する意見書」を発表している。IC在留カードについても繰り返し反対の意見を表明している。

テロの防止という目的そのものに反対はないが，テロの防止のためであっても人権や基本的自由の保障を侵害してはならないことは，2005（平成17）年8月の国連人権委員会決議などで採択されている。人種差別や人権侵害のない安定した社会こそが最大のテロ対策とも考えられる。今後も弁護士会としては，法改正や運用の実態を注視し，必要であれば新たな法改正に向けた運動に取り組んでいくことが必要である。

(2) 難民問題

2001（平成13）年10月にアフガニスタン人難民申請者が一斉に収容された事件や，2002（平成14）年5月に中国瀋陽の日本総領事館で起きた事件をきっかけに，「難民鎖国」と呼ばれる我が国の難民認定制度の在り方が問題となり，2004（平成16）年5月には大幅な法改正がされた。しかしながら，以下に述べるとおり，現時点においても，数多くの問題が残っているといわざるを得ない。

❶ 現状

法務省等が発表した資料に基づいて全国難民弁護団連絡会議が発表した統計によれば，2014（平成26）年の日本の難民認定数は，一次段階で6人（認定率0.2%），異議段階で5人（認定率0.4%）という少なさである。日本の認定数の少なさ，認定率の低さは，諸外国と比較すると一層際立つ。名古屋難民支援室の調査結果によれば，2014（平成26年）のG7諸国及び韓国・オーストラリアの難民認定率及び認定数は，以下のとおりである。

米国　移民局69.9%，移民裁判所44.9%（合計21,760人）
カナダ　一次56.0%，異議4.6%（合計9,943人）
英国　一次36.35%，異議30.15%，複数回・再開15.0%（合計10,734人）
ドイツ　一次40.3%４，複数回・再開35.0%（合計33,310人）
フランス　一次18%，異議11.4%（合計16,636人）
イタリア　一次・異議10.3%（合計3,641人）
韓国　一次・異議5.4%，行政裁判所3.7%％（合計94人）
オーストラリア　一次18.75%，異議21.0%（合計2,540人）

入管法2条3号の2は，難民を，「難民の地位に関する条約第1条の規定又は難民の地位に関する議定書第1条の規定により難民条約の適用を受ける難民をいう」と定義している。同じ難民の定義を用い，しかも難民認定は裁量行為ではなく羈束行為であるにもかかわらず，諸外国との間でこれほどの差があるのは，日本の難民認定制度に根本的な問題があると考えられる。

❷ 日本の難民認定数・認定率の低さの要因

① 難民認定制度の構造上の問題

日本の難民認定制度は，出入国管理の一貫として位置づけられている。しかしながら，出入国管理と難民認定とは，その目的を異にしており，本来，難民認定は，出入国管理や外交政策の所管官庁から独立した第三者機関による認定制度が望ましい。

さらに，現状では，一次の難民不認定処分に対する異議の審査が独立した第三者機関で行われず，判断者も同じ法務大臣となっており，国連国際人権（自由権）規約委員会や拷問禁止委員会から懸念を表明されているところである。近時，難民審査参与員が難民であると判断したにもかかわらず，法務大臣がこの意見を採用せず異議を棄却した事例が複数存在していることが明らかとなっており，異議審査が独立した機関で行われていないことの問題が顕在化している。少なくとも異議手続について，独立した第三者機関による審査手続が早急に求められる。

そして，現行の参与員制度を前提とした場合に，現在の参与員は，必ずしも難民認定実務に精通しているとはいえず，このことが，後述するとおり，国際難民認実務とは乖離した日本の状況を生み出している。したがって，ア「参与員の人選にあたり専門性を十分に確保する観点から，国連難民高等弁務官事務所，日本弁護士連合会及びNGO等の難民支援団体からの推薦者から適切な者を選任するなど留意するとともに，難民審査参与員の調査手段が十分に確保されるよう体制の整備を図ること」という衆参両院での附帯決議の趣旨を生かし，UNHCRや日弁連などからの推薦者を尊重するだけではなく，他の候補者が参与員として適

任者かどうかにつき，UNHCR等の意見を聴取し，尊重する仕組みを作るとともに，イ　UNHCRが示す難民認定基準や諸外国で蓄積された難民認定実務等の専門的知見，難民認定申請者を面接する際の留意事項についての知識等について，UNHCRや研究者などの難民認定実務に関する高度な知見を有している者の関与のもとに立案された継続的かつ系統的な研修を実施することが求められる。さらに，現在の異議申立手続では，異議申立人に対し，一次審査において難民調査官が収集した資料や，異議申立手続において難民調査官が追加して収集した資料などの記録の開示が行われていない。そのため，異議申立人は，参与員に提供された記録の内容を把握することができず，異議申立人が的確な意見を述べたり，釈明をしたりする機会が十分に与えられない結果となっており，この点についても改善が求められる。

③　国際難民認定実務とは乖離した判断基準・手法

現在の日本の難民認定の判断基準や手法は，国際的な難民認定実務とは乖離したものとなっている。

例えば，難民の要件として，「迫害」を生命・身体の自由に対する侵害に限定している点，非国家主体による迫害を認めない点，本国政府から個別的に把握されていることを要求する点などである。これらはいずれも，1951（昭和26）年難民条約第35条1項に基づき条約の適用についての監督を責務とするUNHCRの発表しているハンドブックやガイドライン，執行委員会の結論，さらには諸外国の裁判例などに反しており，日本の難民認定数や認定率が著しく低い一因となっている。

また，立証基準についていえば，難民認定における立証対象が「迫害を受けるおそれがあるという十分に理由のある恐怖」という将来予測に係るものであること，誤って不認定処分がされた場合の損害が甚大であること等から，諸外国では，「50％以上の蓋然性」は必要なく，迫害を受ける可能性がごくわずかではない限り，「迫害を受けるおそれがあるという十分に理由のある恐怖」はあるとしている。しかしながら，日本の難民認定実務はこのような基準を採用していない。また，諸外国では，認定機関が「真実ではない」という確信の域に達しない限り，難民申請者には灰色の利益が与えられるべきであるとの原則（疑わしきは難民申請者の利益に）が採用されているが，日本では採用されていない。こうした立証基準等の国際難民認定実務からの乖離が，日本の難民認定数や認定率の低さの一因であると言わざるを得ない。

❸　申請者の法的地位の脆弱さ

①　審査の長期化

現在，日本の難民申請に対する審査期間は著しく長期化している。例えば2015（平成27）年1月～3月の一次審査に要する期間は平均8.1か月であり，異議審査に要する期間は平均2年3か月である。このような長期化の要因について，2015（平成27）年9月15日に法務省が発表した第5次出入国管理基本計画には，難民条約上の迫害理由に明らかに該当しない申請が急増した結果，審査期間が長期化し，真に庇護を必要とする難民を迅速に処理することに支障が生じているとの記載がある。しかしながら，全国難民弁護団連絡会議によれば，難民認定を受けた者の難民申請から異議申立ての決定までに要した時間は，不認定となった者の約2倍であるとのデータがあり，審理が長期化する理由はむしろ，難民認定の可能性がある者についてはきわめて慎重に調査するという点にある。

②　審査中の申請者の法的地位の脆弱さ

以上のように審査期間は長期化しており，一次・異議をあわせれば3年にも及ぶ。しかしながら，その間の申請者の法的地位は，極めて脆弱である。

申請者の在留資格としては，ア　難民申請中であることを理由とする特定活動，イ　仮滞在，ウ　仮放免，エ　その他（もともと難民申請とは別の理由で在留資格を有している者など）に分けられるが，多くはア，イ，ウである。しかし，現状において就労できるのはアのみで，イ及びウは就労できない。就労できないイ及びウについて，生活保護受給はできず，健康保険にも加入できない。外務省の外郭団体であるRHQによる保護費は存在するが，予算の都合上給付対象は限定的で，給付水準も生活保護を下回るものである。結果として，生活に困窮し，医療へのアクセスも困難な申請者が多い。ホームレスとなったり，NGOからの食料や衣服の支給によって辛うじて生活したりという事例も報告されている。

この問題については，2008（平成20）年10月3日国際人権（自由権）規約委員会の日本政府に対する総括所見25項が「難民認定手続にしばしば相当の遅延があり，その期間に申請者は働くことができず，社会的な

支援が限定されていることを，懸念をもって留意する。」とし，2011（平成23）年4月6日人種差別撤廃委員会の日本政府に対する総括所見23項が「委員会はまた，すべての庇護希望者の権利，特に適当な生活水準や医療ケアに対する権利が確保されることを勧告する。」と述べる。日弁連も，2014（平成26）年2月に発表した「難民認定制度及び難民認定申請者等の地位に関する提言」において，仮滞在・仮放免者についても就労を認めるように提言した。しかしながら，前述の「第5次出入国管理基本計画」は，正規在留者に対する就労許可について，希望があれば一律に就労を許可している現行の運用を見直し，例えば，類型的に保護の必要性に乏しいと認められる事案等については原則として就労活動を認める在留資格を付与しないなど，一定の条件を設けてその許否を判断する仕組みの検討を進めるとした。

　審査に数年を要し，公的保護も限定的な現状において，就労許可の範囲を限定する動きは，難民申請者の制限を著しく脅かすものであり，結果として申請者に申請をあきらめさせ，迫害のおそれのある国へ帰国させる結果を招く。これは，難民条約に反する行為である。

❹　これまでの日弁連の提言と今後

　これまで日弁連は，難民問題に関し，2002（平成14）年10月，2003（平成15）年3月，2004（平成16）年3月，2005（平成17）年3月，2006（平成18）年10月，2009（平成21）年6月と，繰り返し難民認定制度の改善を求める意見を発表してきた。2014（平成26）年2月には，政策的配慮や外交的配慮に影響されない，出入国管理や外交政策を所管する省庁から独立した第三者機関による難民認定手続の確立・難民該当性の具体的判断基準の公表・申請者の手続的権利の拡充などを求める提言を発表している。

　しかしながら，現在の日本政府の取り組みは，第5次出入国管理基本計画にもあらわれているとおり，難民として保護すべきものを漏れなく難民として認定するというよりも，難民申請の急増や審査期間の長期化を受けて，申請の抑制や「濫用」申請への対応に重きを置いた内容となっており，改善のきざしは見えない。

❺　シリア難民問題について

①　シリア難民問題の現状

　現在，400万人以上がシリア国外に難民として逃れ，約760万人が国内避難民となっている。国外の難民の約95％が，近隣諸国（トルコ・レバノン・ヨルダン等）に集中している。シリアのほぼ全土において政府軍，反政府武装勢力，ISIS，クルド人勢力との間での武力衝突が繰り広げられており，状況は悪化し続けている。日本では，2014年（平成26）年11月現在で61人のシリア国籍難民認定申請者がおり，2015年3月にうち3名（一家族）について難民認定された。それ以外の申請者については，「紛争被災民」であるとして，難民認定はされず，人道的配慮から在留特別許可がされている。不認定処分を受けた者のうち4名が，東京地方裁判所に対し不認定処分取消請求訴訟を提起し係属中である。

②　難民条約とシリア難民について

ア　シリア難民については，「戦争避難民・紛争避難民であるから，難民条約上の難民ではないが，人道的な見地から受け入れるべきである。」といった論調がある。

　しかしながら，留意すべきは，「戦争避難民・紛争避難民」と「条約難民」であることは両立するのであり，難民条約上の難民の定義を満たすのであれば，難民として認定しなければならないということである。

　シリア紛争の特徴として，ある「親族」，「部族」，「宗教」，「民族」，「地域」に属しているというだけで，紛争の反対当事者からは特定の「政治的意見」や「集団への帰属」と見なされ，標的とされるという点がある。このため，UNHCRは，「国際保護を求めるシリア人の大半は，条約上の根拠の一つと関連した迫害を受けるおそれがあるという十分に理由のある恐怖を有するために，難民の地位に関する1951（昭和26）年条約の第1条A（2）に規定される難民の定義要件を満たす可能性が高いと考える。」，「個人が，難民の要件を満たすためには，『個別的に把握された』という意味で既に起きた迫害の標的とされたり，個別に標的とされるおそれがあるという要件は存在しない。シリアから逃れたシリア人及びシリアに常居所を有する者は，例えば，彼らが以前住んでいた近隣や村を誰が支配しているか，またはある特定の紛争当事者と関係がある，または関係があるとみなされる宗教または少数民族に属しているために，帰属された政治的意見を理由とした迫害を受ける危険に直面しているかもしれない。」としている。EU等においても同様の基準を採用し，

シリア人についての難民認定率は，米国94％，カナダ96％，ドイツ87％，フランス60％，イタリア47％となっている。

これに対し，日本は，「シリア政府があなたを特定して殊更注視していたとはいえない。」等，難民条約上は要件ではない「個別把握説」をとっている時点で，国際的な難民実務からは乖離している。

③ 補完的保護（人道配慮に基づく在留許可）とシリア難民について

難民条約の定義を満たさない場合には，補完的保護（人道配慮に基づく在留許可）によるシリア難民の受け入れが課題となる。

日本は，2011（平成23）年，衆参両院において「難民の保護と難民問題の解決策への継続的な取り組みに関する決議」を全会一致で採択した。また，第6次出入国管理政策懇談会の下に設置された難民認定制度に関する専門部会が2014（平成26）年12月に公表した報告のなかでは，補完的保護の対象を明確化することを提言した。

しかしながら，シリア難民については，2015（平成27）年9月，「日本政府は，中東からの難民支援策の一家として，シリア難民の若者を留学生として日本に受け入れる検討を始めた。」と報道された。また，同年9月29日に行われた国連総会での一般演説において，安部首相は，シリアなどの難民支援のために今後1年間で約970億円の資金拠出を表明したが，日本へのシリア難民の受け入れには言及しなかった。

現在のシリア難民の危機的状況において，「資金は拠出するが人は受け入れない。」，「受け入れるとしても留学生という枠内で検討する。」というのでは，日本は，上記決議にある「世界の難民問題の恒久的な解決と難民の保護の質的向上に向けて，アジアそして世界で主導的な役割を担う」ことにはならない。シリア難民の受入れについて正面から検討すべきである。2015（平成27）年11月13日に発生したパリ同時多発テロ以降，欧州でも，一部で難民受け入れへの警戒が強まっていると報道されている。しかしながら，2015年（平成27）年11月に訪日したアントニオ・グテーレス国連難民高等弁務官が朝日新聞の取材に答えて言ったとおり，「難民はテロの被害者であってテロリストではない」ことを忘れてはならない。

❻ このほか，難民と認定された者にも在留資格が自動的に認められない場合があること，難民認定された後の生活支援について何ら具体的な政策が採られなかったこと，不認定処分後の訴訟準備ないし係属中の退去強制手続の停止が法制度化されなかったなど，問題点は山積である。前述した規約人権委員会の2014（平成26）年7月の総括所見も，難民不認定処分に対する停止的効果を持つ独立した不服申立制度の欠如を指摘し，また，人種差別撤廃委員会の2014（平成26）年8月総括所見は，地方自治体及び地域社会の間で，難民および庇護希望者に関する非差別と理解を促進することを勧告している。

(3) **入管収容施設内での処遇問題**

入国管理局収容施設における非正規滞在外国人の収容・処遇については，従前より，収容の根拠となる退去強制令書が，裁判所の司法審査を経ることなく入管当局のみの判断で発付されていること，原則として全件収容となっており，難民申請者・子ども・退去強制令書発付処分や難民不認定処分について取消訴訟を提起して裁判中の者なども収容されていること，期限の定めのない収容であり，1年以上の長期収容者が数多く存在すること，医療等処遇についての不服申立制度が十分に機能していないことなどの問題点が指摘されてきた。毎年，自殺及び自殺未遂，処遇の改善や身柄の早期解放を求めてのハンガーストライキなどが繰り返されている。さらに，医療態勢の不備も従前から強く批判されてきたが，2010（平成22）年には，東京入国管理局や東京入国管理センターにおいて，複数の結核患者の発生が報告され，また，2013（平成25）年10月には，東京入国管理局の被収容者が倒れてから救急車が呼ばれるまで1時間近くを要し，当該被収容者が入院先においてくも膜下出血で死亡するなどの事件も発生しており，改めて医療態勢の改善が急務との指摘がなされるに至っている。

このように多発する収容・処遇に関する問題の指摘を受け，2009（平成21）年入管改正法は，入国者収容所等視察委員会を設置した（施行は2010〔平成22〕年7月1日）。現在，東日本と西日本に，それぞれ10名の委員を擁する委員会が2つ存在する。委員には弁護士も含まれており，日弁連内に，バックアップ委員会が設置されている。また，2010（平成22）年9月9日，日弁連と法務省は，入管の収容問題についてより望ましい状況を実現するための「出入国管理における収容問

題等協議会（仮称）」の設置について合意した。

　このような取組みにもかかわらず，2014（平成26）年3月，東日本入国管理センターにおいて，わずか3日の間に2名の被収容者が死亡する事件が発生した。これについては，弁護士会も2014（平成26年）4月，法務省入国管理局および東日本入国管理センターに対し，真相解明のための第三者機関による徹底的な調査の実施と調査結果を踏まえた再発防止策の導入を求める会長声明を発表した。

(4) 弁護士会の取組み

　以上のほか，外国人の人権に関連しては，多くの課題がある。

　弁護士会としては，これら外国人の人権に関する諸問題の解決に向けて，次のような取組みをすべきである。

　第1は，外国人のための相談，救済活動の拡充である。この点について，1995（平成7）年以降，東京三会及び法律扶助協会（当時。その後，法テラスに業務が引き継がれた）が，平日は毎日交替で外国人のための法律相談を実施し，また，関東弁護士連合会が，茨城県牛久市に所在する東日本入国者収容所での出張相談を，東京三会と東相協外国人部会が日弁連の委託を受けて東京入国管理局での法律相談を実施するなど，相談体制は充実の方向にある。また，2010（平成22）年9月には，日弁連と法務省入国管理局との間で，電話相談や出張による臨時の法律相談の態勢づくりなど，弁護士による被収容者に対する法律相談等の取組をともに促進する合意が成立した。さらに，東京三会では，2013（平成25）年9月からは，東京パブリック法律事務所三田支所における夜間の外国人法律相談を試行し，夜間相談のニーズが確認できたことから，蒲田の法律相談センターにおいて夜間の外国人法律相談を実施することとなった。また，多言語での法律相談の予約など，新しい試みを実施している。

　しかし，外国人相談や救済窓口を担っている弁護士の数はまだまだ限られており，現在の取組みをさらに進めるために，弁護士会は外国人事件に取り組む弁護士の増加と組織化及び新たに取り組む意欲を有する弁護士に対する研修の充実を図る必要がある。

　また，近年繰り返されている在日外国人の排斥等を主張し，人の生命・身体に対する直接の加害行為や人種的憎悪や民族差別を扇動する集団的言動（いわゆるヘイトスピーチ）について，弁護士会は，2013（平成25）年7月，政府に対し，人種的憎悪や民族差別を煽り立てる言動を根絶するための実効性ある措置をとるよう求める会長声明を発表した。さらに，弁護士会は，2015（平成27）年7月，地方公共団体とヘイトスピーチをテーマとしたシンポジウムを開催し，同年9月には，「地方公共団体に対して人種差別を目的とする公共施設の利用許可申請に対する適切な措置を講じることを求める意見書」を発表するとともに，地方公共団体向けに「地方公共団体とヘイトスピーチ〜私たちの公共施設が人種差別行為に利用されないために〜」と題するパンフレットを作成して配布した。今後も，弁護士会として，外国人の人権が侵害されるとき，そのおそれがあるときには，積極的に救済活動を行っていくべきである。

　第2に，我が国の入管制度，難民認定制度について，法制度上及び運用上の問題点を見直すための調査，研究活動を行うとともに，その成果に基づき，法改正や行政各省庁の取扱いの是正を求めるための窓口となるべき組織作りを進めるべきである。

　第3に，非正規滞在外国人の収容及び収容中の処遇の問題については，引き続き，入国者収容所等査察委員会への情報提供や弁護士委員へのバックアップ，法務省との協議会での議論などを通じ，改善に向けての取り組みが必要である。弁護士会では，2014年（平成26）年に，この問題で先進的な取り組みを行っている英国を視察し，2015（平成27）年1月には，日弁連との共催で，英国王立刑事施設視察委員会を招聘してのシンポジウムを開催した。引き続き，こうした活動に積極的に取り組んでいくべきである。

　第4は，外国人の権利保障に関連する諸条約の批准促進運動を展開することである。

　特に，規約人権委員会への個人による救済申立の途を開く，自由権規約や拷問等禁止条約の選択議定書の批准は，我が国の人権状況を国際的監視下に置き，とりわけ遅れている外国人の人権問題について救済の途を拡大するために極めて重要である。

　日弁連は，1996（平成8）年10月，第39回人権擁護大会において，「国際人権規約の活用と個人申立制度の実現を求める宣言」を行い，また，2008（平成20）年10月，規約人権委員会の総括所見に対し，勧告の実現のために全力で努力していくとする会長声明を発表

している。今後もなお，その批准に向けた積極的な運動が求められている。

第5に，弁護士会は2014（平成26）年から，外国人の人権に関する啓蒙活動として，「多文化共生」及び「難民」をテーマにした小中学校・高校における法教育に取り組んでおり，学校からの要請も徐々に増加しつつある。今後も引き続き，法教育を通じての啓蒙活動に積極的に取り組んでいくべきである。

2）外国人の刑事手続上の問題

以下に述べるとおり，刑訴法と出入国管理及び難民認定法（入管法）との調整不備状態が長年放置された結果，外国人事件においては，刑事手続としての勾留・保釈・釈放・刑の執行などと，入管手続としての収容・仮放免・退去強制などとが相互に衝突し，その不利益を外国人当事者が被るという事態が放置されたままとなっている。その他にも，法廷通訳人の資格制度が整備されていない点，通訳過程の可視化が進まない点といった積年の課題が山積する。これに加えて，裁判員裁判制度の下においては，外国人刑事事件や司法通訳に関して新たな問題点も浮上しつつある。

弁護士会としても，喫緊に取り組まなければならない課題である。

(1) 刑訴法と入管法の調整不備

退去強制されたタイ人参考人の検面調書の証拠能力が問われた1995（平成7）年6月20日最高裁判決（刑集49巻6号741頁）において，大野正雄裁判官が補足意見として「……刑訴法と出入国管理及び難民認定法には，……調整を図るような規定は置かれていない。このような法の不備は，基本的には速やかに立法により解決されるべきである」と述べたことに端を発し，最高裁の裁判官が度々立法の不作為の問題を指摘し続けるという異常事態が続いているのである。

2012（平成24）年8月に再審無罪が確定した大きな話題となった電力会社OL殺人事件のネパール人男性についても，遡れば，一審無罪判決後の勾留の適否が争われた際，藤井正雄裁判官と遠藤光男裁判官がそれぞれ，「この問題は，退去強制手続と刑事手続の調整に関する規定の不備によるもの」「正に法の不備といわざるを得ないが，法の不備による責任を被告人に転嫁することは許されるべきことではない。」と反対意見の中で述べていたという経過がある（2000〔平成12〕年6月27日最高裁決定〔刑集第43巻6号427頁〕）。

さらには，スイス人被告人の薬物事件の無罪後勾留にかかる2007（平成19）年12月13日最高裁決定においても，近藤崇晴裁判官の補足意見（田原睦夫裁判官も引用）が，「このような事態に対処するためには，退去強制手続と刑事訴訟手続との調整規定を設け，退去強制の一時停止を可能とするなどの法整備の必要があるのであるが，12年判例において遠藤裁判官の反対意見と藤井裁判官の反対意見がそれぞれこの点を強く指摘したにもかかわらず，いまだに何らの措置も講じられていない。」と述べ，異例な表現で強い苛立ちを表明している。

この間，入管法は多数回改正され，刑訴法もまた複数回改正されている。にもかかわらず，上記の問題へ対応する改正は全くなされないままで，その不利益を当事者が被るという状況が放置されているものである。

(2) 身体拘束をめぐる問題点

上記の刑訴法と入管法との調整不備問題が具体的弊害となって現れているのが，在留資格のない外国人の身体拘束をめぐる問題であるので，この点に関して若干敷衍して述べる。

❶ 無罪後勾留

前掲の電力会社OL殺人事件やスイス人被告人の薬物事件においては，一審で無罪判決を受けて入国管理局収容場に収容されていた外国人被告人を，高裁が職権で再度勾留する決定を行い（最高裁もこれを是認），これら被告人は無罪判決を受けながらも引き続き勾留され続けるという事態に陥った。

これら一連の収容・勾留による同被告人の身体拘束の継続は，出国の自由（憲法22条，市民的及び政治的権利に関する国際規約〔以下「自由権規約」という〕12条2項）及び人身の自由（憲法18条，自由権規約9条1項）を不当に奪い去るものであり，重大な人権侵害である。加えて，被告人が日本人であれば，無罪判決によって勾留の効力が失われたまま控訴審の審理を行うのが通例であることも踏まえれば，これは「裁判所その他の全ての裁判及び審判を行う機関の前での平等な取扱いについての権利」を保障した，あらゆる形態の人種差別の撤廃に関する国際条約5条（a）にも明白に違反するというべきである。

❷ 保釈

しかも，外国人被告人の身体拘束を巡る「法の不備」

という問題は，これだけに留まらない。たとえば，外国人被告人が在留資格を有しない場合には，保釈に伴い拘置所もしくは警察署の留置施設から解放されたとしても，即時その場で入国警備官により入管の収容場に収容された上で退去強制手続が進められるのが通例であり，身体拘束は継続することになる。しかも，入管は刑事裁判の係属を無視して収容・送還を執行する実務をとっており，保釈されると，入管の判断で仮放免されない限り，第1回公判期日までに送還が執行されてしまうこともある。あるいは，送還されないまでも，入管収容状態では刑事公判への出頭も認めないのが入管実務なので，刑事公判が開廷できない事態も予想される。そのため，裁判官も外国人被告人の保釈許可について消極的な姿勢をとっている実情にある。この点も改善される気配がない。

これら無罪後勾留や保釈の問題は，刑訴法と入管法との調整不備が生んだ典型例であるが，これ以外にも，様々な問題が調整不備に起因して発生しており，抜本的な解決が急務である。

(3) 通訳人をめぐる問題点

また，外国人被疑者・被告人に対する刑事手続のあらゆる段階において，公正かつ正確な通訳人を確保すべきことは，手続の適正を担保するための最低条件であるし，自由権規約14条3(a)も，かかる権利を保障している。

この点，裁判所，捜査機関，弁護士会ともに，通訳人名簿を作成して適宜通訳を依頼しているものの，通訳人名簿の登載にあたっての資格要件や試験などはなく，継続的な研修を施すシステムも存在しない。他方，通訳人の処遇はおしなべて不安定であり，有能な職業通訳人が定着しにくいという問題も抱える。

米国，カナダ，オーストラリアなどでは，「法廷通訳人」という資格制度を設け，能力に応じた報酬を与えて公正な裁判を確保するための制度的な裏付けを与えているのであり，同様の制度の導入が急務である。

さらに，裁判員裁判においても外国人被告人の事件があるが，法廷通訳を通したやりとりで，果たして裁判員が正確に心証を得ることができるかどうか，という新しい問題点が指摘されている。

日本弁護士連合会は，2013（平成25）年7月18日付で「法廷通訳についての立法提案に関する意見書」をとりまとめ，通訳人の資格制度の創設，継続研修の義務付けなどを提言した。同意見書の提言を実現するための法改正，規則改正，運用改善に向けた取組が必要である。

(4) 取調過程の可視化の必要性

取調べ過程の可視化という要請は，要通訳事件の場合にこそ，最も大きいといえる。

要通訳事件の被疑者取調べは，捜査官の日本語での発問⇒（通訳人の頭の中で翻訳）⇒通訳人の外国語での発問⇒供述者の外国語での回答⇒（通訳人の頭の中で翻訳）⇒通訳人の日本語での回答⇒捜査官が問答を日本語で文章化して記述⇒完成した調書を捜査官が日本語で読み上げ⇒（通訳人の頭の中で翻訳）⇒通訳人が外国語で告知⇒供述者に内容を確認させた上で，日本語の供述調書に署名・指印をさせる─という伝聞過程を経るのが通常である。

しかし，被疑者が，通訳人の口頭で述べた内容自体は正確に理解したとしても，そもそも通訳の正確性を客観的に担保する方策は，ほとんど全くといってよいほど講じられていない。

仮に，後日，被疑者が，適切に通訳されなかったために誤信して調書に署名・押印した等と主張しようとしても，その事実を浮き彫りにすることは事実上不可能に近い。法廷で調書作成時の通訳人が「適切に，忠実に通訳した」と証言すれば，これを覆すことは至難の業である。

このような事態を解決する手段として，取調べ過程の録画等は非常に有効である。1990（平成2）年10月12日浦和地裁判決（判時743号69頁）は，早々にその必要性を指摘しているものであり，弁護士会の可視化議論の中においてもぜひ要通訳事件の取調への導入の有効性が強調されるべきである。

(5) 今後の方針

外国人の刑事事件は，日本の刑事司法の問題点や不備な点が象徴的に現れるところである。東弁のみならず日弁連全体の問題ととらえて，改善のための法改正・運用の改善や，制度の設立を具体的かつ積極的に働きかけて行くことが求められている。

6 犯罪被害者の保護と権利

> ・犯罪被害者の権利の拡充に向けて、弁護士会は今後も積極的に活動していくべきである。
> ・現行の犯罪被害者等給付金を抜本的に見直し、被害後の生活保障型の新しい犯罪被害者補償制度の創設を求めるべきである。

1）犯罪被害者支援の必要性

　刑法犯認知件数は2009（平成21）年以降減少傾向にあるとはいえ、毎年多くの痛ましい事件が発生している。2013（平成25）年においては、殺人事件の認知件数は1000件を下回ったとはいえ、依然として、3300件を超える強盗、1000件を超える放火事件、1400件を超える強姦事件が認知され、新たな犯罪被害者が生まれている。安全と言われる日本においても、国民の誰もが犯罪に巻き込まれる危険と隣り合わせである。国民全員にとって明日の我が身であって、犯罪被害者の権利の保障は、社会全体が担っていかなければならない課題である。

　犯罪被害者は、生命を奪われ、家族を失い、傷害を負わされ、財産を奪われるといった犯罪から直接に被った被害に加え、周囲からの好奇の目や、誤解に基づく中傷、時には関係者の無理解な言動や不適切な対応によって傷ついている。

　弁護士及び弁護士会は、犯罪被害者の置かれた状況を正しく認識し、不幸にも被害に遭った犯罪被害者をさらに傷つけるようなことがあってはならない。犯罪の被害者やその遺族・家族の権利の拡充に向けた積極的な活動と、個々の被害者の救済に尽力しなければならない。

2）犯罪被害者支援をめぐる立法の経緯

　1981（昭和56）年、犯罪被害者給付法が施行された。しかし、基本的に犯罪被害者に対し国が見舞金を支給するという考え方に立っており、給付対象も故意の生命・身体に対する犯罪に限られ、欧米に比べると、内容は質量ともに貧弱であった。

　2000（平成12）年、犯罪被害者保護二法（「刑事訴訟法及び検察審査の一部を改正する法律」「犯罪被害者等の保護を図るための刑事手続に付随する措置に関する法律」）が制定・施行された。これによって、犯罪被害者は、「支援を受け保護されるべき存在」としてようやく認知されるに至った。しかし、権利性が付与されていないなど、支援や保護の内容や程度は未だ十分ではなかった。

　2004（平成16）年4月、犯罪被害者等基本法が成立し、「すべての犯罪被害者について個人の尊厳が重んぜられ、その尊厳にふさわしい処遇を保障される権利を有すること」が基本理念として定められた（同法3条1項）。そこでは、国・地方公共団体や民間団体の連携の下、犯罪被害者のための施策を総合的かつ計画的に推進し、犯罪被害者の権利や利益の保護を図ることが目的とされた。

　そして、2005（平成17）年12月に閣議決定された犯罪被害者基本計画の中で、「刑事司法は犯罪被害者等のためにもある」ことが明記され、2007（平成19）年6月、被害者参加制度、損害賠償命令などを含む「犯罪被害者等の権利利益の保護を図るための刑事訴訟法等の一部を改正する法律」が成立した。

3）日弁連の取組み

　日弁連は、2003（平成15）年10月17日の人権擁護大会において、

① 犯罪被害者について、個人の尊厳の保障・プライバシーの尊重を基本理念とし、情報提供を受け、被害回復と支援を求めること等を権利と位置づけ、かつ、国及び地方公共団体が支援の責務を負うことを明記した犯罪被害者基本法を制定すること

② 生命・身体に対する被害を受けた犯罪被害者が、十分な経済的支援を受けられる制度を整備すること

③ 多様な犯罪被害者支援活動を推進するための民間支援組織の重要性に鑑み、財政面を含めその活動を援助すること

④ 殺人等の重大事件の犯罪被害者が、捜査機関・裁判所・メディアに対する対応等に関し、弁護士の支援

を受け，その費用について公的援助を受けることを可能とする制度を創設すること
⑤　捜査機関が犯罪被害者の訴えを真摯に受け止めて適切に対応するよう，警察官・検察官に対する教育・研修を徹底するとともに，犯罪被害者に関する捜査機関の施策の改善のために立法等必要な措置をとること等の施策をとることを国に求める決議をした。

4）犯罪被害者と刑事司法
(1) 被害者参加制度

被害者参加制度について，日弁連は，法案審議過程において，法廷が被害者による鬱憤晴らしの場になるとか，被告人と被害者が同席することにより訴訟進行に混乱が生じる怖れがある，被告人が被害者に遠慮をして自由な証言が出来なくなるなどと述べて，「将来に禍根を残す」制度であると反対した。

また，日弁連は，2012（平成24）年11月15日に，「現行の被害者参加制度の見直しに関する意見書」を発表し，①被害者が参加した事件において，被害者参加人は刑事訴訟法第292条の2により被害者等の意見陳述制度を利用できないものとすべきである，②公訴事実等の存否に争いがある事件においては公訴事実等の存否を判断する手続と刑の量定の手続を二分する制度を創設した上で，手続が二分された事件においては被害者等の手続参加は刑の量定の手続においてのみ許可しうることとすべきである，と主張した。

しかし，これらの意見は，犯罪被害者支援委員会の意見を踏まえて発表されたものではない。

むしろ，犯罪被害者支援委員会を中心に，現行の被害者参加制度はまだ被害者の権利保護の観点から不十分であるとして，被害者参加人を公判前整理手続に参加させるべきだという意見もあり，この問題は，法務省で2013（平成25）年1月から開催された「平成19年改正刑事訴訟法に関する意見交換会」で議論されたところである。なお，日弁連は，前述のとおり，被害者参加制度自体に否定的な態度をとっており，公判前整理手続への参加にも反対という立場を崩していない。

弁護士を含む法曹は，これまで刑事裁判の意義を真実発見及び被告人の刑事処遇と捉え，被害者問題に対する視点が十分でなかった。

被害者を顧みない態度を貫くことは，かえって被疑者・被告人の権利を害することにもなりかねない。我々弁護士・弁護士会としては，被疑者・被告人の権利を保障することは当然であるが，被疑者・被告人の権利保障と同時に，被害者の権利をいかにして保障すべきかを常に考えなければならない。

(2) 国選被害者参加弁護士制度

資力の乏しい被害者参加人は，国費で被害者参加弁護士を委託することが出来る（国選被害者参加弁護士制度）。

新聞やテレビなどのマスコミで被害者参加制度が取り上げられたり，弁護士会においても広報活動を行った結果，国選被害者参加弁護士の選定例も増えつつある。2014（平成26）年度の司法統計では，被害者等参加の申し出が許可された人員が1,227名であり，うち弁護士への委託があったのは951名，うち国選被害者参加弁護士制度が利用されたのは462名である。弁護士会は，さらに関係各機関と連携し，被害者が被害者参加制度を利用するために弁護士にアクセスしやすい環境を構築する必要がある。

また，現行の国選被害者参加弁護士制度は，公訴提起後に参加を許可されなければ利用することができない。しかし，被害者が弁護士に求める法的支援の内容は，刑事公判での被害者参加に至る以前に，被害届の提出，刑事告訴，事情聴取の同行，マスコミ対応等，多岐にわたる。現行法では，このような法的支援を行うことまでが国費で賄われる制度にはなっておらず，日弁連の法律援助事業を利用するしかない。犯罪被害者支援は，本来社会全体が負担すべきことであり，資力のない被害者が弁護士を委託するための費用も，国費で賄われるべきものである。そこで，日弁連は，2012（平成24）年3月15日，「被害者法律援助制度の国費化に関する当面の立法提言」を行った。

(3) 損害賠償命令制度

損害賠償命令制度ができたことにより，被害者等は，改めて民事訴訟提起のために多額の印紙を負担することや，民事訴訟用に刑事記録を謄写して証拠を作成することなく，わずか2,000円の申立費用で，刑事手続の成果をそのまま利用して，簡易迅速に被告人に対する損害賠償命令決定を獲得することが出来るようになった。

しかし，損害賠償命令を申し立てることができる事件は多数に上るにもかかわらず，2014（平成26）年度の司法統計においても損害賠償命令既済事件数は264

件に留まっている。制度の利用が進まない背景には，被害者等が損害賠償命令を申し立てることができることを知らない場合や，被告人によるお礼参りを怖れて泣き寝入りをしている例があるものと思われる。

弁護士及び弁護士会は，損害賠償命令による簡便な被害回復手段があることを広く周知させ，制度の利用促進に努めるべきである。

5）犯罪被害者等給付金制度

犯罪被害者等給付金は，国が，故意の犯罪行為によって死亡，重度の傷害及び後遺障害等の被害を受けた被害者又は遺族に支払う給付金で，遺族給付金，重傷病給付金及び障害給付金の3種類がある。

このうち，重傷病給付金は，負傷又は疾病発症から1年の間に実際にかかった医療費等を給付するもので，上限は120万円とされている。

しかし，特に性犯罪被害者は，身体的傷害が完治しても，PTSDやフラッシュバックが治まらず，休職期間が長引く傾向にある。また，同程度の被害を受けた被害者の中でも，早く立ち直る人もいれば，事件をきっかけにうつ病などに罹患し，社会復帰まで長期間かかる人もいる。

また，遺族や後遺障害被害者に支払われる給付金も，交通事故の遺族が任意保険又は自賠責保険等で受け取ることのできる金額に比較すれば低額にとどまる。

犯罪被害は，いつ誰が遭遇してもおかしくはなく，被害者が被害前の生活を取り戻すために必要な保障は，社会全体で負担していくべき性質のものである。

したがって，現在ある犯罪被害者等給付金制度を抜本的に見直し，不幸にも犯罪被害に遭ってしまった被害者が再び平穏な生活を取り戻し，途切れない支援を受けることができるようにするために，生活保障型の犯罪被害者補償制度の創設を求めるべきである。

6）日本司法支援センターにおける取組み

2006（平成18）年にスタートした日本司法支援センター（以下「法テラス」という）において，その業務のうちに犯罪被害者支援業務も盛り込まれた。

2004（平成16）年5月に成立した総合法律支援法には，情報・資料の提供，被害者支援に「精通している弁護士を紹介」すること等が明文化されている（同法30条1項5号）。

しかし，単なる情報提供や弁護士の紹介では，実質的には現在と比べて，被害者支援が推進されるものではない。弁護士会としてもこれに積極的に協力し，犯罪被害者の法律相談等のさらなる充実に向け，全国レベルで対応していくべきである。

また，日弁連法律援助事業によって行われている犯罪被害者援助が，国費によって賄われるべきものであることは前述したとおりである。

7　冤罪被害者の保護と権利

> 冤罪被害者に対する十全な補償をなすことは，捜査権，訴追権そして刑罰権を行使する国の責務であり，被疑者補償法及び非拘禁者補償法を早期に制定すべきである。

1）冤罪被害者に対する補償の意義

冤罪を防止することは，刑事司法に課せられた重大な使命であり，今後ともこれを防止するための改革がなされなければならない。しかし，他方で刑事司法は，捜査権，訴追権の行使を誤り，冤罪をもたらす危険を常に孕んでおり，その危険を免れることはできない。そうだとすれば，冤罪に対する十全な補償をなすことが不可欠であり，これなしには，刑事司法の正当性を維持し，信頼性を確保することができない。冤罪被害者に対する補償制度を整えることは，国の使命である。

憲法40条が「何人も，抑留又は拘禁された後，無罪の裁判を受けたときは，法律の定めるところにより，国にその補償を求めることができる」と規定しているのも，そのような趣旨に理解されるべきである。

また，犯罪被害者については，近年，国による補償が図られるとともに，刑事手続への被害者参加などの

施策もとられてきた。これに対し，冤罪被害者に対する補償は，旧態依然とした状況にあり，早急に整備を図る必要がある。

その課題として，被疑者補償法及び非拘禁者補償法の制定の2つがあり，早急にこれらを実現すべきである。

2）冤罪被害者に対する補償の現状

憲法40条の規定とその趣旨に基づき，次のとおり刑事補償に関する立法がなされてきた。

① 刑事補償法は，「もし免訴又は公訴棄却の裁判をすべき事由がなかったならば無罪の裁判を受けるべきものと認められる充分な事由があるとき」（同法25条1項）についても，無罪の裁判と同様に，補償を請求することができるとする。

② 1976（昭和51）年の刑訴法改正によって，無罪の判決が確定したときは，被告人であった者に，その裁判に要した費用を補償する「費用補償制度」が創設された。

③ 1992（平成4）年，「少年の保護事件に係る補償に関する法律」が制定され，審判に付すべき少年に犯罪その他の非行が認められなかった場合にも補償を行うこととされた。

④ 1957（昭和32）年，法務大臣訓令として被疑者補償規程が定められ，未決の抑留又は拘禁を受けた後，不起訴処分となった場合，罪を犯さなかったと認めるに足りる十分な事由があるときは，刑事補償法と同様の補償を行うこととした。

3）被疑者補償法の制定を

刑事補償法による補償が権利性を付与された請求権であって，裁判所の決定により補償額が決定され，この決定に対しては即時抗告も可能であるのに対し，被疑者補償規程による補償の申出は，検察官の職権発動を促すものに過ぎず，権利性がないものと解釈されており，検察官がなした補償をしないとの裁定は，行政不服審査法による審査にも服さないとされている。

そのため，国会においては，幾度となくこの被疑者補償の問題が審議されており，法案が提出されたことも幾度もあったが，成立するには至っていない。

実際にも，「罪を犯さなかったと認めるに足りる十分な事由があるとき」との被疑者補償規程による補償の要件に該当することを疑う余地のない事案であるのに，検察官が補償をしない旨の裁定をしたという事案が生じている。

2008（平成20）年12月，日弁連は，「被疑者補償法の制定を求める意見書」を公表した。同意見書は，被疑者補償請求権として構成すること及び補償をしないとの裁定に処分性を付与することについては，起訴便宜主義等の見直しをも視野に入れなければならないことから，今後の検討に委ねることとしたが，被疑者補償法をもって，検察官の補償をしないとの裁定の性質に応じた不服申立ての制度を創設することとし，その審査機関を検察審査会とすること，を提案している。

この被疑者補償法の早期制定を図るべきである。

4）非拘禁者補償法の制定を

現行刑事補償法においては，無罪の裁判を受けた者が，刑訴法等によって未決の抑留又は拘禁を受けた場合には，国に対して抑留又は拘禁による補償を請求することができるとされているのに対し，非拘束期間中については，補償の対象外となっており，刑事訴追を受けて無罪の裁判が確定した場合であっても，身体拘束を受けなかった者や身体拘束を受けなかった期間については何らの補償もされていない。

しかし，身体拘束を受けず，あるいは保釈等になった場合であっても，訴追を受けた者は，公務員であればその意に反して休職とすることができるとされており，その場合，原則として給与は支給されないし，民間企業に勤務する場合においても休職処分に付されたり，事実上，退職を余儀なくされたりする場合も多く見られるなど，様々な不利益を受け，有形無形の圧迫や制約を受けることとなるのであって，これらの被害に対する定型的補償をなすのは，国の責務だというべきである。

無罪判決が確定したものの非拘束の被告人であったために刑事補償が受けられなかった最近の例として，いわゆる「名古屋刑務所革手錠事件」の刑務官のケースがある。

日弁連は，この問題を含む課題につき，1965（昭和40）年，「刑事補償法及び刑事訴訟法改正案」を策定して公表し，その後，費用補償制度が実現しているが，非拘禁者補償の制度は未だ実現していない。そこで，2009（平成21）年3月，改めて，「非拘禁者に対する刑

事補償制度を求める意見書」を公表した。
その早期実現を求めるべきである。

5) その他の課題

刑事補償全般の課題として，補償額の下限の引き上げの問題がある。刑事補償法制定当時は，補償額が「200円以上400円以下」と定められており，上限は下限の2倍であったが，1980（昭和55）年改正以降，下限は1,000円のまま現在まで据え置かれ，他方，上限はその後も引き上げが行われたため，現在は，1,000円以上12,500円となっており，上限は下限の12.5倍に達している。今後こうした課題についても検討がなされるべきである。

8 死刑の存廃問題

> 弁護士及び弁護士会は，「生命権」及び「個人の尊厳」を保障するため，以下の行動をするべきである。
> ・死刑制度の廃止について早急に検討を深め，国民に対して，的確な判断材料を提供しながら，死刑廃止についての全社会的議論を呼びかけること
> ・政府及び国会に対して，一定の期間，死刑の執行を停止し，その間，国会内に死刑制度調査会を設置して死刑制度のあり方を全面的に見直すことを内容とする死刑執行停止法の制定を強く求めること
> ・法務大臣に対して，①死刑制度の運用状況に関する情報の公開，②死刑制度の廃止について全社会的議論の深化を図るための施策，③死刑の執行を差し控えることなどを強く求めること

1) 死刑制度の是非について

死刑制度の是非をめぐっては，存置論と廃止論との激しい対立がある。

存置論者は，①刑罰は犯した罪の重大さと均衡するものでなければ不公平であり（応報刑主義），殺人罪には死刑のみが罪刑に均衡し，死刑のみが償いである，②被害者遺族の被害感情が余りに激しい場合には，死刑により自らの命をもって償わせ，被害者遺族の怒りと悲しみを癒すことが正義につながる，③刑事政策的観点から，死刑には凶悪犯罪に対する抑止効果がある，④世論調査の結果によれば国民の多くが死刑の存続を望んでおり，死刑廃止は民主主義に反する，⑤我が国には仮釈放のない終身刑がない以上，社会復帰後に再犯の可能性がある，と述べて，死刑は存置すべきと主張する。

他方，廃止論者は，①「奪われた命に均衡する罪刑は死刑のみ」という同害報復の考え方は，自由刑による犯罪者の改善更生を刑罰の主目的と捉える（教育刑）近代刑法の理念に合致しない，②個人の生命権は最も重要な人権であり，国家権力が刑罰でこれを奪うことは非人道的である，③死刑執行後に誤判が判明した場合は取り返しがつかない，④死刑の凶悪犯罪に対する抑止効果については科学的実証はない，⑤加害者を死刑にすれば被害者遺族の精神的救済が常に得られるわけではなく，被害者支援は別途検討されるべきである，⑥世界の大多数の国々で死刑は廃止されており，日本の死刑制度に対しては国際的な懸念や批判がなされている，等の理由により，死刑は廃止すべきと主張している。

なお，死刑存置論者が特別予防の観点から主張する「我が国には仮釈放のない終身刑がない以上，社会復帰後に再犯の可能性がある」という論に対しては，死刑廃止論者の中でも意見が分かれる。仮釈放のない終身刑を創設すればよいという意見もあるが，終生拘禁が続く終身刑は死刑以上に非人道的だ，時間をかけて教育的処遇をしても更正しない犯罪者はいないので終身刑は不要だという意見もあるところである。いずれにしろ，再犯のおそれを刑罰の根拠にすることは，人

権侵害につながる保安拘禁に結びつく考え方であって，ましてそれ以上に，命を絶つという死刑が，再犯のおそれがあることを理由として正当化されるというものではないはずである。

　死刑制度の是非の問題は，個人の思想や哲学にも繋がり，難しい議論である。「死刑の凶悪犯罪抑止力」は科学的実証がない限り平行線の議論である（しかし，死刑を廃止した国で犯罪が増えていないというデータもあるし，実際に起きた凶悪事件の犯人像から，死刑が抑止力にはなり得ていないという実態も見えてきている）。また，奪われた命と均衡する刑罰を強く望む被害者遺族に対し，「死刑の残虐性」や「死刑廃止の国際的潮流」等を強調して廃止論を述べても，なかなか理解を得ることは難しいであろう。

　しかし，生命権は個人の尊厳にとって最も重要なものであり，また，人には常に更生の可能性（可塑性）があることに鑑みるとき，いかに他人の命を奪った者であっても，刑罰として報復的にその者の生命権を国家権力が奪うことについては本来認められるべきではなく，その意味で「死刑制度のない社会が望ましい」ことは，誰しも否定はしないであろう。とりわけ，冤罪で死刑が執行されてしまったら取り返しがつかないことを考えれば，死刑制度の廃止あるいは少なくとも執行の停止は，我々弁護士及び弁護士会が真摯に検討し，その実現に向けて全社会に議論を呼びかけなければならない問題である。

2）死刑をめぐる内外の状況

　我が国では，1983（昭和58）年から1989（平成元）年にかけて，4つの死刑確定事件（免田・財田川・松山・島田各事件）について再審無罪判決が確定しているが，2014（平成26）年3月には袴田事件についても死刑及び拘置の執行停止並びに再審開始の決定がなされ（ただし東京高裁で即時抗告審が係属中），あらためて死刑判決にも誤判があり得ることが広く世に知られるようになった。しかし他方，同じく死刑確定事件である名張ぶどう酒事件の第8次再審請求は2014（平成26）年5月に却下されてしまい（2015〔平成27〕年10月に奥西死刑囚は病死），一貫して無実を主張し再審請求も予定されていたのに死刑が執行されてしまった飯塚事件も冤罪であった可能性が強く主張されている。このように，誤判の危険性は人間の行う裁判において避けられないものであり，死刑制度が存在する限り，かけがえのない生命を誤って奪う危険性は常に存在している。

　また，国際的には，国連において，世界人権宣言3条（生命権条項）の完全保障のために死刑廃止を目指し，死刑のより制限的な適用のため，いわゆる「死刑廃止条約」が1989（平成元）年12月15日の国連総会で採択され，1991（平成3）年7月11日に発効した。2015（平成27）年12月7日現在，同条約は，81ヶ国が批准し，3ヶ国が署名して後日批准を約束している。アムネスティ・インターナショナルの調べによると，毎年死刑廃止国が増えており，2014（平成26）年12月31日現在，死刑存置国が58ヶ国に対し，廃止国はヨーロッパを中心に140ヶ国（過去10年以上死刑を執行していない事実上の廃止国35ヶ国を含む）となり，今や世界の3分の2以上の国々が死刑を廃止ないし停止している。

3）我が国の死刑判決及び死刑執行の状況

　近年，殺人罪など凶悪犯罪の認知件数に有意な増加がないにもかかわらず，死刑判決は著しく増加し，死刑執行も極端に増加している。

　まず，死刑判決数については，1991（平成3）年から1997（平成9）年の6年間と，2001（平成13）年から2007（平成19）年までの各6年間の死刑判決言渡し件数（死刑判決を維持したものを含む）を比較すると，地方裁判所では31件が95件に（約3.1倍），高等裁判所では22件が96件に（約4.4倍），最高裁判所では26件が63件に（約2.4倍），それぞれ激増した（司法統計年報）。また，2009（平成21）年7月に裁判員裁判が導入され，市民が死刑判決言渡しの判断にかかわることを求められる社会となったが，裁判員裁判における死刑求刑事件では，死刑判決が25件，無期懲役が6件となっている（いずれも民間調査より）。

　次に，死刑執行数については，前述の内外の状況のもとで，1989（平成元）年以降3年4ヶ月にわたって死刑執行は事実上停止されていたが，1993（平成5）年3月26日より死刑の執行が再開され，再開後の執行者数は現在まで合計103名に達している（病死24名，自殺1名）。2015（平成27）年（12月24日現在）も既に3名に対し死刑が執行され，死刑確定者数は2015（平成27）年11月30日現在で129名である（いずれも民間調査より。袴田氏も死刑執行停止中ではあるが再審無罪

決定はまだ出ていないので死刑確定者に含む）。

なお，死刑が執行されるたびに，日弁連や関弁連，各地の弁護士会が法務大臣に対し，死刑制度の存廃の国民的議論が尽くされるまでは死刑の執行を差し控えるなどの慎重な対応を求める会長（理事長）談話ないし声明を発表している。

4）我が国の死刑制度に対する国際評価

国際的には，2007（平成19）年12月18日，2008（平成20）年11月20日，2010（平成22）年12月21日，そして2012（平成24）年12月30日と4回にわたって，国連総会が，日本を含むすべての死刑存置国に対して死刑廃止を視野に死刑執行の停止を求める決議案を賛成多数で採択している。

また，2008（平成20）年10月30日には国連人権（自由権）規約委員会が，市民的及び政治的権利に関する国際規約（以下「規約」という）の実施状況に関する第5回日本政府報告書審査の結果である総括所見を発表し，その中で日本政府に対して，

(1) 規約6条・7条及び10条に関連してパラグラフ16（死刑執行）で，「①政府は世論にかかわらず死刑廃止を前向きに検討し，必要に応じて国民に対し死刑廃止が望ましいことを知らせるべきである。当面の間，死刑は規約6条2項に従い，最も深刻な犯罪に限定されるべきである。②死刑確定者の処遇及び高齢者・精神障害者への死刑執行に対し，より人道的なアプローチをとるよう考慮すべきである。③死刑執行に備える機会がないことにより蒙る精神的苦痛を軽減するため，死刑確定者及びその家族が，予定されている死刑執行の日時を適切な余裕をもって告知されることを確実にすべきである。④恩赦，減刑及び執行の一時延期は，死刑確定者にとって真に利用可能なものとされるべきである。」との勧告を行った。

(2) また，規約6条及び14条に関連してパラグラフ17（死刑制度）では，「①死刑事件においては，再審査を義務的とするシステム（必要的上訴制度）を導入し再審請求や恩赦の出願による執行停止を確実にすべきである。②死刑確定者と再審に関する弁護士とのすべての面会の厳格な秘密性を確保すべきである。規約7条及び10条にパラグラフ21（独居拘禁）で，死刑確定者を単独室拘禁とする規則を緩和し，単独室拘禁は限定された期間の例外的措置にとどまることを確実にすべきである。」との勧告を行った。

最近では，2012（平成24）年10月31日の国連人権理事会作業部会による「日本の人権状況に対する普遍的定期的審査（UPR）」においても，意見を述べた42ヶ国の内24ヶ国もの国が，日本の死刑制度及びその運用に変更を求めて勧告を行っている。

5）我が国の死刑制度に対する弁護士会の対応

死刑制度に関して，このように国内ばかりか国際社会の注目が集まっている現在，日弁連が我が国の死刑制度に対してどのような姿勢・態度を取るのかが注目されている。

日弁連は，まず，2004（平成16）年10月8日の第47回人権擁護大会で，「死刑執行停止法の制定，死刑制度に関する情報の公開及び死刑問題調査会の設置を求める決議」を賛成多数で採択し，「①死刑確定者に対する死刑の執行を停止する旨の時限立法（死刑執行停止法）を制定すること，②死刑執行の基準，手続，方法など死刑制度に関する情報を広く公開すること，③死刑制度の問題点の改善と死刑制度の存廃について国民的な議論を行うため，検討機関として，衆参両院に死刑問題に関する調査会を設置すること」を求めた。

この第47回人権擁護大会における決議を受けて，従来の「死刑制度問題に関する提言実行委員会」を改組・拡大し，前記提言及び決議の実現のため，新たな体制を構築して死刑執行停止法の制定に向けた取組みを強めるため，「日弁連死刑執行停止法制定等提言・決議実行委員会」が設立され，2008（平成20）年10月31日には「国際人権（自由権）規約委員会の総括所見に対する会長声明」を，2009（平成21）年11月6日には「政府に対し，死刑廃止を前向きに検討することを求めている国連機関・人権条約機関による勧告を誠実に受け止めるよう働きかける」と述べた「人権のための行動宣言2009」を，それぞれ発表している。

そして，日弁連は，2011（平成23）年10月7日，第54回人権擁護大会で，「罪を犯した人の社会復帰のための施策の確立を求め，死刑廃止についての全社会的議論を呼びかける宣言」を賛成多数で採択し，国に対し，「①罪を犯した人の社会復帰の道を完全に閉ざす死刑制度について，直ちに死刑の廃止について全社会的な議論を開始し，その議論の間，死刑の執行を停止

すること。議論のための死刑執行の基準，手続，方法等死刑制度に関する情報を広く公開すること。特に犯罪時20歳未満の少年に対する死刑の適用は，速やかに廃止することを検討すること。②死刑廃止についての全社会的議論がなされる間，死刑判決の全員一致制，死刑判決に対する自動上訴制，死刑判決を求める検察官上訴の禁止等に直ちに着手し，死刑に直面しているものに対し，被疑者・被告人段階，再審請求段階，執行段階のいずれにおいても十分な弁護権，防御権を保障し，勝死刑確定者の処遇を改善すること。」の施策の推進ないし実現を求めた。

6）現在の日弁連の取組み

日弁連は，前記第54回人権擁護大会宣言を受け，「日弁連死刑執行停止法制定等提言・決議実行委員会」を「死刑廃止検討委員会」に改組し，①死刑廃止についての全社会的議論の呼びかけ，②少年に対する死刑の速やかな廃止，③死刑執行停止，④死刑に関する刑事司法制度の改善，⑤死刑に関する情報公開の実現，⑥死刑に代わる最高刑についての提言の策定，⑦過去の死刑確定事件についての実証的な検証，⑧死刑に直面する者の刑事弁護実務のあり方についての検討，⑨死刑確定者の処遇の改善，等に取り組んでいる。

こうした活動の一環として，日弁連は，2012（平成24）年10月15日に「死刑廃止を考える日」と銘打った市民集会を開催し，多数の参加を得ることができた。また，現在死刑廃止と終身刑導入についての基本方針を定めるべく作業を進めている。2013（平成25）年6月10日には，全国の弁護士会や連合会に対し「死刑廃止について全社会的議論を呼びかける活動の全国的な展開」を要請し，これを受けて東京弁護士会も，各関連委員会の委員による「死刑制度検討協議会」を立ち上げ，会内勉強会や市民シンポジウム等の活動を進めている。

7）おわりに

死刑制度の問題は，人の命の重さを考えれば「死刑のない社会が望ましい」ことに異論はないであろうし，人の命に関わる問題である以上，世論の動向に左右されるべきでもない。政治家の多くは，世論が死刑存置を望んでいることを理由に，死刑制度廃止に消極的だが，これまでに死刑を廃止した諸外国が，当初は世論の多数が死刑に賛成しているにもかかわらず，政治家が強い意志をもって死刑を廃止していった例に学ぶべきである。

とはいえ，我が国における「人の命を奪った者は自らの命をもって償うべき」という公平な報復を求める根強い国民感情と国民感情を盾に死刑制度を見直そうとしない国会の状況を考えれば，「死刑のない社会」の意義が社会全体に理解されなければ，現実に我が国において死刑制度廃止を実現することは容易ではない。

その意味で，いかにすれば「死刑の必要のない社会」にしていけるのか，どうすれば「加害者の改善更生」と「被害者遺族の精神的救済及び経済的救済」を矛盾せず実現できるのか，「人の命の重さ」を社会全体でどのように考えていくのか，幅広い全社会的議論が必要である。

しかし，その社会的議論の前提となるはずの死刑そのものの情報が，我が国においては極めて少ない。死刑囚の置かれた状況はどのようなものなのか，どのようにして死刑執行は決定されるのか，死刑執行の方法や実態はどのようなものなのか等，現在の死刑制度の実態に関する情報の公開が，死刑制度の是非の全社会的議論のためにはもっと必要があろう。

我々は，基本的人権の擁護を使命とする弁護士ないし弁護士会として，一番尊重されるべき「生命権」及び「個人の尊厳」を保障するため，死刑制度の廃止を重要な課題と受け止め，早急に検討を深め，国民に対し，死刑執行停止法案や死刑制度廃止法案を含めた的確な判断材料を提供し，死刑廃止について全社会的議論を呼びかけていくべきである。

そして，冤罪誤判の場合の取り返しのつかない結果を考えれば，まずは政府及び国会に対し，「一定期間死刑の執行を停止して，その間に国会内に死刑制度調査会を設置し，死刑制度のあり方を全面的に見直すこと」を内容とする死刑執行停止法の制定を，強く求めていくべきである。また，法務大臣に対しても，①死刑制度の運用状況や死刑執行の実態に関する情報の公開，②死刑廃止条約の批准の是非を含む死刑制度の廃止について国会をはじめ国民の間で議論の深化を図るための施策，③それまでの間は死刑の執行を差し控えるべきことなどを，強く求めていくべきである。

9 犯罪報道と人権

> 犯罪報道により，刑事被疑者・被告人やその親族その他関係者さらには被害者までもが名誉やプライバシーを侵害される深刻な被害を受けている。マスメディアは，報道の自由を守る意味でも，人権意識に裏打ちされた客観的かつ公正な報道を行うよう自主的努力を重ねるほか，適切な救済制度を早急に確立すべきである。
> また2009（平成21）年より裁判員裁判がスタートし，裁判報道のあり方についても数多くの議論が行われている状況にある。弁護士会は，これら諸問題を含め，積極的に報道関係者との懇談協議の場を設け，共通の認識を深めながら，基本的なルール作りを目指すべきである。

1）犯罪報道上の問題点

報道の自由は，民主主義の根幹をなす市民の知る権利に奉仕するものとして最大限尊重されるべきであるが，報道が市民の人権侵害に及ぶ場合には，報道の自由に対する制限が正当化されることも当然である。

日弁連は，1987（昭和62）年に開催された第30回人権擁護大会において，報道による人権侵害の防止と被害の救済のために全力を尽くすことを宣言したが，依然として報道被害は後を断たない。そこで，日弁連は1999（平成11）年の第42回人権擁護大会において，知る権利の確立と報道被害の防止・救済に向けた取組みを今後より一層強化し，基本的人権の擁護と民主主義の確立のために努力することを誓う旨の決議をした。

我々は，今後も，かかる決議の趣旨を踏まえ，早急に報道被害の防止と救済に向けた適切な方策を検討する努力を継続しなければならない。

2）犯罪報道被害の現状

犯罪報道による被害は，被疑者・被告人・弁護人などの言い分を取材せず，安易に捜査情報に依存した実名による犯人視報道や，営利目的に流された興味本位のプライバシー侵害報道等によって生じている。被疑者の顔写真の取り違え報道被害も発生した。これらの報道により，いったん犯人扱いされ，あるいはプライバシーを暴かれた被疑者・被告人・親族その他関係者らが被る被害の深刻さは計り知れず，完全な被害回復は不可能に近い。

また，過熱報道による被害は，被疑者・被告人の側ばかりか犯罪被害者の側にも及んでおり，事件と直接関係のない被害者の私生活を暴き立て，死者に鞭打つ上に被害者の死亡によって悲嘆にくれる親族その他関係者らに耐え難い苦痛を与えるという事件も起きている。

このような報道被害に対しては従来，救済が十分でないとの批判が強くあり，近年は，従来よりも高額な賠償額を認めるケースが増えてきている。しかし，他方で，賠償の高額化は表現の自由に対する萎縮的効果を及ぼすものであり，特に私人よりも著名人に対する損害賠償について高額化の傾向が顕著であるとして，このような流れに反対する声も後を絶たない。現在も，賠償額の高額化については，賛否両論の議論が激しく展開されている状況にある。

3）マスメディアの自主的努力の必要性

日弁連は，2009（平成21）年の第52回人権大会において，「いま表現の自由と知る権利を考える―自由で民主的な社会を築くために」とのテーマの下，シンポジウムを開催した。

民主主義社会において最重要の人権として尊重されるべき表現の自由については，昨今，様々な規制・制限が加えられている実情にあり，重大な危機を迎えているとも言うべき状況にある。他方で，他者の人権を顧みない報道が存在することも現実であり，これらは民主主義社会で尊重されるべき報道であるとは到底言えず，このような他者の人権を顧みない報道が続けば，現状よりも一層広く表現の自由に対する権力の介入を許す格好の理由を与えることにもなりかねず，それにより表現の自由への制約がより一層幅広く及ぶことが

強く懸念される。

報道と人権の調和は，権力や外部からの強制によるのではなく，マスメディア自身の自主的努力によって図られるべきものである。

マスメディアは，権力の監視という報道に課せられた重要な役割を自覚し，捜査情報への安易な依存をやめ，個々の事件についての報道の要否を慎重に検討し，人権意識に裏打ちされた客観的かつ公正な報道を行うとともに，原則匿名報道の実現へ向けて匿名の範囲をより一層拡大するなどの努力をすべきである。

4）弁護士・弁護士会の取組み

放送についてはBPO（放送倫理・番組向上機構）が2003（平成15）年に設立され，新聞各社についても自社の新聞記事に関する検証機関を設ける傾向が増大してきた。このこと自体は歓迎すべきであるが，雑誌を含めた横断的な報道評議会等の審査救済機関については，未だ導入されるには至っていない。

我々は，報道に対する権力の介入や干渉の実例を調査し，権力の干渉を排除するための方策を検討するとともに，近時の賠償額の高額化といわれる傾向についても適切な評価・検討を加え，さらに，報道被害の実態を調査し，積極的に報道関係者との協議・懇談の場を設け，被害実態および犯罪報道改善の必要性についてメディアと認識を共通にした上で，適切な報道被害の防止・救済制度の実現，ひいては両者の間で取材・報道に関する基本的なルール作りを目指して努力すべきである。

10　警察活動と人権

> 近時，警察の活動は，市民生活の隅々にまで広く浸透している。警察法改正や全国での暴力団排除条例の制定，暴力団対策法の改正により，警察権限は拡大の一途をたどっている。
>
> 他方，警察の不祥事は後を絶たない。それだけに，警察活動の行き過ぎや不祥事，人権侵害に対し，人権救済申立事件の調査勧告活動を強化するなど，市民の立場から監視を行い，警察による人権侵害事案に対して，外部の有識者等を入れた調査委員会を創設して徹底した調査を実施してその結果を公表する仕組みを創設すべきであり，さらに警察に対する民主的コントロールを確立するため，警察情報の公開，公安委員会の改革，市民による監視システムの創設に向けて努力しなければならない。

1）拡大する警察活動について

警察は，公共の安全と秩序の維持が本来の職務であるが，戦前の警察がこの本来の任務を逸脱して，国民生活に干渉したという反省に立って，戦後しばらくの間は，その任務の範囲を厳格に規制していた。ところが1970年代以降，警察庁は，個人の生命・身体・財産の保護といった本来の警察活動の範囲を超えて，市民生活の広い範囲にわたってその活動領域を拡大させてきた。

1994（平成6）年の警察法改正では，市民生活の安全と平穏を確保するとの理由で生活安全局が新設されたが，それ以後，警察と防犯協会が一体となって，全国の都道府県や区市町村で「生活安全条例」の制定が推進されてきた。

2004（平成16）年3月の警察法改正では，刑事局に「組織犯罪対策部」，警備局に「外事情報部」等を新設することを柱とする組織改正を行うとともに，警察の任務として，「国外において日本国民の生命，身体及び財産並びに日本国の重大な利益を害し，又は害するおそれのある事案」に対処することが追加され，有事立法の整備やイラクへの自衛隊派兵を前提として，有事体制の維持やテロ対策の領域にも警察権限を拡大しようとしている。

2011年（平成23年）10月から，東京都の「暴力団排

除条例」が施行され，沖縄県の「暴力団排除条例」も同日施行されたことにより，全国の47都道府県において，暴力団排除条例が施行された。これは暴力団の影響を排除するための条例であるが，暴力団関係者と接点を持つ可能性がある私人も対象としている点で，警察権限の拡大に繋がることは否定できない。

2012（平成24）年7月26日，抗争事件を起こしたりする暴力団を新たに「特定危険指定暴力団」「特定抗争指定暴力団」に指定するなどを盛り込んだ改正暴力団対策法が成立した。今回の改正により，特定暴力団に指定された暴力団の構成員に対する警察権限が拡大したことは明らかである。

政府の犯罪対策閣僚会議は，2013（平成25）年12月10日，「『世界一安全な日本』創造戦略」を決定し，「世界一安全な日本」創造のための治安基盤強化のために，地方警察官の増員等の人的基盤の強化などを行うことを述べている。

このように，警察の活動領域が広げられるとともに，警察官の増員が続いている。

2）警察活動に対する内部的な統制について

警察庁は，2008（平成20）年1月，「警察捜査における適正化指針」を策定し，管理部門による取調べ監督制度や苦情申出制度などの新設を決め（その内容は，2008〔平成20〕年4月3日国会公安委員会規則第4号「被疑者取調べ適正化のための監督に関する規則」として成文化されるとともに犯罪捜査規範も改正されている），2009（平成21）年4月1日から施行されている。

警察改革要綱策定から10年目に当たる2010（平成22）年9月，国家公安委員会及び警察庁は，これまでの取組みを総括的に評価し，今後の施策展開の方向性を示すものとして，総合評価書「警察改革の推進」を取りまとめた。

しかしながら，その後も，全国における非違事案は続いたことから，警察庁は，2012（平成24）年4月，「『警察改革の精神』の徹底等に向けた総合的な施策検討委員会」を設置して，「『警察改革の精神』の徹底のために実現すべき施策」をとりまとめた。その内容は，「被害の不安に困り苦しむ人に応える警察の確立」，「警察行政の透明性の確保と自浄機能の強化」及び「警察活動を支える人的基盤の強化」の3点に基づき，12の施策を定めるものであった。

警察庁長官は，この施策を実現するために，警察庁長官通達「『警察改革の精神』の徹底のために実現すべき施策」に基づく各施策の着実な実施について」（2012〔平成24〕年8月9日付警察庁甲官発第222号ほか）を発出している。

その後も，警察の不祥事は続いており，これらの施策の実施による現実的効果を注視する必要がある。

3）警察活動に対する監視・是正のあり方

警察活動に対する監視・是正については，まだ内部組織や公安委員会に多くを期待することができない現実のもとでは，警察活動に対する民主的コントロールを目指して，弁護士会，マスコミ，市民グループによる監視・是正の活動が不可欠であり，特に，弁護士会による人権救済申立事件の調査・勧告の活動の強化が重要である。

また，警察官による人権侵害事案については，内部調査に委ねるのではなく，外部の有識者等を入れた調査委員会を設置し，徹底した調査を実施して，その結果を公表する仕組みを創設すべきである。

今後の課題としては，新たな刑事立法を含む警察権限の無限定な拡大の動きに反対する運動を市民とともに組織するとともに，警察の閉鎖性や秘密体質を打破するために，情報公開制度を活用するなどして弁護士会が市民とともに警察活動を市民の側から監視し，チェックしていく活動を確立し，拡大していくことや，警察における内部告発者保護制度の導入に向けた働きかけが必要である。

11　民事介入暴力の根絶と被害者の救済

> ・暴力団等の不当要求行為は，その姿を潜在化，匿名化し，手口を多様化させているので，その対策を実効性のあるものにするためには，情報及び対策等において弁護士（会），警察及び暴追センター等との連携が不可欠である。
> ・民暴被害の真の救済を図るためには，被害予防とともに，組長責任訴訟等の実践によって，その被害回復についても実現していかなければならない。

1）はじめに

　暴力団等の反社会的勢力が，民事紛争に介入して不当な利益を上げる民事介入暴力に対する対策は，その不当な介入を事前に予防し，差止め，事後に被害回復等を図る人権救済活動であり，まさに「法の支配」を社会の隅々に貫徹させる実践の場である。

2）民事介入暴力の現状

　暴力団は，伝統的な資金獲得活動に加え，その組織実態を隠蔽して企業活動を仮装し，一般社会における資金獲得活動をしている。最近は，とりわけ各種公的給付制度を悪用したり，いわゆる特殊詐欺に組織的に関与するなど，詐欺的な手法による資金獲得活動を行っていることが指摘され問題となっている。また，近年，暴力団等によるとみられる事業者襲撃等事件，暴力団排除運動に対する嫌がらせや反撃事件が発生しており，拳銃や手りゅう弾といった殺傷能力の高い武器が使用され，事業者はもとより地域社会に対する大きな脅威となっている。

3）民事介入暴力対策の整備

　全国の弁護士会は，民事介入暴力の根絶と迅速な被害救済を行うために，次のような対策をさらに充実させていくべきである。

(1) 民事介入暴力被害者救済センター

　被害者の救済及び被害の予防を目的とする「民事介入暴力被害者救済センター」をさらに充実・活性化し，相談のあった民暴被害の救済に当たるとともに，会員からの共同受任要請に対応していく。

(2) 研修会の実施

　会員に向けて，民暴事件の手口やその対応方法に関する研修を行う。

(3) 他の諸機関との連携

　民事介入暴力対策において，警察，暴追センター，特防連，及び法務局人権擁護部（えせ同和行為対策等につき）等との連携は不可欠である。具体的には民暴被害の具体的事案等で連携したり，民暴研究会を実施したりして，連携を図っていく必要がある。

4）今後の課題

　社会全体による暴力団排除活動を進めていくことが重要である。企業の経済活動から反社会的勢力を排除するために，犯罪対策閣僚会議では「企業が反社会的勢力による被害を防止するための指針」を公表し，取引関係を含めた一切の関係を持たないよう求めている。また，全国の地方自治体において暴力団に対する利益供与の禁止等を内容とする暴排条例を定め，企業や市民が反社会的勢力から被害を受けないための環境づくりを進めている。弁護士会も，上記企業指針及び暴排条例の周知と普及に協力し，企業に対し内部統制システムに暴力団排除を組入れる等サポートをしていくべきである。

　暴力団対策法は，①暴力団によるグレーゾーン行為を暴力的要求行為として規制し，②国・地方公共団体の責務として暴力排除活動の促進を規定した。また，③威力利用資金獲得行為に関する代表者等の損害賠償責任を規定するとともに，④損害賠償請求等に対する妨害行為を規制し，⑤対立抗争等に関する賞揚等の規制も図っている。さらには，2012（平成24）年7月の改正によって，特定抗争指定暴力団，特定危険指定暴力団等の指定の制度及び都道府県暴力運動推進センターによる事務所使用差止請求制度等が導入され，暴力的要求行為の範囲も拡充された。我々は，これらの制度を利用し，民暴被害の救済に役立てなければならない。

12 患者の人権（医療と人権）

> 我々は、患者中心の医療を確立するとともに、医療事故の原因分析・再発防止と被害救済に努める責務がある。そのため、「医療事故調査制度」の適切な運用、「医療基本法」の制定、「無過失補償制度」の整備を目指すとともに、公正中立で迅速な医療訴訟の実現を求めていかなければならない。
> また、会員研修の強化等を通じて医療事件の専門弁護士の養成に努め、医療ADRのさらなる充実のために人的・物的体制を整えるとともに、山積した医療問題に弁護士会として対応できる基盤を作らなければならない。

1）患者中心の医療の確立

医療と人権の問題を考えるに当たっては、患者中心の医療という視点が重要である。安全で質の高い医療を実現するには、患者の権利を中心に据えた医療を確立するという発想が求められる。

2）医療基本法の制定にむけて

(1) インフォームド・コンセント

患者は、医療を受ける際に、自己の病状、医療行為の目的・方法・危険性、代替的治療法等について、正しい説明を受け理解した上で、自主的に選択・同意・拒否できる。このインフォームド・コンセントの原則は、患者・医療者間に真の信頼関係を構築し、医療の科学性・安全性・公開性を高めるため不可欠の原則である。

1999（平成11）年12月の第3次医療法改正にて「医療の担い手は、医療を提供するに当たり、適切な説明を行い、医療を受ける者の理解を得るよう努めなければならない」（同法1条の4第2項）と定められた。しかし、同条項は努力規定の体裁を取っていることから、一定の限界がある。インフォームド・コンセントの権利性を明確にするためには、法整備を行う必要がある。

(2) 診療記録開示請求権

患者の自己決定権を確立するためには、患者に対する診療記録の開示が不可欠である。診療記録は、患者の個人情報を記載するものであり、当然に自己情報コントロール権の対象となる。

1988（昭和63）年「カルテ等の診療情報の活用に関する検討会報告書」は、診療記録開示の法制化を提言したが、1999（平成11）年、医療審議会の中間報告において法制化は先送りされた。しかし、2003（平成15）年5月、個人情報保護法関連5法が成立し、同年9月、厚労省は「診療情報の提供等に関する指針」を公表した。日本医師会等の各種団体や各医療機関でも開示指針が定められる等して、診療記録の開示は定着しつつある。他方、今なお、高額な開示費用を請求したり、開示理由を尋ねたりする等、手続上・事実上の障壁があるケースも少なくないとの指摘もある。

診療記録の開示は、医療機関による単なるサービスではなく、患者の権利に基づいて行われるものである。権利性を曖昧にしないためには法制化が求められる。

(3) 医療基本法制定の必要性

患者の権利保障を医療現場の隅々にまで行き渡らせ、患者の人権を真に確立するためには、上記(1)(2)に加え、最善で安全な医療を受ける権利、医療に参加する権利等の患者の諸権利を中心に据えた「医療基本法」の制定が必要である。

ことに、近年、勤務医の不足及び過労死・過重労働、地域や診療科目による医師の偏在、重症患者の救急搬送受け入れ拒否等が、報道されている。その一因と指摘されているのは、1980（昭和55）年以降、国が実施してきた医療費抑制政策により、医療体制の整備に十分な予算措置がとられてこなかったことである。勤務医の劣悪な労働環境は、安全で質の高い医療を受ける権利を脅かすことにつながる。昨今では、経済的な理由により医療機関の受診を控えざるをえない患者の存在すら指摘されている。「医療基本法」は、適切な医療体制の提供が国・自治体の責務であることを改めて明示するためにも、必要である。

日弁連は、1992（平成4）年第35回人権擁護大会にて「患者の権利の確立に関する宣言」を、2008（平成

20）年第51回人権擁護大会にて「安全で質の高い医療を受ける権利の実現に関する宣言」を採択し，「患者の権利法」の制定が必要であるとした。また，2009（平成21）年4月，「ハンセン病問題に関する検証会議の提言に基づく再発防止検討会（ロードマップ委員会）」は，患者の権利擁護を中心とした医療基本法の制定を提言した。2011（平成23）年10月，日弁連第54回人権擁護大会は「患者の権利に関する法律の制定を求める決議」を採択し，2012（平成24）年3月には日本医師会医事法関係検討委員会が「『医療基本法』の制定に向けた具体的提言」を答申し，2013（平成25）年9月には患者の権利法を作る会が「医療基本法要綱案世話人案」を公表している。患者の諸権利を中心に据えて，国，地方公共団体，医療施設開設者，医療従事者，事業者，保険者及び国民の各責務を整理・整備する「医療基本法」制定の機運は，高まっている。

我々も，患者の権利を中心に据えた「医療基本法」制定に向けて努力していかなければならない。

3）医療事故の再発防止と被害救済のために

(1) 医療事故防止対策の現状と課題

1999（平成11）年以降，医療事故報道が相次いだことを契機に，医療界において医療安全対策が重視されるようになった。2002（平成14）年8月の医療法施行規則一部改正により，医療機関の管理者に医療安全管理体制の確保が義務付けられた。2004（平成16）年9月の医療法施行規則一部改正により，特定機能病院等に重大な医療事故事例の報告が義務付けられた。2004（平成16）年には日本医療機能評価機構が医療事故情報収集を開始した。2005（平成17）年には「診療行為に関連した死亡の調査分析モデル事業」が開始された。

医療安全を実現するためには，医療事故の原因分析と再発防止のための制度を整備することが不可欠である。日弁連第51回人権擁護大会（2008〔平成20〕年）で採択された「安全で質の高い医療を受ける権利の実現に関する宣言」にて，医療機関の内外に公正な医療事故調査制度を整備することを求めていた。

2008（平成20）年6月，厚労省は「医療安全調査委員会設置法案（仮称）大綱案」を公表したが，政権交代に伴い頓挫した。2013（平成25）年5月，厚労省内の検討部会が「医療事故に係る調査の仕組み等に関する基本的なあり方」を公表した。同年10月，日弁連は，「医療事故に係る調査の仕組み等に関する基本的なあり方」に関する意見書を公表した。2014（平成26）年7月改正，翌2015年（平成27年）10月施行の医療法にて，ようやく医療事故制度が法制化され，医療機関に医療事故（死亡・死産事故）発生時の院内事故調査及び第三者機関（医療事故調査・支援センター）への報告が義務付けられるに至った。しかし，施行開始1ヶ月間のセンターへの報告件数はわずか20件にとどまる。

我々は，上記医療事故調査制度が医療現場に定着し，真に医療事故の原因分析と再発防止の目的を達することのできる実効性のある制度として適切に運用されるよう，求めていかなければならない。

(2) 医療被害救済の現状と課題

医療被害に関する無過失補償制度としては，医薬品副作用被害救済制度，生物由来製品感染等被害救済制度，予防接種被害救済制度（定期接種を対象），2009（平成21）年開始の産科医療補償制度（分娩に関連して発症した重症脳性麻痺児を対象）があるに過ぎない。厚労省内の検討会で，2011（平成23）年には医療事故無過失補償制度が，2012（平成24）年には抗がん剤副作用被害救済制度が検討されたが，制度化は見送られた。そのほか，臨床試験・臨床研究による健康被害の無過失補償の民間保険はある。

日弁連人権擁護委員会は，2001（平成13）年3月，裁判制度とは別個の新しい医療被害防止・救済システムとして「医療被害防止・救済機構」構想を示し，過失の有無を問わず医療被害を救済する制度を提言している。

我々は，既存の被害救済制度に限界があることを踏まえ，新たな被害救済制度の確立に向けて努力していかなければならない。その際，被害者に対する金銭補償だけでなく，医療事故の原因分析と再発防止を併せて実施することが不可欠であり，それによって真の被害救済と患者の権利保障が実現できることを忘れてはならない。

4）医療訴訟の充実

(1) 医療訴訟の現状と課題

司法改革制度審議会意見書（2001〔平成13〕年6月）は，医事関係訴訟の充実・迅速化を図ることを求めており，そのために専門委員制度の導入，鑑定制度の改革，法曹の専門化の強化を提言した。最高裁は，同年

7月に医事関係訴訟委員会を設置し，医療界の協力を得て鑑定人候補者の選定を行っている。東京地裁と大阪地裁は，2001（平成13）年4月，医療集中部による審理を開始し，現在，全国10地裁に医療集中部が設置されている。裁判所・弁護士会・医療関係者の三者による医療訴訟連絡協議会も，全国各地裁で実施されている。

早期の被害救済・紛争解決のためには迅速な裁判が必要であるが，拙速で不十分な審理は，患者の権利保障や医療安全の観点からも望ましくない。これまでの医療訴訟改革により，審理期間は相当程度短縮してきており，さらなる迅速化を求める余り，審理の充実や公正中立性が軽視されるようなことがあってはならない。

昨今，医療訴訟の認容率は，低下の一途をたどっている。2003（平成15）年には44.3％だった認容率が，2008（平成20）年以降20％台が続いている。2006（平成18）年以降，医療裁判が医療崩壊の一因であるとする論調の高まりがあり，この影響を指摘する意見もある。

謂われのない裁判批判や悪しき医療慣行に流されず，患者の権利保障・被害救済に対する司法の役割を踏まえた適切な審理運営がなされるよう，我々は，求めていく必要がある。

(2) 公正中立な鑑定のために

医療訴訟が遅延する要因の1つとして，鑑定人選任までに時間がかかることが指摘されていた。近年では，各地裁単位の医療訴訟連絡協議会において，鑑定人確保のためのシステム構築に向けて努力がなされ，東京地裁では複数鑑定人によるカンファレンス鑑定が行われている。しかし，鑑定人の数が確保できれば内容的に公正中立な鑑定が行われるわけではない。今なお医療界が同僚批判を避ける傾向にあることに鑑みると，鑑定に医学的根拠の明示を求める，鑑定書を公開して事後的に評価できる仕組みを作る等，鑑定の質確保のための施策が必要である。また，当事者の権利として当然，鑑定人質問の機会が与えられるべきである。

(3) 医療界と法曹界の相互理解の促進

東京地裁の医療訴訟連絡協議会は，2008（平成20）年から毎年，「医療界と法曹界の相互理解のためのシンポジウム」を開催している。適切な審理・紛争解決のために，法曹界は，医療界の協力を得て適切な専門的知見を得るとともに，医療界に，民事訴訟手続の特徴を理解してもらうことも必要である。医療界と法曹界は，適切な紛争解決と被害救済のために，相互に理解を深めていくべきである。

2006（平成18）年の福島県立大野病院事件の医師逮捕を契機に，医療界から，医療事故への刑事司法介入に対する批判的意見が強く主張されている。しかし，医療事故の原因分析・再発防止を実施する制度が未整備であること，医師に対する行政処分が十分に機能していないこと，医療界には全医師強制加入組織がなく自律性が不十分であること，刑事罰が必要な悪質事案もあること等の現状を踏まえると，刑事司法の関与は必要である。他面，近年，医療事故の業務上過失致死傷事件にて，連続して無罪判決が出ていることも考慮すると，医療事件における刑事司法介入のあり方について，法曹界として検討していく必要がある。

5）弁護士・弁護士会としての取組み

(1) 専門弁護士の養成

東京地裁医療集中部は，医療訴訟の適正迅速な審理を目指す審理運営指針を公表している。この指針の下では，専門弁護士でない限り適切な訴訟活動を行うのは困難ではないかとの懸念もある。患者の権利保障と適切な被害救済のために，弁護士会は，会員研修を強化する等して，医療事件の専門弁護士の養成に努める必要がある。その際，個別事案の損害賠償請求だけにとらわれるのではなく，医療事故の原因分析を通じて，医療事故の再発防止に貢献する活動のできる弁護士の養成を目指していかなければならない。

(2) 医療ADRのより一層の充実

東京三会の紛争解決・仲裁センターは，2007（平成19）年9月，医療ADRを創設した。申立件数は，2015（平成27）年3月末現在340件を超えている。医療訴訟の経験が豊富な弁護士をあっせん人とし，法的責任の議論に限らない対話的紛争解決の仕組みとして，社会の期待は大きい。弁護士会は，より一層充実した医療ADRの実現のため，人的物的な体制を整えていくべきである。

(3) 医療部会の委員会化

医療と人権に関わる問題としては，公共政策としての医療の諸問題のほか，触法精神障がい者問題，障がい新生児の治療中止，遺伝子治療，出生前診断，終末

期医療等、広範な問題が山積している。

これらの問題に弁護士会は対応できていないのが現状である。これらの問題を検討し、提言・集会・法整備に向けての活動等を行うためには、日弁連や東京弁護士会において、医療部会を人権擁護委員会の一部会ではなく独立の委員会活動に昇格させることを考える必要がある。

6）脳死臓器移植

(1) 改正までの論議

臓器移植法は、1997（平成9）年10月16日から施行されたが、移植を推進する立場から、①15歳未満の者からの臓器摘出を禁止しているため、国内で小児の臓器移植ができない、②書面による臓器提供の意思表示が要件とされている点が厳格にすぎるため、移植数が増加しない、との指摘があった。また、2008（平成20）年5月、国際移植学会は、「移植が必要な患者の命は自国で救える努力をする」という趣旨の「臓器取引と移植ツーリズムに関するイスタンブール宣言」を採択した。他方、臓器移植の場面に限り脳死を人の死とするため、死の概念が不明確である等として、移植の推進に消極的な意見もあった。

(2) 2009（平成21）年改正法

2009（平成21）年7月、改正臓器移植法が成立し、翌2010（平成22）年7月から施行された。改正法は、①脳死を一律に人の死とし、②臓器提供に年齢制限を設けず、③本人の生前の拒否の意思表示がない限り家族の同意で臓器提供できることとするものである。また、親族（配偶者と親子）への優先提供が認められる。

改正法の議論に際しては、特に小児の脳死について、①子どもの自己決定がないがしろにされる、②脳死宣告後の長期生存例がある等、小児の脳死判定基準に疑義がある、③虐待の見逃しにつながる、といった反対論も多く、脳死を一律に人の死とすることによる混乱も懸念された。

日弁連は、2009（平成21）年5月、「現段階で、脳死を一律に人の死とする改正及び本人の自己決定を否定し、15歳未満の子どもの脳死につき家族の同意と倫理委員会等の判断をもって臓器摘出を認める改正を行なうことを到底認めることはできない。」とする会長声明を発表している。

(3) 改正法施行後の状況

1997（平成9）年10月の臓器移植法施行から2010（平成22）年7月の改正法施行までの脳死臓器提供事例は86例であったのに対し、改正法施行後5年間に244例の脳死臓器提供があり、年平均で改正前の約7倍に増加した。他方、15歳未満の脳死臓器提供は7例にとどまる。

今後も脳死臓器移植が、安定した医療として日本に定着するためには、臓器提供を望まない患者や臨床的に脳死状態となった患者に、最期（心臓死）まで十分な医療が保障されることが必要であろう。また、家族承諾ケースについての検証作業も今後必要となろう。弁護士会としては、臓器移植と人の死をめぐる残された問題点について、積極的に発言していく必要がある。

7）生殖医療と法律問題

生殖医療に関する医療技術の進歩はめざましい。もはや生殖医療は特殊なものではなく、少子化対策のひとつの課題ともされている。

そもそも生殖医療技術の利用を認めるのか、認めるとしてその要件はどうか、どこまでの技術を認めるかという点について、すでに20年以上も前から法的規制の必要性がいわれていた。しかし、国民的な議論がなく、法的規制が進まないまま、事実先行で新しい生命が次々と誕生しているという実態がある。そのため、生殖医療技術を利用して生まれてきた子どもの親子関係をどう定めるのかがしばしば問題となり裁判にもなってきた。

日弁連は、2000（平成12）年3月に「生殖医療技術の利用に対する法的規制に関する提言」を発表し、次いで2007（平成19）年1月に「死後懐胎と代理懐胎（代理母・借り腹）について」という補充提言を発表した。

日本産科婦人科学会は、法的・生命倫理的に最も問題となる代理懐胎については、2003（平成15）年9月に「『代理懐胎』に関する見解」において、代理懐胎の実施を認めず、その斡旋もしてはならない旨を発表した。

厚生科学審議会生殖補助医療部会の「精子・卵子・胚の提供等による生殖補助医療制度の整備に関する報告書」（2003〔平成15〕年4月）も、「代理懐胎は禁止する」との結論が出た。法制審議会生殖補助医療関連親子法制部会の「精子・卵子・胚の提供等による生

殖補助医療により出生した子の親子関係に関する民法の特定に関する要綱中間報告案の補足説明」（2003〔平成15〕年）では，代理懐胎を禁止し，その有償幹旋等の行為を罰則を伴う法律で規制するといった方向性を示唆した。

しかし，現実には，第三者からの卵子提供が国内でも行われるようになり，外国での代理出産の事例報告も続いている。生殖医療技術の利用については，早急な法整備が求められている。

そのような中，2013（平成25）年12月10日，最高裁は，性同一性障害の男性が妻との間で第三者からの精子提供を受けて出生した子どもと男性との父子関係を認める初の判断を示した（民集67巻9号1847頁）。自由民主党は，2015（平成27）年8月，生殖補助医療により生まれた子の親子関係を規定する民法の特例法案を党内で了承し，今後の国会提出を予定している。また，今後2年を目途に生殖医療技術の規制のあり方に関する法整備を目指すなどの報道もなされている。

日弁連は，2014（平成26）年4月，「第三者の関わる生殖医療技術の利用に関する法制化についての提言」を公表し，生殖医療技術について，①人間の尊厳及び家族の在り方に対する影響の重大性への慎重な対応，②生殖医療技術自体の安全性の確保，③子どもの法的地位の安定や出自の知る権利の保障など，法制化において欠かせない点について，提言している。

今後は，この提言の実現に向けて力を注いでいかなければならない。中でも，上記③に関しては，近時，非配偶者間人工授精によって生まれてきた子どもの立場の当事者が，出自を知る権利の重要性を訴えるとともに，そもそも自分の生を肯定できないとして，第三者が関わる生殖医療に否定的な意見を述べていることが明らかになってきている（『自由と正義』2012〔平成24〕年10月号，『自由と正義』2014〔平成26〕年10月号参照。）。これまでの生殖医療をめぐる議論は，子どもを持ちたい親（利用者）の側の権利という観点が強く押し出される傾向にあったが，今後行われる法整備においては，生まれてきた子どもの声を真摯に受け止め，その権利と尊厳を守るために，出自を知る権利等を法律に明記して保障していくことが強く求められる。

13　消費者の人権

> 消費者問題は，現代社会における事業者と消費者間の不平等な力関係の下で生じる。弁護士会は，社会的弱者の立場にある消費者サイドに立ち，次のような活動をすべきである。
> ・消費者の権利擁護のための立法措置及び行政措置が適切に実現されるよう，監視・研究・提言の活動を積極的に行う。特に消費者を主役とする行政が行われるために創設された消費者庁及び消費者委員会が当初の目的どおり機能し，あるいは喫緊の課題への対応としての立法がなされるよう提言や運動を展開する。
> ・消費者が批判的な精神を持って主張し行動し社会参加する「消費者市民社会」を実現させるために，そのような精神を涵養し，ひいては被害を予防できる「消費者教育」の実施及び充実を図る。

1）消費者の権利の重要性

消費者問題は，今日の大量生産，大量販売による大衆消費社会の中で，事業者と消費者という不平等な力関係の下で生じる。現代社会において，市民生活と生存を基本的に保障するためには，この生産，流通，消費の構造が健全に機能することが必要である。ここに消費者保護の必要が生じ，「消費者の権利」確立の必要が生じる。

アメリカでは，1963（昭和38）年のケネディ教書において，①安全であることの権利，②知らされる権利，③選択できる権利，④意思を反映させる権利の4つの権利が消費者の権利として宣言された。その後，消費

者の権利は先進諸国で確立され，我が国においても，後述のとおり，2004（平成16）年に改正された消費者基本法において，「消費者の権利」が明記され，その重要性が確認されるところとなった。

2）消費者問題の現状

消費者の権利の重要性が認識されて来ているにもかかわらず，消費者被害は後を絶たず，ますます複雑化・多様化している。

(1) 悪質商法

悪質商法は相変わらず形を変えて，消費者被害をもたらしている。

モニター商法，内職商法，アポイントメント商法，資格商法，マルチ商法，悪質リフォーム被害，悪質リース商法など従来からある被害は後を絶たない。健康食品の送りつけ商法，投資用マンションの強引な売りつけ商法などの被害や，原野商法の二次被害も指摘されている。判断力が低下した高齢者をターゲットとする悪質商法では，繰り返し被害に遭っているケースも少なくない。

(2) 金融商品取引

金融商品取引についての消費者被害も深刻である。金融ビッグバン以降，金融商品についての規制緩和が進んできたが，一方の消費者保護法制は未だ十分とはいえず，自己責任の名の下に大きな消費者被害が生まれている状況である。

最近では「ノックイン型投資信託」などのデリバティブを組み込んだ複雑な商品を消費者が銀行や証券会社を通じて購入し，元本割れの被害が顕在化してきている。また，実態の無い会社発行の社債による被害や法規制のすき間を突いたCO_2排出権取引など，詐欺的商法による被害が後を絶たない。

最近の数年は，高齢者が，第三者を装う者から未公開株や社債を買い取りたいので当該株式や社債購入の申込を会社にして欲しいなどと持ちかけられ，この申込をした後に，会社から申込名義を貸したのが問題だなどと脅されて代金を支払うなどといういわゆる「劇場型」の被害が急増している。この種の被害については，国民生活センターや各地の警察などが注意を呼びかけているにも拘わらず，被害が減らない。これらの被害は，相手方の特定すら不可能な事案がほとんどであり，その救済が極めて困難な状況となっている。

(3) ネットによる消費者被害

インターネットや携帯電話・スマートフォンの普及により，ネットを利用した消費者被害は急増している。十分な法整備ができていないことや，そもそも匿名性などの特徴を持つため，被害救済は困難である。

最近は，ネット上での「情報商材」の購入や競馬情報・パチンコ必勝情報の購入，出会い系サイトにおけるメール交換でのポイント購入などが決済代行システムによるクレジット利用などと相俟って大きな問題となっている。

また，親が知らない間に子どもが被害に遭ってしまう例も目立っている。ネットオークションでのトラブルも見られる。

(4) 多重債務問題

以前に比べて裁判所への自己破産申立て件数は減少してきているものの，多重債務問題は依然として存在する。貸金業法や出資法の改正により制限金利が引き下げられたが，消費者金融や信販会社の金利は「低金利」とはいえず，最近は特に不安定な雇用状況や世界的な不況の影響から，深刻な貧困問題も発生し，多くの低所得者が多重債務に陥り，そこから抜け出せない状況となっている。

(5) その他の被害

美容医療契約，結婚紹介サービス，学習塾・家庭教師，開運グッズ購入，探偵業・調査会社などのトラブルも多く見られている。

(6) 食の安全・製品の安全

2011（平成23）年3月の東日本大震災に起因する福島第一原子力発電所の事故により放射性物質が大量に放出され，原発周辺地を中心に野菜や魚，乳製品，牛肉などから放射性物質が検出される事態となった。

国は基準値を設けて規制を図っているが，その検査体制や規制手段，情報の開示方法など食の安全に直接関係する様々な問題が，事故から4年以上を経ても現在進行形で起きている。

その他，健康食品の表示問題や偽装表示の問題など，食に関する不十分な表示の問題も生じている。

3）消費者行政の充実の必要性

(1) 消費者庁及び消費者委員会の創設

上記のとおり多くの消費者問題が発生してきたが，従来，行政は産業育成省庁の視点から対応し，縦割り

行政の弊害によって迅速な対応がなされなかったため，消費者行政の一元化の必要性が強く認識されることとなり，2008（平成20）年6月27日には「消費者行政推進基本計画」（以下「基本計画」）が閣議決定された。この基本計画は，副題である「消費者生活者の視点に立つ行政への転換」という目的を達成するために，「消費者を主役とする政府の舵取り役」としての消費者行政を一元化する新組織が創設される方向を示した。

その後，消費者庁関連三法が2009（平成21）年5月29日，全会一致にて成立し，同年9月1日，「消費者庁」が新しい省庁としてスタートするとともに，民間委員から構成される監視組織「消費者委員会」も発足した。

(2) 新組織の位置付け及び消費者安全法

上記基本計画では，新組織の創設を，消費者基本法の理念である「消費者の利益の擁護及び増進」「消費者の権利の尊重及びその自立の支援」の観点から積極的に見直すという意味で，行政の「パラダイム（価値規範）転換」の拠点であり，真の意味での「行政の改革」のための拠点であると位置付けている。また，新組織は強力な権限を持ち消費者行政の司令塔的役割を果たすべきものであり，消費者側にも意識改革を促し，この改革が「消費者市民社会」の構築に向けた画期的第一歩として位置付けられるべきものとしている。

これを受けて発足した消費者庁は，従来の縦割り行政の枠組みを超えて消費者の権利擁護の立場から基本的な施策を行う組織であり，他の省庁が所轄していた30本もの法律の移管を受け，一元的な相談窓口を設置したり，情報の集約，さらには消費者被害の防止措置を行ったりする組織となっている。また，消費者委員会は，消費者庁や他の省庁を監視する組織として，民間委員から構成され，消費者のための施策実現のために極めて重要な地位を占めている。

さらに消費者庁関連三法の一つとして成立した消費者安全法は，事故情報の収集と提供について定め，また，どこも所轄しない「すきま事案」について消費者庁が勧告などの権限を発動するという極めて重要な法律である。

(3) 消費者行政の現状と消費者庁・国民生活センターの徳島県移転問題

消費者行政の一元化は，日弁連や弁護士会にとって20年以上前からの悲願であったところ，上記のとおり今般，「消費者庁」という形で達成され，大変画期的なことであったが，その体制は不十分である。更に「消費者を主役とする政府の舵取り役」として機能するために人員面・財政面の充実化が図られるべきことは当然であり，弁護士会も十分なバックアップをする必要がある。

ところで，このような現状の中，2015（平成27）年11月から，消費者庁・国民生活センター・消費者委員会の徳島県移転がにわかに具体的に議論され始めた。これは政府が推進する地方創生政策の中の政府関係機関移転において徳島県が名乗りを上げたことを端緒とするものであるが，消費者庁・国民生活センターの本来的機能からして，地方移転できないことが明らかである。

消費者庁は各省庁と調整のうえ消費者行政を実施するほか，消費者契約法・特定商取引法・食品衛生法・景品表示法等の重要な所管法律の立法・改正に携わっているが，地方移転となればそのような通常業務が機能しなくなり，また，重大な消費者事故のような国民の生命身体の危険に関わる非常事態においても，緊急な対応ができなくなってしまう。国民生活センターも消費者庁と連携して諸問題を検討して関連省庁に意見を述べたり，地方消費者行政を支援する消費者行政の中心的機関であり，各省庁と近接する場所での連携が不可欠である。

にわかに現れた徳島県移転問題については，実現されれば消費者行政の実施が根底から覆されるものであり，実現を絶対阻止すべく弁護士会として全力を挙げて運動をする必要がある。

4) 消費者の権利擁護のための諸立法及び今後の展開

立法面でも消費者被害の救済や防止のため，近時，多くの消費者関連法が制定・改正されており，今後も頻繁に立法がなされると考えられる。弁護士会は，次々と発生する消費者問題に適切に対応するための立法の提言を，タイムリーに行っていくべきである。

以下，最近の主な立法の動きと新たな展開について触れる。

(1) 消費者基本法

同法は「消費者政策の憲法」といわれ，近時の消費者問題の状況や事業者との格差を踏まえて，2004（平成16）年に，1968（昭和43）年に制定されて以降初め

て改正された（「消費者保護基本法」から改称）。

同法は消費者と事業者との間の情報の質及び量並びに交渉力等の格差にかんがみて，消費者の権利の尊重とその自立支援を基本理念と定め，国と地方公共団体，事業者の責務を明らかにし，施策の基本的事項を定めることとしている。そして，基本理念の中で消費者の権利として，①国民の消費生活における基本的な需要が満たされ，②健全な生活環境が確保される中で，③安全の確保，④選択の機会の確保，⑤必要な情報の提供，⑥教育の機会の確保，⑦意見の反映，⑧被害の救済がなされることを明示した。同法が掲げる消費者の権利が真に実現されるよう具体的な施策を盛り込んだ「消費者基本計画」が策定され，5年ごとに見直しがなされているが，その実現度は常に検証して行く必要がある。

(2) 割賦販売法・特定商取引法改正

悪質商法の横行とクレジットによる被害拡大を防止するため，特定商取引法と割賦販売法について2008（平成20）年に画期的な改正がなされ，2009（平成21）年12月1日に完全施行されている。

同改正では，クレジットにおける割賦要件の廃止，過量販売解除権や個別式クレジットについての既払金返還義務，適正与信義務や過剰与信防止義務，指定商品制の廃止，通信販売の返品特約など極めて重要な制度が法定された。

特に特定商取引法規定の5類型の個別クレジットについて，登録制が導入されたほか，不実告知などがなされた場合には販売契約だけでなくクレジット契約も取り消せることでクレジット会社に対する既払金返還請求が可能とされたことの意味は大きく，悪質商法の温床といわれてきた個別クレジットに対する厳しい規制によって，実際に被害は激減している。

このような改正を踏まえた上で消費者被害防止の観点から更なる特商法の改正が内閣府・消費者委員会の特定商取引法専門調査会で検討されている。既に中間整理が提出されており，①指定権利制の廃止，②美容医療契約の規制，③通信販売の広告規制，④クレジットや金銭借り入れを勧めるような勧誘禁止などが改正方向とされているが，訪問販売での不招請勧誘禁止規制は事業者側から反対が出ており議論が進んでいない状況にある。訪問を望まない消費者に対する勧誘は迷惑行為でありまた不当勧誘の温床になるものであり，不招請勧誘の禁止に向けて弁護士会が強力に活動していくべきである。

一方，割賦販売法の包括クレジットについては2008（平成20）年改正での規制が緩く，決済代行会社を介したクレジット利用がネットを通して行われており，出会い系サイト事件や無価値な情報商材の販売などに利用され，消費者被害を生んでいる。この点，割賦販売法改正については産業構造審議会内の割賦販売小委員会で議論がなされており，マンスリークリアへの同法の適用や特に決済代行による被害防止の観点からの改正の導入が急務となっている。弁護士会は同法の改正についても被害防止に向けての提言を行っていく必要がある。

(3) 消費者契約法の実体規定改正

消費者契約法は2001（平成13）年の施行から既に14年が経過しており，実体法部分についての見直しの必要性が生じており，内閣府・消費者委員会の消費者契約法専門調査会で議論がなされてきた。既に中間とりまとめが提出されており，①勧誘要件の緩和，②故意の事実不告知の要件緩和，③「つけ込み」型意思表示の取消，④「重要事項」の拡大などが論点と挙がっており，消費者契約法の効力を充実させるためにも改正に向けて弁護士会も活動すべきである。

(4) 貸金業法及び出資法改正

貸金業法43条のみなし弁済について，近時最高裁は，業者側に極めて厳しい判決を立て続けに出したが，これらの判例の流れを受けて，2006（平成18）年12月に出資法の改正がなされ，出資法金利が見直され，またいわゆる「グレーゾーン」も廃止された。さらに貸金業法も大幅な改正がなされ，みなし弁済制度の廃止のほか，業務規制の強化，過剰融資規制などが盛り込まれた。

改正の過程では業者側による巻き返しも強かったが，市民が反対の意見を表明し，弁護士会もこれを主導して消費者側に有利な改正が勝ち取られている。

最近は再び金利を上げる方向で見直す動きが生じているが，多重債務問題の根源が高金利にあることを十分に認識し，弁護士会は勝ち取ったこの改正を実のあるものにし，決して後戻りさせないように活動を継続すべきである。

(5) 金融商品取引法・商品先物取引法

証券取引法が改正されて「金融商品取引法」となり，

2007（平成19）年9月30日から施行された。同法により広範な金融商品について横断的な規制がなされることとなった。業者に対する行為規制も盛り込まれ、一定の消費者保護に資する内容となっている。同法の改正に伴い、金融商品販売法も改正され、消費者保護が強化されている。

また、最近の海外先物取引・海外先物オプションや貴金属証拠金取引などの差金決済の被害が多かったが、商品取引所法が改正され「商品先物取引法」と改称し、規制が強化された。同改正法は2011（平成23）年1月に施行され、海外先物取引などの被害は激減した。

ところで、近時、証券取引所と商品取引所とを統合する総合取引所構想の下で、現在、商品先物取引において禁じられている不招請勧誘についての規制緩和の動きがあったが、金融庁は2014（平成26）年8月の金融商品取引法の政令・府令改正において不招請勧誘禁止を堅持した。一方、この動きとは別に経産省・農水省から商品先物取引法の不招請勧誘禁止緩和についての省令改正案が急遽提出され、結局、一定の要件（65歳未満、年収800万円以上かつ保有金融資産2000万円以上の顧客などの要件）を課したうえで、不招請勧誘の例外を認める省令が2015（平成27）年6月に施行となってしまった。この省令は不招請勧誘禁止の最も重要な立法趣旨である業者と顧客の接触禁止を破るものであり、法律の委任の範囲を超えていることが明らかである。過去に引き起こされた悲惨な被害が行われないよう監視するとともに、このような違法な省令が撤廃されるよう弁護士会として引き続き活動すべきである。

また、プロ向けファンド（適格機関投資家等特例業務）についても、金融商品取引法の規制が緩和されているため、これを悪用した業者による被害が後を絶たず、規制強化が急務となっているが、金融商品取引法が改正されている。

さらに、前述のとおり、未公開株や未公開会社社債、ファンドなどの被害は相変わらず多く、また、法の間隙を突いた医療機関債、CO_2排出権取引、通貨売買などの被害も生じており、法規制強化で被害を減少させることが焦眉の急である。弁護士会は有効な規制が行われるよう活動していくべきである。

(6) 消費者団体訴訟制度

2006（平成18）年に消費者契約法が改正され、消費者被害についての消費者団体による差止請求権・団体訴権制度が立法化され、2007（平成19）年に施行となった。この制度は、消費者団体が消費者全体の利益のために、不当条項・不当な勧誘行為についての差止を求めて提訴するというものであり、消費者被害の未然防止・拡大防止に極めて有効な手段である。

対象範囲は、その後、特定商取引法、景品表示法、食品表示法に拡大されており、意欲的な消費者団体の活動により、実際に差止が実現した例も増えており、今後も同制度の充実がなされるよう弁護士会は活動するべきである。

(7) 消費者裁判手続特例法及び違法収益の吐き出し

消費者被害は少額の被害者が多数発生する傾向が強いため、泣き寝入りをしないためにも集団的な消費者被害救済制度の必要性が従来から指摘されてきたが、2013（平成25）年12月、消費者裁判手続特例法（消費者の財産的被害の集団的な回復のための民事の裁判手続の特例に関する法律）が成立した。同法では、特定適格消費者団体が、事業者が共通の事実上及び法律上の原因に基づき金銭支払い義務を負うことの確認を求める一段階目の訴訟を起こし、その訴訟で事業者の共通義務を認める判決が確定した場合に、特定適格消費者団体が被害消費者に呼びかけて、個々の消費者の債権を確定する二段階目の手続を行うという制度を定めており、今後の消費者被害の救済に広く活用されることが期待されている。

また、一方で、悪質業者から違法収益を吐き出させる制度の創設も検討されている。違法な収益を吐き出させることで「やり得」を許さず、正義を実現するという他に将来の被害防止についても有効と言える。そして、違法収益を吐き出させて被害者に分配する制度ができれば多くの被害者が救済される。現に、振り込め詐欺被害について「犯罪利用預金口座等に係る資金による被害回復分配金の支払等に関する法律」が制定されて被害者救済に利用されている。

これらの制度は真の消費者被害救済・防止のために必要不可欠であり、今後、弁護士会としても適正な運用や制度の実現化に向けて、提言をしていく必要がある。

(8) 不当景品類及び不当表示防止法改正

ホテル・百貨店・レストラン等において、メニュー表示と異なった食材を使用して料理を提供していた事

案が続いたことから事業者の表示が社会問題化し，これに対処するための改正不当景品類及び不当表示防止法が2014（平成26）年11月に成立した。この改正では，不当表示を行った業者に対する課徴金制度を検討する旨が規定された点が画期的であり，これは上記（7）で指摘した違法収益の吐き出しの面もある。今後，実効性ある制度となるよう弁護士会も提言していくべきである。

5）消費者が主役の社会へ―「消費者市民社会」の実現

(1)「消費者市民社会」の実現

上記のとおり，消費者庁が発足して消費者行政も大転換期を迎え，消費者問題関係の立法も活発化しているが，さらに市民側が「消費者市民社会」を目指すことで，安全で公正な社会が実現できると考えられる。

「消費者市民社会」とは，「個人が，消費者・生活者としての役割において，社会問題，多様性，世界情勢，将来世代の状況などを考慮することによって，社会の発展と改善に積極的に参加する社会」であり（2012〔平成24〕年版「国民生活白書」），批判的な視点を持って社会変革に参加することによって，よりよい社会が実現できるというものである。

この考えは，北欧で浸透しつつある，Consumer Citizenshipという考えに基づいており，今後，我が国でも実現が期待されるべきものであって，2009（平成21）年の日弁連人権大会・第3分科会のテーマは「安全で公正な社会を消費者の力で実現しよう―消費者市民社会の確立を目指して」というものであった。消費者被害に直接接する弁護士としても，消費者被害が少なくなるよう「消費者市民社会」の実現を呼びかけていくことが期待されている。

(2) 消費者教育の実施，充実

上記の「消費者市民社会」における消費者の自覚のためには，充実した消費者教育が必要である。我が国ではそもそも具体的な被害防止のための消費者教育も十分に行われていない実情があるが，被害予防のための消費者教育とならんで，消費者市民教育も実施されるべきであると弁護士会は考えてきた。

そのような中で，2012（平成24）年8月，「消費者市民社会」を担う市民を育成するための教育を理念として掲げた消費者教育推進法が成立した。同法は「消費者市民社会」について「消費者が，個々の消費者の特性及び消費生活の多様性を相互に尊重しつつ，自らの消費生活に関する行動が現在及び将来の世代にわたって内外の社会経済情勢及び地球環境に影響を及ぼしうるものであることを自覚して，公正かつ持続可能な社会の形成に積極的に参画する社会」と定義している。

今後は，そのような消費者市民社会を作るための教育が飛躍的に重要となる。消費者教育推進法に基づいて2013（平成25）年6月に消費者教育基本方針が策定された。その後，これを受けて，地方公共団体による推進計画の策定や消費者教育推進地域協議会の設置が行われる必要があるが，現状はあまり進んでいない。関係諸機関が連携をしながら進めるべきであり，消費者被害の実態を知っている弁護士が積極的に役割を担うことが期待されている。日弁連でもパンフレットやマニュアルなどを発行して活動が活発化している。

(3) ネットワークの構築

上記「消費者市民社会」では消費者が連帯して行動をすることも極めて重要であり，個々の消費者のみならず，消費者団体や弁護士会などがネットワークを構築し，消費者の権利擁護のための制度確立のために運動を展開することが目指されるべきである。

14 貧困と人権

> わが国で近時拡大する貧困の現状は憲法25条が保障する生存権を侵害していることに鑑み、全ての人々が健康で文化的な最低限度の生活を維持し、貧困に陥らないために、日弁連・弁護士会は政府・地方自治体に対し、貧困や経済的格差を是正する実効ある諸施策を求めてゆくべきである。とりわけ、政府の「日本再興戦略」、「規制改革実施計画」の閣議決定等の中で、経済成長の手段として雇用規制の緩和を利用したり、生活保護費の削減を求めているが、これらの政策の見直しを求めてゆくべきである。
>
> 具体的には、日本の労働者の現状は、非正規労働やワーキングプア問題の拡大に代表するように、窮乏化を極めており、安易な雇用規制の緩和はなされるべきでなく、かえって、貧困拡大の原因となっている非正規雇用について規制する労働法制及び労働行政の抜本的な見直しを求める。
>
> さらに、政府は生活保護基準の大幅引き下げと生活保護制度改悪を進めているが、それに断固反対し、逆に政府・地方公共団体に対して、生活保護制度の積極的活用を図るとともに、さらに充実した生存権保障法制を構築することを求める。

1）我が国における「貧困」の拡大の現状

国内総生産（GDP）世界3位の経済大国である我が国で、近時、貧困や経済的格差が急速に拡大している。憲法25条は「健康で文化的な最低限度の生活を営む権利」を保障しているが、この最低限度の生活を維持できない人の数が、2008（平成20）年9月のいわゆる「リーマンショック」に伴う派遣切り以降、2011（平成23）年9月11日の東日本大震災等を経て、増加傾向を示し、多くの地域で雇用情勢、生活状況を悪化させている。

厚生労働省が2014（平成26）年7月15日に発表した2012（平成24）年の相対的貧困率は、全体で16.1%、17歳以下の子どもで16.3%ということで、前回の2012（平成24）年の発表（全体16%、17歳以下の子ども15.7%）と比較して、それぞれ0.1%、0.6%の上昇であり、過去最低である。そして、1985（昭和60）年の統計開始以来、初めて子供の貧困率が上回った。このように、我が国では貧困と格差が広がっている。

これらの貧困は、主に不安定な雇用や低収入に起因しており、働いても人間らしい生活を営むに足る収入を得られない「ワーキングプア」が急増している。具体的には、非正規労働者（パート、派遣、契約社員等）の割合が、厚生労働省が2015（平成27）年11月4日発表した2014（平成26）年の「就業形態の多様化に関する総合実態調査」で初めて4割に達した。

他方、失業率は2013（平成25）年の4.0%、2014（平成26）年9月の3.6%より、2015（平成27）年9月は3.4%と、さらに若干減少している。その点は、昨年同様、いわゆる「アベノミクス」の影響かもしれないが、それが今後も続くか懐疑的な意見がある上、さらに、景気に関する実感とは違和感がないわけではない。そして、派遣切りなどによって、仕事を失うだけでなく、住居も失われ、家族も崩壊するという深刻な事態が生じ、そして、いったん貧困状態に陥るとそこから抜け出すことは困難であり、貧困問題が、さまざまな社会問題を引き起こしている。

2）我が国の「貧困」の背景と原因

(1)「貧困」拡大の要因

貧困の拡大及び深刻化の主な原因は、近時我が国政府が推進してきた構造改革政策、とくに市場中心主義及び規制緩和政策や、「官から民へ」に象徴されるような「小さな政府」の政策にあると指摘されている。規制緩和は労働分野にも及び、雇用の非正規雇用が増大し、さらに、大量の失業者が発生した。加えて、「不良債権処理」の名の下に多くの企業が金融機関から資

金の引き上げ圧力に遭い，経営的に厳しくなって生き残りをかけた「リストラ」策に走らざるを得なくなり，大量の失業者が発生した。また，構造改革による規制緩和の結果，市場競争が激化し，企業間の業績の差を拡大させ，富裕者と生活困窮者との間における経済的格差を一層大きくさせることに繋がった。なお，その背景には経済のグローバル化があることは，言うまでもない（例えば，労働者派遣法の改正，人材派遣の自由化については，在日米国大使館のホームページ掲載の，いわゆる「年次改革要望書」の1996（平成8）年版参照）。

(2) 「日本再興戦略」，その後の改訂に基づく労働法制の規制緩和の動き

政府は，2013（平成25）年6月14日，「日本再興戦略」とそれを受けた「規制改革実施計画」を閣議決定した。「日本再興戦略」においては，産業競争力会議や規制改革会議等の答申を基に，我が国の経済を再生するために，労働法制の分野では，「多様な働き方の実現」のためにとして，多様な正社員モデルの普及，労働時間法制の見直し，労働者派遣制度の見直し等が検討対象とされている（日本再興戦略第Ⅱ－2③）。また，規制改革実施計画においても，人口減少が進む中での経済再生と成長力強化のため，「人が動く」ように雇用の多様性，柔軟性を高めるものとして，ジョブ型正社員の雇用ルールの整備，企画業務型裁量労働制の見直し，有料職業紹介事業の規制改革，労働者派遣制度の見直しが個別措置事項とされている（規制改革実施計画Ⅱ4）（その後，「日本再興戦略」は，2014〔平成26〕年，2015〔平成27〕年と順次，改訂されている）。

(3) 各種社会保障制度の実情と，生活保護制度改悪の動き

一方，各種社会保障制度は，このような貧困層の増大局面でこそ本来の機能を発揮すべきであるが，実情は全く不十分であり，このことが貧困問題を一層深刻化させている。具体的には，社会保障の最後のセーフティネットである生活保護制度の運用が，利用者を極めて限定する方向にあることが指摘され，捕捉率（制度を利用しうる人のうち現に制度を利用できている人が占める割合）は2～3割程度に止まっていると推計されている。それは，多くの地方自治体における，生活保護の申請の窓口において，様々な理由で申請を受け付けないという，いわゆる「水際作戦」の結果とも言われており，ここ数年の生活保護制度の改悪を受けて，さらに加速している。

さらに，昨年からの生活保護における老齢加算が廃止された上，さらなる基準額の切り下げされ，さらに，今年は，住宅扶助基準と冬季加算の削除が断行された。一連の基準額の引き下げは，労働者の低所得者層の収入水準が生活保護受給額よりも低いという逆転現象の解消を理由として主張されるが，逆転現象は要するに本来生活保護を受給すべき人々が受給していないことを示すものであり，上記の生活保護の捕捉率が低いことこそ問題にされるべきである。

にもかかわらず，生活保護受給者が217万人を突破し，過去最多を継続している中で，生活保護に対するバッシング報道等を受けて，政府は生活保護基準の大幅の引き下げ，生活保護制度改悪を，さらに一層，進めてきた。具体的には，生活保護基準の見直しにより生活保護費の3年間で総額670億円削減することを決めた。削減幅は平均6.5%（最大10%）で，生活保護費削減によって，受給者が減る世帯は96%に上る。また，また，これまで，窓口での申請ついて，口頭申請も可能であったのに，原則として，申請の際，申請書や資産や収入に関する添付書類の提出を義務づけたり，保護を受けようとする人の親族に，扶養できない理由や収入などの報告を求めたり，不正受給者に対する罰則を強化するなどの生活保護法改悪の動きもある。これらは，①違法な「水際作戦」を合法化し，②保護申請に対する一層の萎縮効果を及ぼすという重大な問題がある。

3）貧困問題の解決への施策と弁護士の関与
(1) 基本的人権の侵害

憲法25条は「健康で文化的な最低限度の生活を営む」生存権を保障し，憲法13条は個人の尊厳原理に立って幸福追求権を保障している。また，「経済的，社会的及び文化的権利に関する国際条約」11条は「自己及びその家族のための相当な食費，衣料及び住居を内容とする相当な生活水準」を維持する権利の実現を求めている。我が国で現在まさに起こっている「貧困」が，これらの憲法上の権利や国際条約上の権利を侵害するものであることは明らかである。

我々弁護士は基本的人権を擁護する使命からして，このような人権侵害状態を放置することはできず，貧

困撲滅のための諸活動を行うことが今まさに求められている。

そして，貧困問題の解決のためには，まず，政府や地方公共団体に対して，貧困が拡大しているという現実を認識し。貧困問題を解決する諸施策の実施を求める活動が行われるべきである。

(2) 労働法制の規制緩和に関する政府や地方公共団体に対する働きかけ

この問題については，具体的には，①すべての労働者に同一価値同一賃金原則を実現し，解雇に関する現行のルールを維持すべきこと，②労働時間法制に関しては，安易な規制緩和を行わないこと，③有料職業紹介所の民間委託制度を設ける場合には，求職者からの職業紹介手数料を徴収するべきでなく，さらには，民間職業紹介事業の許可制を廃止すべきではない。また，中間搾取の弊害について，十分に検討，配慮すべきである。さらに，④正規雇用原則の観点から，労働法制と労働政策への抜本的な見直すこと，⑤有期雇用を含む非正規雇用は合理的理由がある例外的場合に限定すべきこと，⑥労働者派遣について，派遣対象業種を専門的なものに限定し，登録型派遣の禁止，日雇い派遣の全面禁止，重大な違法派遣に適用される直接雇用のみなし規定の創設等の労働者派遣法抜本改正，⑦労働契約法を改正して，均等待遇を立法化し実効的な措置をとるべきこと，⑧最低賃金の大幅引き上げを実現すること，⑨労働基準法等の監督体制を充実強化すること，⑩利用しやすく効果の高い職業養育，職業訓練制度を確立すること，⑪企業に社会的責任を果たさせることが重要である。

また，国や地方公共団体の発注する公共工事や業務委託契約において，「官製ワーキングプア」を生み出さないように，受注条件として最低賃金の支払いを義務づける「公契約法・公契約条例」の制定運動に取り組む等，人間らしい働き方と暮らしを取り戻すために，抜本的な労働政策の見直しがなされるように強く訴えていくべきである。

この点，2012（平成24）年には，労働者派遣事業の適性な運営の確保及び派遣労働者の就業条件の整備等に関する法律等の一部を改正する法律や，有期労働契約についての法制度を整備する，労働契約法の一部を改正する法律が成立した。さらに，2015（平成27）年には労働者派遣法改正案が成立し，企業が派遣労働者を受け入れる期間の制約（最長3年）が事実上撤廃されることになった。この労働法制の規制緩和の動きは，労働者保護規制を捨て，労働者全体の雇用不安をより一層増大させるものであり，経済の安定的な発展に対しても負の影響を及ぼすことは必至である。

(3) 生活保護制度の改悪に関する政府や地方公共団体に対する働きかけ

2013（平成25）年度の政策要綱では，生活保護法の改正と運用の改善等ということで，①水際作戦等の違法な権利侵害を不可能にする制度的保障，②保護基準の決定に国会による民主的コントロールを及ぼすこと等の生活保護法の改正，老齢加算の復活，生活保護の積極的な活用を国民に周知させ，違法な水際作戦をなくす等の運用の改善がなされるべきである。さらに，③捕捉率等の貧困調査の実施の行政への義務づけ，④雇用保険制度の拡充，職業訓練・職業教育機関の整備・充実等がなさるべく，安心して暮らせるセーフティネットの構築がなされるよう働きかけをしてゆくべきであるとした。

しかし，2013（平成25）年以降の生活保護基準の大幅引き下げなどの，生活保護制度改悪の動きは，この生活保護法の改正と運用の改善等に反するものであり，上記の①「水際作戦」の合法化，②一層の萎縮的効果を及ぼす点で問題である。今後は，改めて，生活保護の充実，セーフティネットの拡充のための真の意味の法改正を求める運動が必要である。

(4) その他（奨学金問題）

近時，大学の学費高騰と雇用環境の悪化による家計収入の低下により，奨学金制度利用者は年々増加している。現在，大学学部生（昼間）の約50％が何らかの奨学金制度を利用しており，約3人に1人が独立行政法人日本学生支援機構の奨学金を利用しているが，奨学金制度の利用者が増加する一方で，返済金の延滞者の増加も問題となっている。この子どものおかれた経済状況にかかわらず，全ての子どもに等しく教育を受ける権利を保障するため，日弁連・弁護士会は，高等教育の無償化を求めつつ，政府及び本学生支援機構に対して，①給付型の奨学金制度の導入，②貸与型奨学金に関する利子，延滞金の付加の禁止，③個人保証の禁止，④返済猶予，返済免除等，返済困難者への救済制度の拡充，⑤返済期限の猶予，返還免除等の各制度の柔軟な運用等の奨学金制度の充実を求めるべきである。

15 環境と人権

> 環境利益と経済的利益を対立するものととらえるのではなく、環境が持続可能な発展に不可欠の前提をなすとの視座に立った地球温暖化対策、エネルギー政策、まちづくり等の施策の実現が求められる。
> そして、自然環境や都市環境を守るためには、環境基本法などに環境権や自然享有権・文化財享有権を明文化することで、環境利益を具体的権利として確立することが必要である。

1）総論

環境利益は、現在世代の経済的利益と対立することが多く、その保護は容易ではない。

例えば、地球温暖化問題は、エネルギー政策と密接不可分の関係にあり、解決のためには化石燃料に依存した経済構造からの転換をいかに図るかが問われることになる。また、国土の狭い我が国では、土地の高度利用による経済発展が求められてきたため、自然環境や都市環境は常に開発利益により脅かされ、多様な生態系や都市における良好な景観、文化財が急速に失われていっている。

しかしながら、我が国では、四大公害事件を初めとした深刻な公害問題を経験し、その反省に立って、経済と調和する限度で環境の保全を図るいわゆる経済調和条項を公害対策基本法から削除し、環境政策の基本法である環境基本法がこれを受け継いだ歴史がある。

環境利益の保護を、経済発展を阻害するものとして捉えるのではなく、環境が持続可能な発展に不可欠の前提をなすとの視座に立った取組みが求められるといえる。

2）地球温暖化問題―排出量取引制度

今後我々が持続可能な発展を続けるためには、地球温暖化対策は避けては通れない問題である。

気候変動に関する政府間パネル（IPOC）が2007（平成19）年に発表した第4次報告書によれば、地球温暖化は、もはや疑う余地がなく、多くの地域での洪水・干ばつ・氷河の崩壊といった、生態系への重大な影響が報告されている。気温上昇を2度程度に抑えるには、温暖化ガスの排出量を2050年までに2000年比で半減させる必要がある。

1997（平成9）年には、京都市で開催されたCOP3において京都議定書が採択され、同議定書は日本を含めた先進国について、削減についての数値目標を設定した。ただ、京都議定書には、米国、中国、インドなど温暖化ガスの大量排出国が枠組みの外にあるという致命的欠陥があり、この欠陥は、現在でも解消されていない。

京都議定書を受け、日本においても、1998（平成10）年に「地球温暖化対策の推進に関する法律」が成立し、2005（平成17）年には京都議定書目標達成計画が閣議決定された。このような動きの中で、日弁連は、2006（平成18）年に「地球温暖化防止対策の強化に向けて」の提言を発表し、さらに2008（平成20）年9月18日には、国内排出量取引の試行にあたって、産業・電力・大口業務・運輸部門の排出総量を規制し、それを各事業所に割振り各事業所の排出量を厳格に規制した上での排出量取引制度（義務参加型キャップアンドトレード型）の導入を求めた。また、日弁連は、2009（平成21）年5月8日には気候変動／地球温暖化対策法の制定及び基本的内容について提言し、そこで再度、直接排出で我が国のCO_2総排出量の70％近くを占める発電所等の大規模排出源に対し、排出上限枠を設定して行う排出量取引制度の早期本格導入を求め、その排出量取引制度の概要を明らかにした。東京都では、環境確保条例が改正され、2010（平成22）年から、2020（平成32）年までに東京都の温室効果ガス排出量を2000（平成12）年比で25パーセント削減するために、エネルギー消費量の多い事業所に対して削減義務化が始まっている。併せて国内で初めてとなる義務的なキャップアンドトレード型排出量取引制度が導入されている。

3）エネルギー政策－再生可能エネルギーへの転換

　我が国の産業や国民生活が今後，持続可能な発展をするためには，化石燃料に依存した経済構造から脱却し，他のエネルギー源への転換（省エネなど，エネルギー利用の効率化も含む）をしなくてはならない。問題は何を化石燃料に代替するエネルギー源と考えるかである。

　我が国は，原子力をこの代替エネルギーの中核として位置づけてきた。そのためか，代替エネルギーを論じる際，原発推進VS脱原発（＝再生可能エネルギー推進）の2項対立で捉えられがちであり，結果として，感情論も含めた原発の肯否やどちらのコストが安いか，現在の電気料金がいくらになるかなどに，議論が矮小化されているように思う。

　だが，代替エネルギーの問題の本質は，前述のとおり，中長期的にみた安全保障や地球温暖化などによる生態圏破壊の回避にある。そのため，代替エネルギーは，持続可能でなければならない。もちろん，今ある産業や国民生活に生じる不利益の軽減も重要な課題ではあるが，あくまでこれは二次的な問題であることに留意しなければならない。このように考えた場合，原子力を代替エネルギーの中核と考えるのは困難であることが分かる。すでに核燃料サイクルは事実上破綻しているため，原子力には持続可能性がないからである。その上，放射性廃棄物の管理は，極めて長期間に及ぶ。また，チェルノブイリに並ぶかそれを超えるほど深刻かつ広範な影響をもたらした福島第一原発事故により，環境に対するリスクが再認識されると共に，賠償問題など経済的なリスクが明らかになったことで投資が集まらなくなり，世界的にみて，新設が事実上困難になっている。

　結局，代替エネルギーとなり得るのは，再生可能エネルギー（太陽光・風力・バイオマス・中小規模水力・地熱・太陽熱など）のみであるといえるが，これを普及するためには諸条件を整備しなくてはならない。

　第1は，コストの問題である。再生可能エネルギーは，これが普及していく中でコストの低減が見込まれているが，現状ではまだコストが高い。この点で注目されるのは，2011（平成23）年8月26日に成立した「電気事業者による再生可能エネルギー電気の調達に関する特別措置法」である。これは，再生可能エネルギー（現時点では，太陽光，風力，3万kW未満の水力，地熱，バイオマスが対象）の固定価格での全量買取（住宅用は余剰買取）を定めるものであり，諸外国では再生可能エネルギー普及の仕組みとして一般化しつつある。我が国でも，同法に基づき，2012（平成24）年7月1日から再生可能エネルギーの固定価格買取制度が始まった。同制度は，買取価格及び買取期間の決定に透明性・予測可能性が担保されなければ，投資への極端な過熱や抑制がもたらされるおそれがあることから，今後の運用が注目される。また，同法では，送電網への接続が原則義務化されているものの，「電気の円滑な供給の確保に支障が生ずるおそれ」などがある場合には接続を拒むことが出来るとされている。接続義務の履行を確保するためには，例外事由の有無に関する情報公開が必要不可欠だといえる。

　第2は，供給の安定性の問題である。これは，①需給調整の問題と，②サプライ・セキュリティの問題に分けられる。

　①の需給調整の問題については，一般に再生可能エネルギーは，発電量の変動幅が比較的大きいため，原子力と比較して，ベース電源にはなり得ないといわれる。しかし，供給は，各種電源の積み上げにより行うものであり，ピーク需要に対しては，例えば急速な変化への対応が容易な揚水発電などによれば足りる。事実，スペインでは，変動幅が大きい風力をベース電源とするが，停電が増えたなどの報告はない。さらに，供給側からの一方通行であった既存の電力網を，IT（情報技術）によって情報化し，多様な供給者と需要者の間で電力の需給に関する情報をやり取りするスマートグリッドが整備されれば，より対応は容易になるといわれている。なお，アメリカにおけるスマートグリッドは，電力需要を「見える化」すると共に，時間帯別料金を導入して消費者によるピークシフトを誘因するものであり，前述のコンセプトとは違った文脈で用いられていることに留意する必要がある（JREPP「自然エネルギー白書2011」23頁）。

　次に，②のサプライ・セキュリティについては，原子力など大規模発電の場合，これがトラブルを起こすことで供給不足が一気に引き起こされるリスクがあるが，再生可能エネルギーは一般に小規模分散型であり，例えば風車がいくつかトラブルを起こしても供給不足を起こす程の影響は通常生じない。

第3は，系統（送電網）の問題である。再生可能エネルギーは，ポテンシャルでいえば，化石燃料に代替するのに十分であるが，例えば，風力は北海道，東北九州など地方に偏在している。また，既存の送電網につながれていないことも多い。そのため，まず既存の送電網につなぐために送電網を新設する必要経費を誰かが負担しなければならないし，大需要家である大都市に送電するためには，電力会社による地域独占の結果，串形に整備された系統（送電網）ではいずれ対応出来なくなる。系統（送電網）の在り方は，今後再生可能エネルギーを普及させる上で，重要な検討課題である。

4）まちづくりと環境

(1) まちづくりの重要性

　我が国は，長らく高度経済成長を背景に，経済活動最優先の思想の下，無秩序な開発を行ってきた。その結果，里山，農地などの緑地や，水辺空間は減少し，まちなみは破壊され，まちの没個性，都市の無秩序な拡大，コミュニティの崩壊といった都市の危機を招いてきた。このような危機的状況への反省から，各地でまちづくりが見直されている。さらには単なる地域の特性に基づく地域住民の意思によるまちづくりというだけでなく，低炭素社会・循環型社会に適合したまちづくりが必要となる。低炭素社会に適合したまちづくりを考えれば，発電網一つでも，膨大な資金が必要となるが，進めていかなければならない。また少子高齢化社会を考えれば，高齢化社会に合ったまちづくりも必要となる。

(2) 自治体と条例

　地域のまちづくりでは，住民及び住民が組織する様々な団体，NGOや会が重要な役割を果たすのに加え，都道府県，市町村といった自治体もまた，重要な役割を果たしている。

　自治体がまちづくりにおいて果たす重要な役割の一つが，条例の制定である。各地域の実情や固有の自治方針に適合した法規の整備を可能にする条例は，まちづくりにおいてもその特質を発揮する。実際に数多くの自治体が様々なまちづくり条例や景観条例等を制定しており，天守閣の高さを建築物の高さ制限の基準にしているユニークな地域も存在する。

　まちづくりにおいて，自治体が条例を制定する場合に大きな制限となるのが法律の存在である。土地の利用の規制は法律によるとするのが政府の採用している原則であり，土地などの所有権の大きな制限を伴うまちづくり条例の制定においては，規制の範囲の確定に当たって，法律が強力な制限となっているのが現状である。

　地方分権改革に伴い，機関委任事務は原則廃止され，自治体の独自の権限は，すでに，かつての機関委任事務以外の限定された事務だけではないはずである。しかし，現行法制度は大半が機関委任事務を前提として制定されているため，なお自治体が独自の方針を実現しようとする場合の大きな制限となっている。

　このような現状において，自治体が地方分権の趣旨に則り独自のまちづくり条例を制定しようとする場合，自治体関係者は関係現行諸法規を単に理解して機械的に執行するだけではなく，その趣旨目的を把握しながらそれらと矛盾抵触しないことに留意しつつ，自治体独自の方針を実現しなければならない。

　そして，その場合に問題となる土地利用法規や都市計画法規などは，複雑である上に膨大である。これらの諸法規を把握する労力と時間の多さに加えて，本来政府と自治体は対等の関係にあるにもかかわらず，法律と法律に根拠をもつ政省令の条例に抵触しないことに，ときには必要以上に細心の注意を払わなければならない自治体の現状は，自治体関係者が，強制力によって実行性の担保を可能にする条例に則って独自の方針を実現することを躊躇させる状態を生み出していると考えられる。

　このような場合，必要とされるのは，上記のような制限のあるまちづくり条例の制定に必要な専門的知識を有する法律家が常に自治体関係者を支え，その疑問や質問に迅速に回答できる体制であると考えられる。既存の法規の解釈と運用に必ずしもとらわれず，自治体関係者の様々なアイデアに気軽に相談に乗り，その発想の段階から現実的なアドバイスが与えられる法律家は，自治体関係者が独自のまちづくりを実現しようとするに当たって重要な役割を果たすと考えられる。

(3) 住民の役割

　そして，このことは，地域の住民や各種の団体，NGOなどにとっても同様である。住民が独自のまちづくり活動を行う場合に加えて，自分たちのアイデアに地域行政を巻き込んでさらに恒常的で規模の大きな

まちづくり活動を行おうとするときに，関係する複雑で膨大な関係諸法規について詳しく，行政との折衝にも慣れた法律家が常駐しており，手軽に相談できる体制が整えられていることは，住民主導のまちづくりの実現にとって重要であると考えられる。

さらには，条例や各種要綱などを自主的に制定することを住民の方から自治体に求める場合などには，計画段階からの行政への関与を現実的に可能にするために，そのような法律家は重要な存在となると考えられる。

(4) 司法による救済

景観の保護に関しては，広島県福山市の瀬戸内海国立公園の景勝地鞆の浦の埋め立て・架橋計画に反対する住民が，広島県を被告として公有水面埋め立て免許の差止めを求めた「鞆の浦景観訴訟」において，2009（平成21）年10月1日，広島地裁が，住民の訴えを認めて免許の差止めを命じる判決（判時2060号3頁）を下したことは注目に値する。この判決では，公有水面埋立法において，景観利益が法律上の保護に値する利益であるとして，住民の原告適格を認め，鞆の浦の歴史的，文化的価値を有する景観が瀬戸内海環境保全特別措置法等が保護しようとしている国民の財産というべき公益であり，事業完成後の復元がまず不可能な性質のものであるとした。その上で，事業の必要性・公共性の根拠について調査，検討が不充分であるとし，埋め立てを認めることが裁量権を逸脱したものとして，埋め立て免許の差し止めを命じた。この判決は，初めて景観利益を理由に公共事業に関する処分の事前差止めを認めた画期的な判決といえ，2004（平成16）年の改正行政事件訴訟法により認められた差止訴訟の制度の趣旨を踏まえたものといえる。

しかしながら，司法は，全体としてみれば，未だに景観利益等を被侵害利益として原告適格を認めるのに消極的であり，今後も国民の権利利益の救済の観点からの原告適格の拡充が求められるといえよう。

5）環境訴訟制度の拡充

(1) 具体的権利性の確立

自然環境や都市環境といった環境利益は，生命身体の安全に関わらない限り，多くの場合単なる公益であると考えられ，私法上も公法上も個々人の具体的な利益ではないとされることが多い。その結果，民事訴訟では，請求権がないとして訴えを断念せざることも少なくない。また，行政訴訟では原告適格がないと判断し，本案にすら入れない。

自然環境や都市環境を守るためには，環境基本法などに環境権や自然享有権・文化財享有権を明文化することで，環境利益を具体的権利として確立することが必要である。

(2) 市民参加

環境を保護し，持続可能な発展を実現するためには，市民参加が不可欠である。市民参加が実効的なものになるためには，市民の「情報アクセス権」「意思決定への参加」「司法アクセス権」の保障が求められる。

意思決定への参加については，事業の計画段階から関与できる仕組み作りが必要である。例えば，現在の環境影響評価制度は，事業計画が策定された後になされるため，事業の正当性を追認することを目的としたような評価になりがちであるし，問題が見つかっても事業の見直しを求めるのは容易ではない。計画段階で市民が意思決定に参加することが重要であり，戦略的アセスメント制度の導入などが求められる。この点で，2011年（平成23年）4月の「環境影響評価法の一部を改正する法律」により，事業の位置・規模等の検討段階における配慮書手続が導入されたことは，注目される。

司法アクセスについては，環境保護団体などの一定の適格団体に当事者適格を認める「団体訴訟制度」の導入や訴訟費用の「片面的敗訴者負担制度」の導入に向けた議論が求められる。さらに環境裁判などの一部の裁判について，民事裁判における裁判員制度も議論されても良いだろう。これらの問題点一つ一つについて，弁護士会としては，何らかのバックアップや，問題点を明らかにして改善策を立案するなどの啓発活動をしていくべきであろう。

6）東京弁護士会をめぐる状況

(1) 環境宣言

2010（平成22）年3月24日に東京弁護士会でも環境宣言が発せられた。この環境宣言について，会員各自が，その「基本理念」を深く自覚し，その「環境方針」に書かれていることを実現していくことである。

東京弁護士会の環境宣言を確認すると，その基本理念は，「東京弁護士会，地球環境の保全が社会の持続的発展に欠くことのできない最重要課題の一つであることを認識し，現在及び将来の全会員及び職員とともに，『地球市民』として，各自が役割と責任を自覚し，環境保全に関する施策を総合的・計画的に推進して環境負荷の低減を図り，もって循環型社会・低炭素社会・自然共生社会の実現に寄与することを宣言する。」というものである。またその環境方針は，「1 当会は，環境問題について，研究，研修及び啓蒙活動の様々な環境改善活動を通じ，環境保全の重要性を訴え，循環型社会・低炭素社会・自然共生社会の実現に取り組む。2 当会は，その活動が，環境に及ぼす影響を可能な限り低減させるため，適切な環境保全策を総合的・計画的に実施し，そしてその評価を定期的に行い，継続的な改善を図る。3 当会の全ての活動に関し，計画から終了に至る全ての段階において，以下の項目に取り組む。（1）省エネ・省資源活動の推進，（2）廃棄物の減量・再資源化，（3）環境配慮型製品購入の推進。4 現在及び将来の全会員，職員が環境問題に対する自覚を深化させ，ひとりひとりが環境負荷低減活動を意欲をもって積極的に行動できるようにする。」である。

(2) 弁護士会の取組み

環境宣言は，単なる「お飾り」であってはならず，行動が伴わなければならない。会員は，環境宣言の基本理念と環境方針を深く自覚し，低炭素社会・循環型社会・自然共生社会の構築に向け，積極的に取り組むべきである。会員は，弁護士会内のみならず，各自がそれぞれの所属事務所において，環境負荷の低減活動を行う必要がある。

また個々の弁護士が環境問題について深く理解することが前提であるが，会としても事業者や市民が行う環境保全活動や低炭素社会・循環型社会・自然共生社会に対する積極的な啓発活動，提言活動，シンポジウムなどを行うことが必要である。

現在，弁護士会で行われている温室効果ガスその他の環境負荷に対する低減の取り組みについても，一層推し進めるべきである。各会員は，会内のみならず，それぞれの事務所において，どの程度の資源を消費しているかを計量して自覚することが必要で，その上で，できることから，少しずつ活動に取り組むことである。例えばメールを活用しコピー用紙そのものを減少させること，用紙の表裏印刷（裁判所の準備書面についても，同様の問題があるが，裁判所でも部により，認める，認めないの判断は一定していないようである。），裏紙の利用，温度管理の徹底，3R（リデュース，リユース，リサイクル）を徹底して廃棄物の量を減らしていくことである。また，購入する物品やサービスについては，「国等による環境物品等の調達の推進等に関する法律」を参考にし，価格の問題はあっても，環境負荷の少ない製品等を積極的に選択するように努めたい。さらに，弁護士会館屋上は現在はヘリポートとなっているが，いずれは太陽光発電も検討すべきである。

(3) 環境マネジメントシステムの導入について

環境マネジメントとは，各事業者が活動する過程で生み出す環境への影響を考慮して組織の運営を行うことをいう。環境マネジメントシステムについては，日弁連・第二東京弁護士会では導入されており，東京弁護士会においても，その導入が検討されたが，見送りとなった。

環境マネジメントシステムについてはISO14001規格が世界的な標準となっているが，弁護士会でISO14001を導入するのは現実的でなく，もっと簡易なものにせざるを得ない。また，ビジネス上，ISO140011の導入が必要とされるのは，取引上の必要性や環境問題への迅速な対応・環境リスクの事前回避や，効率的な省資源・省エネルギーによるコスト削減等であり，弁護士会での導入理由とは，やや異なる面もある。環境マネジメントシステムについては，様々なものがあり，その導入についてエコアクションなども検討されたが，当会において主として検討されたのは，「KES」である。「KES」は，日弁連や第二東京弁護士会・京都弁護士会等が導入されていることが，その一つの理由であるが，その他「KES」は，①取得にかかるコストが比較的低廉であること，②段階的に取り組める二つのステップがあること，である。

ところで，検討してみると，環境負荷の低減について，紙・ゴミ・電気の初歩的なレベルのシステムであれば，すでに当会でもある程度のことは実施されていることが確認された。そして，さらに進んだレベルの活動を求めていくとなると，費用が低廉といってもやはりある程度はかかり，研修も必要となることや，システムを支えていく柱となるべき会員が必要となり，

その会員には相当な負担がかかること，関与する職員の負担もかなりのものとなること，導入には事業所の長である弁護士会長が環境マネジメントに取り組む強い決意表明を持続的に行う必要があり，会長の強いリーダーシップが必要となるが，会長には任期があることなどから，当面は見送りとなったものである。

しかしながら，環境負荷の低減において，PDCAサイクルによって，目標と結果を数字で表していく環境マネジメントシステムは，本来有効なものであり，高度なステップにおける環境負荷低減を目標とすることは，望ましいことである。社会の情勢や第一東京弁護士会の導入状況をみながら，その導入を再度，検討すべきである。

16 情報公開法・公文書管理法

> 情報公開法について弁護士会は，従前から，知る権利の明記，裁判管轄の見直し，ヴォーン・インデックス手続，インカメラ審理の導入等を主張してきたが，今後も改正法に盛り込まれるよう積極的に運動を展開していく必要がある。
>
> 情報公開制度に実効性を持たせる制度として2011（平成23）年4月1日に施行された「公文書等の管理に関する法律」（公文書管理法）については，同法の目的において「公文書等が，健全な民主主義の根幹を支える国民共有の知的資源として，主権者である国民が主体的に利用し得るものであること」が明記されたこと，意思決定過程文書の作成義務が明記されたこと等は評価し得るが，国会や裁判所における公文書の作成・保存義務が明記されていないこと，検察庁保管の刑事確定訴訟記録や軍法会議記録は対象外となっていることなどの点において，不十分な内容となっている。施行5年を目途とした見直しに向け，国民の知る権利の実効化という観点から，上記不十分な点について法改正が行われるよう，積極的な取り組みを行う必要がある。

1）情報公開法

（1）情報公開法の成立

1999（平成11）年5月，「行政機関の保有する情報の公開に関する法律」（情報公開法）が可決成立し，2001（平成13）年4月1日から施行されている（情報公開法成立に至るまでの経緯については，「法友会政策要綱1997〔平成9〕年度版」205頁以下，同1999〔平成11〕年度版214頁以下を，情報公開法の問題点と今後の課題については，「法友会政策要綱2000〔平成12〕年度版」196頁以下を参照）。同法は，国民に行政機関が保有する情報について開示を請求する権利を認めたもので，行政運営の民主化に大いに貢献するものと期待されている。

（2）情報公開法の問題点

❶「知る権利」の保障について

「知る権利」の保障を情報公開法に明文で規定することについては，制定時に議論されたものの，最終的には規定されなかった。前記報告書においても，「『知る権利』の文言の有無は，解釈の原理や立証責任の配分等との関係で必ずしも問題とはなっていないように見られる」として，法改正を求めないこととされている。

しかし，情報公開訴訟や不開示決定を違法であるとする国家賠償請求訴訟において，行政機関は，情報公開法には知る権利が規定されておらず，情報公開法に基づく情報公開請求権は憲法に基づく権利ではないことを理由に損害賠償責任を負わないと主張している。情報公開請求権の権利性の重要性を明確にするため，情報公開法に憲法上の権利である「知る権利」を明記することは必要である。

❷ヴォーン・インデックス手続及びインカメラ審理の導入

ヴォーン・インデックス手続とは，不開示処分取消訴訟において，不開示とされた情報について，行政機関に対し，当該不開示情報の項目・類型を整理し，その項目・類型ごとに不開示の理由を詳細に説明した文書を提出させ，裁判所が不開示事由該当性を判断できるようにする工夫の一つである。

不開示処分取消訴訟の実効性を確保するため，ヴォーン・インデックス手続の導入が必要である。また，ヴォーン・インデックス手続によって不開示部分ごとに不開示事由が明らかにされても，その説明内容が真実であるか否かの判断はできないから，裁判所にヴォーン・インデックス手続の内容が正しいかを確認する手段を与えるため，民事訴訟の原則を踏まえつつも，インカメラ手続の導入を検討することが必要である。

❸情報公開法見直しの経緯

政府機関についての情報公開法の附則には，「政府は，この法律の施行後4年を目途として，この法律の施行状況及び情報公開訴訟の管轄の在り方について検討を加え，その結果に基づいて必要な措置を講ずるものとする」と規定されているため，総務省は法律の見直しを検討するため，「情報公開法の制度運営に関する検討会」を立ち上げ，2004（平成16）年4月から活動を開始した。

日弁連は，同検討会でのヒヤリング手続において，改正意見を述べ，意見書を提出するなどして，知る権利の明記，裁判管轄の見直し，インカメラ審理（アメリカでは，その説明が十分でない場合に裁判所が当事者の立会いなしに当該情報を閲覧するインカメラ審査を行っている。日弁連は2004〔平成16〕年8月，「情報公開法の見直しにあたっての裁判手続におけるヴォーン・インデックス手続及びインカメラ審理の導入の提言」を発表した）の導入等を訴えたものの，同検討会がまとめた報告は，日弁連が改正を求めた前記諸点を含めて，法改正は一切認めず，手続遅延の防止などの運用の改善のみを求めるというものであった。

かつて日弁連・弁護士会による情報公開法の制定に向けての諸活動は，今般の情報公開法の制定に大きな影響を与えてきた（情報公開法の制定に向けての弁護士会の取り組みについては，政策要綱1999〔平成11〕年度版218頁以下参照）。上記附則や附帯決議は，行政改革委員会行政情報公開部会（1994〔平成6〕年12月に設置され，1996〔平成8〕年4月に「情報公開法要綱案（中間報告）」を，同年12月に「情報公開法要綱案（最終報告）」をまとめて内閣総理大臣に意見具申した）がまとめた要綱案の作成，法案審議の過程で，日弁連が強く主張していたところを取り入れたものである。検討会の見直し作業は極めて不十分なものであり，今後も上記諸点が改正案に盛り込まれるよう積極的に運動を展開していく必要がある。

2）公文書管理法

(1) 公文書管理法の成立

2009（平成21）年6月24日，「公文書等の管理に関する法律」（公文書管理法）が可決成立し，2011（平成23）年4月1日から施行されている。

この法律は，行政文書の管理に関する統一的なルールを定めるものであり，情報公開制度とともに国民の知る権利の具体化に資する制度として期待されている。

(2) 公文書管理法の問題点及び見直し

情報公開と車の両輪をなす公文書管理法が成立・施行されたこと，同法の目的に「公文書等が，健全な民主主義の根幹を支える国民共有の知的資源として，主権者である国民が主体的に利用し得るものであること」が明記されたこと，意思決定過程文書の作成義務が明記されたこと，さらに行政文書ファイル簿の廃棄についての内閣総理大臣の同意等が要件とされたことは評価できる。

しかしながら，日弁連が公文書管理担当機関として設置を求めていた「公文書管理庁」が実現していないこと，国会や裁判所の公文書，検察庁保管の刑事確定訴訟記録や軍法会議記録は同法による管理の対象外となっていることなどの点において，同法による公文書管理は不十分なものにとどまっている。

また，東日本大震災後，震災関連会議15組織のうち10組織で会議の議事録が作成されていないなど，原発事故の議事録がほとんどないという状態も明らかになったが，そもそも公文書が存在しなければその管理もあり得なくなってしまう。NPOが集団的自衛権に関する閣議決定（2014〔平成26〕年7月1日）に関する内閣法制局の検討経緯を示す行政文書の開示を求めたのに対し，同局が特段の検討文書は存在しないとして，「意見なし」とする書面のみを開示したことについても，同様の問題を指摘できよう。重要な政策決定過程をきちんと記録し，その文書を必ず保存するという公

文書管理法の基本を，行政に遵守させる必要があるが，行政任せにしておいたのでは難しいだろう。

しかも，2013（平成25年）12月7日に，特定秘密保護法が成立し，特定秘密に指定されている間は，公文書管理の対象外となってくるという重大な問題を含んでいる。

日弁連は，2013（平成25）年11月22日，公文書管理法音の適用除外規定の削除などを求め「公文書管理法の改正を求める意見書」を発表したが，引き続き，法律施行5年後を目途とした見直しに向け，国民の知る権利の実効化という観点から，上記不十分な点について法改正・法整備が行われるよう積極的な取り組みを行う必要がある。

17　個人情報の保護の強化

> 個人情報保護法の改正（2015〔平成27〕年）は，機微情報に関する規定の整備，顧客情報の大量漏出事件を受けた個人情報データベース提供罪の新設，義務規定の適用を受ける事業者の範囲の拡大，個人情報保護委員会の新設等，個人情報の保護を強化する一方，利用目的の制限の緩和をし，匿名加工情報に関する規定を設置する等（ビッグデータの活用），個人情報の有用性を図ろうとするものである。今後，さらに加速する個人情報の利活用が，個人情報のデータマッチング，ひいてはプライバシーの侵害に繋がることのないよう，制度の改善，構築に向け，必要な提言をしていくべきである。

1）2015（平成27）年改正の概要

個人情報保護法の改正（2015〔平成27〕年）の概要は，次のとおりである。

(1) 指紋認識データ・顔認識データや旅券番号，端末ID等の個人識別符号が個人情報に含まれることを規定

(2) 人種，信条，社会的身分，病歴，犯罪履歴，犯罪による被害事実等の機微な個人情報を要配慮個人情報として括り出し，特に厳しい規制を図ること（本人同意を得ない当該個人情報の取得の原則禁止等）

(3) 顧客情報データベース提供罪の新設（個人情報取扱事業者〔その従業員〕が業務に関して取り扱った個人情報データベース等を自己又は第三者の不正な利益を図る目的で提供し，又は盗用する行為を処罰）

(4) 利用目的の制限の緩和（従前，個人情報の利用目的の変更は，変更前の利用目的と相当の関連性を要件としていたところ，要件から相当性を削除）

(5) オプトアウト（個人情報の第三者提供につき，本人の求めに応じて当該本人の個人データの第三者への提供を停止することとしている場合であって，一定の事項を，あらかじめ，本人に通知し，又は本人が容易に知り得る状態に置いているときは，第三者提供を適法とする措置）の厳格化（第三者提供をする対象項目等の個人情報保護委員会への届出の義務付け）

(6) 第三者提供に関するトレーサビリティの確保（提供元・提供先で提供年月日や提供先・元の記録の義務付け）

(7) 匿名加工情報制度の創設（個人情報から個人識別部分を削除したものをデータ分析に用いることができるよう措置。削除方法について個人情報保護委員会の指針に基づくことを要するとともに，削除した情報の取得や他の情報との照合を禁止する）

(8) 開示・訂正・利用停止請求に関する義務を負担する事業者の拡大（従前，取り扱う個人情報の件数が5000件以下の事業者を適用除外していたが，件数に関係なく適用とする）

(9) 個人情報保護委員会の創設（従前の主務大臣制から変更）

2）自己情報コントロール権の考え方

情報化社会の進展に伴い，憲法13条の定める個人の尊厳の確保・幸福追求権の保障としては，「ひとりで

放っておいてもらう権利」というプライバシーの権利の自由権的側面の保障のみならず、自己情報コントロール権（情報プライバシー権）の考え方を制度面で実現していくことが重要である。

自己情報コントロール権とは、自己の情報が予期しない形で、あるいは無限定に収集・管理・利用・提供されることを防止し、自己の情報がどこにどのような内容で管理され、誰に利用・提供されているかを知り、これら管理された情報について誤りがあれば、これの訂正を、また不当に収集された情報については、その抹消を求めることができるという考え方をいう。

コンピュータの機能の進展とインターネットの発達により、個人に関する情報（個人情報）が行政機関などによって集中的に管理されつつある今日においては、この自己情報コントロール権の考え方を制度面で実現していく意義はひときわ大きいと言わざるを得ない。

3）住民基本台帳ネットワークシステム（住基ネット）について

住民基本台帳ネットワークシステム（住基ネット）は、自治体が、他の自治体との間で、住民の個人識別番号である住民票コード及び氏名、生年月日等の本人確認情報をネットワーク上でやり取りするシステムである。確実なセキュリティを全国一律に確保することが困難な現状において、個人情報が十分保護されず、プライバシー侵害の危険性が指摘される。

制度実施後、住基ネットをめぐって各地で憲法訴訟が提起されたが、2008（平成20）年3月6日、最高裁は、憲法13条は、国民の私生活上の自由が公権力の行使に対しても保護されるべきことを規定しているものであり、個人の私生活上の自由の一つとして、何人も、個人に関する情報をみだりに第三者に開示又は公表されない自由を有するとしつつ、個人情報の漏えいや濫用に対する対処（データマッチング等をした公務員に対する懲戒制度、罰則）が講ぜられ、住基ネットにより本人確認情報が管理、利用等されることによって、自己のプライバシーに関わる情報の取扱いについて自己決定する権利ないし利益が違法に侵害されたとする主張には理由がないと結論付けた。

しかし、住民票コードによって多くの個人情報が名寄せされる懸念は存在し、そのチェックシステムすら欠いたままであるため、国民のプライバシーの保護への不安は、依然として、大きいものがある。当会としては、セキュリティチェックやデータマッチングの排除のための制度の整備について提言していくべきである。

4）特定個人情報（マイナンバー）の保護

2013（平成25）年5月、「行政手続における特定の個人を識別するための番号の利用等に関する法律（マイナンバー法）」を含む「番号関連4法」が成立した。

その経緯と問題点については、国家による国民の管理・統制（監視）という観点から、第6部8で論じているので、そちらを参照されたい。

5）自己情報コントロール権の確立に向けて

憲法13条が定める個人の尊厳の確保、幸福追求権の保障のためには、デジタル化されたネットワーク社会においてこそ、自己情報コントロール権の考え方を制度面で実現していくことが欠かせないものであることを再確認し、個人情報の保護を強化するための法整備、統一的なセキュリティ基本法の制定がなされることを求めるべきである。

第2 人権保障制度の提言

1 国内人権機関の設置

> 公権力及び私人による差別を含む人権侵害に対する効果的な人権救済を初め，憲法及び国際人権基準の国内における実施・実現のために，人権救済・人権に関する政策提言・人権教育の権限を有する，政府から独立した国内人権機関の設置が必要である。
>
> 日本政府は，国連人権諸機関から繰り返し，政府から独立した国内人権機関の早急な設置を勧告されている。弁護士会は，「国家機関（国内人権機関）の地位に関する原則」（1993〔平成5〕年国連総会決議，通称「パリ原則」）に合致した国内人権機関の設置の早期の実現に向けて粘り強く運動を展開するべきである。

1）国内における動きと勧告

政府は，2002（平成14）年，「人権委員会」設置のための「人権擁護法案」（以下「法案」という）を国会に上程した。しかし，同法案は，「人権委員会」が法務省の所轄とされ，政府からの独立性という重要な点で，「国家機関（国内人権機関）の地位に関する原則」（1993〔平成5〕年国連総会決議，通称「パリ原則」，以下「パリ原則」という）に適合しておらず，報道の自由，市民の知る権利を侵害する恐れが指摘されるとともに，公権力による人権侵害の多くが救済の対象とはされないなど種々の問題点があったことから，日弁連を初めとする多くの市民団体やメディア等から強い反対を受け，2003（平成15）年に衆議院の解散により廃案となった。

その後，政府は，2012（平成24）年9月，新たに「人権委員会設置法案」を閣議決定したが，同法案もまた，パリ原則の遵守の観点からは，問題点が残るものであった。

この間も，国連人権理事会の普遍的定期的審査，及び，各国際人権条約の総括所見において，日本に対し，繰り返しパリ原則に合致した国内人権機関の設置が勧告されている。

2）日弁連・弁護士会の取組みと課題

日弁連は，政府から独立した国内人権機関の設置を求める国内外の声に応え，2008（平成20）年，日弁連が求める国内人権機関の組織と活動の原則を制度要綱に取りまとめ，法務大臣に提出した。さらに，国内人権機関設置の具体的実現を目指して，2009（平成21）年には，国内人権機関実現委員会を設置し，マスコミ，各種NGOとの意見交換会の開催，院内集会の開催，パンフレットの作成による市民への広報活動等を積極的に行っている。

また，各地の弁護士会においても，独立した国内人権機関の設置の早期実現を求める決議が採択されている。

今後も，日弁連・弁護士会は，パリ原則に合致した国内人権機関の設置の早期実現に向けて，弁護士及び市民の間での関心を高めるために，国内人権機関の必要性・重要性の広報等の積極的な運動を，粘り強く続けていくべきである。

2 国際人権条約の活用と個人通報制度の実現に向けて

> ・弁護士は，法廷その他の弁護士活動において，国際人権条約の積極的活用を図り，国内における人権保障の向上に努めるべきである。
> ・弁護士会は，各弁護士が国際人権条約の積極的活用を図るため，国際人権条約に関する研修会，勉強会等を積極的に行うべきである。また，同様の内容の講義を，司法修習生に対する弁護実務修習の合同講義の一環として行うべきである。さらに，国際人権に関する講義が，多くの法科大学院において行われるよう，法科大学院に対し働きかけるべきである。
> ・弁護士会は，日本が条約機関に対する個人通報制度を受け入れるよう，積極的な運動を展開すべきである。

1）国際人権条約の積極的な活用

日本が締結している市民的及び政治的権利に関する国際規約（自由権規約），社会的，経済的及び文化的権利に関する国際規約（社会権規約），女性に対するあらゆる差別の撤廃に関する条約（女性差別撤廃条約），子どもの権利に関する条約（子どもの権利条約），あらゆる形態の人種差別の撤廃に関する条約（人種差別撤廃条約），拷問及び他の残虐な，非人道的な又は品位を傷つける取扱い又は刑罰に関する条約（拷問等禁止条約），障害者の権利に関する条約（障害者権利条約）等の国際人権条約は，憲法98条2項により，国内法的効力を付与され，国家機関である行政府，立法府，司法府は，条約実施の義務を負う。

国際人権条約は，憲法よりも人権の保障に厚く，あるいは，より具体的である場合がある。そして，締約国の国内裁判所や国際人権諸機関の判例・先例の蓄積により人権保障を広げる方向に発展していることなどから，日本における人権問題の議論や裁判において，国際人権条約を主張の根拠や憲法その他の国内法の解釈の補強や指針として援用することは有用である。

これまでも，刑事裁判における外国人被告人が無償で通訳を受ける権利（自由権規約），外国人の宝石店への入店・公衆浴場での入浴拒否（人種差別撤廃条約），受刑者の刑務所における訴訟代理人との自由な面会の制限（自由権規約），女性労働者に対する採用区分が異なることを理由とする賃金差別（女性差別撤廃条約）等の問題について，下級審裁判所において，積極的に国際人権条約を援用した判決や和解が見られる。また，最高裁においても大法廷で，2008（平成20）年6月4日の国籍法違憲判決（民集62巻6号1367頁），及び2013（平成25）年9月4日の婚外子相続分差別違憲決定（民集67巻6号1320頁）が，理由中で国際人権条約に言及した。

また，国際人権条約を活用すべき場面は裁判に限られず，国会，行政への要請や意見交換・協議，弁護士会への人権救済申立や委員会の意見書等においても，国際人権条約の積極的な援用は有意義であり，奨励される。近年採択された数々の人権擁護大会の宣言・決議においても，国際人権条約がしばしば援用されている。

2）個人通報制度

自由権第一選択議定書は，自由権規約に規定する権利が侵害されたとの個人からの申立について自由権規約委員会が審査するという個人通報制度を定める。

申立が，国内で利用可能な救済手段（一般には国内裁判）を尽くしていること（国内救済原則）を含む受理要件を満たしている場合には，委員会は，申立について，条約違反の有無，条約違反を認定した場合には締約国がとるべき措置を内容とする「見解」を示すことになる。

したがって，個人通報制度を受け入れることにより，国際人権条約に基づく人権の国際的保障が強化されるだけでなく，国内救済原則があるために，国内裁判所でまず国際人権機関の解釈に照らした条約違反の有無の検討がなされることから，国内における条約実施の強化も期待される。このような個人通報制度は，自由権規約のほか，女性差別撤廃条約，人種差別禁止条約，拷問等禁止条約，強制失踪条約，障害者権利条約，社

会権規約，子どもの権利条約等についても設けられているが，日本は，条約機関からの度重なる勧告にもかかわらず，1つも受け入れていない。

日弁連では，2007（平成19）年に，個人通報制度受入れの実現を目的とする「自由権規約個人通報制度等実現委員会」が設置され，広報のためのリーフレットの作成や，国会議員との意見交換会の実施，市民集会の開催等の活動を精力的に展開している。

しかし，その後も，日本政府はこれを受け入れないため，国連人権理事会の普遍的定期的審査，及び各国際人権条約の報告書審査の総括所見において，日本に対し，繰返し個人通報制度の受入れが勧告されている。外務省に2010（平成22）年，人権人道課の下に「個人通報制度の受け入れの検討や準備を進めるための人権条約履行室」が新設されたが，その後，個人通報制度の受入れに向けた具体的な動きは見られない。

全国の弁護士会が関心を持ち決議を挙げる取組みを継続すると同時に，市民の間で関心を高めるための活動，政府関係各府省との協議や国会議員への働きかけ等をさらに積極的に進め，全力で取り組むべきである。

個人通報制度の受入れが実現した暁には，弁護士自身も，裁判実務の中で，国際人権条約に基づく主張の可能性を検討し，主張を行う必要が出てくる。個人通報制度の実現に向けた準備の一環という意味においても，弁護士会は，国際人権規約に関する研修会・勉強会等を積極的に開催するとともに，司法修習生に対する合同講義において同規約の問題を取り上げたり，法科大学院の講義科目に取り入れたりする等して，同規約に対する若手法曹の理解を深めるような取組みを，一層，積極的に行うべきである。

第**9**部
弁護士会の機構と
運営をめぐる現状と展望

第1 政策実現のための日弁連・弁護士会の組織改革

1 司法改革の推進と弁護士改革実現のための方策

> 司法改革が具体化するに伴い，弁護士会が，司法制度，弁護士制度，人権課題，法制度等などにつき，積極的かつ迅速・的確に提言し，責任をもって実践することが，社会から期待され，また弁護士自治を付託された弁護士会の責務であるといえる。

法曹人口増員や裁判員裁判の実施など，司法改革が具体的に実施される中，日弁連の司法改革運動はまさに正念場を迎えている。司法制度改革審議会意見書の提言を後退させないことはもちろん，それを足がかりに市民とともに司法の抜本的改革を実現していくためには，弁護士会が果たすべき役割が重要である。司法改革の実施に当たり様々な問題が生じているが，司法改革の基本的方向性を疑うべきではない。

2002（平成14）年3月19日に閣議決定された司法制度改革推進計画においても，「日弁連に対し，司法制度改革の実現のため必要な取組みを行うことを期待する」と明記され，弁護士会への期待感が表明されている。司法制度改革推進法にも日弁連の「責務」が謳われたことは，司法改革実現のための弁護士会の役割の重要性が社会的にも明確に認知されたことを端的に示しており，その役割を担うに足りる弁護士会のあり方の抜本的改革が求められている。

このような観点からみた場合，弁護士会に求められている主な課題は，以下の点に集約される。
① 中・長期的展望に基づいた総合的政策の形成。
② 当該政策を具体的に実施するための実施体制の整備。
③ 上記の取組みの基盤となる適切な会内合意の形成と会員への情報提供体制の整備。

以下で，これらの課題についての具体的内容と実現のための体制づくりを提言する（なお，以下の各論点は，相互に密接な関連性を有するものであり，各論点についての提言には，一部重複するものもある。）。

1）中・長期的展望をもった総合的司法政策の形成

(1) 総合的司法政策の必要

従来の弁護士会の司法制度問題をめぐる活動は，厳しい言い方をするならば，問題に直面するまでは取組みを先送りし，直面したら当面の対応に追われ，当面の問題が落ち着いたら取組みが急速に停滞するという弱点を構造的に抱えてきた。これは，32,016人（2012〔平成24〕年10月1日現在）の弁護士が民主的手続を経て会内合意を図る必要があるということや，日々の事件活動に従事しつつ弁護士会活動に取り組まなくてはならないという弁護士の宿命による面とともに，弁護士会において，未だ中・長期的展望に基づいた総合的な司法政策が確立されていないことがその大きな原因になっていた。

しかし，司法制度改革の課題に取り組む中で，弁護士会においても，各個別課題を司法全体のあり方との有機的関連の中に自覚的に位置づけながら，総合的な司法政策の形成を図る努力がなされている。2002（平成14）年3月19日，前記閣議決定と日を同じくして日弁連が公表した「日本弁護士連合会司法制度改革推進計画—さらに身近で信頼される弁護士をめざして—」は，あくまで司法制度改革推進本部の立法作業を射程に置いたものと言わざるを得ないが，弁護士会としての総合的な司法政策の形成への取組等などの内容を明らかにしている。2008（平成20）年には，日弁連内に立法対策センターと立法対策室が設置され，立法企画，情報収集，立法のための運動などを行う体制ができたこともその対応の一例といえる。

(2) 継続的な調査研究

委員会活動を基盤としてきたこれまでの弁護士会活

動のあり方は，多くの弁護士を弁護士会活動に吸収し，幅広い活動を展開するために積極的な意義を有してきた。しかし，1年間を区切りとしたその活動形態と任期制は，継続的な調査研究に不向きな一面を有していることも否定できない。

中・長期的展望に立った政策と運動論の形成のためには，継続的な調査研究活動を支える体制づくりが重要である。そのためには以下のような点が検討，実施される必要がある。

① 日弁連は2001（平成13）年8月，司法制度改革担当嘱託の制度を発展させる形で，常勤の弁護士と若手研究者等などによって構成される司法改革調査室を創設し，同調査室が司法制度改革の制度作りに果たした役割は大きい。これを好例として，日弁連の弁護士嘱託制度をさらに充実し，委員会活動との役割分担と連携のあり方，執行部との関係をはじめ，日弁連組織内での位置付けと役割について整理していく必要がある。

また，日弁連のみならず，東弁をはじめとした各単位会においても同様の形での調査研究部門の強化を検討する必要がある。

② 複数年にわたる活動計画を前提とした委員会活動を実施するとともに，委員会の下での研究会活動を活性化させるなどの方法によって，委員会の自主的な調査研究活動を充実させる。

③ 法務研究財団における調査研究活動を活性化させ，その成果を弁護士活動に活かしていくというスタイルを確立すること。とりわけ，日弁連・弁護士会からの委託研究の方式を有効に活用する。

④ 司法制度の検討に際して，比較の対象となる諸外国（米英独仏等など）について，日弁連国際室または司法改革調査室を軸に，現地在住あるいは留学中の弁護士に対して嘱託弁護士の形式で協力を要請するなどして，当該国の司法制度等などについての資料収集，調査，調査団派遣の際の諸手配等などを迅速かつ継続的に実施するシステムを確立する。

(3) 政策スタッフの充実強化と政策プログラムの策定

中・長期を展望しつつ現下の情勢に対応できる政策と運動論を，現在の社会情勢の中で適切に形成し，実行に移していくためには，委員会（推進本部，センター等などを含む。）活動を基本としつつも，政策立案部門の充実強化を体制的にも図っていく必要がある。そのためには以下のような点が検討，実施される必要がある。

さらに，継続的な調査研究活動に裏付けられた総合的な政策形成を具体化するためには，政策実現のための適切なプログラムの作成が必要である。とりわけ，弁護士改革の課題，弁護士任官の推進，日本司法支援センターのスタッフ弁護士の充実，法科大学院における実務家教員の充実等など，今次の司法改革の課題には，弁護士・弁護士会の主体的な努力によって進められるべき課題が少なくない。これらの課題は，社会に対する公約になるものであり，その重要性は一層大きいものといえる。

① 司法改革調査室の創設をモデルとしつつ，政策立案及び執行部門についても同様に，常勤嘱託を軸とした組織の創設を検討すること。現在，日弁連には，調査室，広報室，国際室，司法改革調査室，法曹養成対策室，人権救済調査室，情報統計室，広報室，研修・業務支援室，司法支援センター対応室，裁判員対策室といった組織を設けて，弁護士嘱託を中心として専門的な政策立案・実施事務局などの役割をはたしており，さらにそれらの部門の強化が求められる。

また，日弁連のみならず，東弁においても同様の形での政策立案部門の強化を検討する。

② 上記の室や委員会において，それぞれの分野の学者，有識者との関係を幅広く，継続的なものとして位置付け，日弁連及び各単位会において弁護士会活動を支える緩やかなシンクタンクの形成を展望すること。また，このような取組みを，より円滑に進めるという観点からも，弁護士改革の課題との連携を意識しつつ，学者の弁護士登録のあり方を緩和すること。

③ 法務研究財団の研究活動と弁護士会の政策形成とが結びつくよう，同財団との連携を緊密にとっていくこと。

2）会員への迅速かつ正確な情報提供の確保

上記のような会内民主主義の観点から，迅速な双方向的情報伝達システムの確立が必要であるが，それだけでなく，最も正確な情報を最も迅速に入手する立場にある日弁連執行部が，情報を会員に適切に提供することが不可欠である。そこで，次の課題が検討される必要がある

① 日弁連執行部から会員に対する適切な情報の提供。なお，その際には，情報の正確性，情報伝達の迅速性

とともに，当該情報の重要性，必要とされる会内合意形成の緊急性，会内合意に向けての具体的プロセスに対する正確な情報の提供が不可欠である。

② 弁護士会から各会員への情報伝達と会員から弁護士会への意見具申のためのホームページ，Eメールを積極的に活用する。

③ いわゆるキャラバン方式の積極的な活用によって，全国各地への最先端の情報の伝達と，これに基づく意見交換の場を各地で頻繁に持っていく。

④ ホームページには従来の市民への広報という主要な位置づけのみならず，適切な会内合意を形成するという趣旨から，会員との双方向的な情報伝達機能を持たせることが必要である。そのために必要であれば，会員のみがアクセスできる会員専用ページのさらなる充実が図られてよいだろう。

3）市民との連携と世論の形成

(1) 市民的基盤の強化

法曹人口増加，裁判員，日本司法支援センターなど，司法改革課題の多くは市民生活に密接に関わるものであり，市民の理解と協力なくしてはその成果を上げることはできない。また，弁護士会の活動の公益性に鑑み，弁護士会運営の透明性を確保し，市民に対する説明責任を実行することは，弁護士や弁護士会にとって非常に重要である。

そこで，東京弁護士会では，かねてより東京弁護士会市民会議や市民交流会（旧市民モニター制度）など，弁護士・弁護士会のあり方について市民の意見を取り入れる場を設けており，日弁連も有識者による市民会議を定期的に行う等など，司法改革に取り組む市民団体との交流を継続的に行っている。

このように，弁護士・弁護士会の側から，積極的に市民の意見を求め，市民感覚の共有に努めることは，弁護士・弁護士会が市民的基盤を強化する上でも重要となる。そのためには，従来の活動に加え，以下の点が検討されるべきである。

① 各種課題に取り組む市民団体と定期的な懇談の場を持つこと等などを通じて，継続的な連携を持つこと。また，個別に各種課題に精通した市民委員に継続的に意見を求めること。

② 日弁連，各単位会に市民団体との連携のための「市民団体課」といった担当部署を設け，市民団体との連携強化を組織的にも明確にすること。

(2) 市民向け広報の充実

弁護士・弁護士会の主張・活動を市民に「理解・共感」してもらうためには，テレビ・新聞・インターネットその他多様な媒体を活用した市民向け広報を継続的に実施していくことが不可欠である。具体的には，以下の点が検討，実施されるべきである。

① マスコミ等などからの取材窓口を一本化し，迅速な対応を可能とするための「広報官」ポストを設置すること。

② 意見書発表の際にコンパクトな説明要旨をつけるなど，分かりやすく，かつ市民の求めに応じたタイムリーなプレスリリースを心がけること。

③ 市民向けの重要な広報ツールであるホームページを，「市民が求める情報は何か」という視点からさらに充実させること。

④ 政策実現のための行事や各種イベント等などの広報についても，各部署や委員会毎に行うだけではなく，広報担当窓口で統一的に戦略を立てて企画，推進していくこと。

⑤ 東京弁護士会では2011（平成23）年7月，ツイッターの活用を開始したが，今後もソーシャルネットワーク等など，新たな広報媒体についても常に情報を収集しながら適宜活用していくこと。

(3) 世論形成のための迅速・的確な行動

司法改革の課題を具体的に実現するためには，弁護士会の政策を支持する世論を形成することが不可欠である。そのためには市民及び市民団体のみならず，マスコミ関係者，学識経験者，国会議員等などに対する効果的な働きかけが必要であり，具体的には以下の点が検討，実施されるべきである。

① 市民・市民団体に対する働きかけについては，上記「市民的基盤の強化」で挙げた方策を通じ，弁護士会の政策に対する理解を得ていくこと。とりわけ，問題となっている課題に関係している市民団体に対する働きかけを当該課題との関係では重視すること。また，裁判傍聴運動に取り組む市民団体への働きかけを重視すること。

② マスコミ関係者については，日弁連のみならず各単位会において定期的な懇談会を実施し，その時々の弁護士会が取り組む課題について意見を聴取するとともに，理解を得ていくこと。また，懇談会の成果につ

いて日弁連に迅速に情報を集約するシステムを確立すること。

③　司法改革調査室における協力研究者方式、法科大学院センターカリキュラム部会における協力研究者方式の実績等などを参考にしつつ、司法改革に関心の深い学者、有識者との関係を幅広く、継続的なものとして位置付け、日弁連及び各単位会において弁護士会活動を支えるネットワークや、緩やかなシンクタンクの形成を展望すること。その上で、具体的な課題については、これらのメンバーを中心に理解を求めていくこと。

④　これらの市民・市民団体、マスコミ関係者及び学識経験者に対し、インターネットや各種刊行物によって、弁護士会の情報が迅速かつ継続的に伝達されるシステムを確立すること。

4）立法，行政機関等などへの働きかけ

日弁連は、司法制度改革の立法作業に主体的に関わる中で、制度改革の実現にとって重要なことは、意見の正しさだけではないことを多くの場面で経験してきた。「検討会の場でのプレゼンテーションに全力をあげるだけでなく、検討会委員との個別意見交換、顧問会議メンバーへの要請、各政党・国会議員・関係官庁などへの働きかけ、国民運動を同時並行的にかつ強力に進めることがきわめて重要であり、成果をかちとる力となることを実感」（日弁連新聞第344号）した。

国会審議の場において、廃案となった弁護士報酬敗訴者負担法案と維持できなかった司法修習生への給費制の帰趨を分けたのが、マスコミ論調の共感を得られたか、国民を説得する理と言葉を持っていたかにあったこと（日弁連新聞第371号）を思い起こすと、これらの活動が功を奏するためには、世論、とりわけマスコミ関係者（記者、論説・解説委員等など）の理解が不可欠であり、そのための活動がいかに大切であるかは論を俟たない。

日弁連が得たものは、これらの経験にとどまらない。日弁連は、司法制度改革に主体的に関わる中で、国民、市民の中で、国会、政党、各省庁との関係でも、存在感を有する団体としての確固たる地位を占めるに至った。これは、緊張感を持った協同作業をともに担ってきた実績に基づいたものである。この実績に裏打ちされた存在感を、国民から真に期待され信頼を寄せられるものとすることが、司法制度改革が実行の時代に移り、さらには、皆で改革を担う持続可能な新しい時代を作っていくべき現在における日弁連の大きな課題である。1つは、司法制度改革の成果を国民が実感できるよう、日弁連がその責務を果たすことであることは言うまでもないが、もう1つは、国民が司法制度改革の成果を実感する中で益々期待と存在感が高まるであろう日弁連が、それに相応しい取組みをすることである。

そのためには、これまで取り組んでいることも含めて、以下のような施策の実行が求められる。

①　国の施策全般に及ぶ日弁連の活動に的確に対応するために、法務省・最高裁にとどまることなく、内閣、省庁、政党、経済団体、労働組合、消費者団体、市民団体、隣接法律専門職者等などの公開情報（ホームページ、機関誌等など）を収集し、必要な情報を整理分析の上、関係セクションに適宜提供するには、長期的総合的な戦略的対応を可能とする組織が必要である。これら機能を期待し、2008（平成20）年、立法対策センター及び立法対策室が設置されたが、未だ、その組織の任務役割が確立していないのが現状である。日弁連の情報統計室と立法対策室を統合し、「総合企画室」という枠組みでさらなる機能強化を図ることも検討されてよい。

②　政策形成過程に的確に日弁連意見を反映させるため、適宜に会内の意見形成が出来る体制を構築するとともに、必要な人材を、責任を持って送り込めるよう、緊張感を持った協同作業のパートナーとしての位置づけを獲得すべきである。

③　政策形成過程に関与する経済団体、労働組合、消費者団体、市民団体、隣接法律専門職者等など、世論形成の中心を担うマスコミ関係者（記者、論説・解説委員等など）との日常的な交流、意見交換を積極的に推進すべきである。

④　創立60周年が経過し存在感を増している日本弁護士政治連盟の活動を、より強固なものとするため、支部の全国設置、組織率のより一層の強化を図るべきである。

2　弁護士会運営の透明化

> ・弁護士自治が弁護士の使命が人権擁護と社会正義の実現にあることに照らして認められたものであることに照らし，弁護士会には，その使命の根幹を維持しながら，有識者の意見や一般市民の声を反映するシステムを構築することが求められている。東京弁護士会が設置している市民会議や市民交流会制度は，この観点から重要である。不定期に開催されるマスコミとの懇談会についてもより充実させることが必要である。
> ・自治団体としての実質維持の観点からも，会員にとっての会運営の透明化は重要である。特に，日弁連の会運営の在り方は，弁護士人口増大の中にあっては，弁護士自治を守る観点からも，とりわけ重要である。

1）司法制度改革審議会の求めるところ

司法制度改革審議会意見書は，「弁護士会運営の透明化」の例示として「会務運営について弁護士以外のものの関与を拡大するなど広く国民の声を聴取し反映させることが可能となるような仕組みの整備」を挙げている。

弁護士会は人権擁護の砦として活動し，国による権力の濫用をチェックする役割を担っている。その弁護士会の活動が国民の意識から乖離するようでは人権擁護を図ることはできず，権力の濫用のチェック機能が国民の支持を得ることができない。国民の支持に基盤を持つ弁護士会となるためには，会運営について国民の目に見えるものであることが求められる。

会員の不祥事が連続し，国民の弁護士・弁護士会に向けられる目は厳しくなっている。会運営の透明化に限らず，国民の意見が会に反映されるシステムの工夫を求める声も当然である。しかし，人権の擁護は少数者の人権の擁護に核心がある。時の多数派の国民意識に迎合するような透明化であってはならない。

弁護士会は，特に自治を認められた人権擁護と社会正義の実現を図る団体として，その根幹を維持しながら，有識者の意見や一般市民の声を反映するシステムを構築することが求められている。

2）弁護士自治との関係

弁護士会は専門集団として人権の擁護を図れば足りるとの考えから，会務運営に弁護士以外の者の関与を必要としないという考えや，会務運営に弁護士以外の者の関与を許すことは弁護士自治の崩壊につながるとの批判がある。

しかし，人権擁護や社会正義の実現は独り善がりのものであってはならず，自治団体として，組織決定の自治，人事の自治が厳守される限り，弁護士以外の者の関与を認めたからといって自治が崩壊するものではない。会運営を国民の目に見えるものにして国民の支持を拡大することは弁護士会の役割の増大につながる。

弁護士以外の者の会運営に関与する制度として，例えば，国政における審議会や公聴会の制度に類した制度の採用が考えられる。また，会務を国民に広報して，国民の支持を受ける弁護士会，透明感のある弁護士会を築くことが重要である。

3）東京弁護士会の制度

東京弁護士会には2004（平成16）年度から市民会議が設けられた。1991（平成3）年度から設けられた市民モニターの制度は，市民交流会と形を変えて存続して活動している。

前者は有識者や都内各界代表から成るものであり，弁護士会，弁護士の制度・活動について理解を求め，課題について忌憚のない意見を反映させようというものである。年に4回程度開催されている。後者は市民の応募者の中から毎年30名の方にモニターとして，弁護士会や司法制度についての見学や意見交換会，簡単な模擬裁判に参加してもらい，会務や司法制度について理解を深めてもらい，市民の意見を会務に反映させようとするものである。

また，理事者や個別の委員会とマスメディアとの懇談会が不定期に開催され，意見交換を行い，同時に，

広報に努めている。

4）会員にとっての透明化

個々の会員にとっては，所属する単位会の運営は比較的に透明である。しかし，会員数の急増によって若手会員にとって透明か否か不安がある。電子メールその他のツールを利用することが期待される。

日弁連や連合会の運営は，一般会員にとって透明とはいい難い点もある。関心を持とうとしない会員の意識に問題があるともいえるが，日弁連や連合会においては，各理事や委員による各単位会の会員への周知活動が十分になされることが求められる。また，日弁連レベルの課題についての地域による受け取り方の温度差を解消するべく，日弁連ではファクスやメルマガにより課題の提示と報告を行って会員に周知を図る努力をしている。

会運営が，増大する会員から遊離することなく，透明化によって会員の理解と協力を得られることが従来以上に求められている。

3　日弁連の機構改革と運営改善

1）会長選挙の在り方の検討

(1) 直接選挙制の在り方

日弁連会長の現在の直接選挙制は，日弁連の民主的な改革の素地を作ったものであるが，弁護士数の大幅な増加が続く中，今後ともこれを現在のままの形態で維持することには困難が生じてくると考えられる。通信費が過大となること，若い期の票の動向が結果に決定的影響をもたらすこと，候補者の政策や人柄などを会員に充分に伝えることが難しくなってきていることなど，検討すべき課題は多い。

今後の日弁連会長選挙の在り方について，直接選挙制の見直しを含めた検討をすべき時期にきている。

まず，現在の直接選挙制については，極力「金のかからない」政策中心の選挙が実施される工夫が必要である。そのためには，候補者側の自主的な努力に期待するだけではなく，直接選挙制を前提としながら，候補者側の金銭的負担を軽減できるような会長選挙のあり方も検討すべきである。例えば，①選挙公示前の立候補準備活動に一定のルールを設けること，②選挙事務所として弁護士会館の使用を認めること，③日弁連が保有している会員への伝達ツールを，選挙活動に必要な範囲で候補者に無償で提供すること，④FAXによる認証された広報を認めることや，IT技術を利用したより幅広い広報の可能性について検討すること，⑤公聴会の実施の簡素化とテレビ会議システムや録画データの利用を図ることなどを早急に検討すべきである。

また，直接選挙制をより機能させる観点からは，会員の投票に際しての判断要素となる，候補者の人柄や政策が，会員に適切に伝達されるための一層の工夫が図られる必要がある。前記④の広報手段や，⑤の公聴会のテレビ会議システムや録画データの利用などは，このような観点からも意味ある取り組みとして検討されるべきであるし，日弁連会長選挙が高い社会的関心を集め，マスメディアを通じた会員への情報伝達が行われている現状に鑑みるならば，より自由な選挙活動の在り方についても検討される必要があるだろう。

また，直接選挙制の見直しの是非を検討するに際しては，例えば会員数が5万人に達した場合の直接選挙のコストのシミュレーションを行い，制度論とともに，間接選挙との実証的な比較検討を行うことなどが検討されるべきである。

日弁連の動きを促すために，法友会がこの問題に先鞭をつけ問題提起することも検討すべきである。

(2) 当選要件の問題

❶　再投票，再選挙の実施

2010（平成22）年2月に行われた日弁連会長選挙では，直接選挙制移行後初めて再投票となり，さらに2012（平成24）年2月の日弁連会長選挙では再投票でも決着がつかず，次年度に入った4月の再選挙でようやく当選者が決まった。

このため，当選者決定が会長任期開始後の4月以降にずれ込むことによる会務運営上の弊害が大きいことが認識され，任期開始前に決着がつくような会長選挙制度の改正が検討される契機となった。

❷　直接選挙制移行の経緯

日弁連会長選挙制度は1974（昭和49）年2月23日の

臨時総会において，それまでの代議員による間接選挙制から直接選挙制に移行した。

1964（昭和39）年8月に臨時司法制度調査会が発表した臨司意見書に対し，日弁連は強い反対意見を述べたが，その過程で日弁連の執行体制の脆弱性と内部意思の不統一が強く認識され，日弁連機構の強化のために，1965（昭和40）年日弁連機構改革委員会が設置された。そして1969（昭和44）年2月，同委員会から，会長任期2年制とともに，会長選挙の直接選挙制が建議された。

当時の代議員による間接選挙制では，時に一部の有力な会員らの話し合いによって会長選出が実質的に左右されることがあり，これが一般会員の日弁連に対する無関心，執行体制の弱体につながっていったことから，多くの会員が直接選挙を求め，またそれが日弁連機構の強化につながるものと考えられた。

しかしながら，1970年代前半ころの全会員の中の東京三会と大阪に所属する会員の比率は現在よりも高く（1972〔昭和47〕年の全会員9,106名中4会所属は5,638名で61.9％，2012〔平成24〕年の全会員3万2134名中4会所属は1万8947名で59.0％），直接選挙制では日弁連が大規模会優位の運営になることを危惧する声が地方単位会から上がった。この点，間接選挙制では，代議員がまず各単位会に3名割り当てられた上で，会員50名あたり1名（2009〔平成21〕年の会則改正で100名あたり1名に変更）がさらに割り当てられ，会員数が約1万人だった1974（昭和49）年当時は，単位会割当代議員156名，人口割当代議員約200名であり，代議員による間接選挙は会員の人口比率以上に地方会のウエイトが大きくなる構造だったのである。

そして，長い議論の末，1974（昭和49）年2月の臨時総会において，日弁連会長選挙は自然人会員による直接選挙としつつ，最多得票者が全国の3分の1以上の単位会で最多票を取ること，すなわち，いわゆる3分の1要件を当選の要件とする制度が採択された（日弁連会則61条2項）。

❸　再投票・再選挙時3分の1要件の問題点

ところが，この会則改正では，最多得票者が3分の1要件を満たさず当選者がいなかった場合は得票数の多い候補者2名で再投票となり，この再投票時にも3分の1要件が適用され（会則61条の2），さらに再投票で最多得票者が3分の1要件を満たさないときは再選挙となるが，この再選挙にも本選挙の規定が適用されるので，結局再選挙にも3分の1要件が適用されることとなった（会則61条の3）。そのため，理論的には何度再投票・再選挙を繰り返しても，3分の1要件を満たさないために当選者が決定できない可能性もある制度となってしまった。

この点について，1974（昭和49）年2月の臨時総会においても当選者が決定できない可能性を指摘する意見があったが，現実には考えにくいとの声が多数となり，現行の会則改正が成立したのであった。

❹　会長選挙制度に関するワーキンググループ

ところが，前述のとおり2012（平成24）年2月に実施された日弁連会長選挙において，再投票でも当選者が決まらず，ついに3月末を越えて4月に再選挙を実施し，ようやく当選者が決まるという事態が生じた。

そこで，日弁連執行部は2012（平成24）年8月，全国8つの弁護士会連合会と日弁連選挙管理委員会，日弁連弁護士制度改革推進本部などから委員を選出して，会長選挙制度に関するワーキンググループを作り，会長選挙制度の改正について諮問した。

ワーキンググループでは6回にわたって審議をし，その結果，2012（平成24）年10月10日，「年度内に当選者を確定するため」再投票の際にはいわゆる3分の1要件を適用せず，最多得票者を当選者とすべきである，との答申をまとめた。

しかしながら，再投票時の3分の1要件不適用にはワーキンググループ26名中12名の委員が反対するなど，必ずしも答申に大多数が賛成したわけではなく，少数意見も併記された。

❺　日弁連理事会での審議

この答申を受けて，2012（平成24）年10月及び11月の日弁連理事会で議論がなされ，併せて各単位会に意見照会がなされた。東京・大阪以外の単位会からの反対意見が多く，なおかつ，これといった対案が出るわけでもなく，結局，日弁連会長選挙制度の改正は見送られることとなった。

❻　2014（平成26）年の日弁連会長選挙

選挙制度改正見送り後の2014（平成26）年2月に行われた日弁連会長選挙では，幸い，最多得票者が3分の1要件を満たし，再投票・再選挙の問題は生じなかった。

❼　法友会の立場

法友会としては，会員数最多の単位会である東京弁護士会に属する政策団体として，日弁連の運営における小規模単位会の危惧感を考慮しつつも，直接選挙制であること，全国の弁護士一人一人が日弁連の会員であることを前提に，会長選挙制度は結論において当年度内に最多得票数を得た候補者が当選する制度であるべきと考える。

　この点，東京三会と大阪弁護士会で日弁連会員の約6割に達しているのに対し，東京三会と大阪弁護士会選出の日弁連理事が全71名中19名（約26％）にとどまっているという状況に根本的な変化がない限り，「当年度内に最多得票者が当選する」制度の実現は困難であるように思われる。しかし，法友会としては，全国的な理解を得るように努めて，引き続き，制度改正に向けた努力を続けていくべきであろう。

2）政策実施の体制の整備

(1) 財政基盤の確立

　財政基盤の確立は，司法改革運動を支える体制づくりの大前提になる。そのためには，財政の圧倒的部分を会員の会費に依存している現状を改革するとともに，財政支出のあり方についての検討をしていく必要がある。会員の会費負担の問題も議論される中で，合理的な会費と会費以外の収入の確保による財務基盤の確立が急務である。具体的には以下の点を検討する必要がある。

① 日弁連，各弁護士会に対する寄付金の受け入れ制度を整備する。
② 委員会開催のための交通費等に相当程度の予算が割かれている財政支出について不断に改善する。
③ 財務を掌る財務委員会を中心に，その健全化を不断に実施する。

(2) 執行体制の強化

　社会における弁護士会の役割がますます重要かつ幅広いものとなる中で，形成された政策と運動論を具体的に実践するための執行体制の強化が求められている。
　具体的には以下の点が検討される必要がある。
① 執行部門についても同様に，弁護士嘱託を軸とした組織を強化する。研修・業務支援室，司法支援センター対策室，裁判員対策室など政策実施においても嘱託が活躍する場が増えている。
② 日弁連事務次長の充実，事務総長室付嘱託制度の創設等を通じて，日弁連総次長室の体制強化を図る。

(3) 大規模会と中小規模会

　司法改革運動の実践に際し，大規模会と中小規模会とでは財政面においても人的側面においても大きく条件が異なる。2012（平成24）年度の日弁連会長選挙に象徴されるような東京と地方会といった意見の対立構造も生じている。

　他方，政策立案は各単位会が独立して行うものとしつつ，運動を全国的に展開するという側面においては，日弁連による全国的な調整と単位会の枠を超えた協力関係が必要である。

　このような状況で，日弁連として大規模会と中小規模会の意思疎通をどのように図っていかなければならないのか，どのように適切な意思形成を行っていけばよいのかを検討しなければならない。そのためには次の点が検討される必要がある。

① 日弁連内の人的協力関係の一層の推進
　理事会や委員会などの場での人的交流が全国弁護士の交流の重要な場である。

② 弁護士会連合会単位での活動の活性化
　弁護士会連合会は日弁連と単位会にある中間組織として各地域の弁護士会連合会（ブロック）の役割が重要である。これまでは，あまりその役割が重要視されてこなかったが，今後会員数が増加するに従い，その機能はこれまで以上に，日弁連との連携を含めて強化される必要がある。

③ 関東10県と東京三会，関弁連との関係の再検討
　東京三会と東京10県会はこれまで決して良好な関係とは言えなかった。しかし，上記のように弁護士会連合会の機能を強化すべきときに，関弁連のメンバーが協力して意思を決定し，その政策を実行する基盤がなければならない。そのために，東京三会も，関弁連執行部に会長経験者を送り出すなどの関係強化策を実行すべきである（詳細は第9部第1の6「関東弁護士会連合会の現状と課題」参照）。

④ 日弁連の調整による各単位会の財政負担の均質化
　日弁連財務について，各単位会の負担が均衡してないとの批判があるが，会員数などを反映して財務負担を均衡する必要がある。

3）適切な会内合意のあり方の検討

　日弁連における迅速・適切な会内合意形成の要請が

ますます強まっていく中で、会内民主主義を確保しつつ、これを実現する方法も検討しなければならない。

2010（平成22）年6月に設置された法曹人口政策会議での法曹人口問題の議論、2011（平成23）年3月27日の法曹養成制度の改善に関する緊急提言の議論の過程を見るにつけても、司法改革の非常に速い流れへの適時適切な対応と、民主的な会内合意形成との間に深刻な緊張関係が存在することが改めて認識された。

この問題の解決のためには、弁護士会員数36,348人（2015〔平成27〕年12月1日現在）を擁する日弁連において、現在の会内合意のあり方と政策立案・執行のあり方を抜本的に再検討する必要がある。

特に、総会・代議員会・理事会・正副会長会という機構をどのように改革していくかが課題である。代議員制度の活用など日弁連総会のあり方又はそれに代わる制度について検討を加えることのほか、基本的政策の部分についてはこれまでの直接民主主義的会内合意方式で充分な議論を尽くして決定し、個別課題への対応については理事会、執行部等に委ねていくこと、委員会が政策提言や政策実現に果たしてきた役割を重視しつつも、その機能について再検討し、適時適切な政策立案・執行の部分については執行部、嘱託を軸とした常駐スタッフを適切に活用することなどを含め、幅広く、本質的な検討が行われる必要がある。

(1) 総会

3万人を超える会員数を前提として、実際の総会出席者については会館のスペースが限られている中で、その2〜3パーセントしか出席が可能ではない。結局、白紙委任状による代理出席が多くなり、現実に会員の意見を集約しているのか疑問である。

本来、総会は、個々の会員が意見を述べて投票する機会が保障されているという意味で、民意を反映する場として重要である。そして、総会に個々の会員が参加する機会が与えられているという点で、実際に出席するかどうかはともかく、総会で決定されたことについて会員の理解を得られやすい。

したがって、個々の会員が、①十分な情報の提供を受けること、②総会前の単位会照会の際に単位会で自分の意見を述べる場を提供されるとか、総会で意見を述べる機会を与えられるなど、意見表明の機会が保障されていること、③現実の出席や委任状により出席して投票する機会が保障されていること、が重要である。

③の機会の実質的保障の一助として、電子投票制度は、その導入を目指しての検討を早急に進めるべきであるし、その前提としてのテレビシステムによる総会の中継も考えなければならない。

(2) 代議員会

代議員会については、会長の直接選挙制度が導入されて以後、その機能低下が指摘されているが、会員が3万人を超えている現在、その機能を再検討するべきである。会長の直接選挙及びその他法律事項以外は代議員会に意思決定を委ねてもよいのではないかという意見もあるが、総会について上記のように考えれば、むしろ形式的となっている代議員会を廃止して意思決定の二重構造を是正することも考えてよい。

(3) 理事会

理事会については、その運営の工夫をすべきである。現在のように、大量の配付資料をもとに、多くの議題を討議するような方法では、実質的な議論を尽くすことの限界がくるのではないかと思われる。審議事項を、常務理事会などに委ねて、重要事項審議に集中することも考えてよい。

(4) 正副会長会

現在、毎月複数回の正副会長会が開催されて、合議体で会務執行が議論されているが、この制度がよいのかも検討されるべきである。確かに、1年任期の副会長では担当副会長だけで決定することで適切な判断ができるか疑問があるかもしれない。しかし、担当以外の副会長がすべての議題について実質的な議論と判断ができているかという疑問もある。複数担当制、複数任期制にするなどの方法も検討されてよい。

(5) スタッフ部門

継続性を担保した意思決定にはスタッフ部門の充実が欠かせない。総長・次長・嘱託といった弁護士職員の充実と一般職員の協力の下で日弁連の効率的・効果的な運営を図るべきである。なお、これらのスタッフは、以下の委員会活動と適切な連携及び役割分担ができるだけの、専門性と能力を備えていることが必要である。

(6) 委員会の機能

委員会は、日弁連の活動の中心である。その諮問・研究機関（単なる学術研究ではなく、政策立案・政策実現の重要な原動力としての実績も大きい）としての機能は今後も維持されるべきである。

しかし、月1回程度の委員会で迅速な意思決定をして、それを執行するには時間がかかりすぎる。そこで、そのような事項を担当するために本部やワーキンググループが組織されている。

他方、専門分野における委員会の役割は大きく、その機能をさらに強化することも検討されるべきである。

すなわち、委員会方式であっても、事務局を設置して、機動的に活動することもあり得るし、現にそのような方式をとっている委員会も多い。

委員会の機動性を確保しつつ、専門性を生かして政策立案することにより、執行部を中心とした活動との適切な連携と役割分担を図るべきである。

4 日弁連の財務について

1) 一般会計の状況

(1) 会員の増加と収入の増加

一般会計における日弁連の当年度の収入は56億9,331万円、支出は50億4,182万円であり、2014（平成26）年度の収支は6億5,149万円の黒字である。

収入についてみると、その大部分を占める会費収入については、2013（平成25年）年度が51億7,081万円であるのに対し、2014（平成26）年度は54億636万円であるから、2億3,555万円の収入増である。司法試験合格者数に大幅な変更がない限り、毎年2億円程度の増加が見込まれている。

支出についてみると、中核を占める事業活動支出について、2014（平成25）年度が48億6,995万円であるのに対し、2015（平成26）年度は50億3,647万円であり、1億6,652万円の支出増である。

なお、次期繰越金は33億7,247万円となっており、前期繰越金27億2,098万円から6億5,149万円の増加が見られる。

したがって、現状においては、収入の増加の範囲内において支出が増加している状況にあり、安定的な財政ともいいうる。この状況が続けば、年々繰越金も増大していくものと推定される。

(2) 会費減額などの問題点

前記の状況を踏まえ、日弁連では、会費減免や一般会計から特別会計への繰入れが検討されている。

現状では、一般会員の月額会費14,000円につき、修習終了後2年未満の会員については月額7,000円に減額されている。この点に関し、会員一律に減額をすべきではないか、若手会員に対する減額措置を拡大すべきではないか、高齢者会員についても減額すべきではないか、あるいは特別会計に安定的な財源を確保させるべきではないかなど、様々な意見が出されている。

しかし、一律に減額した場合、将来的に必要性が生じたときの増額が困難になるのではないか、同じ資格でありながら若手会員のみに減額措置を講ずるのは公平性を害しないか、高齢者といっても十分な収入のある会員についてはどうすべきか、特別会計への繰入れの必要性があるのか、など反対意見もあり、容易に決定しうる問題ではない。

一方、繰越金が増加傾向にあり、日弁連の正味財産が増大しているとしても、会員数も激増しているのであるから、会員1人当たりの日弁連の財産に対するいわば持分割合は増加しているとはいえないであろう。持分割合の低下は、各会員が日弁連から享受する物的・人的サービスの低下を意味するものともいいうる。また、日弁連の活動領域も年々拡大しており、とりわけ、日弁連の広報活動の重要性が指摘されており、広報費・広告費の予算増加も視野に入れるなど、日弁連の事業活動を裏付ける財源の確保は重要である。

このような議論がある中で、2015（平成27）年12月4日の日弁連臨時総会において、一般会員の月額会費14,000円を12,400円、修習終了後2年未満の会員の月額会費7,000円を6,200円に減額する等の決議がなされた。

したがって、会費減額などのさらなる措置は極めて慎重に検討されるべきものと考える。

2) 特別会計の状況

以下、主な特別会計の状況について述べる。

(1) 会館特別会計

収入は、一般会計からの繰入金6億609万円、テナントなどの運営諸収入1,084万円及び利息収入353万円となっている。これに対し、支出は5億6,716万円であり、2014（平成26）年度の収支は5,331万円の黒字となっている。繰越金は50億3,683万円であり、前年

度の繰越金49億8,352万円より5,331万円の増加をみている。

(2) 災害復興支援基金特別会計

日弁連は東日本大震災・原子力発電所事故等対策本部を設置して、被災者の支援及び被災地の復興支援に取り組んでいる。2014（平成26）年度の収入は、2013（平成25）年4月1日から2014（平成26）年3月31日までの寄付金（1件）697,882円と利息収入12,286円である。

支出は専ら会議費であり、2,627万円であった。その内訳は、会議旅費・被災地などへの出張旅費など572万円、震災復興のための弁護士雇用などに関する補助金800万円、会員研修の実施費用52万円、広報活動（番組制作費など）68万円、復興支援活動に関わる会員の人件費（嘱託、アルバイトなど）1,035万円、被災地弁護士会（法律事務所の新規弁護士雇用）への補助金100万円である。2013（平成25）年度の支出は5,172万円であるから、およそ2,500万円の支出が抑えられている。なお、次期繰越金は1億3,376万円である。

生活再建、復興にはさらに複数年の支援が必要であり、新たな寄付金募集を含めて財政的な面も十分に考慮して支援活動に取り組む必要がある。

(3) 法律援助基金会計

本会計は、日本司法支援センターに対する委託業務に関する収支などを管理する特別会計である。収入は、特別会費収入（2014〔平成26〕年5月まで月額会費1,300円、同年6月からは月額会費1,100円）4億5,650万円、贖罪寄附金などの寄附金収入が1億201万円、一般会計及び2014（平成26）年4月1日に廃止された犯罪被害者法律援助基金会計からの繰入金1億3,121万円などの合計6億8,980万円である。支出は、委託事業費などで5億7,619万円であり、単年度の趣旨は1億1,361万円の黒字、次期繰越金は7億6,714万円となっている。

(4) 少年・刑事財政基金会計

収入は、特別会費収入（2014〔平成26〕年5月まで月額会費4,200円、同年6月からは月額会費3,300円）13億8,933万円であるのに対し、支出は、初回接見費・初回接見通訳費・刑事被疑者弁護援助委託事業費、少年保護事件付添援助委託事業費などの合計14億5,095万円であり、6,162万円の赤字であった。次期繰越金は2億6,576万円に減少している。

特別会費のさらなる減額が期待されるところではあるが、法律援助基金会計とともに、これらの援助事業の国費化に向けての日弁連・弁護士会挙げての積極的な運動が必要である。

(5) 日弁連ひまわり基金会計

収入は、主として特別会費（月額会費600円）の2億4,177万円で、支出は、過疎地の法律相談センター維持費、公設事務所維持費用などの2億7,029万円である。単年度収支は4,074万円の黒字となり、次期繰越金は11億7,134万円となっている。

3）日弁連財務全体について

以上のように、一般会計が安定的に増加傾向にある一方で、特別会計は繰越金が増加傾向にあるもの、減少傾向にあるものもある。一般会費や特別会費の減額を検討しながらも、各特別会計の目的を踏まえて将来の予測を立て、適切な配分がなされるよう、また、日弁連の重要な施策を遂行することができるよう、不断の財政議論が行われるよう期待したい。

5 公益財団法人日弁連法務研究財団

1）日弁連法務研究財団の公益認定

財団法人日弁連法務研究財団（以下「財団」という。）は、1993（平成5）年に日弁連理事者会内に調査研究を行うワーキンググループ（その後設立実行委員会）が設置され、1998（平成10）年4月に、弁護士に限定せず、広く法律実務に携わる者、研究者のための研究・研修・情報収集提供の目的で設立された。そして2008（平成20）年に設立10周年を迎え、盛大な記念行事、各地で各種シンポジウムが行われた。

2010（平成22）年10月1日、公益認定を受け、公益法人に衣替えした。

事業内容としては、法学検定試験や、法科大学院統一適性試験などの試験事業をはじめ、「法曹の質」の研究や法科大学院の認証評価事業などがマスコミに注目されているが、これらに限らず、財団の目的に合致する事業を広く展開し、弁護士の研究・研鑽に寄与し

てきている。

2）財団の組織

財団では，一般会員（個人）・特別会員（法人）・名誉会員の会員制度を設け，弁護士に限らず，司法書士，税理士，公認会計士，弁理士などの実務家や研究者を会員に迎えている。

財団の運営は，理事会・評議員会によるが，業務に関する企画運営については，理事会及び各委員会がその実質を担い，それを弁護士，司法書士，税理士などで構成する事務局が補佐している。財団の活動を支援するために，日弁連内組織として，公益財団法人日弁連法務研究財団推進委員会が設置されている。また，北海道・愛知・大阪・福岡の各地区会が設立され，地区の実情に合わせた活動も展開されている。

一般会員は1万円の入会金と年1万円の会費を負担する。2015〔平成27〕年3月末日現在の正会員（個人）数は4,608人（うち4,442人が弁護士）（前期比57人増），27法人（同2法人減）である。2014年度中の新規入会者数は271人（うち266人は弁護士），退会者数は217人（うち208名は弁護士）であり，多くは会費未納による退会である。

3）財団の活動

(1) 研究事業

財団は2014年度までに116のテーマについて研究に取り組み，その成果物の多くを11冊の紀要（「法と実務」）23冊の叢書（「JLF叢書」）にて，出版・公表している。研究活動は，1テーマ50万円（追加50万円）程度の予算枠を得られることもあり，多くの会員，研究者，行政庁からの申し入れがあり，充実した活動が展開されている。

大規模な研究としては，「ハンセン氏病事実検証調査研究」（厚生労働省からの研究委託により実施された。），「日本の民事裁判制度についての意識調査」，日弁連からの委託研究で現在も継続している「法曹の質の研究」などの他，「東日本大震災地コミュニティの法務支援事業の在り方に関する研究」「情状弁護の質的転換に関する研究－更生支援型弁護士の展開とその可能性」など時宜を得た研究も引き続き追加されている。

(2) 法科大学院適性試験事業

2003（平成15）年6月に，財団と公益社団法人商事法務研究会が適性試験委員会を発足し，同年に第1回統一適性試験が実施されている。実受験者数は初回1万8,000名で，その後徐々に減少（志願者数の減少）し，2015（平成27）年は3,928名（2回合計）となった。

従来，財団の統一適性試験の他に，独立行政法人大学入試センターによる適性試験があったが，大学入試センターが事業から撤退し，2011（平成23）年度から財団，商事法務研究会及び法科大学院協会を中心とした新しい組織で一本化した試験が実施されている。

また，日弁連は，今後とも財団の法科大学院適性試験事業に積極的に協力し，法曹に適した人材がロースクールに採用されるよう努める責務があるといえよう。

(3) 法科大学院の認証評価事業

財団は2004（平成16）年8月31日付で，法科大学院の認証評価機関として認証を受け，2006（平成18）年秋学期以降に本評価の事業を開始した。すでに実施された大学院を含め，29校と契約しており，順次，評価を行っている（法科大学院の認証評価事業の概要は，財団のホームページ https://www.jlf.or.jp/work/dai3sha.shtm 参照）。

法曹人口増員問題の最重要課題が「法曹の質」の維持であり，法科大学院を中核とする法曹養成制度の未成熟さが法曹の質の低下を招来しているのではないかと指摘されている。その未成熟さの中味として，法科大学院の予備校化，卒業認定の甘さ，教授・講師など人的体制の不備などが指摘され，その一方で財団を含め3つの認証評価機関の評価基準や評価のあり方についても議論を呼んでいる。なお財団はこれまで延べ14校に対し，適格ではあるが再評価要請を付し，延べ9校について法科大学院評価基準に適合していないとの評価をした。

認証評価事業は，適性試験制度とともに弁護士会の法曹養成制度への参加の証として財団が担うことになったのであり，財団の責任は重大である。そして，かかる事業の費用は，日弁連がその多くを寄付という形で負担している。

(4) 法学検定試験・法科大学院既修者試験

法学検定試験は，財団と商事法務研究会が主催し，4級・3級試験を2000（平成12）年から，2級試験を2001（平成23）年から開始した（1級は未実施）。

同試験は法学に関する学力水準を客観的に評価する唯一の全国試験であり，大学の単位認定，企業の入社・配属時等の参考資料など様々に利用されている。

なお，法学検定は2012（平成24）年からリニューアルされ，4級がベーシック，3級がスタンダード，2級がアドバンスト，と名称を変更し，検定料が安くなり，試験科目，問題数も若干変更となった。受験者数は2014（平成26）年でベーシックが2,834人，スタンダードが1,607人，アドバンストが707人であり，合格率はベーシックが57％，スタンダードが52.8％，アドバンストが18.4％となっている（財団の法学検定試験事業の概要は財団のホームページ参照）。

(5) 情報収集提供事業

2001（平成13）年5月より，毎月1回，前月に裁判所ホームページを含む公刊物に掲載された重要判例，最新成立法令，新刊図書案内を中心とした「法務速報」を編集・発行しており，希望者にはメーリングリストを通じて配信している。法務速報掲載判例について，会員専用ホームページ上で，キーワード・判決年月日等による「判例検索」が可能であり，利用は無料である。

さらに，4ヶ月に1回，会誌「JLF NEWS」を発刊し，財団の活動の紹介，法律問題に関する情報などを掲載して，全会員に届けている。

財団ホームページの更新，デザイン変更等，各関係者からの要請も踏まえて，随時作業を行っている。今後も，ページの構成やコンテンツ・システム等の再構築を進めていく。なお，財団の情報告知手段として，Facebook公式ページと公式Twitterも開設している。

(6) 研修事業

財団の当初からの事業の柱の一つが研修事業である。近時は，各弁護士会や日弁連（ことに新人向けのeラーニング）の研修事業が充実しており，財団独自の研修事業のあり方が問われている。各地での高名な講師による研修の開催が主軸であり，ことに専門家養成研修，特別研修など専門性の高い研修に特化している。また隣接業種等への研修実施も重要な活動である。

なお，債権法改正研修について，研究事業の一環として，1,000万円の予算規模で，中間試案発表後2014（平成26）年5月から2014（平成26）年5月まで，弁連・単位会との共催で，全国8ブロックで計9回実施された。いずれも，内田貴東京大学名誉教授・法務省参与らの最前線の民法研究者3名の講演と，これらの研究者と日弁連選出の法制審民法部会の委員・幹事及び財団研究員に,各弁連・単位弁護士会の会員が参加してのパネルディスカッションの2部構成で行われた。毎回，8名の財団研究員とともに単位弁護士会の会員がテーマの選定及び問題提起に関与した結果，債権法改正における理論と実務の架橋を目指す研究・研修が展開され，相互理解が深まったと評価されている。なお，この研究の財団研究員8名の内，6名が法友会会員であった。

(7) 隣接業種向けの研修・弁護士法5条研修

2002（平成14）年度より，各種関連団体から，研修を実施する際の教材作成・教授方法の検討といった研修支援事業に関する依頼が寄せられた。

そこで，日本司法書士会連合会の依頼により，司法書士の簡裁代理権付与のための能力担保研修となる特別研修の教材作成を行っている。

日本弁護士連合会の依頼による「弁護士法5条に基づく研修」における教材作成や，日本土地家屋調査士会連合会及び全国社会保険労務士会連合会の依頼によるADR代理権付与に当たっての能力担保のための特別研修用の教材作成（土地家屋調査士研修ではその考査問題作成も含む）も行っている。

弁護士会が広い意味での国民の裁判を受ける権利を拡充するための活動としては，単に弁護士活動のみを念頭におけば良い時代は過ぎ去りつつある。隣接士業の職域拡大に関する動向には批判的見地を堅持すべきは当然だが（第3部の2参照），現行法令が認める各業種の権能の適正を担保するために弁護士会は，これら周辺業種の資格者の能力向上のための活動や非司法研修所出身者の弁護士登録における研修には積極的に関与すべきである。

(8) 紀要・叢書の発行

2014（平成26）年度までには，紀要11号と叢書21号（その他号数なしのものが2冊）が発刊された。なお，紀要は会員に1冊無償で配布される。

4）財団の課題

公益財団では，財務の透明性，健全性が強く求められ，必要以上の内部留保は公益性に沿うものではないから，公益目的財産として公益事業に計画的に支出することが義務付けられている。

財団は，創立当初以来の寄付（会費）と日弁連の支援により財政的に余裕があったが，この数年来，認証評価事業を初めとする公益事業の飛躍的拡大に伴い事業費が膨らみ，会員数の減少も加わって，単年度収支では慢性的に赤字となり，その都度内部留保を取り崩してきた。そして，上記のとおり公益財産支出により内部留保も少なくなると，いよいよ財団の存立の基盤が揺らいでいくことになる。

日弁連がシンクタンクとして財団を創設した原点に返って，財団の存在の意義を問い直すとともに，先の債権法改正研修（研究）に見られたように，意欲ある献身的な研究員を集め，各地の弁護士会の活動へ根を広げることにより，各地の意向を汲みとったうえで新たなニーズに応える，最先端の充実した企画を産み出し続けることにより，日弁連そしてその基礎をなす各地の弁護士会との協力関係の強化を図ることが求められている。

6　関東弁護士会連合会の現状と課題

1）関弁連の現状

(1) 関弁連の組織

関弁連とは関東弁護士「会」連合会のことで，東京高等裁判所管内の13の弁護士会による，弁護士法44条に基づく組織である。関弁連に所属する弁護士の数は2015（平成27）年8月1日現在，21,632名（うち16,877名が東京三会）で，日本最大の弁連である。

理事長，副理事長以下，13弁護士会の会長・日弁連副会長・東京三会の関弁連担当副会長などの常務理事と，理事がおり，20の委員会がある。定例の常務理事会は毎月1回，日弁連理事会の終了後に開催されている。

(2) 活動

❶　法曹連絡協議会と司法協議会

関弁連と東京高等裁判所管内の裁判所・検察庁との間で運営の実態の把握と適正な改善を図るために，年1回の法曹連絡協議会（関弁連主催）と年3回の司法協議会（東京高等裁判所主催）が開かれている。

❷　地区別懇談会

日弁連執行部と関弁連管内単位弁護士会会員との連絡調整をはかるために毎年2回開催している。事前に各会から出された質問・会場からの質問に日弁連執行部が回答する形式で行われるが，毎回白熱した議論が交わされる。2015（平成27）年度7月の主な議題は，法律相談の充実，地域司法の充実，法曹人口・養成問題，権利保護保険，弁護士賠償保険，弁護士会照会，法テラスなどである。

❸　関弁連定期大会，シンポジウム

毎年秋に開催される関弁連定期大会，シンポジウムは，関弁連最大の行事である。2015（平成27）年は9月18日，群馬県ヤマダグリーンドーム前橋にて開催された。

毎年シンポジウムのトピックをうけて大会宣言が決議される。今年は，「高齢者の財産活用と身上配慮に関する宣言—ホームロイヤー・任意後見・信託の普及を目指して—」が，決議された。

また，大会決議「武力ではなく対話による平和の実現を求め，集団的自衛権行使を容認する閣議決定，当該閣議決定に基づく日米防衛協力のための指針並びに平和安全法制整備法案及び国際平和支援法案の撤回，廃案を求める」は，平成26年の大会決議（解釈改憲の閣議決定実施反対）をひきつぎ，各単位会等の反対決議，会長声明や「管内弁護士会一斉行動」などの集大成であった。

❹　各種委員会活動

委員会には，総務委員会，財務委員会，会報広報委員会のほか，地域司法充実推進委員会，弁護士偏在問題対策委員会，人権擁護委員会，環境保全委員会，外国人の人権救済委員会，民事介入暴力対策委員会，弁護士偏在対策委員会，研修委員会，法教育センター，法曹倫理教育に関する委員会等の委員会があり，それぞれ活発に活動している。ここ数年委員会活動は活発化し，特に若手の参加者数が伸びている。

❺　災害対策

東日本大震災被災者支援も継続している。東京三会と分担して被災地での法律相談のために弁護士を派遣するとともに，関弁連独自に弁護士を派遣する活動も行っている。2014（平成26）年度からは東京三会主催

の研修会に参加できるように一定の交通費を補助するなどして支援を強化している。

そのほか，関弁連管内弁護士会では，平時において準備できる震災対策や自治体との防災連携を実践している弁護士会がある。また，各弁護士会において災害対策マニュアルの整備や安否確認システム等において工夫がなされている。これらの情報交換とともに平時の災害対策に関する管内弁護士会の連携を構築するという趣旨で，2015（平成27）年12月16日に「第1回関弁連災害対策協議会」の開催を予定し，プロジェクトチーム（PT）にてその準備を進めている。

❻ 支部交流会

2005（平成17）年に「小規模支部交流会」として発足して10回目が，2015（平成27）年4月に立川において開催された。立川支部の本庁化，相模原支部の合議制実現，市川の地家裁支部設置，1990（平成2）年の支部統廃合により支部に変わって新設された家裁出張所における調停・審判の実施，労働審判実施に向けて松本では「地域司法充実基本法」のパンフレット配布などの，各運動状況が報告された。

❼ ブロックサミット

関弁連を含む全国の弁連の意見交換会が行われている。2015（平成27）年6月には，弁連定期大会に参加する若手の旅費・宿泊費の援助，単位会が開催する行事について弁連が共催する場合に弁連からどのような条件で補助金を出しているかなどが，また，10月には，裁判官評価情報収集活動について，弁連のTV会議利用などについて意見交換がなされた。

(3) 財政赤字

関弁連の財政状況については，弁護士人口増により管内各弁護士会から納める会費収入が毎年増加してきたこともあり，ほぼ毎年度黒字決算が続いた。その結果，次年度への繰越金も2010（平成22）年度には1億円を超えたが，弁連としての諸活動の幅広い展開，とりわけ各委員会活動の活発化による支出増等により，ここ4年間は赤字決算が続き，繰越金も大幅に減少して9,123万円になった。このことを踏まえ，2015（平成27）年4月に関弁連執行部から財務委員会に次のとおりの趣旨の諮問を発している（答申期限は，同年11月30日）。

① 当連合会の赤字財政を解消するための具体的な方策について

② 当連合会予算における繰越金のあり方について

2）関弁連の課題

(1) 東京三弁護士会とその他の関弁連所属の単位会の関係

関東地方の弁護士会（横浜，埼玉，千葉県，茨城県，栃木県，群馬），甲信越の弁護士会（山梨県，長野県，新潟県）及び静岡県の弁護士会は「十県会」という組織を構成しているので，関弁連は，東京三会と十県会の弁護士会で作っている組織といえる。

もともと，関東十県会は持ち回りで研修会を行うなど人的交流も活発で，関係が深かったという歴史的経緯もあるが，今でも東京三弁護士会と他の単位会との意思疎通の機会はあまりなく，相互の協力体制は十分ではない。のみならず，過去の日弁連選挙の結果からみると，十県会所属の弁護士は，北海道，東北，中部，中国，四国及び九州の各弁連の弁護士よりも，東京三会の推す候補者と異なる候補者に投票している傾向が見られ，十県会と東京三会の間には溝があったと言わざるを得ない。

しかしながら，現在では以下のような取り組みを続けることによって，その溝は緩和する方向に向かっている。

(2) 日弁連と関弁連との連携の強化

関弁連と東京三会，横浜弁護士会で締結した協定により，2010（平成22）年度から，関弁連理事長による日弁連理事枠の確保が実現し，これまで以上に日弁連と関弁連の連携強化へ向けての具体的一歩となった。

(3) 東京三会からの関弁連理事長候補推薦のあり方

かつて，関弁連理事長推薦に当たり，関東十県会では各弁護士会会長経験者を推薦しているものの，東京三会では会長経験者ではない会員が理事長候補として推薦されていたことから，東京三会と関東十県会とのバランスを欠き，関東十県会内では，東京三会が関弁連を軽視しているのではないかとの不満が少なからずあった。しかし，2009（平成21）年度，2011（平成23）年度及び2013（平成25）年度は，それぞれ第二東京弁護士会，第一東京弁護士会の会長経験者が理事長に就任し，2014（平成26）年度は東弁からも会長経験者が理事長に就任した。

(4) 関弁連の理事長選出単位会の決め方

関弁連では，慣行として，4年の内3年は東京三会，

1年は十県会から理事長が選出されていたが，2014（平成26）年度からは東京三会と十県会から交互に理事長が選出されることとなった。他の弁連（東北・中部・近畿・四国・九州）では定期大会開催地から理事長を選出するなどして弁連活動の活性化を図っているところ，関弁連においても上記理事長選出の慣行変更も踏まえ，東京で定期大会を開催するときは定期大会担当会と理事長選出会を一致させるために，定期大会開催担当会の順番を変更した。

(5) 関弁連管内各弁護士会訪問等

例年，正副理事長及び常務理事数名が関弁連管内の13弁護士会を訪問し，重点課題を説明，各弁護士会からも各会の実情・要望を伺っている。2014（平成26）年度，各弁護士会との懇談において主要なテーマになったのは，①各単位会の概況，②平時での災害対策構築，③憲法改正問題・集団的自衛権・安保法制に関する取組状況，④地域司法充実に向けた取り組み，⑤近時の労働法「改正」の動きについてであった。

(6) その他の諸活動における参加・連携

これまで十分とはいえなかった東京三会からの定期大会，各種委員会などへの積極的な参加を促進すべきである。そのためには，「関弁連だより」と「関弁連会報」等の機関誌の充実，ホームページの充実などの広報活動の充実が重要であるが，やはり東京三会からの参加者を増やすことが現実的な方策かと思われる。

各種委員会では，中小規模の単位会から各1～2名ずつの熱心な会員が参加して活動しているが，各単位会の情報交換の場以上の機能を果たすためには，東京三会，特に法友会からさらに多数の委員を送り，関弁連の活動を積極的に支えていくことが望まれる。

第2 東京弁護士会の会運営上の諸問題

1 会内意思形成手続の課題

1）問題提起

　弁護士会の最高意思決定機関は会員による総会である。自治組織としての弁護士会は，総会において会員の権利義務に関わる重要な意思決定を行うし，強制加入団体である以上，総会での決定事項に従わなければ懲戒処分もあり得る以上，総会での意思決定が実質的に会員の多数の意思を反映したものとなっていることが必要である。そうでなければ，弁護士会への帰属意識が薄れ，弁護士自治の崩壊につながりかねないからである。

　ところが，近時，総会で会則改正を行う際に必要な200人の特別定足数を満たすことに苦労を伴うようになってきたことから，2013（平成25）年6月，理事者から，特別定足数を廃止して通常定足数の80人とすることの可否について，関連委員会及び会派に対して諮問がなされた。

　（注）弁護士法39条は，「弁護士会の会則の変更，予算及び決算は，総会の決議によらなければならない」と定め，同法33条は，弁護士会の組織，運営等に関する基本的な規範を列挙している。東弁には現実の運用状況として，弁護士法の定める「会則（総会の決議事項）」以外に，「会規（常議員会の決議事項）」，「規則」がある。

2）諮問の理由

　諮問の理由は以下のとおりである。
① 近時，総会での会則改正で200名の特別定足数を集めることが困難になりつつあり，理事者や各会派がこれを満たすために動員に苦労をしており，その数自体が形骸化している。
② 「会規」改正は80名の定足数で足りるのに，「会則」改正は200名もの定足数を求めるが，実際には，「会則」の中にも「会規」と同じように事務的な規程も多く，両者の手続に違いを設けるほど合理的な差異はない。
③ 東弁以外の大きな単位会で，このような厳しい定足数を定めているところはない。
④ 総会の実態は，出席する会員と質疑・討論を行う会員は，概ね固定されており，80名の通常多数決であっても十分中身のある議論は可能である。
⑤ これを受けて，代理権行使の数を一人3個から一人10個までに増やすべきである。

3）諮問の背景

　このような諮問がされた背景事情として，以下のような実態がある。
① 総会において，議決が行われる可能性のある時間帯（コアタイム）に議場に居てくれるように理事者ないし各会派の執行部等が会員に依頼して何とか乗り切っている実態がある。会員数の増加がある中にあっても，この実態は変わらず，実際に平日の午後1時から4時ないし5時までの全時間を継続して議場に多数の会員が居ることは，関心の低さ故か，時間的余裕のなさ故か，期待できない状況にある。そのため，理事者は各会派に人数を割り振り出席要請をし，法友会においても執行部，各部幹事長等が会員に対して協力要請をして乗り切っていることが少なくない。
② 総会において，採決に入る「コアタイム」と称される短時間に議場に200名を動員する努力は，「動員する人」「動員される人」の双方が，総会の特別決議を形式的手続に過ぎないのではないか疑問を持つことも有り得る。なぜなら，もし会則改正が慎重な議論を尽くすところにこそ重要な本質があるとすると，実際に常議員会，会員集会，あるいは各会派内において，慎重に議論されていることも少なくはないからである。
③ 確かに，定足数が加重されているからと言って，直ちに議論が活発・活性化するとは限らないし，慎重な議論を尽くしたと言い切ることもできないであろう。

4）諮問の結果

　しかし，諮問に対しては，以下のような反対・慎重な意見が出て，定足数の減員は見送ることとなった。
① 2011（平成23）年の定時総会において，80名の定足数すら満たすのに危ういときもあった。そのために定足数を減らして乗り切ろうという発想では，200名

どころか80名の定足数さえも緩和の方向に陥るのではないか。7,000名を超える東弁の総会が数十名の出席で審議可決されてよいのか。

② 2002（平成24）年の臨時総会途中で，出席者が200名を割り会則改正案件が流れたことがあったが，それ以来，会則改正で定足数割れは発生していない。200名の参加が困難であるという立法事実はない。

③ 「会則」の中に「会規」で定めるに適当な事務的規定もあるのは事実である。しかし，それなら会規に落とすべきであって，そのような規定が散見されるからと言って直ちに「会則」改正も「会規」同様でよいとは乱暴であり，本末転倒である。「会則」は，「会規」とは異なり，弁護士法で定めることが義務付けられている重要規程であり，改正手続が厳格であるのは合理性がある。

④ 1960（昭和35）年にそれまでの特別定足数が100名だったものを200名になぜ改正したのか，その趣旨を検討すべきである。

⑤ （若手）会員に対して，多少無理のある総会出席への働きかけが必要になったとしても，総会に出席経験を持ったことから会務に関心を抱くきっかけになる可能性があるとの期待もある。

⑥ 会員数が増加している状態において，出席者を確保することが困難であることをもって重要事項の総会決議に必要な定足数（7,000名のうち80名とするならば，わずかに1.14％であり，200名としても2.86％である）を半数以下に減らすことが，会議体のあり方として適当か否か。近年は，毎年300名前後の会員増加が見られる。

⑦ 結局，東弁理事者あるいは各会派のリーダーが適時的確な会則改正が必要だと確信したとして，ときに煩瑣な形式手続を履践するだけのような思いに駆られても，民主的基盤に立つべき多数の賛同を得る努力を継続しなければならないのではないか。

5）今後の取組み

結局，定足数の減員→出席者確保の努力をしない→ますます出席者の減少→通常定足数さえ満たせなくなる，という悪循環に陥りかねないのであって，会員数の増加の中での定足数の減員は時代に逆行するといえよう。

法友会としても，ただ「コアタイムに議場にいてくれればよい」という形の出席要請をして総会の議論を形骸化させてしまうのではなく，会員が議案内容に関心をもって，自らに関わる重要課題と認識した上で総会に出席し，若手会員も自由に発言できるような雰囲気作りに努める必要がある。

なお，現行の会規会則に関し，内容的に，会則として規定されていることの合理性が見出し難いものが含まれているという指摘については，会則と会規の峻別をする必要があり，そのために必要な手順を踏むべきであろう。

2　役員問題

1）はじめに

東京弁護士会の運営は，弁護士自治を確実に担保するために，自治的に運営されなければならない。そのためには，会員一人一人が自覚をもって弁護士会の会務に参加する必要がある。そして，法友会が弁護士会において政策集団としての役割を果たそうとするのであれば，その実行者である人材も適材適所に責任をもって送り出す必要がある。

東弁の役員，とりわけ副会長についても，弁護士自治の視点からすれば，法友会において責任をもって，毎年積極的に適任者を推薦していかなければならない。他方，会員各自においても，弁護士自治を維持推進するという自覚のもとに，積極的に役員に就任して行くべきである。

これまで法友会は，毎年，適任者を推薦し続けてきた。しかし，近年，法友会のみならず他会派においても，東弁副会長候補者擁立が困難となっているという現実がある。人事委員会において，「なってほしい人」として，名前が挙がっても，立候補を辞退する会員が多数に上る。この立候補辞退の原因は，主として東弁会務量の増大に伴う副会長会務の過重負担にあると思われる。

そこで，2013（平成25）年度法友会幹事長の発議により「会務問題PT」が結成され，この立候補辞退の

要因分析・副会長の負担軽減策の提言を目標として活動することとなった。

本稿は，現時点における問題の所在を明らかにし，併せてその対策につき検討するものである。

2）副会長の人数

東弁の副会長は現在6名である。しかし，会務の量が増大する中で，平日は毎日常勤状態であり，週末も行事等への出席を要し，副会長の負担はあまりにも大きく，副会長の人数は6名でよいのか議論する必要がある。

ちなみに，第二東京弁護士会では選挙を回避するという実質的理由で副会長の定員を1名増加済みで，第一東京弁護士会では会務量の増大から2014（平成26）年4月1日より1名増員する予定となっている。

増員論と現状維持論の主な論拠は以下のとおりである。

① 増員論

第1に，会内事務量が年々増加しているため（1985〔昭和60〕年当時は全体6名で32の委員会を分担していたが，現在一人の副会長が30に近い委員会，協議会等を分担している），副会長の負担が大きくなっていること，第2に会員の増加（6名制を採用した1985〔昭和60〕年より会員数も2.5倍に迫ろうとしている）を反映して，会員の代表である理事者の人数も増加するのが自然ではないか，というものである。

また，会員の増加とも関連するが，若手会員が増えていることから，若手会員の代表といえる世代の副会長も必要ではないかということも言われている。そして，若手会員が副会長に就任するとなると，時間的拘束の長さによる経済的打撃がより大きいと考えられるので，負担の軽減がより重要になってくる。

なお，東弁の理事者は会長も含めて合議制で会務執行を行っているが（会則第43条第1項），そのためには，充実した議論が必要であり，人数が増えることは議論の希薄化につながるという危惧が言われることもある。これに対しては，副会長を増員しても，過去の経験に照らして，理事者会での集中的かつ密度の濃い合議により理事者間の信頼関係と共通認識の形成は比較的容易であり，理事者間の一層の努力により迅速な執行力は確保できるという反論がある。

また，東弁全体の機構改革の中で増員の可否を考えるべきであるとの現状維持論がある。これに対しては，副会長の負担増の軽減という現状の問題を先送りするものであり，また，そもそも，若手の意見・感性も含めた役員会がリードして，機構改革を実現すべきものではないかとの疑問があり，増員こそが会務執行の適正迅速化，執行力強化に資するものであるから，増員の実現を図るべきであるとの反論がある。

② 現状維持論

上記の増加論に消極的な意見は，増加論の主たる根拠である負担の軽減について，人数が多くても決して各人の負担の軽減にはならず，また，執行力の強化にもならないとして，現状維持が最適であるとする。

その理由を若干敷衍すると，第1には，副会長が増えれば負担軽減となる必然性はないということは過去の増員の歴史から明らかである。

第2には，比較的少数の理事者による濃密な議論により，充実した結論が得られる（会長及び副会長の合議制による。会則第43条第1項）。また，少数理事者の徹底した議論による固い結びつきと一体感があって初めて強力な執行力が生まれる。

第3には，東弁会務について執行の責任を負う会長・副会長は，広範にわたる会務について理解力が高く豊かな見識と指導性を備えた者でなければ，質の高い会務活動はできない。これらの資質を備えた副会長を現状の人数でさえ毎年選任することが昨今難しくなっている。増員は実質的に困難である。

第4に，若手の代表を選任するという点に関し，仮に，副会長の人数が多いとそのうちの1～2名が若手会員から選任されたとしても発言力は弱く，東弁の会務に影響力を持ち得ない。むしろ，副会長のうち1名は例えば登録15年未満の会員から選任することにすれば，少人数の副会長のうちの1名であるがゆえに，発言は格段に重くなり影響力も大きくなる。

さらに，多摩支部の会員の一部からは同支部から副会長を毎年選出したいとの意見があり，その関係で増員したいとの意見もあるが，多摩支部選出の副会長も本会および多摩支部全体にまたがる職務について他の副会長と職務分担すべきであるから，上記意見をもって増員することには慎重にならざるを得ない。

以上より，増員については，適正な負担による副会長の人員確保という要請と役員会の充実という要請との調和を考えなければならないというものであり，そ

の結果，かねてより副会長の増員論はしばしば主張されつつも，現状維持のまま推移して久しいと言ってよいだろう。

3）東弁副会長の職務

それでは，現在の副会長の職務内容は，どのようなものか。大まかに以下の内容である。
① 理事者会・常議員会・総会への出席
② 各種決裁業務
③ 委員会・協議会への出席（副会長一人あたり30を超える）
④ 各種会合への出席及び地方出張（日弁連総会・地方弁連・人権大会等）
⑤ その他（各種行事出席・各種交渉折衝・クレイマー対応等）

これらの職務を，現在6名の副会長が，分担あるいは協同して遂行しているが，平日はほぼ常勤状態であり，加えて週末・休日等を会務に費やさなければならないことも多くなっており，その結果，本来の弁護士業務に多大な影響を及ぼさざるを得なくなっている。

その結果，例えば，
① 東京地裁・高裁の弁論出席程度は可能であるが，和解・証拠調べは困難である。
所属事務所のパートナー・勤務弁護士に代わってもらうが，依頼者の十分な理解を得られないことがある。
② 弁護士会館4階の面談室等を利用して，打ち合わせ・相談等はある程度可能であるが，時間不足ゆえ，一部依頼者ないし案件にとどまる。
③ 講演・セミナー等も困難なため，顧問先等との信頼関係維持も困難となる場合がある（「クライアントは人（弁護士）につく」）。
④ 結果的に，収入が減少し副会長任期終了後の業務縮小が生じることがある。

これらの問題が，副会長立候補辞退の最大の要因と考えられる。

4）対策案

(1) 執務時間の軽減

副会長の負担は，結局のところ，時間の負担に集約される。

そこで，①毎日2～3時間の「会務オフ時間」を設けるか，②思い切って副会長間で交替で，各自週1日乃至半日の「会務オフ日」を設けることによって，多少なりとも負担を軽減できないかが議論されている。

この案に関しては，「一日理事者室を空けてしまうと，各種決裁の遅滞等が生じるので，無理だと思われる。半日であれば可能かも知れないが，その場合でも，その間の業務のしわ寄せが後に来ないか配慮すべきである。」という意見がある。

これに対して，「最初に時間負担軽減を考えるのではなく，各種委員会の統合等業務負担軽減を図った上でそれに応じて時間負担軽減を議論すべき」との意見もある。

(2) 嘱託弁護士の活用

この点に関し，従来，法友会政策要綱では「有能な嘱託弁護士が多数在籍しているが，その能力を生かすために2～3名を会長・副会長の補佐とする」という提言をしている。

その場合，副会長の責任と権能に鑑み，先に3）であげた副会長の職務のうち，何をどの程度まで嘱託弁護士に委ねることが可能かが検討課題となる。任期2年として再任可能とすれば事務の連続性は確保できると考えられたからである。

しかし，2014（平成26）年度理事者は，従来からいる嘱託弁護士を活用するという方法ではなく，新たに，理事者付きの嘱託弁護士を採用するという方針を打ち出した。それは，単に，副会長の職務軽減を目的とするのみならず，若手が理事者付きとなることで，会務全般に通暁して次世代をリードする人材育成への期待もあってのことである。

2014年（平成26）年度当初は21名の嘱託弁護士が活動していたところ，同年7月の常議員会において，嘱託弁護士の採用方針について可決承認され，公募により機会の透明性を確保するとともに，多様な人材を採用することを目指した。そして，執務条件は，有能な人材が応募しやすいように配慮して，月15時間の執務（「ハーフ嘱託」と呼ぶことになり，月25時間執務の「フル嘱託」の半分程度の執務時間である。）で13万円の報酬とした。その結果，30名の応募があり，全員について副会長と職員の複数組み合わせにて面談を行い，その希望と適性を慎重に検討のうえ，9名の採用を行った。

従前，嘱託弁護士は，ややもすると担当委員会の事務処理の補助や，対会員の連絡調整などに力点があっ

たが，ハーフ嘱託は全て理事者付きとして，全会的な政策や事務需要に応じて機動的に業務配点が行われると同時に，会則，規則，細則などのルールや手続にも慣れてもらうことを意識しており，2014（平成26）年11月初旬のハーフ嘱託の業務が正式スタートした。

(3) 執行力の強化

前記副会長の増員論にかかわらず，次の点の改革を検討すべきである。

委員会・協議会について，役員の出席に代わる意思疎通の工夫をする。

有能な嘱託弁護士が多数在籍しているが，その能力を生かして2～3名を会長・副会長の補佐とする（上記(2)と同様）。

(4) 役員の任期

現在任期は1年である。かねてから1年では役員の職務遂行に慣れ，公約等の課題を取り組むに熟した頃に役員を終えることになり，1年任期制の当否が話題となっていた。充実した公約施策を実現するためには2年任期の採用を検討すべきである。常勤に近い勤務状態という点では日弁連会長，事務総長，事務次長の任期が2年であることが参考となる。

5）むすび

副会長の構成については，急激な人口増と業務領域の拡大も見据えれば，多様な考えや世代感覚をできるだけ反映した役員構成が望まれる。そして，将来的な展望をもって企画立案にも精力を充てたいところである。そのリードによって時代に即応した機構改革が成し遂げられることは，喫緊の課題である。

以上の問題を解決するために，至急，関係機関による検討が開始されるべきである。

なお，過去に副会長の2名増員が検討された折には，1984（昭和59）年に検討が開始され，1985（昭和60）年には総務委員会の答申を経て，常議員会，臨時総会において圧倒的多数で可決した。

3 委員会活動の充実強化

1）委員会活動の重要性

東弁は，弁護士自治を堅持し，その社会的使命を果たすため，従来から，多種多様な委員会，協議会，対策本部等を設け，活発な活動を続けてきた。

2002（平成14）年7月13日に，法友会・法友全期会が「公益活動の義務化に関する決議」を行ったことを契機として，2004（平成16）年4月，公益活動等に関する会規（現在は会務活動等に関する会規に改称）が改正され，公益活動が義務化されるとともに，委員会活動も義務的公益活動の一つに含まれることとなった。これらの委員会等の組織は，2015（平成27）年現在，4つの独立委員会，17の常置委員会，32の特別委員会が設置され，これらに協議会・対策本部等18，多摩支部委員会14を加えるとその数は85に達し，多くの会員が献身的に活動・運営に当たっている。

特に，近時は，法曹人口増大により，年々，若手会員数が大幅に増大してきている中，若手会員の活発な委員会参加・活動が目立っている。2015（平成27）年現在，委員会所属者数はのべ4,504名となっているが，このうち若手会員が占める割合が増大している。2007（平成19）年当時の登録5年目までの会員（55期以降）の委員会所属者数は500名，委員会所属者数全体の約18％であったところ，2012（平成24）年現在の登録5年目までの会員（60期以降）の委員会所属者数は967名，全体の28％に及んでいる。

なお，東弁においては，新規登録弁護士について，弁護士自治に対する理解を深め会務活動への参加を促進するために，弁護士登録をした日から一年以内に始まる年度において，一つ以上の委員会に「研修員」もしくは「委員」として参加することを会務研修として義務づけており，これにより，委員会活動の意義と重要性を啓発している。

東弁の活動の中枢部分は各種の委員会等が担っており，その活性化なくしては，人権擁護をはじめとする弁護士会本来の使命を果たすことはできない。個々の弁護士や弁護士会が，社会情勢を的確に把握し，柔軟に対応しつつ，社会が求める役割を果たしていくためには，弁護士会の既存の委員会活動をより一層活性化していくとともに，従来の枠に縛られることなく，現代社会のニーズ・情勢に適応した新たな委員会を設置

するなど，新たな試みを推進していく必要がある。

2）時代に適応した委員会活動

このような趣旨から，近時様々な新委員会等が設置されている。

2006（平成18）年度には，若手大増員時代における若手の意見の重要性に鑑み，特に登録5年目までの新人・若手会員の声を吸い上げ広く発信すべく，登録5年目までを参加資格とする新進会員活動委員会が新たに設置された。また，若手会員が多く所属する法教育センター運営委員会では2008（平成20）年・2010（平成22）年の2度にわたり定数の増員を行い，若手会員の希望に対応している。

また，2007（平成19）年度には，公益通報者保護特別委員会が設置され，2008（平成20）年度には，民法（債権法）改正に向けた大きな動きに迅速かつ的確に対応すべく，法制委員会の定数及び所属者数が大幅に増員された。労働審判の実施に伴う労働事件実務に関する協議については労働法制特別委員会の定数を，成年後見実務の充実や近時増加している障がい者に対する人権擁護のために高齢者・障害者の権利に関する特別委員会の定数を，いずれも2008（平成20）年度・2011（平成23）年度の2度にわたって増員して対応している。さらに，2008（平成20）年度には弁護士紹介センター協議会を，2011（平成23）年度にはチューター制度運営協議会を設置し，弁護士増員による社会的ニーズに対応した動きを行っている。

さらには，2013（平成25）年度において，中小企業法律支援センターが，2014（平成26）年度において，若手会員総合支援センター及び弁護士活動領域拡大推進本部が，各設置されている。

東日本大震災への対応についても，三会災害対策本部が設置され，全般的な対策を講じて活動したほか，各委員会においても，例えば，子どもの人権と少年法に関する特別委員会が，避難所（元赤坂プリンスホテル）に学習室を開設するなど，市民のニーズに応えるための様々な活動を行っている。

今後も，東弁の活動を支える各種委員会等は，その役割を十分認識した上で，時代に応じた使命を全うすべく，必要に応じて統廃合を図ったり，新委員会等を設置したり，委員会運営を工夫したりなどしながら，活動の効率化，活性化に務めていかなければならない。

3）委員会活動の充実強化

これらの委員会活動をより一層充実強化し，専門性・継続性を確保し，的確な意見・行動を発信していくためには，以下の点が重要である。

① 委員の選任にあたり，ベテランと若手とのバランスに配慮し，ことに新規登録から5年目程度の若手会員が，所属するだけではなく活動に参加しやすいようにすること，また，若手会員に委員会の活動を理解してもらうために，既存の委員会運営を工夫すること。一方で，委員会活動の継続性，とりわけ弁護士会の政策を理解してもらうために政治家やマスコミ，市民団体と連携する上では個々の委員の活動の継続性が重要であることから，ベテラン委員にも力を発揮してもらえる環境を作ること。

② 若手会員が活動に参加しやすく，かつ，時代のニーズに合った新たな委員会を必要に応じて柔軟に設置していく一方で，既存の委員会についても統廃合などの合理化を図ること。

③ 小委員会，部会，プロジェクトチーム，主査制度などを活用し，全員参加を図り，また活動・運営の効率化を図ること。

④ 協議会方式などを活用し，関係委員会間また適宜他の単位会間の横の連携を密にし，適切かつ効果的な合意形成を図ること。

⑤ 日弁連の各種委員会と対応関係にある委員会の委員については可能な限り兼任するなどして，日弁連・他の単位会との情報の流れを円滑にすること。

これに関連して，近時，会務活動の義務化の成果と会員数の増加とが相俟って，委員会活動に参加しようとしても，委員会の定員との関係で，必ずしも委員に就任できない例が増えている。そこで，2013（平成25）年10月の常議員会決議を経て，議決権のある委員以外の立場で，実質的に委員会活動に参加してもらうため資格として，委員長の指示を受け，議案の整理，資料の収集及び調査研究等を行う「幹事」と，委員長の諮問を受け，専門的な立場から情報提供，助言等を行う「参与員」を置くことできるようになった。

また，2013（平成25）年度には，各委員会宛に委員定数を一定数増員することの可否についての諮問を行い，人権擁護委員会，非弁護士取締委員会，税務特別委員会，公害・環境特別委員会，消費者問題特別委員会など多くの委員会において定数の増員を行った。

4）委員会活動円滑化のための条件整備

司法改革の進行とともに、弁護士が取り組むべき課題が増え、それに伴い、委員会やプロジェクトチーム、協議会等の数が必然的に増え、弁護士会全体での会議開催の回数が増えている。

ところで、委員会で決議を行う場合、これまでは、委員会議事規則の定足数の定めにより、現に選任されている委員数の5分の1以上であり、かつ5人以上の出席を要することとされていた。

しかしながら、委員会によっては、その性質上、一堂に会して委員会議事を行わなければその目的を達し得ないというものではなく、個々の委員が行う実践活動に重点が置かれている委員会もあり、このような委員会では、出席委員が多くないために定足数を満たさないことがあり得るが、会議の結果が必ずしも無意味なものとなるわけではないため、2013（平成25）年度において、委員会活動の円滑化を目的として、定足数の緩和を希望する委員会については、委員会議事規則の定めにかかわらず、現に選任されている委員の数の10分の1以上の出席があれば決議できる旨を規定する各委員会規則の改正を行った。

また、委員の増加に伴い、出席率のよい委員会では、椅子が足りなくなるほどの状況になっているところもある。委員会等が、献身的に公益な活動を行うために会議を開催する必要があっても、会議室が確保できないために、開催を断念せざるを得なかったり、委員が集まりにくい時間帯に開催せざるを得なかったり、また、会議室の物理的な面積の問題で委員を収容しきれないというような事態は、委員会活動を萎縮させる原因となってしまい、委員会活動を活性化させようとした趣旨に悖る。

弁護士会として、市民の期待に応える司法制度改革の推進や人権擁護活動の取り組みを進めるに当たって、委員会の活動の充実は重要である。したがって、それぞれの委員会が十分な活動をできるよう、東弁でも日弁連がやっているように、貸会議室の利用も含めた物理的な面での条件整備のほか、委員会開催時間の見直しや資料の事前配布やペーパーレス化のためのマイストレージの利用など、委員会活性化のための更なる制度改正や環境整備を行うべきである。

4 事務局体制

1）事務局体制の現状

(1) 事務局組織

東京弁護士会（以下、「当会」という。）の事務局は、事務局長（1名）、事務局次長（2名、課長兼務）の下に、秘書、広報、人事・情報システム、会員、総務、司法調査、人権、財務、法律相談、業務の10の課で組織されている。業務課は、2014（平成26）年9月に新設された。

職員数は、2015（平成27）年12月1日時点で、正規職員75名（内図書館職員7名）、臨時職員52名（嘱託職員15名、パートタイム職員22名、派遣職員15名）、合計127名である。

(2) 業務量と職員数のバランス

事務局の業務量は年々増加傾向にあり、各部署から、職員不足の訴え、人員補充要請の声が上がっているという。

各課において、職員の超過勤務についての管理を行っているが、超過勤務時間の減少化はなかなか実現に至っていない。超過勤務時間の増大は、職員の健康管理の面で大いに問題があるとともに、会財政の健全化の観点からも早急に解決すべき課題である。

現在、「東京弁護士会事務局職制に関する規則」では、正規職員の定数は77人（ただし、図書館職員の定数7人を含む）以内と規定されており、現在、正規職員の定数枠の余裕は2名分しかなく、この点も正規職員の増員の障害となっている。

人員不足は臨時職員の採用で対応しているが、限界もあり、増加傾向にある業務内容（特に委員会等対応業務）の見直し、軽減化を図ることが必要であろう。近時、職員の業務量の増大をもたらしている一因として、弁護士法27条による弁護士照会制度の利用数の増加があげられる。同業務は、現在会員課の所管業務であるが、業務量の飛躍的増加に、職員の補充が追い付かない状態であり、嘱託弁護士の活用等で対応して

いる。

　また，正職員のマンパワー不足の要因として，育児，介護休暇等取得職員の影響があるということも指摘されている。いずれ現場復帰が見込まれる一時的な労働力欠如に対し，柔軟に対応しうる支援制度の創設が必要である。

　今後，職員の業務内容の効率化，軽減化を図るとともに，適正な職員の配置を行うことが，職員の職務環境改善のみならず，会員に対する充実したサービスの円滑な提供のためにも，早急に対応すべき課題である。

2）東京弁護士会マネジメント会議報告書による問題点の指摘及び提言

(1) 東京弁護士会マネジメント会議報告書

　2014（平成26）年7月，当会のマネジメントに関し，その問題点と改善点を検討する「東京弁護士会マネジメント会議」が発足した。

　民間会社の管理職，公認会計士ら4名で構成された同会議は，2015（平成27）年2月まで活動を行い，当会の①財務，②人事関連，組織関連，その他事業関連，③ペーパーレス化，IT化に関し，「東京弁護士会マネジメント会議報告書」（以下，「本報告書」という）を作成し，当会会長宛提出された（「LIBRA」2015〔平成27〕年6月号特集参照）。

　本報告書は，当会事務局体制に関連する問題については，以下のような現状分析と提言を行っている。

(2) 人事評価について

❶　現状と問題点

①　「自己評価の基準」と「管理職による評価基準」がかみ合っていない。

②　「評価」に関わる「面接」，「目標設定の面談・合意」，「評価結果のフィードバック」等が形骸化している。

③　管理職間の「評価の甘辛格差」が埋まらない。

❷　対策と提言

①　「評価制度の全体像（制度概要と流れ）」の明確化（見える化）。

②　「評価項目（着眼点）」の明確化（見える化）。

③　「多面観察制度」の導入。

(3) 組織運営について

❶　現状と問題点

①　組織ヒエラルヒーとしての「タテのライン」が機能していない。課員の仕事の中で「委員会対応業務」が占める割合が高いため，「課と課員の繋がり」よりも「担当委員会の委員や委員長との繋がり」の方が強いといった事態が生じており，組織運営において「レポートライン」・「部下評価」の面で弊害がある。

②　管理職（課長）のマネジメント力が，組織運営に十分反映されていない。

ⅰ　課長も1プレーヤーとして「委員会担当（実務担当業務）」を持っており，課員も担当委員会の委員長，委員との繋がりが強いため，課における課長の役割がマネジメントというよりも「単なる調整役」になっている。

ⅱ　管理職もプレイングマネージャであるため，離席していることが多く，相談したくてもできず，業務が滞ることがある。

③　組織や業務が完全な「タテ割り」のため，課相互間の情報共有ができていないことがある。

④　「執行部（理事者）メンバー」が毎年入れ替わる弊害

ⅰ　重要な「新規・中長期案件」が実現できない。

ⅱ　会全体の運営に関わる重大案件の方針変更はマイナス面が大きい。

ⅲ　毎年替わる理事者会は「英断的な（シビアな）人事」を避ける傾向にある。

❷　対策と提言

①　「専任事務局次長」職の設置（現在は，2名の事務局次長が，課長職を兼任している）による事務局長と事務局次長の「役割使命の明確化」

ⅰ　事務局長の役割と使命

・執行部（理事者会）と事務局の「パイプ役」

・執行部メンバーが毎年入れ替わる弊害の回避

・会全体の円滑な運営を「事務執行責任者」として執行部に提言

ⅱ　事務局次長の役割と使命

・事務局内全体統括（全体マネジメント）

・事務局内の円滑な運営の推進（課相互間の「情報共有」）

・「タテ割組織の弊害」の回避

・各課が担当する委員会対応の統括

②　管理職（課長）の「マネジメント力」の向上

ⅰ　マネジメント研修の実施

ⅱ　各課長の業務の「軸足」を「プレーヤー」から「マネージャー」に
ⅲ　「多面観察制度」の導入

(4) ペーパーレス，ＩＴ化について

❶ 現状と問題点

① 会内に紙資料が大量に発生するプロセス

ⅰ　電子ファイルがプリントアウトにより紙文書となり，手渡しによる稟議プロセスを経て長期保管対象の紙文書の原本が作成され，キャビネット，倉庫を経て外部倉庫で保管されるプロセス

ⅱ　原本の写し等が委員会へ配布，郵送物として外部へ配布されるプロセス

② ペーパーレスの対象区分

ⅰ　当会の委員会や他の弁護士会等（日弁連含む）に配布される態様で用いられる紙資料（対象Ａ）

ⅱ　手渡し稟議プロセスの過程で作成され，キャビネット，倉庫を経て外部倉庫で一定期間保管される紙資料（対象Ｂ）

ⅲ　郵送物として配布される場合に用いられる紙資料（対象Ｃ）

③ ペーパーレス導入の観点（動機）

ⅰ　紙資源削減の観点

ⅱ　スペース（含委託）関連費削減の観点

ⅲ　事務処理効率化・改善の観点

ⅳ　コンプライアンス（セキュリティ）の観点

ⅴ　災害対策（セキュリティ）の観点

ⅵ　サービスレベル向上の観点

④ ペーパーレス化の阻害要因の分析

ⅰ　事務局，理事者と委員会参加者，会員との意識乖離

ⅱ　会員間のＩＴの実装，取り組みの格差

⑤ 上記対象区分Ａ～Ｃの実現性，費用対効果視点からの優先順位の考察

ⅰ　対象Ａ；紙資源削減の観点からは効果が大きく，投資額も少ないことから業務プロセスの観点からはシンプルだが，実施にあたっては多数の会員間の調整負担が大きい。

ⅱ　対象Ｂ，Ｃ；当会の他の活動（決裁，広報等）と重なり，当会の戦略，業務運営に関連するところがあり，業務プロセスの観点からは，対象Ａほどシンプルではない。スペース（含委託）関連費削減の観点からは効果は大きいと言えるが，システム投資を要し，他の活動との調整に負担も大きいと言える。事務処理効率化・改善の観点からは，電子稟議等の活用による事務処理効率の向上が見込まれ，効果も期待でき，投資額も電子稟議等の一部の範囲で用いる限り小さいと言え，調整相手も主として当会内部者であり，一定範囲の負担に留まる。

❷ 解決策の提言

① 弁護士会としてペーパーレス実行（優先順位として上記対象区分Ｂ，Ｃのペーパーレス化を第一優先とし，その後対象Ａについて第二段階で取り組む）の宣言（全会員宛て）を実施する。

② ペーパーレス化を継続的な施策と位置づけ，理事者会で引継ぎ，専担者の任命，管轄部署の明確化を行う。

③ 試験実施（パイロットプロジェクト）の実行。

④ その他留意事項

ⅰ　弁護士会全体としてのコンセンサスの醸成

ⅱ　解決策具体策の立案＝投資効果，費用対効果の調査

ⅲ　周知期間，準備期間の設定

⑤ プロジェクト実施への準備

ⅰ　会員のＩＴリテラシーの向上；ＩＴ関連研修の充実

ⅱ　事務局のＩＴインフラの整備，会員のＩＴインフラ整備支援

・主要な通信手段のファックスベースからメールベースへの変更

・メールアドレス登録の義務化，またはメールアドレスの配布

・会員に対し，最低限のＩＴインフラ（ＰＣ，ネットワーク）設置の要望

・ＩＴに関する会員サポートの実施

(5) まとめ

本報告書は，当会役員，事務局役職員，当会会員等のべ30名を対象とした対面インタビュー等による調査活動により現状把握と分析を行い，改善すべきポイントの洗い出しを行い，これに基づき具体的改善策の提言を行っている。

本報告書中，事務局体制に関連する分析と提言は，現在の当会事務局の置かれている状況を的確に反映したものであり，当会理事者による継続的かつ真摯な取り組みが期待される。

3）職場環境の整備，ハラスメント防止体制など

事務局職員が健全な環境で，気持ちよく業務を遂行できるよう，事務局内の職場環境の改善が望まれるところ，当会では，その一環として，職員就業規則第28条第2項のセクシャルハラスメントの規定に加え，2014（平成26）年度に，第3項で，いわゆるパワーハラスメントに対する規定を追加制定している。

あわせて，2015（平成27）年3月，「東京弁護士会職員ハラスメント防止対策チーム」を設置し，具体的なハラスメント被害が生じないように，ハラスメント行為及びその疑いのあるケースの情報取集，当該ケースに対する改善策，対応策の検討及び実施，ハラスメント防止に関する研修の企画及び実施等の活動を行っている。

この問題は，事務局内部にとどまらず，役員を含め会員弁護士と事務局職員の間にも発生しうるものであり，会員弁護士の強い自覚と具体的防止策の構築が求められている。

4）その他

弁護士会の事務局職員は，業種の特殊性からか，民間企業のようなサービスの向上，競争に対する意識が低いとの指摘もある。

この点につき，管理職の一部に民間企業の管理職経験者等を雇用することや，事務局業務を恒常的に業務監査する第三者組織を設置する等により業務態勢，業務効率の向上を図る施策も有効であろう。

5 弁護士会館の今後の課題

1）現状と課題

弁護士会館は，竣工後満20年を経過した。この間，司法改革をはじめ，日弁連・東京三会の弁護士会活動は拡大の一途を辿っている。

また，弁護士数も飛躍的に増加している。

全国（いずれも3月末日現在）

1995（平成7）年（会館竣工時）	15,108人
2000（平成12）年	17,126人
2013（平成25）年	33,624人

東京三会

	東弁	一弁	二弁	計
1995（平成7）年	約3,350人	約1,740人	約1,860人	約7,150人
2000（平成12）年	約4,040人	約2,020人	約2,200人	約8,230人
2015（平成27）年	約7,480人	約4,580人	約4,850人	約16,910人

（外国法事務弁護士除く）

ここ18年間で，弁護士数は，全国で約18,500人の増加，東京三会約8,500人の増加となっている。

日弁連と東京三会の会務活動の活発化と拡大化および弁護士数の増加は，必然的に弁護士職員の増加をもたらす結果となる。

弁護士会活動の活発化・拡大化・弁護士数の増加・職員数の増加が弁護士会館にとって，①「会議室不足」・「事務局スペース不足」，②「エレベーターの混雑・待ち時間の長さ」，③「会館全体のOA機器の統合化・弁士会館内で働く職員数（嘱託・派遣等を含む）

	日弁連	東弁	一弁	二弁	計
1995（平成7）年	80人	58人	25人	27人	190人
2000（平成12）年	116人	65人	30人	36人	247人
2011（平成23）年	267人	136人	45人	64人	512人

2013（平成25）年内訳

	正職員	嘱託	派遣	パート	その他
日弁連	171人	0人	17人	0人	研究員・看護士8人，弁護士嘱託81人
東　弁	66人	16人	6人	36人	図書館職員7名
一　弁	41人	6人	0人	12人	契約職員1名
二　弁	50人	8人	0人	8人	アルバイト3名

合理化による効率的運用の必要性」，④一般会計から会館特別会計への繰入額の減額の必要性の有無，⑤4階の和室を会員の一時保育用に使用することの可否，⑥会館設備の老朽化対策，⑦女性会員室利用方法の見直し，⑧弁護士会館敷地使用料の大幅値上げ要求への対応等といった問題点を生んでいるが，その他大きな問題としては⑨20年目の大規模修繕に向けての取り組みが挙げられる。

2）対策

前記課題を解決するための対策であるが，①「会議室不足」・「事務局スペース不足」については，日弁連

及び東京三会は，場当たり的に使用することなく，場合によっては，関連業務の活動拠点を別に設けることも含め，弁護士会館内で行うべき事業の優先順位を長期的展望に立って検討すべきである。

2010（平成22）年度に，会館委員会で5階の会議室の利用状況について調査したが，現状ではピーク時には100％に近い利用があるが，午前中や，週の前半などでは，必ずしも会議室の利用が一杯ではなく，空きがあることもわかった。

とりあえずは，委員会の開始時期を午前中に出来ないか検討したり，必要以上に広い部屋を取るのではなく，人数に見合った部屋取りを利用者にお願いすること等の対策を執ることが現実的な対応策といえる。

その他，近時浮かびあがってきたのは，会館業務の一部を別の拠点で行えないか，という観点からのいわゆる第2弁護士会館構想である。この点，東京弁護士会の今後の10年の問題点について会長より関連委員会や会員・会議に諮問がなされ，その中には，狭義の弁護士会業務と異なる研修業務を行う研修施設を別の場所に貸借する構想等が提案されている。今後も引き続いて，議論されるべき重要問題である。

②エレベーターの混雑の待ち時間の緩和については，一昨年，エレベーター5基全てを一括して管理するソフトに変更し，10％程度の混雑・待ち時間の改善結果が出ている。今後は，利用時間が集中する正時前後10～15分間をずらす形で会議開始時間を設定する等の対策も併せて行なう必要がある。

一昨年度からは，理事者からの要請もあり，いくつかの委員会において開始時間を15分前後正時からずらして開始する例が見られるようになった。この取組みについては一弁，二弁，日弁連にも提案し全館的な取り組みに発展させたい。

③OA機器の改善については，2009（平成21）年の東弁総会において，OA化を促進し，コンピューター管理の徹底による「会員サービスの効率化を目指す決議」が可決された。これとともに，光ファイバーケーブルの会館全体の導入等，OA機器のよりアップツーデートな改善が望まれる。この点，東弁での取り組みには，コストの問題もあり，二弁等の取り組みに比べて，やや遅れていたが，2010（平成22）年7月に事務局関係のOAの合理化が一応の形を得るに至った。現時点では事務処理能力は，三会で一番優れているともいわれている。

従前から指摘されていた「現場の使い勝手の良いOA」を目指し，関係者の意見を聴取し，出来得る限り改良を重ねた結果であり，その効果のますますの改良が望まれる。

④会員が納付する一般会計から会館特別会計への繰入額については，2004（平成16）年7月28日の東京弁護士会臨時総会決議により，同年4月1日以降，一般会費のうち，1人当たり月額3,500円を会館特別会計に繰り入れることとなっている（ただし，司法修習終了後4年目までの会員については，2年目までは繰り入れず，その後3年目と4年目は月額1,500円の繰入額とするとなっている）。

この繰入額がこれまで継続されてきた結果，会館維持管理会計の次期繰越収支差額は，2008（平成20）年度決算の段階で732,637,885円となっており，同会計の年間支出2億円弱の3倍以上となっている。

会館維持管理会計の目的からすると，同会計の収入は，基本的に当該年度の会館維持に必要な支出に見合うものでなければならないが，2008（平成20）年度の決算の実績において，32,744,523円の黒字であり，2009（平成21）年度から多摩支部の賃料3,200万円が追加支出となるとしても，さほど大幅な赤字となるとは考えられず，今後会員数の増加による会費収入増も見込めることから，前記したような7億円を超える巨額の繰越金を貯蓄し続ける意義を見い出しうるのか疑問とされていた。この点，2010（平成22）年度の臨時総会決議により，当分の間繰り入れを停止することになった。この措置は，一般会計が逼迫している昨今の東弁会計を一時的にであれ健全化させ収支の均衡を回復するためのカンフル剤となったが，今後改めて議論を要する課題である。

⑤4階の和室を会員の一時保育用に使用することについては，子供を持つ会員が充分な会務活動が出来るよう東弁としてバックアップすることは，当然の要請と言え東弁は平成22年度から開放に踏み切っている。

事前の予約についてもその要件は，緩和されており，原則3日前までに予約すれば，利用可となっている。

現状では，利用実情が少ないようであるが，今後は，より一層利用されるよう東弁に於いても広報にも努めて頂きたい旨希望する。

⑥会館設備の老朽化対策についてであるが，1995（平

成7）年に竣工した弁護士会館も2011（平成23）年段階で20年を経過し，東弁専用部分の各設備にもかなりの老朽化が目立つようになった。

そのため，東弁専用部分のほとんどのフロアーのカーペットを貼り替え，508号室の椅子が重く移動が困難とされ，職員から何年も前から改善の要望が出ていた点も考慮したりして，5階508号室の椅子を軽くて移動しやすい椅子に取り替え，また，業務の効率化に資するよう事務局の椅子も全面的に取り替えた。

5階会議室のワイヤレスマイクも改善が必要なものについては取り替え，円滑な会議に呈するよう改善した。

4階第2会議室のマッサージチェアー3台も最新式であるが，値段的には廉価なものに取り替えるとともに女性会員室にもマッサージチェアーを新たに設置した。

テレビも地デジ化に対応するよう，全て買い替えを行い，必要に応じて会員が映像情報を得られる態勢を整えた。

さらに，大震災以後の電力不足を踏まえ，今後ＬＥＤ化の積極的導入が検討されて然るべきである。

⑦女性会員室について，男女共同参画推進本部等から女性会員室の内部改築と，同室内での飲食を可とするよう利用基準を改めるべきとの要望が出ている。これについては，女性会員室を利用する女性会員の多くの意見を聴取したうえで，対応していく必要がある。その意味で，現在検討と対策が得られている段階である。

⑧の20年目の大規模修繕に向けてのこれまでの取り組みについてであるが，現在の弁護士会館は1995（平成7）年に竣工されその後，10年経過した，2005（平成17）年に1回目の大規模修繕工事が行われている。

その際には，建物の躯体・構造関係については大成建設株式会社，上・下水道等の配管・水廻り関係については新菱冷熱株式会社，ＯＡ・電気関係については株式会社きんでんとの密接な検討・打ち合わせの下に行われ，会館委員会委員を中心とする弁護士会チームが責任窓口として，対費用効果を厳密に検討し，準備期間も含め，約3年を掛けて無事に終了した。

この大規模修繕工事は，10年毎に行うこととされており，次回の20年目の大規模修繕工事は，2016（平成28）年度に予定されている。

ところで，第1回目の大修繕工事以後，東日本大震災の発生を教訓とする災害対策の必要性や，省エネ・エコ対策の必要性が新たに重視すべき検討課題として浮かびあがってきている。

東弁では今後毎年300名を超える会員増が続くことが予想され，弁護士会館をより安全かつ効率的で使い勝手の良いものに改善することが特に求められているこの20年目の大改修工事に関し，（四会）会館運営委員会は2014（平成26）年2月14日付提案書を東弁，一弁，二弁，日弁連の四会に対し提案した。

同提案書は，20年目の大改修につき，10年目と同様に進めるべきとするものであるが，総額で52億必要とも言われている大改修工事につき，既存業者に随意契約で依頼することには強い異論も出されている。

問題は，コストの増大を適正かつ合理的な範囲で如何に抑制することが出来るかという点ではあるが，適正手続の観点からは広く本会館規模の共同事務所ビルの大改修工事を行った実績のある業者を公募し，厳正，中立かつ，公平な入札手続を以って選定することが考えられて然るべきである。

この点，会館委員会の知識経験の不充分さを補うべく，中立的なコンサルタント業者より助言を得て進めていくことも有力な一方法と考えられる。

会館特別会計からの多額の支出が予想されるこの20年目の大規模修繕工事については，大いに注目していく必要がある。

東弁は一般会員にも，この活動の推移を随時報告すべきであり，全ての東弁会員が自己の問題として注目していくべき重要な問題と考えられる。

20年目の大改修に際しては，建築マネジメントを入れて工事必要箇所と業者選定方法と改修費用について，アドバイスを得たうえで原則入札手続の下で手続を進めることとなった会員に対し，説明のつく方針が原則として認められたことは評価出来る。

6　会の財政状況と検討課題

1）はじめに

東京弁護士会（以下，「当会」という。）は公益法人であるから，利益を上げる必要はなく，収支は「とんとん」でいいはずである。すなわち，主な収入は会費収入であり，その会費収入で活動費を賄うことになる。もちろん，長期的に見て修繕費等の積み立ては必要である。では，現在の東京弁護士会の財政は，潤沢なのか，厳しいのか。細かい課題を挙げたらきりがないが，紙面の関係上，当会の財政が抱える問題のうち重要な問題を取り上げることとしたい。

2）一般会計について

まず，事業活動収入全体は，2014（平成26）年度決算では約17億9,364万円となり，前年度から約8,412万円（前年度比104％，予算比では107％）の増収となった。事業活動実収入のうち，会費，破産管財人等負担金，会務活動負担金及び照会請求手数料の占める割合は92％である。なお，破産管財人等負担金の制度は，2015（平成27）年4月1日終結の事件から廃止された。

しかし，前記の収入の増加は，一般会計から会館維持管理会計への繰入停止を実施しているからに他ならない。すなわち，現在，2010（平成22）年11月30日成立した「一般会計健全化のための特別措置に関する会規」により，一般会計から会館維持管理会計への繰入を停止している。当時，一般会計の次期繰越収支差額が減少し，予算編成ができないおそれがあり，緊急避難的な措置として行ったものである。そして，特別措置の施行中は，修繕積立金会計から会館維持管理会計に繰入れをしている（積立金の取り崩し）。一般会計の不足を特別会計で賄うのは，前述の「弁護士会が公益法人であることから，会費に財政の基盤を置くのが基本である」という発想からは，不健全なことである。そこで，時限立法の期間内にあっても，できるだけ早期にこの特別措置から脱却することが望ましい。

ところで，上記会規には「特別措置の制限」の規定が設けられている。すなわち，第3条は「前条の規定にかかわらず，予算編成時において，修繕積立金会計の次期繰越収支差額が基本財産の減価償却引当相当額に満たないときは，前条に規定する特別措置をとることができないものとする。」と定めている。

2016（平成28）年度に会館の大規模修繕が予定されているため（当会の負担は約20億円程度と見積もられている），その支出金額によっては，修繕積立金会計の次期繰越収支差額が大幅に減少し，減価償却累計額を下回る可能性があるためである。そうすると，一般会計から会館維持管理会計への繰入を停止する措置も，修繕積立金会計から会館維持管理会計へ繰入れる措置も適用ができなる。その場合には，2016（平成28）年度以降の予算編成に支障をきたすおそれがあり，くれぐれも注意が必要である。

3）予算編成について

① 赤字予算の解消について

当会の予算は，赤字予算，黒字決算という状態が続いている。しかしながら，弁護士会は公益法人であり営利法人でないとしても，法人として存在する以上，赤字予算は好ましくない（赤字予算でも問題ないとの意見もある。）。そこで，単年度で黒字予算化が難しければ，少なくとも赤字予算の赤字幅を少なくする努力を期待したい。

② 一般会計の次期繰越収支差額の処分

前記のとおり，2010（平成22）年11月30日成立した「一般会計健全化のための特別措置に関する会規」により，一般会計から会館維持管理会計への繰入を停止している。そのため，2014（平成26）年度決算における一般会計の次期繰越収支差額は金2億578万9,582円増え，金14億1,440万9,889円になっている。この一般会計の次期繰越収支差額が多ければ，会員に対して，当会の財政は黒字であり，会費値下げの議論にも結びつくことにもなる。そこで，2014（平成26）年度決算における一般会計の次期繰越収支差額金14億1,440万9,889円の処分を適切に行う必要がある。

4）マネジメント会議

2014（平成26）年7月，外部有識者で構成されるマネジメント会議が発足し，2015（平成27）年2月，その成果が報告された。マネジメント会議は，当会のマネジメントに関し，その問題点と改善点を検討し，会長に提言することを目的に設置された組織である。マネジメント会議の報告は多岐に亘っているが，財務

関係の報告については，当会の赤字予算，法律相談センターの在り方，退職給付関係（積立金の不足）等が指摘されている。

5）終わりに

2014（平成26）年度は，一般会計全体としては金2億578万9,582円の黒字であり，次期繰越収支差額は金14億1,440万9,889円に上り，単年度の収支として会財政には大きな問題はなく，会財政の観点からは評価できる。しかしながら，表面上は黒字であっても，それは，前記のとおり一般会計から会館維持管理会計への繰入を停止しているからであることを銘記することが必要である。

そして，弁護士会の財政は単年度の収支で見ることも必要だが，中長期的に健全化の方向に進んでいることが重要である。会財政及び会の活動は会員が負担する会費により支えられているのであり，会費がどのように（何に）使われているかについて，会員は関心を持っていく必要がある。

7　選挙会規の問題点

1）東京弁護士会選挙会規改正の経緯

(1) 平成19年の大改正

2007（平成19）年11月30日，次の事項につき選挙会規の大改正がなされた。

① 不在者投票の期間と時間の変更

日弁連選挙の不在者投票と一致させるため，「投票日直前4日間，12時～13時」（現会規は，「投票日の5日前からその前日までの各日の正午から午後1時までの間」）に変更された。

② 推薦候補の廃止

③ 納付金の廃止

役員候補については納付金を廃止して預託金制度（没収は，会長候補は有効投票の10分の1未満，副会長60分の1未満，監事20分の1未満）となり，常議員・代議員候補については立候補に当たり，金銭は一切徴収しないこととなった。

④ 文書制限の緩和

役員候補者又はその承認を受けた会員について，従前の葉書だけでなく，FAX文書送付による選挙運動も可とされた。

(2) 選挙規則の制定

東京弁護士会の場合，以前は「選挙会規」以外に選挙の細則について定めた規約はなく，候補者に配布される「選挙の手引き」が長年，事実上その役割を果たしてきた。

しかしながら，選挙の細則については，規則で規約化する必要があるとする問題意識のもと，2009（平成21）年1月13日，新たに「役員，常議員及び連合会代議員選挙に関する規則」が制定された。

(3) 郵便投票制度の導入

❶ 制度導入に向けた動き

これまで，東京弁護士会では，役員等の選挙について，本来の投票日の他に不在者投票日が設けられていたが，郵便投票制度は存在しなかった。しかし，会員の中には，傷病，育児，介護等の理由で弁護士会館での投票が困難な会員や，組織内弁護士，多摩地域に事務所がある会員など弁護士会館での投票について負担が大きい会員も相当数存在する。そこで，郵便投票制度を導入することが検討され，2013（平成25）年11月に開催された東京弁護士会臨時総会において，選挙会規の一部改正がなされ，郵便投票制度が導入され，2015（平成27）年度役員等選挙より実施されることとなった。

郵便投票制度については実際に実施したことで明らかになる問題点，改善点等を検討し，より良い制度にしていくことが望まれる。

❷ 郵便投票制度の概要

郵便投票制度の概要は次のとおりである。

① 郵便投票請求権者

傷病，出産，育児，介護，看護等業務外の理由により，投票日及び不在者投票の期間に投票所で投票することができない者。

東京地方裁判所立川支部の管轄区域内に法律事務所を有する者，弁護士法第30条第1項第2号に該当し，その届出をしている者のうち常時勤務を要する者（営利を目的とする法人等の取締役，執行役，従業員等に

就任した者）。

日本弁護士連合会会則第28条の3第1項に該当し，その届出をしている者（任期付公務員等常時勤務を要する報酬ある公職に就いた者）。

② 郵便投票請求の期間，方法

選挙公示の日から，投票日から起算して8日前の午後4時までに，選挙管理委員会に郵便投票用紙の請求用紙を持参又はファクシミリ送信することによって行う。郵便投票は，投票用封筒に投票用紙を密封し，これを返信用封筒に入れてさらに密封し，その裏面に氏名等を記載して，投票日の前日の午後4時までに選挙管理委員会に必着するように郵送して行う。

(4) 選挙運動文書

2015（平成27）年の選挙会規の改正によって，選挙活動文書に対する選挙管理委員会の承認印が廃止された。

従前は，文書による選挙活動のうち，郵便はがきについでは，あらかじめ選挙管理委員会の承認印を受けなければならないとされており，役員候補者については，選挙管理委員会から，選挙管理委員会から「選挙権を有する全会員の宛名と承認の記号を印刷した宛名ラベル」を有償（1セット32,400円）で購入して，これを候補者等において郵便はがきに貼付する運用がなされてきた。

しかし，東弁の有権者数は2015（平成27）年度役員選挙の際には7,428名に達し，かつ，今後も増加が見込まれる中，候補者に及ぼす負担は看過出来ない程度に達していると考えられた事や，日弁連会長選挙においては既に2007（平成19）年に会長選挙規程を改正し，郵便はがきの認証制度を廃止しており特段の問題は生じてこなかったことから，郵便はがきに対する選挙管理委員会の承認印を廃止することとしたものである。

なお承認印が廃止されたのは，常議員又は代議員候補者を含む全ての候補者の選挙文書とされ，郵便はがきのみではなく，ＦＡＸについても承認印が廃止された。

(5) 立会演説会及び公聴会の録音及び配信

同様に2015（平成27）年の選挙会規の改正によって，立会演説会及び公聴会を録画し，その実施の日の翌日から投票日の前日までの間東弁のウエブサイト内の会員サイトびおいて配信することができることとされた。より多くの会員に立会い演説会及び公聴会の内容を把握出来る機会を提供し，充実した選挙を実現することを目的としたものである。

(6) ウエブサイト及び電子メールを利用する選挙運動の解禁

2015（平成27）年の選挙会規の改正においては，ウエブサイト及び電子メールを利用する選挙運動も認められることとなった。

2014（平成26）年の日弁連会長選挙規定において，ウエブサイト及び電子メールによる選挙運動が認められたことに連動するもので，役員候補者が各会員に対して随時充実した情報開示を行う事が出来るようにすることで，選挙運動の活性化を図ることを目的としている。

ただし，これらの選挙運動を無制限に認めた場合には，逆に選挙運動の公正が害される等の弊害が生ずるおそれがあるため，一定の制限のもとでの解禁となっている。

例えば選挙運動のために利用するウエブサイトは，選挙期間中に限り開設される選挙運動用のものでなければならないものとされ，電子メールの発信者は候補者本人に限定されるとともに，メール送信を求める者又は送信に同意した者で電子メールアドレスを選挙公示の日の前日から起算して3日前の午後5時までに選挙管理委員会に通知した者のアドレスにのみ送信が出来るとされる。また，その詳細は細則で定められることとなっている。

2）今後の課題

(1) ウエブサイト及び電子メールを利用する選挙運動の運用

ウエブサイト及び電子メールを利用する選挙運動が上記の通り解禁されることとなったが，これらの選挙運動の解禁には，解禁の必要性に乏しいとか，メールアドレスの収集に関連して会派所属の有無，所属会派の大小等によって有利不利が生ずる等の理由によって，時期尚早の意見も根強く存在することも事実である。電子メールによる選挙運動については，東弁においては,日弁連会長選挙と異なり，東弁が配信システムを提供する一括管理での運用が検討されているようであるが，今後の運用の実態を見ながら，選挙の適正が担保されるよう継続的に検証してゆくことが求められる。

(2) 同姓同名の場合

現状では，同姓同名の候補者が出た場合の区別，特定の方法が何も規定されていない。今後，会員数が増加した場合には混乱が予想されるので，対応を検討しておく必要がある。

(3) 多摩支部会館での投票の実施について

多摩支部における投票を要望する声もあるが，本会と支部の会員資格が厳格に分けられていない以上，複数の投票所を認めることは困難であり（日弁連選挙の投票も多摩支部会館では認められていない。），実施にはさらなる検討が必要である。

8　会員への情報提供（広報の充実）

1）情報提供の重要性

高度情報化社会において，組織による情報提供の重要性は論を俟たない。東弁においても，一般市民に対する情報発信と会員に対する情報発信を積極的に行っている。

そして，むしろ重要なのは，いかなる内容の情報を，いかなる手段で提供するかという点にある。これに対しては，正確かつ多くの情報を，迅速かつ効率的（予算的に合理的）な手段で，提供すべきことが重要であるといえよう。

2）情報提供の現状（会報，ウェブサイト，メールマガジン，メーリングリスト等）

現在，東弁が会員に対して提供している情報は多岐にわたるが，概ね，会員の業務に役立つ情報（事件処理のノウハウ，各種研修案内，裁判所等からの周知要請事項等）や会員に対する協力依頼（各種アンケート等），東弁の活動（各種提言，シンポジウム開催等）に分類されると思われる。そして，これらの情報を提供する手段として，紙媒体による発送・配布物（会報LIBRA），ファックス，ウェブサイト，メールマガジン等がある。

このうち，急速に充実しつつあるのがインターネットを利用した情報提供である。2001（平成13）年度には会員専用ウェブサイトを開設し，2008（平成20）年には同ウェブサイト内にマイページを設け，東弁が把握している会員の個人情報等を会員自身が確認できるようになった。さらに，東弁は，会員への発送物の電子化（「当会の広報活動に関する提言～今後3年間に向けて」〔2013〔平成25〕年2月12日常議員会承認〕）の一環として，2014（平成26）年12月より，「とうべんいんふぉ」の冊子による配布を廃止し，電子データへの一本化を行った。さらに，会員へのよりスピーディーな研修等の情報提供を目指し，スマートフォン用アプリの開発を検討中である。

3）情報提供の方策（メール，ウェブサイト，スマートフォン用アプリの利用）

とりわけ今後重要性を帯びてくるものは，インターネットを利用した情報提供である。インターネットを利用した情報提供は，紙幅の制限がなく，添付ファイル等を利用すれば相当豊富な情報を盛り込めるという点で，充実した情報提供が可能となる。また，紙媒体と異なって，印刷や配布の手間と費用が比較的少なく，迅速かつ効率的な情報提供手段として特筆すべきものがある。かような利点からすると，インターネットを利用した情報提供を充実させようという方策は極めて評価でき，今後も一層の充実・利用が期待される。

特に，会員が増加しつつある状況の下で，迅速かつコストを抑えた情報提供手段として期待されるのは，メールマガジンである。メールマガジンは，広報室が会長声明や意見書，各種イベントの案内等の情報を掲載して毎月2，3回ほど，メールアドレスを登録している会員に対して発行している。しかしながら，東弁にメールアドレスを登録している会員は全会員の60数パーセントにとどまっている。東弁は会員に対してメールアドレスの登録を呼びかけているが，できるだけ多くの会員にメールアドレスの登録をしてもらうための方策を引き続き検討していく必要がある。

また，会内情報のITを利用した発信方法として2002（平成14）年度以降，目を見張る進化を遂げたのが，相次ぐメーリングリストの実用化である。委員会ごとにメーリングリストを開設すること（ただし，2012〔平成24〕年1月6日，個人情報及び機密情報保護

の観点から，外部の無料メーリングリストの使用を原則として禁止する等の通達が出された。）によって，月1回程度の定例会合の下準備を行い，充実した会務活動が可能となる。もとより，面談の会合の重要性は否定できるものではないが，事務所に居ながらにして瞬時に情報交換のできるIT活用は，今後益々情報流通の中心になってゆくであろうし，これによって，これまで会務に余り参加してこなかった会員が積極的に情報流通に参画するようになった意義は極めて大きい。

さらに，スマートフォンやタブレットを使いこなせる若手会員を主なターゲットとして，スマートフォン用のアプリを開発するのも有用である。

今後は，ウェブサイトとメールマガジン，メーリングリストをそれぞれ使い分けて有効な利用方法を考えていくことが急務である。その前提として，ウェブサイトに対する予算枠を十分に与えて執行していくべきである。

9　福利厚生

1）補償制度の廃止

東京弁護士会の補償制度は，2005（平成17）年4月の保険業法の改正により，東京三会及び日弁連とともに制度が廃止されることになった。現在は，会員の福祉の観点から，保険業法に反しないよう留意しながら，一般会計の中から社会的儀礼の範囲（概ね10万円程度）で弔慰金が支払われている。

補償制度の廃止により，会員の福利厚生が大きく後退することのないように，現状に対応した弔慰金制度・年金制度・弁護士退職金制度等の総合ライフプランニングの提案をLIBRAや東弁ホームページの会員サイト等に重ねて広報すべきである。

2）各種保険，協同組合の充実

各種保険・共済・互助年金制度の整備と拡充の問題がある。東京弁護士会の団体定期保険は一般の定期保険に比べ有利なものであるが，これまでの保険内容を維持するためには35％以上の加入率が必要であったが，会員数の増加に比べ保険への加入が少ないため，2011（平成23）年6月1日以降，最高保険金額が4,000万円から2,800万円と減額になってしまった。さらに加入率が減少した場合には，制度の維持自体が困難となる。会員及び家族等を対象とした保険・年金等の説明会（勉強会）を定期的に開催するなどして，弁護士の安定した生活基盤の確立に寄与すべきである。

東京都弁護士協同組合は，1968（昭和43）年に設立されて以来，組合員数は2015（平成27）年11月25日現在，全体で15,379名（89％），うち東弁は6,859名（90％）であり，また全国弁護士協同組合連合会も結成されているが，組合員の拡大，全国連合会との連携強化を進め，より一層の内容の充実を図るとともに，協同組合の事業内容を組合員のみならず非組合員にもPRすべきである。また，協同組合は，中小企業事業団との提携で退職金共済制度を行っているが，より会員に周知徹底すべきである。

3）東京都弁護士国民健康保険組合

国民健康保険組合については，未加入会員への積極的な加入勧誘により，組合の資金的・人的拡充を図り，会員及び家族の健康維持増進を図るべきである。

4）健康診断の実施

健康診断は，春は国民健康保険組合，秋は東京三会主催で行われている。

早期発見・早期治療は病気を治療する上での基本であり，健康診断は治療のきっかけとして重要なことは言うまでもない。さらに，普段の生活（過労，飲酒，喫煙等）を見つめ直す機会ともなり，健康な生活を心がけるという生活習慣病の予防的効果も大きい。

今後も健康診断の運営事務を合理化し，安価で充実した健康管理を目指すべきである。

5）メンタル相談

近年，傷病給与金や退会給与金の申請理由として，いわゆる心の病を挙げるケースが珍しくなく，東京弁護士会の厚生委員会の最重要の検討課題となっていた。

うつ病その他の病気や症状の場合は，症状によっては，いったん速やかに「現在の仕事や人間関係」から

遠ざかる方が早期に回復するものもあり，当人の治療に留意しつつ，事件処理の継続が困難であれば，他の弁護士に補助ないし事件の引取りを依頼するなどの処置が必要となる。

弁護士という職業は，こうした心の病の重要な原因の一つであるストレスに晒されていること，弁護士という仕事に，これまで以上に不安を抱える会員が増大している可能性があることから，東京弁護士会は，これまで実施されてきた健康診断だけではなく，専門家によるメンタル相談窓口の設置が実現した。2014（平成26）年4月からは，東京都弁護士国民健康保険組合が組合員及び家族向けにメンタルヘルス・カウンセリング事業を開始したことから，非組合員もこれまで同様の相談をうけられるよう，弁護士国保に加入していない東京弁護士会会員及びその配偶者と被扶養者向けに同様のメンタルヘルス・カウンセリング事業を開始した。

現在，メンタル窓口には，会員本人及び家族から相当数の相談が寄せられており，今後も会員の心のケアのために制度を維持すべきである。

6）国民年金基金

国民年金基金は，老齢基礎年金の上乗せの年金を支給することにより，国民年金の第1号被保険者の老後生活に対する多様なニーズに応えることを目的とする公的制度である。

日本弁護士国民年金基金は，弁護士・専従配偶者及び事務職員のための，職能型（全国単位）の国民年金基金である。年金基金の掛金は，全額が社会保険料控除の対象となり，所得税・住民税が軽減される。

充実した老後を送るためにも，多くの会員が加入することが望まれる。

10　出産・育児支援について

1）出産や育児の負担を抱える弁護士の現状

弁護士の多くは自営業者であって，伝統的には，事務所に勤務弁護士という形で所属している場合でも，雇用という法律関係にはないと考えられていた。また，即独や早期独立など，出産・育児期間にすでに経営者となって働いている弁護士も多い。

そのため，出産や育児という場面においては，産休・育休が必ずしも保障されておらず，事務所の内規があればそれに従い，ない場合には，事務所の経営を行う代表弁護士の指示で決まるというのが実情である。事務所に内規があったところで，給与程度しか定めておらず，産休・育休については何ら定めていない事務所も多数存在する。

また，事務所の代表弁護士や，経費負担をするパートナー弁護士が産休・育休を取るにあたっては，事務所経営という立場や顧客との関係及び経済的理由から，難しいことがある。

実際は，法人格のない法律事務所においても，雇用保険に加入でき，休業中に給与の半分又は67％が支払われるので，この制度を活用することが望ましいが，雇用保険に加入している事務所は少ない。

女性弁護士だけが産休・育休の悩みや負担を抱えているわけではなく，男性弁護士が育休を取るという場面でも，男性弁護士の育休についての内規がある事務所は少数派である。

東京弁護士会には日本最多の弁護士が登録しているといえども，10人以下の事務所が多数存在し，少人数の事務所においては1人欠けた場合に補い合うことが難しいため，男女ともに長期の休みをとりにくい状態にある。そうなると，産休・育休の取得については，困難を伴うことになり，女性弁護士の離職，男性弁護士の育児不参加を招くことになりかねない。

近年，女性修習生の間で裁判官ないし検察官志望が増えてきているが，その理由の一つとして，子どもが3歳に達するまでの育児休暇の取得が挙げられることがある。

長きにわたって，男性が圧倒的多数であった法曹界において，女性法曹が着実に増えている現在，検察官・裁判官のみならず，弁護士会においても，個々の弁護士が育休及び産休をとりやすいような施策を充実させ，男女ともに働きやすい環境を確保せねばならない。

2）日弁連の取組み

日弁連は，2007（平成19）年5月の定期総会において「日本弁護士連合会における男女共同参画の実現をめざす決議」を採択し，同年6月には，男女共同参画推進本部を設置した。さらに，2008（平成20）年3月には「日本弁護士連合会男女共同参画推進基本計画」を承認し，2012（平成24）年までに取り組むべき基本的目標として，仕事と家庭の両立支援など12の項目を掲げた。

この結果，2013（平成25）年12月の臨時総会において，男女を問わず子育て中の会員は，子の出生から2歳に達するまでの間の任意の6か月以内の期間，日弁連会費を免除する旨の規定が可決承認された。そして，2014（平成26）年9月18日開催の理事会において，育児期間中の会費及び特別会費の免除制度を2015（平成27）年4月1日から施行すること及び2015（平成27）年4月以降の育児に適用することが承認され，子が2歳に達する日の属する月までの間における任意の連続する6か月以内の期間（多胎妊娠により2人以上の子が出生した場合にあっては9か月以内の期間）の会費免除制度が始まった。

また，休業中の会費負担を回避するために，これまで，登録を一旦抹消する女性弁護士がいたが，再登録した際，登録番号が以前のものと変わってしまうという問題があった。そこで，上述の2013（平成25）年12月の臨時総会において，再登録時に以前使用していた登録番号を継続使用できるように制度変更がなされた。

3）弁護士会の取組み

東京弁護士会においても，日弁連の取り組みを受けて，2008（平成20）年3月には「東京弁護士会男女共同参画推進要綱を定めた。そして，同年6月には，東京弁護士会男女共同参画推進本部を設置した。

また，東京弁護士会では，2010（平成22）年3月の会規改正により，会務活動参加義務の免除事由として，出産育児が明文化されたほか，育児目的のために弁護士会館4階の和室の時間外利用を認める運用が認められた。そして，2011（平成23）年10月11日に常議員会で制定された東京弁護士会男女共同参画基本計画の行動計画にも，「出産・育児，介護等の家庭生活と仕事との両立支援」が定められており，会務活動や弁護士会の研修に参加する際の弁護士会4階の和室の時間外利用につき，弁護士会が費用負担するなど，制度を利用しやすくすることが記載された。

さらに，東京弁護士会では，2011（平成23）年，会則変更を行い，従来の産前産後の会費免除規定に加え，育児従事期間につき最長8か月間，会費を免除する規定を新設した。これについては，育児のため弁護士業務への従事が週に20時間未満となることが見込まれる場合に，子が満2歳になるまでの間，8か月を上限として会費を免除するというものであったが，2015（平成27）年4月1日施行の制度改正により，弁護士業務への従事時間に関する要件が撤廃され，また多胎妊娠による複数の子の出生の場合には，免除期間が9か月に拡大され，より利用しやすい制度に変わった。

4）制度の課題

東京弁護士会の和室の使用については，自らベビーシッターを手配しなければならないことや，使用日の原則3営業日前までに申し込まなければならない点につき，制度はあっても利用が難しいという声もあるため，もう少し柔軟な運用が望まれる。

また，日弁連及び東弁の会費免除・会費還付の申請に当たっては，誓約書や育児実績表を提出することが必要であるが，「具体的にどのような育児を週何時間行ったか」等の厳密な立証は不要とされている。たしかに，会費を免除する以上，制度の悪用を防ぐ必要があるが，その反面，誰でもが支援を受けられるために利用の容易さが求められる。そのため，折衷案として現在の制度になったと思われるが，育児実績の報告が子育てという私的領域に踏み込むものである以上，プライバシーの過度な侵害とならない運用が望まれる。

5）出産・育児支援の意義

弁護士だけではなく，働く男女において，キャリアの形成と家庭生活の両立は必須である。仕事か育児かの取捨選択を迫られ，仕事を断念するということは，仕事という自己実現の手段を奪われたり，あるいは子どもを抱えながら経済的困窮を選択せざるを得ないということにつながる。

そして，男女ともに出産・育児支援を受けることができなければ，出産をする女性が，続けて育児も担わねばならなくなり，同時に，男性の育児参加の機会も奪われることとなる。男性の育児参加の機会を奪うと

いうことは、「男性は仕事、女性は家庭」という性別役割分担を容認することとなり、ジェンダーの観点から望ましいものとはいえない。また、出産・育児から離れている弁護士に、会務活動等のしわ寄せが行き、負担増となることも望ましくないため、育児中の弁護士が会務に参加しやすい仕組みを作ることは、育児中ではない弁護士にとっても望ましいことである。

厳しい試験をくぐり抜け、経験を積んだ優秀な人材が出産・育児を理由に弁護士業務を離れなくてはならないことは、個々の顧客だけではなく、社会の大きな損失でもある。憲法に掲げられた両性の平等を実現することは、当事者個人の幸福につながるだけでなく、社会全体の利益にもつながるということである。

そのため、弁護士会においても、出産・育児支援は多大な意義があり、欠かせないものなのである。

6）今後の検討課題
(1) 研修等の際の弁護士会館での一時保育の実施

現在、弁護士会館4階の和室で、育児目的での時間外使用を認めているが、現在、さらに使い勝手の良いものにするために、東京弁護士会では会員向けの一時保育施設の設置を検討している。育児中の弁護士が会務や研修に積極的に参加するためにも、一時保育制度のより一層の充実を実現すべきである。

(2) 雇用保険の加入の奨励

前述のとおり、法人でない法律事務所も、雇用保険に加入でき、産休を取る弁護士に雇用保険から手当てが支払われるので、加入を奨励していくべきである。

(3) 産休・育休ガイドラインの作成

産休・育休制度については、事務所の個別の裁量に委ねられてきたため、所属事務所によって待遇にばらつきがある。そこで、男女ともに育休が取れるよう、拘束力はないにしても、一定のガイドラインを提示し、事務所規模に応じたスタンダードを定めておくべきである。

その中で、代表弁護士やパートナー弁護士が産休・育休を取る場合には、経費負担を免除ないし減額させる方針を盛り込むことも検討すべきである。

(4) インターネット配信による研修のさらなる充実、スカイプ等の利用による会務参加

インターネット環境をさらに充実させることによって、産休・育休中の弁護士の研修及び会務活動の参加を促すべきである。全ての研修についてインターネット配信での研修を可能にし、自宅にいながらも会務活動に参加できるとすれば、産休・育休中でもキャリアの研鑽及び公益活動による社会貢献が可能となろう。そうすることによって、産休ないし育休を取っていない弁護士に会務活動の負担が偏ることもなくなり、会員間の不平等感もある程度解消できるのではないかと思われる。

(5) 会員ネットワークのサポート

育児中の弁護士同士で、どのベビーシッターが良いか等、経験に基づく情報を共有したいという需要が存在する。そのため、弁護士会としては、より多くの情報交換が可能となるよう、会員同士の情報交換のネットワークを設けるサポートを行うべきである。

そして、代表弁護士やパートナー弁護士の立場にある弁護士が、会員ネットワークを通じて、信頼できる他の弁護士に仕事を引き継いだり、共同受任することも可能であろう。

11 合同図書館の現状と問題点

1) 図書館における正職員及び非正規職員について

(1) 図書館職員（正職員）について

❶ 図書館職員の役割

図書館にある資料は単に書架に並べてあっても利用されなければ存在しないのと同じであり、必要とする利用者に対して提供できて初めて存在意義がある。その意味で蔵書を生かすも殺すも司書の能力次第と言える。そのため、合同図書館は、「現代における図書館の優劣は、蔵書の量や質よりも、その職員の専門的能力に依存している。図書館の質は、図書館職員の質によって定まると言っても良いのである」という考えに基づき、これまで政策要綱において図書館職員の質の向上及び拡充を求めて続けてきた。

その結果、2009（平成21）年12月、雇用の安定を図り、更なる専門職制を充実させるため、原則として異動のない「図書館職員」という職制が東弁に新たに創設され、現在は、司書資格を有する図書館職員により合同図書館が運営されている。

❷ 図書館職員の待遇改善について

図書館職員の待遇については、2009（平成21）年12月に就業規則が制定され、その後、2011（平成23）年度に給与、退職金及び賞与について改善がなされたが、依然として東弁職員の待遇とは格差が大きいことから、待遇改善を継続して検討すべきである。

主な検討事項としては、①退職金が発生する勤続年数の見直し（現行の勤続3年を2年に改正）、②表彰要件の見直し（現行の10年以上の勤務を5年以上の勤務に改正）、③リフレッシュ休暇の創設、④東弁職員給与規則により東弁職員には支給されるが図書館職員就業規則に規定がない手当の創設、及び、⑤夏期特別休暇の取得期間の見直しがある。このうち①乃至④については、東弁職員就業規則及び東弁職員給与規則に合わせるものであり、すぐに実現可能である。

⑤夏期特別休暇取得期間については、合同図書館では、毎年7月下旬から8月初旬にかけて5日間程度休館して書架整理を行っており、その期間中、図書館職員は夏期特別休暇を取得することができないため、図書館職員が夏期特別休暇を取得できるのは就業規則上の取得可能期間7月20日から8月31日までの30日間から書架整理期間（5日間）を除いた25日間となる。しかし、25日間に図書館職員7名が夏期特別休暇を取得した場合、ほぼ毎日2名が夏期特別休暇を取得する状況となり、夏期休暇取得者2名以外に更に病欠などの休暇取得者が出た場合、図書館業務に支障を来すおそれがある。そのため、現在は、運用により夏期特別休暇の取得期間を7月1日から9月30日までにして夏期特別休暇取得者が2名となる日を0日としているが、毎年同じ状況であることから、運用ではなく図書館職員の就業規則を改正して夏期特別休暇の取得可能期間を明記することが望ましい。

❸ 育児短時間勤務の図書館職員について

現在、1名の図書館職員が育児休業取得中であり、2016（平成28）年4月に復職予定となっている。復職後の労働条件については未定であるが、育児短時間勤務を選択する可能性が高い。現状では育児休業を取得した図書館職員の代わりに嘱託職員が採用されているが、育児休業中の図書館職員が育児短時間勤務による復職をした場合において代替としての嘱託職員の雇用を終了させると、残りの図書館職員に負担が生じることとなる。今後、育児短時間勤務だけでなく介護短時間勤務を取得する図書館職員も想定されることからも、安心して短時間勤務をすることができるような事務局体制作りが早急に必要である。

(2) 非正規職員に関する問題について

合同図書館においては、現在、正職員である図書館職員の他、非正規職員としてパート職員3名、前述した育児休業中の図書館職員の代替として嘱託職員1名が雇用されている。そして、東弁の「嘱託職員及びパートタイム職員就業規則」により雇用条件が定められている。

しかし、同規則によるとパート職員は勤務時間が週35時間未満と定められていることから月曜日から金曜日まで毎日7時間勤務とすることができず、現在のパート職員の勤務時間は午前10時30分から午後6時となっている。合同図書館としては毎日午前10時から午後6時まで7時間フルタイムで勤務できる非正規職員を希望しているが、そのために非正規職員を35時間未満という制限のない嘱託職員とした場合は給与・賞与などの費用がパート職員より大幅にかかることになる。

そこで，東弁職員の就業規則とは別に図書館職員に関する「合同図書館職員就業規則」を制定したのと同様に，非正規職員についても，勤務時間，給与体系など合同図書館の特色に合った独自の就業規則を制定すべきである。また，合わせて図書館職員が産休・育休，介護休暇など長期に休職となった場合に，補充する臨時の職員の就業規則についても検討すべきであることから，現在，「図書館スタッフ及び臨時図書館職員就業規則（仮）」の制定について昨年度から引き続き協議を行っている。

2）書架スペース不足問題について

ここ数年，合同図書館においては毎年約2,000冊強の図書が購入される他，会員や他会の弁護士から合同図書館に寄贈される図書が約500冊ある。合同図書館の書架に収蔵可能な蔵書数は約16万5,000冊であるところ，現在の蔵書数は，図書が約9万冊，雑誌が約1,140タイトル，判例集・法令集等があり，今後も毎年約2,500冊の図書の受入れを継続すると，近い将来収蔵が不可能となることが予想されるため，近年は資料の廃棄等の対策を講じてきた。

昨年度は，合同図書館が弁護士会の図書館であるという観点から，弁護士会が発行している資料を含めて幅広く資料を収集・保存すべきであるという考えに基づき，使用頻度がそれ程高くないが廃棄することが困難な図書（著名な学者の著書の旧版など約3,000冊）について外部倉庫への預け入れを行い，合わせて書架レイアウトを変更し，これまで7階に配架されていた公法分野（憲法，行政法，税法など）を8階の書架に移動させた。この結果，今後数年分の書架スペースを確保することが可能となった。

3）合同図書館におけるサービスの拡充について

(1) 会館の大規模修繕について

弁護士会においては，現在，会館の大規模修繕を予定しているが，これに合わせて合同図書館においても，開館から20年が経過したことから館内設備の見直しを行っている。大がかりなものとしては，8階の電動書架が老朽化してきていることから，今年度に電動書架の補修工事を行う予定である。この他，データベースコーナー・閲覧席の電源の増量，LED照明への切り替え，壁紙・カーペットの補修・張り替えなどを検討している。

(2) IC化について

昨年度，合同図書館では老朽化した入館ゲートをＩＣカードにも対応可能なものに入れ替えた。本年度は，現在の磁気による利用カードをＩＣ磁気併用の利用カードへの切り替えを行う予定であり，これにより入館はＩＣで，貸出手続は磁気で行うこととなる。将来的には，蔵書にＩＣタグを取り付けて貸出・返却手続及び蔵書点検作業の省力化を図り，図書館職員が利用者に対してより積極的なサービスを提供できるようにすると共に，退館ゲートをＩＣタグ対応可能なものに入れ替えて，セキュリティの強化を図ることを検討中である。

(3) 若手対策について

弁護士会は，近年，若手会員対策に力を入れているが，事務所を持たない若しくは事務所に業務に必要な資料が十分にない若手会員にとって，合同図書館は非常に大きな役割を果たしている。合同図書館で資料を探している若手会員は，抱えている案件のために合同図書館を訪れているのであり，このような若手会員に対して，合同図書館が窓口となり，弁護士会の他の委員会などと協力したサポートの可能性を検討する価値はあると考えられる。

(4) まとめ

以上，合同図書館は，所蔵している資料の貸出を行うだけではなく，より積極的に利用者へ様々なサービスを提供する場となりうる可能性を有しており，そのためには冒頭に掲げた図書館職員の質の向上及び拡充が何よりも重要となってくる。

12　多摩地域・島嶼地域における司法サービス

1）多摩地域・島嶼地域の現状

(1) 多摩地域の現状と裁判所

東京都の多摩地域には，30市町村があり，その面積は東京23区の1.8倍（1,160平方キロメートル），人口は約420万人に及び（東京都の総人口の31％），裁判所の管轄人口的には横浜地裁の502万人に次ぐ全国第4位である。産業経済活動も，事業所数は全国12位，卸売業・小売業に限った事業所数も全国13位等，活発な産業経済活動は1つの「県」に相当する。

2015（平成27）年4月25日時点で，弁護士会多摩支部に登録している会員（会員資格に制限無し）は，合計1,308人（多摩地域に事務所のある弁護士は453人）に達している。

多摩地域の裁判所としては，2009（平成21）年4月にそれまでの地裁・家裁の八王子支部が立川に移転して地裁・家裁立川支部となり，それ以外に八王子簡裁，立川簡裁，武蔵野簡裁，町田簡裁，青梅簡裁がある。

地家裁立川支部の取扱裁判件数は，全国の本庁・支部別統計において横浜地家裁本庁やさいたま地家裁本庁に肩を並べるほど多いが，法廷の数や裁判官・職員の数は不足しており，人的規模を本庁並みとすることが，かねてより弁護士会から要望されていた。

(2) 島嶼地域の現状と裁判所

また，島嶼地域は広大な地域に伊豆諸島，小笠原諸島が点在しており，伊豆大島家裁出張所・簡裁，新島簡裁，八丈島家裁出張所・簡裁があるのみであり他の離島等の過疎地同様に，司法サービスもまた，その充実が求められている。

2）多摩地域における今後の司法及び弁護士会の課題

(1) 東京地方・家庭裁判所立川支部の物的設備・人的規模の拡充と「本庁化」問題

立川の新裁判所支部（立川簡裁も移転）の庁舎は，敷地面積15,000㎡（旧八王子支部が8,500㎡），地上8階，地下1階床面積26,000㎡（旧八王子支部が12,600㎡）である。

しかしながら，これらを有効に活用し司法機能を充実させていくためには，単に広さだけではなく，諸設備の充実を図り，裁判官・職員の人数等の人的規模を拡大して，利用者にとって利用しやすい裁判所にしていく必要がある。

のみならず，420万人もの市民が居住し，全国有数の事件数を抱える裁判所であるにもかかわらず，あくまで支部であるために，人事・予算など重要事項の決定権がなく，また行政事件は取り扱われず（労働審判事件については2010〔平成22〕年4月から取り扱っている），地家裁委員会もない状況にあり，多摩地域の弁護士たちからは，司法サービスの拡充のために，立川支部の「本庁化」及び八王子支部の設置が強く要請されている。これを受け，二弁では改革総合対策ＰＴが本庁化を是とする答申を会長宛に行い，一弁でも本庁化された場合の問題を検討する委員会が設置され，東弁にも多摩支部本会化検討ＰＴが設置されて，それぞれ本格的な検討が始められている。

もっとも，裁判所立川支部の本庁化は，弁護士会多摩支部の本会化にもつながるものであり，検討すべき課題は多い。

(2) 弁護士会多摩支部の本会化

現在，多摩地域には東京三会（東京弁護士会・第一東京弁護士会・第二東京弁護士会）の会員が，それぞれの支部に所属する形で東京三弁護士会多摩支部が存在するが，実際には三会の支部が独自の活動をするのではなく，「三会多摩支部」として協働する形で，多摩地域の司法サービスを提供している。

多摩地域は420万人を越える人口を有しているが，東京23区の1.8倍という広大な地域に分散して存在しており，その実態は都下23区の特色である人口集中による「都市型」の人口分布と異なる「地方型」の人口分布を有していて，司法サービスの提供についても独自の手法が必要とされる場面も多く，その実態は，都道府県単位で運営される「地方会」としての対応が望ましいといい得る。

また，前述した，東京地方・家庭裁判所立川支部の「本庁化」が実現した場合には必然的に対応する「単位弁護士会」の設立が必要となる。かような状況を踏まえ，東京三会多摩支部，特にその内でも東京弁護士会多摩支部（以下，「東京多摩支部」という。）と第二東京弁護士会多摩支部（以下，「二弁多摩支部」という。）は，「多摩には多摩の弁護士会を」とのスローガンを

掲げ，本会化を求める動きを模索している。東京弁護士会は，このような動きを踏まえ，2010（平成22）年11月10日制定の「東京弁護士会多摩支部本会化プロジェクトチーム設置要綱」に基づき，20名のメンバーを選任し，2011（平成23）年6月から東弁多摩支部の本会化への移行実現に向けて動き出した。

同プロジェクトチームは，2012（平成24）年7月2日付けの「多摩には多摩の弁護士会を！－東京弁護士会多摩支部の本会化に向けての意見書（以下，「第1意見書」という。）」を発表するとともに，2013（平成25）年7月10日付けの「多摩には多摩の弁護士会を！（2）－東京弁護士会多摩支部の本会化に向けての短期・中期・長期各課題とそれらに対する対応についての提言－（以下，「第2意見書」という。）」を引き継いで発表した。

この2つの意見書は，同プロジェクトチームが掲げる，①本会化する場合に必要な組織並びにその運営及び維持のための調査，研究及び分析を行うこと，②本会化を推進する必要性について会員の問題意識の共有及び醸成を図り，理解を深めるための措置を講ずること，③本会化推進のために，必要な基本計画を発表し，その内容を東弁会員全体の問題として提示すること，という3つの基本目的を踏まえて作成されており，極めて示唆に富む内容となっている。

このような検討が継続している過程で，東京弁護士会では，5年の経過措置を前提に，多摩支部会員資格を多摩地区に事務所を有する会員に限定する形での会規改正が，2013（平成25）年3月13日の臨時総会で議決された（第二東京弁護士会では，総会での議決を踏まえ，2014〔平成24〕年9月より，多摩支部会員の新規登録要件を多摩地区に事務所を有する会員のみとする支部会員資格制限を実施している。）。

前記した第2意見書は，第1意見書が指摘した諸課題について東京多摩支部の本会化の実現予定期間を10年以内と設定し，概ね2〜3年以内の「短期的な課題」，5年以内の「中期的な課題」，10年以内の「長期的課題」の3つのグループ分けを行ったうえ，その克服への提言を行っている。

短期的な課題として現時点で議論されているのは，多摩支部の財政自治権の拡大問題である。

現在の多摩支部は，財政面で言えば，各年度の予算・決算は，東二弁で支部会員から独自に徴収する1人当たり年間2万4,000円の支部会費の使い道も含め，すべて各本会での承認をえなければならず，個々の支出では，1万円以上の支出はすべて三会本会の承認をえなければならない。

今後，独立に向けての運動を進めるにあたっては，日常的な支出と考えられる10万円までの支出は，支部で決められるように変更していくことは現実的であり必要なことではなかろうか。

結局，多摩支部の本会化の問題は，東京弁護士会，第一東京弁護士会，第二東京弁護士会三会の問題であり，「東京多摩弁護士会（仮称）」を実現することにより，市民にとってより利用しやすく，分かりやすく，頼りがいのある司法とすることを目指す，いわゆる司法改革の重要な一分野の問題であるとの共通認識のもと，東京三会が今後議論を進めていくことが望まれる。

このことと並行して，弁護士会多摩支部でも，2014（平成26）年10月に本庁化・本会化推進本部設置に向けての総会決議を行ない，2015（平成27）年4月から活動を開始している。

その積極的な今後の活動と取り組みは注目される。

(3) 多摩地域の司法拠点の複数化

立川に従前より規模の大きい支部裁判所ができたことは，司法サービスの拡充の見地からは望ましいことであるが，多摩地域の面積の広さ，生活圏の分散化（北多摩，西多摩，南多摩），交通網の不便さ等を考慮するならば，それだけで多摩地域の裁判事件をすべてカバーできるかについては疑問がある。そもそも，人口も取扱事件件数も多い多摩地域において，支部裁判所が一つしか存在しないということ自体が問題であり，本来，八王子以西地域や町田地域からのアクセスを考慮するならば，支部裁判所も立川支部の他，八王子支部・町田支部がそれぞれ並存する方が，より合理性があり多摩地域の住民のニーズにも合致するものである。

残念ながら，支部裁判所の立川移転により，八王子には簡易裁判所しか残されなかったが，弁護士会としては，八王子と町田にも少しでも多くの司法機能が拡充されるよう，財政問題の解決も含め，多摩地域の自治体，議会，市民と連携して今後も運動していく必要がある。

(4) 八王子の旧弁護士会館の処分・利用問題

支部裁判所の八王子から立川への移転に伴い，それまで八王子の裁判所前に位置していた三会の多摩支部

会館も立川への移転が必要となり，紆余曲折の経緯の結果，2009（平成21）年4月に，裁判所近くの多摩都市モノレール高松駅前のアーバス立川高松駅前ビルの2階に，賃借物件として移転した。三会の新会館の面積は約207坪であり，隣接して東弁が単独で賃借した東弁会議室約50坪が併設されている。

この弁護士多摩支部会館の移転に当たっては，旧会館の土地・建物が東京三会の共同所有物であり，多摩支部の運営自体が三会の共同運営・共同費用負担（東弁・一弁・二弁が2：1：1）であったことから，2007（平成19）年度に三会でかなりの折衝・議論がなされ，その結果，2008（平成20）年2月20日付で「多摩支部新弁護士会館に関する覚書」が締結されて，立川新会館設立の条件として，「八王子の会館は，新会館開設後速やかに売却処分する」「八王子相談センターは，JRまたは京王八王子駅近辺に移転のうえ継続させる」と三会で合意されている（当時の一弁の強い要望であり，二弁も同調）。

これに対し，2009（平成21）年7月，東弁多摩支部及び二弁多摩支部の連名で，2009（平成21）年度の三会会長宛に，あらためて，上記2008（平成20）年2月20日付三会覚書を白紙撤回し，八王子の旧弁護士会館を存置し，同会館内での法律相談センターを継続するよう求める要請書が出された。その理由は，①旧弁護士会館における法律相談センターの継続は，他の賃貸ビルに移設する場合と比較して，市民の利便の観点からも経済性の観点からも優位であること，②八王子市からの会館存続の要望があること，③多摩の地域司法において旧会館建物には，いろいろな利用価値があること，等が述べられている。

結局，この問題については，当面は継続検討事項とされ，旧八王子会館は未だそのままの状態で維持され，八王子法律相談センターとして利用されているに留まる。しかしながら，旧八王子会館建物とその敷地の処分をどうするかについては，いずれは東京三会で結論を出さなければならない問題である。

東京三弁護士会としても，財政的観点と多摩地域の現状（必要性・利便性の正確な検証も含めて）を考慮しながら，慎重に検討すべきである。

3）島嶼部偏在対策

島嶼部には弁護士がおらず，かつ，法律相談も弁護士による相談は年1回程度のものであった。しかし，東京三会は，大島において月1回の相談制度を始め，小笠原について2004（平成16）年度から月1回の法律相談制度を始めている。八丈島については法友全期会が定期的な相談会を実施し島民の期待に応えている。定期的に相談会を実施することにより島民の必要性に応える努力を継続していかなければならない。

第3　会内会派としての法友会の存在意義と組織強化のあり方

1　会内会派としての法友会

1）法友会，会内会派の概要

　本書の発行主体である法友会について，便宜，本稿においてまずその概要をご紹介したい。

　法友会は，東京弁護士会の会員弁護士により構成される団体である。

　会員相互の親睦及び識見の向上，ならびに弁護士会の民主的運営と機能の充実を図り，もって弁護士の使命達成に寄与することを目的とする（会則第3条）。

　法友会の会員は，「司法の民主化と法曹一元化の完成を期し，平和日本の建設に邁進する。」「新憲法の精神に則り，裁判の公正に協力し，あまねく基本的人権を擁護する。」「会員相互の親睦を図り，相携えて生活協同体の実現を期する。」などとうたう「法友会綱領」にある価値観を普遍のものとして共有する。

　また，法友会の会員中，司法修習終了後15年未満の会員は，いわば単位会横断的な組織としての「法友全期会」を構成する。法友全期会は，新進弁護士の観点から各種調査研究を行うなど，法友会，さらには弁護士会の運営に寄与することを目的としている（法友全期会会則第3条）。

　東京弁護士会内には，法友会のほかにも，多数会員によって構成される法曹親和会，期成会，水曜会といった団体があり，これらの会派（会内団体）がそれぞれに独自の活動に取り組んでいる。

　法友会は，所属会員数3,000名に迫る東京弁護士会内の最大会派である。

2）法友会の組織構成

　法友会は，通常年3回開催される総会をもって最高意思決定機関としており，幹事長，事務総長らにより構成される執行部がその実務的な会の運営，すなわち会務（弁護士会の会務と区別される会派運営である。）にあたっている。

　また，法友会内には，所掌の任務を有する5つの常設委員会と，現在3つ設置されている特別委員会があり，それぞれが各委員らにより旺盛な活動を展開している。本要綱の編集は，上記常設委員会の中の政策委員会の所掌である。

2　法友会の存在意義

1）弁護士自治の基礎単位としての法友会

　東京弁護士会は，会員数やがて1万名にも迫ろうかという巨大組織である。

　自治団体である弁護士会に課された使命は多様であり，弁護士会が取り組むべき課題は実に広汎に及ぶが，本来，弁護士の多くは，所属事務所のほかには強制加入団体である弁護士会以外に特定の組織に属さない自営業者であり，かつ，自由業者である。

　少なくとも，上記のとおり多数の会員を擁する東京弁護士会においては，それぞれ活動目的が特化した弁護士会内の各種委員会活動などを通じるだけでは，お互いの親睦を図り，相互の信頼感を醸成しつつ，弁護士会の自治的運営に総合的，自律的に参画していくことは現実的に困難と言わざるを得ない。

　法友会のような会内会派は，そのような参画を可能とする素地と契機を各弁護士に提供する。

　会内親睦の機会は，ベテランが若手に対し各自の経験に根ざし弁護士，弁護士会，会務活動のあり方を伝授し，逆に若手がベテランに対し進取に富んだ最先端の知識や感性を発信する世代を超えた得がたい相互交流の場でもあり，比ゆ的にいうならば弁護士自治の生きた学校である。

　法友会は，前記組織目的のもと，弁護士自治を支え，これを実効的に機能させるための基礎的な単位として非常に重要な存在意義を有するといえる。

　また，弁護士が崇高な使命を実現するためにはそれにふさわしい経済的基盤の確立が必要である。前掲のとおり綱領に「生活協同体の実現を期する」とある

おり，自営業者がもっぱらであるところの弁護士がその職責をまっとうするに足る十分な経済的基盤を確立するため，これに組織的に取り組む運動体としての職域的意義も法友会の存在意義として見逃せないといえよう。

2) 法友会の政策提言機能

法友会は，前記綱領にうたわれている理念にかかわる諸問題をはじめとして，まさに本要綱各所で論じられている重要な政策テーマに関し，発足以来絶え間なく，積極果敢な建策と提言を続けてきた。

そのため東京弁護士会から重要政策に関する会派への諮問，意見照会，または日弁連から東弁への照会事項についての会派への意見照会などの機会が近年増加しており，これらについての法友会の政策提言は，東京弁護士会内においてはもとより，関弁連，日弁連の政策形成過程においてもきわめて大きな影響力を保してきたものであって，ひいては，これが我が国の政策，とりわけ司法改革をめぐる政策にも無視しえぬ発信力を及ぼしてきたことは特筆に値するといえよう。

法友会は，志を同じくする在野法曹の集団としてはもっとも有力な政策立案能力を有する団体のひとつであり，文字通り代表的な政策団体といえる。法友会，法友会会員は，この自負を胸に，今後もまさに綱領にうたわれる理念達成のため，日々の研鑽を重ね，積極的な発言を続けていく必要がある。

3) 人材給源としての機能

法友会が取り組むべき政策課題は，まさに本要綱に網羅されているとおり実に多岐にわたる。

法友会は，価値観を共有し相互信頼の土壌を有する東京弁護士会内の最大会派として，その目的を達成するため，東京弁護士会，さらには関弁連，日弁連の会務運営に積極的に参画すべきは当然である。

ところで，会務の担い手はもとより個々の会員なのであって，具体的には組織としての弁護士会内の要所に配される各役職にどういった人材を得るかが有意義な会務運営にとって肝要である。

多数の会員を擁する法友会は，前記のとおり有力な政策団体であるとともに，有為な人材の宝庫でもあり，法友会には，こういった人材の，いわば給源としての機能も大いに期待される。

3　法友会に求められる組織強化

1) いわゆる会務ばなれと多重会務問題

自治団体である弁護士会の使命をとげるための会務活動，さらには，会派内会務活動には，多くの時間と労力が必要となる。

他方において，弁護士増員といまだ途上にあると言わざるを得ない職域拡大のはざまで，各弁護士はとくに若手を中心として日々の弁護士業務のまっとうにこれまで以上に忙殺されており，容易にはそのような時間と労力を会務には割け得ない実情がある。

そのため，とくに近時，弁護士会会員の中に会務活動等を敬遠する「会務ばなれ」の傾向が顕著に見られるようになり，さらに，いわばその裏返しとして，会務活動等の担い手が特定の熱意ある会員に集中し，そういった会員がさらに個人的な弁護士業務にしわよせを強いられるという，いわゆる「多重会務問題」が生じている。

弁護士会は加入強制の自治組織であり，弁護士会の全会員が弁護士会の運営・活動による福利を享受している。当然，これにともなう負担も全会員によって広く分担されるべきであり，会務ばなれと多重会務の実情は，およそ好ましい状況といえない。会務の担い手の顔ぶれが半固定的となれば，会内に存在すべき多様多彩な価値観が必ずしも弁護士会の運営に反映されなくなる恐れすら否定できない。

弁護士自治は一部の篤志的な会員のみによって担い得るものではない。会務への無関心といわゆるフリー・ライドが蔓延するようなことになれば，弁護士会の活動は形骸化し，長い目でみたとき，結局それが個々の弁護士の職域に致命的な不利益としてはねかえってくることともなろう。

会務ばなれと多重会務問題の悪循環は弁護士自治にとって危機的とも称せる負の連鎖であり，法友会としてもこれを断つことに組織をあげて取り組む必要がある。

2）いわゆる無所属会員の増加問題

　以上にみた会務ばなれの問題と密接に関連するのがいわゆる無所属会員の増加問題である。

　厳密な統計こそないが，近時，東京弁護士会内にあってどの会内会派にも所属しない，いわゆる無所属会員が増加の傾向にある。

　すでに述べたとおり，東京弁護士会のような巨大弁護士会にあって，弁護士自治の基礎的担い手たる会内会派の存在意義は多大であり，弁護士自治の契機となる会派内活動への参加は，個々の弁護士にとってもすこぶる有益なものである。無所属会員が積極的に弁護士会の会務に参加するための心理的なハードルも決して無視できない。

　また，第2部，第1，7，7）でも見たとおり，弁護士の孤立，相談相手の不在が弁護士が不祥事に陥る一因との分析があることも見逃せない。

　弁護士自治の基礎的担い手である会派に参加し，会員相互の親睦の輪に加わることは，個人としての弁護士自身の自衛にもつながる。

　無所属会員の増加は，前記会員の会務ばなれ・多重会務問題とも決して無縁ではない。無所属会員増加の傾向は決して好ましい傾向といえない。

3）法友会に求められる取組み

　いわゆる無所属会員を会内会派に迎え，ともに弁護士自治の担い手として会務に積極的に参画するよう勧誘することは，いうまでもなく非常に有益なことである。法友会としても，無所属会員の勧誘には組織をあげて全力で取り組むべきであり，そのことは前記有力政策団体としての法友会にとって必須の使命であるとさえいえよう。

　会員の新規獲得によって組織のすそ野を広げることは，有為多彩な人材をさらに増強し，会派活動の負担をともに分かち合うこと，ひいては，法友会として綱領達成のため組織的に取り組む「組織力」を強化することに直結し，法友会が目指す真の司法改革への大きないしずえとなるはずである。

　そのため，法友会では，組織強化委員会を中心として各種PR活動を具体化させ，積極的に取り組んでいるが，新会員勧誘のためには，なにより法友会の活動が新会員の目に，より魅力的に映じることが必要であり，スポーツ・文化活動その他懇親の場，あるいは，実務に有益な研修活動をさらに充実させ，その最先端の魅力を上記ＰＲの機会に更に効果的に発信していく努力が必要である。

　こういった取組みと努力によって，多彩な会員を法友会に迎え入れることそれ自体によって法友会の魅力と価値をさらに高め，その組織的基盤を強化し，政策団体としての立案，提言機能をいっそう向上させる。さらに，東京弁護士会，日弁連，司法研修所等々へ有為な人材を供給する給源としての機能を活性化し，まさに弁護士会の民主的運営と機能の充実を図り，もって弁護士使命の達成に寄与すること（法友会会則第3条）が必要である。

　弁護士会の活動も，法友会の活動も，ひとりでも多くの同志会員によって担われ，ともに分かちもたれねばならない。

2016（平成28）年度政策要綱執筆者・見直し担当者一覧 (50音順)

相川 泰男	青井 慎一	赤羽 宏	秋山 知文
伊井 和彦	生田 康介	池田 雅子	石本 哲敏
伊豆 隆義	市川 尚	伊藤 博昭	岩田 修一
氏原 隆弘	臼井 一廣	遠藤 啓之	大澤 栄一
太田 晃弘	太田 雅幸	大西 雄太	大屋宮 昇太
尾谷 恒治	大谷 美紀子	織田 英生	金子 正志
椛嶋 裕之	嘉村 孝	川村 百合	岸本 有巨
木村 佐知子	五島 丈裕	小林 元治	小林 芳夫
齋藤 理英	笹浪 雅義	佐瀬 正敏	篠塚 力
下谷 収	進藤 亮	菅 芳郎	鈴木 健二
鈴木 大祐	鈴木 善和	髙岡 信男	高砂 太郎
高須 順一	髙田 弘明	高橋 俊彦	竹之内 明子
瀧澤 秀俊	武谷 直人	角田 伸一	寺町 東子
豊崎 寿昌	豊田 泰士	中尾 正浩	仲 隆
中村 英示	中村 秀一	中村 知巳	永山 在浩
西中 克巳	西村 光治	野中 智子	野村 吉太郎
長谷部 修	濱口 博史	早野 貴文	彦坂 浩一
平澤 慎一	廣瀬 健一郎	福島 昭宏	藤原 靖夫
舩木 秀信	法友全期会政策委員会		松井 菜採
松田 純一	道 あゆみ	武藤 元	村林 俊行
八掛 順子	矢吹 公敏	山内 雅哉	山下 環
山下 幸夫	山本 真由美	湯川 將仁	由岐 和広
米田 龍玄	若旅 一夫	和田 聖仁	渡部 典子

●編集後記

　集団的自衛権の行使に関する政府の解釈の変更に端を発する一連の事実経過は，立場を超えて，私たちに立憲主義がいかに重要であるかを問いかけるものとなりました。また，地方自治体の同性カップルに対する支援や2015（平成27）年6月のアメリカ合衆国連邦最高裁判所における同性婚に係る判決，近時のいわゆるヘイトスピーチの規制を巡る議論等は，私たちに新たな人権課題を突き付けるものです。

　弁護士は，以上を含む法的課題について，人々に身近に支援をしなければならない——このような問題意識から，政策委員会は，本書を「平和主義と人権を守る司法〜市民に身近な法律支援」と題したものです。分厚い本書を通覧することは困難と考えますが，特集記事や関心領域の論考に目を通していただくと，政策集団である法友会のこころざしを看取できることと思います。

　本年度の政策委員会は，本書の編集方針をできる範囲で過去の経緯に関する記載部分を簡潔なものにとどめ，論議の到達点と現時点の課題を摘示することを目指すこととしました。各執筆者のご努力で，十全にその実が上がったものと考えます。激務に負われつつ，全くのボランティアでご寄稿をくださった諸先生に感謝申し上げます。

　私自身は政策論議に疎く，本年度，本書の策定に関与して初めて，政策要綱を通読したに過ぎません。よって，本書の完成は，ひとえに，彦坂委員長の陣頭指揮や，政策要綱担当副幹事長である角田伸一先生の各方面との調整その他の八面六臂の活躍に負うものであり，また，業務と並行し，かつ，休日返上で裏方作業に取り組んでいただいた法友会副幹事長，事務次長の先生方のご尽力がなければ完成をみることはできなかったのです。ここに改めて彦坂委員長，角田副幹事長，法友会執行部の諸先生方に感謝申し上げます。

　最後になりましたが，2度の政策検討会を含む数次の討議を経て，修文に修文を重ね，これを特集1の論考に繋げた憲法部会所属の先生を含め，玉稿を寄稿賜った諸先生に感謝申し上げます。

2015（平成27）年12月

東京弁護士会　法友会
政策委員会　政策要綱策定部会　部会長　太田雅幸

平和主義と人権を守る司法
市民に身近な法律支援
【2016（平成28）年度法友会政策要綱】

2016年1月20日　第1版第1刷発行

著　者：東京弁護士会法友会
　　　　www.hoyukai.jp
発行人：成澤壽信
発行所：株式会社現代人文社
　　　　〒160-0004　東京都新宿区四谷2-10　八ッ橋ビル7階
　　　　電話：03-5379-0307（代表）　FAX：03-5379-5388
　　　　Eメール：henshu@genjin.jp（編集部）
　　　　　　　　hanbai@genjin.jp（販売部）
　　　　Web：www.genjin.jp
　　　　振替：00130-3-52366

発売所：株式会社大学図書
印刷所：株式会社ミツワ
装　丁：清水良洋（Malpu Design）

検印省略　PRINTED IN JAPAN
ISBN978-4-87798-633-9 C3032
©2016　TOKYO-BENGOSHIKAI HOYUKAI

本書の一部あるいは全部を無断で複写・転載・転訳載などをすること，または磁気媒体等に入力することは，法律で認められた場合を除き，著作者および出版者の権利の侵害となりますので，これらの行為をする場合には，あらかじめ小社また編集者宛に承諾を求めてください。